Valentin Falin
ZWEITE

FRONT

Die Interessenkonflikte in
der Anti-Hitler-Koalition

Aus dem Russischen von
Helmut Ettinger

Droemer Knaur

Die Deutsche Bibliothek – CIP-Einheitsaufnahme

Falin, Valentin M.:
Zweite Front : Die Interessenkonflikte in der Anti-Hitler-Koalition / Valentin Falin. Aus dem Russ.
von Helmut Ettinger
München : Droemer Knaur, 1995
ISBN 3-426-26810-8

Die Folie des Schutzumschlags sowie die Einschweißfolie sind PE-Folien und biologisch abbaubar. Dieses Buch wurde auf chlor- und säurefreiem Papier gedruckt.

© Droemersche Verlagsanstalt Th. Knaur Nachf., München 1995. Das Werk einschließlich aller seiner Teile ist urheberrechtlich geschützt. Jede Verwertung außerhalb der engen Grenzen des Urheberrechtsgesetzes ist ohne Zustimmung des Verlags unzulässig und strafbar. Das gilt insbesondere für Vervielfältigungen, Übersetzungen, Mikroverfilmungen und die Einspeicherung und Verarbeitung in elektronischen Systemen. Umschlaggestaltung: Agentur ZERO, München. Umbruch: Ventura Publisher im Verlag. Druck und Bindearbeiten: Mohndruck, Gütersloh. Printed in Germany

ISBN 3-426-26810-8   5 4 3 2 1

Zweifeln ist der Beginn der Erkenntnis –
Erkennen ist der Beginn des Zweifels

Inhalt

Prolog 9

1 Schlußakkorde des
Ersten Weltkriegs 19

2 Die Entstehung der Fronten eines neuen
Weltenbrandes 31

3 »Und morgen
war Krieg« 100

4 Der schwere Weg der
Erkenntnis 134

5 Die sowjetisch-amerikanischen Beziehungen
am Scheideweg 170

6 »Ausrotten, dezimieren, ausplündern,
kolonisieren!« 202

7 Probleme der Zusammenarbeit in der Anti-
Hitler-Koalition und der Errichtung einer
zweiten Front im Jahre 1942 261

8 Das Jahr 1943:
Jeder wählt seinen Kurs 338

9 Die zweite Front:
Auf alles gefaßt sein 403

10 Ein Sieg ohne
Frieden 461

Epilog 495

Anmerkungen 499

Register 553

Prolog

Churchills Krieg. Band 1 – *Der Kampf um die Macht.* Ein umfangreiches Werk mit diesem Titel aus der Feder David Irvings erschien im Jahre 1987.

Nein, den Brand hat nicht Churchill gelegt, widerspricht Ernst Topitsch. *Stalins Krieg* heißt sein Buch aus dem Jahre 1990. Deutschland und Japan waren für Topitsch »Werkzeuge« einer langfristigen Moskauer Strategie gegen »Imperialisten, vor allem die angelsächsischen«.

Dirk Bavendamm zweifelt sowohl die Hypothesen Irvings als auch die Topitschs an: Es war in seiner Vor- und Darstellung *Roosevelts Krieg.* Bavendamm nennt sogar das Datum des Kriegsausbruchs – das Jahr 1937.[1]

Dazu gibt es Varianten. Unter den »Hauptschuldigen« trifft man auf Edward Benesch und Léon Blum. David L. Hoggan vertritt mit Elan und wortreich – auf 931 Seiten – die Version, an der Zerstörung des Friedens seien vor allem der britische Lord Halifax und der polnische Außenminister Oberst Józef Beck schuld.[2] Natürlich nicht ohne Mitwirkung der Großen Drei.

Wenn das so weitergeht, bleibt für den »größten Revolutionär des 20. Jahrhunderts«[3] fast nichts mehr übrig. Ein paar Holocausts vielleicht. Und eine Menge politischer Versäumnisse sowie Fehler im Felde.

Mussolini entsteigt dem Fegefeuer nahezu blütenweiß. In den kürzlich aufgetauchten Tagebüchern des Duce (britische Experten neigen nicht dazu, sie als eine jüngste Schöpfung Kujaus zu betrachten) sind seine Seelenqualen bei der Verabschiedung schicksalsschwerer Entschlüsse eindrucksvoll festgehalten. Sollten die Originalbriefe Winston Churchills und einiger anderer Politiker des Westens, die vor und nach Ausbruch des Krieges Mussolini ihre Aufmerksamkeit nicht versagten, plötzlich auftauchen, dann wird jedermann aufgehen, daß der italienische Diktator nicht allein litt.[4]

Vor dem Hintergrund der angerissenen sensationellen Entdeckungen der letzten Jahrzehnte nehmen sich die japanischen Militaristen profillos aus. In neuesten Ergüssen erinnern sie eher an politische Hohlköpfe, die von abgefeimten Widersachern in die Falle gelockt und über den Tisch gezogen wurden.

Wie zweifelhaft dieses Genre quasi historischer Literatur auch sein mag, die sich Dogmen verpflichtet fühlt oder an der aktuellen Mode orientiert, bleibt sie doch nicht ohne Ertrag. Gewollt oder ungewollt bestätigen ihre Verfasser die alte Weisheit: Einseitigkeit bedeutet das Ende des Denkens. Jede Einseitigkeit, auch jene, die den Siegern Engelsflügel verleiht. Jegliche Einseitigkeit, die von der Wahrheit wegführt und diese durch immer höhere und mächtigere Mauern abschirmt, nährt geschichtlichen Extremismus.

Diese Mauern kamen und kommen manchem durchaus gelegen. Könnte hier der Grund dafür liegen, daß unentbehrliche Schlüsseldokumente nach einem halben Jahrhundert für die Forschung unzugänglich bleiben? Darunter im Krieg erbeutete Dokumente von Freund und Feind. Wer die Vergangenheit kontrolliert, der programmiert die Zukunft – das ist offenbar kein professoraler Aphorismus, sondern eine feste politische Einstellung. Inwiefern diese mit den neuen Herausforderungen und Prüfungen an der Schwelle zum dritten Jahrtausend konfrontiert wird, ist eine andere Frage, zu der kein Konsens abzusehen wäre.

Schon aus diesem und vielen anderen Gründen bleibt es nicht nur gerechtfertigt, auf das Thema des Zweiten Weltkrieges zurückzukommen. Es ist schlicht notwendig und zwingend, wenn man Charakter und Dimension der damaligen Prozesse und deren Folgen auf die ganze Struktur der Weltgemeinschaft bedenkt; wenn man in Betracht zieht, wie viele Konzeptionen und Doktrinen, die heute von eminenter Bedeutung sind, auf diese Epoche zurückgehen; wenn man weiß, daß diese ungeheure Tragödie mit den vorliegenden Publikationen und Untersuchungen ihrer Unzahl zum Trotz nicht erschlossen und zum Teil vorsätzlich unterschlagen wird.

Selbst seriöse Monographien, die auf solidem dokumentarischen Material aufbauen, hinterlassen zuweilen mehr Fragen als überzeugende Antworten. Warum handelten die Staaten und ihre Exponenten in kritischen Situationen anscheinend unlogisch? Warum begaben sich Politiker in Mißachtung überschaubarer Umstände auf gewundene und gefährlich glatte Pfade? Wie kam es, daß der gesunde Menschenverstand immer wieder versagte, wenn Ideologie und Realität aufeinanderprallten?[5]

Auch die wechselseitigen Zusammenhänge vieler Erscheinungen und Geschehnisse sind nur lückenhaft aufgedeckt und ergründet. Nationalismus und übersteigerter Egoismus suchten überall ihren Vorteil – bei Freund und Feind. Sind aber Pharisäertum und Fabianismus, die ungezählte Menschenleben ins Verderben stürzten, nur aus dem Naturell der Akteure zu erklären?

Bei der Deutung der Ereignisse sind die Motive für das Tun oder Lassen ein wichtiges Symptom. Besonders gern wird gefälscht, wenn Schuld und Sühne für das Nichtzustandekommen, beispielsweise kollektiver Schritte zur Eindämmung einer Aggression, im Lichte der Fakten kaum zu bezweifeln sind. Irrtümer und unglückliche Zugzwänge werden schließlich leichter verziehen als zynischer Wortbruch oder Leichtfertigkeit. Und in welch unergründlichen Tiefen werden Beweise für Doppelspiel oder Ränke vergraben, die jede Gemeinsamkeit aushöhlen, wie die Erfahrung beweist?

Kurz gesagt, die objektive Wahrheit ist bisher selektiv und zensiert zum Vorschein gekommen. Man gewinnt auch nicht den Eindruck, daß die weißen Flecken in der Geschichtsschreibung bald getilgt werden. So hat die britische Regierung ihre Absicht verkündet, gewichtige Dokumente der Kriegs- und Vorkriegszeit mindestens bis zum Jahre 2017 unter Verschluß zu halten. Spricht das nicht für sich selbst? Was soll diese Geheimnistuerei, wenn der Öffentlichkeit weithin unbekannte Materialien und Dokumente nichts Wesentliches enthalten?

Hinter die Geheimnisse Washingtons zu gelangen ist noch schwieriger. Franklin D. Roosevelt pflegte Vieraugengespräche zu führen. Er gab mündliche Weisungen und hinterließ fast niemals Randnotizen auf den Telegrammen und Berichten, die ihm vorgelegt worden waren. Wie Jossif Stalin war er nicht dafür, daß bei Beratungen, die er leitete, Protokoll geführt wurde. Blieb nichts, um es publik zu machen?

Oder etwa doch?

Es gibt Dokumente Roosevelts, die nicht in Warren F. Kimballs dreibändige *Vollständige Korrespondenz des Premierministers und des Präsidenten* Eingang fanden.[6] Wenden wir uns Band I zu, der die Zeit vom Oktober 1933 bis zum November 1942 umfaßt. Blättern wir in den Briefen und Telegrammen vom Juni, Juli und August 1941.[7] Nichts vom

11

Überfall Nazideutschlands auf die Sowjetunion oder von der UdSSR überhaupt. »Rußland« wird zum ersten Mal in Churchills Botschaft an Roosevelt vom 1. September 1941 erwähnt, und zwar im Zusammenhang mit Londons Plänen im Nahen Osten.

Kimball gibt die Auffassung wieder, über Deutschlands Krieg gegen die Sowjetunion hätten die beiden Regierungschefs durch die transatlantische Telefonleitung miteinander gesprochen. Diese Legende glaubt der Herausgeber wohl selber kaum. Wenn man weiter und tiefer gräbt, stößt man auf enorm interessante Schichten: die »Friedensmission« des stellvertretenden US-Außenministers Sumner Welles im Frühjahr 1940; die Überlegungen für den Fall einer militärischen Niederlage der Sowjetunion in den Jahren 1941 und 1942; die Diskussionen der führenden Politiker und Militärs der USA und Großbritanniens über die Modalitäten der weiteren Kriegsführung im Jahre 1943, als die UdSSR den Gang der Geschehnisse in Europa zu bestimmen begann. Bislang sind hier nur Krumen ans Tageslicht befördert worden.

Nach der Besetzung Deutschlands brachte die US-Regierung riesige Dokumentenbestände des Nazireiches in ihren Besitz. Material von unschätzbarem Wert ließ sie unter anderem aus dem unter größter Geheimhaltung errichteten letzten Hauptquartier Hitlers[8], »Olga« genannt, und den Geheimdepots abtransportieren, die die Nazis in der Tschechoslowakei angelegt hatten. Die amerikanischen Behörden interessierten nicht primär Dokumente zur Planung und Ausführung konkreter Wehrmachtsoperationen. Ergiebiger versprachen Angaben darüber zu sein, wie die Nazis in die Länder der Alten und Neuen Welt eingeschleust wurden, welches geheime finanzielle und wirtschaftliche Potential die Nachfolger des »Führers« in Erwartung des Tages X angelegt hatten, wer von den führenden Nazigeneralen zur künftigen »atlantischen« Zusammenarbeit umworben werden konnte. Die Mikrofilme und Karteien, die Washington von General Gehlen und dessen Mitarbeitern erhielt, sind nur ein Bruchteil der »speziellen« Informationen, die danach im Kalten Krieg verwertet wurden.

Unter dem Beutegut fanden sich zum Beispiel Angaben über die Luftaufklärung des Territoriums der UdSSR, die die Luftwaffe mit Spezialausrüstung in Vorbereitung der Aggression Hitlerdeutschlands durchgeführt hatte.[9] Im Jahre 1945 hatte dieses Material noch wenig von seiner praktischen Bedeutung eingebüßt.

Der Eindruck ist nicht geschwunden, daß die US-Administration keinen besonderen Eifer entwickelte, um Spezialarchive der Nazis den Kriegsverbrecherprozessen zur Verfügung zu stellen. Zur Zeit der Nürnberger Tribunale wurden nicht aufgefunden: Pläne, die das Schicksal von 100 Millionen Slawen besiegelten, der Wortlaut des Befehls an die Wehrmacht, sowjetische Militär- und »Zivil«-Kommissare standrechtlich zu erschließen (den man in 340 Exemplaren bis in die Divisionsstäbe geleitet hatte), weitere Dokumente des OKW, des OKH und der Abwehr, die bei einer Überführung der Nazigenerale in den Dienst der Demokratien hätten Probleme schaffen können.[10]

Was Japan betrifft, so gelangten dessen Staatspapiere in die ausschließliche Verfügung der USA. Wie Washington mit diesem Privileg umging, zeigt das Beispiel der »Abteilung 731« des Generals Ishiya, die bakteriologische Waffen entwickelt und die Methodik ihres Einsatzes unter realen Kampfbedingungen sowie gegen den potentiellen Gegner erprobt hatte. Außerdem hatte diese Einheit mit Entlaubungsmitteln, Insektiziden, Herbiziden und Medikamenten verschiedener Art experimentiert.

Ishiya und die amerikanischen Offiziellen gelangten zu einer Abmachung: Die USA erhielten 8000 Diapositive, auf denen Versuche mit Tieren und Menschen abgebildet waren, sowie den anderen Nachlaß der »Abteilung«. Im Gegenzug sollten das Pentagon und das State Department dafür sorgen, daß kein einziger von Ishiyas Mitarbeitern wegen Teilnahme, Vorbereitung (und Führung) des bakteriologischen Krieges vor Gericht gestellt wurde.

Folgerichtig lehnte man die Aushändigung von Dokumenten über die »Abteilung 731« an die Sowjetregierung mit der Begründung ab: »Um die japanische Armee verbrecherischer Handlungen gegenüber dem chinesischen Volk (durch die Anwendung bakteriologischer Waffen) anzuklagen, liegt nichts vor, was als Kriegsverbrechen qualifiziert werden könnte ...«

Die USA besaßen aber durchaus genaue Angaben über Zeit und Umstände des Einsatzes biologischer Waffen nicht nur gegen China, sondern auch gegen die Sowjetunion. So wurden im Sommer 1942 bei einer Operation unter dem Codenamen »Sommermanöver« zwölf Kilogramm Maliasmusbakterien (Erreger einer Infektionskrankheit) in den Fluß Derbul an der Stelle eingeleitet, wo er in die Argun mündet. Zu ähnlichen Diversionsakten der Japaner längs der mandschurisch-sowjetischen Grenze kam es vor und während des Zweiten Weltkrieges immer wieder.[11]

Es wäre ein sinnloses und unwürdiges Unterfangen, wollte man den Umgang der Sowjetunion und in mancher Hinsicht auch des heutigen Rußlands mit Archivdokumenten – eigenen und erbeuteten – schönreden. Zwar hat die Sowjetunion nicht nach dem Vorbild der USA erklärt, sie werde sich für ihre Außenpolitik nicht entschuldigen, in der Tat versuchte sie jedoch auch ohne große Worte stets sauber dazustehen und daraus auch noch Kapital zu schlagen. Das aber machte es erforderlich, die Wahrheit zu verhüllen oder zu frisieren, alles zu eliminieren, was nicht ins Bild paßte oder sich als zweischneidig erwies, mit einem Wort, tendenziöse Darstellungen zu liefern. Wie auch in anderen Ländern wurden in der Sowjetunion Dokumente vor der Veröffentlichung häufig »stilistisch bearbeitet« und zusammengestrichen.

Seltsamerweise verschwanden dabei auch Dokumente in der Versenkung, mit deren Hilfe die gesuchte Wahrheit ohne Lärm und doch überzeugend hätte ans Licht gebracht werden können – und dies zum Nutzen der UdSSR. Aber – unter Stalin war alles verboten, was auch nur entfernt an Mitleid mit seinen Opfern und an eine Würdigung ihrer Verdienste erinnerte. Nach Stalins Tod wurde schon seine eigene Tätigkeit für eine sachliche Offenlegung gesperrt. Man schickte Chruschtschow in die Wüste, und nun wurde er für ein Vierteljahrhundert zur Unperson. Dasselbe Schicksal ereilte Breschnew nach dessen Tod.

Es gab aber auch Hürden anderer Art. Maxim Litwinow mißfiel sein Vorgänger Georgi Tschitscherin, der erste Außenminister der Sowjetunion. Litwinow selbst stand bei Wjatscheslaw Molotow nicht gerade in hohen Ehren und erregte noch weniger Begeisterung bei Andrej Gromyko.[12] Letzterer war zudem Iwan Maiski derart ungnädig gesinnt, daß der ehemalige Botschafter nicht einmal an seine eigenen Tagebücher herankommen durfte, die nach dessen kurzfristiger Verhaftung Ende der vierziger Jahre im Archiv des Außenministeriums (MID) der UdSSR aufbewahrt wurden. Maiski protestierte 1967 offiziell dagegen, daß man ihn, einen Veteranen, keiner Einladung zu den Feierlichkeiten zum 50. Jahrestag des sowjetischen diplomatischen Dienstes für würdig erachtet hatte.

Restriktive Regeln, denen bei Benutzung der Archive selbst die höchsten Beamten des MID ausgesetzt waren, störten die Tätigkeit des

Ministeriums. Primärinformationen und Präzedenzfälle, die im völker-rechtlichen Alltagsgeschäft so wichtig sind, blieben auf diese Weise außerhalb des Blickfelds. In diesem Sinne erinnerte das Archiv des MID (»Historisch-diplomatische Verwaltung« genannt) immer mehr an die »Allgemeine Abteilung« des ZK der KPdSU, die auf Bergen von Informationen saß wie ein Wachhund, der allein auf das Kommando des Generalsekretärs hörte.

Erbeutete Dokumente wurden in der UdSSR, ganz kurz gesagt, danach eingeschätzt, a) ob es günstig oder ungünstig war, zuzugeben, daß sie sich in sowjetischer Hand befanden, b) in welchem Grade die Dokumente von den Archivaren bereits aufgearbeitet waren, c) ob sie sich für Spezialuntersuchungen eigneten oder d) für die Enthüllung von Geheimnissen der Sowjetunion genutzt werden konnten.

Zwei Beispiele: Beim Fotokopieren der Originaltagebücher von Goebbels (insgesamt dreizehn Notizblocks) wurde peinlich genau alles weggelassen, was den Gedanken nahelegen konnte, daß die Geheim-protokolle zu den sowjetisch-deutschen Verträgen von 1939 existier-ten. In einem Depot bewahrte man neben Dokumenten über die Tätig-keit der Gestapo und der Abwehrorgane des Reichs auch Schriftstücke auf, die die Nazis beim früheren Reichskanzler Joseph Wirth und anderen Persönlichkeiten beschlagnahmt hatten, weil das Hitler-Re-gime sie als seine Gegner oder Widersacher betrachtete. Niemand konnte einen triftigen Grund dafür nennen, weshalb dieser Teil des Archivs nicht den ehemaligen Besitzern zurückgegeben oder wenig-stens Wissenschaftlern zugänglich gemacht worden war.

Eine ganz besondere Art von Dokumentenbeständen waren in der Sowjetunion die »erbeuteten Trophäen«, das heißt Dokumente, die den Nazis in Paris und einigen anderen Hauptstädten in die Hände gefallen waren. Als aussagekräftig erwiesen sich die Dokumente der französi-schen Aufklärung. Daran lassen sich unter anderem die Aktivitäten Deutschlands, Großbritanniens und Frankreichs an der Peripherie Rußlands vom Baltikum bis zum Kaukasus in den Jahren 1917 bis 1939 verfolgen. Versuche, wenigstens für Informationen politischer Art die Geheimhaltungsvorschriften aufzuheben, stießen weder bei Molotow in den Jahren 1954/55 noch bei Alexander Jakowlew und Wadim Med-wedew in den achtziger Jahren auf Verständnis.

Ein unberührtes Terrain, das seinerzeit kaum betreten wurde und im Strom der Jahre für die Wissenschaft im wesentlichen verlorenging, sind die Dokumente, die sich in den Stäben der Armeen, Korps und Divisionen der Wehrmacht, Kommandanturen aller Art in den zeitweilig okkupierten sowjetischen Gebieten angesammelt hatten. Es fehlte nach dem Kriege, insbesondere in der Provinz, an Mitteln, Personal und den elementarsten Bedingungen, um wenigstens eine flüchtige Durchsicht der überwiegend handschriftlichen Aufzeichnungen vorzunehmen.

Mit allen angemessenen Vorbehalten kann man also davon ausgehen, daß im Ozean der Geschichte noch unerforschte Inseln und ganze Archipele zu entdecken sind. Das macht Mut. Schlimm ist es aber, wenn der Weg zur Wahrheit in einer Richtung mit der Unterschlagung in anderen Richtungen gepflastert wird, wenn mit Intoleranz Auffassungen begleitet werden, die die geistige Monokultur abweisen.

Wenn die Vergewaltigung der Geschichte nicht aufhört, dann wird der Zweite Weltkrieg von einem Symbol imperialistischer, rassistischer Entartung im wahrsten Sinne des Wortes, von einer Greueltat, für die es keinerlei Rechtfertigung gibt und geben darf, schließlich zu einer »Situation« mutieren, die lediglich durch die Schuld und Vergehen einzelner Personen außer Kontrolle geriet. Eine »Situation«, wie sie in der Vergangenheit unzählige Male vorkam und auch in Zukunft ohne übermäßige Dramatisierung als nicht unnatürlicher Ausdruck gewisser immanenter Bedürfnisse der Entwicklung der Systeme und Staaten aufgefaßt werden sollte.

Es gab nicht wenige in den Demokratien, die den Nazismus nicht als ein fremdes System, sondern lediglich als eine andere Herrschaftsform betrachteten. Bis zu einem bestimmten Punkt wetteiferten hier nach Auffassung dieser Leute Interessen miteinander, die sich auf verschiedene Weise äußerten, einander aber a priori nicht ausschlossen, die das Recht des Stärkeren zum Prinzip erhoben.

Was können wir von der Zukunft erwarten? Daß McCarthys virulenter Geist von Politik- und Geschichtswissenschaft übernommen wird? Bereits 1945 griffen Reaktionäre die Politik Roosevelts an, und die Attacken rollten, eine immer stärker als die andere, ein ganzes Jahrzehnt lang. Charles A. Beard, G. Barnes, J. Burkham, W. Chamberlin und C. Tunsill warfen Roosevelt zwar nicht vor, daß er den Krieg entfesselt hatte. Der bereits verstorbene Präsident wurde aber der Inkompetenz, des Ausverkaufs amerikanischer Interessen und gar des Hochverrats bezichtigt, weil er sich im Kriege nicht auf die »richtige« Seite geschlagen hatte. Selbst das Trumansche »Containment« war in ihren Augen eine »ängstliche Defensivstrategie«, die der »sowjetischen Herausforderung« nicht gewachsen war.

Werden sich nun die Leidenschaften beruhigen? Denn das Ziel ist erreicht: Die Sowjetunion ist so oder so bereits Vergangenheit. War ihr Zusammenbruch die späte Rache Hitlers, den sie nur besiegen konnte, indem sie ihre Kräfte überforderte? Oder ist der Kalte Krieg die Büchse der Pandora? Auf Fragen der Art findet man heute sicher keine definitive Antwort. Aber das Band der Zeiten kann niemand aufheben; es ist eine objektiv existierende Gesetzmäßigkeit. Allerdings hängt es von den Politikern ab, wie, wann und wo sie ihre Wirkung offenbart.

Bislang ist eines klar: Ein Schlußstrich unter die Geschichte des Zweiten Weltkriegs ist nicht gezogen. Auch in den heutigen qualitativ neuen Umständen wird der Kampf zwischen den Maximalisten, die in Recht und Moral allein auf Stärke setzen, und denjenigen, die nicht gewillt sind, die neue Welt durch eine alte Brille zu betrachten, mit wechselndem Erfolg weitergehen.

Beim derzeitigen Kenntnisstand ist es kaum vorstellbar, daß die Mehrzahl der im weiteren zu erörternden Probleme bereits endgültig durchleuchtet werden kann. Wenn man sich nicht übernehmen will, wäre es sinnvoll, das Thema bloß aufzuwerfen. Hier und da werden wir auf Grund der Sachlage das Risiko eingehen, mit festgefügten oder, besser gesagt, Standardauffassungen in Disput zu treten und alternative Sichten anzubieten.

Wenn die Auslegungen des Autors nicht überzeugend erscheinen, dann sollten sie als Fragestellung verstanden werden. Im übrigen pakken wir unsere Aufgabe praktisch an – jeder Fortschritt beginnt mit Ketzerei. Diese ist gar kein so unentschuldbares Vergehen, es sei denn, man erklärt den Gedanken Albert Einsteins für Sünde, der da lautet: Jede neue Zeit schenkt uns neue Augen.

1 Schlußakkorde des Ersten Weltkriegs

Der Friedensvertrag von Versailles, den zu unterzeichnen die Sieger-mächte Deutschland am 28. Juni 1919 zwangen, wurde sogleich als die Wasserscheide gerühmt, an der die grenzenlose Gewalt endete und der ewige Friede begann. Glaubten die Architekten von Versailles selbst an das, was sie da geschaffen hatten?

Nehmen wir einmal an, der Text des Mammutwerkes wäre auf die ersten 26 Artikel beschränkt geblieben. Dann hätten wir bis heute vielleicht Grund zu sagen, der Versuch, die Weltgemeinschaft neu zu organisieren, ihr eine internationale Verfassung, ein Parlament und eine Regierung in Gestalt des Völkerbundes zu geben, sei nicht gelun-gen; man habe ihn aber in der Überzeugung gewagt, daß künftige Konflikte nicht durch Siege, sondern Übereinkünfte, nicht durch die Teilung der Kontinente in elitäre und verstoßene, sondern durch die Eintracht gleichberechtigter Nationen verhindert werden können.

Die Sieger suchten aber nicht eine Verständigung mit ihren Gegnern, sondern höchstens den Kompromiß unter sich selbst. Andreas Hillgru-ber stellt zu Recht fest, daß die Weltordnung in den Jahren 1919/20 auf dem Interessenausgleich Großbritanniens, Frankreichs und der USA beruhte.[1] Die Verlierer dieses Krieges wurden dazu verurteilt, auf unabsehbare Zeit das Brandmal der Ausgestoßenen zu tragen.

Wäre die Entwicklung nach den Bestimmungen von Versailles ver-laufen, dann hätten die Deutschen an den Reparationen (132 Milliarden Goldmark!) bis zum Jahr 1983 zu zahlen gehabt.[2] Sowjetrußland, das man ebenfalls unter die Verlierer einreihte, wurde ein noch düstereres Schicksal bereitet. Zur Strafe für den Bruch mit der Entente und das eigenmächtige Ausscheiden aus dem Krieg gegen Deutschland wur-de es aus der neuentstandenen internationalen Gemeinschaft aus-gegrenzt. Von einem Rechtssubjekt, einem der Eckpfeiler der euro-päischen und der Weltordnung, wurde Rußland zu einem rechtlosen

19

Objekt, das seine früheren Partner und Gegner untereinander in »Aktionssphären« (Churchill) aufteilten.

Es war kein schreckliches Unglück, außerhalb des Völkerbundes zu bleiben, zumal sein Urheber, die USA[3], mit ihrer Weigerung, den Versailler Vertrag zu ratifizieren, sich selbst außerhalb dieser Organisation stellten, noch bevor die Delegierten von 45 europäischen und außereuropäischen Staaten am 20. Januar 1920 zur ersten Sitzung zusammentraten. Wir wollen aber keine voreiligen Schlüsse ziehen.

Der Isolationismus, der dem Bund den väterlichen Segen versagte, bedeutete nicht, daß sich die USA völlig aus der Weltarena zurückzogen. Er hinderte Washington 1919/20 keinesfalls daran, in Sowjetrußland zu intervenieren. Dies war eine ideologisch bedingte und politisch scharf projizierte bewaffnete Einmischung. Im Unterschied zu den anderen Interventen hielten die USA jedoch offiziell am Prinzip der »Unantastbarkeit des Territoriums des russischen Volkes« fest[4] und erkannten (bis 1923) die Selbständigkeit Litauens, Lettlands und Estlands als Gebilde, die Kaiserdeutschland von Rußland abgetrennt hatte, nicht an. Moskau hat diesen drei Republiken bereits 1920 die Unabhängigkeit zugestanden. Zugleich wurden aus Washington, soviel bekannt ist, keine Einwände dagegen laut, daß deutsche Truppen als Barriere gegen eine drohende »Sowjetisierung« der baltischen Staaten zeitweilig dort verbleiben sollten, während das deutsche Militärpersonal laut den allgemeinen Bestimmungen von Versailles aus allen übrigen besetzten Gebieten unverzüglich abzuziehen war.

Im großen und ganzen kann man Versailles nur bedingt und mit negativem Unterton als System der »Stabilisierung des europäischen Friedens« bezeichnen. Warum? Die Konstruktion von Versailles war von Anfang an mit eklatanten Mängeln behaftet. Legte der Vertrag von 1919 doch die neuen Grenzen in West- und Mitteleuropa penibel fest und ließ es auch nicht an Garantien fehlen, deren Wortlaut sich recht imposant ausnimmt. Auch die polnisch-deutsche Grenze wurde markiert. Damit war die territoriale Vielfalt in Europa aber nicht erschöpft. Außer im Westen und Süden hatte Polen schließlich auch Grenzen im Osten und Nordosten.

Wurde diese Notwendigkeit ausgeklammert oder zufällig vergessen? Oder bestand von Anfang an ein gewisser Zusammenhang mit Pilsudskis Demonstrationen? Noch bevor die Unterschriften unter den Versailler Vertrag gesetzt waren, gab der künftige Diktator kund, daß er nichts von den Empfehlungen des Obersten Rates der Alliierten vom 8. Dezember 1918 (die Curzon-Linie) und den Festlegungen hielt, die sich in puncto Ostgrenzen auf der Friedenskonferenz von 1919 abzeichneten. In Versailles war Pilsudski als Persona non grata nicht zugelassen. Sein unbändiger Extremismus und seine Versuche, auf einer Separatabmachung mit den Deutschen vom 10. November 1918[5] entgegen dem Waffenstillstand der Westmächte mit Deutschland zu beharren, haben diesen Ausschluß bewirkt, nicht aber seine Expansionsgelüste im Osten.

Von Edelmut oder Altruismus kann man bei England und Frankreich, bei Lloyd George und Clemenceau, nur mit einer gehörigen Portion Sarkasmus sprechen. Asymmetrien in der internationalen Sicherheit waren Wesensbestandteile ihrer politischen Philosophie.

Als der Kanonendonner im Westen verstummte, war für sie der lang erwartete Frieden eingekehrt. Unwichtig, daß der Krieg im Osten in verschiedenem Gewande weiterging. Das war weit weg und kein Anlaß für gedämpfte Stimmung in den Salons von London, Paris oder Rom. Wenn man auch zu jener Zeit sich noch scheute, offen zu sagen, daß einem das Leben eines eigenen Korporals höher steht als die Existenz einer fremden Stadt mit ihrer ganzen Bevölkerung.

Es hat keine besondere Verwirrung hervorgerufen, daß die Führer des wiedererstandenen Polen ohne Hemmungen zu den Waffen griffen. Im November 1918 eroberte der polnische Marschall Rydz-Smigly Lwow. Im Dezember desselben Jahres beriefen die polnischen Nationaldemokraten den Kongreß von Schlesien, Westpreußen und Posen ein, um die Versailler Friedenskonferenz vor vollendete Tatsachen zu stellen. Dabei lieferten die »Freiwilligen« sich eine wahre Schlacht mit den Milizen der dort ansässigen deutschen Bevölkerung. Am 19. April 1919 kam Vilnius an die Reihe. Am 17. Juli 1919 (bereits nach Unterzeichnung des Versailler Vertrages) hatten polnische Truppen die nationalen Streitkräfte der Ukraine aus ganz Ostgalizien vertrieben, das vorher zu Österreich-Ungarn gehört hatte.

Die »Garanten« der Neuordnung Europas mußten nun reagieren. Und wie sie reagierten! Der Kommandeur der Besatzungstruppen der Alliierten, der französische General Le Rond, schlug sich auf die Seite der polnischen »Freiwilligen«, die in Oberschlesien eingedrungen waren und die dort stationierten italienischen Einheiten attackiert hatten.

Bei führender Mitwirkung der französischen Generalität und mit

Hilfe von Offizieren, die Paris abkommandiert hatte, wurde die größte militärische Operation Pilsudskis vorbereitet und durchgeführt – der Marsch auf Kiew, den man, sollte das Kriegsglück hold sein, zu einem Marsch auf Moskau auszudehnen vorhatte. Vor dem Überfall wiesen die polnischen Machthaber den sowjetischen Vorschlag vom 28. Januar 1920 zurück, eine »Friedenslinie« zu ziehen, die in vielen Teilen östlich der Curzon-Linie verlaufen wäre.

Am 13. März 1920 gab Pilsudski den westlichen Alliierten in harten Worten zur Kenntnis, er werde keine andere Grenze zu Rußland anerkennen als die von 1772. Warum nicht gleich die von 1612? Das ließ der starke Mann im dunkeln. Ein Spiel mit höheren Einsätzen war allerdings nicht ausgeschlossen. Den Segen Frankreichs hatte Pilsudski bereits; zunächst mußte aber auf dem Schlachtfeld geblutet werden.

Am 26. April 1920 fielen die polnischen Truppen in Belorußland und der Ukraine ein. Pilsudskis »Ostprogramm« wurde zum polnischen Nationaldogma erhoben. Nach der Eroberung Kiews setzte man ihm den Lorbeerkranz Báthorys und König Wladyslaws IV. aufs Haupt.

Der Spuk jedoch verflüchtigte sich so schnell, wie er eingesetzt hatte. Die Gegenoffensive der Roten Armee trug den Krieg Ende Juli/Anfang August bis vor die Mauern Warschaus. Die Skulski-Regierung stürzte. Sein Nachfolger Wladyslaw Grabski flehte das alliierte Oberkommando um Hilfe an. Diese kam als »Ratschläge« des Generals Weygand, wie auch in Form massiver Lieferungen von Kriegsmaterial.[6] Sie leistete auch Stalin, der die Weisung seines Oberkommandos mißachtete, die Verbände der russischen Südfront Tuchatschewski zu unterstellen, der wegen der Ermüdung seiner Truppen und Loslösung vom Hinterland in eine äußerst prekäre Lage geraten war.

Auf Anraten der Franzosen wurde diese sich unverhofft bietende Chance genutzt. Das »Wunder an der Weichsel« war von nun an Pilsudskis Leitstern. Siebzehn Jahre später fand es seinen Nachklang mit der Hinrichtung Michail Tuchatschewskis und weiterer sowjetischer Heerführer. Stalin vergaß keine »Kränkung«, duldete keine dunklen Punkte in seiner Biographie. Da Moskau fest damit rechnete, daß der polnisch-sowjetische Konflikt nur das Vorspiel zu einer neuen Welle der Intervention Großbritanniens, Frankreichs und anderer westlicher Staaten sein würde (Japan hatte weite Gebiete im sowjetischen Fernen Osten noch nicht verlassen), suchte es eine Friedensregelung mit Warschau um jeden Preis. Diese war im Grunde genommen eine Neuauflage des

Vertrages von Brest-Litowsk. Weshalb ist die Aufteilung der Ukraine und Belorußlands besser als die Polens? Das vermag niemand nachzuweisen. Und solange dieser Nachweis ausbleibt, erscheint es abwegig, die von dem Aggressor 1920 erbeutete Westukraine und Westbelorußland als »Ostpolen« zu bezeichnen, wie dies bis heute geschieht.

Die USA suchten ihren eigenen Ausweg aus dieser zweifelhaften Situation und unterzeichneten am 25. August 1921 einen separaten Friedensvertrag mit Deutschland. Wenn man nach den dort festgelegten Rechten und Pflichten urteilt, nimmt er sich aus wie ein Refrain zu Versailles, in dem alle Bestimmungen weggelassen sind, die sich auf den Völkerbund und die internationale Zusammenarbeit beziehen. Die amerikanische Position folgte etwa der Logik: Die Interessen der USA sind nicht vergessen, im übrigen – kommt Zeit, kommt Rat.

Was aber sollte Sowjetrußland in dieser Lage tun? Einen Friedensvertrag mit Deutschland, Österreich und deren Verbündeten konnte es, zu keiner Friedenskonferenz eingeladen, nicht abschließen. Das Verhältnis der USA, Großbritanniens, Frankreichs und Japans zu Sowjetrußland blieb undurchsichtig. Die Anerkennung und direkte Unterstützung Denikins, Koltschaks und weiterer Bewerber um den Moskauer Thron sowie ihr militärisches Eingreifen machten die Westmächte zu Beteiligten an einer brutalen Auseinandersetzung, die der Nation nicht weniger als 16 Millionen Menschenleben kostete. Der Abzug der Interventionstruppen vollzog sich als einseitiger Akt. Es gab keinerlei Regelung der durch die Invasion verursachten Komplikationen. Niemand übernahm Verpflichtungen für die Zukunft.

Die Feindseligkeit nahm nun andere Formen an. Es wurden Söldner geworben. Und wenn Hitzköpfe vom Schlag eines Pilsudski oder Skoropadski auftauchten, dann zeigte man sich ihnen geneigt, rüstete sie großzügig zum Kampfe aus und rief sie niemals zur Ordnung. Die »Nichtanerkennung« der Sowjetunion, die von den Großmächten die USA am längsten durchhielten, war durchaus keine formale Angelegenheit. Dies war ein frappanter Anspruch, sich über alle völkerrechtlichen Normen und Regeln hinwegsetzen zu dürfen, die man im allgemeinen nicht einmal einem Kriegsgegner verwehrt.

Der Abschluß des Vertrages von Rapallo zwischen Sowjetrußland und Deutschland am 16. April 1922 bedeutete natürlich nicht, daß der Versailler Vertrag damit ausgehebelt war. Allerdings zeigte die sowjetisch-deutsche Verständigung, daß es zum Versailler Modell der Einteilung der Systeme und Staaten in reine und unreine eine positive Alternative gab.

Der Vertrag von Rapallo war entgegen allen Insinnationen, die bis heute nicht verstummen wollen, nicht gegen eine andere Nation gerichtet. Er stellte die bestehenden Grenzen in West und Ost nicht in Frage, forderte aber für jedes Volk das Recht ein, seine Lebensordnung ohne Einmischung von außen selbst bestimmen zu können. In Rapallo wurde der Traum von der »permanenten Revolution« endgültig verabschiedet, wurden erste Schritte getan, um die Kunst der friedlichen Koexistenz zu erlernen.

Die Hüter des Trugbildes von Versailles erschreckte es, daß die Gleichheit der Partner zu einer Norm internationalen Handelns erklärt wurde. Denn die Ungleichheit war das Leitmotiv der meisten der 440 Artikel einer der umfangreichsten, aber durchaus nicht vollkommensten Schöpfungen der Politiker, Ideologen und Rechtsgelehrten des heute so fernen Jahres 1919.

Man könnte nun nach den Zusammenhängen zwischen Rapallo und dem unvermittelten Entschluß Frankreichs und des neutralen Belgien suchen, im Januar 1923 das Ruhrgebiet zu besetzen. Platzsparender ist es jedoch, Carl Jacob Burckhardt, dem letzten Hochkommissar des Völkerbundes in Danzig und späteren Präsidenten des Internationalen Roten Kreuzes, an dieser Stelle das Wort zu erteilen. Er gehörte nicht zu den bedingungslosen Verfechtern der politischen Karte Europas nach Versailles. Mehr noch hielt Burckhardt die territoriale Aufteilung zwischen Deutschland und Polen für mißlungen. Die polnischen Ansprüche hätten nach seiner Meinung großzügiger auf Kosten der Ukraine und Belorußlands befriedigt werden müssen, denen er – wie übrigens auch der Tschechoslowakei – das Recht auf nationale Integrität absprach. Burckhardt bedauerte, daß Rußland 1918/19 nicht das gleiche Schicksal ereilt hatte wie das Osmanische Reich. Statt dessen zerstörte man, so schrieb er 1959, Österreich-Ungarn, dessen »historische Mission« darin bestand, die Gefahr aus dem Osten abzuwehren und in Zusammenarbeit mit den Serben »das Vordringen Rußlands zu den warmen Meeren zu verhindern«.[7]

Burckhardt, ein Charakter wie aus einem Guß, der das konservative europäische Establishment der Zeit zwischen den beiden Weltkriegen wie kein anderer repräsentierte, *trug sein Leben lang eine Feindschaft nicht zur Sowjetunion, sondern zu Rußland und den Russen* in sich. Bei jeder passenden Gelegenheit beklagte er die »Oberflächlichkeit« Großbritanniens, Frankreichs und der USA, die – darauf muß man erst einmal kommen – die Ergebnisse des Krimkrieges 1853 bis 1856 dem Vergessen anheimgegeben hätten. 1925 schrieb er an Hugo von Hofmannsthal einen Brief, den er 30 Jahre später für wert befand, in einen Band seiner persönlichen Korrespondenz aufgenommen zu werden:

Großbritannien mit seinen Dominions und die USA sehen sich von dem hilflosen Deutschland provoziert, während»... die Bedrohung in Wirklichkeit sich hinter dieser deutschen Fassade, zwischen Baltikum und Stillem Ozean vorbereitet, in einem räumlichen Ausmaße, das die Menschheit noch nie gesehen hat. Eine Fœderation, auf Grund einer überall hin vordringenden Weltanschauung im Dienste eines nationalistischen Imperialismus ist ein unwiderstehlicher Kristallisationsprozeß. Was sind dagegen die in der weiten Welt so wenig werbekräftigen Möglichkeiten deutscher Revanche, deutscher Ausdehnungsbestrebungen? ... Rußland, als Zentrum einer Heilslehre, gewinnt Kräfte wie einst die durch Mohammed entflammte arabische Welt ... Deutschland und Japan sind natürliche Gegner einer russischen Expansion. Der Westen aber, das englische Reich und die Vereinigten Staaten, die – on the long run – von dieser Expansion am meisten bedroht sind, bemühen sich mit allen Mitteln, Deutschland und Japan zu schwächen.«[8]

Wir werden immer wieder mit diesem Longplay-Motiv konfrontiert. Es stammt aus dem 16. Jahrhundert. Doch auch in unseren Tagen begleitet es das internationale Geschehen auf Schritt und Tritt. Es erklingt weiter, auch nach dem Verschwinden der Sowjetunion.

Burckhardt vermochte jedoch noch keinen Einfluß auf die Politik der europäischen Mächte zu nehmen. Um so symptomatischer ist es, daß eine ähnliche Auffassung dem Vertrag von Locarno zugrunde liegt, den Deutschland, Großbritannien, Frankreich, Italien und Belgien im Oktober 1925 schlossen. Dieser Vertrag fixierte die Unverletzlichkeit der französisch-deutschen und der belgisch-deutschen Grenze, wie sie in Versailles festgelegt worden waren, sowie die Beachtung der Bestimmungen über den entmilitarisierten Status des Rheinlandes. Deutschland und Belgien beziehungsweise Deutschland und Frankreich verpflichteten sich, »gegenseitig in keinem Falle zu einem Angriff oder zu einem Einfall oder zum Kriege gegeneinander zu schreiten«. Als Garantiemächte fungierten Großbritannien und Italien. Deutschlands Lohn für Locarno war seine Aufnahme in den Völkerbund im September 1926.

Ein Anlaß, wie berufen zur Freude. Was konnte schlecht daran sein, wenn ehemals aufgezwungene Verpflichtungen von den Deutschen nun freiwillig übernommen wurden, wenn man verblaßte Garantien (die USA waren schließlich inzwischen ausgeschieden) in Schönschrift bekräftigte? Man könnte den Worten des britischen Außenministers Sir Austen Chamberlain (nicht zu verwechseln mit dem späteren Premierminister Neville Chamberlain) beinahe zustimmen, der Locarno als *»Trennungslinie zwischen den Jahren des Krieges und den Jahren des Friedens«* lobpries[9], wenn …

Wenn der Vertrag den verhängnisvollen Defekt von Versailles nicht wiederholt und noch vertieft hätte – *quod licet Jovi, non licet bovi.* Deutlicher denn je trat hervor, daß man den Grenzen im Osten eine den Grenzen im Westen vergleichbare mehrfache rechtliche Absicherung versagte. Einige der Ostgrenzen, zum Beispiel die polnisch-litauische oder die sowjetisch-rumänische, wurden überhaupt nicht juristisch untermauert oder international anerkannt. Daraus konnte jeder den Schluß ziehen, der ihm genehm war – je nach dem Grade der eigenen Skrupellosigkeit.[10]

Die Sowjetregierung forderte Satisfaktion in Form eines »Locarno des Ostens«, holte sich damit jedoch eine schroffe Abfuhr. Moskau mußte sich nun nach Ersatzlösungen in Form bilateraler Vereinbarungen (wie dem Berliner Vertrag über Freundschaft und Neutralität mit Deutschland vom 24. April 1926) und regionaler Abmachungen mit seinen Nachbarn umsehen.

Historiker einer bestimmten Prägung verbreiten genüßlich die These, der Berliner Vertrag, der Geist und Buchstaben von Rapallo auffrischte, habe die antipolnische Zielrichtung des deutschen Revisionismus offenbar gemacht. Dabei wird in der Regel geflissentlich übersehen, daß die ersten Stabsdokumente der Reichswehr, die in ehernen Worten als Nahziele verkündeten, den Sonderstatus des Rheinlandes aufzuheben, den »polnischen Korridor« zu liquidieren, Oberschlesien ins Reich heimzuholen und den Anschluß Österreichs zu bewerkstelligen, vom *Dezember 1925* datiert sind. Das heißt, seit den Umarmungen von Locarno waren kaum zwei Monate vergangen. In Berlin verlor man wahrlich keine Zeit und brauchte kein »Okay« aus Moskau.

Wenn sogar führende Politiker Großbritanniens schwere Zweifel plagten, ob Versailles seine Aufgabe erfüllt und wirklich ein friedliches

Kapitel in der Entwicklung Europas eröffnet habe, und dieses Verdienst eher dem Locarno-Vertrag zuschreiben, dann wird man dem Historiker die kühne Hypothese verzeihen, daß die Palme des wahren Friedensstifters nach dem Ersten Weltkrieg dem Briand-Kellogg-Pakt gebührt.

Den Anstoß dazu, über die Unteilbarkeit des Friedens und ein umfassendes System von Verpflichtungen für seine Sicherung nachzudenken, gab der französische Außenminister Aristide Briand. Er forderte die USA auf, in Weiterentwicklung von Locarno und der ersten Anzeichen für eine Annäherung der Staaten in der Abrüstungsfrage, einen französisch-amerikanischen Vertrag über den ewigen Verzicht auf Krieg in den gegenseitigen Beziehungen zu schließen und damit allen übrigen Mitgliedern der internationalen Gemeinschaft ein Muster zur Nachahmung zu unterbreiten. Zur angenehmen Überraschung für Paris stimmten die USA zu, vorausgesetzt, daß diese als bilateral erdachte Initiative sofort zu einer multilateralen erweitert werde.

Am 27. August 1928 setzten die Vertreter von 15 Staaten ihre Unterschrift unter ein Dokument, in dem sie auf den Krieg »als Werkzeug nationaler Politik« verzichteten und die Partner verpflichteten, »die Regelung und Entscheidung aller Streitigkeiten oder Konflikte, die zwischen ihnen entstehen könnten, welcher Art oder welchen Ursprungs sie auch sein mögen, niemals anders als durch friedliche Mittel« anzustreben.[11]

Aristide Briand wollte Brücken über die Gräben schlagen, die Europa zerfurchten. Er befürwortete eine Konferenz, die – die Idee der Konferenz für Sicherheit und Zusammenarbeit in Europa (KSZE) gleichsam vorwegnehmend – als ständige politische Institution wirken und über bestimmte exekutive Vollmachten verfügen sollte. Wer verhinderte, daß der Plan Realität wurde? Gerade jene, die den Pakt als »deklarativ«, »zahnlos« und »irreführend« verunglimpfen, weichen einer klärenden Antwort aus. Ihnen ist mehr an den Vorbehalten gelegen, die man in den USA, in Großbritannien, Japan und anderen Ländern bei der Ratifizierung geltend machte (die Verpflichtungen des Vertrages schränkten nicht das Recht seiner Teilnehmer ein, »ihr Territorium vor Angriffen oder Invasionen zu verteidigen«). Als ob nicht jeder Vertrag, der bis zum heutigen Tage – besonders zu Sicherheitsfragen – abgeschlossen wird, von derartigen und noch wesentlich gewichtigeren Klauseln begleitet wäre.[12]

Opponenten, die sich als allwissend darstellen, sehen hinter der Ablehnung und Ächtung des Krieges die Hand Moskaus. Wie ist sonst die Behauptung zu erklären, »Litwinow forcierte die Ratifizierung des Vertrages mit allen Mitteln«? Er habe nicht nur auf seine Inkraftsetzung gedrängt, sondern diese auch mit flankierenden Maßnahmen abgesichert? Burckhardt war außer sich, als sich die Nachricht erhärtete, daß die Sowjetunion auf die Unterzeichnung des sogenannten Litwinow-Protokolls durch die Regierungen Polens, Rumäniens und der baltischen Staaten hinarbeitete, das den Krieg als Mittel zur Lösung internationaler Streitfälle rundweg ausschloß.[13]

Statt den Bastard von allen europäischen und Weltangelegenheiten fernzuhalten, erlaubte man ihm, Flagge zu zeigen. Wenig später wird dieses illegitime Gebilde federführend bei der Definition des Begriffes der Aggression. Am 4. Juli 1933 schlossen Rumänien, die UdSSR, die Tschechoslowakei, die Türkei und Jugoslawien (einen Tag später auch die Sowjetunion und Lettland) Verträge, die erstmalig den Begriff der Aggression beschrieben. Zu Ehren des sowjetischen Außenministers erhielt die in den Verträgen festgeschriebene Formulierung die Bezeichnung »Litwinow-Definition«.[14] Die Vertreter Großbritanniens beharrten damals darauf, ihr Land als imperialistische Macht müsse aggressiv sein.

Ob dies nun manchem gefiel oder nicht – bis zum Jahre 1933 hatten sich nicht weniger als 65 Staaten dem Briand-Kellogg-Pakt angeschlossen.[15] Die geschriebene Geschichte der Zivilisation kennt jedoch keinen einzigen Rechtsakt (Kriegserklärungen ausgenommen), der sich von selbst und augenblicklich durchsetzte. Selbst bedingungslose Kapitulationen bilden da keine Ausnahme. Frieden unter den Menschen zu stiften erwies sich als äußerst mühsames und wenig dankbares Unterfangen.

Eine unabdingbare Voraussetzung für den Erfolg eines kreativen Vorhabens ist ein einander ergänzendes, dem Ziele gerecht werdendes Vorgehen aller Partner. Die Effizienz des Briand-Kellogg-Paktes hing nicht davon ab, wie einwandfrei die zu Papier gebrachten Wörter und Formulierungen waren. Die Bereitschaft und der Wunsch jedes beigetretenen Staates, für sich keine Lücken in den neuen, etwas beengenden Regeln zu suchen, das kleinere Eigene nicht über das größere Ganze zu stellen, den Verzicht auf Gewalt zum Gesetz vor allem des eigenen Handelns zu machen und dies nicht nur von anderen zu erwarten, waren die Voraussetzungen dafür, daß das Unternehmen gelang. Nur dies und nichts anderes.

Als dann Japan 1931 in Nordostchina einfiel und innerhalb von fünf Monaten ein Gebiet von 580 000 km² besetzte, war dies keine »gewöhnliche« Expedition – die es in unserer hektischen Zeit so häufig gab –, sondern der erste großangelegte Versuch, eine *Blitzkriegsstrategie* anzuwenden, eine *offene* und *vorsätzliche Aggression*, wie eine Sonderkommission des Völkerbundes nach 17monatiger zähflüssiger Untersuchung feststellte, *eine Aggression, die man dem Aggressor durchgehen ließ*.[16]

Es war das Ende des Anfangs. Nicht der Pazifisten, die an der Wende vom 19. zum 20. Jahrhundert den Himmel stürmten. Nicht einer verwegenen »bolschewistischen« Attacke auf die wölfische Moral, die Gewalt und deren Anwendung predigte.[17] Hier ging ein durchaus respektables, aller Ehren wertes Experiment zu Ende, das die Wirklichkeit verbessern und ihre Kontraste dämpfen wollte.

Dem Briand-Kellogg-Pakt war ein bedauernswert kurzes Leben beschieden. Er wurde nicht zum Vorboten einer besseren Zukunft. Und dies nicht deshalb, weil seine Initiatoren sich die falschen Ziele gesetzt hätten. Ihnen mangelte es an etwas anderem – dem Willen, ihre Überzeugung, falls eine solche tiefe Wurzeln geschlagen hatte, in Handlungen umzusetzen, die die Aggressoren und alle Gegner der friedlichen Koexistenz der Nationen hätten ins Kalkül ziehen müssen. Und was kann man Gutes erwarten, wenn es unter Partnern an Übereinstimmung mangelt? Wenn der gute Wille sich in Lippenbekenntnissen erschöpft? Wenn schon der erste Fall von ungetarntem Rechtsnihilismus ungestraft bleibt und man versucht, statt dem Aggressor die Laune zu verderben, das Problem auf Kosten anderer loszuwerden? Wenn Vertragspartner Verpflichtungen verletzen, dann werden sie zu Gegnern; stürzt man ein Prinzip vom Sockel, wird der Weg für sein Gegenteil frei.

Man ist geneigt, abzuwinken und zu sagen: Wenn eine Vollkaskogarantie nicht erreichbar ist, dann eben gar keine Regelung. Ein derartiges Urteil ist aber völlig unangebracht und irreführend. Kein Staat schafft seine Zivil- oder Strafgesetze ab, nur weil sie dauernd verletzt werden. Im Gegenteil, er sorgt dafür, die Wirksamkeit der Rechtsnormen zu verstärken. Und wenn dies ohne Übertreibungen geschieht, kann es nur gerecht sein.

In der Deklaration der Französischen Revolution von 1789 heißt es:

»Für die natürlichen Rechte jedes Menschen gibt es keine anderen Grenzen als diejenigen, die es den anderen Mitgliedern der Gesellschaft ermöglichen, dieselben Rechte zu genießen. Diese Grenzen bestimmt allein das Gesetz.«

Überträgt man diese Erkenntnis auf die natürlichen Rechte jeder Nation und setzt sie als Axiom, dann bestimmt die Grenzen dieser Rechte allein ein unter Gleichen freiwillig geschlossener Vertrag. Dadurch wird der Mehrzahl der Konflikte der Boden entzogen. Leider gelang dies weder im 18. Jahrhundert noch nach dem Ersten oder Zweiten Weltkrieg. Die Politik verändert die philosophische Negation der Negation auf ihre Weise. Hier bringt Gewalt neue Gewalt hervor, löst alle ihre Fesseln, statt ihr Zügel anzulegen und sie zu mäßigen.

Mit der Aggression gegen das Mitglied des Völkerbundes China bekräftigte ein anderes Mitglied – Japan – nicht nur seinen eigenen Anspruch darauf, sich jeden Willkürakt erlauben und dabei straflos ausgehen zu können. Es zerstörte den Damm, der im Entstehen war und die Zeit schützen sollte, die man trotz aller Einschränkungen als Friedens- oder wenigstens Nachkriegszeit betrachten konnte und die im Briand-Kellogg-Pakt gipfelte. Von nun an begann die Zeitrechnung der Wirren, in der die Menschheit die blutigsten und verheerendsten bewaffneten Konflikte ihrer Geschichte erfahren hat.

Der Zweite Weltkrieg begann nicht mit einem einmaligen Akt. Der Vorhang hob sich nicht erst am 1. September 1939 um 4.45 Uhr.[18] Es gab eine Kette von Ereignissen, deren erstes verhängnisvolles Glied der Überfall Japans auf China 1931 war. Weil die Rechtsbrecher ungeschoren davonkamen, glitt die ganze Entwicklung auf eine schiefe Ebene ab, die sich immer steiler zum Abgrund senkte.

Die Herausforderung der Aggressoren galt nicht nur ihren mit Vorbedacht ausgewählten Opfern, sondern der gesamten internationalen Gemeinschaft, der Zivilisation als solcher. Danach ist mit Bitterkeit festzustellen, daß kein einziger Staat sich rühmen kann, damals auf der Höhe der Zeit gewesen zu sein. Jeder von ihnen trägt sein Teil der Verantwortung für die Katastrophe, die die Staatengemeinschaft hätte verhindern können und müssen.

2 Die Entstehung der Fronten eines neuen Weltenbrandes

Tatsachen sind härter als Diamanten. Tatsachen fügen sich nicht in Politikern genehme Rahmen. Tatsachen zwingen den Forscher, sich nicht auf den Abreißkalender zu beschränken, wenn er an die Ursprünge und Anfänge des Zweiten Weltkrieges gelangen will. Die Frage, wann, wo und warum der Krieg ungebeten in fremde Häuser eindrang, ist durchaus nicht akademischer Natur. Sie hat bis heute nichts an Aktualität eingebüßt.

Je komplizierter aber die Realität ist, desto lauter wird nach Schemata gerufen. Und je simpler das Schema, desto leichter wird es akzeptiert. Davon profitieren alle Parteien und Politiker. Erstes Opfer ihrer Rivalität wird stets die Wahrheit, besonders wenn sie sich nicht beschneiden läßt oder, schlimmer noch, direkt ins Auge springt. Im Zeitalter der durchgängigen Ideologisierung hat die Wahrheit das Privileg verloren, unparteiisch zu sein. Es ist ihr Los, sich zwischen den Kanonieren und Kanonisten den Weg bahnen zu müssen, wenn sie nicht am Tische des Stärkeren nach üppigem Mahl in tiefen Schlaf versinken will.

Das vorherrschende Schema der neuesten Geschichte lautet: Der Zweite Weltkrieg begann mit der Aggression Nazideutschlands gegen Polen. Man kann keinem Staat das Recht absprechen, seine nationale Chronik der Ereignisse zu führen. Unterschiede in Blickwinkel und Schwerpunkten kommen dabei natürlich vor und sollten niemanden verletzen oder zur Polemik herausfordern. Zumindest soweit diese Zweckmäßigkeit, die zur eigenen Rechtfertigung vonnöten ist, das Labyrinth, aus dem man längst hätte herausfinden müssen, nicht noch ausweisloser macht.

Es geht um globale Geschehnisse, für die selbst eine regionale Betrachtungsweise unzulässig ist, die zum Beispiel Europa zum Nabel der Welt erklärt. Die nationale Lesart neigt dazu, die Logik und das

Gewebe der Gesamtentwicklung zu zerreißen, unterschiedliche Maßstäbe an die Opfer desselben Übels – der Aggression – anzulegen, und nährt damit den Gedanken, daß Wohlwollen gegenüber Aggressoren bis zu einem bestimmten Zeitpunkt keine unmoralische Haltung gewesen sein könnte.

Wo und wann wurde die Stunde der Wahrheit verpaßt? Im Jahre 1931, als die Kwantung-Armee in China ein Gebiet nicht kleiner als Frankreich unter ihre Kontrolle nahm? Oder 1933, als Japan auch noch die chinesische Provinz Jehol annektierte? Oder vielleicht 1935, als japanische Truppen in Tschahar und Hebei einmarschierten?

Staaten, die auf die ehrenden Eigenschaftswörter »demokratisch« und »friedliebend« besonderen Wert legten, sahen sich 1935 vor das Problem gestellt, auch zum Überfall Italiens auf Abessinien Stellung zu beziehen, zum unverhüllten räuberischen Kolonialkrieg, in dem die Truppen des Aggressors unter dem Befehl Marschall Badoglios giftige Kampfstoffe (Senfgas) gegen die schutzlose Zivilbevölkerung einsetzten. Wie viele Menschen die »Zivilisatoren« dabei vernichteten, ist nicht bekannt. In Kriegen dieser Art werden nur die ausgehobenen »Widerstandsnester« gezählt.

Im Unterschied zum »Fall China« sprach sich der Völkerbund für Sanktionen gegen den Aggressor Italien aus. Großbritannien und Frankreich waren jedoch lediglich zu symbolischen Gesten bereit. Ein Erdölembargo, das Rom vielleicht beeindruckt hätte, lehnten sie kategorisch ab. Das Motiv? Wäre man der faschistischen Expansion entgegengetreten, hätte dies das Gespenst der »Entstehung einer kommunistischen Regierung« in Italien und »grundlegender Veränderungen des Kräfteverhältnisses in Europa« heraufbeschwören können.[1]

Es ist nie klargeworden, ob man in Washington die britischen Befürchtungen teilte. Und es ist in diesem Kontext auch uninteressant. Wichtiger scheint etwas anderes zu sein: Die USA erhielten im August 1934 Geheimdienstinformationen darüber, daß sich Italien auf den Einmarsch in Abessinien vorbereitete. Also war die Aggression für Washington keine Überraschung. Mehr noch: Italien und Großbritannien befanden sich seit 1919 darüber im Gespräch, wie Abessinien aufgeteilt werden sollte. 1925 kamen Benito Mussolini und Austen Chamberlain insgeheim überein, wie man dieses Unterfangen ohne großes Aufsehen bewerkstelligen konnte. Das Geschäft platzte, weil die französische Presse davon Wind bekam. Im Januar 1935 unternahm

Italien (das sich zuvor der Unterstützung Lavals versichert hatte) einen erneuten Versuch, sich mit London zu verständigen. Die britischen Konservativen waren nicht abgeneigt, den italienischen Faschisten entgegenzukommen. Wieder waren es Journalisten, die die Suppe versalzten.

In voller Kenntnis der Vorgänge wies der amerikanische Außenminister Cordell Hull seinen Geschäftsträger in Addis Abeba am 18. Dezember 1934 an, sich jeglicher Schritte zu enthalten, die die Regierung Abessiniens dazu veranlassen könnten, bei den USA um Vermittlung nachzusuchen. Hull ließ sich dabei offenbar eine Information des damaligen amerikanischen Botschafters in Moskau, William Bullitt, nicht entgehen, die Empfehlungen eines italienischen Gesprächspartners wiedergaben: »Wenn Abessinien erkennt, daß niemand auf der Welt ihm zu Hilfe eilt, dann wird es sehr rasch seine übertriebene Vorstellung von Unabhängigkeit aufgeben, auf die Hauptforderungen Italiens eingehen, und man brauchte keine Gewalt anzuwenden.«[2]

Als die Nachricht eintraf, daß die italienischen Truppen in einem unabhängigen Staat eingefallen seien, der in das einheitliche Kolonialbild Afrikas schlecht paßte, und die Regierung Mussolini damit den Briand-Kellogg-Pakt gebrochen habe, bestand der US-Präsident darauf, sofort Neutralität zu proklamieren (was in Form der Kongreßentschließung vom 31. August 1935 auch geschah). Roosevelt wollte die Ergebnisse der Prüfung der Situation im Völkerbund nicht abwarten. Die Neutralität enthob Washington von vornherein der moralischen und politischen Verpflichtung, sich eventuellen Sanktionen und Demarchen gegen Italien anschließen zu müssen oder auf andere Weise Mitgefühl mit dem Opfer der Aggression zum Ausdruck zu bringen.

Die Haltung der USA wirkte keinesfalls mäßigend auf Deutschland, Italien oder Japan. Die aggressiven Mächte kalkulierten kühl, Washington werde dort, wo sie nicht unmittelbar amerikanische Interessen verletzten, nicht päpstlicher sein als der Papst.

Sind wir etwa geringer als die Italiener? Ungefähr so dürfte Hitlers Reaktion auf das zögerliche Benehmen der Demokratien gewesen sein. Ursprünglich plante er, die Wehrmacht im Jahre 1937 ins Rheinland einrücken zu lassen. Die Untätigkeit Großbritanniens und Frankreichs regte ihn an, nicht länger zu zögern. Am 7. März 1936 zogen deutsche Truppen in die entmilitarisierte Zone ein. Volle drei Bataillone überquerten den Rhein, um in Aachen, Trier und Saarbrücken zu defilieren.

Die übrigen von insgesamt knapp 30 000 Mann verblieben auf dem rechten Ufer in Wartestellung. Die Naziführer hatten 48 Stunden zu bangen, ob man ihnen dieses Wagnis durchgehen ließ. »Europa sah zu. Niemand handelte«, lesen wir in dem Monumentalwerk *Das Deutsche Reich und der Zweite Weltkrieg.*[3]

Zum Nachdenken gab es allerdings Grund genug. Man stritt nun mit offenem Visier. Hitler hatte das Gespenst von Versailles verworfen, verkündete dies in aller Form aber erst im Oktober 1939. Der Locarno-Vertrag von 1925 war außer Kraft gesetzt. Für dessen Garantiemächte – Großbritannien und Italien – hatte man nur verächtliche Blicke übrig. Rom steckte weiter in der Abessinien-Affäre und war bereits in Francos Aktivitäten einbezogen, der seinen Putsch in Spanien vorbereitete. Mussolinis Untätigkeit war London ein willkommener Anlaß, seinerseits nichts zu unternehmen. Oder fand die Argumentation zum Bruch des Locarno-Vertrages ein Echo an der Themse? Die Argumentation war: Frankreich hat den Bündnisvertrag mit der UdSSR unterzeichnet und somit einen feindseligen Akt gegen Deutschland vollzogen. Fern aller Diplomatensprache machte man offenkundig: Versuche, den Status quo im Osten festzuschreiben, hatten unweigerlich seine Untergrabung im Westen zur Folge.

Am 16. Juli 1936 putschten spanische Generale gegen die rechtmäßige Regierung des Landes. Mussolini und Hitler schlugen sich sofort auf ihre Seite.[4] In den für Franco kritischen Tagen Ende Juli stellten ihm die Nazis 20 Transportmaschinen vom Typ JU 52 und das Begleitgeschwader von Jagdflugzeugen für den Transport seiner Truppen aus Marokko nach Spanien zur Verfügung. Das war übrigens die erste Luftbrücke in der Geschichte der Konflikte.

Großbritannien und Frankreich zwangen 27 europäischen Staaten eine Vereinbarung über »Nichteinmischung« in Spanien auf. Man warf die Republik den beiden extremistischsten Regimes auf dem Kontinent zum Fraße vor. Auf dem spanischen Kriegsschauplatz wurde die »Achse Berlin–Rom« geschmiedet und die kollektive Sicherheit in Europa begraben. Damit Spanien aber von den Stiefeln der deutschen Nazis und der italienischen Faschisten nicht völlig in Grund und Boden gestampft wurde, unterstützte die britische Regierung insgeheim den Caudillo.[5]

Und was taten die USA? Washington lehnte es am 7. Januar 1937 unter Hinweis auf das Neutralitätsgesetz ab, der Regierung Spaniens zu

Hilfe zu eilen. Man begab sich ganz in die Nähe der faktischen Anerkennung der Putschisten als Konfliktpartei, die bestimmte Rechte, wenn nicht sogar den gleichen Status wie die offiziell anerkannte Regierung beanspruchen konnte.

Im April 1939 nannte Hitler die Zahl der Opfer, die der Sturz der Republik in Spanien kostete: mehr als 775 000 Menschen.[6] Man hat später von weit über einer Million Menschenleben gesprochen. Wie dem auch sei, auf der Pyrenäenhalbinsel kam es zur erbarmungslosen Anwendung von Gewalt als Vorspiel der künftigen Tragödie Europas. Von welcher »Nichteinmischung« konnte die Rede sein, da doch die Menschheit bereits mitten im Kriege mit seiner ganzen unverhüllten Brutalität stand?

So brach ganz nebenbei das Gebäude von Versailles in sich zusammen, obwohl seine Architekten sich doch Stützen und Pfeiler für alle erdenklichen Situationen ausgedacht hatten. Das kam aber nicht auf einmal und nicht von ungefähr. Gehen wir einige Jahre zurück.

Hitler wurde am 30. Januar 1933 mit dem Wohlwollen des Präsidenten Hindenburg, mächtiger Finanz- und Industriegruppen sowie den Stimmen einer Allianz aus Konservativen und Nationalsozialisten in den Sessel des Reichskanzlers gehoben. Die Zusammensetzung seines Kabinetts (lediglich drei Minister waren Vertreter der NSDAP) sowie sein außen- und militärpolitisches Programm strahlten Kontinuität aus: alles wie gehabt, nur besser.

In seinem *Zweiten Buch,* das er 1928 schrieb, hob Hitler die Bedeutung einer richtigen außenpolitischen Taktik insbesondere in der ersten Etappe hervor: Nötig seien Tarnmaßnahmen, die »die Wiedererstehung eines deutschen Heeres ermöglichen. Denn erst dann werden die Lebensnotwendigkeiten unseres Volkes ihre praktische Vertretung erfahren können.«[7]

In den Jahren 1933 bis 1939 wandte Deutschland mehr für die Rüstung auf als Großbritannien, Frankreich und die USA zusammengenommen. Zugleich erklang 1933 aus Berlin eine nicht weniger feierliche Begleitmusik als aus anderen Hauptstädten: man werde kein doppeltes Spiel treiben, die Erhaltung des Friedens sei Deutschlands erstes Anliegen, und es denke nicht daran, seine Grenzen zum Schaden fremder Völker in Frage zu stellen.

In einem Runderlaß des Staatssekretärs im Auswärtigen Amt Bernhard von Bülow, datiert vom 30. Januar 1933, heißt es, Deutschland wolle es auch künftig vermeiden, »seine Haltung gegenüber dem Ausland von jeweiligen Regierungsmaximen abhängig zu machen«.[8] Die Außenpolitik wurde über die Ideologien gestellt. Nach Meinung der Verfasser des Werkes *Das Deutsche Reich und der Zweite Weltkrieg* konnten Kommentare dieser Art Moskau veranlassen, den wütenden Antikommunismus der Nazis gelassener zu sehen, da man annehmen durfte, daß nach wie vor Frankreich Deutschlands Hauptfeind bleibe.[9]

In der Sowjetunion gab man sich allerdings keinen Illusionen hin. Im Mai und Juni 1933 wurde Kurs darauf genommen, die militärische Zusammenarbeit zwischen der Roten Armee und der Reichswehr einzustellen.[10] Die Zweckmäßigkeit weiterer Verbindungen zur Reichswehr war in Moskau bereits Ende der zwanziger Jahre in Frage gestellt worden. Der Leiter der sowjetischen diplomatischen Vertretung in Deutschland, Nikolai Krestinski, hob die Bedeutung dieses Bereichs für das allgemeine Niveau der Beziehungen hervor, und die Militärs, die vor allem ihre Sonderinteressen in den Vordergrund stellten, setzten sich jedesmal für eine Verlängerung ein, um das bereits Erreichte aufrechtzuerhalten.

Zwar hat man dem Kreml keine Kriegsskizzen oder wenigstens Aquarelle geschenkt, doch auch ohne erhellende Mittel war es evident, wohin die Reise gehen würde.*

Bei einem Treffen mit General A. von Bockelberg am 8. Mai 1933 hoben Kliment Woroschilow, Alexander Jegorow und Michail Tuchatschewski hervor, die Beziehungen zwischen den Streitkräften als staatlichen Institutionen könnten nicht von der »großen Politik der Regierungen« abgekoppelt werden. Sie charakterisierten die deutsche Außenpolitik als »doppelzüngig«.[11] Sämtliche Verbindungen zur Reichswehr waren damals abgerissen.

Großbritannien, Frankreich und Italien nahmen Hitlers Erscheinen auf der Berliner Bühne auf ihre Weise auf. Die Nazifizierung Deutsch-

---

* Marion Gräfin Dönhoff hat einmal Albert Speer gefragt, wann Hitler auf den Gedanken gekommen sei, er könne Europa und die Welt beherrschen. Speer gab zur Antwort: Im Jahr 1935 schenkte Hitler ihm ein Aquarell, das seine Vision von Berlin nach dem Abschluß siegreicher Kriege wiedergab. Eine überbreite und unendlich lange Allee – eine Replik von Persepolis – führt zu einem Kolosseum-Pantheon. Am Fuße dieses Gebäudes befindet sich eine Statue des sitzenden »Führers«, der den Tribut entgegennimmt, den ihm die Botschafter der eroberten Völker bringen. Hitlers Idee nach sollten vor den Pantheonmauern die sterblichen Überreste von 600 Generalen ruhen, die in den bevorstehenden Schlachten fallen würden. (Dem Autor mitgeteilt von Marion Gräfin Dönhoff am 3. Dezember 1991.)

lands weckte die Hoffnung, daß dem Alptraum von Rapallo ein Ende bereitet werden könnte. Mussolini offerierte dem britischen Premierminister Ramsay MacDonald und dessen Außenminister Sir John Simon am 18. März 1933 einen »Viererpakt«. Er wollte auf dem Kontinent ein Direktorium, bestehend aus Großbritannien, Frankreich, Deutschland und Italien, errichten. Zugleich sollte eine territoriale Neuaufteilung vorgenommen werden, indem man den Appetit Berlins vor allem auf Kosten Polens teilweise zu befriedigen gedachte.

Über die spontane Reaktion Großbritanniens auf den Entwurf vom 18. März ist wenig bekannt. Es war im wesentlichen ein Ja, die Einzelheiten verlieren sich jedoch im Nebel. In der wissenschaftlichen Literatur herrscht dagegen der Standpunkt vor, die Idee des »Quartetts« sei Mussolini von MacDonald eingeflüstert worden, der allerdings keinen Wert darauf legte, seine Verdienste daran besonders publik zu machen.

Frankreich akzeptierte den Gedanken ebenfalls, schliff jedoch den Text so weit ab, daß dem Pakt formal kaum noch anzusehen war, gegen wen er sich richtete. London und Rom hatten dagegen nichts einzuwenden. Hitler kam dieser Wortlaut ebenfalls zupasse. Und das nicht nur deshalb, weil er dadurch die »Ruhe und Luft«[12] bekam, die er bei seinem steilen Wendemanöver so dringend brauchte. Viel wichtiger war, daß die Westmächte seine Spielregeln akzeptierten und ihm bereits im dritten Monat seiner Herrschaft das gaben, was sie den Regierungen der Weimarer Republik jahrelang verweigert hatten.

Am 15. Juli 1933 kam es zum »Pakt des Einvernehmens und der Zusammenarbeit«, dem ersten internationalen Vertrag, an dem Nazideutschland beteiligt war.[13] Nein, das war kein Schnitzer. Denn am Wesen der Sache änderte der Umstand nichts, daß die französische Nationalversammlung den Pakt nicht ratifizierte, genauer gesagt, die Regierung es auf Grund der Massenproteste nicht wagte, den Pakt dem Parlament vorzulegen, und er damit keine Rechtskraft erhielt.

Hitler war nun in den Kreis der Führer der Großmächte aufgenommen. Man widersprach ihm in keiner Weise, sondern bat ihn lediglich darum, den Bogen nicht zu überspannen. *Die Politik des Appeasement nahm ihren Anfang.* Man erprobte bereits die Feder, mit der man fünf Jahre später das Wort »München« schreiben sollte.

Der »Viererpakt« ist in diesem Sinne keine Episode, sondern ein Markenzeichen, das den Übergang Europas in einen anderen Zustand

37

symbolisierte. Dies war noch kein Krieg. Aber Frieden war es auch nicht mehr. Eine Strategie trat in ihre aktive Phase, die darauf abzielte, wie der damals wohlbekannte Lord Lloyd kommentierte, »uns (Großbritannien) Japan und Deutschland vom Leibe zu halten sowie die UdSSR ständiger Bedrohung auszusetzen«. Doch bei der Bedrohung allein sollte es nicht bleiben. »Wir geben Japan Handlungsfreiheit gegen die UdSSR. Soll es die koreanisch-mandschurische Grenze bis zum Eismeer verschieben und sich die Fernostregion Sibiriens einverleiben ... Deutschland öffnen wir den Weg nach Osten und geben ihm damit den so notwendigen Raum zur Expansion.«[14]

Wie sah nun Washington diese europäischen Neuerungen? Gleichgültig wohl kaum. Einen Schimmer von Aufregung kann man bei eifrigem Suchen feststellen. Aber nachzuweisen, daß die Roosevelt-Administration erkannte, wohin das politische Barometer nach der Wachablösung in Berlin ausschlug, gelingt auch den glühendsten Verehrern des Präsidenten nicht. Wie im Falle der Machthaber von London und Paris war auch das Leitmotiv der amerikanischen politischen Elite nicht die Wahrheit, sondern eine ideologisch verengte Vorstellung davon. Die Pläne zur Einkreisung und Vernichtung des Sowjetstaates lösten keinen Protest aus – ungeachtet der Anerkennung der Sowjetunion durch die Vereinigten Staaten und eines vielversprechenden Notenaustausches bei der Aufnahme diplomatischer Beziehungen.[15]

Da die aggressiven Kräfte sich immer stärker durchsetzten, schlug die Sowjetunion am 29. Mai 1934 vor, die Konferenz für Rüstungsbegrenzung und -reduzierung in eine ständige Friedenskonferenz umzuwandeln, die die Vollmacht erhalten sollte, den bedrohten Staaten »rechtzeitig angemessene moralische, wirtschaftliche, finanzielle oder andere Hilfe« zu gewähren.[16]

Frankreich und einige kleinere Staaten zeigten Interesse an dieser Idee. Großbritannien war dagegen. Der amerikanische Außenminister Cordell Hull erklärte im Gespräch mit dem sowjetischen Geschäftsträger Boris Skwirski, er könne sich »nicht auf eine definitive Position für oder gegen das Projekt festlegen« – angeblich wegen der Zurückhaltung der USA hinsichtlich der Mitgliedschaft in jeglichen internationalen Organisationen.[17] Die Schatulle aber hatte einen viel einfacheren Schlüssel: Eine Annäherung an die Sowjetunion in einer derart wichtigen internationalen Frage bekäme unweigerlich einen für die Briten kritischen Beigeschmack, denn hinter den meisten internationalen Intrigen stand damals London.

»Am liebsten möchte man die Heiligen hinaustragen« – lautet eine russische Redewendung, mit der eine fast unerträgliche Zuspitzung der Leidenschaften beschrieben wird. Heilige mußte man im Europa der dreißiger Jahre mit der Lupe suchen. Frankreich hatte schon gar keinen Grund, auf eine konsequente, feste Haltung Anspruch zu erheben.

In Paris erklärte Joseph Paul-Boncourt gegenüber dem sowjetischen Diplomaten Walerian Dowgalewski: »Wir nehmen mit Ihnen eine Sache von großer Bedeutung in Angriff, wir haben heute gemeinsam begonnen, Geschichte zu schreiben.«[18] Das klang schön, wenn auch das Streben unverkennbar war, sich selbst in der Geschichte zu verewigen. Aber es ließ im dunkeln, daß Frankreich zur selben Zeit Geschichte ganz anderer Art mit Berlin schrieb. Dies galt besonders für die Zeit nach der Ermordung Louis Barthous. Als Barthous Nachfolger Pierre Laval am 2. Mai 1935 seine Unterschrift unter den französisch-sowjetischen Vertrag über gegenseitigen Beistand setzte, dachte er zuallerletzt daran, diesem Gewicht und Wirksamkeit zu verleihen. Für ihn war der Vertrag mit Moskau lediglich ein Bauer im Schachspiel mit Deutschland.[19]

Anfang 1935 unternahm London einen weiteren Versuch, eine Übereinkunft mit Berlin zu erzielen. Die Briten spürten Hitlers schwache Seite auf – seinen sehnlichsten Wunsch, nicht nur mächtig zu erscheinen, sondern es auch zu sein. Sie waren bereit, den deutschen Expansionismus zu legalisieren, indem sie ihm einen »natürlichen«, erklärbaren Revisionismus zugestanden, und in diesem Zusammenhang die Beschränkungen für die Wiederaufrüstung des Reichs aufzuheben oder wenigstens abzubauen. Man setzte darauf, daß »das Expansionsbedürfnis Deutschland nach Osten treiben wird, da es dort den einzigen Freiraum vorfindet. Solange jedoch in Rußland ein bolschewistisches Regime existiert, kann diese Expansion nicht nur auf ein friedliches Vordringen beschränkt bleiben.«[20]

Hitler wußte von vornherein, daß er kein großes Risiko eingehen würde, als er am 13. März 1935 erklärte, Deutschland besitze bereits Luftstreitkräfte. Dasselbe galt für die Einführung der allgemeinen Wehrpflicht drei Tage später. Die britische Regierung nahm auf ihrer Sitzung vom 8. April diesen Beschluß der Führung des Nazireiches zur Kenntnis. Intern verständigten sich die Konservativen darauf, daß Großbritannien keinerlei Verpflichtungen übernehmen werde, »irgendwo eine Verletzung des Friedens zuzulassen«.[21] Sollte Großbritannien einmal die Position der Nichteinmischung aufgeben, dann ausschließlich aus eigenen Interessen und nicht aus Mitgefühl für Opfer von Aggressionen. Albion und Altruismus gingen wirklich schlecht zusammen.

Am 18. Juni 1935 unterzeichneten Großbritannien und Deutschland ein Flottenabkommen. Den Anspruch darauf, daß die Stärke der deutschen Seestreitkräfte nicht niedriger als 35 Prozent der britischen liegen sollte, begründete von Neurath mit dem deutschen Bedürfnis, die Ostsee zu beherrschen.[22] Von London ohne Einspruch hingenommen, wurde so der Ostseeraum der Einflußsphäre Deutschlands zugeschlagen. Wenn Hitler in den folgenden Jahren die geographischen Koordinaten des »Lebensraumes« konkretisierte, über die er sein Leichentuch zu werfen gedachte, ließ er nicht zufällig keine Gelegenheit aus, den Ostseeraum zu erwähnen. 35 Prozent der Stärke der britischen Flotte galt den Nazis damals als Zwischenlösung, denn mehr konnten die deutschen Werften zu jener Zeit nicht leisten. Für die Zukunft wurde bei gegenseitigem Einvernehmen Parität nicht ausgeschlossen.

Eigentlich erübrigt sich die Frage, ob Hitler Grund hatte, dem »Viererpakt« keine Träne nachzuweinen. Das Zerwürfnis zwischen London und Paris, der Rückzug Washingtons aus den europäischen Angelegenheiten, das engere Zusammenrücken der aggressiven Regimes, wodurch die über den ganzen Erdball verstreuten Konfliktherde zu einer globalen Krise verschmolzen, die parallel dazu verlaufende Suche der kapitalistischen Hauptmächte nach einer antisowjetischen Kraft als Alternative – konnten sich die Herrscher des Nazireiches ein besseres Umfeld für ihr Aggressions- und Eroberungsprogramm wünschen?

Deshalb ist es nicht als Zufall anzusehen, sondern eher folgerichtig, daß Deutschland und Japan am 25. November 1936 den Antikomintern-Pakt mit den für die Praxis jener Jahre üblichen geheimen Anlagen unterzeichneten.[23] Eine Woche später folgte ihm ein Vertrag zwischen Italien und Japan. Es konnte auch nicht überraschen, daß Hitler 1937 das in seinem Buch *Mein Kampf* dargelegte Expansionsprogramm in konkrete Staatspolitik ummünzte und Japan gleichzeitig den totalen Krieg gegen China begann.[24]

Japan, das sah, daß die USA, Großbritannien und Frankreich tatenlos zuschauen würden, holte von Deutschland und Italien noch das Versprechen ein, »aktive militärische Hilfe zu leisten, falls die UdSSR sich in dem Konflikt im Fernen Osten an die Seite Chinas stellen sollte«[25], und drang in Nordchina ein. Wenig später besetzte es auch Zentralchina. Der Ordnung halber inszenierten die japanischen Militaristen einen »Zwischenfall« mit chinesischen Militärangehörigen an der Marco-Polo-Brücke bei Peking.

An der Belagerung Shanghais waren zehn Divisionen (etwa 300 000 Offiziere und Soldaten) unter dem Kommando von General Matsui beteiligt. In nur sieben Wochen erlitt die chinesische Seite militärische Verluste von 140 000 Mann. Die Opfer unter der Zivilbevölkerung beschrieb man folgendermaßen: Aus einem Gebiet von 4,5 km^2 entkam niemand lebend, und noch Monate nach dem Gemetzel sah die Stadt aus wie nach einem Erdbeben.[26]

Nach Abschluß der Kämpfe um Shanghai marschierten die Truppen Matsuis auf Nanking. Die Guomindang-Einheiten leisteten faktisch keinen Widerstand. Die Eroberer feierten trotzdem ihren »Sieg«, indem sie circa 200 000 Menschen umbrachten – jeden zweiten Bewohner der damaligen Hauptstadt Chinas.

Für die Eroberung ganz Chinas kalkulierte Japan 150 Tage ein, wobei es den Zeitplan der Erörterung derartiger Angelegenheiten im Völkerbund und in den Korridoren der Macht von Washington, London und Paris berücksichtigte. Die Orakel von Tokio irrten jedoch zweimal.

Chinas Regierung wandte sich an den Völkerbund mit der Bitte, Sanktionen gegen Japan zu verhängen. Die Sowjetunion unterstützte diesen Antrag. Großbritannien und Frankreich erreichten jedoch, daß der »japanisch-chinesische Konflikt« dem Völkerbund entzogen und an eine Sonderkonferenz von Ländern, die »an der Lage im Fernen Osten interessiert« waren, zur Erörterung geleitet wurde. Die USA und die Sowjetunion erklärten sich für »interessiert« und entsandten ihre Vertreter.

Die Konferenz fand vom 3. bis 24. November 1937 in Brüssel statt. Der amerikanischen Regierung war aus den Berichten ihres Militärattachés, Oberst Stillwell, bekannt, was die japanischen Aggressoren angerichtet hatten. Nach den Worten des stellvertretenden Außenministers Sumner Welles jedoch sahen sich die USA nicht in der Lage, zwischen dem Aggressor und dem Opfer der Aggression zu unterscheiden sowie »aus irgendeinem Grunde Mitgefühl für das Opfer zu empfinden«.[27]

Die USA praktizierten ihr Embargo für Waffenlieferungen nach Spanien, vermieden es jedoch zugleich, die Bestimmungen des Neutralitätsgesetzes auf Japan anzuwenden. Der Leiter der amerikanischen Delegation, Davis, schlug vor, eine Lösung auf *»beiderseits annehmbarer Grundlage«* zu suchen. Auch hier zeigte sich bereits das Gespenst von München.

Der Dialog geriet in eine Sackgasse, und die Konferenz mußte unterbrochen werden, »um weiter nach friedlichen Methoden zur Regelung des Konflikts zu suchen«.[28] Die Pause und mit ihr der japanisch-chinesische Krieg dauerten bis September 1945.

Die Aggression Japans kostete China 25 bis 30 Millionen Menschenleben.[29] Diese Opfer werden in der tragischen Gesamtbilanz des Zweiten Weltkrieges nicht aufgeführt. Wie auch die Menschen, die in Abessinien getötet wurden. Von Spanien gar nicht zu reden. Mit welchem Recht und nach welcher Moral geschieht das? Um auf der ewigen Sonne der westlichen Demokratien keine Flecken erscheinen zu lassen? Um die Version nicht zu erschüttern, vor dem 1. September 1939 habe es keine Kriege gegeben? Man marschierte zu »Expeditionen« hinaus, es kam zu »lokalen Konflikten«, »Vorfällen« und »Fällen«. Im »Falle« Chinas und der »Abessinienexpedition« hielten sich die Aggressoren nicht im geringsten an die Haager oder die Genfer Konvention. Sie machten keine Gefangenen. »Elemente« (nach japanischer Terminologie gegnerische Soldaten, die sich ergaben) erledigte man an Ort und Stelle.

Es galten keine Regeln und damit auch keinerlei Verbote. Daß man in Abessinien Giftgas einsetzte, wurde bereits erwähnt. Bei dem Massaker vom 3. April 1935 am Ashangi-See setzten die Faschisten 140 Flugzeuge ein, die mit chemischen Bomben bestückt waren. Die japanischen Aggressoren wandten in China über 530mal chemische Kampfstoffe an. Die Zahl der Operationen, bei denen die Japaner mit bakteriologischen Waffen an Chinesen »experimentierten«, ist allein Tokio und Washington bekannt und wird von ihnen bis zum heutigen Tage geheimgehalten.

Wenn all das kein Krieg war, dann gab es im Zweiten Weltkrieg auch keinen Einsatz chemischer oder bakteriologischer Waffen. Damit das Gewissen ruhig weiterschlafen kann, will man auch andere »Kleinigkeiten« dem Vergessen anheimgeben: die sowjetischen Verteidiger der Katakomben von Odessa und Kertsch, die man mit Gas ausräucherte, die Liquidierung von bis zu 1500 sowjetischen Kriegsgefangenen in

Auschwitz, an denen die Chemiker der IG Farben und die Nazibüttel die tödliche Dosis von Zyklon B erprobten, oder die rollenden Gaskammern, diese grauenhaften Fahrzeuge, in denen Tausende (oder Hunderttausende?) Opfer ums Leben gebracht, indem sie abtransportiert wurden.

Am 3. November 1937 wurde die Brüsseler Konferenz eröffnet, die »die Lage im Fernen Osten« erörterte. Am 5. November berief Hitler eine Besprechung ein, an der Reichskriegsminister Blomberg, die Kommandeure aller Waffengattungen von Fritsch, Raeder und Göring sowie Außenminister von Neurath teilnahmen. Der »Führer«, der in seinem Memorandum zum Vierjahresplan im August 1936 gefordert hatte, Deutschland müsse 1940 bereit sein, Krieg gegen jeden Gegner führen zu können (Hitler ging damals von der Möglichkeit aus, eine weltweite Allianz gegen die UdSSR zu schmieden[30]), servierte seinen Kumpanen diesmal eine noch größere Überraschung: Das »*Problem des deutschen Lebensraumes*« sollte bis 1943, höchstens 1945 gelöst sein. Keineswegs später.

Womit sollte man beginnen? Mit der Tschechoslowakei und Österreich, ohne vor Waffengewalt zurückzuschrecken. Wann? Die Wahl des Zeitpunktes behielt Hitler sich vor. Er wollte sie in Abhängigkeit davon treffen, wie sich die sozialen Spannungen in Frankreich verschärften und ob es zu einem bewaffneten Konflikt zwischen Italien und Frankreich kam, in den Großbritannien hineingezogen werden konnte. Die Versuche, aus dem »Hoßbach-Protokoll«[31] (so hieß der Adjutant der Wehrmacht bei Hitler, der bei der Besprechung am 5. November 1937 anwesend war) herauszulesen, diese äußerste Zielmarke (1943/1945) beziehe sich auf die Operationen gegen die Tschechoslowakei und Österreich oder in erster Linie auf sie, da Hitler die Sowjetunion, das Baltikum und Polen nicht erwähnte[32], halten keiner seriösen Kritik stand.

Das »Problem des deutschen Lebensraumes« in der nazistischen Lesart kann auch bei einer beträchtlichen Portion Phantasie nicht mit der Einverleibung Österreichs und der Tschechoslowakei gleichgesetzt werden. Einer derartigen Auslegung widersprechen auch die konkreten Handlungen des »Führers«. Am 21. Dezember 1937 folgte die Umgestaltung des Operationsplanes »Grün« (die vorherige Variante war am 24. Juni 1937 ausgearbeitet worden). Ein wirklich neues Element in Hitlers Einstellung war nun die *Bereitschaft zur Gewaltanwen-*

43

dung auch dann, »wenn sich die eine oder andere Großmacht gegen uns wendet«.

Glaubte Hitler, Großbritannien werde ins Lager seiner offenen Gegner überwechseln? Das ist kaum anzunehmen, obwohl die Pille, die man nun für London fertigte, schwer zu verdauen war. Der Staatssekretär im Auswärtigen Amt, Ernst von Weizsäcker, legte am 10. November 1937 eine Aufzeichnung über die Politik gegenüber England vor. Darin hieß es: »Wir wollen von England Kolonien und Aktionsfreiheit im Osten, England wünscht von uns militärisches Stillhalten, namentlich im Westen ... Das englische Ruhebedürfnis ist groß. Es lohnt sich festzustellen, was England für seine Ruhe zahlen will.«[33] Hitler sammelte Ratschläge und Meinungen für die auf den 19. November 1937 anberaumte Begegnung mit dem Stellvertreter des britischen Premierministers Lord Halifax.

Am besten wäre es, die deutsche und die britische Mitschrift dieses einmaligen Cocktails von Gurren und Balzen hier nebeneinander wiederzugeben. Leider setzt das Thema uns in dieser Hinsicht Grenzen. Deshalb sei hier nur das Wesentliche angeführt, und dies ohne Einseitigkeiten.

In sowjetischen Veröffentlichungen spannte man bis vor kurzem das konservative London sehr direkt vor den Kampfwagen der Nationalsozialisten. Die Briten spielten aber ein komplizierteres Spiel. Wie Stalin im Jahre 1939 wollten sie einen Konflikt in Europa hinauszögern, weil sie eine Atempause für das Auffüllen ihrer Waffenarsenale benötigten. Das war nicht ungefährlich, aber auch kein aussichtsloses Unterfangen, meinte zumindest Neville Chamberlain. »Ich glaube«, schrieb der britische Premierminister, »der doppelte politische Kurs der Wiederaufrüstung und der Herstellung besserer Beziehungen zu Deutschland und Italien wird uns sicher durch diese Gefahrenperiode führen.«[34]

Hitler, so erklärte Halifax, habe »nicht nur in Deutschland selbst Großes geleistet ... sondern auch durch die Vernichtung des Kommunismus im eigenen Lande diesem den Weg nach Westeuropa versperrt ... Daher (könne) mit Recht Deutschland als Bollwerk des Westens gegen den Bolschewismus angesehen werden.« Auf dieser Grundlage könnten beide Mächte zu einer »Verständigung« gelangen. Diese wäre vor allem auch Frankreich und Italien nicht verwehrt, denen »von Anfang an klargemacht werden müsse, daß es sich bei dem deutschenglischen Zusammengehen in keiner Weise um Italien- oder Frankreich-feindliche Machenschaften handeln könne«. »Hausherren«, die über die europäischen Dinge (und zugleich über die Kolonien) entschieden, müßten diese vier Mächte sein. Und nur sie.

Hitler stellte als Bedingung für die »Verständigung« unter anderem die Annullierung der sowjetischen Verträge über gegenseitigen Beistand mit Frankreich und der Tschechoslowakei, die nach seiner Auffassung die Situation in Europa komplizierten und das Wettrüsten anheizten. Und wie süße Musik in Halifax' Ohr: »Nur ein Land, Sowjetrußland, kann bei einem allgemeinen Konflikt gewinnen.«

Nein, einen Konflikt durfte es auf keinen Fall geben. Chamberlains Worte variierend[35], sagte Halifax, London verstehe durchaus, daß »eine Anpassung an neue Verhältnisse, eine Korrektur früherer Fehler und notwendig gewordene Änderungen der bestehenden Zustände ins Auge gefaßt werden müßten«. »Die Welt«, so der Lord, »sei nicht statisch, und keine Änderungsmöglichkeit des bestehenden Zustandes solle ausgeschlossen werden.« Die Regierung Chamberlain mache einen einzigen Vorbehalt aus Gründen der Selbsterhaltung geltend: »Änderungen dürfen nur auf Grund einer vernünftigen Regelung erfolgen.«

Halifax verletzte die britische Tradition. Er überließ es nicht seinem Gesprächspartner, rätselhafte Wendungen zu dechiffrieren, sondern fuhr fort: In der europäischen Ordnung werden wahrscheinlich »früher oder später« die Veränderungen eintreten, die Deutschland wünsche, konkret, was »Danzig, Österreich und die Tschechoslowakei« betreffe. Großbritannien habe nur eins im Sinn, »daß diese Änderungen auf dem Wege friedlicher Evolution zustande gebracht« werden.[36]

Der Dialog mit Halifax zementierte Hitlers Überzeugung, mit Chamberlains England könne er handelseinig werden. Der »Führer« mußte für sich entscheiden: entweder alles auf eine Karte zu setzen oder sich damit zu begnügen, was ihm von selbst in den Schoß fiel, und die Briten mit ihrer altmodischen langsamen Anpassung an das Tempo des modernen Lebens zu verfluchen. Hitler war sich klar darüber, daß eine Blitzkriegsstrategie, die auf der extremen Anspannung aller Kräfte aufbaute, keinem ernsten Rückschlag standhielt; ein Mißerfolg, eine einzige Niederlage bedeutete für sie den Anfang vom Ende. Aber ohne das Prinzip »alles oder nichts« wäre der Nazismus nicht der Nazismus gewesen.

China, Abessinien, das Rheinland, Spanien, die Einstellung der europäischen Zeitrechnung auf den Krieg – den inneren Zusammenhang dieser Ereignisse, die auf verschiedenen Kontinenten folgerichtig und parallel abliefen, läßt man gewöhnlich außer acht. Dabei sind ein klarer Rhythmus, ein ganz eigenes Periodensystem im Vorgehen der Aggressoren zu erkennen, die Übereinstimmung ihrer Pläne und ihrer Methoden – Erpressung, Isolierung der Expansionsobjekte und ihre Eroberung eines nach dem anderen. Und die radikale Nutzung des chronischen Übels der Demokratien – ihre antisowjetischen Vorurteile.

Der britische Premierminister Stanley Baldwin gab im Jahre 1936 zu, im Falle eines bewaffneten Konfliktes könnte Großbritannien »Deutschland mit Rußlands Hilfe schlagen, das aber wird offenbar nur zur Bolschewisierung Deutschlands führen«.[37] Auf einer Kabinettssitzung am 23. Mai 1937 klagte Baldwin: »Wir haben in Europa zwei Verrückte, die frei herumlaufen. Wir müssen uns auf das Schlimmste vorbereiten.«[38] Auf das Schlimmste, denn die krankhafte Sowjetallergie blockierte jede Alternative, die für die Sowjetunion mehr als eine entwürdigende Nische vorsah. Es wäre »ein Unglück, wenn die Tschechoslowakei dank sowjetischer Hilfe gerettet würde«, erklärte Neville Chamberlain im April 1938.[39] Man wollte dieses kleine Land nicht retten, wie Ludwig von Beck und andere deutsche Frondeure rieten, die die Operation »Grün« für ein Abenteuer hielten. »Wer aber garantiert uns dafür«, entgegnete der britische Regierungschef, »daß Deutschland nachher nicht bolschewistisch wird?«[40] Bald darauf traf die Tschechoslowakische Republik die Wucht dieser politischen Heuchelei.

Die Premierminister wechselten, aber die Klischees, die die anhaltende Treue zur Politik des Appeasement signalisieren sollten, welche zuweilen bis zur Liebedienerei gegenüber dem Aggressor ging, wechselten nicht. Mussolini in die Schranken zu weisen bedeutete, den »Linken« in Italien in die Hände zu spielen, die spanische Republik zu verteidigen hieß, mit einer »marxistischen Verschwörung« Nachsicht zu üben. Sollte von Beck Hitler stürzen, werde man die politischen Gefangenen freilassen, von denen drei Viertel Kommunisten seien. Man wollte die Zeit und die Nazihenker für sich arbeiten lassen.

War der Sowjetkommunismus wirklich so furchterregend? Stalin hatte ihn doch zu dieser Zeit bereits mehr kompromittiert als sonst jemand auf der Welt. Er wandelte die marxistische Theorie zu lebloser Scholastik und die Partei zum Fußvolk eines Ritterordens. Die Willkür und die Repressalien Stalins kosteten in der UdSSR mehr Kommunisten das Leben, als die Nazis in Deutschland vernichteten. Sah man das im Westen nicht?

In dem umfangreichen literarischen Nachlaß Winston Churchills verliert sich sein Buch unter dem Titel *Schritt für Schritt,* das 1940 in Amsterdam erschien.[41] Das ist ein Sammelband von Essays, die der künftige Premierminister seit dem 13. März 1936 nahezu regelmäßig alle zwei Wochen veröffentlichte.

Sein Kommentar vom 4. September jenes Jahres behandelt die Moskauer Schauprozesse. Die Abrechnung mit den »Vätern der russischen kommunistischen Revolution«, den »Baumeistern einer logischen Utopie«, den »Pionieren des Fortschritts nach links«[42] ist für den temperamentvollen Sowjethasser Anlaß für grobe Beschimpfungen der Opfer Stalins anstelle eines Nekrologs. Das verdient deshalb Erwähnung, weil wir dadurch in der Lage sind, an Churchills Rundfunkrede vom Abend des 22. Juni 1941 und insbesondere an seine olympische Ruhe, um den Begriff Gleichgültigkeit zu vermeiden, gegenüber den unvorstellbaren Leiden der Bevölkerung der UdSSR unter der Naziinvasion den richtigen Maßstab anzulegen.

Und noch etwas anderes ist bemerkenswert. »Wie wirken sich diese Abschlachtungen auf Rußland als Militärfaktor im Gleichgewicht Europas aus?« fragte Churchill. »Offensichtlich hat sich Rußland entscheidend vom Kommunismus fortbewegt. Das ist ein Ruck nach rechts. Der Plan einer Weltrevolution, der die Trotzkisten befeuerte, ist brüchig geworden, wenn nicht vollends zertrümmert. Der Nationalismus und ungekrönte Imperialismus Rußlands präsentiert sich unfertiger, aber auch zuverlässiger. Es mag wohl sein, daß Rußland in seiner alten Verkleidung des persönlichen Despotismus mehr Berührungspunkte mit dem Westen hat als die Evangelisten der Dritten Internationale. Auf jeden Fall wird es weniger schwer zu verstehen sein. Es handelt sich in der Tat weniger um eine Manifestation der Weltpropaganda als um den Selbsterhaltungsakt einer Gemeinschaft, welche das scharfe deutsche Schwert fürchtet und auch allen Grund dazu hat.«

Wenden wir uns nun der Ouvertüre des Kommentars zu: »Kaum eine Woche vergeht, ohne daß ein finsteres, unheilvolles Ereignis das Abgleiten Europas in den Abgrund markiert oder den gewaltigen Druck unter seiner Oberfläche offenbart.« Die Schrecken Spaniens. Die innere Zerrissenheit Frankreichs. »Hitler kündigt die quantitative und qualitative Verdoppelung des deutschen Heeres an. Mussolini brüstet sich damit, daß er acht Millionen Italiener unter Waffen stehen hat ... Überall schreitet die Erzeugung von Kriegsgeräten in raschem Tempo fort, und die Wissenschaft vergräbt ihr schmachbeladenes Haupt im Unrat von Morderfindungen. Einzig das unbewaffnete gedankenlose Großbritannien hegt die Illusion der Sicherheit.«[43] Und aus dieser Froschperspektive läßt sich Churchills Schluß erkennen: Stalin, der sich auf Positionen des Antikommunismus begab, schuf damit die Voraussetzungen für die Zusammenarbeit mit Rußland.

Das sind nicht die Worte eines Publizisten, der mit literarischer Arbeit seinen Lebensunterhalt verdient. Seit 1936 setzte sich Churchill öfter und hörbarer als jeder andere bürgerliche Politiker Großbritanniens für die militärische Zusammenarbeit mit der Sowjetunion als Antithese zur Politik des Appeasement ein, was nach seiner Meinung eine Chance gewährte, die Aggressoren in die Schranken zu weisen und schließlich zu schlagen.

Das Exemplar des Sammelbandes mit Artikeln Winston Churchills, das der Autor in die Hand bekam, ist auch aus folgendem Grunde einzigartig: Hermann Göring hatte 1945, als die Amerikaner ihn in Gewahrsam nahmen, genug Zeit, sich außerdienstlicher Lektüre zu widmen. Mit dem Stift in der Hand ging er *Schritt für Schritt* Seite für Seite gründlich durch. »Ich habe das Buch mit großem Interesse gelesen«, schrieb die ehemalige Nummer zwei des Nazireiches, »und daraus Nutzen gezogen für meine Verteidigung. Hermann Göring, 1945, Nürnberg.« Die meisten Ausrufungs- und Fragezeichen, Unterstreichungen und Randnotizen hinterließ er in dem Kommentar »Der Feind von links«.

In Churchills Essay »Frankreich nach München« (vom 4. Oktober 1938) strich Göring die Schlußpassage an: »Es ist ein Verbrechen zu verzweifeln. Wir müssen es lernen, in dem Mißgeschick Quellen künftiger Kraft zu finden. Unsere Führung muß mindestens ein Stück von dem Geist jenes deutschen Gefreiten haben, der, als alles rings um ihn in Trümmer zerfallen war, als Deutschland für alle Zukunft im Chaos versunken zu sein schien, nicht zögerte, gegen die gewaltige Schlachtreihe der siegreichen Nationen zu marschieren und sie bereits so entscheidend geschlagen hat. Die Stunde gebietet nicht Verzweiflung, sondern Mut und Wiederaufbauwille, und das ist der Geist, der uns beherrschen sollte.«[44]

Am Schluß des Buches führte Göring unter der Überschrift »Richtige

Stellen« das »Beispiel des deutschen Gefreiten auf Seite 323« an. Ob er sich nun entschlossen fühlte, diesem in seiner Verstocktheit nachzueifern und auch fünf Minuten nach zwölf auf seinem Standpunkt zu beharren, oder ob er nach dem Beispiel des »Gefreiten« sich der Verantwortung für seine irdischen Untaten entziehen und durch Selbstmord in der Versenkung verschwinden wollte? Niemand wird es je erfahren.

Das Prinzip der Unteilbarkeit der internationalen Sicherheit, wenn es überhaupt in den westlichen Hauptstädten jemals hoch im Kurse stand, ging in den Jahren 1936/37 nur schlecht mit dem verbreiteten Krämerdenken zusammen, was die Durchsetzung eines unbequemen Prinzips kosten werde und ob man mit Prinzipienlosigkeit nicht billiger fahre. Die Logik des Opportunismus schuf einen Teufelskreis zweifach und dreifach verschiedener Maße und Kriterien, die das Völkerrecht zur reinen Fiktion verkommen ließen. Solange einem vor fremder Unverfrorenheit und Gewalt die Knie zitterten, galten fremde Interessen nicht viel, konnte man mit ihnen Handel treiben, um die eigenen abzusichern. Die Welt verlor ihre realen moralischen Kriterien, die sich über Jahrhunderte in Raum und Zeit ausgeprägt hatten.

Wenn es Deutschland verstanden hätte, bei der Errichtung seiner Hegemonie auf dem Kontinent Frankreich auszusparen und Großbritannien zu besänftigen, dann wäre es möglicherweise nicht zum europäischen Krieg gekommen. Den Überfall auf die Sowjetunion hätten die Nazis außerhalb des herkömmlichen Völkerrechts vollzogen. Dies wäre dann kein bewaffneter Konflikt zwischen Staaten, sondern zwischen zwei unvereinbaren Ideologien gewesen. Hätte Hitler vor dem Überfall auf Polen zu dieser Finte gegriffen, wäre ihm einhelliger Beifall der Demokraten zuteil geworden.

Eine abstrakte Vermutung? Keinesfalls. Dieses Kind politischer Alchimisten der Vorkriegszeit, das in den stürmischen Jahren 1939 bis 1945 unter vielfachen Wandlungen heranwuchs, fand schließlich in den Dokumenten der Truman-Administration unter der Bezeichnung »Krieg aus ideologischen Motiven« seinen Platz. Die friedliche Koexistenz unterschiedlicher Systeme wurde als Modus vivendi für die westliche wie auch die östliche Halbkugel abgelehnt. Die Notwendigkeit, sich auf andere einzustellen, erschien überflüssig, wenn unter dem Verhandlungstisch ein solches Argument wie das Atommonopol bereitlag.

Ein unverzeihlicher Fehler Tokios war der Überfall auf Pearl Harbor. Roosevelt bekannte im Gespräch mit Stalin in Teheran ganz offen, daß die USA ohne Pearl Harbor und ohne Hitlers Kriegserklärung gegen sie durchaus hätten bei ihrem »neutralen« Status bleiben können.

Bis einschließlich 1937 waren die Demokratien gefordert, zumindest in solchen Fällen wie China, Abessinien und Spanien, ihren wortreichen Erklärungen Taten folgen zu lassen. Daß sie sich ihrer Pflicht entzogen, änderte nichts an der Realität des Krieges. Im Gegenteil, da die Aggressoren immer sicherer wurden, daß keine Vergeltung folgen werde, nahm der Krieg immer brutalere Formen an. »Nichteinmischung«, »Befriedung« und »Hofieren« feuerten Japan, Italien und Deutschland immer mehr an, bis der ganze Erdball in Flammen stand.

Da lief absurdes Theater ab, wo der Eintritt mit dem Leben von Millionen bezahlt wurde: Der Krieg war nicht mehr allein die Konsequenz der Willkür des Aggressors, sondern abhängig von der Bereitschaft anderer, den Schmerz überfallener Nationen zu empfinden, die Hilferufe eines nahen oder fernen Nachbarn zu hören. Wie viele Staaten und insbesondere Großmächte müssen eine Realität anerkennen, damit der Krieg als Krieg, damit der Aggressor als Aggressor in die Annalen der Geschichte eingehen? Mit anderen Worten: Nach welchen Kriterien werden die Ereignisse einrangiert, wer drückt ihnen den Qualitätsstempel auf?

Von den Politikern etwas zu erwarten, ist vergebliche Liebesmüh. Ludwig XIV. verkündete: »L'état – c'est moi.« Männer und Frauen, die an der Spitze von Staaten stehen, verkünden bis heute dasselbe, nur moderner. Wo »ich« nicht präsent bin, kann nichts Wichtiges geschehen.

Was also geschah auf unserer Erde bis zum 1. September 1939? Außer China, Abessinien und Spanien war da noch der Anschluß Österreichs, die Aufteilung und Einverleibung der Tschechoslowakei, der Anschluß Klaipedas (Memels) und des umliegenden Gebietes, die Aggression Italiens gegen Albanien, der Überfall Japans auf die Mongolei, der in die Schlacht am Chalchin-Gol mündete.

Das sind *lokale Konflikte,* belehrt man uns, denn die Weltmächte hielten sich von ihnen fern. Aber mindestens drei der damaligen Weltmächte und nach neuesten »Enthüllungen«, die die UdSSR zum »Verbündeten« Deutschlands herabwürdigen wollen, fast vier führten bereits Krieg. Wie viele Kriege mußten noch dazukommen, damit die

50

Quantität in Qualität umschlug? Was fehlte China, daß man ihm den Status einer Großmacht verwehren konnte?

Mit ihm betrug die Zahl der kriegführenden Mächte bereits fünf. Hier gehen die Meinungen auseinander. Die Mehrzahl der Historiker, Politologen und Juristen neigen zu der Auffassung, daß vor allem Großbritannien einem gewöhnlichen Krieg die Weihen des Weltkrieges gab. Warum London und nicht Washington?

Über Geschmack soll man nicht streiten. Nehmen wir an, daß die Weltkriege an der Themse gebacken wurden, wie für den Beamten Poprischtschin, ein Kind der Einbildungskraft des genialen Nikolai Gogol, der Mond in Hamburg angefertigt wurde. Aber auch das hilft uns nicht viel weiter. Großbritannien erklärte am 3. September 1939 Deutschland den Krieg. Wenn die Logik, die auf China und andere Staaten angewandt wird, richtig ist, dann hatten wir in Europa am 1. und 2. September lediglich einen banalen lokalen Konflikt.

Seriöse Forscher sind sich bewußt, welch schwankenden Grund eine Plattform darstellt, die auf einer so veränderlichen Größe beruht wie dem egoistischen Interesse. Die Wissenschaft muß sich vor allem auf Tatsachen stützen und darf sich nicht der Bequemlichkeit anpassen, sie muß alle Tatsachen ins Auge fassen, auch die unangenehmsten. Anders kann es nicht sein, denn Geschichte besteht aus Realitäten und nicht aus Meinungen, mögen sie auch von noch so hohen Autoritäten ausgehen.

Andreas Hillgruber spricht von dem Überfall auf Polen als der »ersten Phase des europäischen Krieges«.[45] Hitler plante seine Aggression als »regionalen Krieg« und schloß, um einer britischen Einmischung vorzubeugen, den Nichtangriffspakt mit Stalin.[46] Die nächste Phase des »europäischen Krieges« ist nach Hillgruber mit der strategischen Wendung Hitlers nach Osten und der Vorbereitung auf den Einmarsch in die UdSSR verbunden.[47] Vom 22. Juni bis zum 11. Dezember 1941 unternimmt Deutschland Schritte von »weltpolitischen« Dimensionen. Dies sind der Überfall auf die Sowjetunion und die Kriegserklärung an die Vereinigten Staaten.[48] Das »Zusammenfließen des europäischen Krieges mit dem ostasiatischen Konflikt zum ›Weltkrieg‹ (im lexikalischen Sinne)«[49] war die Folge des japanischen Überraschungsschlages gegen die Hauptbasis der pazifischen Flotte der USA.

Das klingt logisch, aber diese Logik wirkt irgendwie künstlich. Warum reichten die Bündnisbeziehungen zwischen Deutschland, Italien und Japan allein nicht aus, um diese geographisch verstreuten Kriegs-schauplätze zusammenzuführen? Warum mußten dazu erst die USA und Großbritannien, die UdSSR und China Bündnisse schließen? Hatte die Einbeziehung Washingtons in den Krieg Rückwirkungen auf den japanisch-chinesischen Fall, oder wurde auch dieser erst am 7. Dezember 1941 zu einem Krieg?

Eberhard Jäckel teilt im großen und ganzen die Methodik Hillgrubers – die Einbeziehung der USA in den Krieg gegen ihren Willen *steigerte diesen von einem europäischen zu einem Weltkrieg.*[50] Er interpretiert den Dezember 1941 als eine »Kriegswende« nicht im Sinne der Launen des Kriegsglücks, sondern einer »Häufung von weltgeschichtlichen Ereignissen in wenigen Tagen, (die) es rechtfertigt, daß wir sie im internationalen Vergleich und im globalen Zusammenhang untersuchen«.[51] Der letzte Satz deutet auf eine komplexe, nicht selektive Betrachtungsweise hin. Davon wird aber nicht verständlicher, was die damaligen Politiker und heutigen Wissenschaftler daran hinderte und hindert, diesen »globalen Zusammenhang« zu erkennen, bevor die USA das Etikett »interessierte« gegen »kriegführende« Macht austauschten. Wäre eine andere Methodik nicht überzeugender, die in den Vordergrund nicht die Zusammensetzung der Kriegsteilnehmer setzt, sondern die Ziele analysiert, die diese verfolgten?

Der »europäische Krieg« ist keine kausal bedingte Differenzierung. Im Unterschied zu manchen Politikern sind Opfer für die Mehrzahl der Wissenschaftler keine bloß statistischen Zahlen. Die Wissenschaft ist verpflichtet, das Prinzip der Gleichberechtigung der Völker und das menschliche Leben als höchstes Gut bis zum letzten Atemzug zu verteidigen, weil ohne sie das Völkerrecht und die Freiheit der Menschen hohle Worte sind.

Wer hatte denn recht? Henry Stimson, Außenminister unter Präsident Hoover und Kriegsminister unter Roosevelt, für den »der Weg in den Zweiten Weltkrieg ... von den Eisenbahngleisen bei Mukden bis zu den Bombereinsätzen über Hiroshima und Nagasaki ... klar zu erkennen« war?[52] Oder Churchill, der (solange er die Rolle des Premierministers noch nicht zu seinem zweiten Ich erhoben und seinen eigenen zweiten Weltkrieg zu führen begonnen hatte) die Intervention der Achsenmächte in Spanien und das Münchener Abkommen als Kriegsakte qualifizierte? Oder die Geschichtsschreiber, die Europa beziehungsweise Deutschland[53], es kann sein auch die USA, zum Zentrum des Universums bestimmen und ohne jede Skrupel zeitliche und kausale Zusammenhänge auseinanderreißen, wenn die Wahrheit ihren Versionen im Wege steht? Hier ist es angebracht, an einen Ausspruch der alten Griechen zu erinnern: Nicht einmal die Götter sind imstande, Geschehenes ungeschehen zu machen.

Am 12. März 1938 verleibte sich Deutschland Österreich mit Gewalt ein.[54] Zwei Tage zuvor hatte Horace Wilson, das Echo von Premierminister Neville Chamberlain, Berlin zur Kenntnis gegeben, London werde »seine Linie, eine Verständigung mit Deutschland und Italien herbeizuführen, durchhalten«. Dabei könne man die Interessen der UdSSR mißachten. »Das dort herrschende System muß eines Tages zerschmelzen.«[55]

Daß Wilsons Worte auf Österreich und die Tschechoslowakei gemünzt waren, stand außer jedem Zweifel. Görings »Forschungsamt« dechiffrierte eine Depesche des französischen Außenministeriums an den Gesandten in Wien: »Großbritannien (ist) nicht bereit, Herrn Schuschnigg zum Widerstand aufzufordern.« Bald darauf fing das »Amt« Berichte ab, aus denen hervorging, daß eine französische »Aktion (zur Unterstützung der Unabhängigkeit Österreichs) nur deswegen gescheitert ist, weil England ablehnte« *(Braune Meldungen,* Nr. 83709 und 83722).[56]

Berlin hätte sich allerdings die mühselige und teure Entschlüsselungsarbeit sparen können. Man hätte nur in die öffentlich zugänglichen Protokolle des britischen Parlaments zu schauen brauchen. In einer Rede vor dem Unterhaus am 24. März 1938 rügte Chamberlain diejenigen streng, die von Gewaltanwendung sprachen und damit die Diplomatie behinderten. Die britische Regierung könne nicht von vornherein Verpflichtungen gegenüber einer Region eingehen, sagte der Premier, wo die Lebensinteressen Englands »nicht in dem Maße betroffen sind, wie dies gegenüber Frankreich und Belgien der Fall ist«.[57]

Von der britischen »Großzügigkeit« mußte auch Mussolini etwas abbekommen, damit er dem Appeasement nicht aus Versehen in die Quere kam. Am 16. April 1938 unterzeichneten Chamberlain und der Duce einen Vertrag über Freundschaft und Zusammenarbeit, den Großbritannien durch die Anerkennung der italienischen Annexion Abessiniens bekräftigte. Chamberlain gestand Franco den Status einer kriegführenden Partei zu. Damit war der Weg frei, die Kreuzigung der spanischen Republik zu vollenden.

Die Demokratien wahrten beredtes Schweigen, als Japan die Schwachstellen der Verteidigung und die Nervenstärke der UdSSR im Fernen Osten testete. Eine ganze Serie von Diversionsakten und Provokationen fand schließlich ihre Krönung im Angriff einer bewaffneten Einheit Japans auf die sowjetischen Grenzposten am Chassan-See. Reguläre Einheiten der Roten Armee wurden zusammengezogen und warfen die »Grenzverletzer« zurück. Was aber, wenn dieser Zwischenfall nicht so rasch erledigt worden wäre und die Sowjetunion zaghaft reagiert hätte? Der gottverlassene See hätte zum Ursprung unabsehbarer Komplikationen werden können.

Begriffen die führenden Repräsentanten Großbritanniens, Frankreichs und der USA eigentlich, in welches Feuer sie da Öl gossen, daß ihr Spiel mit den Aggressoren alles andere als ein Salonvergnügen war? Sie wußten und begriffen es.[58] Aber es heißt nicht umsonst, daß die Hoffnung immer zuletzt stirbt. Deutschland war ein unbequemer Partner. Es kompensierte dies jedoch hervorragend durch seine »unversöhnliche Feindschaft« zur Sowjetunion, vorausgesetzt, diese Feindschaft ließ sich entsprechend kanalisieren.

Im November 1937 kamen Großbritannien und Frankreich überein, Hitler die Tschechoslowakei »abzutreten«, wenn die Annexion des Sudetenlandes ohne großes Aufsehen vor sich ginge. Seine Position, Großbritannien nicht wegen der Tschechoslowakei in einen Krieg hineinziehen zu lassen, begründete Chamberlain ohne alle Umschweife:

»Man braucht nur auf die Karte zu blicken, um zu erkennen, daß nichts, was Frankreich oder wir tun können, die Tschechoslowakei davor bewahren kann, von den Deutschen überrannt zu werden, wenn sie das wollen.« »Deshalb«, fuhr Chamberlain am 20. März 1938 fort, »könnten wir der Tschechoslowakei nicht helfen – tatsächlich würde sie nur einen Vorwand dafür abgeben, um mit Deutschland den Krieg anzufangen. Daran könnten wir nur denken, wenn wir einigermaßen Aussicht hätten, es in kurzer Zeit auf die Knie zu zwingen. Dafür aber sehe ich keine Chance. Deshalb habe ich jeden Gedanken daran aufgegeben, der Tschechoslowakei oder auch den Franzosen zu ihren Verpflichtungen gegenüber jenem Land Garantien zu geben.«[59]

Der britische Premier gab diese Position am 24. März 1938 im Unterhaus bekannt. Damit antwortete Chamberlain auf einen Vorschlag der Sowjetregierung vom selben Monat, eine Konferenz der UdSSR, Großbritanniens, Frankreichs, der USA und der Tschechoslowakischen Republik einzuberufen, um den Welteroberungsplänen der Nazis eine »große Allianz« entgegenzustellen.[60] Zugleich bekräftigte die Sowjetunion ihre Bereitschaft, ihre Verpflichtungen gegenüber der Tschechoslowakei zu erfüllen, wenn Frankreich analog handelte.

Die Tschechoslowakei befürwortete die Idee einer solchen Konferenz. Frankreich, das London vor das Dilemma gestellt hatte, sich für die UdSSR oder Großbritannien entscheiden zu müssen, wählte letzteres. Die britischen Konservativen hielten an ihrem bisherigen Kurs fest: Die Sowjetunion war zu isolieren und zu keinerlei Entscheidungen zuzulassen.

Welche Gedanken bewegten indessen die USA? Roosevelt lavierte, denn er hatte es einerseits mit den Isolationisten im eigenen Lande, andererseits mit Chamberlain zu tun, der »jede Einmischung der Vereinigten Staaten in Europa für unerwünscht« hielt.[61] London wies eine amerikanische Initiative zurück, die vorsah, eine Konferenz einzuberufen, um dort die Weltprobleme zu »klären« und »Richtlinien« für eine friedliche internationale Kooperation auszuarbeiten.

Der britische Affront wirkte abkühlend auf den US-Präsidenten. Schließlich geschah aus amerikanischer Sicht in Europa nichts, was einem den Schlaf rauben mußte. Es war eine der herkömmlichen Neuaufteilungen der Einflußsphären, wobei man den schwächeren Staaten einen bestimmten Platz im Gefolge des jeweiligen Souveräns zuwies. Die Kleinen konnten ohne viel Federlesens aus einer Sphäre in die andere geschleudert werden. Solange und wenn dies unter sich abgemacht wurde, entstanden keine überzogenen Einwände. Es war letztendlich nichts zu erkennen, was die USA nicht selbst in der westlichen Hemisphäre praktizierten und was nach dem Dafürhalten Washingtons nahtlos mit den Sitten der klassischen Demokratie übereinstimmte.

Im Sommer 1938 traten die Botschafter der USA in London, Paris und Berlin als Verfechter dieser Position auf. In ihrem Eifer, Hitler zu Diensten zu sein und in das künftige Münchener Abkommen einen antisowjetischen Faden zu weben, stellten sie zuweilen sogar die Briten in den Schatten. Der Präsident meldete sich am 26. September erneut zu Wort. In Telegrammen an Chamberlain, Daladier und Hitler stellte er sich hinter die Demarchen Londons und Paris', mit denen Benesch zur Kapitulation gezwungen werden sollte. Besondere Zuvorkommenheit wurde Mussolini zuteil: Washington bat ihn, seinen ganzen Einfluß geltend zu machen, damit Großbritannien, Frankreich und Deutschland die Waffen ruhen ließen und die Angelegenheit »friedlich« beendeten.

Auch Polen wollte mit den Großen gleichziehen und nicht ins politische Aus gedrängt werden. Außenminister Józef Beck versprach, den deutschen Anspruch auf Österreich zu unterstützen, wenn die Nazis gegen die polnischen Pläne im Hinblick auf Litauen keine Einwände erhoben. Diese Verständigung wurde mit Erklärungen von Beck an Göring (im Januar 1938) und von Göring an Botschafter Lipski (im März 1938) unter Dach und Fach gebracht.

Da die Führung des Reichs Gegenmaßnahmen seitens der Sowjetunion erwartete, schlug sie vor, eine »polnisch-deutsche militärische Zusammenarbeit gegen Rußland« zu vereinbaren.[62] Lipski erhielt am 17. März die Weisung, Göring zu informieren, die Regierung Polens sei bereit, die Interessen des Reichs (gemeint war das Memelgebiet) bei einer »möglichen Aktion gegen Litauen« zu berücksichtigen. Man ging davon aus, daß polnische und deutsche Einheiten zu gleicher Zeit in die entsprechenden Gebiete Litauens einrückten.[63] Diesen Streich durchkreuzte eine sowjetische Warnung. Warschau machte seinem Argwohn Luft, indem es versuchte, einen Staatenblock (aus den westlichen Nachbarn der UdSSR plus Jugoslawien und Griechenland) zusammenzuzimmern, der der Sowjetunion und ihren Verpflichtungen für die Tschechoslowakei und Frankreich im Falle eines Konfliktes mit Deutschland Paroli bieten sollte.[64] Der Dialog mit Bukarest war dem Inhalt nach gewichtiger. Hier wurden Varianten für eine territoriale Aufteilung des europäischen Teils der Sowjetunion erörtert.[65]

Die polnische Regierung leistete einen durchaus beachtlichen Beitrag zur Zerschlagung der Tschechoslowakei. Außenminister Beck wies alle Aufforderungen zur Zurückhaltung arrogant zurück, die auch aus London eintrafen. Am 22. September 1938 wurde Halifax offiziell mitgeteilt, Warschau sehe keinen Grund, Maßnahmen mit Großbritannien zu erörtern, die es für die Durchsetzung »gerechtfertigter polnischer Interessen« als geeignet erachte.[66]

Der polnische Botschafter in Paris, Lukaszewicz, entwickelte im Gespräch mit US-Diplomaten am 25. September 1938 die These, die Krise werde sich zu einem Konflikt der Weltanschauungen zwischen dem Nazismus und dem Bolschewismus sowie dem Agenten Moskaus Benesch auswachsen. Außer in den Raum von Teschen werde Polen Truppen auch in die Slowakei einrücken lassen und so eine gemeinsame Front mit dem befreundeten Ungarn bilden. Lukaszewicz nahm einen »russischen Angriff« auf Polen in Kauf, was Warschau jedoch nicht schrecke. Deutschland und Polen, erklärte er großtuerisch, würden Rußland innerhalb von drei Monaten in »wilde Flucht« schlagen.[67]

Lukaszewicz lüftete damit einen Schleier[68]: Warschau und Berlin erwogen zu dieser Zeit mögliche Militäraktionen gegen die Tschechoslowakei und steckten ihre Interessensphären ab. Polen spielte mit dem Gedanken, bei einer eventuellen Militäraktion die Rolle des Vorreiters zu übernehmen.

Nehmen wir an, Lukaszewiczs Prognose wäre eingetreten und die Tschechoslowakei nicht Opfer einer verdeckten, sondern einer offenen Aggression geworden. Der deutsche Generalstabschef Ludwig Beck opponierte damals nicht deswegen gegen Hitler, weil er dagegen war, die »Angelegenheit der Tschechei zu klären«. Zu einer militärischen Einzeloperation war die Wehrmacht bereit, aber in einem europäischen oder gar in einem Weltkrieg hatte Deutschland nach Becks Auffassung keine Chance.

Was also erhofften sich die polnischen Politiker und Militärs, als sie sich dem Reich an den Hals warfen? Ein Geschenk des Schicksals? Oder daß die Ausdehnung des Krieges nach Osten Großbritannien und Frankreich veranlassen werde, sich den »Siegern« anzuschließen, als die sie sich im Bündnis mit Deutschland bereits sahen?

Hitler meinte am Ende seines stürmischen Lebens im Ernst, München habe ihm das Spiel verdorben, weil die neue Wehrmacht nicht früher in Aktion hatte treten können. Möglicherweise sah Warschau dies anders, und nicht nur in Nuancen. Aber daß Polen 1938 die Fundamente der eigenen Existenz unterminierte, daran zweifelte kaum jemand. Es trug mit dazu bei, daß das System der kollektiven Sicherheit endgültig scheiterte. Frankreichs Verpflichtungen gegenüber Polen konnten dann nicht von größerem Gewicht sein als gegenüber der Tschechoslowakei. Das Verschwinden der CSR von der politischen und militärischen Landkarte Europas versetzte Polen bezüglich Deutschland in eine hoffnungslose strategische Lage.

Als die Machthaber Polens sich mit den Ansprüchen Deutschlands auf die Tschechoslowakei identifizierten und klammheimlich eigene Ansprüche nachschoben, luden sie förmlich dazu ein, analoge Forderungen auch an Warschau zu stellen. Józef Beck durfte sich nicht der Illusion hingeben, daß zum Beispiel sein Ultimatum an Prag am 30. September 1938, das in seinem Hochmut das Münchener Diktat noch übertraf, als böser Musterfall in die Praxis einging.

Über München selbst sind grundlegende Forschungsarbeiten erschienen. Es ist nötig, hier einige Momente herauszuheben, die für die Analyse weiterer Positionen der verschiedenen Seiten und ihre Konzepte von Bedeutung sind.

Erstens: Den USA, Großbritannien und Frankreich war lange vorher bekannt, daß die Nazis die Annexion der Tschechoslowakei vorbereiteten. Sie hatten genügend Zeit, um optimale Gegenmaßnahmen einzuleiten, zumal sie auch wußten, daß Erfolg oder Mißerfolg des Hitlerschen Programms der Errichtung eines »Tausendjährigen Reiches« wesentlich von der Einverleibung der CSR abhing.

Die Tschechoslowakei stellte das Bindeglied zwischen dem westlichen und dem östlichen Sicherheitssystem dar, die zwar beide nicht vollkommen, aber real existent waren. Als einziger der kleinen und mittleren Staaten der Region verfügte die CSR über ein starkes Verteidigungspotential und eine entwickelte Rüstungsindustrie. Ihre strategische Lage war noch bedeutsamer als ihre militärischen Möglichkeiten. Die Überwindung dieser Barriere und der Anschluß Österreichs begünstigten den deutschen Vormarsch nach Ost-, Süd- und Südosteuropa sowie den Zugang zum Schwarzen und zum Mittelmeer.

Zweitens: München war nicht eine eilig zusammengeschusterte, sondern eine sorgfältig geplante Verschwörung. Die Tschechoslowakei zu opfern war keine erzwungene, sondern eine bewußte Entscheidung, der ideologische und pragmatische Motive zugrunde lagen. Der bekannte britische Diplomat, Parlamentarier und Publizist Harold Nicolson notierte am 11. September 1938 folgendes über ein Gespräch mit Oliver Stanley, einem Mitglied der Regierung: »Oliver stimmt zu, daß dem Konflikt in Wirklichkeit überhaupt nicht das tschechoslowakische Problem zugrunde liegt ... ›Sehen Sie, Sieg oder Niederlage (im Kriege) entscheiden darüber, ob alles zu Ende ist, wofür wir stehen.‹ Ich hatte keinen Zweifel, daß er mit ›wir‹ die Klasse der Bourgeoisie meinte.«[69]

Besser, es gelang, ohne Krieg auszukommen. Aber wenn der Frieden nicht zu retten war, dann mußte es ein Krieg gegen die UdSSR sein. Das war der Grundgedanke der Appeasementpolitik in all ihren Varianten – von China und Abessinien bis zu Österreich und der Tschechoslowakei. In den Einzelheiten hatten Großbritannien, Frankreich und die USA

Differenzen. Solange es noch Alternativen gab, triumphierten im Kern jedoch die sozialen Instinkte.[70]

Robin Edmonds legt Beweise vor, daß die Idee, das Sudetengebiet der CSR zu entreißen, von Chamberlain als erstem artikuliert wurde. Der britische Premier war der eigentliche Initiator der Münchener Konferenz. Mussolini arrangierte nur die ihm zugespielte Melodie.[71]

Die westlichen »Befrieder« waren, wie Boris Celovsky richtig feststellt, »in ihrer Außenpolitik in erster Linie nicht demokratisch-rechtgläubig, sondern antibolschewistisch gesinnt«. Großbritannien betrachtete die Teilnahme des »halbasiatischen« Rußlands an der kontinentalen Politik als unerwünscht, und es war »entschlossen, sie zu verhindern«.[72]

Drittens: Die Demokratien verfügten über eine größere Palette von Möglichkeiten, dem Nazismus entgegenzutreten. Im Bündnis mit der UdSSR und auch ohne diese. Aber auf keinen Fall gegen die Sowjetunion. Jede Variante setzte Pflichtgefühl und Entschlossenheit voraus. Jedoch weder das eine noch das andere war vorhanden.

Der Wunsch Londons, die Nazis »fügsam« zu stimmen, war so groß, daß die Briten nicht einmal davor haltmachten, die Position Frankreichs zu verfälschen, als sie auch in dessen Namen sprachen. Im Gespräch mit Hitler am 27. September 1938 ersetzte Horace Wilson, um »den Führer nicht zu reizen«, die Worte »Angriffsoperationen« in der Warnung Frankreichs durch »aktive gegnerische Handlungen«. Aber selbst diese abgeschwächte Fassung veranlaßte Hitler, auf seine Generale zu hören und den Vorschlag Mussolinis über ein »Vierertreffen« nicht abzuweisen, wie er ursprünglich vorgehabt hatte.[73]

Chamberlain mußte sich davon überzeugen, daß ein rascher Sieg im Falle eines Konflikts mit Deutschland nicht im Bereich des Möglichen lag. Ein Zermürbungskrieg war hingegen für das British Empire zu belastend und sozial gefährlich. Deshalb setzte Chamberlain alles auf einen »Kompromiß« mit Hitler, selbst wenn dieser bedeutete, alle Positionen und Prinzipien aufzugeben.

Am 1. September 1938 teilte Wilson dem deutschen Geschäftsträger Theo Kordt mit: kämen Großbritannien und Deutschland zu einer Verständigung, sei die Meinung Frankreichs und der CSR irrelevant. Wilson versprach, die Regelung der tschechischen Krise werde Deutschland den Raum für seine wirtschaftliche Expansion nach Südosteuropa öffnen.[74] Im Brief vom 13. September 1938 an

König George VI. tat Chamberlain seine Absicht kund, Deutschland und Großbritannien zu »zwei Pfeilern des Friedens in Europa und zu Bollwerken gegen den Kommunismus« zu machen.[75]

Als »Bastion« gegen die Sowjetunion hatte in den Augen vieler westlicher Politiker das »Dritte Reich« im Gegensatz zur Weimarer Republik durchaus seine Vorzüge. »Die Briten«, lesen wir in einer umfangreichen Arbeit über den Widerstand gegen Hitler in Deutschland, »... waren nicht gegen das Naziregime in den Krieg gezogen, sondern gegen dessen Außenpolitik. Sie wollten den Frieden nicht für einen Wechsel des Regimes.«[76]

Viertens: Die Sowjetunion verkündete nicht nur ihren Willen, ihre Verpflichtungen aus dem Vertrag mit der CSR zu erfüllen, sondern traf auch Vorsorgemaßnahmen. Nach dem Bericht Kliment Woroschilows auf einer gemeinsamen Sitzung des Politbüros des ZK der KPdSU und des Rates der Volkskommissare der UdSSR vom 28. September 1938 richtete sich die Sowjetunion darauf ein, am 30. September 246 Bomber und 302 Jagdflugzeuge vom Typ I-16 zur Unterstützung der Tschechoslowakei aufsteigen zu lassen. Am 29. September gab der Volkskommissar für Verteidigung den Befehl, die Einheiten der Luftstreitkräfte, der Panzertruppen und der Infanterie in den westlichen Militärbezirken in Alarmbereitschaft zu versetzen. 330 000 Reservisten wurden zusätzlich einberufen.[77]

Komplizierter ist es herauszufinden, bis zu welchem Zeitpunkt Stalin ein Zusammenwirken der UdSSR und der CSR für möglich hielt, obwohl Frankreich sich nicht zur Hilfe für die Tschechoslowakei entschieden hatte. In der Schlußphase der Krise wurde dem sowjetischen Vertreter in Prag, Alexandrowski, die strikte Weisung erteilt, »sich nicht mehr als Beschützer aufzudrängen«. Aber das geschah erst am Ende des Monats September.

Während des ganzen Frühjahrs und Sommers wurde Moskau nicht müde, Großbritannien, Frankreich und die USA zu informieren, zu überzeugen und zu warnen, daß Europa an der Schwelle einer Katastrophe stand. Der sowjetische Vorschlag, eine internationale Konferenz durchzuführen und dort dringliche Maßnahmen gegen die Aggression auszuarbeiten, ist bereits erwähnt worden.

Großbritannien lehnte ab. Unter dem Druck Londons wagte es auch Frankreich nicht, ja zu sagen. Washington ließ den Vorschlag der UdSSR unbeantwortet, um, wie Cordell Hull später in seinen Memoiren schrieb, die sowjetische Seite nicht durch ein formales Nein zu enttäuschen.[78] Die USA wichen jedoch nicht nur selbst der Zusammenarbeit mit der Sowjetunion aus, sondern brachten auch die CSR gegen sie auf. Als sich im August 1938 Lord Runciman in Prag aufhielt, um für die britische Regierung die »Drecksarbeit« zu erledigen, begab sich auch der amerikanische Botschafter in Deutschland, Hugh Wilson, dorthin. Er hämmerte seinen Prager Gesprächspartnern ein, die Tschechoslowakei könne nur dann auf eine »Normalisierung« der Beziehungen zu Deutschland hoffen, wenn sie den Beistandsvertrag mit der Sowjetunion aufkündige.[79]

Als Mussolini nicht ohne Anraten der Briten und nicht ohne den Segen Washingtons formell die Viererkonferenz vorschlug, setzte die Roosevelt-Administration alle Hebel in Bewegung, damit es vor allem Frankreich nicht einfiel, die Sache hinzuziehen und die »rettende Chance« zu verpatzen.[80] Es gibt keinerlei Hinweise darauf, daß die USA die polnische Führung zur Ordnung gerufen hätte. Und wie Präsident Roosevelt über die Zerstörung der Tschechoslowakei auch gedacht haben mag, er nahm das Münchener Abkommen ohne jeden Widerspruch hin.

Fünftens: Die Demokratien irrten nicht in der Annahme, daß München nicht Endstation, sondern Sprungbrett zur Ausweitung der deutschen Expansion war. Das Nazireich war endgültig in den Kreis der »Auserwählten« aufgenommen, wo besondere Normen für Recht und Moral galten. Nun forderte man nicht mehr, sondern bat Deutschland nur noch darum, seine Waffen nicht zu mißbrauchen. Mit dem Säbel rasseln durfte es, aber nicht losschlagen, zumindest nicht gegen Geistesverwandte.

Das Treffen in München endete, wie bekannt, mit der Unterzeichnung eines weiteren Dokumentes – einer britisch-deutschen Deklaration über Nichtangriff, Frieden und Konsultationen. Um zu zeigen, daß die Pariser Schwankungen registriert worden waren und daß die Gunst des »Dritten Reiches« nicht jedem zustand, ließ Berlin bei der französisch-deutschen Deklaration auf sich warten. Sie kam am 6. Dezember 1938 zustande. Nach Ribbentrops Auffassung beseitigte sie »die letzten Reste der Gefahr einer französisch-russischen Zusammenarbeit«. Sein Partner Georges Bonnet, Mitverfasser der Deklaration, hat den Sinn der Übung noch krasser wiedergegeben. In seiner Information an die französischen Botschafter über die Verhandlungen mit dem Chef der Nazidiplomatie schrieb er: »Die deutsche Politik orientiert sich von nun an auf den Kampf gegen den Bolschewismus. Deutschland zeigt seinen Willen zur Expansion nach Osten.«[81]

In London, Paris und Washington hegten viele die Illusion, das Spiel sei die Kerzen wert gewesen, die man zum Andenken an Abessinien, die spanische Republik, Österreich und nun an die Tschechoslowakei gestiftet hatte. Der amerikanische Expräsident Herbert Hoover erklärte ganz offen, wenn man die deutsche Expansion, »die sich natürlich gegen den Osten richtet«, nicht behindere, hätte Westeuropa vom »Dritten Reich« nichts zu befürchten.[82]

Anfangs schien alles sich so zu fügen. Sofort nach dem Münchener Abkommen versuchte die Naziführung zu erkunden, inwieweit Warschau geneigt sei, das Einvernehmen und Zusammenwirken, die beim Anschluß Österreichs und der Zergliederung der CSR zustande kamen, in ein Militärbündnis gegen die UdSSR zu verwandeln. Deutschlands Drang nach Osten war aus Becks Sicht nur zu begrüßen, allerdings unter der Voraussetzung, daß polnisches Territorium nicht als Aufmarschgebiet von der Wehrmacht genutzt würde. Polnische Vertreter gaben zu verstehen, daß Rumänien derartigen deutschen Anliegen Interesse entgegenbringen könnte, wie es sich aus Regierungskontakten zwischen Warschau und Bukarest ergeben hatte.[83]

Die Begegnung Ribbentrops mit dem polnischen Botschafter Lipski am 24. Oktober 1938 und seine Gespräche mit Außenminister Beck in Warschau am 6. und 26. Januar 1939 brachten Klarheit in einer Frage: »Wir wissen«, vertraute der deutsche Botschafter in Polen, von Moltke, einem Gesprächspartner an, »daß Polen im Falle eines deutsch-sowjetischen Konfliktes auf unserer Seite stehen wird.«[84] Das war nicht wenig, aber es wäre riskant gewesen, lediglich auf der Grundlage allgemeiner Eindrücke eine größere Operation zu planen. Die Konzentration eines Maximums an Kräften in den Ausgangspositionen, wo man das Opfer der Aggression am härtesten treffen konnte, war unabdingbarer Bestandteil der Blitzkriegsstrategie.

Bei ihrem Werben um Polen glänzten die Nazis nicht gerade durch originelle Taktik. Sie benutzten dieselben Tricks, die ihnen im Saar- und Rheinland, in Österreich und der Tschechoslowakei reiche Beute eingebracht hatten. Jedoch auf Polen angewandt, eine Nation mit anderer Geschichte und ganz eigener politischer Mentalität, mußten sie ins Leere stoßen. Und als Hitler am 15. März 1939 auch das noch besetzen ließ, was von der Tschechoslowakei übriggeblieben war, verlor die Tändelei zwischen Berlin und Warschau jeglichen Schwung und jegliche Wärme.

Verlassen wir Europa für einige Zeit und versuchen wir in das Denken und Handeln der US-Administration einzudringen. Unter diesem Blickwinkel stellen wir die Frage so: Benahmen sich die Führer dieser Großmacht ebenso gelassen, als nun ins Visier Berlins und Tokios das geriet, was man die amerikanischen Interessen nannte?

Am 9. Oktober 1938 machte Roosevelt seinen Innenminister Harold Ickes darauf aufmerksam, daß Großbritannien und Frankreich, um den Drang des »Dritten Reiches« nach Kolonien zu befriedigen, diesem einige ihrer Besitzungen auf der westlichen Hemisphäre abtreten könnten, zum Beispiel Trinidad und Martinique. »Der Präsident hat entschieden«, schrieb Ickes in sein Tagebuch, »falls das geschieht, wird die amerikanische Flotte zu den Inseln entsandt, um sie zu besetzen.«[85]

Bereits im Januar 1938 hatte Roosevelt vom Kongreß eine Milliarde Dollar für den Aufbau einer »Flotte zweier Ozeane« gefordert und erhalten. Unmittelbar nach München hatte er sich 349 Millionen Dollar für die Ausrüstung eines Massenheeres gesichert. Auf einer Geheimbesprechung mit Vertretern aller Waffengattungen hatte der Chef der US-Administration dafür plädiert, eine Luftwaffe aus 20 000 Flugzeugen (bei einer Jahresproduktion von 24 000 Maschinen) aufzubauen, um die Neue Welt vom Nord- bis zum Südpol verteidigen zu können.[86]

Washington widersetzte sich mit aller Energie dem Vordringen der Nazis in Lateinamerika. Es beteiligte sich an der Zerschlagung profaschistischer Putsche, so beispielsweise im Mai 1938 in Brasilien und im September desselben Jahres in Chile.[87] Als später Gerüchte aufkamen, in Uruguay werde eine Verschwörung deutschfreundlicher Kräfte vorbereitet und mit Beginn der deutschen Angriffe auf Großbritannien und Frankreich könne es zu Landungen der Reichsmarine in Brasilien kommen, wurden Pläne erstellt, um mit 100 000 Mann die französischen, britischen und niederländischen Kolonien in Westindien rasch zu besetzen und Brasilien militärisch zu Hilfe zu eilen. Gegenüber Argentinien, Chile, Bolivien, Ecuador, Kolumbien, Costa Rica, Nicaragua, Guatemala und Mexiko leitete man prophylaktische Maßnahmen ein. So sollten unter Umständen alle Ansiedlungen von Europäern in Lateinamerika mit amerikanischen Truppen besetzt werden.[88] Generell galt das von Roosevelt im April 1939 formulierte Prinzip: Um die

Unantastbarkeit der westlichen Hemisphäre zu schützen, können die USA Gewalt anwenden.[89]

Schon ein paar knappe Fakten offenbaren, wie diese zwiespältige Sicht auf das Eigene und das Fremde zu einer doppelgleisigen Politik, zu zwei Visionen von Sicherheit und zu zwei voneinander getrennten Sichtweisen auf den Krieg führte. Wie schon Arthur Schopenhauer bemerkt hatte: Bei gleicher Umgebung lebt doch jeder in einer anderen Welt. Verschiedene Skalen und Maßstäbe für gleichartige Erscheinungen wurden also nicht erst nach dem Zweiten Weltkrieg erfunden. Es ist ein altes Gebrechen, eine komfortabel eingerichtete Zuflucht des Pragmatismus. Eines Pragmatismus, der die Überzeugung verkörpert, ohne Pflichten und Gebote lebe es sich leichter und freier.

London[90] und Paris nahmen die Besetzung der Reste der Tschechoslowakei durch Deutschland mit stoischer Ruhe auf. Washington ließ ebenfalls keinerlei Besorgnis erkennen, wenn es eine solche überhaupt empfand. Der stellvertretende amerikanische Außenminister Adolf A. Berle bemerkte, dieser Aggressionsakt der Nazis habe Roosevelt »nicht sehr beunruhigt«. Wie viele Briten gab sich der Präsident Hoffnungen hin, die deutsche Expansion nach Osten werde die Lage Großbritanniens und Frankreichs erleichtern.[91]

Nach Prag besetzte Deutschland am 22. März Klaipeda (Memel), wobei es erneut die britischen und französischen Garantien mißachtete. Am nächsten Tag wurde Rumänien gezwungen, sich mit dem Status eines wirtschaftlichen Vasallen Deutschlands abzufinden und dem »Dritten Reich« all sein Öl sowie sämtliche Agrarprodukte zur Verfügung zu stellen. Auch das schluckte man im Westen, man verzog höchstens ein wenig das Gesicht.

Wer war der nächste? Die Informationen, die in Moskau eingingen, ließen keinen Zweifel daran, daß die Aufforderung Großbritanniens an das Nazireich, seine Energie im Osten und Südosten Europas zu entladen, keine platonische Geste oder allein der Preis für unterdrückte Furcht war. Frankreich ließ London in diesem Tun gewähren, und die USA zeigten Verständnis. William Bullitt bemerkte, nach München wünschten Briten und Franzosen, daß es »zu einem Krieg zwischen dem Deutschen Reich und Rußland kommt«, an dessen Ende die Demokratien »Deutschland angreifen und dessen Kapitulation erreichen« könnten.[92]

In den Arbeiten zum Thema München wird selten erwähnt, wie sich

64

die Opferung der Tschechoslowakei »im Namen des Friedens« auf Tempo und Umfang des Wettrüstens auswirkte. Als Göring am 30. September 1938 den italienischen Außenminister Galeazzo Ciano verabschiedete, bat er diesen, dem Duce mitzuteilen, daß Deutschland nun ein Wettrüsten beginne, das die Welt noch nie gesehen habe. Auf der Sitzung des Reichsverteidigungsrates am 18. November stellte er in Hitlers Namen die Aufgabe, die Produktion von Militärtechnik und Rüstungsgütern zu verdreifachen und diesem neuen Programm alle übrigen Pläne und Arbeiten unterzuordnen. Großbritannien, Frankreich und die Sowjetunion, das soll vermerkt werden, blieben Deutschland in dieser Hinsicht nichts schuldig.

Damit erklärte sich Deutschland selbst den wirtschaftlichen Blitzkrieg. Die ruinösen Verluste, die es für die Militarisierung aller Lebensbereiche hinnehmen mußte, konnten nur durch eine genügend gewichtige und rasch zu erlangende Kriegsbeute wettgemacht werden. Ein großer Krieg steigerte sich nicht nur zur Generalmethode der Expansion, sondern wurde zugleich eine Flucht nach vorn vor dem Bankrott.[93]

1937 hatte Hitler die Vorstellung, die militärischen Hauptoperationen, die Deutschland den ersehnten »Lebensraum« bringen sollten, »nicht später als 1943 bis 1945« in Angriff zu nehmen. Dann wurde dieser Zeitpunkt auf 1942 vorgezogen.[94] In Tokio hielt man das Jahr 1946, wenn die USA ihre Basen auf den Philippinen aufgeben mußten, für den günstigsten Zeitpunkt für die Unterwerfung Indonesiens, der Philippinen und anderer Territorien Südasiens und Ozeaniens.

Nach Meinung der Naziführer sprach neben ökonomischen Beweggründen die Verwirrung der Westmächte für eine beschleunigte Handlung. Die Demokratien schienen für ein Kräftemessen mit dem »Dritten Reich« weder mental noch materiell gerüstet. Die Zeit wurde nun zu einem äußerst wichtigen, ja dem entscheidenden Faktor. Man mußte handeln, solange das Risiko noch als überschaubar eingeschätzt wurde. Schon morgen konnte sich die Waagschale zugunsten der Gegner neigen.

Nicht unwidersprochen soll die Behauptung bleiben, Hitler habe sich bereits im Herbst 1938 darauf festgelegt, daß Deutschland zunächst Frankreich unterwerfen müsse, bevor er, der »Führer«, zum »Hauptwerk seines Lebens«, der Vernichtung Rußlands, schreite. Man kann auch lange darüber diskutieren, wann Hitler Polen als potentiellen

Verbündeten im Krieg gegen die UdSSR aufgab und wann er die Pläne ad acta legte, die »Polenfrage« im Rahmen eines zweiten »München« zu lösen.

Nicht zufällig ließ Göring im Gespräch mit dem britischen Botschafter Henderson im Juni 1939 die Worte fallen, hätte London »wenigstens zehn Tage« mit seinen Garantien für Polen gezögert, wäre die Situation völlig anders. Hitler äußerte eine ähnliche Einschätzung bei der Begegnung mit Ciano am 12. August 1939.[95] Dasselbe sagte Rudolf Heß dem Mitglied der britischen Regierung Sir John Simon nach seiner nicht sehr glücklichen Landung in Schottland. Der »Stellvertreter des Führers« behauptete, die Polen seien geneigt gewesen, die deutschen Bedingungen zu Danzig und dem Korridor zu akzeptieren, hätten aber unter britischem Einfluß ihre Haltung geändert. Unmittelbar vor dem Krieg sei Warschau noch einmal zum Einlenken bereit gewesen, jedoch habe der Abschluß des britisch-polnischen Beistandspaktes vom 25. August diese Chance verspielt.[96]

Die Äußerungen Hitlers, Görings und Heß' werden durch französische Quellen bestätigt. Vor der Reise des polnischen Außenministers Józef Beck nach London im April 1939 teilte das französische Außenministerium der britischen Seite die »absolut zuverlässige« Information mit, daß der polnische Minister folgenden Schachzug vorhabe: Er wollte den Briten eindeutig überhöhte Forderungen stellen und, wenn diese, wie erwartet, abgelehnt würden, erklären: »Polen hatte zwei Alternativen – sich an Großbritannien oder an Deutschland anzuschließen. Jetzt ist klar, daß es mit Deutschland zusammengehen muß.« Nach den französischen Angaben sah Beck als möglichen Ausweg für Polen die Rolle »des Vasallen (eventuell des Hauptvasallen) des neuen Napoleon«.[97]

Die freigegebenen Dokumente aus britischen Archiven enthüllen nur eine Schicht, keinesfalls die ganze Bandbreite der Kontakte zwischen Großbritannien und der Naziführung im Jahre 1939. Ein Teil der Papiere, der nach der Niederlage Deutschlands in die Hände Großbritanniens fiel, war verbrannt, wie auch die deutschen Mitschriften der drei Gespräche Hitlers mit Lord Beaverbrook. Jedoch auch die nun zugänglichen Dokumente reichen aus, um zu erkennen, welch heftige Anstrengungen man unternahm, um der Strategie und Taktik beider Akteure – Hitlers und Chamberlains – im nachhinein eine gewisse Prinzipienfestigkeit zu verleihen und so die Geschichte zu revidieren.

Die Münchener Abmachung, die Chamberlains Linie verkörperte, eine Lösung zu suchen, »die für alle annehmbar ist außer für Rußland«[98], brachte die Sowjetunion in eine zwiespältige Lage. Wenn die Tories ihrer Parole – »damit Britannien lebt, muß der Bolschewismus sterben«[99] – Taten folgen lassen wollten, dann war es auch für Moskau höchste Zeit, sich auf die uralte Weisheit zu besinnen, daß einem das Hemd näher ist als der Rock. Alle Versuche, zu einem Konsens zu gelangen, wenn nicht gemeinsame, so doch wenigstens parallele oder gleichzeitige Aktionen zu vereinbaren, die die Aggressoren aufhalten konnten, verliefen im Sand. Für die britischen Konservativen war die UdSSR nichts anderes als ein Faustpfand in ihren ausgeklügelten Manövern. Partnerschaftliche Beziehungen zur Sowjetunion fürchteten sie wie der Teufel das Weihwasser.

Im politischen und rechtlichen Sinne stand die Sowjetunion Ende 1938 wieder dort, wo sie vor Rapallo gestanden hatte. Wenn es zu einem Überfall käme, konnte sich nur auf sich selbst zählen. Paris hatte den französisch-sowjetischen Beistandspakt auf Eis gelegt. Der Bündnisvertrag mit der Tschechoslowakei endete mit der Existenz dieses Staates. Die Beziehungen zu Deutschland waren völlig gestört. Stalin ging davon aus, daß das Naziregime auch die Regelungen der Weimarer Republik mit der UdSSR annulliert hatte. Die sowjetisch-japanischen Beziehungen lagen völlig im Nebel. Bei schlechter Sicht kann aber alles geschehen.

Kurz gesagt, 1939 hatte das Schicksal die schwarzen Steine der Sowjetunion zugespielt. Sie mußte zu erahnen versuchen, auf welche Kriegsschauplätze sich Deutschland und Japan konzentrieren und welche Position die übrigen Mächte einnehmen würden, wenn die Waffen zu sprechen begannen.

Mit seinem drakonischen Vorgehen und den Verbrechen an seinem eigenen Volk hatte Stalin die Freunde der Räterepublik entfremdet und sich eine Menge neuer Gegner geschaffen. Das diktatorische Wesen des Stalin-Regimes machte es noch komplizierter, die vorhandenen Widersprüche zu lösen und die internationalen Beziehungen von ideologischem Ballast zu befreien. Jegliche Versuche, Stalins Untaten zu bagatellisieren und ihnen Pardon zu gewähren, sind unangebracht und eine Verhöhnung seiner Opfer.

Das enthebt uns jedoch nicht der Pflicht, bei der Analyse der Geschehnisse in den dreißiger und vierziger Jahren auch die andere Seite der Medaille im Auge zu behalten. Ja, der Diktator sorgte in erster Linie für sich selbst, schützte seinen Thron, verteidigte sein System. Zugleich aber verstand er es, dabei seine seltene Raffinesse, ein virtuoses Spiel auf mehreren Instrumenten, Ausdauer und Kaltblütigkeit zu demonstrieren. Stalin ist ein illustres Beispiel für Chamforts Erkenntnis: Man erreicht nichts mit seiner Intelligenz, wenig mit seinem Geist und alles mit seinem Charakter.

Einige Zeit nach München stand es beinahe in den Sternen geschrieben, daß als nächstes Opfer auf dem Aggressionsplan der Nazis die Sowjetunion stand. Das Amt Ribbentrops ging im Oktober/November 1938 mehrere Varianten durch, wie die »russische Karte« im Interesse der außenpolitischen Pläne Deutschlands auszuspielen sei. Der Minister wog ab, welche Vorteile der Abbruch der Beziehungen zur UdSSR als Köder brachte, um Japan in ein Militärbündnis mit Deutschland zu ziehen[100] und damit Moskau in einen Zweifrontenkrieg zu verwickeln.

Bis heute ist nicht geklärt, wer das Nachdenken in eine andere Richtung auslöste – statt Abbruch der Beziehungen zur Sowjetunion ihre Normalisierung ins Kalkül zu ziehen: der umtriebige Graf Friedrich von der Schulenburg, deutscher Botschafter in der UdSSR, die sogenannte russische Fraktion im Auswärtigen Amt oder eine ganz andere Kraft, die immer häufiger mit dem Namen Göring in Verbindung gebracht wurde. Es gibt Gründe anzunehmen, daß die Überwindung der Meinungsverschiedenheiten bei der Formulierung des Kreditangebots an Moskau nur mit Hilfe von oben möglich gewesen war. Denn die wirtschaftlichen Instanzen hatten alle Hände voll zu tun, um den Auftrag des »Führers«, eine Verdreifachung der Rüstungsproduktion, zu erfüllen.

Wie dem auch sei, am 22. Dezember 1938 ging bei der sowjetischen Handelsvertretung in Berlin der Vorschlag ein, ein Regierungsabkommen zu schließen, nach dem die UdSSR einen Kredit von 200 Millionen Mark für den Kauf deutscher Industriegüter erhalten sollte, der binnen zwei Jahren durch Rohstofflieferungen an Deutschland auszugleichen war. Der sowjetische Botschafter A. Merekalow teilte am 11. Januar 1939 dem Auswärtigen Amt mit, die UdSSR sei bereit, entsprechende Verhandlungen aufzunehmen und lade die deutschen Bevollmächtigten dazu nach Moskau ein.

Auf dem Neujahrsempfang für das diplomatische Korps, der am nächsten Tag stattfand, schenkte Hitler dem sowjetischen Botschafter demonstrativ Aufmerksamkeit und löste damit Spekulationen aus, er habe die »ernsthafte« Absicht, die deutsch-sowjetischen Beziehungen in Ordnung zu bringen. Diese öffentliche Geste des »Führers« und die Kreditofferte waren aber zunächst für London, Paris und Warschau gedacht. Sie sollten den »Alptraum von Rapallo« wiederbeleben und die drei Hauptstädte für die lawinenartig anwachsenden Forderungen der Nazis empfänglicher machen. So jedenfalls werteten britische Experten diese politisch-diplomatische Episode, was aus einem besonderen Dossier im Archiv des Foreign Office zu ersehen ist.

Einige Wochen lang nährte man das schwache Flämmchen in der deutschen Lampe. Die sowjetische Seite wurde um ein Visum für den Rat des Auswärtigen Amtes Karl Schnurre ersucht. Er bestieg sogar einen Zug nach Moskau, wurde jedoch unterwegs wieder herausgeholt, um die Polen »nicht zu reizen«. Ribbentrop war gerade dabei, sie umzustimmen, und wenn man Hitler, Göring, Heß, Moltke und anderen glauben darf, nicht ganz erfolglos.

Dann, ab Februar 1939, wurde es erst einmal still. Das fordert zu folgender Zwischenbemerkung heraus: Die »Normalisierung« beziehungsweise Initiative zur »Belebung« der Beziehungen mit der UdSSR lag auf deutscher Seite. Sie war zutiefst zweckgebunden und sollte das Vorankommen in ganz anderen Bereichen erleichtern, und zwar für Ziele, die sich gegen die Sowjetunion richteten.

Die Behauptung, die bis heute von einem Buch ins andere kolportiert wird, daß nämlich der sowjetisch-deutsche Dialog mit dem Rechenschaftsbericht Stalins an den XVIII. Parteitag am 10. März 1939 eröffnet wurde, ist eine Legende. Der Redner stellte im Außenbereich zwei Aufgaben:

»1. auch in Zukunft eine Politik des Friedens und der Festigung sachlicher Beziehungen mit allen Ländern zu betreiben;

2. Vorsicht walten zu lassen und den Kriegsprovokateuren, die es gewohnt sind, sich von anderen die Kastanien aus dem Feuer holen zu lassen, keine Möglichkeit zu bieten, unser Land in Konflikte hineinzuziehen.«[101]

Weder in der deutschen Botschaft in Moskau noch im Auswärtigen Amt in Berlin wurde diesen Worten besondere Aufmerksamkeit geschenkt, obwohl sie natürlich unter anderem an die Führung des Reichs gerichtet waren.[102] Ohne Kommentar blieb auch folgende prinzipielle Feststellung: »Der Krieg, der sich so unmerklich an die Völker herangeschlichen hat, zog mehr als 500 Millionen Menschen in seinen Bann-kreis; der Krieg hat seine Aktionssphäre auf ein gewaltiges Gebiet ausgedehnt: von Tientsin, Shanghai und Kanton über Abessinien bis Gibraltar ... Der neue imperialistische Krieg wurde zur Tatsache.«[103] »Ein kennzeichnender Zug des neuen imperialistischen Krieges« be-stand nach Meinung des Redners darin, daß »er noch nicht zu einem allgemeinen, zu einem Weltkrieg geworden ist.« Hier polemisierte Stalin mit sich selbst, denn die Einleitung zu dieser Behauptung lautete: »Vor unseren Augen vollzieht sich eine offene Neuaufteilung der Welt und der Einflußsphären ...«

Zugleich hieß es in dem Referat, »die nichtaggressiven, demokrati-schen Staaten sind zusammen unzweifelhaft stärker als die faschisti-schen Staaten, sowohl in ökonomischer als auch in militärischer Hin-sicht.«[104]

Wenn man nicht einzelne Formulierungen aus dem Zusammenhang reißt, kann man unschwer feststellen, wem die UdSSR zu diesem Zeit-punkt den Vorzug gab. Ob man es nun als Ironie des Schicksals oder unlogisches Verhalten sieht – *als erste reagierten die Briten auf diese Anspielung, diesen Appell und Vorschlag aus Moskau.*

Am 18. März 1939 informierten Lord Halifax im Gespräch mit Maiski und am selben Tag auch der britische Botschafter William Seeds, den Litwinow empfing, die sowjetische Seite davon, daß Deutschland auf Rumänien Druck ausübe. Man interessierte sich dafür, welche Haltung die UdSSR einnehmen werde, falls die Nazis diesen Staat überfielen.[105] Damit begannen langanhaltende britisch-sowjetische Kontakte, die et-was später in britisch-französisch-sowjetische Verhandlungen umge-wandelt wurden, die sich letzten Endes jedoch als taube Nuß erwiesen.

Wie und wann entstand die Legende, die UdSSR sei nicht bereit, für London und Paris »die Kastanien aus dem Feuer zu holen«? Wer hat sie aufgebracht? Diese Ehre gebührt Wjatscheslaw Molotow. Nach der Unterzeichnung des Nichtangriffsvertrages zwischen der UdSSR und Deutschland sang der Volkskommissar für Auswärtige Angelegenhei-ten Lobeshymnen auf die »Weisheit« und »Weitsicht« Stalins, der so-wohl Berlin als auch Moskau ein Licht aufgesteckt habe.

Im Rausch des Erreichten versagten seine Vorsicht und der nicht nur auf der Autobahn, sondern auch in der Politik so nötige Reflex, stets den notwendigen Abstand zu halten. Die Diplomatie hatte eine häß-liche Mißgeburt zur Welt gebracht, aber groß war der Wunsch, sie schönzureden und sofort für sich zu vereinnahmen. So kürte der Höfling Molotow Stalin auf der Stelle zum Adoptivvater. Bis zu jenem Wortschwall auf einem Empfang im Kreml sollten aber noch lange sechs Monate vergehen.[106]

Zum zweiten Mal zogen die Machthaber Deutschlands die russische Karte erst, als die Warschauer Sirene* auf den britischen Köder angebissen hatte. Als die Briten von den Franzosen die »absolut zuverlässige« Information erhielten, was im Hause Beck vor sich ging, unternahm das Kabinett Chamberlain einen in seiner Kühnheit ganz ungewöhnlichen Schritt und veröffentlichte am 31. März 1939 – noch *vor* Ankunft des polnischen Ministers in London, um ihm seinen Plan zu vereiteln – die einseitige Bereitschaftserklärung, Polen zu unterstützen, wenn es Opfer eines Überfalls werde.[107] Eine Woche später war aus der Erklärung der polnisch-britische Vertrag über gegenseitigen Beistand für den Fall geworden, daß »die Unabhängigkeit einer der Vertragsparteien direkt oder indirekt bedroht« sein sollte.[108] Ähnliche Versicherungen gab London später gegenüber Rumänien, Griechenland und der Türkei ab.

Das Motiv für diese plötzliche Entschlossenheit Londons war »nicht der Schutz einzelner Länder, die von Deutschland bedroht waren, sondern das Streben, eine deutsche Vorherrschaft auf dem Kontinent zu verhindern, die dieses so mächtig gemacht hätte, daß es in der Lage war, unsere [die britische] Sicherheit zu bedrohen«.[109]

Sir Alexander Cadogan, der ständige Stellvertreter des britischen Außenministers, bekannte 30 Jahre später: »Natürlich konnte unsere Garantie Polen im Falle einer deutschen Aggression keinen Schutz bieten. Aber er [Chamberlain] hatte sich selbst ein Signal gesetzt. Er hatte sich durch eine Verpflichtung gebunden, damit es im Falle eines deutschen Überfalls auf Polen nicht wieder zu quälenden Zweifeln und Schwankungen komme.«[110] Die Garantien waren nach Cadogans Worten ein »schreckliches Spiel«.[111] Zum einen, weil sie bei den Polen falsche Hoffnungen weckten, und zum anderen, weil Großbritannien es Warschau überließ, ob Frieden oder Krieg sein sollte, welchen Krieg und wann. Polen ging gegenüber Großbritannien keinerlei Verpflichtungen ein, wenigstens nicht am 31. März.

Letzteres nahm man ohne allzu große Bedenken in Kauf. Die Absicht, Polen zu unterstützen, war nicht mit der Bereitschaft gleichzusetzen,

---

* Anspielung auf die Nixe Syrena im Stadtwappen von Warschau

im Felde für dieses Land zu kämpfen. Auf der ersten britisch-französischen Stabsbesprechung im April 1939 hatten sich die Demokraten darauf geeinigt, im Anfangsstadium des Krieges gegen Deutschland (und Italien) eine »Defensivstrategie« zu verfolgen. Als »offensive« Schritte wurden lediglich solche ins Auge gefaßt, die »die Wirtschaft des Gegners desorganisieren und seine weitere Kriegsführung behindern« konnten (eine Seeblockade und anderes).[112] Dieses Denken erinnerte stark an das der Amerikaner mit dem Unterschied, daß man in London und Paris von einer offiziellen Kriegserklärung ausging.

Die britischen Militärs versuchten den Politikern zu erläutern, »ohne unverzügliche wirksame Hilfe seitens Rußlands wird Polen einem deutschen Angriff nur begrenzte Zeit standhalten können ... Der Abschluß eines Vertrages mit Rußland ist aus unserem Standpunkt das beste Mittel, den Krieg zu verhindern ... Wenn dagegen die Verhandlungen mit den Russen scheitern, ist eine Annäherung zwischen Rußland und Deutschland möglich.«[113] In Chamberlains Wertekatalog stand ideologische Reinheit jedoch höher als die Warnungen der Militärs und der militärische Vorteil.[114]

Auf den politischen Kurswechsel in Großbritannien antwortete Hitler mit dem Befehl, die Vorbereitungen für den Überfall auf Polen zu starten. Am 3. April stellte Wilhelm Keitel nach einer Weisung des »Führers« den Befehlshabern der Teilstreitkräfte die Aufgabe, die Realisierung des Planes »Weiß« so in Angriff zu nehmen, daß die Operation »zu jeder Zeit ab 1. September 1939 beginnen« könne.[115] Zehn Tage später bestätigte Hitler die endgültige Fassung des Planes »Weiß«, in dem es unter anderem heißt:

»Die politische Führung sieht es als ihre Aufgabe an, Polen in diesem Fall womöglich zu isolieren, d. h. den Krieg auf Polen zu beschränken.

Eine zunehmend krisenhafte innere Entwicklung in Frankreich und eine daraus folgernde Zurückhaltung Englands könnten eine derartige Lage in nicht zu ferner Zeit entstehen lassen. Das Eingreifen Rußlands, soweit dieses dazu fähig sein sollte, wird Polen aller Voraussicht nach nichts nützen, da es seine Vernichtung durch den Bolschewismus bedeuten müßte. Die Haltung der Randstaaten wird allein von den militärischen Erfordernissen Deutschlands bestimmt werden.

Auf deutscher Seite kann man mit Ungarn als Bundesgenossen nicht ohne weiteres rechnen.

Die Haltung Italiens ist durch die Achse Berlin–Rom bestimmt.«[116]

Die Unhaltbarkeit von vier dieser fünf Ausgangspositionen wurde nur noch durch Hitlers Anmaßung und Selbstbewunderung übertroffen. Wenn man aber die Genesis der Kräfteverteilung des August 1939 zurückverfolgt, fällt etwas anderes auf: *Am 11. April zählte Hitler die UdSSR noch zu seinen Gegnern* und setzte, ausgehend davon, weiter darauf, daß das »isolierte« Polen beim ersten Kanonendonner um Gnade flehen werde.

Trotzdem erhielten die deutschen Diplomaten Mitte April die Instruktion, bei erster Gelegenheit etwas zu unternehmen, was Hitler als »die Inszenierung einer neuen Etappe von Rapallo in den deutsch-russischen Beziehungen« bezeichnete.[117] Der Staatssekretär im Auswärtigen Amt Ernst von Weizsäcker nannte dies »das Liebeswerben um die Russen«.[118] Hier sei noch einmal darauf hingewiesen, daß Großbritannien und Frankreich ihre Nichtangriffsvereinbarungen mit Deutschland schon getroffen hatten.

Am 5. April 1939 beauftragte Volkskommissar Litwinow Botschafter A. Merekalow, das Auswärtige Amt aufzusuchen und zu fordern, die Vertreter des deutschen Kommandos in der Tschechoslowakei mögen aufhören, die Firma »Škoda« daran zu hindern, sowjetische Aufträge vom April bis Juni 1938 zu erfüllen, die teilweise bereits bezahlt waren.[119] Mit dieser Weisung wurden die Darlegungen Litwinows in einem Gespräch mit Botschafter Schulenburg vom 18. März 1939 weiterentwickelt und konkretisiert, dem man als Antwort auf Noten der deutschen Botschaft vom 16. und 17. März offiziell mitgeteilt hatte, die Sowjetunion erkenne (im Unterschied zu Großbritannien, Frankreich und den USA) die Rechtmäßigkeit der Beschlüsse nicht an, durch die der tschechoslowakische Staat als nichtexistent erklärt wurde. Die Besetzung der Tschechei durch deutsche Truppen und die nachfolgenden Handlungen der deutschen Regierung wurden als »willkürlich, gewaltsam und aggressiv«, als Anschlag auf die politische Stabilität in Mitteleuropa gewertet, der die Besorgnis der Völker verstärke.[120]

Botschafter Merekalow wurde von Weizsäcker erst am 17. April empfangen. Dies geschah nicht, weil der Anlaß, der den Botschafter ins Auswärtige Amt führte, von geringer Bedeutung war, wie es einige Historiker tendenziös hinstellen, sondern weil die Abstimmung mit Hitler über das komplizierte Szenario einige Zeit in Anspruch nahm. Vor allem sollte entschieden werden, ob man sich in eine Polemik mit der sowjetischen Wertung der Annexion der Tschechei einließ oder

Verständnis für die von der UdSSR aufgeworfenen Fragen zeigte und dann zu den Problemen steuerte, die Berlin interessierten. Die deutsche Spitze sanktionierte schließlich die zweite Variante.

Die sowjetische und die deutsche Niederschrift des Gesprächs vom 17. April gehen wesentlich auseinander. Der sowjetische Botschafter, der die delikaten Hintergründe nicht kannte, erfaßte nur vage die konzeptionellen Besonderheiten in den Worten des Staatssekretärs, was sich in dem Telegramm nach Moskau niederschlug. Merekalow interessierte mehr die reine Information.[121]

Indessen bestand das Hauptelement des Gedankengangs Weizsäkkers darin, einen Zusammenhang zwischen dem Wirtschaftsaustausch und dem allgemeinen Niveau der politischen Beziehungen herzustellen. Der Staatssekretär gab zu verstehen, der Sowjetunion werde es nicht gelingen, gleichermaßen normale Beziehungen zu Deutschland und zu Großbritannien zu unterhalten, um so mehr, da London für die zunehmenden Spannungen in Europa »Verantwortung« trage.

Am 5. Mai informierte Karl Schnurre Geschäftsträger Georgi Astachow, daß die deutsche Regierung das Problem der sowjetischen Verträge mit der Firma »Škoda« zur Herstellung von Flak-Geschützen und Feuerleitgeräten »positiv« entscheide. Zwölf Tage später teilte Schnurre Astachow mit, die deutsche Seite prüfe »positiv die Möglichkeit«, die Bestimmungen des sowjetisch-tschechoslowakischen Handelsvertrages von 1935 im »Protektorat Böhmen und Mähren« weiterhin in Kraft zu lassen.

Am 20. Mai hatte Molotow, der zu diesem Zeitpunkt bereits Volkskommissar für Auswärtige Angelegenheiten war, ein Gespräch mit Botschafter Schulenburg auf dessen Bitte. Der Botschafter übermittelte den Wunsch Berlins, Karl Schnurre zu Wirtschaftsverhandlungen nach Moskau zu entsenden. Die Umstände dessen früherer Dienstreise waren jedoch noch nicht vergessen. Unter dem Vorwand, die Deutschen wollten die Wirtschaftsverhandlungen für irgendwelche Manöver nutzen, erklärte Molotow scharf, für ein derartiges Unterfangen sollte sich Deutschland »ein anderes Land als Partner suchen«. Nach den Erfahrungen mit Deutschland, bemerkte er, könne man keine Wirtschaftsfragen lösen, ohne zunächst eine politische Grundlage zu schaffen. Auf die Bitte des Botschafters, zu präzisieren, was er mit politischer Grundlage meine, antwortete der Volkskommissar, »darüber müssen wir und die deutsche Regierung nachdenken«.[122]

Da auf die deutsche Sondierung mit so demonstrativer Kälte reagiert worden war, erhielt Schulenburg die Weisung, »völlige Zurückhaltung« zu üben, bis die Russen selbst ein Signal gaben. Moskau schwieg. Der nächste Schritt ging erneut von Berlin aus.

Am 30. Mai bestellte Ernst von Weizsäcker Georgi Astachow zu sich. Das Auswärtige Amt Deutschlands, erklärte der Staatssekretär, habe mit der sowjetischen Seite im Auftrage des »Führers« Kontakt aufgenommen und agiere unter dessen Aufsicht. Politik und Wirtschaft seien nicht voneinander zu trennen. Nach der deutschen Mitschrift fuhr Weizsäcker dann fort, »daß im [deutschen] politischen Laden ... für Rußland eine ziemliche Auswahl bestehe, von der Normalisierung [der] Beziehungen ... bis zur unnachgiebigen Gegnerschaft«. In seinem Tagebuch gab er das Wesen des Gesprächs mit den Worten wieder: »Die Russen sind [den deutschen Initiativen gegenüber] noch stark mißtrauisch.«[123]

Am selben Tag wurde Schulenburg ein neuerarbeitetes taktisches Schema für das Ausspielen der »russischen Karte« übermittelt. Als Anknüpfungspunkt für die Kontakte sollte diesmal der sowjetische Antrag benutzt werden, der Handelsvertretung in Prag den Status einer Außenstelle der Handelsvertretung der UdSSR in Berlin zu verleihen. Da dieser Antrag eine ganze Reihe prinzipieller Fragen beinhaltete, schaltete sich der Reichsaußenminister persönlich in die Erörterung ein und legte dem »Führer« seinen Bericht vor. Darin hieß es, eine Normalisierung der Beziehungen sei möglich, aber nur wenn beiderseits Interesse daran bestehe.

Im Mai und Juni trat der italienische Außenminister Ciano als Anwalt der deutschen Versuche auf, in den Beziehungen zur UdSSR das Eis zum Schmelzen zu bringen. Sein erster Schachzug war noch ganz allgemeiner Natur. Der Graf säte Zweifel an der Aufrichtigkeit Londons. »England wird die [britisch-französisch-sowjetischen] Verhandlungen hinziehen«, sagte Ciano dem sowjetischen Geschäftsträger Leon Helphand eindringlich. »Es kommt die Zeit, da wird es zu spät sein, und Sie werden selbst keine Eile mehr haben, dieses Bündnis zu schließen.«[124]

Am 26. Juni entgegnete Ciano auf eine Anspielung Helphands, hinter den japanischen Provokationen an der mongolischen Grenze könnten Deutschland und Italien stecken, mit einiger Heftigkeit: »Wir empfehlen den Japanern, nur britische und französische Positionen anzugreifen. Außerdem haben wir in Berlin erklärt, daß wir den *Schulenburg-Plan voll und ganz unterstützen.«* Der Graf erläuterte, Schulenburg dränge seine Regierung, auf eine Verbesserung der Beziehungen zur UdSSR Kurs zu nehmen, und habe zu diesem Zweck empfohlen, erstens, zur Verbesserung der japanisch-sowjetischen Beziehungen und zur Regelung der Grenzkonflikte beizutragen, zweitens, den Vorschlag des Abschlusses eines Nichtangriffspaktes mit Moskau zu erwägen oder gemeinsam die Unabhängigkeit der baltischen Staaten zu garantieren und, drittens, ein umfassendes Handelsabkommen zu unterzeichnen.[125]

Ciano bezog seine Informationen nicht von Ribbentrop oder Hitler, sondern in der Hauptsache aus den Berichten des italienischen Botschafters in Moskau, Augusto Rosso. Friedrich von der Schulenburg hatte diesen in sein Gespräch mit Molotow vom 28. Juni eingeweiht. Nachdem Rosso nach Rom berichtet hatte, wurde er beauftragt, bei einer Begegnung mit dem Ersten Stellvertreter des Volkskommissars für Auswärtige Angelegenheiten, Wladimir Potjomkin, am 4. Juli zu erklären: Italien halte »das Streben der deutschen Regierung nach einer Verbesserung des Verhältnisses zur UdSSR für ernsthaft und aufrichtig. Die italienische Regierung hält ihrerseits eine solche Verbesserung der sowjetisch-deutschen Beziehungen für überaus wünschenswert.«[126]

Schulenburg hatte am 28. Juni Molotow aufgesucht, um über Eindrücke von seiner Reise nach Berlin zu berichten. Dabei verwies der Botschafter auf solche »Beweise« guten Willens wie die Zurückhaltung der deutschen Presse gegenüber der Sowjetunion, den Abschluß von Nichtangriffsverträgen zwischen Deutschland und den baltischen Staaten sowie die Bereitschaft des Reiches, Wirtschaftsverhandlungen mit der Sowjetunion aufzunehmen. Daß Deutschland keinerlei »böse Absichten« hege, werde daran deutlich, daß es den Berliner Neutralitätsvertrag (den Deutschland und die UdSSR 1926 abgeschlossen hatten) nicht annulliert habe. Jedoch Moskau, klagte der Botschafter, zeige keinerlei Entgegenkommen.

Nach der sowjetischen Mitschrift sagte Schulenburg außerdem: »Die deutsche Regierung wünscht nicht nur eine Normalisierung, sondern auch eine Verbesserung der Beziehungen zur UdSSR.« Diese Erklärung, die er im Auftrage Ribbentrops abgebe, sei »von Hitler gebilligt«.[127]

In Cianos Version nahm sich der »Schulenburg-Plan« umfassender und, was die Ereignisse im Fernen Osten betraf, attraktiver aus als der »Reisebericht«, den der deutsche Botschafter dem Volkskommissar für Auswärtige Angelegenheiten dargelegt hatte. Die italienische Information sollte später noch bei der Feinabstimmung der sowjetischen und deutschen Position eine Rolle spielen. Bislang jedoch, kabelte Schulenburg nach Berlin, »fällt das Mißtrauen des sowjetischen Partners ins Auge«, obwohl Molotow nach dem Eindruck des Botschafters »weniger hart« auftrat als am 20. Mai.

Einen Tag nach dem Gespräch im NKID erhielt Schulenburg die Weisung: »Genug geredet.« Bis neue Instruktionen eintrafen, sollte er sich aller politischen Gespräche enthalten. Es entstand eine Pause von etwa einem Monat.

Pausen sind in der Politik nur bedingt zu verstehen. In Berlin legte man weder im Juli noch davor oder danach die Hände in den Schoß. Man verhandelte intensiv mit Japan und Italien über ein Militärbündnis, mit Großbritannien über den Ausgleich der regionalen und globalen Interessen sowie mit Polen.

Ribbentrop bot Warschau als »Kompromiß« an, ein deutsch-polnisches Bündnis zu schließen, um »gemeinsam Sowjetrußland in die Knie zu zwingen« und die Ukraine abzutrennen, die dann nach dem Gutdünken der Partner aufgeteilt werden sollte. Die polnischen Machthaber hielten sich zurück: Chamberlain und Halifax drängten sie zu einer »friedlichen Lösung« der Probleme Danzigs und des Korridors; sie gaben ihnen auch den Rat, sich nicht dem Reich an den Hals zu werfen.[128]

Das Knäuel war nun total verwirrt: London stand im Meinungsaustausch mit Japan und Deutschland, mit Frankreich und Polen, mit Griechenland und der Türkei, mit den USA und der Sowjetunion. Berlin übte sich im Tauziehen mit Großbritannien, spielte Katz und Maus mit Polen, testete die Moskauer Pläne, suchte nach Möglichkeiten, Japan stärker an sich zu binden, ohne die eigenen Pläne der Strategie Tokios unterzuordnen. Washington verharrte in der Pose der Sphinx. Moskau versuchte das Verhältnis zu Großbritannien und Frankreich zu klären, war voller Mißtrauen den Versprechungen Deutschlands gegenüber und stand mit einem Fuß im Krieg mit Japan. Wie sollte sich dies alles lösen? Das wird sich erst im allerletzten Augenblick offenbaren.

Vom Mai bis August 1939 erreichten die Kämpfe am Fluß Chalchin-Gol an der mandschurisch-mongolischen Grenze ihren Höhepunkt. An der blutigen Schlacht, die sich dort entfaltete, nahmen auf beiden Seiten viele Zehntausende Soldaten teil, die von starken Flieger- und Panzerkräften unterstützt wurden.[129] Die Gesamtverluste an Soldaten sind mit der Zahl der Toten und Verwundeten bei der Eroberung Frankreichs durch die Nazis im Jahre 1940 vergleichbar oder übertreffen diese sogar. Nicht zufällig waren die Ereignisse am Chalchin-Gol in den kurz- und mittelfristigen Plänen der aggressiven Mächte und ihrer Befrieder sorgfältig einkalkuliert.

Der deutsche Botschafter in Tokio, Eugen Ott, telegrafierte am 7. Juni 1939 an Ernst von Weizsäcker:»... am 5. Juni abends Draht-Instruktion an Botschafter Oshima [japanischer Botschafter in Berlin] abgegangen. Danach soll Japan bereit sein, automatisch an jedem Kriege Deutschlands teilzunehmen, sofern Rußland zu Deutschlands Kriegsgegnern gehört.«[130] Natürlich erwarteten die Japaner von Berlin eine analoge Verpflichtung.

Diese Mitteilung Otts bestätigte und ergänzte Richard Sorge durch einige Einzelheiten in seinem Bericht an den Generalstab der Roten Armee vom 24. Juni 1939:»Die jüngsten japanischen Vorschläge für einen Militärpakt mit Deutschland und Italien enthalten folgende Punkte:

1. Im Falle eines Krieges zwischen Deutschland und der UdSSR tritt Japan *automatisch* in den Krieg gegen die Sowjetunion ein.

2. Im Falle eines Krieges Italiens und Deutschlands gegen Großbritannien, Frankreich und die UdSSR schließt sich Japan *ebenfalls automatisch* Deutschland und Italien an.

3. Falls Deutschland und Italien einen Krieg nur gegen Frankreich und Großbritannien beginnen (in den die Sowjetunion nicht hineingezogen wird), betrachtet sich Japan nach wie vor *als Verbündeter Deutschlands und Italiens,* beginnt Kriegshandlungen gegen Großbritannien und Frankreich jedoch nur in Abhängigkeit von der allgemeinen Lage. Wenn die Interessen des Dreierpaktes es jedoch erfordern sollten, tritt Japan unverzüglich in den Krieg ein.«

»Tritt der Fall nach Punkt 1 ein, werden alle japanischen Kräfte sofort gegen die UdSSR geworfen.« Nach Punkt 2 und 3 rückt Japan nicht weiter als bis Singapur vor.[131]

Die zugänglichen Dokumente zeigen, daß die Formel des Automatismus Berlin in dieser Zeit in beträchtliche Verlegenheit brachte. Erstens konnte die feierliche Unterzeichnung eines Paktes, der eine solche Formel enthielt, Deutschland im Handumdrehen zum militärischen Gegner der UdSSR machen, denn es hing nun von Tokio ab, wie es mit den Ereignissen am Chalchin-Gol weiter umging: Es konnte sie als »Zwischenfall« einstufen, der auf den »unklaren« Grenzverlauf zu-rückzuführen war, oder als »Kampfaufklärung« betrachten, oder die Hilfe der UdSSR für ihren mongolischen Verbündeten zu einem Casus belli hochstilisieren. Zweitens hatte Hitler keine so hohe Meinung vom Militärpotential Japans, um sein Expansionsprogramm (das ohnehin höchst abenteuerlich war) mit einem zusätzlichen Risiko zu belasten, sah auch die Notwendigkeit nicht ein, mit Streitkräften zu kooperieren, die sich bisher im Ernstfall nicht gerade mit Ruhm bedeckt hatten.

Wie dem auch sei, die japanische Konzeption einer militärischen Zusammenarbeit behagte den Nazis im Sommer 1939 nicht allzu sehr, und sie legten sich auf einen anderen Aktionsplan fest, als er Tokio vorschwebte. In gewisser Hinsicht wurde Japan sogar zu einer Bela-stung für diesen Plan. Der »Führer« wußte ebenso wie Schulenburg[132], daß das japanisch-deutsche Einvernehmen auf dem Spiel stand, und doch entschied er, die japanischen »Freunde« unter Mißachtung des Antikomintern-Paktes vor vollendete Tatsachen zu stellen. Mehr noch, sie sollten gezwungen werden, sich zeitweilig der Berliner Strategie unterzuordnen und ihre Aggressivität gegenüber der Sowjetunion zu mäßigen.

In der Politik kommt es vor, daß sich Daten so wie Taten kreuzen, was zuweilen ärgerlich oder sogar verhängnisvoll sein kann. Die ge-meinsame Erklärung der Regierungen Großbritanniens und Japans vom 24. Juli 1939, die nach den Namen des japanischen Außenministers und des britischen Botschafters als »Arita-Craigie-Abkommen« in die Geschichte der Diplomatie einging, kann man aber wohl kaum zu diesen chronologischen Kuriositäten zählen.

Als die Kämpfe am Chalchin-Gol ihren Höhepunkt erreichten und ihr Ausgang unklarer denn je war, als in Moskau britisch-französisch-so-wjetische Verhandlungen stattfanden, die offiziell darauf abzielten, eine Barriere gegen die Aggressoren in Europa zu errichten, legitimier-te London faktisch die Eroberungspolitik Japans. Die britische Regie-rung, so hieß es in der Erklärung, »erkennt die gegenwärtige Lage in China vollständig an, wo großangelegte militärische Aktionen vor sich gehen. Sie ist der Meinung, solange diese Lage anhält, stehen die Streitkräfte Japans in China vor besonderen Erfordernissen hinsicht-lich der Gewährleistung ihrer eigenen Sicherheit und der Aufrecht-erhaltung der öffentlichen Ordnung in den von ihnen kontrollierten Gebieten. Sie müssen jegliche Aktionen unterdrücken oder deren Ursachen beseitigen, die sie behindern oder ihren Gegnern von Nutzen sind. Die Regierung Ihrer Majestät hat nicht die Absicht, Aktionen oder Maßnahmen zu unterstützen, die die japanischen Streitkräfte daran hindern, die oben erwähnten Ziele zu erreichen.« Sie »erläutert den britischen Behörden und den britischen Staatsangehörigen in China, daß sie sich solcher Aktionen und Maßnahmen zu enthalten haben«.[133]

Eine merkwürdige Erklärung, allein, was ihre Form betrifft. London stellte sich voll auf die Seite Japans und dessen Aggression gegen China. Oder hatte Craigie etwa Vorbehalte geäußert und Arita ihm im Gegenzug bestimmte Zusicherungen gegeben? Im Text ist davon kein Wort zu finden. Vielleicht gab es ein geheimes Zusatzprotokoll? Wer Glück hat, wird dies in den Jahren 2017 bis 2020 erfahren. In der Form, wie die Erklärung heute bekannt ist, enthält sie nur zwei Merkmale von »Gemeinsamkeit« – den Titel und die Unterschriften.

Über die »besonderen Erfordernisse« der japanischen Streitkräfte in China, die Methoden ihrer »Gewährleistung« und der »Beseitigung der Ursachen«, die sie am Erreichen ihrer Ziele hinderten, werden noch viele Bücher geschrieben werden. Hier wollen wir nur auf folgendes hinweisen: Die »vollständige Anerkennung der gegenwärtigen Lage in China« (das heißt der Lage im Jahre 1939) bedeutete auch die Anerkennung der japanischen Auffassung vom Verlauf der äußeren Grenzen Chinas. Man konnte die Erklärung auch so verstehen, daß die britische Seite sich hinter die japanische Version des »Zwischenfalls« am Chalchin-Gol stellte, nach der nicht die Kwantung-Armee in die Mongolei eingedrungen war, sondern mongolisches Militärpersonal mit Unterstützung der sowjetischen Streitkräfte chinesisches Territorium unrechtmäßig besetzt hatte.

Daß London auf die Invasion in der Mongolischen Volksrepublik, die am 11. Mai 1939 mit dem Überfall regulärer japanischer Truppen auf mongolische Grenzposten in der Nähe des Sees Buir-Nur begonnen hatte, nicht offiziell reagierte und auch das amerikanische State Department dazu eine zweideutige Haltung einnahm[134], war äußerst bedenklich. Die Tories ermunterten Tokio, sich nach Norden zu wenden. Etwa um Hitler die Variante »Drang nach der Sowjetunion« schmackhafter zu machen?

Die Julipause wurde für bedeutungsvolle Begegnungen und Kontakte bevollmächtigter Vertreter der britischen und der deutschen Führung genutzt. Den größten Widerhall fanden die Verhandlungen des

Beamten im Sonderauftrag Helmuth Wohlthat mit dem Berater des Premierministers Horace Wilson und Außenhandelsminister R. Hudson.

Wilson übergab Wohlthat ein Dokument mit einem Programm, das Punkte für eine breitangelegte Zusammenarbeit auf politischem, militärischem und wirtschaftlichem Gebiet enthielt. Es hatte nach Wilsons Worten die Billigung des Premierministers. Chamberlain bot Wohlthat sogar ein persönliches Gespräch an, das der deutsche Emissär aber ausschlug, weil er nicht über die notwendigen Instruktionen verfügte.

Auf politischem Gebiet schlug Großbritannien den gemeinsamen Verzicht auf jeglichen gewaltsamen Angriff und die gegenseitige Nichteinmischung in die Angelegenheiten des British Empire und Großdeutschlands vor.

Im militärischen Bereich interessierte London die Festlegung bestimmter Rahmen für das Wettrüsten zur See, zu Lande und in der Luft.

Auf wirtschaftlichem Gebiet wurde vorgeschlagen, ein umfangreiches internationales Kolonialgebiet (Colonial Condominium) in Afrika zu bilden, Deutschland den Zugang zu Rohstoffquellen und Absatzmärkten für Industriegüter zu öffnen, das Problem seiner Auslandsverschuldung zu regeln und es finanziell bei der »Sanierung« Ost- und Südosteuropas zu unterstützen. Falls eine Vereinbarung erzielt werde, versprach Hudson Deutschland eine »internationale Anleihe« im Umfang bis zu einer Milliarde Pfund Sterling.

Als Endziel wurde eine »umfassende britisch-deutsche Übereinkunft zu allen wichtigen Fragen« in Aussicht gestellt. Wilson erklärte Wohlthat, falls das von London angestrebte Einvernehmen zustande käme, bedeutete dies, daß Großbritannien sich seiner Verpflichtungen gegenüber Polen und Rumänien entledigen könnte.

Wilson versicherte Wohlthat, Großbritannien sei bereit, auf Wunsch Deutschlands auch über jede andere Frage zu sprechen. Auf welche Weise das vorgelegte Programm erörtert werden sollte, überließ Wilson der deutschen Führung. Er unterstrich lediglich die Wichtigkeit strengster Geheimhaltung, damit »die Verhandlungen nicht zur Kenntnis von Persönlichkeiten gelangen sollten, die grundsätzlich einer Verständigung feindlich gegenüberständen«. Außerdem verwies er auf den Zeitfaktor angesichts der im Herbst (am 14. November) bevorstehenden britischen Parlamentswahlen. Falls Hitler den Verhandlungen zustimmte, bemerkte Wilson, werde man das als »Zeichen wiederkehrenden Vertrauens« werten.[135]

Mit etwas anderer Diktion, aber unter Verwendung derselben Begriffe entwickelten sich von Mai bis August 1939 weitere Kontakte, an denen Wenner-Gren (der Besitzer der schwedischen Konzerne »Electrolux« und »Bofors«)[136], Birger Dahlerus, Carl Jacob Burckhardt und andere beteiligt waren. Sowohl der einen als auch der anderen Seite war klar, daß die Grundlage für eine Übereinkunft vorhanden war. Die Italiener übertrieben nicht, als sie erklärten, daß »kein Krieg jemals überflüssiger gewesen ist als dieser«.[137]

Man brauchte kein Vergrößerungsglas, um die zwiespältige Haltung des offiziellen London zu erkennen. Das betraf nicht nur die gegenüber der UdSSR, sondern auch gegenüber Frankreich, Polen und den USA. Zu Abkommen, die Elemente einer »gemeinsamen britisch-deutschen Politik« zusammenführten und fixierten, kam es nicht. Das lag jedoch nicht daran, daß die Konservativen um Chamberlain sich nicht genügend schnell auf Hitler zubewegten. Der »Führer« fand das Eisen nicht heiß genug, um es schmieden zu können. Mindestens zum dritten Mal verpaßte er die Chance, die Bank zu sprengen: Halifax hatte bereits im November 1937 eine »generelle Regelung« vorgeschlagen; Chamberlain hatte im September 1938 einen »historischen Bund« des britischen und des deutschen Reiches angeboten; nun die Vorschläge Wilsons, die vom Premierminister sanktioniert waren und im Sommer 1939 die Unterstützung der konservativen Mehrheit im Parlament hatten.

Hitler aber suchte einen Krieg um jeden Preis. Am liebsten einen »kompakten« Krieg (quasi das Schlachtschiff »Deutschland« im Taschenformat) und einen rasanten Krieg, der jedem Gegner Schrecken einjagt. Einen Krieg, der den Zweifeln an den prophetischen Gaben und dem »unbeugsamen« Willen des »Führers« ein für allemal ein Ende setzte. Vor den Militärs, die Hitler am 22. August auf dem Obersalzberg zusammenrief, erklärte er: »Ich habe nur Angst, daß mir noch im letzten Moment irgendein Schweinehund einen Vermittlungsplan vorlegt.« Das war nur zum Teil Rhetorik, wenn man auch Hitler, den Schauspieler, und Hitler, den berechnenden Pragmatiker, auseinanderhalten sollte. Doch irgendwann am Ende der ersten Augustdekade und eine Woche, bevor die Wehrmacht die Grenze Polens überschritt, war sein Zaudern zu spüren.

Die Zusammensetzung der britischen (im wesentlichen auch der französischen) Delegation für die Militärverhandlungen mit der Sowjetunion, ein zwölf Knoten langsamer Frachter als Transportmittel, die Art der Instruktionen, die Admiral Drax mitbrachte – all das wird meist als Ungeschicklichkeit ausgelegt, die auf die Vorbehalte und die geringe Achtung vor dem sowjetischen Partner zurückzuführen war, oder einfach als eine falsche Disposition der Prioritäten. Man übersieht – kann sein: gern – andere Zusammenhänge.

Vom 18. bis 21. Juli saßen Wilson, Hudson und der einflußreiche Tory Sir Joseph Ball mit Wohlthat zusammen. Die Briten rechneten fest mit einer raschen und positiven Reaktion auf ihre Vorschläge. Am 23. Juli setzte Halifax Maiski davon in Kenntnis, daß seine Regierung den sowjetischen Gedanken akzeptiere, militärische Verhandlungen zu beginnen, ohne den Abschluß der politischen Gespräche abzuwarten. Die britische Delegation sei bereit, »in sieben bis zehn Tagen« nach Moskau abzureisen.[138] Zehn Tage vergingen, aber von der deutschen Seite kam keinerlei Reaktion. Nichts außer der dienstlichen Weisung Weizsäckers an Herbert von Dirksen, seine Meinung »über die Verhandlungen mit Wohlthat« mitzuteilen.[139]

Der Botschafter hielt es für angebracht, in seinem Telegramm das Auswärtige Amt zu beruhigen, daß in Londoner Militärkreisen hinsichtlich der bevorstehenden Verhandlungen mit Vertretern der Streitkräfte der UdSSR eine »erstaunliche Skepsis« vorherrsche. Die Briten interessiere vor allem, eine Vorstellung von der tatsächlichen Kampfkraft der Sowjetarmee zu gewinnen. Das erkläre auch die Zusammensetzung der britischen Delegation, in der »alle drei Herren Frontoffiziere sind«, die ein gutes Auge für die »Einschätzung der Kampfkraft jeder militärischen Einheit« haben, jedoch für »Verhandlungen über besondere operative Maßnahmen« gänzlich ungeeignet seien.[140]

Am selben Tag sandte Dirksen Weizsäcker einen Brief, in dem er Wilsons Programm ein schmeichelhaftes Zeugnis ausstellte. Auf die konkrete Frage des Staatssekretärs, ob die Briten begriffen, daß als erstes die Verhandlungen mit Moskau aufhören müßten, die die Einkreisung des Reichs zum Ziel hätten, berichtete der Botschafter, dies sei »den hiesigen führenden Persönlichkeiten klar« – sowohl denen aus der konservativen als auch aus der Labour Party.[141]

Es gibt Grund zu der Annahme, daß Wohlthats Gesprächspartner über Theo Kordt von der Anfrage aus Berlin Wind bekamen und diese als gutes Zeichen aufnahmen. Die neue Auszeit – die langsamste technisch mögliche Art der Anreise zu den Moskauer Verhandlungen mit einem Zwischenhalt in Leningrad, um dort Museen zu besichtigen – war eine erneute Vorleistung der britischen Diplomatie an Berlin. Und damit die Deutschen sich nicht länger in Vermutungen ergehen mußten, lud Horace Wilson am 3. August Herbert von Dirksen ein, das mit Wohlthat begonnene Gespräch fortzusetzen.[142]

Die Angaben über die Begegnungen Wohlthats mit Hudson, Wilson und Ball blieben nicht unter Verschluß. Lord Robert Vansittart (Erster diplomatischer Berater beim Außenminister Großbritanniens) sorgte dafür, daß der *Daily Telegraph* von dem versprochenen Milliardenkredit an Deutschland erfuhr. Diese Indiskretion war ein harter Schlag gegen die Bemühungen Görings, Canaris' und Weizsäckers, den Einfluß Ribbentrops auf den »Führer« abzubauen.

Dem Programm der Briten, das ihm Wohlthat überbrachte, entnahm Hitler das, was ihm paßte: Im Falle eines deutsch-polnischen Konfliktes würde Großbritannien neutral bleiben[143]; ein großer Krieg war nicht in Sicht. Trotzdem unternahm er einen recht unkonventionellen Schritt.

Am 11. August lud Hitler den Hochkommissar des Völkerbundes in Danzig, Carl Jacob Burckhardt, zu sich und bat ihn um einen guten Dienst – dem Westen zu erläutern, wie die polnisch-deutsche Konfrontation zu verstehen war. »Alles, was ich unternehme, ist gegen Rußland gerichtet; wenn der Westen zu dumm und zu blind ist, um dies zu begreifen, werde ich gezwungen sein, mich mit den Russen zu verständigen, den Westen zu schlagen, und dann nach seiner Niederlage mich mit meinen versammelten Kräften gegen die Sowjetunion zu wenden. Ich brauche die Ukraine, damit man uns nicht wieder wie im letzten Krieg aushungern kann.«[144]

Burckhardt übernahm diese »Friedensmission«. Einige unglückselige Umstände bei der Organisation des Besuchs des Kommissars auf dem Obersalzberg (man sandte ihm das Privatflugzeug des »Führers« und sperrte für diese Zeit den gesamten Flugbetrieb in Danzig) führten dazu, daß das Geheimnis vorzeitig in die Presse gelangte. Damit war die gesamte Idee abgewertet.

Wozu benötigte Hitler Burckhardt? Warum nutzte er nicht den Kanal Wohlthat–Wilson oder Dirksen–Wilson, über die das Projekt ohne Zeitverlust befördert worden wäre? Hitler war bekannt, daß auch zwischen Halifax und Göring ein recht lebhafter persönlicher Kontakt bestand. Die beiden hätten den Stier bei den Hörnern packen können.

Das Signal an den Westen erging offenbar nicht zufällig genau zu dem Zeitpunkt, als die Dreierverhandlungen in Moskau begannen: Laßt euch nicht so sehr mit den Sowjets ein, dann wird der reinigende Sturm am Westen vorbeigehen. Überlaßt Polen Deutschland, und der Kopf der bolschewistischen Hydra wird London und Paris auf einem silbernen Tablett serviert werden.

Polen Deutschland zu überlassen bedeutete nicht unbedingt die völlige Zerschlagung des Nachbarstaates mit Waffengewalt. Hitler sprach Polen das Recht ab, als aktives oder passives Hindernis für die Realisierung seines Lebenszieles – die Eroberung und Teilung Rußlands – weiterzubestehen. Als deutscher Satellit, der sich in die Pläne zur Ostexpansion des Reichs einfügte, konnte Polen aber in irgendeiner Form durchaus erhalten bleiben.

Burckhardt war es zu seinem großen Bedauern nicht beschieden, der Primus unter den »Befriedern« zu werden, wenn man davon ausgeht, daß ihm eine wichtigere Rolle zugedacht war, als nur dem richtigen Empfänger im richtigen Augenblick das richtige Signal zu geben. Der Herrscher der Nazis zog es vor, daß dieses Signal die Korridore der Macht ohne Aufsehen passierte. Daß es dann doch an die Öffentlichkeit gelangte, nahm er mit Gelassenheit auf. Am 12. und 13. August wartete Hitler noch ab, ob auf Burckhardts Mission irgendeine Reaktion erfolgte. Am 14. August war er mit seiner Geduld jedoch am Ende. Der »Führer« teilte nun Göring, Brauchitsch und Raeder seinen Entschluß mit, Polen spätestens in zwei Wochen anzugreifen.

Die Informationen, die bei Stalin eingingen, gaben diesem die Möglichkeit, Schein und Sein im Verhalten der Gegenspieler voneinander zu unterscheiden, zahlreiche streng geheime Umgehungsmanöver und Komplotte zu verfolgen. Der Mitarbeiter der Auslandsaufklärung Major Bystroletow knackte die Codes der Außenministerien Großbritanniens, Deutschlands und Italiens. Einem seiner Kollegen gelang es, die chiffrierten Telegramme des japanischen Außenministeriums für die sowjetische Seite lesbar zu machen. Mit technischen Hilfsmitteln und über ein verzweigtes Agentennetz wurden Dokumente und Angaben aus der unmittelbaren Umgebung Chamberlains, Hitlers und anderer Mächtiger der damaligen Welt beschafft.

Als Beispiel kann die Besprechung des »Führers« mit den Kommandospitzen der Wehrmacht im Dezember 1936 genannt werden. Dort wurde festgelegt, daß dem Überfall auf die Sowjetunion die Vernichtung Polens vorausgehen sollte. Ein paar Tage später lag eine Information darüber auf Stalins Tisch. Die Meldung über den Beschluß vom 3. April 1939, mit den Vorbereitungen für die Realisierung des Planes »Weiß« zu beginnen, erhielt der Kremlchef zehn Tage später.

Es wäre allerdings eine sinnlose Übertreibung, wollte man behaupten, Stalin hätte alles oder fast alles gewußt. Noch weniger Grund besteht zu der Annahme, daß der Diktator bei seiner Meinungsbildung sich auf alle ihm berichteten Tatsachen stützte. Häufig waren seine Handlungen das Gegenteil dessen, was er in Augenblicken guter Verfassung als seine Einschätzung im kleinen Kreise verkündet hatte. Offenbar ist das ein Merkmal aller Politiker, die übermäßige Macht in ihren Händen konzentrieren und keinerlei Kontrolle unterliegen.

Nachdem also Ribbentrop, wie er selbst sagte, »Stalin (am 28. Juni) einen Floh ins Ohr gesetzt hatte«, trat in den sowjetisch-deutschen Kontakten zunächst Funkstille ein. Sie wurde am 24. Juli unterbrochen, als man Georgi Astachow ins Auswärtige Amt zitierte, formal, um mit ihm über die Einstellung der sowjetischen Rückzahlung eines tschechoslowakischen Kredits bei der »Banka Zivostenska« zu sprechen.

Der Genauigkeit halber muß hier erwähnt werden, daß das Volkskommissariat für Außenhandel in Moskau zwei Tage zuvor (ohne Absprache mit den Deutschen) eine Meldung über die »Wiederaufnahme der Verhandlungen über Handel und Kredite zwischen der deutschen und der sowjetischen Seite« veröffentlicht hatte.[145] Die Verhandlungen standen noch bevor, aber man wollte damit London zu verstehen geben, daß die Briten kein Monopol auf die Gunst der UdSSR besaßen und daß man angesichts der Versuche Großbritanniens, Deutschland wirtschaftlich zu ködern, durchaus Gegenmittel finden konnte. Zugleich wurde Berlin in Kenntnis gesetzt, die sowjetische Seite gebe die Vorbedingungen auf (oder schwäche sie ab), die Hitlers Unmut ausgelöst hatten (zunächst Schaffung einer politischen Grundlage, danach wirtschaftliche Zusammenarbeit)[146]. Moskau schlug vor, davon auszugehen, daß die Verhandlungen über Handel und Kredite bereits stattfänden. Karl Schnurre brachte keine Einwände gegen den Wortlaut der sowjetischen Pressemeldung vor (»sei es, wie es sei«), bat aber darum, in Zukunft ohne gegenseitige Abstimmung keine Erklärungen abzugeben. Georgi Astachow wurde eingeladen, um sich mit Ribbentrops Standpunkt zu den Etappen der Normalisierung der Beziehungen zwischen beiden Ländern vertraut zu machen.

Nach Schnurres Worten stellte sich der Minister diesen Prozeß folgendermaßen vor: erfolgreiche Handels- und Kreditverhandlungen als erste Etappe; Normalisierung der Presse- und Kulturbeziehungen als zweite Etappe und schließlich die politische Annäherung als dritte. Mehrfache Versuche der deutschen Seite, einen Dialog zu diesem Thema zu eröffnen, hätten bisher keinen Widerhall gefunden. Molotow weiche einem konkreten Meinungsaustausch mit Schulenburg aus. Die sowjetische Vertretung in Berlin antworte nicht auf die Fragen Weizsäckers (vom 30. Mai), für die sich »der Führer persönlich interessiert« (in Wirklichkeit hatte er selbst sie in Auftrag gegeben). Wenn die sowjetische Seite noch nicht zu einem Meinungsaustausch auf Führungsebene bereit sei, sagte Schnurre abschließend, dann »könnten auch weniger hochgestellte Leute etwas tun und die Frage über den toten Punkt bringen«.[147]

Im Auftrage Ribbentrops forderte Schnurre Astachow auf, das Gespräch in inoffizieller Atmosphäre fortzusetzen. Das Treffen vom 26. Juli, an dem auch der stellvertretende Leiter der Handelsvertretung J. Babarin teilnahm, nimmt sich in der deutschen[148] und der sowjetischen Mitschrift[149] unterschiedlich aus. Wir wollen hier die deutsche Variante zugrunde legen.

Der Rat des Auswärtigen Amtes begründete noch einmal, daß es erreichbar sei, die Beziehungen zwischen Deutschland und der UdSSR in drei Etappen zu normalisieren. In den politischen Beziehungen könne man sich »an das anlehnen, was früher gewesen war (den Berliner Vertrag von 1926)« oder an eine Neuordnung »unter Berücksichtigung der beiderseitigen lebenswichtigen Interessen« gehen. Als Voraussetzung für all das, betonte Schnurre, müsse die sowjetische Seite jedoch eindeutig ihre Gegnerschaft gegen Deutschland aufgeben.

Georgi Astachow bemerkte, die UdSSR habe für ihre heutige politische Situation den treffenden Begriff der Einkreisung gefunden. Der »Antikomintern-Pakt« und die Politik Japans, das Münchener Abkommen, das Deutschland in Osteuropa freie Hand gab, die Betrachtung der baltischen Staaten und Finnlands sowie Rumäniens als deutsche Interessengebiete – all das habe für die Sowjetregierung das Gefühl der Bedrohung vervollständigt. An eine Schwenkung der deutschen Politik gegenüber der Sowjetunion wolle man in Moskau nicht recht glauben.

Da auch auf diese deutschen Überlegungen keine Reaktion folgte, rief Ribbentrop am 2. August Astachow zu sich, um ihm zu erklären, er halte eine Neugestaltung der Beziehungen zwischen beiden Staaten für möglich, wenn man vom Prinzip der Nichteinmischung in die inneren Dinge des anderen Staates ausgehe und auf eine gegen die Lebensinteressen des anderen gerichtete Politik verzichte. Der Minister äußerte nachdrücklich den Gedanken, von der Ostsee bis zum Schwarzen Meer gebe es kein Problem, das zwischen beiden Staaten nicht zu lösen sei. An der Ostsee sei für beide Platz, und russische Interessen brauchten hier mit deutschen in keiner Weise zu kollidieren. Was Polen angehe, so sehe Deutschland der weiteren Entwicklung aufmerksam und eiskalt zu. Bei einer polnischen Provokation würde die Abrechnung mit Polen in Wochenfrist erledigt sein. Der Minister deutete an, man wünsche eine Verständigung mit Moskau in Erwartung jeglicher Veränderungen der Lage. Ribbentrop bemerkte, hinsichtlich des russisch-japanischen Verhältnisses habe er seine besonderen Anschauungen, schließe aber einen Modus vivendi zwischen beiden Ländern auf lange Frist nicht aus.

In der Mitteilung über dieses Gespräch, die Schulenburg erhielt, sind Ribbentrops Worte über die Kontakte Deutschlands mit Großbritannien und Frankreich ausgelassen. Der Chef der Nazidiplomatie gab ebenfalls zu verstehen, die Deutschen seien über die sowjetisch-britisch-französischen Verhandlungen auf dem laufenden, und in gewisser Weise hänge es von Berlin ab, wohin die britische und die französische Regierung sich letzten Endes orientierten.[150]

Am 3. August wurde Astachow schon wieder ins Auswärtige Amt beordert. Karl Schnurre hatte den Auftrag des Ministers, das Gespräch vom Tage zuvor »zu präzisieren und zu ergänzen«. Die Darlegungen des Rates wurden wie folgt nach Moskau übermittelt: 1. Hält die sowjetische Seite einen Meinungsaustausch über die Verbesserung der Beziehungen für wünschenswert? Und wenn ja, kann sie dann 2. konkret die Fragen nennen, die sie zu behandeln wünscht? Die deutsche Seite wäre dazu bereit. 3. Der Meinungsaustausch sollte in Berlin durchgeführt werden, da sich »Ribbentrop und Hitler persönlich dafür interessieren«. Man bittet zu präzisieren, wen die sowjetische Seite mit diesem Meinungsaustausch beauftragen will. 4. Da sich »Ribbentrop in zwei oder drei Tagen in seine Sommerresidenz bei Berchtesgaden zu begeben gedenkt«, möchte er vor seiner Abreise »zumindest auf Punkt 1« eine Antwort haben.[151]

Wie groß Berlins Ungeduld inzwischen war, wird daran deutlich, daß Schulenburg den Auftrag erhielt, unverzüglich um ein Treffen mit

Molotow nachzusuchen und dort das Gespräch Ribbentrops mit Astachow zu wiederholen. Die Begegnung im NKID fand am 3. August statt
und dauerte eineinhalb Stunden.

Der Volkskommissar trat nach dem Bericht Schulenburgs etwas aus
seiner sonstigen Reserve heraus, ließ jedoch nicht die Absicht erkennen, in der Sache entgegenzukommen. Er wiederholte, nach wie vor
fehlten die »Beweise« für den guten Willen der deutschen Seite. Auf die
Mahnung des Botschafters, die Vergangenheit ruhenzulassen und besser über neue Wege nachzudenken, machte Molotow die Bereitschaft
dazu von zufriedenstellenden Erläuterungen zu drei Punkten abhängig
– zum Antikomintern-Pakt, zur Unterstützung der Aggressionsakte Japans durch Deutschland und zu den Versuchen, die UdSSR aus den
internationalen Beziehungen auszugrenzen.[152]

Am 4. August telegrafierte Schulenburg an das Auswärtige Amt, die
UdSSR sei »entschlossen, mit England und Frankreich [eine Vereinba-
rung] abzuschließen«. In einem Bericht an Weizsäcker vom 14. August
präzisierte der Botschafter, das Wichtigste sei für die Sowjetunion
gegenwärtig die Einflußnahme auf Japan.

In der Historiographie des Sommers 1939 ist bis in die letzte Zeit
hinein eine wesentliche Tatsache unbemerkt geblieben: Georgi Astachow wurde vor seinen Begegnungen mit Weizsäcker, Schnurre oder
Ribbentrop mit keinerlei Instruktionen versorgt. Er gestaltete seine
Haltung in Gesprächen über eine allgemeine Verbesserung der beiderseitigen Beziehungen auf der Grundlage offizieller Veröffentlichungen
über die Außenpolitik der UdSSR und einiger bruchstückhafter Informationen, die ihn aus Moskau erreichten.

Am 28. Juli 1939 telegrafierte Molotow an Astachow: »Sie haben
richtig gehandelt, als Sie sich darauf beschränkten, die Erklärungen
Schnurres anzuhören, und zusagten, sie nach Moskau zu übermitteln.«[153] In der Diplomatensprache der Sowjetunion kam es dem Verbot
nah, in Zukunft ohne anderslautende Weisungen im Dialog selbst aktiv
zu werden.

Bisher sind drei Ausnahmen von diesem Stand der Dinge festgestellt
worden – zum ersten das Telegramm Molotows an den Geschäftsträger
vom 4. August. In Beantwortung des Schreibens Ribbentrops heißt es
darin: »Zu Punkt 1 halten wir es für wünschenswert, den Meinungsaustausch über die Verbesserung der Beziehungen fortzusetzen, wie ich
es Schulenburg bereits am 3. August erklärt habe. Was die übrigen

Punkte betrifft, so hängt viel davon ab, wie die Handels- und Kreditverhandlungen in Berlin ausgehen.«[154]

Astachow erhielt keinen Auftrag, dies Schnurre zur Kenntnis zu geben. Er führte jedoch das Gespräch mit Schnurre »im Geiste ... der Weisung vom 4. August«[155] und ging damit, strenggenommen, über den Rahmen seiner Vollmachten hinaus. Übrigens erklang an diesem 4. August zum ersten Mal aus dem Munde Schnurres der Begriff »Geheimprotokoll« zu dem Kreditabkommen, in dem »das beiderseitige Streben« festgehalten werden sollte, die politischen Beziehungen zwischen Deutschland und der Sowjetunion zu verbessern.

Molotow reagierte (dies ist die zweite Ausnahme) mit einer telegrafischen Warnung: »Wir halten den Vorschlag eines Geheimprotokolls im Zusammenhang mit der Unterzeichnung des Handelsabkommens für unangebracht.« Das Motiv – es sei »ungünstig«, den Eindruck zu erwecken, »der Vertrag, der ausschließlich Kredit- und Handelsfragen beinhalte ... sei geschlossen worden, um die politischen Beziehungen zu verbessern. Das sei unlogisch und signalisierte außerdem unangebrachte und unverständliche Eile.«[156]

Als Antwort auf eine analytische Information Astachows, in der der Diplomat einige Überlegungen und Vermutungen über die »Gegenstände« möglicher politischer Gespräche anstellte, an denen Berlin interessiert sei, und den Volkskommissar zugleich darauf aufmerksam machte, daß auf die deutsche Seite kein Verlaß sei, sandte Molotow ein weiteres lapidares Telegramm: »Das Verzeichnis der Gegenstände, das Ihr Brief vom 8. August enthält, hat unser Interesse gefunden. Gespräche darüber erfordern Vorbereitung und einige Übergangsstufen vom Kredit- und Handelsabkommen zu anderen Problemen. Wir ziehen es vor, Verhandlungen über diese Fragen in Moskau zu führen.«[157]

Astachow faßte auch diese Mitteilung als Anstoß für weitere Schritte auf. Auf eigene Initiative wählte er sich Schnurre als Gesprächspartner und den 12. August als den Zeitpunkt, zu dem er die deutsche Seite davon informierte, daß die Sowjetregierung zu Verhandlungen bereit sei und als Verhandlungsort Moskau vorschlüge.[158]

Diese Aktivitäten Astachows, die bei einem voreingenommenen Blick auf die Dinge leicht als »Verletzung der Amtsordnung« ausgelegt werden konnten, waren möglicherweise der Anlaß für seine spätere Verhaftung. Astachow rettete nicht, daß er seine Notizen von den

Gesprächen mit Anmerkungen versah wie: die Gesprächspartner legten ihre Gedanken zur Verbesserung der Beziehungen in Form eines Monologs dar, oder der Meinungsaustausch trug »inoffiziellen Charakter«. Die Spur dieses außergewöhnlichen Diplomaten verliert sich in den Lagern Berijas.

Der deutschen Seite kam es jedoch überhaupt nicht in den Sinn, daß in einem so diffizilen Bereich wie der Auseinandersetzung zweier Diktaturen offizielle Vertreter es fertigbringen könnten, Kontakt aufzunehmen, ohne vorher die Zustimmung ihrer Zentrale eingeholt zu haben oder gar von oben nicht sanktionierte Gespräche zu führen. Die Regeln, die im Reich herrschten, wurden mechanisch auf den sowjetischen Staatsapparat übertragen. Hinter dem, was Astachow sagte (oder wo er einer Antwort auswich), sahen seine Gesprächspartner die lenkende Hand Moskaus. Dabei hätten sie sich längst fragen müssen, warum Merekalow aus dem Rennen genommen worden war, kaum daß es begonnen hatte. Außer dem Botschafter war niemand bevollmächtigt, auch ohne Hinweis auf einen Auftrag für sein Land zu sprechen.[159]

Einem ähnlichen Selbstbetrug erlag in den Jahren 1940/41 auch die Sowjetregierung. Sie nahm die Aktivitäten Schulenburgs und einiger Beamter des Auswärtigen Amtes als Barometer für die Absichten und Interessen Hitlers. Diese Haltung wurde auch nicht korrigiert, als Stalin aus voneinander unabhängigen Informationsquellen erfuhr, daß der »Führer« den Plan »Barbarossa« bestätigt hatte. Doch davon später ausführlicher.

Die heute der Forschung zugänglichen Tatsachen lassen die eindeutige Feststellung zu, daß die UdSSR im Frühjahr und Sommer 1939 vergeblich Zeit und Kraft aufwandte, um mit den Demokratien die Schaffung einer gemeinsamen Front gegen die aggressiven Mächte zu vereinbaren. Dies wäre bei einem Minimum an gutem Willen relativ schnell möglich gewesen. Aber Großbritannien, lesen wir in Harold Ickes' Tagebuch, »hegte die Hoffnung, es werde ihm gelingen, Rußland und Deutschland in einen Konflikt zu bringen und selbst ungeschoren davonzukommen«.[160] Die britische Führung erweckte den Anschein sachlicher Verhandlungen mit Moskau, um eine Annäherung der UdSSR und Deutschlands zu verhindern.[161]

Am 30. März 1939 hat die Regierung Chamberlain eine Garantieerklärung für Polen abgegeben (die im April in eine bilaterale Vereinbarung mündete). Aber London vermied es bis Mitte August, ungeachtet des

Drängens aus Warschau, unter verschiedenen Vorwänden, den Erklärungen ein reales Bündnis folgen zu lassen. Wenn die Perspektive »übermäßiger« Verpflichtungen Polen gegenüber den Tories Magenkrämpfe bereitete, was konnte dann die Sowjetunion erwarten? Die Antwort auf diese Frage findet man in den Sitzungsprotokollen des britischen Kabinetts aus jener Zeit.

Dieses behandelte am 16. Mai 1939 ein Memorandum der Stabschefs der drei Waffengattungen der britischen Streitkräfte. Darin hieß es unter anderem, eine Vereinbarung über gegenseitigen Beistand mit Frankreich und der UdSSR »wird eine solide Front von beeindruckender Macht gegen eine Aggression darstellen«. Wenn ein solches Abkommen nicht zustande käme, wäre dies eine »diplomatische Niederlage, die ernsthafte militärische Folgen nach sich zöge«. Wenn Großbritannien ein Bündnis mit Rußland ablehnte und dieses zu einer Vereinbarung mit Deutschland drängte, »dann begingen wir einen riesigen Fehler von existentieller Bedeutung«.[162]

Auf dieser Sitzung legte Lord Halifax folgende Position dar: Die politischen Argumente gegen einen Pakt mit der UdSSR überwiegen die militärischen Überlegungen zu dessen Gunsten.[163] Chamberlains Haltung war noch kategorischer. Er wollte »eher zurücktreten, als ein Bündnis mit den Sowjets unterschreiben«.[164]

Die Konservativen waren sich jedoch darin einig, daß der Pragmatismus es erforderte, die Verhandlungen mit der Sowjetunion noch eine Zeitlang weiterzuführen.[165] In diesem Zusammenhang stimmte London zu, vom Notenaustausch zu einem Dreierdialog am runden Tisch überzugehen. Was Großbritannien und Frankreich betraf, sollte dieser jedoch von den Botschaftern geführt werden. Die Einladung der sowjetischen Seite an Halifax, persönlich an den Verhandlungen teilzunehmen, lehnte Chamberlain mit der Bemerkung ab, ein Besuch des britischen Ministers in Moskau »wäre eine Demütigung«.[166]

Der britische Botschafter William Seeds und Sir William Strang, der ihm aus dem Foreign Office zur Unterstützung zur Seite gestellt worden war, erhielten den Auftrag, die Dinge hinzuziehen, zugleich aber den Eindruck zu vermeiden, London sei an einer Übereinkunft nicht interessiert. Am 4. Juli zog das Kabinett eine Zwischenbilanz und erwog dabei alle Für und Wider eines Abbruchs der Verhandlungen. Die Gentlemen blieben sich treu – es sei zweckmäßiger, die Moskauer Gespräche fortzusetzen, aber ein Abkommen zu vermeiden. »Unser

Hauptziel in den Verhandlungen mit der UdSSR besteht darin«, erklärte Halifax, »zu verhindern, daß Rußland irgendwelche Verbindungen zu Deutschland aufnimmt.«[167] Eine solche Wendung der Ereignisse wurde a priori nicht ausgeschlossen. Kriegsminister Leslie Hore-Belisha bemerkte im Kreise seiner Kollegen: »Wenn es gegenwärtig auch zweifelhaft zu sein scheint, legt die elementare Logik die Möglichkeit einer Vereinbarung« Deutschlands und der UdSSR nahe.[168]

Auf Lord Halifax machte Hore-Belishas Argument keinen Eindruck. Auf der Kabinettssitzung am 10. Juli, wo der sowjetische Vorschlag erörtert wurde, vor Abschluß der politischen Verhandlungen »technische« Verhandlungen auf militärischem Gebiet aufzunehmen, wiederholte der Außenminister: »Wenn Militärverhandlungen auch beginnen, so werden sie doch keinen großen Erfolg haben. Sie werden sich hinschleppen, und letzten Endes wird jede Seite Zusicherungen allgemeinen Charakters erhalten. So gewinnen wir Zeit und schlagen ein Maximum aus einer Situation heraus, die wir im Moment nicht umgehen können.«[169]

Schatzkanzler Sir John Simon wurde noch deutlicher: *»Wir müssen unsere Handlungsfreiheit bewahren, um Rußland gegebenenfalls erklären zu können, daß wir nicht verpflichtet sind, in den Krieg einzutreten, da wir seine Auslegung der Tatsachen nicht teilen.«*[170]

Wenn es nicht gelang, die Franzosen zu überspielen und die Russen zu überlisten, wenn irgendein Abkommen unvermeidlich war, dann sollte dessen Wortlaut möglichst verschwommen sein. An der Themse hatte man längst für sich entschieden, falls dabei sogar die Begriffe »Bündnis« oder »gegenseitiger Beistand« verwendet werden sollten, derartige Verpflichtungen nicht zu erfüllen.

Das war noch schlimmer als Doppelzüngigkeit. Es war der Versuch, einen kommenden Schlag auf den Partner abzulenken und selbst in respektvoller Entfernung zu bleiben. Nach Simons Worten drängt sich die Schlußfolgerung auf, daß London, hätte es das britische Modell eines Bündnisses mit der UdSSR durchgesetzt, selbst im Falle einer Aggression Deutschlands gegen Polen eine Kriegserklärung gegen das Reich hätte vermeiden können. Es wäre vollkommen ausreichend gewesen, wenn die Sowjetunion in der Anfangsetappe allein in den Krieg gezogen wäre.

Nach alldem drängt sich die Frage auf: Wie hätte sich Moskau verhalten sollen, da es doch mit den Absichten Chamberlains und seiner Minister vertraut war? Was konnte die sowjetische Seite tun, da sie auch wußte, mit welchen Instruktionen Admiral Drax nach langer Seefahrt zu den Militärverhandlungen in Moskau eintraf?

Als Halifax den Admiral am 2. August verabschiedete, gab er ihm auf den Weg, »die Verhandlungen so lange wie möglich zu verschleppen«.[171] »So lange wie möglich« hieß im Klartext bis Ende September oder Anfang Oktober[172], wenn der Herbstregen (und nicht die gegnerischen Mächte) Hitlers Pläne zunichte machte. Um sich abzusichern – der auf politischem Parkett unerfahrene Drax konnte in die Erörterung nach Londons Auffassung zweifelhafter Themen hineingezogen werden –, sandte man ihn ohne jegliche Vollmachten zu den Verhandlungen. Als ob der Admiral zu einem Picknick und nicht zur Abstimmung der beiderseitigen Aktionen im Falle eines Krieges gefahren wäre.

Die interne Weisung, die er mit sich führte, lautete: »Die britische Regierung wünscht es nicht, konkrete Verpflichtungen zu übernehmen, die unter bestimmten Umständen bindend sein könnten. Deshalb ist eine militärische Vereinbarung in den allgemeinsten Formulierungen zu halten.«[173]

Die sowjetische Seite hatte Informationen darüber, daß die französische Regierung von einer sachlicheren Position ausging. Auch angesichts dieses Umstandes entschloß man sich in Moskau offenbar, die Karten auf den Tisch zu legen, um sinnloses Geschwätz von Anfang an zu vermeiden.[174] Der Krieg stand vor der Tür. Am 7. August erhielt die sowjetische Führung die Meldung: »Der Aufmarsch der deutschen Truppen gegen Polen und die Konzentration der notwendigen Mittel werden zwischen dem 15. und 20. August abgeschlossen sein. Ab 25. August ist mit dem Beginn von Kriegshandlungen gegen Polen zu rechnen.«[175]

Die Briten erhielten ein analoges Signal ein oder zwei Tage später. Damit nahmen die Warnungen, die London zuvor von Admiral Canaris (über den Rat der deutschen Botschaft in London, Theo Kordt) und aus Italien erhalten hatte, bedrohlich konkreten Inhalt an. Die Zeit der Mutmaßungen und des diplomatischen Ränkespiels war abgelaufen.

»Bereits in den ersten 24 Stunden meines Aufenthaltes in Moskau wurde klar«, schrieb Drax, »daß die Sowjets eine Übereinkunft mit uns wollen.«[176] Als Boris Schaposchnikow auf der Sitzung am 15. August mitteilte, die UdSSR sei bereit, gegen den Aggressor in Europa 136

Divisionen, 5000 schwere Geschütze, 9000 bis 10 000 Panzer und 5000 bis 5500 Flugzeuge einzusetzen[177], meldete Drax seiner Regierung, die Sowjetunion habe im Kriegsfalle »nicht die Absicht, die defensive Taktik einzuschlagen, die wir [ihr] vorschlagen sollten«. Im Gegenteil, sie bringe »den Wunsch zum Ausdruck, sich an Angriffsoperationen zu beteiligen«.[178]

Der Leiter der französischen Delegation, General Joseph Doumenc, meldete nach Paris, die sowjetischen Vertreter hätten den Plan einer »überaus wirksamen Hilfe« dargelegt, »die sie uns nachdrücklich anbieten«.[179] In einem Bericht des französischen Außenministeriums an Ministerpräsident Daladier hieß es dazu: »Wie unser Botschafter in Moskau mitteilt, wird das, was die russische Regierung für die Erfüllung der Verpflichtungen des politischen Vertrages vorschlägt, nach Meinung von General Doumenc unserer Sicherheit und der Sicherheit Polens gerecht … Nach Meinung von Naggiar bietet uns die UdSSR eine durchaus konkrete Hilfe im Osten an, ohne Zusatzforderungen im Westen zu stellen, aber unter der Bedingung, daß Polen durch seine negative Haltung die Bildung einer Widerstandsfront im Osten unter Teilnahme russischer Kräfte nicht unmöglich macht … Als wir Polen Garantien zusicherten, hätten wir als Bedingung für diese Garantien die sowjetische Unterstützung nennen müssen, die wir für notwendig halten.«[180]

Warum erklärte Admiral Drax im Kreise seiner Kollegen einen Tag vor dieser – für Uneingeweihte – hoffnungsvollen Bewertung: »Ich denke, unsere Mission ist beendet.«?[181] Am 14. August stellte Kliment Woroschilow den Verhandlungspartnern die Gretchenfrage, ob die sowjetischen Truppen bei einem deutschen Überfall auf Polen durch vorher festgelegte, strikt begrenzte Gebiete (den Korridor von Vilnius im Norden und Galizien im Süden) marschieren könnten, um »in direkte Feindberührung zu kommen«. Ohne eine positive Beantwortung dieser Frage verliere jede militärische Vereinbarung ihren Sinn.

Die Regierungen Großbritanniens und Frankreichs hatten sich nicht die Mühe gemacht, vor Eröffnung der Moskauer Verhandlungen mit Polen über diese Modalitäten zu sprechen. Nun zogen sie die Erörterung dieses Themas bis zum 17. August hin, als man auf Vorschlag von Drax vereinbarte, das nächste Treffen der drei Delegationen auf den 21. August zu verschieben. Am 19. August führten der französische General Musse und der britische Militärattaché einen dreistündigen erfolglosen Disput mit dem Chef des polnischen Generalstabs, General Stachiewicz. Als »Kompromiß«, der am selben Tag mit Außenminister Beck abgesprochen worden war, kam heraus, daß Franzosen und Briten in Moskau so manövrieren könnten, als sei den Polen die genannte Frage nie gestellt worden.[182] Nun konnte es keinerlei Zweifel mehr geben – die Würfel waren gefallen.

Am 21. August fand die letzte Plenartagung der drei Delegationen statt. Da die »Kardinalfrage« nicht geklärt werden konnte, genauer gesagt, da nun vollkommen offenkundig war, daß Polen jede Vereinbarung kategorisch ablehnte, die es in eine Zusammenarbeit mit der UdSSR hineinzog[183], waren weitere Verhandlungen gegenstandslos. Woroschilow schlug eine Unterbrechung bis zu dem Zeitpunkt vor, da die Delegationen einander etwas Neues, Positives mitzuteilen hätten.

Wappnen wir uns einen Augenblick mit übermäßigem Optimismus und stellen wir uns als Modell vor, Warschau sei auf den Boden der Tatsachen zurückgekehrt und habe den Traum von einem Marsch auf Berlin als Antwort auf die Drohungen der Nazis auf bessere Zeiten vertagt. Wie hätte das Zusammenwirken der drei Mächte in der Realität ausgesehen?

Die sowjetischen Militärführer hatten vorgeschlagen, in Abhängigkeit davon, wie sich die Ereignisse entwickelten, 70 bis 100 Prozent jener Kräfte ins Feld zu führen, die Großbritannien und Frankreich einsetzten. Die Direktiven der sowjetischen Delegation, die bereits am 4. August im höchsten Gremium bestätigt worden waren, gingen davon aus, daß die Streitkräfte der vertragschließenden Mächte 15 bis 16 Tage nach der Mobilmachung zum Einsatz gegen den Hauptfeind bereitstehen sollten. Was aber sollte geschehen, wenn London und Paris die Berührung mit dem Feind einen Monat, einen zweiten oder gar einen dritten vermieden hätten? Wenn aber die Briten und Franzosen faktisch keinen einzigen Mann in Marsch gesetzt hätten?[184]

Es ist äußerst zweifelhaft, daß die britische und die französische Delegation sich darauf eingelassen hätten, Kontingente nach Waffengattungen zu fixieren sowie Ort und Zeit ihres Einsatzes zu vereinbaren. Selbst wenn dies geschehen wäre, hätten sie ihre Verpflichtungen nicht einhalten können, denn dafür gab es keinerlei Vorbereitungen. In den Stäben Großbritanniens und Frankreichs wurden parallel zu den Moskauer Verhandlungen keinerlei operative Pläne erstellt, die die von den Delegationen ins Spiel gebrachten militärtaktischen und strategischen

Aspekte des praktischen Zusammenwirkens berücksichtigt hätten. Dort ging man davon aus, daß es keine Vereinbarung mit der Sowjetunion geben werde.

Der »seltsame Krieg«, der im Westen vom 3. September 1939 bis zum 15. Mai 1940 geführt wurde, kam nicht spontan zustande. Er war Teil der Strategie zur Zermürbung Deutschlands und gleichzeitig der UdSSR, denn in den westlichen Plänen war eine »östliche« Variante des »seltsamen Krieges« zwischen Deutschland und der Sowjetunion im Falle eines bewaffneten Konflikts von vornherein ausgeschlossen.

Erriet man in London und Paris, daß *das kritische Moment in Hitlers Patiencen vom Sommer 1939 nicht der Abschluß des Nichtangriffspaktes mit der UdSSR, sondern das Scheitern einer Vereinbarung der drei Mächte über ein Militärbündnis war?*[185] Wenn Großbritannien und Frankreich nicht mit der Sowjetunion übereinkamen, so erklärte Hitler, »kann ich Polen ohne die Gefahr eines Konfliktes mit dem Westen zerschlagen«.[186] Der »Führer« stürzte sich in den Polenfeldzug ohne fertige Operationspläne für die Westfront.[187] Nur unverbesserlich Voreingenommene oder mit naiver Blindheit Geschlagene können dieses Versäumnis mit der »Inszenierung eines Rapallo« in Zusammenhang bringen. Kriege, in denen Millionenarmeen gegeneinander antreten, benötigen zur Vorbereitung etwas mehr Zeit als ein Wochenende.

Am 19. August übergab Ribbentrop dem italienischen Botschafter in Berlin, Bernardo Attolico, die Antwort des »Führers« auf eine Botschaft des Duce vom Vortag, mit der dieser seinen deutschen Verbündeten enttäuscht hatte: Italien sähe sich außerstande, Krieg in Europa zu führen. Dieser Schachzug Mussolinis war nicht ohne Einwirkung Canaris' und Weizsäckers zustande gekommen, die noch hofften, ein Nein Italiens zum Fall »Weiß« und damit die Entwertung der Achse könnte Hitlers Kriegslust eindämmen.

Hitlers Antwort enthält dessen Credo in gedrängter Form: 1. Der Entschluß, Polen zu überfallen, ist gefaßt und unabänderlich. 2. Der Polenkonflikt bleibt ein lokales Ereignis, da England und Frankreich es nicht wagen werden, die Achse anzugreifen. 3. Wenn diese Mächte Polen trotz allem militärische Unterstützung erweisen sollten, würde es für die Achse schwer sein, jemals bessere Bedingungen für die Auseinandersetzung zu finden. 4. Selbst wenn ein allgemeiner Krieg entstehen sollte, werde er auf Grund der Überlegenheit der Achse nur von kurzer Dauer sein.[188]

Der deutsch-sowjetische Meinungsaustausch nahm am 15. August deutlichere Konturen an. Aber Moskau hatte sich noch nicht endgültig entschieden. Stalin war nun davon überzeugt, daß Großbritannien und Frankreich nicht zu Beziehungen bereit waren, in denen die Interessen beider Seiten gleichermaßen Berücksichtigung fanden. Die Chance auf die Verhütung oder Eindämmung einer Aggression war also verpaßt. Es ergab sich nun eine Gleichung mit mehreren Unbekannten: Nahmen die Westmächte die Herausforderung des Nazireiches als fatale Gegebenheit hin, besannen sie sich darauf, daß sie auf eine bewaffnete Auseinandersetzung besser vorbereitet waren als ein Jahr zuvor, oder setzten sie alle Hebel in Bewegung, um ohne und gegen die UdSSR ein zweites München zustande zu bringen?

Was war vorzuziehen – sich auf das Schicksal zu verlassen? Um Polen zu überwältigen, brauchte die Wehrmacht nur wenige Wochen. Würde der »Führer« dann die »Baltikumfrage« bereinigen, die er seit je im Munde führte? Nutzte er die Tatsache, daß Moskau den Abschluß eines Nichtangriffspaktes abgelehnt hatte, als Vorwand für eine großangelegte Provokation oder gar eine Aggression gegen die UdSSR? Oder wäre es opportun, trotz enormer moralischer Verluste alle Prinzipien fahrenzulassen und sich auf eine Abgrenzung der deutschen und sowjetischen Interessen einzulassen, wie es in dieser Welt der Gewalt üblich war? Wären eine Atempause und die Vorteile eines Staates, der formal Neutralität wahrte, ein Ausgleich für evidente Nachteile?

Der sowjetische Diktator rechnete sich aus, daß sein Pendant auf der Seite der Nazis die Tür zur Verständigung mit Großbritannien noch nicht zugemauert hatte. Im Gespräch am 3. August[189] mit Botschafter Dirksen bestätigte Horace Wilson, daß ungeachtet der ärgerlichen Indiskretionen alles, was Wohlthat übermittelt worden war, weiter in Kraft bleibe. Die britische Seite erwarte eine Antwort auf ihre Vorschläge und wäre tief enttäuscht, wenn Deutschland das, was begonnen wurde, nicht weiterführe. Die »mangelnde Bescheidenheit Hudsons« schaffe Schwierigkeiten für eine erneute Reise Wohlthats nach Großbritannien, aber die Abgesandten könnten sich auch in der Schweiz oder an einem beliebigen anderen Ort treffen.

Aus Wilsons Worten, so meldete Dirksen, ging hervor, »daß die in den letzten Monaten angeknüpften Beziehungen zu anderen Staaten lediglich eine Reservevariante für eine wirkliche Versöhnung mit Deutschland darstellen und sofort null und nichtig werden, wenn das einzig wichtige und aller Mühen werte Ziel erreicht ist – eine Übereinkunft mit Deutschland«. »Sie soll zwischen Deutschland und England geschlossen werden. Falls man dies aber wünscht, könnten natürlich auch Italien und Frankreich einbezogen werden«, fügte Wilson hinzu.[190]

Auch der britische Botschafter Neville Henderson wirkte unermüdlich für eine britisch-deutsche Übereinkunft. Ihm assistierten Vertreter der Schweiz, Schwedens und der USA.[191] Von der Burckhardt-Affäre war bereits die Rede. Nach einem Stenogramm des Schweizers war Hitler bereit, sich unverzüglich mit einem britischen Politiker »vom Format eines Halifax« zu treffen. Als einen annehmbaren Gesprächspartner erwähnte er Marschall Ironside. Von ihm hatte Hitler viel Gutes gehört, außerdem sprach er Deutsch (und man konnte unter Umständen ohne Dolmetscher auskommen).[192] Zwischen Themse und Spree eilte Dahlerus wie ein Weberschiffchen hin und her.

Am 20. August stand der Anführer der Nazis vor einem strategischen Dilemma – entweder mußte er das im Frühjahr begonnene »russische Gambit« forcieren oder »München« neuen Atem einhauchen. Göring, den man als Kandidaten für die Gespräche mit Stalin und Molotow nannte, wies dieses Ansinnen zurück und schlug seinerseits vor, Ribbentrop nach Moskau zu schicken, der das Thema besser beherrschte und einer der Urheber der Idee von einem neuen Rapallo war. Göring blieb auf eigenen Wunsch in Reserve, falls Gespräche mit Großbritannien erforderlich werden sollten. Für Moskau faßte man auch noch den Minister ohne Geschäftsbereich Hans Frank ins Auge, einen Mitkämpfer Hitlers aus der Partei, jedoch wurde dessen Kandidatur sofort wieder verworfen.[193]

Am 21. August standen in Tempelhof eine Lockheed 12 A des britischen Geheimdienstes, die Göring zu einem Geheimtreffen mit Chamberlain und Halifax in Chequers bringen sollte, und die persönliche Junkers des »Führers« bereit, die dieser Ribbentrop für den Flug in die sowjetische Hauptstadt zur Verfügung stellte. Welche sollte sich als erste in den Himmel erheben, welcher Kurs genommen werden – nach Moskau oder nach London? Von dieser Entscheidung hing ab, wie es in Europa und damit in der Welt weiterging.

3 »Und morgen war Krieg«

Und morgen war Krieg – so lautet der Titel eines Films nach der gleichnamigen Novelle von Boris Wassiljew, der die letzten friedlichen Stunden im Leben einfacher sowjetischer Menschen vor dem nazistischen Überfall, der Sowjetrußland bis in seine Grundfesten erschütterte, mit Mitteln der Kunst wahrheitsgetreu und sehr bildhaft darstellt. »Und morgen war Krieg« – diese Worte beschreiben exakt den Zustand Europas in den Tagen nach dem 20. August 1939.[1]

Die Wehrmacht rückte in ihre Ausgangspositionen ein, um Polen auszulöschen, bevor ihm jemand zu Hilfe eilen konnte. Was die potentiellen Teilnehmer einer Koalition gegen Nazideutschland hätte zusammenführen müssen – die Gefahr, in der sie alle schwebten –, vertiefte in Wirklichkeit ihre Spaltung. Die UdSSR, Großbritannien, Frankreich und Polen haben späteren Generationen erneut die Erfahrung hinterlassen, daß das Besondere und Einzelne zuweilen das Gemeinsame überwiegt. Die Unterschiede in der realen Angreifbarkeit der einzelnen Staaten schlugen durch. Man hätte sie mildern können, mittels Zusammenführung gleichberechtigter Nationen zu einem Bund, in dem jede Seite freiwillig übereinstimmende und der Herausforderung des Aggressors gemäße Verpflichtungen übernahm. Aber die Unterschiede verselbständigten sich. Dazu kamen die aufdringlichen Versuche, das Paradies für einen Apfel, noch dazu einen wurmstichigen, einzutauschen, den Partner zum Söldner im fremden Dienste umzufunktionieren.

Auch bis zum Ende unseres Jahrhunderts wird der Streit darüber nicht verstummen, ob Hitler seine Truppen gegen Polen in Marsch gesetzt oder diesen verhängnisvollen Schritt unterlassen hätte, wenn das britisch-französisch-sowjetische Bündnis zustande gekommen wäre. Den Erklärungen des »Führers« stehen die Aussagen einzelner Diplomaten[2], Militärs und Politiker entgegen, vor allem solcher, die über das Scheitern einer erweiterten Neuauflage von »München« verärgert waren oder meinten, Hitler habe für das Versprechen Stalins, ihm bei der Abrechnung mit Polen nicht in die Quere zu kommen, einen zu hohen Preis bezahlt. Man kann natürlich auch Hitler gegen Hitler aussagen lassen, besonders wenn man sich die Aufgabe stellt, den sowjetischen Diktator ins Zentrum des Strudels zu stellen. Dort sitzt er dann wie Luzifer in der Hölle und grinst sich eins: Endlich hat sich sein lang ersehnter Wunsch erfüllt – ihm sind übernatürliche Kräfte zugewachsen.

Daß die Sowjetunion als Gegenspieler Deutschlands ausfiel, erleichterte Hitlers Unternehmen gegen Polen. Dies zu bestreiten hieße, mit dem Kopf gegen Mauern anzurennen. Wer aber behauptet, ohne den Nichtangriffsvertrag mit der UdSSR und das dazugehörige Geheimprotokoll wäre der »Führer« das reine Unschuldslamm gewesen, tut den Tatsachen nicht weniger, sondern eher noch mehr Gewalt an.

London und Berlin hatten in den ersten acht Monaten 1939 im Grunde genommen ein und dasselbe im Sinn. Weder die Nazis noch die Konservativen dachten auch nur im Traum daran, Verbündete Moskaus zu werden. Nicht zuzulassen, daß die UdSSR auf die Seite des jeweiligen Rivalen überging, sie bei den kommenden Ereignissen wenigstens in eine Beobachterrolle zu drängen – das war es, wonach beide strebten, besonders bei der Eröffnung und im Mittelspiel. Wie konnte man das erreichen? Hier zeigen sich neben Übereinstimmung auch manche Varianten.

Beide – sowohl Hitler als auch Chamberlain – waren bestrebt, Zeit zu gewinnen, und seien es nur Stunden, Tage oder Wochen. Die Ungewißheit, so rechnete der britische Premier, werde den Hochmut des Naziführers dämpfen und den zeitlichen Ablauf des Planes »Weiß« durcheinanderbringen. Unberechenbarkeit und Unsicherheit sollten vor allem die Botschaft sein, die von den militärischen Dreierverhandlungen in Moskau ausging. Als Hitler im April die Operation gegen Polen auf »spätestens 1. September« festsetzte, stellte er sich damit selbst ein Bein. Chamberlain hoffte, es möge gelingen, den Ausbruch der Krise bis zum Spätherbst hinzuziehen, da aufgeweichte Wege die Wehrmacht nicht schlechter als die Maginot-Linie aufhielten.

Hitler kam diese Taktik durchaus zupaß, aber aus anderen Überlegungen. Wenn die Dreierverhandlungen den Tag X ignorierten, bedeutete dies, daß in den ersten und entscheidenden Stunden des

101

Krieges keine koordinierten Gegenmaßnahmen seitens Großbritanniens, Frankreichs und der UdSSR zu erwarten waren.

Nehmen wir noch mal die optimale Variante – die drei Mächte hätten sich geeinigt und Warschau zur Vernunft gebracht. Hitler aber wäre bei dem Entschluß geblieben, den er am 19. August Mussolini mitgeteilt hatte, Polen anzugreifen, gleichgültig, wie die Moskauer Verhandlungen ausgingen.

Wie hätten Großbritannien, Frankreich und mit ihnen die UdSSR zum Zeitpunkt der Aggression dagestanden? Sie hätten Pläne in der Hand gehabt, die ihnen auf dem Papier 15 bis 16 gemütliche Tage zur Mobilmachung Zeit ließen, bevor ihre Truppen mit dem Gegner in Berührung zu treten hatten. Entsteht nicht der Eindruck, daß die Vertreter zumindest zweier Mächte einer totalen Sklerose verfallen sein müssen? Sie vergaßen nicht nur den 1. September als äußerstes Zeitlimit, sondern auch, in welchem Jahrhundert sie überhaupt Krieg führen wollten. Es wäre doch sehr dreist zu behaupten, die Nazis hätten keine Ahnung davon gehabt, wie man in den Stäben Großbritanniens und Frankreichs militärstrategisch dachte, oder die britischen, französischen und sowjetischen Militärs hätten von der operativen Planung der Wehrmacht nichts geahnt.

Während aber erstere die archaischen militärischen Vorstellungen der anderen Seite geschickt mit einkalkulierten, wollte es letzteren lange nicht in den Kopf, daß militärische Statistiken pur genommen zu folgenschweren Fehleinschätzungen führen konnten: In drei Wochen wurde die millionenstarke polnische Armee zerrieben. Wenn einer der damaligen Akteure in London, Paris oder Moskau post factum behauptet, dies sei zu erwarten gewesen, dann soll er seine Zunge verschlucken.

Der Abschluß eines Militärbündnisses der Demokratien mit der UdSSR hätte für den »seltsamen Krieg« im Westen keine Folgen gehabt.[3] Es gibt viele Gründe anzunehmen, daß dieser Krieg wohl eher noch »seltsamer« geworden wäre. Bei jeder überschaubaren Variante wären Großbritannien und Frankreich nicht von dem glühenden Wunsch beseelt gewesen, mit dem »Hauptgegner« in Berührung zu kommen, und das »Dritte Reich« hätte Gleiches mit Gleichem vergolten.

Die Logik der Ereignisse hätte der Sowjetunion eine ganz andere Lage beschert. Die Hauptkräfte des Hauptgegners wären in der Euphorie des leicht errungenen Sieges bis zu einer Grenze gerollt, die für die

Verteidigung der UdSSR wesentlich ungünstiger war als jene, von der Pilsudski im Jahre 1921 zum Marsch auf Kiew und Moskau aufbrach. Das ist aber noch nicht alles. Der Plan »Weiß« sah vor, daß die Wehrmacht sogleich oder unmittelbar nach Polen auch Litauen und Lettland *bis zu den alten kurländischen Grenzen«* unter Kontrolle nahm. Hitler hatte bei einer Begegnung mit den Befehlshabern der deutschen Wehrmacht am 23. Mai diese Festlegung zur »Lösung der baltischen Frage« bestätigt.

Wenn der »Führer« im Rausche des erfolgreichen Polenfeldzuges im September 1939 sofort gegen Frankreich hätte marschieren wollen, dann hätte er es sich wohl kaum versagt, zugleich an Stalin Rache zu nehmen. Der Moskauer Diktator hatte Deutschlands Gegnern den Vorzug gegeben und einen Nichtangriffspakt mit dem Reich abgewiesen. Hitler hätte nicht abgewartet, bis sich die UdSSR für die militärische Auseinandersetzung bereit machte. Als Verbündete Großbritanniens, Frankreichs und Polens hätte die Sowjetunion alle – eigene wie fremde – Nachteile der mangelnden Vorbereitung für den Tag X auf sich nehmen müssen.

Hier soll wiederholt werden: Als die UdSSR in den Dialog mit Berlin eintrat, ließ sie, wie auch Polen, von einem bestimmten Zeitpunkt an den Geist aus der Flasche: Hätte sie die Vorschläge zur »Normalisierung« der Beziehungen zurückgewiesen, wäre dies als feindseliger Akt und gleichsam als Aufforderung zur Auseinandersetzung auf Leben und Tod gewertet worden. Entweder das Bündnis mit Großbritannien und Frankreich oder die Abstimmung der Interessen mit Deutschland. Ein typischer Zugzwang. Aber auch die goldene Mitte hätte die UdSSR vor keinerlei Gefahren bewahrt.

Unterstellen wir, Hitler hätte auf einen weisen Rat oder seine innere Stimme gehört, wäre nicht aufs Ganze gegangen und hätte in der Nähe der sowjetischen Grenze eine Pause eingelegt. Wer, der auch nur seine fünf Sinne beisammen hat, konnte sich dafür verbürgen, daß Japan nicht seine Anstrengungen verzehnfacht hätte, um die Idee eines gleichzeitigen Angriffs gegen die Sowjetunion von Osten und Westen in die Tat umzusetzen? Und dies nicht nur als Revanche für die »Demütigung« am Chalchin-Gol. Auch die Londoner »Befrieder« hatten für diesen Fall Pläne in der Schublade, die – sagen wir es so – der Sowjetunion ihre Existenz nicht gerade erleichterten.

Selbst mit der Unterzeichnung des deutsch-sowjetischen Nichtangriffspaktes war das Kapitel »Appeasement« für die Tories nicht abgeschlossen. Man braucht nur die Erklärung Neville Chamberlains auf der Kabinettssitzung vom 26. August 1939 aufmerksam zu lesen: »Wenn Großbritannien Herrn Hitler in *seiner Sphäre* [Osteuropa] in Ruhe läßt, dann wird er uns in Ruhe lassen.«[4] Wie bereits im November 1937, als Lord Halifax Hitler testete, ging es stets um den Preis, nicht um das Prinzip. Im August 1939 gewann die deutsch-sowjetische Annäherung als Schreckgespenst, als taktischer Schritt oder auch als Reserve für den äußersten Fall – wie man will – einen gewissen Eigenwert. Hitler und Stalin berechneten jeder für sich, wie sie das unerwartet entstandene Interesse aneinander zum eigenen Vorteil nutzen konnten.

Daß Großbritannien und Frankreich nicht die Absicht hatten, für Polen in den Krieg zu ziehen, schloß der »Führer« nicht aus Worten, sondern vor allem aus dem Zustand ihrer Streitkräfte. Mit Ausnahme der Marine entsprach dieser nicht den Erklärungen der Regierungen beider Mächte. Die Kampfkraft der Roten Armee wurde in Berlin noch niedriger veranschlagt, obwohl die Ereignisse am Chalchin-Gol Zweifel aufkommen ließen. Diese wollte man ausräumen – schon allein aus prophylaktischen Gründen. Hilf dir selbst, dann hilft dir Gott.

Stalin plagten ganz andere Ängste. In den Jahren 1937/38 waren auf seine Anordnung drei von fünf Marschällen der Sowjetunion – Michail Tuchatschewski[5], Alexander Jegorow und Wassili Blücher – liquidiert worden, dazu elf Stellvertreter des Volkskommissars für Verteidigung, 75 der 80 Mitglieder des Obersten Kriegsrates der UdSSR sowie 14 von 16 Armeekommandeuren. Unter denen, die umgebracht oder Repressalien unterworfen wurden, waren alle acht Admirale, 60 von 67 Korpskommandeuren, 136 von 199 Divisions- sowie 221 von 397 Brigadekommandeuren, dazu etwa 35 000 Offiziere niederer Dienstgrade. Dies steht, was die höchste Kommandoebene betrifft, in keinem Vergleich zur Zahl der Generale und Oberste, die in den Jahren 1941 bis 1945 auf dem Schlachtfeld fielen. Sicherlich kam den Planern des Pentagon nichts Derartiges in den Sinn, als sie noch bis vor kurzer Zeit Operationen zur »Enthauptung des Gegners« konzipierten.[6]

Die »Siege« am Chassan-See und am Chalchin-Gol wurden von der sowjetischen Propaganda ungefähr so gepriesen, wie gewisse Publizisten heute manche Operationen des Zweiten Weltkrieges, insbesondere in Nordafrika, an denen nur ein paar Divisionen beteiligt waren, zu »Wendepunkten« des ganzen Krieges hochstilisieren. Stalin benötigte diese Selbsthypnose. Die Geister der Toten drangen unentwegt auf ihn ein, wie die »blutigen Knaben« auf den Zaren in Puschkins *Boris Godunow*. Der Welt sollte das Märchen als Realität verkauft werden, die von ihm enthaupteten Streitkräfte der Sowjetunion seien so kampffähig wie nie zuvor.

Wenn man sich aber die Mühe macht, den streng geheimen Bericht des Volkskommissariats für Verteidigung der UdSSR zur Kenntnis zu nehmen, in dem die Aktionen der regulären Einheiten am Chassan-See analysiert werden, dann fällt ins Auge, daß in der Armee totales Durcheinander herrschte und den meisten Offizieren elementare Fertigkeiten fehlten, um Einheiten größer als eine Kompanie oder ein Bataillon zu führen.[7] Das nimmt nicht wunder, denn Regimenter und Divisionen wurden nun von Offizieren befehligt, die gestern noch Oberleutnant oder Hauptmann gewesen waren und meist nicht einmal Mittelschulbildung besaßen. Selbst die begabtesten unter ihnen konnten auch bei reichlichem Begießen nicht von heute auf morgen zu neuen Hannibals oder Suworows heranwachsen. Die Zeit setzte hier unüberwindliche Schranken.

Als Stalins Rausch der finsteren Jahre 1937/38 sich etwas gelegt hatte, war er peinlich bemüht, bei aller demonstrativen Härte und Entschlossenheit im kleinen größeren Kraftproben aus dem Weg zu gehen. Dem widersprechen auch nicht die nach offiziellen Angaben beeindruckenden Vorbereitungen für das Engagement auf der Seite der Tschechoslowakei in der Krise vom August/September 1938 und die Pläne, die Kliment Woroschilow und Boris Schaposchnikow bei den Militärverhandlungen mit Großbritannien und Frankreich im August 1939 darlegten. Was nützten aber ein Haufen Flugzeuge, Panzer, Artilleriesysteme und eine lange Liste numerierter Divisionen, wenn das Personal bestenfalls für den Nahkampf ausgebildet war?

Der Diktator wußte das besser als jeder andere. Deshalb suchte er die Berührung mit dem Aggressor nicht im Felde, sondern am Spieltisch, der sich in der Politik von einem gewöhnlichen Roulette dadurch unterscheidet, daß man dem Verlierer nicht Geld, sondern etwas anderes abnimmt. Es galt zu verhindern, daß das Land in den Abgrund glitt. Vor allem mußte man sich davor hüten, zwischen die Mühlsteine, das heißt in einen Zweifrontenkrieg zu geraten.

Bereitete sich die Sowjetunion darauf vor, Polen allein beizuspringen, als sie sah, daß Warschau von Großbritannien und Frankreich keine praktische Hilfe zu erwarten hatte? War Polens schroffe Ablehnung jeglicher Zusammenarbeit die Ursache oder nur der Anlaß dafür, daß sich Moskau umorientierte? Das sind wohl doch zwei verschiedene Fragen. Ohne ein Bündnis, das die Partner dazu verpflichtete, im Falle einer Aggression gegen einen von ihnen oder einen Staat, dem sie gemeinsam Garantien versprochen hatten, aktiv zu werden, war für Stalin das Risiko unannehmbar, in einen bewaffneten Konflikt mit Deutschland, oder, was noch wahrscheinlicher war, zugleich in eine Auseinandersetzung mit Deutschland *und* Japan zu geraten. Angesichts dieser Sorgen war das »Arita-Craigie-Abkommen« die schlechteste aller möglichen Einleitungen zur letzten Runde der Dreierverhandlungen.

Beim Brückenschlag von der Spree zur Moskwa spielte das feine Gespür der Nazis für die Schwachstellen ihrer Kontrahenten eine Rolle. Stalin reizte und verdroß die »Kleinigkeitskrämerei« der Briten. Hitler kleckerte nicht, sondern klotzte. In der Tat erreichten die Diktatoren in wenigen Stunden Dinge, die »Traditionalisten« auch in Jahrzehnten nicht zuwege gebracht hätten.

Ein Herrscher östlichen Typs sollte aber die alte orientalische Weisheit bedenken, daß zu gut wiederum nicht gut ist. Stalin vergaß sie und verdammte sich damit zu niederem Tun, statt sich höheren Zielen zu widmen. Die Sowjetunion, der Inbegriff des Antifaschismus, wurde nun zur Geisel des faschistischen Expansionismus. Sie verriet ihre »Utopie« und ließ sich auf das Ränkespiel mit einer Clique ein, die als Verkörperung alles Bösen galt.

Stalin konnte wahrscheinlich einwenden, daß er dabei nicht den Kopf verlor.[8] Um einen Keil zwischen Deutschland und Japan zu treiben, hätte er sich selbst mit dem Teufel verbündet. Einige Indizien sprechen dafür, daß man Anfang August 1939 in Moskau eine Vereinbarung allgemeinen Charakters mit Berlin als Alternative zu halben Absprachen mit Großbritannien und Frankreich nicht mehr ausschloß.[9] Da er nichts Besseres erreichen konnte, wäre dem Diktator eine Verständigung gelegen gekommen, die ihm gewisse Bewegungsfreiheit in einer Situation verschaffte, die sich seiner Kontrolle entzog.

Einem Aggressor oder gar zweien nicht allein entgegentreten zu müssen, die Stunde der Wahrheit so weit wie möglich hinauszuzögern – dies war der sehnlichste Wunsch dessen, der an der Spitze des Sowjetregimes stand. Wenn sich demokratische Regierungen gefunden hätten, die bereit waren, um ihrer selbst willen auch die Interessen der

UdSSR nicht zu mißachten, hätte Stalin diese Chance nicht ungeprüft gelassen. Aber er war nicht gewillt, für andere zu kämpfen, und konnte dies auch nicht, selbst wenn er es gewollt hätte.

Deshalb ist es keine Übertreibung festzustellen, daß bei den Moskauer Militärverhandlungen die Worte aller Beteiligten fehlendes Handeln ersetzen sollten. Sie waren mehr für Außenstehende bestimmt, genauer gesagt, für den vierten Gesprächsteilnehmer, der unsichtbar mit am Tisch saß – für Deutschland.

Dabei verloren letzten Endes alle, wenn die Rechnung auch erst Jahre später präsentiert wurde. Zum ungezählten Male bestätigte sich: Wer seine Ehre zum Pfande setzt, dem ist das Übel geborgt.

Wie wäre die internationale Entwicklung verlaufen, hätte Stalin Hitlers Brief nicht mit der Zustimmung zum Besuch Ribbentrops in Moskau beantwortet?[10] Der »Führer« wußte nicht später als am 22. August, daß eine Einladung an Göring zu einem Treffen mit Chamberlain und Halifax vorlag, mit dessen Vorbereitung der Chef der britischen Aufklärung persönlich befaßt war, um absolute Diskretion zu garantieren. Nicht die Idee, der Zeitpunkt schien unglücklich gewählt. In Anbetracht der Stimmung in Berlin brachten die Briten am 23. August den Gedanken einer »vierseitigen Gipfelkonferenz« ins Spiel. Dort hätte man in Abwesenheit der UdSSR und Polens alles regeln können. Dem Vorschlag, der über einen inoffiziellen Kanal eintraf, lag eine persönliche Botschaft Chamberlains bei. Der Premierminister beschwor Hitler, nichts Unwiderrufliches zu tun.

Am Nachmittag des 23. August berief Hermann Göring eine Sitzung des Ministerkabinetts ein. Der Krieg mit Polen sei beschlossene Sache, vernahmen die Versammelten. Die Gefahr eines Weltkonfliktes sei nicht aktuell und das Risiko gerechtfertigt, da Polen der einzige Gegner sein werde. Die Operation werde in drei Tagen beginnen, präzisierte Göring.

Die Verhandlungen des Reichsaußenministers in Moskau hatten noch nicht begonnen. Ribbentrops Maschine erreichte den Flugplatz der Hauptstadt nicht ohne einen Zwischenfall – bei Welikie Luki war sie von der Luftabwehr beschossen worden. Das Flugzeug wurde verfehlt, ein gutes Omen war es allerdings nicht. Ohne Hegels Formel von der Geschichte als rückwärtsgewandter Prophezeiung überstrapazieren zu wollen, ist doch festzustellen, daß *der Entschluß zum Überfall auf Polen und das ursprüngliche Datum (der 26. August) nicht nach, sondern vor der Begegnung Ribbentrops mit Stalin und Molotow und vor Unter-*

zeichnung des Nichtangriffsvertrages zustande kamen.[11] Ungenauigkeiten bei der Darstellung der Abfolge der Ereignisse schleichen sich hier nicht von selbst ein, sondern werden bewußt angebracht und gewinnen durch Häufung den Anschein von Tatsachen.

Später behauptete Ribbentrop, als er nach Moskau flog, habe er von dem Entschluß Hitlers, Polen zu überfallen, keine Ahnung gehabt. Er glaubte angeblich, der »Führer« bluffe nur, um London und Warschau zu maximalen Zugeständnissen zu zwingen. Die Vereinbarungen von Moskau seien nicht als Aktionsprogramm gedacht gewesen, sondern sollten lediglich den Druck im Kessel bis zum kritischen Punkt steigern. Nach seiner Version habe die politische Planung in Nazideutschland auf unerreichter Höhe gestanden. Auf dem Höhepunkt sei dann aber alles zum Teufel gegangen. Typische Höhenkrankheit. Man war vom Schwindel befallen worden.

»Wir glauben nicht gern an etwas, das unseren Horizont übersteigt«, bemerkte der glänzende La Rochefoucauld sarkastisch. Den Horizont unserer Visionen, unseres Verstandes, unserer Interessen. Versetzen wir uns in die Situation der dreißiger und vierziger Jahre, widerstehen wir dabei der Verlockung, das Denken und Handeln der Akteure jener Zeit mit der heutigen Elle zu messen, Normen und Prinzipien auf Geschehnisse zu übertragen, die sich später im Ergebnis des Zweiten Weltkrieges etablierten. Vielleicht eröffnen sich uns dann bisher unbekannte Seiten der Vorgänge, die Irrationales nicht rationaler, aber in gewissem Maße verständlicher machen.

Daß Hitler nach München auf Gewalt setzte, hängt mit seiner besonderen Sicht auf den geschichtlichen Augenblick und die weiteren Perspektiven sowie mit seiner Vorstellung zusammen, daß eine Stimmung, bis zur Hysterie hochgepeitscht, der halbe Erfolg sein kann. Wenn man sich nicht der Heuchelei schuldig machen will (um am 1. September 1939 als der Wasserscheide zwischen Weltfrieden und Weltkrieg festzuhalten), kommt man nicht umhin anzuerkennen, daß der Anschluß Österreichs, die Abtrennung des Sudetenlandes von der Tschechoslowakei und schließlich die Annexion der Reste dieser Republik nichts anderes waren als politisch motivierte und getarnte Militäroperationen. Im März und September 1938 agierten die Politiker nicht als Geburtshelfer neuen Lebens, sondern als Gewalttäter, die den Opfern den Lebensnerv durchtrennten oder sofort das Leben raubten.

Hitler erklärte zuweilen, er habe nicht die Absicht, Krieg um des

Krieges willen zu führen. Für ihn stehe das Ziel über allem. Die Mittel und Methoden seien von untergeordneter Bedeutung. Dabei solle denen der Vorzug gegeben werden, die einen raschen Erfolg versprachen und die Voraussetzungen für den nächsten noch größeren Sieg schufen. Nichts weist darauf hin, daß der »Führer« im August 1939 von diesem Grundmuster abwich. Was Ribbentrop in Moskau erreichte[12], stärkte Hitlers Glauben an seine »seherischen« Gaben.

Am 24. und 25. August wog er ab, was nach Polen kommen sollte, dessen Schicksal, insbesondere mit dem Ausscheiden der UdSSR, für ihn endgültig besiegelt war. Das weitere hing nun davon ab, ob es gelang, die Briten zum Einlenken zu bringen. Als Reaktion auf den Appell des britischen Premierministers, »nichts Unwiderrufliches« zu tun, bot Hitler Großbritannien über Botschafter Henderson an, ein Bündnis mit Deutschland zu folgenden Bedingungen zu schließen:

(a) Rückkehr Danzigs und des polnischen Korridors ins Reich;
(b) Garantie Deutschlands für die neuen polnischen Grenzen;
(c) Vereinbarung über die ehemaligen deutschen Kolonien;
(d) Verzicht auf jede Veränderung der deutschen Westgrenzen;
(e) Rüstungsbegrenzung.

Deutschland seinerseits zeigte Bereitschaft, die Verpflichtung zu übernehmen, das Britische Weltreich vor Angriffen von jeglicher Seite zu schützen. Dies war eine eigenartige Mischung aus Vorschlägen, die Berlin zwischen Oktober 1938 und Januar 1939 Polen angeboten hatte, und Überlegungen der Briten selbst, die Horace Wilson im Juli und August 1939 übermittelte.

Die Rosine in diesem Kuchen war wohl die Bemerkung Hitlers auf eine Antwort des Botschafters, es wäre nicht tragisch, wenn Großbritannien, um sein Gesicht zu wahren, »zum Schein« eine Kriegserklärung abgäbe. Wenn man vorher die Schlüsselelemente einer künftigen Aussöhnung abspreche, werde ein derartiges Gewitter nur die Gesamtatmosphäre reinigen.

Nach der Unterredung mit Henderson ließ sich der »Führer« mit Mussolini verbinden. Das Gespräch stellte ihn zufrieden, und um 15.02 Uhr ordnete er an, die Operation »Weiß« in Gang zu setzen. Der Überfall auf Polen sollte im Morgengrauen des 26. August beginnen. Dann aber türmte sich Hindernis auf Hindernis.

Die römische Regierung teilte mit, Italien sei nicht zum Kriege bereit. Der französische Botschafter wurde um 17.30 Uhr – offenbar auf Anraten seines Kollegen Attolico – vorstellig und warnte, sein Land werde seine Verpflichtungen gegenüber Polen erfüllen. Gegen 18.00 Uhr meldete BBC das Inkrafttreten des britisch-polnischen Bündnisvertrages.

Wo lag der Fehler? Deutschland bewegte sich auf einen Konflikt mit Großbritannien und Frankreich zu, in dem die Polenfrage plötzlich zweitrangig wurde. Italien fiel aus, noch ehe es richtig zur Sache ging. War es ein Verbündeter oder eher eine Bürde? Dabei wußte Hitler nicht einmal, daß Rom die Nachricht, Italien werde sich nicht am Kriege gegen Polen beteiligen, zunächst London und Paris und erst danach dem Bündnispartner mitgeteilt hatte. Das Verhältnis zu Japan war gestört.

Keitel erhielt nun den Befehl, die Verbände, die bereits in die nach dem Plan »Weiß« vorgesehenen Stellungen einrückten, unverzüglich zu stoppen. Halder vermerkte in seinem Kriegstagebuch: »Hitler ziemlich zusammengebrochen ... Leise Hoffnung, daß man auf Verhandlungsweg England zur Annahme von Forderung bringt, die Polen ablehnt« (Bd. 1, S. 34).

Chamberlain war nicht mehr Herr der Lage – nicht einmal in der Parlamentsfraktion der Tories. Die Öffentlichkeit stellte sich gegen die Verfechter des Appeasements. Die Hoffnung hing an einem seidenen Faden, doch die Antikriegsstimmung erwies sich immer noch als stärker. Wenn Berlin zu bewegen war, ein oder zwei Schritte vom Abgrund zurückzutreten, konnte man daraus vielleicht noch Kapital schlagen.

Eine gewisse politische Reserve hatte Hitler nach wie vor in der Hand. Denken wir daran, daß London und Paris nach Unterzeichnung des deutsch-sowjetischen Nichtangriffspaktes abrupt jegliches Interesse an den Kontakten zur UdSSR verloren. Offizielle und offiziöse Signale aus Moskau, man solle nicht alle Brücken abbrechen, blieben ohne Beachtung. So hatte zum Beispiel Molotow Botschafter Naggiar erklärt: »Der Nichtangriffspakt mit Deutschland ist nicht unvereinbar mit einem Vertrag über gegenseitigen Beistand zwischen Großbritannien, Frankreich und der Sowjetunion.«[13]

Die Dreierverhandlungen hatten in den Augen der Demokratien ihre Bestimmung eingebüßt. Für Chamberlain und Daladier war es wichtiger, in Erfahrung zu bringen, ob man in Berlin den Molotow-Ribbentrop-Pakt als neue Verständigung im Sinne des Münchener Abkommens einschätzen würde. Während die deutsche Seite bis zum 20. August jedes Gespräch mit britischen Vertretern über »große Freundschaft« mit der Forderung abschloß, die Demokratien sollten den Flirt mit Moskau beenden, wurde nach dem 23. August eine analoge Vorbedingung nun an Hitler gestellt.

Der Vertrag mit der UdSSR war für die Nazis lediglich eine Finte in ihrer Strategie zur »Neuordnung« Europas und der Welt.[14] Der »Führer« geriet buchstäblich bereits am Tage der Unterzeichnung in Widerspruch zu dessen Buchstaben. Artikel III und IV sahen Konsultationen und gegenseitige Information der Partner über Fragen vor, »die ihre gemeinsamen Interessen berühren«. Keine der beiden vertragschließenden Seiten sollte sich »an irgendeiner Mächtegruppierung beteiligen, die sich mittelbar oder unmittelbar gegen den anderen Teil richtet«.[15] Über den »letzten Versuch« der Führung des Reiches, Großbritannien zu einem Bündnis mit Deutschland zu bewegen, erhielt Moskau keinerlei Sachinformationen.[16] Von den Geheimberichten, die die Aufklärung natürlich ohne Hilfe der deutschen Behörden beschaffte, einmal abgesehen.

Für Großbritannien und Frankreich war die Sowjetunion kein Element eines stabilen Friedens. Ein Weggefährte, ein Partner mit zeitweilig übereinstimmenden Tagesinteressen – das ging noch an. Im Sommer 1939 sah man in Moskau höchstens einen Hemmschuh, der die Energie der Militärmaschine der Nazis zu einem Teil abfangen konnte, falls es London und Paris nicht gelang, sich ohne die UdSSR und gegen sie mit Hitler zu einigen.

Aus Berliner Sicht handelten die Briten und Franzosen unlogisch. Ohne Gegenwehr gaben sie Spanien auf, das strategisch nicht weniger wichtig war als Polen, Österreich oder die Tschechoslowakei, ließen zu, daß Italien die Ein- und Ausgänge zum Roten Meer und damit indirekt den Suezkanal unter Kontrolle nahm. In das Blitzkriegsdenken paßte es schlecht, daß man in der Politik keine Haken schlägt, sondern die Gerade wählt, wenn das Ziel zum Greifen nahe ist.

Am 25. und 26. August wurde Hitler immer hektischer. Das Hellsehen versagte. Görings Kontakte gewannen an Wert. Das hatte es noch nie gegeben – der »Führer« empfing Birger Dahlerus und instruierte ihn persönlich. Über diesen schwedischen Unternehmer ging am 26. August der Vorschlag nach London, ein umfassendes Bündnis zu schließen: Die Briten sollten Deutschland helfen, Danzig und den Korridor zurückzugewinnen, das »Dritte Reich« werde im Gegenzug kein einziges

Land, »weder Italien noch Japan oder Rußland«, unterstützen, falls diese feindselige Handlungen gegen das Empire vornehmen sollten.

Halten wir einen Moment inne, um uns bewußtzumachen, was hier geschah: Horace Wilson lockte Hitler im Auftrage seines Premierministers mit der Möglichkeit, die Garantien zu annullieren, die Großbritannien Polen, Griechenland, Rumänien und der Türkei zu leisten erklärt hatte. Der Reichskanzler seinerseits setzte alles aufs Spiel, was er Rom und Tokio versprochen hatte, dazu den Pakt mit Moskau, auf dem die Tinte noch nicht trocken war.

Am 28. August nach Mitternacht brachte Dahlerus die Antwort der Briten nach Berlin. Sie beschränkten sich darauf, ihr prinzipielles Interesse an der angebotenen »Lösung« zu bekunden, vergaßen aber nicht, ihre Garantien für Polen zu erwähnen. In jedem anderen Falle wäre Hitler explodiert, aber hier blieb er die Sanftmut selbst: Die Überlegungen der Briten seien durchweg annehmbar, es bleibe »nur« zu klären, was London vorziehe – einen politischen Vertrag oder ein Bündnis. Er, der »Führer«, sei für ein Bündnis.

Um 22.30 Uhr desselben Tages erschien Henderson mit der offiziellen Antwort seiner Regierung auf die Vorschläge, die Hitler dem Botschafter am 25. August dargelegt hatte. Chamberlain betonte, er teile voll und ganz den Wunsch des Reichskanzlers, »Freundschaft zur Grundlage der Beziehungen zwischen Deutschland und dem Britischen Weltreich zu machen«. Er sei bereit, seine Vorschläge »mit einigen Ergänzungen als Themen zur Diskussion« anzunehmen. Dennoch: Verhandlungen könnten »rasch und mit dem aufrichtigen Wunsch nach einer Übereinkunft« stattfinden, wenn »die Differenzen zwischen Deutschland und Polen friedlich beigelegt werden«.[17] Die Briten, die spürten, wie nervös der Nazidiktator geworden war, verlegten sich aufs Manövrieren.

Das paßte Hitler überhaupt nicht ins Konzept. Als Politiker und Ideologe lag er in einem ständigen Wettlauf mit der Zeit. Jetzt oder nie, alles oder nichts, Sieger sein oder untergehen – mit derartigen Slogans versetzte er die Menge und sich selbst in Ekstase. Am 28. August hörte der »Führer« Henderson nur noch mit halbem Ohr zu. Er wollte wirklich einen Streit mit Großbritannien vermeiden. Wenn die Briten überhaupt einer Freundschaft fähig waren, dann konnten sie diese bei den Deutschen finden. Das Hindernis war Polen? Deutschland würde es beseitigen. Vielleicht auf andere Weise, als es London vorschwebte, dafür aber rascher und gründlicher. Wenige Stunden bevor er den britischen Botschafter empfing, stand für Hitler fest: Einmarsch in Polen am 1. September.

So paradox dies klingen mag, die Auffassungen beider Seiten zum zeitlichen Ablauf lagen weiter auseinander als zur Grundlage einer möglichen Übereinkunft, wenn man in Ermangelung unanfechtbarer Beweise nicht von dem Axiom ausgehen will, daß die Tories entschlossen waren, Hitler mit seiner eigenen Waffe, dem Krieg, zu schlagen. Der Klarheit halber sei erwähnt, daß die Demokratien durchaus Grund zu der Annahme hatten, das »Dritte Reich« wäre einem großen Krieg nicht gewachsen.

Sicherlich empfanden Stalin und Molotow keine allzu große Freude, als man ihnen eine Übersetzung der Telegramme vorlegte, die in der britischen und anderen Botschaften in Moskau eingingen, im Sinne einer Depesche des sowjetischen Botschafters aus London. »... Seit gestern« (dem 25. August 1939), meldete Iwan Maiski, »herrscht hier eindeutig wieder Münchener Stimmung. Die britische Regierung, Roosevelt, der Papst, der belgische König und andere suchen nach der Grundlage für einen ›Kompromiß‹ in der Polenfrage. Der britische Botschafter in Berlin, Henderson, traf heute per Flugzeug in London ein und überbrachte dem Kabinett eine Botschaft Hitlers, deren Inhalt geheimgehalten wird. Eben ist eine Sitzung der britischen Regierung zu Ende gegangen, wo diese erörtert wurde. Das Kabinett kam jedoch noch zu keinem Entschluß. Morgen früh tritt die Regierung erneut zusammen.«[18]

Bis zum 31. August schlossen die Konservativen keine Variante von vornherein aus. Auf der Sitzung der Regierung am 2. August hatte Halifax die Meinung vertreten, ein Anschluß Danzigs durch die Nazis *»sollte nicht als Casus belli betrachtet werden«*.[19] In der Diskussion auf der von Iwan Maiski erwähnten Sitzung der Regierung am 26. August äußerte Botschafter Henderson den Gedanken: *»Der wahre Wert unserer Garantien für Polen besteht darin, Polen die Möglichkeit zu geben, zu einer Regelung mit Deutschland zu kommen.«*[20] Am 27. August teilte Chamberlain seinen Kabinettskollegen mit, er habe Dahlerus zu verstehen gegeben, daß *Polen sich zur Abtretung Danzigs an Deutschland bereit finden könnte*[21], Konsultationen mit Polen zu dieser Frage hätten allerdings bisher nicht stattgefunden.

Über Dahlerus sandte Halifax am 26. August Göring eine Botschaft, in der es unter anderem hieß: »Wir werden uns bemühen, den Geist zu erhalten, den der Führer bewiesen hat, d. h. wir werden weiterhin nach einer befriedigenden Lösung der Fragen suchen, die gegenwärtig Sorgen bereiten.«[22] Am 27. August bekräftigte Halifax in einem Telefongespräch mit Ciano: »Wir lehnen Verhandlungen mit Deutschland natürlich nicht ab.«[23] Bei der Übergabe der Botschaft Chamberlains an den Reichskanzler am 28. August erklärte Henderson: »Der Premierminister kann seine auf eine Übereinkunft gerichtete Politik zu Ende führen, wenn, aber nur wenn Herr Hitler zur Zusammenarbeit bereit ist.«[24]

Selbst noch am 30. August, als Informationen darüber eingingen, daß Deutschland 46 Divisionen für den Überfall auf Polen zusammengezogen habe, verteidigte Halifax auf einer Sitzung der Regierung die These, diese Truppenkonzentration sei *»kein überzeugendes Argument gegen weitere Verhandlungen mit der deutschen Regierung«*.[25]

In Maiskis Telegramm wurden einige der Vermittler aufgeführt, die versuchten, die britisch-deutschen Kontakte vor dem Zusammenbruch zu bewahren. Präsident Roosevelt verdient es zweifellos, hier gesondert erwähnt zu werden.

Der deutsche Geschäftsträger in Washington, Thomsen, der enge Verbindungen zu amerikanischen Geheimdienstkreisen pflegte, meldete am 31. Juli 1939 nach Berlin, daß man in den USA »die Hoffnung auf eine Triple-Alliance Rußland–England–Frankreich schon aufgegeben hatte«.[26] Ist damit vielleicht zu erklären, daß die amerikanische Administration vor und nach der Aufnahme der Militärverhandlungen der drei Mächte in Moskau derartige Zurückhaltung an den Tag legte? Roosevelt reagierte darauf mit einer »mündlichen Botschaft« an die sowjetische Führung. Sie wurde am 4. August über das State Department auf den Weg gebracht und erreichte Moskau nach elf Tagen. Das ist verständlich – von Washington war der Weg per Schiff in die sowjetische Hauptstadt noch weiter als von London.

Der Sinn der Botschaft[27] war nicht schwer zu entschlüsseln: Ohne Ratschläge erteilen zu wollen, gebe man zu bedenken, daß die Lage der UdSSR und der USA im Falle eines Krieges in Europa und im Fernen Osten sowie eines möglichen Sieges der »Achsenmächte« sich ohne Zweifel schlagartig ändern werde. Dies werde auf Grund der geographischen Nähe der Sowjetunion zu Deutschland für sie noch rascher eintreten als für die Vereinigten Staaten. Deshalb »meine« der Präsident, »befriedigende Vereinbarungen gegen eine Aggression zwischen beliebigen anderen europäischen Mächten könnten im Interesse des allgemeinen Friedens stabilisierend wirken«.

Es ist nicht bekannt, wie ausführlich Roosevelt seine »Meinung« den Briten und Franzosen nahelegte, ob er die Demokratien zu einer Vereinbarung mit der UdSSR »im Interesse des allgemeinen Friedens« drängte, die keine leere Deklaration war, sondern konkrete Aktionen für das klar umrissene Ziel nach sich zog. Molotow bekräftigte im Gespräch mit dem US-Botschafter Steinhardt, so verstehe die Sowjetunion den Zweck der Verhandlungen, deren Erfolg natürlich auch von den Positionen Großbritanniens und Frankreichs abhänge. Wenn der Chef des Weißen Hauses mit Paris in Kontakt getreten wäre, hätte er ein klareres Bild davon erhalten, woher die Schwierigkeiten in den bilateralen Verhandlungen stammten.

Nachdem Deutschland und die UdSSR in Verhandlungen eingetreten waren und schließlich den Nichtangriffsvertrag unterzeichnet hatten, sandte Roosevelt sehr geschäftig Botschaften an den italienischen König (am 23. August), an Hitler (am 24. und 26. August) und an den polnischen Präsidenten (am 25. August). Nach Geist und Buchstaben ähnelten sie den Appellen, die die USA vor dem Komplott von München versandt hatten. Die Krönung dieses Energieausbruchs war der Appell an die Führung Deutschlands (vom 1. September 1939), die Regeln der Kriegsführung strikt einzuhalten und die Zivilbevölkerung zu schonen.[28]

Es ist nicht leicht, den Ablauf der Verhandlungen Ribbentrops mit Stalin und Molotow am 23. August zu rekonstruieren, weil die sowjetische Seite keine Aufzeichnungen der entscheidenden Gespräche machte.[29] Am besten ist dies bisher Ingeborg Fleischhauer gelungen.[30] Aber insgesamt stehen die Wissenschaftler vor wenig betretenem Neuland voller unbequemer und heute noch bohrender Fragen, die einer gründlichen Untersuchung harren. Jedes »sparsame Denken«, das so schnell geneigt ist, aus Plus Minus zu machen oder umgekehrt, ist hier fehl am Platze. Angesichts der tektonischen Verschiebungen, die in der Welt vor sich gegangen sind, ist das auch nicht mehr nötig. Wen wollen wir denn hinters Licht führen, wenn wir eine Halbwahrheit durch eine andere ersetzen? Wem schaden, indem wir alte Floskeln stets aufs neue wiederholen? Früher war der ideologische Gegner im Visier. Heute werden wir den Schaden mit niemandem mehr teilen können.

Forscher der Harvard-Universität haben die Wirkung verschiedener

115

Methoden der Einwirkung auf den Menschen durch Information und Propaganda untersucht. Sie kamen zu dem Schluß: Vorurteile schwächen das Gedächtnis, »Vorurteile und Klischees beeinträchtigen die Merkfähigkeit« insbesondere älterer Menschen.[31] Das gilt immer und ganz besonders für die Wissenschaft.

Bei einer Begegnung mit bekannten polnischen Professoren im Jahre 1988 formulierte der Verfasser die Frage so: Stand der Sowjetunion im August 1939 eine Alternative zu diesem oder jenem Arrangement mit Deutschland offen? Die Antwort der Gesprächspartner war eindeutig: »Nein.« Spätestens nach den Gesprächen des französischen Generals Musse mit Stachiewicz, die dieser in seinen Telegrammen nach Paris mit pikanten Details gewürzt wiedergab, schwand jede Hoffnung, bei den Moskauer Militärverhandlungen noch eine Übereinkunft zu erzielen.

Hieraus folgt die nächste Frage: Gab es eine Alternative zum Nichtangriffspakt? Denkbar wäre zum Beispiel eine Verlängerung des Berliner Vertrages von 1926 gewesen. Auch Gewaltverzicht in den gegenseitigen Beziehungen war an sich nichts Anstößiges, insbesondere in jener brisanten Situation. Eine Position, die als »friedliebend« gepriesen wird, wäre sicher klarer herausgearbeitet worden, wenn im Wortlaut des Vertrages vom 23. August die Norm Ausdruck gefunden hätte, die beide Seiten von Verpflichtungen entbindet, falls eine von ihnen eine Aggression gegen einen Drittstaat verübt. Gewiß gab es genügend Abkommen, die derartige Klauseln nicht enthielten und dennoch nicht ins Gerede kamen.[32] Damals und später.

Nicht ganz untadelig (und das nicht nur nach Kriterien der formalen Logik) war die angewandte Methode: Die Verpflichtungen traten unmittelbar mit der Unterzeichnung des Vertrages in Kraft. Zugleich war aber eine Ratifizierung in aller Form vorgesehen. Derartige Beispiele kommen zuweilen vor, nur wird man mit dem Problem häufig mittels mündlicher Absprache fertig, was es erübrigt, einen entsprechenden Vermerk in das Hauptdokument aufzunehmen. Vielleicht handelte man hier aber auch mit voller Absicht gegen jede Logik?

Geheime Anlagen (Protokolle, Zusatzklauseln und anderes) zu Abkommen und Verträgen verschiedener Art haben in den zwanziger, dreißiger Jahren einen festen Eingang in die Vertragspraxis der Staaten gefunden, ungeachtet des Schocks, den die Enthüllung der strengsten Staatsgeheimnisse Rußlands durch die Bolschewiki und die Sozialrevolutionäre nach 1917 auslöste. Einige Beispiele sind bereits genannt worden. Man könnte diese Reihe leicht fortsetzen, wobei weitere Spielarten und Nuancen hinzukämen. So war unter anderem vorgesehen, daß das britisch-französisch-sowjetische Abkommen über gegenseitigen Beistand, sollte es zu einem solchen kommen, ein nicht zu veröffentlichendes Zusatzprotokoll erhalten sollte.[33]

Bei aller Zweideutigkeit oder sogar Anstößigkeit, die Geheimverträgen grundsätzlich anhaftet, ist nicht ihre Form entscheidend, sondern ihr Inhalt. In unserem konkreten Fall kann außerdem als Entschuldigung oder als mildernder Umstand auch nicht die Tatsache gelten, daß Großbritannien, Frankreich, Polen und Rumänien im Umgang mit den Rechten und Interessen anderer ebenfalls nicht gerade zimperlich waren oder daß das damals übliche Völkerrecht zu derartigen Fragen wenig aussagte.

Im Beschluß des Kongresses der Volksdeputierten der UdSSR vom Dezember 1989 wird festgestellt, daß das dem sowjetisch-deutschen Nichtangriffsvertrag beigefügte geheime Zusatzprotokoll sowohl von der Methode seiner Anfertigung als auch vom Inhalt her eine »Abkehr von den Leninschen Prinzipien der sowjetischen Außenpolitik« darstellte. Die dort vorgenommene Abgrenzung der »Interessensphären« der UdSSR und Deutschlands stand vom juristischen Standpunkt aus in Widerspruch zur Souveränität und Unabhängigkeit einer Reihe von Drittstaaten. Nach der Gesamtheit aller Merkmale[34] erkannte der Kongreß das Protokoll vom 23. August 1939 und andere geheime Abmachungen mit Deutschland für juristisch unhaltbar und für null und nichtig vom Augenblick ihrer Unterzeichnung an.

Die Furcht, in eine Falle zu gehen und das größere Übel auf sich zu ziehen, verließ die sowjetische Seite weder im August noch im September. Schwankungen wucherten zu Inkonsequenzen, Inkonsequenzen zu Widersprüchen, zweideutigen Wertungen und Handlungen. Ribbentrop schlug vor, den Nichtangriffsvertrag mit dem Begriff »Freundschaft« anzureichern. Schließlich hatte man doch die »Interessensphären« sehr einträchtig aufgeteilt. Das Angebot war aber nicht nach Stalins und Molotows Geschmack. Keine Freundschaft und kein Bündnis[35], keine zwei Speichen in einem Rad und auch keine zweite »Achse« am Wagen, sondern, was die UdSSR anging, Neutralität, aufmerksame und nicht belanglose Neutralität, soweit die sowjetischen Interessen respektiert wurden. Auf letzterem lag das Schwergewicht.

Die Rede Molotows auf der Sitzung des Obersten Sowjets der UdSSR am 31. August 1939 zum Thema Vertragsratifizierung war für die Naziführung sicherlich kein Ohrenschmaus. »Der Beschluß, einen Nichtangriffsvertrag zwischen der UdSSR und Deutschland abzuschließen«, sagte der Vorsitzende des Rates der Volkskommissare, »wurde gefaßt, als die Militärverhandlungen mit Frankreich und Großbritannien in eine Sackgasse geraten waren. Da im Laufe dieser Verhandlungen klar wurde, daß wir nicht mit dem Abschluß eines Beistandspaktes rechnen konnten, mußten wir uns die Frage stellen, ob es andere Möglichkeiten gab, den Frieden zu sichern und die Gefahr eines Krieges zwischen Deutschland und der UdSSR abzuwenden.«

Den Sinn des Vertragswerkes vom 23. August interpretierte Molotow so: »Die Sowjetunion ist dadurch weder verpflichtet, auf der Seite Englands gegen Deutschland noch auf der Seite Deutschlands gegen England in den Krieg einzugreifen.« Politische Grundlage der Beziehungen zu Deutschland blieb weiterhin der Neutralitätsvertrag von 1926.[36]

Es kommt selten vor, daß die Vorzüge eines Partners offen aus den Mängeln eines anderen abgeleitet werden und die Zweckmäßigkeit der Inkraftsetzung eines konkreten Rechtsaktes damit begründet wird, daß die Versuche, mit einem anderen eine bessere Lösung zu erreichen, erfolglos ausgingen. War das mangelndes Geschick oder Taktlosigkeit, hätten sich keine glücklicheren Formulierungen finden können? Oder war dies ein versteckter Hinweis an London und Paris: Ändert eure Haltung, dann werden wir weitersehen. Aber »morgen war Krieg«.

Einerseits konnte man nach dem 23. August erleichtert aufatmen und sich ein weiteres Mal dazu beglückwünschen, daß die Sowjetunion nicht in einen bodenlosen Abgrund gestürzt war. Aber mittelfristig verhieß diese neue militärpolitische Konstellation nichts Gutes. Die gewonnene Handlungsfreiheit zerstob schneller, als man ihre Früchte genießen konnte. Das Tempo der Entwicklung brachte die ursprüngliche Disposition – bei der Sicherung der sowjetischen Interessen nichts zu überstürzen – bald wieder durcheinander.[37] Man hatte sich in eine extreme Position begeben und mußte nun Hals über Kopf die »Ostfront« ausbauen, wie Churchill es ausdrückte, wobei man nach allem griff, was einem gerade in die Hände kam.

Sehr kompliziert wurde es für Moskau, die Westukraine und Westbelorußland unter Kontrolle zu nehmen. Das deutsche Auswärtige Amt erinnerte am 3. September daran, daß die sowjetische Seite in die

Bereiche des Kriegsschauplatzes einrücken dürfe, die ihr nach dem Geheimprotokoll zugesprochen worden waren.

Militärhilfe der Sowjetunion brauchte Berlin so nötig wie der Fisch den Regenschirm. Viel wichtiger war es sicherzustellen, daß die UdSSR in ihrer Haltung nicht schwankend wurde, wenn Polen Bündnisgenossen gewinnen konnte, und sei es, was die Wirkung betraf, auch nur nomineller Art.[38]

Am 5. September folgte aus Moskau eine ausweichende Antwort: »Im geeigneten Augenblick werden konkrete Aktionen notwendig werden«; »dieser Augenblick ist jedoch noch nicht gekommen.« Am 8. September tastete sich Ribbentrop erneut mit der Bemerkung an dieses Thema heran, der Krieg sei in die Schlußphase eingetreten. Molotow übermittelte am 10. September durch Schulenburg, falls die sowjetischen Truppen handelten, werde dies aus *politischen, nicht aber aus militärischen Gründen* geschehen.[39] Ribbentrop beauftragte den Botschafter, gegen die antideutsche Begründung – »die Deutschen bedrohen die Ukrainer und die Weißrussen« – Einspruch zu erheben und die Veröffentlichung eines gemeinsamen Kommuniqués vorzuschlagen. Darauf ließ sich Moskau nicht ein. Am 14. September gab Molotow Schulenburg zu verstehen, die sowjetische Führung wolle aus politischen Überlegungen den Fall Warschaus abwarten, bevor sie etwas unternehme.

Inzwischen spielte das militärische Oberkommando des »Dritten Reiches« Modelle einer »Endlösung« der Polenfrage durch, wobei auch in Betracht gezogen wurde, daß die Sowjetunion bei ihrer abwartenden Haltung blieb. Auf einer Besprechung bei Keitel am 12. September erörterte man die (III.) Variante, die vorsah: »a) Litauen wird das Gebiet von Wilna angeboten[40]; b) Galizien und die polnische Ukraine werden unabhängig.«

Bei Inkrafttreten dieser Variante sollte Canaris einen Aufstand in den Gebieten mit vorwiegend ukrainischer Bevölkerung anstiften und diese veranlassen, die Polen und Juden zu vernichten. Damit wollte man etwas erreichen, wovon Heydrich am 27. September berichtete: »In den von uns besetzten Gebieten wurde die polnische Elite bis zu etwa drei Prozent ausgerottet.« Den Befehl zum Aufstand, bei dem die Melnik-Banden eingesetzt werden sollten, zog man zurück, nachdem die Rote Armee in der Westukraine eingerückt war.[41]

Am 17. September überschritten vier Armeegruppen der belorussischen und drei der ukrainischen Front die Staatsgrenze der UdSSR. Zur Begründung dieser Aktion wurden folgende Argumente angeführt: Die polnische Regierung gibt kein Lebenszeichen mehr von sich; der polnische Staat hat aufgehört zu existieren; damit sind alle Verträge zwischen der UdSSR und Polen nicht mehr existent; in Polen kann es zu unerwarteten Ereignissen und Entwicklungen kommen, die die UdSSR bedrohen. Deshalb könne die Sowjetregierung, die sich bisher neutral verhalten habe, den Dingen nicht länger tatenlos zusehen. Die UdSSR halte es für ihre Pflicht, ihren ukrainischen und belorussischen Brüdern zu Hilfe zu eilen, um ihnen ein Leben in Frieden zu sichern.

Was war an dieser Begründung sachlich richtig, was an den Haaren herbeigezogen und muß deshalb zurückgewiesen werden? Der polnische Staat hatte nicht aufgehört zu existieren, zumindest nicht im rechtlichen Sinne. Deshalb stand die Behauptung, alle sowjetisch-polnischen Verträge hätten gleichsam automatisch ihre Rechtskraft verloren, auf tönernen Füßen. Ohne diese Grundlage hing aber auch das Hauptargument in der Luft, daß nämlich das Aufgeben der »Neutralität« der UdSSR angesichts des vor ihren Augen ablaufenden Dramas gerechtfertigt sei.

Wie stand es um die polnische Regierung und die Behauptung, Polen sei zu einem unregierbaren Gebiet geworden? Am 6. September begab sich die polnische Regierung nach Lublin, von dort wich sie am 9. September nach Krimienic und am 13. nach Zaleszczyki dicht an der rumänischen Grenze aus. In der Nacht vom 16. zum 17. September verließ sie das Land. Lediglich einige hohe Beamte blieben zurück. »Das Volk und das zu der Zeit [in vereinzelten Widerstandsnestern] noch in einem erbitterten Endkampf liegende Heer«, schrieb Kurt von Tippelskirch, »überließ sie ihrem Schicksal.«[42] Warschau hielt sich bis zum 28. September, die Festung Modlin bis zum 30. September. Die Verteidiger des Hafens Hela legten erst am 2. Oktober die Waffen nieder.[43]

Es entstand ein Vakuum der Machtausübung und Kontrolle. Wer sollte es füllen und wann? Ungeachtet aller Beteuerungen, spontaner und organisierter Sympathiebekundungen für die sowjetischen Soldaten, die in die Westgebiete der Ukraine und Belorußlands einrückten, wurde die Sowjetunion vom größten Teil der Weltöffentlichkeit als Komplize bei der Aggression der Nazis gesehen. Die rechte Presse, klerikale Kreise und Emigrantengruppen erkoren sie zur Hauptzielscheibe.

Die britische und die französische Regierung hatten nun zu entscheiden, ob sie weiter zusehen wollten, wohin Moskau von oberflächlichen und tieferliegenden Strömungen getragen wurde, oder ob sie, die breite Empörung nutzend, zumindest die diplomatischen Beziehungen zur Sowjetunion abbrechen sollten. Das Geheimprotokoll zum britisch-polnischen Beistandspakt vom 25. August 1939[44] beschränkte die britischen Garantien für Polen auf den Fall einer deutschen Aggression. London blieb also ein gewisser Spielraum.

Nachdem Experten das Problem untersucht, London und Paris einen Meinungsaustausch durchgeführt hatten, ergab sich folgendes Bild: Eine Kriegserklärung an die UdSSR rettete Polen nicht mehr, konnte aber Moskau noch fester an Berlin binden und damit die Wirksamkeit der Blockade Deutschlands beeinträchtigen. Außerdem schloß man nicht aus, daß eine militärische Konfrontation mit der UdSSR sich negativ auf die britischen und französischen Interessen im Nahen Osten auswirkte.

Die Briten beschränkten sich auf eine Erklärung am 19. September, in der sie die Handlungsweise der Sowjetunion als rechtswidrig betrachteten und die Londoner Verpflichtungen gegenüber Polen bekräftigten. Frankreich forderte von der sowjetischen Seite »zusätzliche Aufklärung«.

Die Demokratien waren auch darum besorgt, daß die polnische Regierung im Exil in ihrer Militanz gegen die Sowjetunion eine bestimmte Grenze nicht überschritt. Die Präzisierung[45] der Demarkationslinie zwischen der deutschen und der sowjetischen Interessensphäre, die nach dem 28. September längs der Curzon-Linie verlief, trug dazu bei, daß die Tatsache der Beteiligung sowjetischer Truppen an der Veränderung der politischen Karte Osteuropas bald nahezu aus dem Blickfeld der Öffentlichkeit verschwand. Die Regierungen Chamberlain und Churchill vermieden peinlich jeden Hinweis darauf, Großbritannien könnte sich für die Wiederherstellung der polnischen Ostgrenze nach dem Stand vom 1. September 1939 einsetzen.

Sehr lange brauchten die Vereinigten Staaten von Amerika, um sich auf den in Europa entfesselten großen Krieg einzustellen. Vieles an ihrem Verhalten war zwiespältig und für den in das innere Geflecht der amerikanischen Verhältnisse Uneingeweihten häufig unberechenbar. Die Sympathie des Präsidenten gehörte den Demokratien und Polen, dem man Gewalt angetan hatte. Diktaturen nazistischer und Stalinscher Prägung wurden verurteilt, wenn auch mit unterschiedlicher Schärfe. Aber die weltanschaulichen Bindungen und die moralischen Gebote, die Franklin D. Roosevelt wie Büßerketten trug, verdeckten und ersetzten für ihn nicht die Tatsachen.

Der Chef der US-Administration sollte Mißtrauen und Aversionen gegen die britischen und wahrscheinlich auch französischen »Befrieder« nicht so bald überwinden, die alle Versuche, darunter auch die Roosevelts persönlich, zunichte gemacht hatten, die Aggressoren rechtzeitig zu isolieren und ihnen die Luft abzuschnüren.

Ungeachtet der Schreckensbilder, die Botschafter, Experten und Berater an die Wand malten, als sie die Entstehung eines gegen den Westen gerichteten deutsch-sowjetischen Militärbündnisses voraussagten, das gemeinsam seine Vorherrschaft in der östlichen Hemisphäre errichten werde[46], war der Präsident nicht geneigt, die Sowjetunion so rasch abzuschreiben.

Roosevelt teilte den Standpunkt, daß Londons Linie, der sich auch Paris anpaßte, die UdSSR dazu gezwungen hatte, die Verständigung mit Deutschland zu suchen. Die Demokratien hatten ihr keine andere Wahl gelassen, sich gegen akute Gefahren abzusichern. Der Präsident nahm jedoch an, daß Moskau und Berlin auf längere Sicht nichts verband und unvereinbare Interessen sie früher oder später auf gegensätzliche Positionen verweisen würden.

Dementsprechend reagierte die Administration auch auf die Initiativen Bullitts, Steinhardts und anderer Botschafter, die für Drohungen und Repressalien gegen die UdSSR plädierten. Es ist bezeichnend, daß dieselben Diplomaten, prominente Politiker, »gesellschaftliche Komitees« mit klerikaler und chauvinistischer Ausrichtung im September 1939 die Frage des Abbruchs der diplomatischen Beziehungen mit Deutschland tunlichst umgingen.

In der für die Beziehungen zwischen den USA und der UdSSR kritischen Woche vom 17. bis 24. September legten sich Präsident Roosevelt und Außenminister Cordell Hull darauf fest, das Überschreiten der Ostgrenze Polens, wie sie im Rigaer Vertrag von 1922 festgelegt war, durch sowjetische Truppen nicht als Kriegsakt zu betrachten. Aus langfristigen Überlegungen heraus dehnte man die Embargobestimmungen, die das Neutralitätsgesetz für den Verkauf von Waffen und Kriegsmaterial vorsah, auf die UdSSR nicht aus. Ab 5. September wurden diese Verbote und Beschränkungen strikt (auf dem Papier) auf

Deutschland und formal (Aussetzung von Aufträgen) auf Großbritannien und Frankreich angewandt.

Die zugänglichen Dokumente lassen nicht erkennen, ob die Akzente in den Auffassungen Washingtons, Londons und Paris' nach dem 23. August nur von juristischen Feinheiten bestimmt waren. Der Austausch der Ratifikationsurkunden, der die Verpflichtungen nach dem Nichtangriffspakt aus Beschlüssen der Exekutive in Gesetzesnormen wandelte, erfolgte am 24. September.[47] Moskau zögerte nach Möglichkeit den Augenblick hinaus, da die Positionen zementiert wurden. Wäre da nicht der dringende Wunsch gewesen, das Geheimprotokoll vom August zu korrigieren, um die Demarkationslinie entlang der international anerkannten ethnischen Grenze zwischen den Siedlungsgebieten der Polen, Ukrainer und Belorussen nach Westen zu verlagern, und hätte Stalin nicht die Absicht verfolgt, Litauen aus der deutschen Interessensphäre herauszulösen, weshalb man dann auch den Grenz- und Freundschaftsvertrag vom 28. September 1939 zusammenzimmerte, wäre der dämpfende Zeitabstand zwischen der Unterzeichnung am 23. August und der Ratifizierung des Vertrages noch länger ausgefallen.

Wenn sich unsere Nachfahren einmal mit einer systematischen Betrachtung der Besonderheiten des 20. Jahrhunderts befassen, werden sie es vielleicht das Jahrhundert der unerklärten Kriege nennen. Allein nach 1945 kommen davon zwei und ein halbes Hundert zusammen. Nach Heftigkeit und Dauer, nach Feuerkraft und Menschenopfern läuft mancher unerklärte Krieg einigen klassischen den Rang ab. Dem »seltsamen Krieg« vom September 1939 bis zum Mai 1940 sowieso.

Auf die Anfangsphase des letzteren, eines Unikums unter den Kriegen, trifft Clausewitz' berühmter Ausspruch vom Krieg als Fortsetzung der Politik mit anderen Mitteln durchaus zu. Allerdings mit einer Einschränkung – nicht der Politik überhaupt, sondern der bisherigen Politik, die vor den japanischen, italienischen und deutschen Expansionisten den roten Teppich ausgerollt hatte. Paris und London warteten begierig darauf, daß ihnen Fortuna lächelte, und sie, ohne eine Stunde zu verlieren, die dann in einem Jahr nicht mehr aufzuholen war, Hitler die Möglichkeit nehmen konnten, selbst zu entscheiden, wann er gegen welchen Gegner losschlug und wo er eine zweite Front eröffnete. Bisher hatte Deutschland gegenüber Frankreich lediglich Verteidigungsstellungen bezogen.[48]

Manche Historiker, die so gern die Begriffe vertauschen, die sowje-

123

tisch-deutsche Front der Jahre 1941 bis 1945 mit erstaunlicher Leichtigkeit an die Peripherie des Geschehens verlegen, den deutsch-sowjetischen Flirt vom August 1939 dagegen zum Zentrum des Vulkans erklären, sollten wenigstens ein Quentchen ihrer Energie darauf verwenden, das Phänomen zu untersuchen, weshalb die Demokratien so davor zurückschreckten, Deutschland ohne Umschweife einen *Zweifrontenkrieg aufzuzwingen* und nicht darauf zu warten, daß das andere für sie taten.[49] Man darf doch nicht glauben, daß die britische und die französische Regierung demonstrieren wollten, die platonische Liebe besitze eine Schwester – die platonische Feindschaft!

Vor allem London hatte durchaus *seine Vorstellungen von einer zweiten Front.* Sie blieben unverändert, obwohl die Nazis West-, Mittel-, Südost- und Nordeuropa eroberten. Weder der Wechsel der Premierminister noch das Auftauchen neuer Verbündeter und neuer Gegner konnte sie ins Wanken bringen. Denn zeitlos ist das Gebot: Großbritannien hat weder ewige Freunde noch ewige Feinde; ewig sind allein die Interessen Großbritanniens.

Im September 1939 fand Moskau immer wieder die schlimmsten Ahnungen bestätigt, die während der Dreierverhandlungen aufgekommen waren. Der kümmerliche Nutzen, den Polen aus den Garantien Großbritanniens und Frankreichs ziehen konnte, war Moskau eine zusätzliche Lehre über den möglichen Wert einer militärischen Allianz mit den Demokratien. Andererseits konnte man deren demonstrative Abneigung, eine reale zweite Front zu errichten, als Angebot einer friedlichen Einigung an Deutschland verstehen.

Wir wollen hier nicht vereinfachen und behaupten, die ausgestreckte Hand sei für Hitler persönlich bestimmt gewesen. An der Themse und am Potomac nährte man die Hoffnung, die Fronde der Generale gegen den »Führer« könnte wieder aktiv werden.

Schließlich riskierte es Hermann Göring, der sich bereits als Chef einer künftigen Reichsregierung sah, im kleinen Kreise seine Stimme gegen das Symbol des Regimes zu erheben. Hitler sollte sich mit einem Repräsentationsposten zufriedengeben, wo ihm alle Macht entzogen wäre. Signal zum Handeln sollte eine Verständigung mit den Demokratien über die Hauptelemente eines künftigen Friedens sowie die Zustimmung der USA und Großbritanniens sein, Göring als Partner anzuerkennen und zu akzeptieren. Nach einigen Informationen zeigten sich die Amerikaner etwas mehr geneigt, Görings Geflüster ihr Ohr zu schenken, das seine Adressaten über Birger Dahlerus, Markus Wallenberg, Maximilian zu Hohenlohe-Langenburg, Joachim Hertslet und William R. Davis erreichte.

Was verband den künftigen Reichsmarschall mit seinen Wohltätern auf der anderen Seite? Göring entwickelte angeblich nicht schlechtere, sondern, was die Tschechoslowakei betraf, in manchem attraktivere Modelle als Goerdeler, Schacht, von Beck und die meisten anderen Vertreter der »offiziellen« Opposition.[50] Hinter Göring standen starke Industrie- und Finanzgruppen, was ihm im Falle seiner Machtergreifung den Neuanfang erleichtert hätte.

Der Tomograph der Geschichtsschreibung hat die Geheimdepots noch nicht durchleuchten können, auf deren Inhalt man nach indirekten Hinweisen schließen kann, insbesondere nach den Vorwürfen gegen Roosevelt und in geringerem Maße auch gegen Chamberlain und Daladier. Diese Politiker werden nicht etwa beschuldigt, den Krieg vom Zaune gebrochen zu haben, wie man unterstellen könnte. Nein, ihr Sündenfall besteht darin, daß sie *nicht den Krieg begannen, der notwendig gewesen wäre*, und daß sie später, statt zu bereuen und sich zu bessern, ihre Schuld noch vergrößerten, indem sie eine Koalition mit der UdSSR eingingen.

Wenden wir uns den Offenbarungen Hamilton Fishs zu.[51] Ein Vierteljahrhundert lang war er Mitglied des amerikanischen Kongresses und von 1933 bis 1945 führender Vertreter der Republikaner in dessen Auswärtigem Ausschuß. Fish war Teilnehmer und Zeuge mehrerer wichtiger Ereignisse der dreißiger und vierziger Jahre.

Fish bedauert zutiefst, daß Großbritannien Polen am 31. März 1939 Garantien versprach und damit von dem Kurs abwich, den es fünf Jahre lang verfolgt hatte. »Nur der Druck britischer Kriegsbefürworter und Roosevelts zwangen ihn (Chamberlain), gegen Hitler eine unnachgiebige Haltung einzunehmen.« Und dann die Feststellung: »Der Zeitplan der britischen Kehrtwendung stellte sich nun als strategischer Fehler übelster Sorte heraus und führte unmittelbar in den Krieg. Chamberlain ebenso wie Kennedy (der US-Botschafter in London) waren Antikommunisten und hofften, Hitler würde die Sowjetunion angreifen. Damit würde eine anglo-russische Allianz entfallen.«[52]

Wenn man Hitler bei Danzig entgegengekommen wäre, meint Hamilton Fish, dann wäre dieser (der deutsch-polnische) Konflikt aus der Welt geschafft worden. »Hitler würde zu seiner ersten Liebe und beherrschenden Zwangsvorstellung zurückgekehrt sein, nach *Osten* und nicht nach Westen zu marschieren. Roosevelt hatte die Möglichkeit, ein großer Friedensstifter zu werden. Statt dessen wählte er die Rolle eines unglückbringenden Kriegsanstifters. *Er hätte den Ausbruch des Zweiten Weltkrieges verhindern und Hitlers Wehrmacht gegen Stalin und seine kommunistischen Horden ablenken können.*«[53]

Ein äußerst bezeichnender Blickwinkel: Die Aggression Deutschlands gegen Polen führte schließlich zum großen Krieg in Europa und zum Krieg rund um den Globus. Und ein Überfall auf die Sowjetunion wäre für Fish »Friedensstiftung«, höchstens ein »Fall«.

27 650 000 im Krieg gegen den Nazismus umgekommene sowjetische Menschen waren für Fish offenbar nicht genug. Die UdSSR wurde nicht im nötigen Maße geschwächt. Wie viele Opfer für ihn ausreichend gewesen wären, darüber hüllte sich der Kongreßmann auch 1976 in Schweigen, als er sein Buch schrieb.

Fish erwähnt die fixe Idee des »Führers«, im Osten für das Reich nicht nur »Lebensraum«, sondern auch eine *»Lebensaufgabe«* zu suchen.[54] Wie aber soll man das Gift gegen die Sowjetunion erklären, das von seiner Feder tropft? Das Gift aus eigener Küche oder von Gleichgesinnten entlehnt? Wie verblendet vom Antikommunismus man auch sein mag, darf man doch eine Nation und deren Herrscher nicht in einen Topf werfen.

Nicht genug damit, so klagt Fish, daß man Deutschland und die Sowjetunion nicht mit den Köpfen zusammenstoßen ließ, bevor der Nazismus seine Energie mit Kleinigkeiten verplemperte. Man verpaßte, zitiert Fish die Worte Joseph Kennedys, »ein halbes Dutzend Möglichkeiten ... einen vorteilhaften Frieden [mit Deutschland] zu schließen, der Frankreich, Belgien, Holland und Norwegen die Freiheit zurückgeben und Millionen von Leben in Westeuropa gerettet hätte, indem man dem Nazidiktator Hitler grünes Licht gegeben hätte, mit dem kommunistischen Diktator Stalin die Klinge zu kreuzen.«[55]

Menschenblut ist kein Wasser nannte Michailo Stelmach seinen Roman über den Krieg. Er hätte von Fish lernen und sich vor einer derartigen Verallgemeinerung hüten sollen. Denn offenbar gibt es Blut verschiedener Sorte.

Unter dem »halben Dutzend Möglichkeiten«, einen Krieg zur rechten Zeit und am rechten Ort zu beenden, indem man für den nächsten grünes Licht gab, soll die Situation Mitte September 1939 nicht übersehen werden: Was Deutschland betraf, so bot Göring den Demokratien ein Programm des Friedensschlusses und sich selbst als Ausführenden an; Stalin dagegen zog die UdSSR de facto wegen Polen in den Konflikt hinein. Man brauchte lediglich die Polen, und seien es nur diejenigen, die in London Fuß faßten, dazu zu bringen, der Sowjetunion den Krieg zu erklären, und schon war der Boden bereitet, auf dem wachsen konnte, was das Herz begehrte.

Das Angebot Hitlers an Großbritannien und Frankreich vom 6. Oktober 1939, Frieden zu schließen, natürlich unter Berücksichtigung der Realitäten, die mit der Niederlage Polens entstanden waren, wird traditionell damit in Zusammenhang gebracht, daß er drei Tage später von Brauchitsch und Halder anwies, die Pläne für den Überfall auf Frankreich auszuarbeiten. Genauer gesagt, der »Führer« konkretisierte und formulierte offiziell seine Vorstellungen von einer »schnellen Angriffsoperation« im Westen, die er am 12. September schon einmal vor einer Gruppe Generale geäußert und zwei Wochen später vor den Kommandeuren der Waffengattungen wiederholt hatte. Jedoch Hitler entfaltete seine Aktivitäten wie gewöhnlich auf mehreren Ebenen.

Als es Göring für zweckmäßig hielt, Hitler in seine mit Hilfe von Dahlerus wiederaufgenommenen Kontakte einzuweihen, um sich selbst abzusichern, reagierte dieser zustimmend. Am 26. September gab er dem Schweden persönliche Instruktionen darüber, was dieser in London mitteilen sollte.[56] Als Göring mit dem amerikanischen Ölmagnaten Davis Kontakt aufgenommen hatte, bestätigte er die für Roosevelt bestimmten deutschen Friedensbedingungen. Hitlers Worte vom 6. Oktober trafen also nicht unvorbereitet.

Verlieh die Mitwirkung des »Führers« Görings Sondierungen mehr Glaubwürdigkeit? Oder brachte sie eine Dissonanz in das Leitmotiv hinein, das da lautete, es reiche aus, Hitler zu neutralisieren, die eine oder andere Umstellung vorzunehmen, und man könne Deutschland wieder vertrauen? Ein Nein als Antwort auf diese Frage drängt sich geradezu auf. Aber wir wollen nicht künftigen Forschern die Arbeit rauben.

Die Formulierung »nicht unvorbereitet« ist unscharf, denn sie drückt nur in einem kleinen Schriftgrad aus, wie schwer es Chamberlain fiel, Deutschland den Krieg zu erklären. Das Unterhaus zwang die Regierung buchstäblich zu einem Akt, der der Grundeinstellung des Premierministers und seiner Sicht der Lage zutiefst widersprach.

Am 2. September 1939 legte Horace Wilson im Auftrage seines Chefs der deutschen Botschaft unverschlüsselt nahe: Deutschland könne erhalten, was es wünsche, wenn es die Kriegshandlungen einstelle. »Die britische Regierung ist [in diesem Falle] bereit«, betonte der Berater Chamberlains, »alles vergessen sein zu lassen und sofort Verhandlungen ... zu beginnen.«[57]

Also einen Scheinkrieg im Westen gegen einen Scheinkrieg im Osten eintauschen? Entschlossenheit war gezeigt worden, jetzt konnten die Politiker ungestört Polens Zukunft besiegeln. Von der Hoffnung, den Konflikt in akzeptablen Grenzen halten zu können, zeugte die Absicht Londons, Regeln der Kriegsführung abzustimmen, insbesondere zur See und in der Luft.[58] Hitlers Direktive »Für die Kriegführung« (Nr. 2 vom 3. September 1939) wies Berührungspunkte zur britischen Haltung auf. Darin war unter anderem vorgesehen, daß eine »Überführung nennenswerter Kräfte vom Osten nach dem Westen« nur mit persönlicher Genehmigung des »Führers« vorgenommen werden durfte. Ein grenzenloser U-Boot-Krieg wurde verboten. Angriffshandlungen gegen englische Seestreitkräfte in Kriegshäfen und auf freier See sowie gegen Truppentransporte waren nur unter besonderen Umständen zugelassen. Entscheidungen über Angriffe gegen das englische Mutterland und auf Handelsschiffe behielt sich Hitler selbst vor. Ein analoges Vorgehen wurde auch im Hinblick auf Frankreich angeordnet. Hier waren ausschließlich Antwortmaßnahmen zugelassen, die den Gegner aber nicht zu weiteren Aktivitäten reizen sollten.[59]

Die Betonung wirtschaftlicher Mechanismen und Methoden, die eher für die Prophylaxe als für die Behandlung der Krankheit geeignet waren, verriet Chamberlains Traum, der Krieg gegen Deutschland möge kurz sein und glimpflich verlaufen. Letzteres war besonders wichtig, denn die Bemühungen zum Aufbau eines neuen Europas mit Großbritannien und Deutschland als Stützpfeilern mußten weitergehen. Man durfte sich nicht gegenseitig vernichten, sondern mußte sich davon überzeugen, daß der Streit nichts Gutes bringen konnte.[60]

Ende 1939, schrieb Walter Schellenberg, habe Hitler Bedauern darüber geäußert, »daß wir zu einem Kampf innerhalb derselben Rasse auf Leben und Tod gezwungen werden und der Osten nur darauf wartet, bis sich Europa verblutet. Deshalb will ich und darf ich England auch nicht vernichten ... Es soll ruhig See- und Kolonialmacht bleiben, aber auf dem Kontinent wird es mit uns zusammenwachsen und eine Einheit bilden müssen. Dann beherrschen wir Europa, und der Osten bedeutet keine Gefahr mehr. Das ist mein Ziel.«[61]

Am 7. November 1939 boten sich die Königin der Niederlande und der belgische König als Vermittler an, um einen Friedensschluß zwischen Deutschland und den Demokratien auszuhandeln. Fünf Tage später antworteten Großbritannien und Frankreich ablehnend, und am 14. November wies auch Hitler dieses Angebot zurück. Warum denn suchte der »Führer« zu dieser Zeit die guten Dienste Washingtons? Was bedeuteten Görings tönende Worte bei der Begegnung mit James D. Mooney von General Motors am 19. Oktober 1939: »Wenn wir heute eine Verständigung mit den Briten erreichen, dann werfen wir morgen die Russen und Japaner über Bord.«? Damit variierte er nur Hitlers Worte, die dieser Henderson am 26. August gesagt hatte.

Unglaublich banal ist die Erklärung, die Deutschen hätten nur getäuscht und stets das gesagt, was man von ihnen hören wollte. War es möglich, daß Hitler in seiner engsten Umgebung Personen duldete, die mit fremden Regierungen, Geheimdiensten, Bankkreisen und allen möglichen undurchsichtigen Kräften Fäden spannen? Dabei wußte er, daß man ihm nicht die ganze Wahrheit und zuweilen das Gegenteil der Wahrheit sagte. Wenn Göring bekannt war, daß Alfred Rosenberg 1939 (über Baron William de Ropp in der Schweiz) mit dem britischen Geheimdienst Kontakt aufnahm, warum sollte dies dann Hitler entgangen sein? Görings Schelmereien, nicht nur in finanziellen Angelegenheiten, waren kein Geheimnis und konnten einen schon tief ins Grübeln bringen.

Worte lenken Menschen. Hitler und Goebbels schärften dieses Instrument wie niemand sonst. Vieles lief bei dem »Führer« auf Rhetorik hinaus. Wenn es nur immer bei Worten geblieben wäre. Aber da waren auch noch Dünkirchen und der Verzicht auf die Operation »Seelöwe« zugunsten des Planes »Barbarossa«. Wenigstens das soll hier erwähnt werden. Am 17. Oktober 1939 bekam Keitel den Auftrag, das polnische Territorium auf die Bedingungen für einen Krieg gegen die UdSSR auszurichten. Ende Oktober gab Hitler dem deutsch-sowjetischen Vertrag eine Galgenfrist von acht Monaten. Sowohl London als auch Washington registrierten den Wunsch des »Führers«, sich erneut »mit dem Osten zu befassen und Klarheit zu schaffen, wo gegenwärtig wegen der Forderungen des Augenblicks Unordnung und Verfall eingezogen sind«.[62]

Entweder ist uns etwas Wichtiges unbekannt, oder bei der Analyse wird ein Bindeglied übersehen, ohne das die Bruchstücke kaum ein ganzes Bild ergeben und die Oberfläche für das Wesen genommen wird.

Was gewann die Sowjetunion objektiv für ihre Sicherheit aus der Unterzeichnung des sowjetisch-deutschen Nichtangriffspaktes und wie wirkte sich dieser auf die weitere Entwicklung der strategischen Lage in der Welt aus?

Erstens: 1939 wurde nicht zum Jahr der bewaffneten Auseinandersetzung zwischen der UdSSR und Deutschland, bei der Großbritannien, Frankreich und die USA die Rolle des Croupiers hätten spielen können, von dem abhing, was man einsetzte, wann und wie die Runde endete. Ihre Haltung zu den verschiedenen Seiten in diesem Konflikt war differenziert, aber keiner würde bedauern, wenn der Kampf beide Gegner auslaugte. Rußland unbedingt in solchem Maße, daß man diesmal mit größerer Aussicht auf Erfolg als in den Jahren 1918 bis 1921 an seine »Reorganisation« gehen konnte. Um die Abwehr der heraufziehenden tödlichen Gefahr vorzubereiten, war Zeit von unschätzbarem Wert. Die UdSSR konnte diese Zeit gewinnen.

Zweitens: Nach Auffassung einiger deutscher Generale, Politiker und Experten hatte Deutschland mit dem Abschluß des Vertrages vom 23. August zwar taktische Vorteile gewonnen, zugleich jedoch nicht wiedergutzumachende strategische Nachteile in Kauf genommen. Halder trug am 20. September 1939 in sein Kriegstagebuch den Vermerk über den Einmarsch der Roten Armee in die Westukraine und Westbeloru߬land ein: »Ein Tag der Schande der deutschen politischen Führung.«[63] Generaloberst von Beck schrieb am 20. November 1939, der Erfolg des Reiches im Krieg gegen Polen sei durch das Vorrücken Rußlands nach Westen paralysiert worden. Rußland segle nicht in deutschem Fahrwasser, sondern verfolge nur seinen eigenen Vorteil.[64] Feldmarschall Erwin von Witzleben hielt das »Zusammengehen mit Rußland« im Prinzip für falsch.[65]

Im Dezember 1939 ging dem Oberkommando der Wehrmacht (OKW) eine Denkschrift des Kapitänleutnants Liedig zu, in der das Wort »Verrat« vorkam. »Immer habe sich Hitler mit England verständigen und Europa vor seinem Feind Nummer eins, nämlich Räterußland, retten wollen, und nun tue er von beidem gerade das Gegenteil. Rußland sei dabei, sich ungeheuer auszudehnen«, schrieb der Verfasser. Nach seiner Auffassung könne Deutschland auch nach dem »Polenfeldzug«

von England einen »gerechten und großzügigen Frieden haben«, ebenso »die Bestätigung seiner jetzigen Grenzen, soweit sie mit deutschem Siedlungsgebiet übereinstimmen, und auch die Anerkennung als kontinentale Vormacht. Bedingung dafür sei aber, daß Deutschland seine bewaffnete Macht dem bedrohten Finnland und damit dem bedrohten Europa zur Verfügung stelle und sich zusammen mit England gegen die bolschewistische Gefahr wende.«[66]

Gerhard Ritter, der die Aktivitäten der Opposition in den führenden Kreisen Deutschlands untersuchte, stellte fest, mehr als der Beginn des Krieges mit Polen habe Carl Goerdeler und dessen Gesinnungsgenossen das »Vorrücken des Bolschewismus auf der ganzen Front und dicht an die [deutsche] Grenze« aufgebracht. Sie empfanden dies »als Bedrohung der ganzen europäischen Kultur, [als] die Entwurzelung des baltischen Deutschtums ... als eine nationale Schmach.«[67]

Was brachte Halder, Beck, Witzleben, Goerdeler und andere so in Rage? Ein Ausgestoßener beanspruchte Gleichheit. Mit dem Vertrag vom 23. August wurde die UdSSR in einen Kreis Auserwählter aufgenommen, denen es gestattet war, das Völkerrecht nach ihren »natürlichen« Bedürfnissen auszulegen, insbesondere was die Verteidigung betraf.

Die Präventivmaßnahmen der USA in der westlichen Hemisphäre sind bereits erwähnt worden. Was aber hatten die Briten in der Hinterhand?

Winston Churchill, im letzten Kabinett Chamberlains Marineminister, an dessen Treue zur Demokratie niemand zweifeln wird, empfahl im September 1939, sich über den neutralen Status der skandinavischen Staaten hinwegzusetzen und diese *de facto in die militärischen Operationen Großbritanniens einzubeziehen.* In einer Denkschrift vom 16. Dezember schlug Churchill vor, *Norwegen und Schweden zu besetzen,* um »den deutschen Eroberern auf skandinavischem Boden zu begegnen«, insbesondere aber ungeachtet »beliebiger Gegenmaßnahmen Deutschlands« in Narvik und Bergen zu landen.

»Welch formale Verletzungen des Völkerrechts dabei auch vorkommen mögen«, hieß es in der Denkschrift des Ministers an die Regierung, »wenn es dabei nicht zu unmenschlichen Akten kommt, werden uns die Sympathien der neutralen Staaten erhalten bleiben. Ein solches Vorgehen wird auch die Vereinigten Staaten, die größte neutrale Macht, nicht wesentlich negativ beeinflussen. Wir haben Grund zu glauben, daß sich

die USA in dieser Frage von dem sehnlichen Wunsch leiten lassen, uns zu helfen. Und sie sind sehr erfinderisch.«

»Der höchste Richter ist unser Gewissen«, argumentierte Churchill nach allen Regeln der Hegelschen Dialektik. »Wir kämpfen dafür, dem Recht wieder zum Durchbruch zu verhelfen und die Freiheit der kleinen Länder zu schützen. Wir handeln auf der Grundlage des Statutes des Völkerbundes. *Als seine faktischen Mandatsträger, die sich für die Ideale einsetzen, auf denen der Völkerbund beruht, haben wir das Recht, mehr noch, befiehlt uns die Pflicht, abstrakte Festlegungen der Gesetze zeitweilig außer acht zu lassen,* die wir stärken und erneut durchsetzen wollen. *Die kleinen Länder dürfen uns nicht die Hände binden,* wenn wir für ihre Rechte und ihre Freiheit kämpfen. *Es darf nicht zugelassen werden, daß in einer Stunde drohender Gefahr der Buchstabe des Gesetzes denen den Weg versperrt, die dazu berufen sind, es zu verteidigen und zu realisieren.*«[68]

Die praktischen Maßnahmen der sowjetischen Seite, insbesondere im Baltikum, in den Jahren 1939/40, mit denen die vordere Verteidigungslinie in maximale Entfernung von den lebenswichtigen Zentren des Landes verlegt wurde, waren von allen Defekten des damaligen Denkens und Handelns in den Kategorien einer Großmacht geprägt. Aber was dem Jupiter erlaubt ist, ist dem Ochsen noch lange nicht ... Rechte fallen nicht vom Himmel. Wie Titel werden sie verliehen, gekauft oder einfach genommen. Da die Demokratien der UdSSR in den Verhandlungen gleiche Rechte und gleiche Sicherheit verweigerten, nahm sie sich diese selbst, wobei sie auf Schritt und Tritt mit dem »Buchstaben des Gesetzes«, wie Churchill es sagte, in Konflikt geriet.

Drittens: Zur »Inszenierung eines neuen Rapallo« gab es als Begleitmusik den Kanonendonner vom Chalchin-Gol. Die erste authentische Nachricht über gewisse Veränderungen im sowjetisch-deutschen Verhältnis erhielt Japan erst am Abend des 21. August in einem Telefongespräch Ribbentrops mit Botschafter Oshima. Für die Führung Japans, die sich auf militärische Solidarität mit dem Reich festgelegt hatte, war dies eine Erschütterung, die die ganze Konstruktion des Antikomintern-Paktes deformierte. Das Vertrauen in den strategischen Verbündeten erhielt einen Schlag, von dem es sich nie wieder erholen sollte. Die Regierung Hiranuma trat zurück. Das neue Kabinett arbeitete eine militärpolitische Plattform aus, die eine großangelegte Aggression gegen die Sowjetunion auf unbestimmte Zeit vertagte.

Eine für Berlin äußerst unangenehme Folge des 23. August war der Abschluß des japanisch-sowjetischen Neutralitätsvertrages am 13. April 1941. Hitler und Ribbentrop gaben sich alle Mühe, Außenminister Matsuoka von diesem Schritt abzuhalten. In einer Information für Berlin behauptete Matsuoka, einer der glühendsten Verehrer des Nazismus und Befürworter des Bündnisses mit ihm, der Vertrag »berühre selbstverständlich in keiner Weise den Dreimächtepakt«. Japan zahlte es Deutschland in seiner eigenen falschen Münze heim.[69]

Viertens: Die Sowjetunion demonstrierte vor aller Welt, daß sie nicht die Absicht hatte, Objekt in den Kombinationen anderer zu sein, und durchaus in der Lage war, ihre Interessen zu verteidigen. Die Demokratien waren gewarnt, daß ihre Begünstigung der deutschen Expansion nach Osten ein zweischneidiges Schwert war, daß man sich in der UdSSR nicht selbst umbringen wollte und Widerstand leisten werde, falls andere es mit Lynchen versuchten. Aber nicht umsonst gilt die Wiederholung als Mutter der Weisheit, denn eine Lehre erteilen und diese annehmen, ist durchaus nicht ein und dasselbe.

4 Der schwere Weg der Erkenntnis

Soziale Scheuklappen und imperiale Ambitionen waren und sind Hindernisse dafür, die Politik zu einer Wissenschaft zu entwickeln, zu der exakten Disziplin, die bei der Anwendung auf die Handlungen der Staaten und ihrer Führer keine unterschiedlichen Kriterien zuläßt. Die Vorgeschichte des Zweiten Weltkrieges, die Chronik des Verschmelzens einzelner Konfliktherde zu einem Weltenbrand legt Zeugnis davon ab, daß verpaßte Gelegenheiten fast immer zusätzliche Komplikationen und neue Gefahren mit sich bringen. Zugleich lehrt sie uns, daß es unendlich leichter ist, Böses zu verhüten, als später zu überwinden.

Hätten sich die Nazis nicht nur im Inneren des Landes, sondern auch nach außen auf das Ausradieren der »roten Ketzerei« beschränkt, dann wären sie nicht in unüberwindliche Widersprüche mit den Demokratien geraten. Als Schild und Schwert gegen den »Bolschewismus« konnten Hitler und seine Anhänger mit Verständnis auf beiden Seiten des Atlantiks rechnen.

Zuweilen war die Grenzlinie nur noch hauchdünn, die den »Führer« und seine Gleichgesinnten von ihren Kritikern aus der national-konservativen Opposition trennte. Die einen wie die anderen setzten sich für die Revision von Versailles, für ein »großdeutsches Reich« als gemeinsames Haus für »alle Deutschen«, für einen Platz unter der afrikanischen, lateinamerikanischen oder nahöstlichen Sonne ein. Von der europäischen gar nicht zu sprechen. Nur – die erste Gruppe verfocht ein Expansionsprogramm, das keine Grenzen kannte, während die zweite, die als respektabel galt, empfahl, die Konkurrenten nicht zu reizen und nicht ohne besondere Not gegen das Stammkapital der USA, Großbritanniens und Frankreichs die Hand zu erheben.

Die Bereitschaft dieser drei Länder, sich mit »seriösen« und »vernünftigen« Vertretern Deutschlands zu einigen, rührte daher – und das ist ein prinzipielles Merkmal –, daß *imperiale deutsche Ansprüche als ein dem Reich zustehendes Recht anerkannt wurden.* Die Westmächte stellten höchstens zwei Bedingungen: Expansion ja, aber in Regionen, die kein fester Bestandteil der Einflußsphären der Demokratien waren. Und eine Expansion nach Möglichkeit ohne extreme Formen der Gewalt. Bis zum Überfall auf Polen wurden diese ungeschriebenen Spielregeln in Europa im wesentlichen eingehalten.

Nach dem »Polenfeldzug« hatten die Nazis die Möglichkeit, »sich zu bessern«, indem sie ihre Aggression ohne Verzug weiter nach Osten vorantrieben. Hitler versäumte nach Meinung seiner Gegner eine unwiederbringliche Chance. Hierin sah der erwähnte Liedig den Verrat. Dieser wog viel schwerer als die militärischen Fehler, die der »Führer« beging oder die ihm zugeschrieben werden.

Warum muß man darüber sprechen? Vor allem um der Genauigkeit willen, mit der festgestellt werden soll, wann und in welchen Punkten die außenpolitischen Wege Nazideutschlands und der Demokratien auseinandergingen. Nicht der Form, sondern dem Wesen nach. Das richtigzustellen ist von Nutzen, denn manche verkehrten Vorstellungen stecken als Relikt in manchen Köpfen beziehungsweise im Unterbewußtsein. Es ist durchaus nötig, dies zu klären, denn das Zustandekommen der Anti-Hitler-Koalition löschte das alte Denken nur lückenhaft aus. *Die politischen, ideologischen und sozialen Schauplätze unterschieden sich in dieser Hinsicht durchaus von den Schauplätzen des Krieges. Hier gab es zweite, dritte und weitere Fronten sowie zahlreiche Kämpfe hinter den Linien, die in den Karten und noch mehr im Bewußtsein gezogen waren.*

Natürlich darf man die ungleichmäßige Entwicklung sowie das unterschiedliche Gewicht der Positionen der USA und ihrer Partner unter den Demokratien, ihre jeweils andere Lage, ihre verschiedenen Traditionen und Perspektiven nicht außer acht lassen. Großbritannien kämpfte für den Erhalt des Empire. Es hatte nichts zu lachen, obwohl Winston Churchill sicherlich mit großem Vergnügen gewisse Perlen aufgelesen hätte, die aus der französischen, belgischen oder niederländischen Krone fielen. Für die USA war der Zweite Weltkrieg die Zeit der Ausprägung ihrer Großmachtdoktrinen nicht als Wunschtraum, sondern als praktische Politik, die Zeit, da sie aus der »Festung Amerika« in die Weiten des Erdballs hinaustraten.

Die deutsche Geopolitik – man gestatte dem Autor diese Freiheit – war von einem bestimmten Augenblick an mit dem amerikanischen

Globalismus als Konzeption oder Tendenz konfrontiert. Wenn Deutschland zu dieser Zeit bereits die Überzeugung tief verinnerlicht hatte, daß Sicherheit auf dem Kontinent gewährleistet war, wenn in seiner Nachbarschaft keine starken Staaten mehr existierten, und man die Welthegemonie erreichte, indem man potentielle Gegner beseitigte oder ihre Positionen untergrub, so erhielt man in Washington zumindest einen Vorgeschmack davon, wie man sich als die stärkste Macht der Welt fühlt. So stark, daß die amerikanischen Positionen bei Strafe der Vergeltung unantastbar und die Ansprüche Amerikas gewichtig und unbestreitbar wurden.[1]

Wenn der Globalismus zum Prinzip wird, sind ein Wechsel der Prioritäten, ein veränderter Blick auf Freunde, Verbündete und Partner nicht zu umgehen. Eine derartige Wende vollzieht sich nicht abrupt und wird nicht unbedingt in einem Dokument, von einem Politiker oder zu einem bestimmten Zeitpunkt zum Ausdruck gebracht. Fast stets ist dies ein langandauernder Prozeß, um so mehr, da man sich in die widersprüchlichen Erfahrungen anderer hineinversetzen muß.

Franklin D. Roosevelt wußte immer oder fast immer, woran er sich unerschütterlich halten würde. Zugleich war der Präsident bei der Bestimmung des Weges zu seinen Zielen ewig Schwankungen unterworfen. Das Wichtigste in den Gedanken des Chefs der Administration war nicht der Krieg gegen die Nazis oder den japanischen Militarismus, nicht aus Sympathie für die Briten, die Franzosen oder aus Mitleid mit den Russen, sondern eine neue Welt, die er im August 1941 für sich als die Welt der »vier Freiheiten« definierte.

Die tragenden Säulen dieser Welt fügten sich nicht sofort zu einem einheitlichen Ganzen. 1939 und Anfang 1940 ging Roosevelt noch davon aus, daß die internationale Gemeinschaft sich aus einer Reihe einzelner Machtzentren aufbaute. Darin konnten Nazideutschland und das militaristische Japan noch weite Gebiete beherrschen. Allerdings war absolut unklar, welchen Platz man der Sowjetunion zuweisen sollte und ob ihr überhaupt ein Platz zustand.

Die Vereinigten Staaten konnten sich bei ihren Überlegungen und Entfaltungen Zeit lassen. Eindrücke formten sich organisch zu Vorstellungen, Vorstellungen wurden in den Labyrinthen der staatlichen Stellen und in Debatten zwischen ihnen abgeschliffen, bevor sie zu Positionen oder Aktionen heranreiften. Im Unterschied zu anderen Staaten waren die USA nicht vor die grausame Notwendigkeit gestellt, zu siegen oder unterzugehen, den Feind heute zu überwältigen oder heute von seiner Hand zu sterben. Kurz gesagt, während die UdSSR wie auch die Mehrheit der Staaten, die ins Visier der Aggressoren gerieten, einen Kampf auf Leben und Tod führen mußten, hatten die Amerikaner das Privileg, sich mit der Festigung ihrer internationalen Positionen zu befassen.

Man kann einige Etappen erkennen, in denen die amerikanische Strategie sich ausprägte, an Potenz gewann und verschiedene Konzeptionen ihrer Anwendung formuliert wurden, Perioden, in denen das politische Pendel immer weiter ausschwang, die Ambitionen wuchsen und ihre Ausdrucksformen sich entwickelten.

In seiner Botschaft an den Kongreß vom 3. Januar 1940 sprach Roosevelt davon, daß die Vereinigten Staaten die Führungsrolle übernehmen könnten, wenn in der Welt Frieden einziehe.[2] Das ist zweifellos eine neue Stufe, wenn man mit der Rede des Präsidenten in Kingston (Kanada) im Jahre 1939 vergleicht, wo er die USA einen »äußerst wichtigen Faktor des allgemeinen Friedens, unabhängig von unserem (dem amerikanischen) Wunsch« bezeichnet hatte.[3] Von einem bestimmten Zeitpunkt an wurde das Schwergewicht nicht mehr auf die Sicherheit der USA als vielmehr auf ihre besondere Rolle bei der Regelung beliebiger Angelegenheiten der Völkergemeinschaft gelegt.

Strategie und Taktik der USA gegenüber Großbritannien sind in diesem Sinne anschaulich und lehrreich, auch wenn man Washingtons Haltung zur UdSSR, zu China, Frankreich und den wichtigsten Problemen des Zweiten Weltkrieges analysiert. Dem Nächsten helfen? Warum nicht, wenn es für das amerikanische Interesse von Nutzen war. Bereits im Ersten Weltkrieg hatten sich die USA deswegen den Beinamen »Onkel Shylock« eingehandelt. Aber wenn es die Situation erlaubte, zog Washington den eigenen Komfort und die eigene Absicherung gegen Risiken aller Art eindeutig vor.

Mit beneidenswerter Ruhe wog man in Übersee Vor- und Nachteile einer eventuellen Niederlage Großbritanniens ab. Im Mai 1940 führte Roosevelt ohne Wissen Churchills Geheimverhandlungen mit dem kanadischen Premierminister Mackenzie King darüber, wie die britische Flotte rasch in andere Staaten des Commonwealth gebracht werden könnte, solange Großbritannien »noch« nicht vor dem »Dritten Reich« kapituliert hatte. Selbst zu diesem Zeitpunkt erörterte man im Weißen Haus nicht ernsthaft die Frage, ob die USA in den Kampf eingreifen sollten, um eine unerwünschte Wendung des Krieges zu verhindern. Nichts Tragisches fand man auch an einer möglichen Niederlage der UdSSR, an der 1941 fast niemand in Amerika zweifelte und von der auch 1942 noch viele ausgingen. Mit mangelnder Erfahrung oder politischer und strategischer Naivität allein ist das nicht zu erklären.

Hier sei zunächst folgendes festgestellt: Ende 1940 entsprach die Intensität der amerikanischen Hilfe für Großbritannien den kurz- und mittelfristigen Prognosen. Der Umfang der für die Briten (zum vollen Preis) bestimmten Rüstungsgüter wurde zunächst aus Gewinnsucht für *acht Monate* bemessen, die man für den Ausbau der Verteidigung der westlichen Hemisphäre als notwendig erachtete. Das Gesamtbild sah so aus: Großbritannien hält sich ein halbes Jahr, und dann werden mindestens zwei Monate vergehen, bevor Deutschland Operationen in der Neuen Welt in Angriff nehmen kann.

In einer Denkschrift des Generals George Marshall vom 17. Januar 1941 war davon die Rede, »die Sicherheit des nordamerikanischen Kontinents und wahrscheinlich der gesamten westlichen Hemisphäre unabhängig davon zu gewährleisten, ob sie [die USA] ein Bündnis mit Großbritannien schließen oder nicht«.[4] Der Planungsausschuß des vereinigten Generalstabes sagte es völlig undiplomatisch: »Die Briten werden ihre kommerziellen und militärischen Nachkriegsinteressen niemals aus dem Auge verlieren. Auch wir müssen letztendlich für unsere eigenen Interessen Sorge tragen.«

Politische Räson rangierte vor militärischer, aber bei »partiellen Differenzen zwischen militärischer Planung und nationaler Politik«[5] gewann erstere allmählich die Oberhand. Irgendwann Anfang 1941 setzte sich die Auffassung durch, daß »die Sicherheit des Nordatlantiks und der Britischen Inseln die gemeinsame Basis der amerikanisch-britischen Strategie darstellt«. Übrigens: nur bedingt eine gemeinsame Basis einer quasi einheitlichen Strategie. »Was andere Regionen betrifft«, lesen wir in einem Dokument des Komitees der Stabschefs der USA vom 12. Februar 1941, »so müssen die Briten ihre Interessen dort nach Möglichkeit selbst verteidigen, wie die Vereinigten Staaten ihre Interessen in Übersee schützen.«[6]

Wenn die USA sich schon gegenüber Großbritannien so verhielten, dann war die Motivierung für die Entscheidungen, die Washington vor und nach dem deutschen Überfall auf die UdSSR traf, um so mehr politisch und vor allem ideologisch gefärbt. Unvermittelt tauchte hier aber eine nicht uninteressante Nuance auf: Ende 1940/Anfang 1941 ließen sich die USA nicht von Londons Argumenten beeindrucken, das zu einer Wirtschaftsblockade gegen die Sowjetunion aufrief.[7]

Besonnener als der britische Premierminister zu jener Zeit nahm der amerikanische Präsident die Signale auf, die eine weitere Ausdehnung des Krieges nach Osten ankündigten. Er schätzte den Abschluß des Dreierpaktes zwischen Deutschland, Japan und Italien am 27. September 1940 richtig ein und stellte einen strategischen Zusammenhang zu den Nachrichten her, die ins Netz der amerikanischen Aufklärung gingen und besagten, daß die Nazis einen Überfall auf die UdSSR vorbereiteten.[8] Zu endgültigen Schlüssen kam Roosevelt allerdings nicht. Er hielt es jedoch nicht für überflüssig, für solche Schlüsse in der Zukunft keine unüberwindlichen Hindernisse entstehen zu lassen.

Anfang 1941 gelang es dem Handelsattaché der Botschaft der USA in Berlin, Sam Woods, die Direktive Hitlers Nr. 21 (den Plan »Barbarossa«) in die Hand zu bekommen.[9] Der amerikanische Historiker R. Dawson nimmt an, daß diese Direktive zum »korrigierenden Element« der amerikanischen Politik gegenüber der UdSSR wurde.[10] Der Einblick in den geheimen Plan »Barbarossa« löste wahrscheinlich eine Korrektur der gesamten amerikanischen Politik aus und spielte auch eine Rolle, als der Lend Lease Act angenommen wurde, als die Stäbe der Streitkräfte der USA und Großbritanniens Arbeitsbeziehungen aufnahmen und als man in den USA im Mai 1941 den »unbegrenzten Ausnahmezustand« ausrief.

Daran ändert auch nichts, daß einige Schritte der Regierung – insbesondere nach Unterzeichnung des sowjetisch-japanischen Neutralitätsvertrages – von unfreundlicher Rhetorik gegen die UdSSR oder von Maßnahmen begleitet waren, die die Beziehungen zwischen den beiden Staaten belasteten. Am eifrigsten zeigte sich hier das State Department, das der Präsident nicht ohne Grund als Zufluchtsort der amerikanischen »Befrieder« brandmarkte.[11] Zu Zeiten gab es gleichsam zwei auseinanderstrebende Linien – die Cordell Hulls im State Department und die Präsident Roosevelts im Weißen Haus. Das betraf nicht nur das Verhältnis zur Sowjetunion.

Nachdem die Vereinigten Staaten zur kriegführenden Macht geworden waren, beschränkten sich Roosevelts Ziele nicht mehr allein darauf, Deutschland oder Japan in die Knie zu zwingen. Andererseits strebte er auch nicht danach, *einen Sieg der Mächte der Anti-Hitler-Koalition gemeinsam zu erringen.* Die USA kämpften für ihr Weltbild und versuchten von einem bestimmten Zeitpunkt an zu erreichen, daß sich auch alle anderen das Washingtoner Modell zu eigen machten und daß die UdSSR dafür Leistungen erbrachte. Dieser Grundkonzeption waren die Pläne untergeordnet, nach denen die amerikanische Rüstungsproduktion gesteigert, die Streitkräfte aufgestockt und bei Bedarf zu Operationen auf den verschiedenen Kriegsschauplätzen eingesetzt wurden.

Solange Berlin den Vereinigten Staaten noch nicht den Krieg erklärt hatte[12], verlor der Chef der Administration nicht die Hoffnung, daß die Deutschen eine indirekte Beteiligung der USA der direkten Auseinandersetzung vorzogen und es Washington gelingen werde, so lange, wie es das für notwendig hielt, aus der Ferne auf Verlauf und Ausgang des Kampfes Einfluß zu nehmen. In diesem Falle hätten die USA über eine beneidenswert breite Palette von Möglichkeiten verfügt, einzelne Prozesse zu beschleunigen oder zu verlangsamen und damit zu regulieren, was für die kämpfenden Seiten undenkbar war.

Als dann die USA gegen ihren Willen in den Krieg hineingezogen wurden, brannten die amerikanischen Generale und Admirale für kurze Zeit darauf, Heldentaten zu vollbringen. Sie konnten es gar nicht erwarten, sich nach dem für die Ehre der Streitkräfte so beschämenden Fiasko von Pearl Harbor zu rehabilitieren. Technisch war das einfacher in Europa zu erreichen. Die Politiker versetzten den Militärs jedoch wiederum einen Dämpfer. Die »große Strategie« wurde damals von der großen Politik bestimmt.[13]

Es ist nicht schwer zu berechnen, wie weit von der Realität entfernt die militärpolitischen Auffassungen der USA waren – vor dem 1. September 1939, vor dem 10. Mai 1940 und vor dem 22. Juni 1941. Offiziell hielt Washington an der Neutralität fest. Einer wohlwollenden Neutralität gegenüber Großbritannien, Frankreich und Polen, einer aufmerksamen gegenüber Deutschland, Italien und Japan, einer eisig-kritischen gegenüber der Sowjetunion. Aus Präsident Roosevelts Haltung zur UdSSR schwand jedoch die Abneigung, als Deutschland über sie herfiel. Während der Chef der Administration nach Beginn des großen Krieges in Europa eine Proklamation (am 5. September 1939) unterschrieben hatte, die die Neutralität bekräftigte, was dazu führte, daß alle britischen und französischen Aufträge in den USA eingefroren wurden, trug

Roosevelt im Falle der Sowjetunion dafür Sorge, daß früher eingefrorene Verträge und Guthaben der Sowjetunion freigegeben wurden und die UdSSR günstige Bedingungen zum Kauf notwendiger Güter, darunter auch Kriegsmaterial, erhielt.[14]

Im Winter 1939/40 sah es allerdings völlig anders aus. Washington war vor allem daran interessiert, keine Ausdehnung des Krieges nach Westen zuzulassen. Mit bloßem Auge ist zu erkennen, daß die Haltung und bis zu einem gewissen Grade auch die Anstrengungen der USA und Großbritanniens in dieser Zeitspanne übereinstimmten. Auf beiden Seiten des Atlantiks grübelte man darüber, wie den Machthabern des Reiches zu suggerieren sei, sich mit der »Erschließung« des Ostens zu befassen, statt westliche Werte zu beanspruchen, die ohne schweren Kampf nicht aufgegeben werden könnten. Es mangelte nicht an verlockenden Bedingungen für einen Ausgleich. Der Mißgriff bestand darin, daß amerikanische Geschäftigkeit und hochmütiger britischer Rationalismus hier auf Abenteurertum und einen unglaublich irrationalen Fanatismus stießen.

Bis Ende 1939 hielt London und bis Mai 1940 Washington an der Wunschvorstellung fest, Hitler habe das letzte Wort noch nicht gesprochen. Und das ungeachtet der Nachrichten, die sich in breitem Strom über den Ärmelkanal und den Atlantik ergossen. Neben der »militärischen« Opposition (Beck, Canaris, Oster und andere) nahmen aufs neue auch Vertreter der »bürgerlichen« Opposition (z. B. Goerdeler, Schacht, Hassell) mit Amerikanern und Briten Kontakt auf. Sie agierten auf direktem Wege oder über »befreundete Länder«. Goerdeler stand in Verbindung mit Cordell Hull, Henry Stimson, Henry Morgenthau, Herbert Hoover und mehreren US-Großindustriellen. Roosevelt hielt, wie es heißt, persönlich Verbindung zum Kronprinzen Wilhelm, den die Opposition für den Fall eines Putsches gegen Hitler zum Regenten auserkoren hatte.[15]

Im Klartext oder zwischen den Zeilen aller Demarchen der deutschen Dissidenten war nahezu übereinstimmend zu lesen: Europa und Amerika würden ihr eigenes Verderben heraufbeschwören, wenn sie ihre Ressourcen in diesem Familienstreit vergeudeten; sie sollten sich lieber zum Kampf gegen den Kommunismus in Rußland zusammenschließen. Der Versöhnung mit den Demokratien mußte allerdings die endgültige Beseitigung der Schmach von Versailles vorausgehen. Zugeständnisse, die dabei möglicherweise von Großbritannien und Frankreich erforderlich waren, werde Deutschland im Kampf gegen den »Bolschewismus« mehrfach vergelten.

Mit den militärischen Erfolgen der Nazis schraubten die Oppositionellen ihre »patriotischen« Forderungen immer höher.

Amerikaner und Briten mußte mißtrauisch stimmen, daß das Programm der Gegner des Nazismus im wesentlichen dem Hitlers glich.[16] Dieser Umstand machte sie in der Tat stutzig. Der auffallendste Unterschied bestand nur darin, daß der »Führer« alles ohne Rückfrage und ohne Maß an sich riß, während seine Opponenten all das ohne Gewalt in die Hand bekommen wollten, was einmal deutsch war oder deutsch werden konnte.

Der vorsichtige Roosevelt konnte sich nur mit Mühe vorstellen, wie es ein großer Staat fertigbrachte, sich so Schweres aufzubürden, weil er Ziele verfolgte, die seine Kraft weit überstiegen. Den Anspruch Hitlers auf die Hegemonie in Europa oder gar in der Welt wertete er als Bluff ab, den Berlin gebrauchte, um sich einen ordentlichen Happen zu sichern. Wenn sich der US-Präsident unter diesem Blickwinkel Goerdeler und seinesgleichen ansah, ließ ihn wahrscheinlich die Frage nicht los, ob diese nicht nach Noten sangen, die in der Nazizentrale geschrieben worden waren. Die Oppositionellen schmiedeten Pläne, wie man den Sturz des »Führers« in Kapital ummünzen konnte, das ausreichte, um die Expansionspolitik des deutschen Imperialismus ohne die Nazis durchzusetzen. Hitlers Kopf war aber offensichtlich den Preis nicht wert, den die Oppositionellen für ihn forderten.

Diese waren ihrerseits getroffen vom Gleichmut, mit dem die Demokratien die Ausschreitungen verfolgten, die das Naziregime nicht gegen Aussätzige, sondern gegen anständige Bürger Deutschlands durchführte. Die Judenpogrome lösten in Übersee Wogen der Entrüstung aus, Kirchenkreise reagierten auf die Repressalien gegen Gläubige, doch insgesamt herrschte weithin Teilnahmslosigkeit. Als Goerdeler die unterschwellige Stimmung in den Vereinigten Staaten persönlich und unmittelbar kennenlernte, kam er zu dem Schluß, daß Washington keinen ernsthaften Streit mit Deutschland wollte. Zugleich blieb dem ehemaligen Oberbürgermeister von Leipzig nicht verborgen, daß die Amerikaner den »Deal« mit den Vertretern der Macht vorzogen.

Diese Eindrücke regten Goerdeler an, bereits im Mai 1938 einen Bericht an Hitler zu übermitteln, in dem er die Vorzüge einer »friedlichen Expansion« herausstellte. Gemeinsam mit den Angelsachsen, betonte Goerdeler, konnten die Deutschen faktisch alles erreichen, allerdings nicht gegen sie. Der Mitarbeiter der Reichskanzlei Wiedemann weigerte sich, den Bericht weiterzuleiten: »Der Krieg sei jetzt beschlossene Sache, und zwar mit dem Ziel, ein deutsches Imperium zu errichten, das außer Großdeutschland Polen, die Ukraine, das Baltikum, Skandinavien, Holland, das flämische Kernland von Belgien, Luxemburg, Burgund, Elsaß-Lothringen und die Schweiz umfassen sollte.«[17]

Möglicherweise hatten Spanien und Österreich noch nicht ausgereicht, um die Demokratien davon zu überzeugen, daß *Mein Kampf* keine Sammlung von Fieberphantasien, sondern eine Anleitung zum Handeln war. Nehmen wir einmal an, auch das tschechoslowakische Drama hatte die kalten, berechnenden Herzen der Angelsachsen nicht zu rühren vermocht. Die Fakten beweisen aber, daß selbst Polen das seelische Gleichgewicht der Demokratien nicht ins Wanken brachte.

Es ist wahr, Roosevelt unternahm bereits neun Monate vor Ausbruch des großen europäischen Krieges Versuche, das Neutralitätsgesetz zu ändern. Es wirkte im Endeffekt gegen Großbritannien und Frankreich, das Kräfteverhältnis aber veränderte sich zugunsten Deutschlands. In der Botschaft vom 4. Januar 1939 an den Kongreß schlug der Präsident vor, den Text des Gesetzes so zu modifizieren, daß es für demokratische Staaten nicht galt.[18] Roosevelt blieb eine Unterstützung versagt. Zur Einigung mit den Senatoren und den Abgeordneten des Kongresses über eine effektivere »Durchsetzung der Neutralität« kam es erst nach der britischen und französischen Kriegserklärung an das »Dritte Reich«. Am 4. November 1939 unterzeichnete der Präsident die Novelle, die das Prinzip *cash and carry* – zahle bar und transportiere selbst – einführte. Das galt auch für Waffenlieferungen.

Symptomatisch ist aber, daß die neue Regelung keine Lawine britischer und französischer Militäraufträge auslöste. Die Eigenart dieser Situation hatte die *New York Times* am 17. September 1939 so beschrieben: »Eine der Besonderheiten des Krieges besteht darin, daß die Auslandsaufträge für Maschinen und Ausrüstungen zurückgehen, was die Version von einem baldigen Frieden in gewissem Maße stützt.«[19]

Neville Chamberlain sah in der Aufhebung des Embargos eher ein Druckmittel gegen Berlin. Es besteht kein Zweifel, daß das konservative London in diesem Augenblick von den USA weniger Waffen, sondern eher gute Dienste erhoffte (aber eben Dienste, keine Führung), um

Brücken zwischen den Konfliktparteien zu schlagen, solange sie sich rein formal im Kriegszustand befanden.

Über Geschäftskreise, die Presse, Persönlichkeiten, die für ihre isolationistischen Auffassungen bekannt waren, über diplomatische Kanäle und auch mit Hilfe deutscher Oppositioneller wurden der Präsident und seine Umgebung zielgerichtet bearbeitet. Man drängte das offizielle Washington zu einer Initiative, die darauf abzielte, wie deutsche Diplomaten in den USA sarkastisch feststellten, Deutschland »als Handlanger der Westmächte gegen Rußland« zu bewahren.[20]

Roosevelt zögerte: Einerseits drängte es ihn, den Krieg zu lokalisieren, andererseits bedeutete ein Friedensschluß die Anerkennung der veränderten Kräftekonstellation, die Deutschland übermäßig stärkte. Gegen eine Vermittlung wandte sich auch Cordell Hull. Der Außenminister erkannte darin keinen Nutzen; zudem fürchtete er, daß Friedensgespräche den ohnehin nicht übermäßig hohen Kampfgeist der Westmächte, ihren Willen zum Widerstand weiter schwächen konnten.[21]

Mit dem Beginn des sowjetisch-finnischen Krieges riß der Präsident das Steuer entschlossen herum. Die Ryti-Regierung hatte sich entgegen den Empfehlungen zum Beispiel Feldmarschall Carl v. Mannerheims geweigert, sich wenigstens auf eine Erörterung zunächst der Bitte, danach des Vorschlages und schließlich der Forderung der sowjetischen Seite einzulassen, ihr drei oder vier kleinere Inseln in unmittelbarer Nähe Leningrads[22] durch Pacht, Kauf oder Tausch gegen andere größere und rohstoffreiche Territorien zu überlassen. Stalin reagierte darauf mit der äußerst unpopulären und ebenso glücklosen Militäraktion gegen Finnland. Franklin D. Roosevelt versuchte die Kriegsgefahr zu bannen. Er bot am 29. November 1940, einen Tag nach der Kündigung des sowjetisch-finnischen Nichtangriffsvertrages, seine Vermittlung an. Als Molotows Vize Wladimir Potjomkin US-Botschafter Steinhardt am 30. November empfing, antwortete er diesem, es bestünde »keine Möglichkeit, gute Dienste in Anspruch zu nehmen«. Der »Winterkrieg« hatte zu diesem Zeitpunkt bereits begonnen.

Weder früher noch später schlugen die Wogen des Antisowjetismus in den USA so hoch wie in diesem kalten Winter. Die hysterischen Ausfälle gegen die Regierung der UdSSR und den Sowjetstaat insgesamt standen in keinem Vergleich zu den Vorwürfen und Beschimpfungen, die gegen die Aggressionen Japans, Italiens und Deutschlands laut geworden waren.

Ohne die übliche Anlaufzeit führte die US-Administration Repressalien gegen die Sowjetunion ein: Am 1. Dezember forderte man die Flugzeugindustrie auf, die Ausführung sowjetischer Aufträge »freiwillig« einzustellen. Am 2. Dezember wurde ein Embargo für Schiffstransporte eingeführt. Am 20. Dezember folgte das Verbot, der UdSSR, Deutschland und Japan Zeichnungen, Ausrüstungen und Lizenzen sowie die entsprechenden technischen Informationen zur Herstellung von Flugbenzin zu verkaufen und zu liefern. Firmen, die beim Bau von Erdölverarbeitungsbetrieben technische Hilfe leisteten, wurden angewiesen, ihr Personal ungeachtet ihrer vertraglichen Verpflichtungen aus der Sowjetunion abzurufen. Im Januar 1940 wollte man auch den Export von Erdölprodukten und Schrott in die Sowjetunion unterbinden. Da die Verweigerung von Frachtraum dies ohnehin unmöglich machte, entschloß man sich, auf diese Maßnahme zu verzichten.[23]

Man erwog ernsthaft den Abbruch der diplomatischen Beziehungen. Der Brief Franklin D. Roosevelts an seinen Freund Botschafter Joseph C. Grew war nur die Spitze des Eisberges. Der Präsident stellte die Frage, wie man »mit den heutigen sowjetischen Führern Umgang pflegen kann, deren Vorstellungen von Zivilisation und Menschenglück sich doch so total von unseren unterscheiden«. Die Administration stellte sich psychologisch darauf ein, das Konzept der »Befriedung« Deutschlands aufs neue zu aktivieren, das seit September 1939 auf Eis lag.

Im Winter 1939/40 unternahm Washington eine äußerst riskante Aktion, die eine grundlegende Wende des ganzen Krieges herbeiführen konnte. Die Mehrheit der Historiker beleuchtet in ihren Arbeiten nicht verschiedene Aspekte und Facetten der »Welles-Mission«, die bis heute weitgehend im dunkeln liegen. Das ist bedauerlich, wäre es doch mit gemeinsamen Anstrengungen möglich, wenigstens bis zu mittleren Schichten vorzudringen, obwohl die Dokumente bei ihrer Offenlegung starke Kürzungen aufwiesen, wenn sie der Forschung überhaupt zur Verfügung standen.

Die Europareise Sumner Welles' im Februar/März 1940 war kein Informationsbesuch. In einer Rundfunkrede am 16. März 1940 erklärte Roosevelt, es sei notwendig, über die »moralischen Grundlagen des Friedens« nachzudenken.[24] Robert Sherwood bestimmte als Ziel der Reise Welles' die Suche nach »Möglichkeiten für den Abschluß eines gerechten und dauerhaften Friedens«.[25] P. Tugwell nimmt an, der Präsident habe die Absicht verfolgt, Hitler, Mussolini und Chamberlain auf neutralem Boden zur Erörterung der Bedingungen für die Beendigung des Krieges zusammenzubringen.[26]

Es wird häufig nicht beachtet, daß zur selben Zeit Myron C. Taylor als persönlicher Beauftragter des Präsidenten mit der Aufgabe nach Rom gesandt wurde, eine Übereinstimmung zwischen dem Vatikan und dem Weißen Haus herbeizuführen, die »von äußerster Wichtigkeit für die Menschlichkeit und die Religion« war und der »Wiederherstellung des Weltfriedens auf einer sicheren Basis« dienen konnte. Taylor wurde zu einem wichtigen Bindeglied zwischen den Demokratien und den Achsenmächten.

Sumner Welles, der als persönlicher Vertreter des Chefs der Administration agierte, war angewiesen, die Briten nicht zu bevorzugen und den Eindruck zu vermeiden, Washington und London erörterten gemeinsam Probleme einer Nachkriegsregelung.[27] Um den Gedanken, die der stellvertretende Außenminister mit sich führte, ein entsprechendes Gewicht zu verleihen, beriefen die USA im Februar 1940 eine Beratung des »neutralen« Blocks ein, zu der sie Italien, Spanien und einige weitere Staaten, in der Hauptsache aus Lateinamerika, einluden. Dort ging es formal um Rüstungsbegrenzung und den Aufbau eines »gesunden internationalen Wirtschaftssystems«.[28] Nach deutschen Angaben aber beschäftigte sich die Beratung unter anderem mit einem vierjährigen Waffenstillstand zwischen den kämpfenden Seiten, der von Wirtschaftsverhandlungen der USA, Japans und Italiens (bei Ausschluß der UdSSR) begleitet werden sollte.[29]

Die Sowjetunion wurde von vornherein auch aus Welles' Reiseroute durch Europa gestrichen. Vorgesehen waren Aufenthalte in Rom am 25. und 26. Februar, in Berlin vom 1. bis 3. März, in Paris vom 7. bis 10. März, in London vom 11. bis 14. März und noch einmal in Rom vom 16. bis 20. März. Rom stand nicht zufällig am Anfang und am Ende dieser Rundreise. Roosevelt hatte sich überlegt, ob ein gemeinsamer »Friedensakt« mit Mussolini, sozusagen eine erweiterte Auflage von München, nicht nach dem Geschmack der deutschen Führung sein könnte. Folgerichtig hatte man Italien, immerhin Partner des »Stahlpaktes«, unter die »Neutralen« eingereiht.[30] Neville Chamberlain sah Welles' Reise mit Mißtrauen. Da er nicht die Absicht hatte, die politische Führerschaft an die USA abzutreten, ließ er dem ehemaligen Reichs-

146

kanzler Joseph Wirth über Lausanne eine Mitteilung aus fünf Punkten für die deutsche Opposition zuleiten:

1. Es wird die Versicherung abgegeben, daß die britische Regierung eine vorübergehende Krise, wie sie im Anschluß an eine Aktion der deutschen Opposition entstehen könnte, nicht militärisch zum Nachteil Deutschlands, etwa durch einen Angriff im Westen, ausnützen würde.

2. Die britische Regierung erklärt sich bereit, mit einer neuen deutschen Regierung, der sie ihr Vertrauen schenken kann, zur Sicherung eines dauerhaften Friedens zusammenzuarbeiten und Deutschland die erforderliche wirtschaftliche Hilfe zu gewähren.

3. Weitere Zusicherungen kann die britische Regierung ohne vorheriges Einvernehmen mit der französischen Regierung nicht geben. Wenn Frankreich ins Vertrauen gezogen werden könnte, wären noch genauer bestimmte Zusicherungen möglich.

4. Im Falle einer Beteiligung Frankreichs an den Verhandlungen wäre es erwünscht, wenn der ungefähre Zeitpunkt der Durchführung des innerdeutschen Unternehmens mitgeteilt werden könnte.

5. Falls die deutsche Opposition zur Erleichterung ihrer Aktion eine von den Westmächten durchzuführende Diversion wünschen sollte, wäre die britische Regierung bereit, einem solchen Wunsche im Rahmen des Möglichen zu entsprechen.[31]

Bei der Übergabe dieser Mitteilung wiesen die Beamten des Foreign Office darauf hin, daß sich London bis Ende April 1940 daran gebunden fühle (dies war der von Hitler vorgesehene Zeitpunkt für die Offensive im Westen, der später auf Mai verschoben wurde). Als vertrauenswürdig wurde eine Regierung bezeichnet, »deren Mitglieder entschlossen wären, die bisherige Expansionspolitik des Reiches endgültig aufzugeben, den ›Preußengeist‹ [im Sinne des ›Militarismus‹] auszuschalten und entsprechende organisatorische Maßnahmen, besonders auf dem Gebiet der Wehrmacht, zu treffen. Es könne also kein Mitglied der jetzigen Regierung, auch Göring nicht, in der künftigen Regierung vertreten sein.«[32]

Etwa das gleiche bekräftigte auch Halifax am 22. Februar 1940 als Antwort auf Hassells Bedingungen für einen Friedensschluß.[33] Auf niedrigerem Niveau wurden die meisten deutschen Territorialforderungen nicht zurückgewiesen. Um den Schein zu wahren, gaben die Briten jedoch zu verstehen, in Österreich müsse man möglicherweise ein Referendum abhalten. Zugleich kamen bereits technische Modalitäten für die Waffenstillstands- und Friedensverhandlungen ins Gespräch. Als optimal sah man eine Vermittlung durch Papst Pius XII. an.

In einem Brief an Lord Lothian, den britischen Botschafter in den USA, brachte Neville Chamberlain die Überzeugung zum Ausdruck, daß die der Opposition übermittelten Bedingungen »für eine bedeutende Zahl von Persönlichkeiten in Deutschland« annehmbar seien.[34] Sichtbares Signal für den Beginn der vorgesehenen Aktionen sollte die Aufhebung der Verdunklungsmaßnahmen sein.[35]

Die Amerikaner setzten mehr auf Signale aus offiziellen Kreisen. Im Unterschied zu London hatten sie über die Naziführung noch nicht den Stab gebrochen.[36] Daß der stellvertretende amerikanische Außenminister Berlin *vor* der britischen Hauptstadt besuchte, ist schon für sich genommen sehr bezeichnend, aber das Loblied, das er in seinem 1944 ausgerechnet in London erschienenen Buch *The Time for Decision* auf Göring anstimmte, gab zu zahlreichen Spekulationen Anlaß.[37]

Die wichtigsten Gesprächspartner des Abgesandten des Präsidenten im Reich waren Hitler, Göring, Ribbentrop und Weizsäcker. Am wenigsten gelang der Dialog am 1. März mit dem Reichsaußenminister. Der bedeutendste Gedanke im etwa zweistündigen Monolog Ribbentrops war die Forderung, Deutschland das Recht auf eine Art »Monroe-Doktrin« in Europa (dann korrigierte der Minister: in Mitteleuropa) zuzugestehen. Ribbentrop war von sich selbst offenbar so begeistert, daß er nicht den Sinn dessen erfaßte, was ihm Welles nahezubringen versuchte: Die USA konnten als neutrale Macht natürlich nicht für Großbritannien, Frankreich und Deutschland Friedensverhandlungen führen. Wenn aber die Kriegsteilnehmer auf einer Konferenz zusammenkämen, wollten sich die Vereinigten Staaten voll in die Bemühungen einschalten, eine »reale Begrenzung und Reduzierung der Rüstungen« zu erreichen sowie ein »wirtschaftliches System des Welthandels« aufzubauen.[38] Sumner Welles verschwieg in seinen eigenen Veröffentlichungen, daß er nach den deutschen Mitschriften Ribbentrop besonders danach befragte, welche Art der Vermittlung für Berlin annehmbar wäre.[39]

Ernst von Weizsäcker wich einem substantiellen Gespräch mit der Bemerkung aus, er habe die strikte Weisung, nur das zu sagen, was Welles bereits vom Reichsminister gehört hatte. Ein inoffizieller Meinungsaustausch sei unmöglich, da der Raum nicht abhörsicher sei. Er empfahl, die wichtigsten Punkte nicht Ribbentrop, sondern Hitler persönlich vorzutragen.

Ohne Ribbentrop ging es aber nicht, denn der »Führer« hatte seinen Chefdiplomaten zum Gespräch mit dem Amerikaner eingeladen. Welles hielt es für angebracht und zweckmäßig, einige wichtige zusätzliche Momente darzulegen. Vor allem hob er hervor, daß *der Weg zu einem stabilen, gerechten und dauerhaften Frieden nach Meinung des Präsidenten noch nicht verschlossen sei.* Es liege im Interesse aller, darunter auch der neutralen Staaten, dafür zu sorgen, daß er weiterhin offengehalten werde. Mehr noch als im Gespräch mit Ribbentrop beleuchtete Welles die Hintergründe des amerikanischen Planes:

Friedensverhandlungen seien formal Sache der beteiligten Seiten. Das wurde bereits gesagt. Der Zweck der Teilnahme der USA an den Verhandlungen wurde diesmal jedoch gewichtiger dargestellt. Es ging darum, die Anstrengungen zu vereinen, um zwei fundamentale Regelungen zustande zu bringen, die zu einer sichereren und geordneteren Welt führen sollten. Der Waffenstillstand zwischen den am Konflikt beteiligten Staaten sollte in umfassenderen Lösungen aufgehen. Deren Vorteil bestand unter anderem darin, daß man auf ideologische Motive verzichtete und an Früherem anknüpfte. Ja, es ging um eine »Begrenzung und Reduzierung der Rüstungen«, aber natürlich ohne Einschränkung des Prinzips der Gleichheit; außerdem ging es um die Wiederherstellung prosperierender internationaler Wirtschaftsbeziehungen.

Wäre dies nicht eine günstige Grundlage, um Wege zum Frieden offenzuhalten, fragte Welles, bevor der Krieg alles zerstörte und die Tür zum Frieden endgültig zuschlug?[40] Dieser Fragestellung konnte entnommen werden, daß es möglich war, sich auch vor konkreten Lösungen über eine solche breite Regelung zu einigen, in die diese dann Aufnahme finden könnten. Was blieb beispielsweise von der Blockade Deutschlands, wenn die Prinzipien des freien Handels Anerkennung fanden und durchgesetzt wurden?

Hitler mußte sicher auffallen, daß der Abgesandte des US-Präsidenten keine Vorbedingungen stellte und die Aggressionspolitik der Nazis lediglich nebenbei erwähnte, als er die Aufgaben für die Zukunft umriß. Ein stabiler und wahrhafter Frieden war schwer zu erreichen, solange Deutschlands Nachbarn dieses als Bedrohung ihrer Sicherheit und Unabhängigkeit empfanden. Damit spielte Welles darauf an, daß dem Reich eigentlich eine andere Rolle zukam – die des Beschützers der europäischen Kultur vor anderen Gefahren. Mit dieser Erläuterung der Motive und der Konzeption seines Besuches stellte Welles auch für die härtesten Betonköpfe klar, daß Hitler ein überaus ehrenhafter Platz unter »einigen Staatsmännern« erwartete, die die Schrecken eines Vernichtungskrieges abzuwenden vermochten.

Hitler seinerseits hob vor allem den Wunsch hervor, mit Großbritannien in Eintracht zu leben, und äußerte Bedauern, daß seine »aufrichtigen und ehrlichen Vorschläge«, die er Botschafter Henderson am 25. und 28. August 1939 übermittelt hatte, in London nicht entsprechend gewürdigt worden waren. Er verwies auch auf Abrüstungsangebote an Großbritannien und Frankreich (Begrenzung der Landstreitkräfte auf 200 000 Mann, in einem anderen Falle auf 300 000 Mann), auf die Deutschland nach seinen Worten nicht einmal eine Antwort erhalten habe.

Trotzdem verliere er, Hitler, nicht das Interesse an einer Regelung und sei dafür, eine Obergrenze für die Bewaffnung, einschließlich die der Marine, festzusetzen. Schwerpunkt sollten dabei die Offensivwaffen sein. Er stimmte den Gedanken voll und ganz zu, die zur Gesundung des Welthandels geäußert wurden, »bereicherte« sie jedoch mit der Forderung, die wirtschaftliche Vormachtstellung Deutschlands unter anderem in Ost- und Südosteuropa anzuerkennen.

Das Haupthindernis auf dem Weg zum Frieden sah Hitler darin, daß die Kriegsziele Deutschlands einerseits sowie Großbritanniens und Frankreichs andererseits unvereinbar waren. Er wolle keine Zerstörung des Britischen Weltreiches. Die britische Regierung strebe dagegen die Niederlage und Teilung Deutschlands an.[41] Welles fiel besonders die Bemerkung seines Gesprächspartners auf, er sei sich »des Triumphes Deutschlands sicher«, wenn es aber anders komme, »dann werden alle gemeinsam untergehen«. Insgesamt war der »Führer« jedoch bemüht, den Gedanken hervorzuheben, er, Hitler, sei bereit, sich an der Errichtung einer besseren Welt zu beteiligen, wenn Großbritannien und Frankreich darauf eingingen.

1944 war in Welles' Gedächtnis offenbar schon etwas verblaßt, nicht nur was er gehört, sondern auch was er selbst gesagt hatte. Davon kann man sich leicht überzeugen, wenn man die deutsche Mitschrift seines Dialogs mit dem Reichskanzler zum Vergleich heranzieht. Hier einige Beispiele zur Illustration:

Auf die Behauptung Hitlers, er habe zahlreiche Initiativen auf dem

150

Gebiet der Abrüstung unternommen, reagierte der stellvertretende Außenminister mit der lebhaften Bemerkung, »er sei auch der Ansicht, daß es als eine wahre Tragödie für Europa und für die Welt angesehen werden müßte, daß die auf diesen Gebieten gemachten Angebote des Führers nicht großzügig geprüft und durchgeführt worden wären«. Zur Kritik an den britisch-französischen Plänen zur Zerstörung Deutschlands äußerte Welles, »die amerikanische Regierung hoffe, es könnte nicht nur verhindert werden, daß ... alle vernichtet würden, sondern daß auch nicht eines der jetzt am Konflikt beteiligten Länder vernichtet würde«. »Die amerikanische Regierung sei der Ansicht, daß es keine größere Sicherheit für einen dauernden und festen Frieden geben könne als ein geeinigtes, zufriedenes und wohlhabendes deutsches Volk.«

Als der offenste und verständnisvollste Gesprächspartner Sumner Welles' in Berlin erwies sich Hermann Göring. Er bekräftigte den Verzicht auf Elsaß-Lothringen, die Bereitschaft, die Integrität des Britischen Weltreiches zu garantieren sowie (nach Abschluß der Kriegshandlungen) die »Tschechei« und Polen in irgendeiner Form wiederherzustellen. Bei der Rechtfertigung der Judenpogrome im Reich legte er keinen übermäßigen Eifer an den Tag. Da Göring lebhaftes Interesse und Verständnis für die Friedenskonzeption zeigte, die auf einem florierenden Welthandel und der Beschränkung des Wettrüstens beruhte, ließ sich der stellvertretende Außenminister dazu bewegen, ihm den Wortlaut des Memorandums zu dieser Frage zur Kenntnis zu geben. Nach Welles' Aussage stimmte der Marschall »jedem Wort« des Dokumentes zu.[42]

Möglicherweise hätten das auch andere getan, wenn ihnen damals das Original des Memorandums zu Gesicht gekommen wäre. Zum Beispiel die Persönlichkeiten, die in Opposition zum Naziregime standen. Aber die Oppositionellen beschäftigten den Emissär Roosevelts nur am Rande. Göring dagegen versicherte er, die Forderungen Deutschlands würden bei der Sicherstellung eines »gerechten politischen Friedens« Berücksichtigung finden.[43]

Vor seiner Abreise aus Deutschland beschwor Welles seine Gastgeber, eine unabdingbare Voraussetzung für den Erfolg seiner Mission bestehe darin, daß es in Europa »in den nächsten vier bis fünf Wochen« ruhig bleibe.[44] Damit setzte er für einen Kompromiß etwa denselben zeitlichen Rahmen wie Chamberlain.

Hatten seine Berliner Partner all das wirklich erfaßt? Offenbar nur zum Teil. Die Amerikaner plädierten dafür, *mit einer umfassenden Lösung einzelne Probleme zu beseitigen.* Die Deutschen dagegen beharrten auf ihrem Standpunkt: Zuerst marschiert die erste Kolonne, dann die zweite, dann die dritte. Dessen kann man sich vergewissern, wenn man einen Blick in die Dokumente über das Gespräch Hitlers mit dem amerikanischen Industriellen Mooney am 4. März 1940 wirft.

Mooney hatte, wie er behauptete, direkten Zugang zum US-Präsidenten. Eine mögliche Funktion der USA bei kommenden Friedensverhandlungen klang aus dem Munde Mooneys noch attraktiver: Washington konnte als »ehrlicher Makler (Moderator)« auftreten. Hitler äußerte seinerseits, bei einer direkten Unterhaltung mit Roosevelt »glaube er ... sich sehr schnell einigen zu können«, und zwar auf folgender Grundlage:

(1) Deutschland sei durchaus bereit, die Realität der Weltmacht England, ebenso wie es bereit sei, Frankreich als Realität zu respektieren. Es verlange aber dafür auch, selbst als Weltmacht geachtet zu werden. (2) Wenn man sich aber gegenseitig respektiere, könne man Frieden schließen, und (3) wenn man Frieden geschlossen hätte, könne man sich die Rüstungen ersparen und die dann freiwerdenden Arbeitskräfte durch bessere Organisierung des internationalen Handels zu produktiveren Aufgaben verwenden.

Danach stoßen wir allerdings auf eine bedeutsame Einschränkung, die Empfehlung eines »Experten« – als solcher kommt in den Dokumenten Dieckhoff vor: »Wenn überhaupt eine amerikanische Aktion zu etwas führen kann, so ist es die Aktion Sumner Welles, aber nicht die Aktion Mooney.«

In praktisch allen Gesprächen Welles' in Berlin ging es um den »Krieg in Europa«, dessen geographische und andere Parameter man in keiner Weise präzisierte. Welles nahm zur Kenntnis, daß Hitler bei der Darlegung seiner Auffassungen von einer künftigen »Friedensordnung« das Thema des Verhältnisses zur UdSSR völlig ausklammerte.

Wurde der sowjetisch-finnische Konflikt berührt und in irgendeinem Zusammenhang offen angesprochen? Dieser Aspekt der Sache wird in den zugänglichen Dokumenten besonders spärlich beleuchtet. Das gilt auch für die Materialien über Welles' Aufenthalte in Rom, London und Paris. Ohne Rätsel zu raten, kann man aber als gegeben annehmen, daß: (a) der »Winterkrieg« ein gewichtiges, wenn nicht das wichtigste Argument bei den Versuchen oder Absichten der USA war, Großbritannien und Frankreich zu einer schnellstmöglichen Regelung ihrer »Mißverständnisse« mit Deutschland zu bewegen; (b) Washington parallel zu London und Paris die Finnen zu einer Internationalisierung des Konfliktes drängte[45] und im Februar/März die sowjetisch-finnischen Friedensverhandlungen zu stören versuchte; (c) das britische Kabinett nicht zufällig am 12. März, während des Aufenthaltes Sumner Welles' in London, endgültig beschloß, (über norwegisches oder schwedisches Territorium) in Finnland zu intervenieren. Das Schicksal fügte es so, daß gerade in diesem Augenblick der sowjetisch-finnische Friedensvertrag unterzeichnet wurde; (d) gegen Ende des »Winterkrieges« der friedensstiftende Eifer in Übersee stark zurückging. Deutschland sollte den ihm versprochenen Ablaß mit massiver »Hilfe« an Finnland bezahlen. Mit dem Wegfall des finnischen Elements verlor die ganze Kombination im wesentlichen ihren Sinn.[46]

Ein weiterer Grund für die Einstellung der Welles-Mission bestand darin, daß die USA über Pius XII., Ciano und andere die Information erhielten, Hitler bleibe bei seiner Absicht, gegen Frankreich loszuschlagen.[47]

Ein dritter Grund war der Affront Großbritanniens. Dessen Repräsentanten waren nicht bereit, ihren Führungsanspruch in Europa aufzugeben oder ihn auch nur mit den »ungehobelten« Amerikanern zu teilen, unabhängig davon, welche Art Regelung diese anstrebten.

Nach Informationen, die der Verfasser von J. A. Elliot erhielt, tendierte die Umgebung Chamberlains Anfang 1940 erneut dazu, die Interessen Großbritanniens und Deutschlands zu »harmonisieren«. Man war offenbar zu dem Schluß gelangt, Expansion sei ein objektives Bedürfnis des Deutschen Reiches mit einer Bevölkerung von 80 Millionen Menschen. Wenn man sich nicht das Ziel setze, dieses zu vernichten, mußte man sich darüber klarwerden, mit welcher Variante der friedlichen deutschen Expansion Großbritannien sich abfinden könnte. Das Dilemma zwischen »Drang nach Osten« und »Drang nach Westen« durfte man nicht nach Augenblickserwägungen oder Emotionen entscheiden, sondern nach nüchternem Kalkül.[48] Das Signal zum Umschwenken sollten eine bewaffnete Intervention im nördlichen Skandinavien mit gleichzeitigen Angriffen der britischen und französischen Luftwaffe auf die südlichen Regionen der UdSSR sein.[49]

Selbstverständlich kein offenes Signal, sondern eines, das »vertrauenswürdigen Politikern des Reiches« übermittelt werden sollte. Wer war konkret gemeint? Die Antwort ruht in den britischen Archiven.

Zunächst ist aber als unumstößliche Tatsache festzustellen, daß die größten und technisch kompliziertesten Militäroperationen, die die britischen und französischen Stäbe im ersten halben Jahr nach Eintritt ihrer Länder in den Zweiten Weltkrieg ausarbeiteten, nicht gegen Deutschland gerichtet waren. Mit Hinweis darauf, wie angreifbar seine Flugzeugwerke in Ostfrankreich seien, hielt Paris selbst eine solche »Beruhigungsmaßnahme« wie den britischen Plan, den Rhein zu verminen, für unannehmbar. Dagegen galten die Landung eines Expeditionskorps von bis zu 40 000 Mann mit Unterstützungsmitteln im Norden Europas und Luftangriffe von Stützpunkten in Syrien und Irak gegen Baku und Batumi im Kaukasus durchaus als geeignete Demonstrationen einer »Politik der Stärke« und der Bereitschaft, Schwachen zu Hilfe zu eilen und Prinzipienfestigkeit zu beweisen. Für diese *zweite Front* in Abwesenheit einer *realen ersten Front* fanden sich Truppen, Frachtraum, Schiffe und Flugzeuge. Wie heißt es doch so schön: Der Wunsch versetzt Berge.

Baku und Batumi wurden als Bombenziele unter dem Vorwand ausgewählt, man wolle damit Erdöllieferungen nach Deutschland stören. Dabei war es bis zu diesem Zeitpunkt noch zu keinen nennenswerten Lieferungen sowjetischer Erdölprodukte an Deutschland gekommen. Erdöl floß ins Reich vor allem aus Rumänien oder gelangte über Italien, die Schweiz und den Balkan aus dem Nahen Osten sowie aus den USA dorthin. Niemandem kam es aber in den Sinn, dort Bomben abzuwerfen oder, wie im Falle der Sowjetunion, Luftaufklärung der künftigen Ziele durchzuführen.

Besonderen Eifer legte hier Frankreich an den Tag. Während Großbritannien mehr mit Landungen bei Narvik und Kirkenes beschäftigt war (um mit einem »Pardon« an die Finnen ganz Norwegen zu besetzen), gierte Frankreich danach, im Kaukasus »wie das Messer durch die Butter« zu gehen. Aber da schwankten die Finnen und ließen sich auf den Frieden mit Moskau ein. Das erschütterte Édouard Daladier so sehr, daß er vom Posten des Ministerpräsidenten zurücktrat. Sein Nachfolger Paul Reynaud bestätigte die Pläne der Angriffe gegen den Raum von Baku und den Erdölhafen Batumi »zur Strafe« für die Sowjetunion, weil sie sich der britisch-französischen Wirtschaftsblockade des Reiches widersetzt hatte. In die Operationen der Luftwaffe und der

Marine sollten die Türkei und selbst Iran einbezogen werden. London war skeptisch, aber trotzdem wurde alles zum Losschlagen vorbereitet. Diese Rechnung durchkreuzte Hitler mit seinem Angriff auf Frankreich.

Die negative Reaktion der Öffentlichkeit während und nach der Mission von Sumner Welles war dem US-Präsidenten eine Lehre. Es gibt Grund für die Annahme, daß hinter den Gerüchten, die Administration suche »Frieden um jeden Preis«, die Briten standen. Mit Neville Chamberlain hatte der Abgesandte des Präsidenten keine gemeinsame Sprache gefunden; Welles hielt Winston Churchill für einen hoffnungslosen Alkoholiker. Die Position der USA in Wirtschaftsfragen empfand London als empörend, obwohl die Amerikaner kaum mehr als ihre Einstiegsforderungen auf den Tisch gelegt hatten.

Am 23. März 1940 stellte Roosevelt öffentlich fest, für den Frieden in Europa gebe es nur eine begrenzte Chance.[50] Nach der »persönlichen Annahme« Robert Sherwoods hoffte Roosevelt insgeheim, Großbritannien und Frankreich könnten sich im Westen als unbesiegbar erweisen und die Sowjetunion Deutschland im Osten binden, so daß eine Pattsituation entstehen würde, bis das deutsche Volk es für zweckmäßig hielt, mit der Politik »Kanonen statt Butter« Schluß zu machen und sich gegen Hitler zu erheben. So konnte wieder Frieden einkehren, ohne daß die Amerikaner ihre Beobachterrolle aufgeben mußten.[51]

Möglicherweise glaubte Roosevelt tatsächlich den Gerüchten, die Deutschen nagten am Hungertuche und träumten vom Aufstand. Aber spätestens mit der vernichtenden, demütigenden Niederlage Frankreichs erkannte der Präsident, daß Hitler weder mit Beschwichtigungen noch Zugeständnissen oder Warnungen aufzuhalten war. Auf den »Führer« wirkte nur Gewalt, die stärker war als die des Reiches, nur eine noch unbeugsamere Entschlossenheit, als Hitler sie besaß. In Roosevelts Kopf nahm eine Konzeption Konturen an, die später »bedingungslose Kapitulation der Aggressoren« genannt wurde.

In einer programmatischen Rundfunkrede am 19. Juli 1940, vier Monate nach der Welles-Mission, wies Roosevelt einen Frieden mit dem »Dritten Reich« durch Verhandlungen zurück, da er »von denselben feigen Erwägungen diktiert wäre wie die Kapitulation von München, das heißt von der Angst vor der Stärke der Nazis und der Befürchtung, wenn diese Stärke vernichtet wäre, Deutschland nicht mehr die Rolle eines Pufferstaates zwischen Rußland und dem Westen spielen könnte«.[52] Dies bedeutete eine Absage an das Appeasement, was Deutschland betraf, eine Abgrenzung von den Demokraten, die München zu verantworten hatten (darunter auch im eigenen Lande), und einen »neuen Kurs« der Außenpolitik, von nun an nicht nur in der Theorie.

Möglicherweise haben Informationen darüber, daß Hitler an einer Einigung mit Großbritannien interessiert war, diesen Prozeß stimuliert. Selbst wenn man annimmt, was sehr unwahrscheinlich ist, daß diese Informationen an der Administration vorbeigingen, mußte Roosevelt und dessen Beratern das Rätsel von Dünkirchen zu denken geben. Ein Zusammenhang war nicht zu übersehen: Hitler gestattete dem britischen Militär, sich vom Kontinent zurückzuziehen, und unmittelbar danach gingen von Berlin neue diplomatische Schritte aus.

Am 19. Juli 1940 bot Hitler den Briten an, aus dem Krieg auszuscheiden, dabei die deutschen Eroberungen anzuerkennen und – zwischen den Zeilen – die Kräfte des Westens im Kampf gegen den gemeinsamen Feind zu konsolidieren. Um Mißverständnisse zu vermeiden, wurde letzteres über den Vatikan erläutert.[53] Im Tagebuch des Stabes der deutschen Marine ist am 21. Juli 1940 von einer »einflußreichen Gruppe« in Großbritannien zu lesen, die sich für Einzelheiten einer Friedensregelung mit Deutschland interessierte.

Die drohende Landung auf den Britischen Inseln – die Operation »Seelöwe« – nahm im August und September 1940 sichtbare Formen an, als Churchill auf Hitlers Sondierungen nicht reagierte. Für dieses Vorhaben wurden in Deutschland und den besetzten Staaten über 4000 Schiffe, Lastkähne, Schleppdampfer und Kutter zusammengezogen (und zum Teil auf die Überfahrt bei ruhiger See vorbereitet). Ihr Transportraum wurde benötigt, um in den ersten beiden Tagen 138 000 Mann und in weiteren zwölf Tagen noch einmal 110 000 Offiziere und Soldaten überzusetzen.[54]

Hitler jedoch umging einen bindenden Beschluß, tatsächlich an der britischen Küste Flagge zu zeigen. Zunächst verschob er den Termin der »zehntägigen Bereitschaft« von August auf September und danach von September auf »einen späteren Zeitpunkt«. Raeder erhielt die Weisung, *»die Drohung mit der Landung aufrechtzuerhalten, selbst wenn es keine Landung geben wird«.* Die letzte Weisung des »Führers« zur Operation »Seelöwe« erging am 24. Januar 1944 und verschob den Beginn der Aktion um weitere zwölf Monate.[55] Damit war man wieder am Ausgangspunkt angelangt. Die Generale murrten, ob es einen Sinn hatte, so viele Kräfte und Mittel für ein Projekt einzusetzen, das lediglich als Tarnung für die Operation »Barbarossa« und politisches Druckmittel gegen Großbritannien gedacht war, um es friedensbereit zu machen.[56]

Das OKH forderte aus operativen Gründen einen wirklichen Schlag gegen die Britischen Inseln. Hitler meinte jedoch, das Risiko sei zu groß, und wiederholte wie eine Gebetsmühle immer wieder: Großbritannien könne auch ohne ein Unternehmen, das weder aus der Luft noch zur See abgesichert war, aus dem Krieg gedrängt und neutralisiert werden. Die Zerschlagung Frankreichs war den Briten noch nicht Lehre genug? Dann zerbrechen wir eben die »kontinentale Speerspitze« Londons und – vernichten die UdSSR. Die »Vorbereitungen« zur Überquerung der Meerengen wurden für Hitler vor allem eine Methode zur Desinformation Moskaus.[57]

Die britischen Politiker, Historiker und Publizisten haben es nicht nötig, Siege im Nahen Osten, in Nordafrika und sonstwo als »Wendepunkte« im Krieg hinzustellen, da sie doch einen für den Gesamtverlauf des Weltkrieges so bedeutsamen und unumstrittenen Erfolg in ihrer Bilanz aufweisen können wie den gewonnenen »Luftkrieg um England«. Wenn man die Dinge objektiv und präzise einschätzt, dann muß man noch sagen, daß dies die *erste Niederlage* der Militärmaschine Hitlers, *das erste Versagen der Blitzkriegsstrategie, der erste erzwungene Rückzug* war, der nicht nur den Zeitplan einzelner Operationen, sondern die gesamte Konzeption zur Gewinnung der Vorherrschaft auf dem Kontinent und dem ganzen Globus ins Wanken brachte.

Wenn man wiedergeben will, was hier geschah und vollbracht wurde, dann ist das Wort »Umbruch« nicht zu hoch gegriffen. Außerdem können die Engländer mit vollem Recht hinzufügen, daß Großbritannien die Angriffe des »Adlers«, die wütenden Attacken des Aggressors, allein zurückschlug. Die Offiziere, Sergeanten und Soldaten, alle, die im schweren Herbst 1940 nicht zuließen, daß der Himmel auf die Erde stürzte, erfüllten ihre nationale Pflicht und setzten damit den ersten Markstein auf dem langen und steinigen Weg zum gemeinsamen Triumph der Vereinten Nationen.

In großer Erkenntnis, sagen die Franzosen, liegt stets viel Trauer. Wenn die einfachen Verteidiger Großbritanniens in den Kriegsjahren gewußt hätten, wie selten die Politiker ihre Appelle zu Standhaftigkeit, Heroismus und Selbstaufopferung an sich selbst richteten, dann wäre es nicht bei Trauer geblieben. In jedem Krieg und in jedem Lande, das diesen führt, werden Worte und Zahlen nicht weniger uniformiert als die Menschen. Die Lage zwingt die Politiker dazu, stets einige Schritte vorauszudenken und Varianten zu kalkulieren, die nicht für die Öffentlichkeit oder die Front bestimmt sind. Darin liegt aber nicht das Problem. Wie in der Kunst entscheidet auch in der Politik stets das Gespür für das rechte Maß. Wenn dies nicht ausreicht oder gar völlig fehlt, kann sich alles augenblicklich in sein Gegenteil verkehren: Flexibilität in Prinzipienlosigkeit, Zweifel in inneren Zwiespalt und dieser in Verrat an der Sache und an sich selbst.

Deshalb muß das Erbe der Kriegszeit sorgfältig und immer wieder neu erfaßt und überprüft werden – die Treueschwüre, die Freundschaftsbeteuerungen, die Erfüllung der striktesten Verpflichtungen. Stellung und Rang, Name und Ansehen – nichts bewahrt uns vor Überraschungen, die leider zum größeren Teil den Zynikern und hoffnungslosen Pessimisten recht geben.

Die Kriegserklärung vom 3. September 1939 war für viele Tories gleichsam die letzte »ernste Warnung« an Deutschland. Mit diesem bereits im Oktober/November 1939 auf der heißen Spur des Polenfeldzuges Frieden zu schließen, ließ die aufgewühlte öffentliche Meinung nicht zu. Im Dezember wurde es leichter – ein neuer Aggressor tauchte auf: Die UdSSR überfiel Finnland. Die sich mehrenden Anzeichen, daß die Franzosen keinen Krieg gegen den »Hauptfeind« führen wollten und konnten, waren noch mehr Anlaß, die Grundfrage – Sein oder Nichtsein – nicht nur Tagebüchern anzuvertrauen, sondern damit auch das Kriegskabinett zu beschäftigen.

Kurz vor Weihnachten wurde zum ersten Mal die Formulierung erprobt, alle Vorschläge seien zu prüfen, die der Absicherung von Freiheit und Unabhängigkeit des Empire dienten. Lord Halifax, der neue Diskussionsrunden initiierte, traf bei Churchill nicht auf entschiedenen Widerspruch.

Als die Wehrmacht Norwegen und Dänemark besetzte, erhielt der Streit neue Nahrung. Nach dem 10. Mai 1940 wurde er unablässig um die Qualität der Bedingungen geführt, die man Hitler abhandeln konnte. Bedingungen für das British Empire und für niemanden sonst. Halifax, Chamberlain, Butler und einige weitere Minister vertraten die These, es wäre töricht, Bedingungen nicht anzunehmen, die die Freiheit und Unabhängigkeit Großbritanniens nicht bedrohten. Churchill räumte die Möglichkeit ein, daß Großbritannien bestimmte Opfer bringen könnte, um »die wesentlichen Elemente unserer Lebenskraft« unberührt zu lassen.

Welche Elemente er meinte und was er unter »unberührt lassen« verstand, präzisierte der Premierminister nicht. Jedoch am 25. Mai 1940 überraschte Churchill das Kabinett mit einem unerwarteten Manöver: daß Frankreich als Verbündeter ausfiel, sei keine Katastrophe; dies könne durch die wirtschaftliche und finanzielle Unterstützung der Vereinigten Staaten kompensiert werden; mit ihrer Unterstützung sei Großbritannien in der Lage, einer deutschen Aggression zu widerstehen.

Unklar blieb, was man tun sollte, wenn die französische Regierung den bewaffneten Kampf aufgab – das Bündnis mit Frankreich aufkündigen, abwarten, wie seine Verhandlungen mit Deutschland ausgingen, oder versuchen, sich selbst an diese Verhandlungen anzukoppeln? Liefen von Dünkirchen unsichtbare Fäden zu den stürmischen Debatten im britischen Kabinett, die in den Tagen vom 26. bis 28. Mai ihren Höhepunkt erreichten und über den weiteren Kurs Großbritanniens im Krieg entschieden?

Zweifellos war der persönliche Befehl Hitlers vom Vormittag des 24. Mai an General Rundstedt, seine Truppen zu stoppen und damit die Evakuierung des britischen Expeditionskorps zuzulassen,[58] nicht von den operativ-taktischen Umständen, sondern von politischem Kalkül diktiert. Das Ausscheiden der Franzosen aus dem Krieg befreite die Briten nicht nur von einem lästigen Bündnispartner, sondern auch von den Verpflichtungen ihm gegenüber. Es blieb nur noch, so rechnete der »Führer«, einen Zuschnitt der Lösung auszuwählen, der den britischen »Befriedern« gut zu Gesicht stand. Ihre Entwaffnung war de facto bereits erreicht, denn die Soldaten und Offiziere zogen sich ohne ihre Waffen und Technik zurück. Das war keine Kapitulation, keine strafende Faust, sondern fast ein freundschaftlicher Händedruck über den Kanal hinweg.

Es liegen Informationen darüber vor, daß die den Briten übermittelten konkreten Bedingungen für die Einstellung des Krieges den Gedanken enthielten, bei der Herstellung einer »stabilen Ordnung« in Osteuropa partnerschaftlich zusammenzuwirken. Daß dieses Angebot nicht rundweg abgelehnt wurde, nahm Berlin als Anregung, noch vor Unterzeichnung des Waffenstillstandes im Wald von Compiègne darüber nachzudenken, wie man noch rascher mit der UdSSR fertig werden konnte.

Zunächst wurde die Variante erwogen, die Verbände der Wehrmacht unverzüglich zur sowjetischen Grenze zu werfen und aus der Bewegung heraus längs der gesamten Front anzugreifen. Der Vorwand: Die Einverleibung der drei baltischen Republiken durch die Sowjetunion sei mit den Verträgen von 1939 unvereinbar und eine Bedrohung des Reiches. Jodl und nach ihm andere Generale wiesen jedoch nach, daß ein derartiger Plan nicht ausführbar war.

Wenige Tage vor dem Befehl an Rundstedt, 24 Kilometer vor Dünkirchen eine Pause einzulegen, erklärte Hitler in Anwesenheit Halders: »Wir suchen Fühlung mit England auf der Basis der Teilung der Welt.« Nach dem 8. September 1939 kam der »Führer« in Gesprächen mit Jodl regelmäßig auf dieses Thema zurück.[59] Bald nach dem Rückzug der Briten vom Kontinent bemerkte Hitler im Kreise seiner engsten Mitarbeiter: »Die Armee ist das Rückgrat Englands und des Empires. Zerschlagen wir das Invasionskorps, geht das Empire zugrunde. Da wir sein Erbe weder antreten wollen noch können, müssen wir ihm die Chance lassen. Meine Generale haben das nicht kapiert.« Der vorsichtige Weizsäcker, der Göring nahestehende General Jeschonnek und andere äußerten die Erwartung, daß die Briten als Antwort auf Dünkirchen einlenken könnten.[60]

Es hat den Anschein, daß Winston Churchill eine Taktik an Hitler ausprobierte, die er später auch bei Stalin und seltener bei Roosevelt anwandte – »versprich nach Berechnung und erfülle nach Befürchtung«. Offenbar las Churchill in seinen Mußestunden die französischen Moralisten. Bedeutete dies einen kompromißlosen Krieg statt eines friedlichen Kompromisses, mit dem Berlin lockte? So weit sollte man nicht gehen. In Churchills komplizierter Mentalität konnte Feindschaft durchaus nahezu freundschaftliche Nuancen enthalten und Freundschaft auch überaus feindselige. Er konnte den Einsatz chemischer Waffen zur Abwehr deutscher Luftlandetruppen auf den Britischen Inseln in Betracht ziehen und zugleich den Ölzweig bereithalten für den Fall, daß London das Schlimmste überstand.

Für die Wochen und Monate von Mai bis Juli 1940 ist jedoch unbestritten: Churchill bewies außergewöhnlichen Willen und beugte sich weder dem massiven Druck der Kapitulanten im eigenen Lande, von Lord Halifax, dem Duke of Windsor bis zu Kirchenvertretern und manchen Labour-Abgeordneten, noch der buntgemischten Schar ausländischer Politiker, darunter der amerikanische Expräsident Herbert Hoover, Senator Taft, John Foster Dulles, der damalige Vorsitzende des Komitees »America First«[61] Lindbergh, Botschafter Joseph Kennedy und der Kriegsminister in der Roosevelt-Administration H. Woodring, Papst Pius XII. und Diktator Franco, der schwedische König und Schweizer Minister, die sich ihm allesamt als Ratgeber und »Befrieder« aufdrängten. Von Amateuren wie Carl Jacob Burckhardt ganz zu schweigen – ihre Namen sind Legion.

Das ungelöste Rätsel kann hier nicht mit Schweigen übergangen werden, wie es geschehen konnte, daß die französischen Streitkräfte, die nach Zahl und Zusammensetzung den deutschen nicht nachstanden und neun Monate Zeit hatten, um sich auf jeden beliebigen Angriff des Gegners vorzubereiten, in wenigen Wochen zusammenbrachen. Überzeugender als vielbändige Werke berühmter Militärhistoriker und Militärs im Ruhestand erscheinen bis heute die Worte Edgar Mourers, eines Journalisten, der mit William Donovan zusammenarbeitete. In einem Papier, das Mourer im Auftrage des künftigen OSS-Chefs ausarbeitete, hieß es, die französische Nation sei vor allem »moralisch zusammengebrochen«; hohe Armeeoffiziere, reiche Industrielle und prominente Politiker waren »der dritten Republik gegenüber feindlich eingestellt; viele neigten zu der Ansicht, ein autoritäres Regime wie in Italien oder Deutschland funktioniere besser, es rette die Positionen der privilegierten Klassen und befreie Frankreich von der Notwendigkeit, sich selbst zu verteidigen. Wenn schon Krieg, dann sollte es ein Krieg gegen die gottlosen Bolschewiken sein. Mit anderen Worten, schließlich glaubte die Hälfte oder sogar mehr als die Hälfte der einflußreichen Bürger Frankreichs das, was Hitler sie glauben machen wollte.«[62]

Etwas, das sich davon gar nicht so grundsätzlich unterschied, hing als dunkle Wolke auch über Großbritannien. Hinter Churchill standen die Stabschefs, was ihm im Kriegskabinett und Parlament ein Übergewicht gab, das allerdings labil war. Erst nach der Inspektionsreise William Donovans (Inspektion nicht im übertragenen Sinne gemeint) und danach drei weiterer hoher Offiziere der US-Streitkräfte, die Roosevelt nach London schickte, um herauszubekommen, ob Großbritannien fähig sei, den Krieg fortzusetzen sowie die Depeschen von Botschafter Joseph Kennedy zu bestätigen oder zu widerlegen, der das

Weiße Haus davon überzeugen wollte, die Niederlage Albions sei unabwendbar, tat Washington den Mund auf. Die Abgesandten des Präsidenten stellten sich insgesamt auf Churchills Seite. Das beseitigte die Schwankungen des Chefs der Administration zwar nicht, veranlaßte ihn aber zu einer moralischen Unterstützung des britischen Premierministers, die im weiteren auch Waffenlieferungen nicht ausschloß.

Die Behauptungen, Hitlers Geduld sei im September 1940 so strapaziert gewesen, daß er nicht Churchill, sondern Großbritannien als Partner oder Weggefährte abschrieb, diesmal für immer, sind unpräzise. Der »Führer« war zu dieser Zeit auf die Aggression gegen die Sowjetunion fixiert. Für zwei Kriege zur gleichen Zeit reichten seine Ressourcen nicht aus. Da er die Operationen nacheinander zu vollziehen hatte, griff er zur Taktik von Zuckerbrot und Peitsche. Dabei war das Minimalziel, die Nichteinmischung und abwartende Haltung Londons, bis Rußland in die Knie gezwungen war, durchaus keine kurzfristige Angelegenheit. Selbst wenn sich die Briten entschlossen hätten, der UdSSR zu Hilfe zu kommen, hätten sie Mitte 1941 nicht die notwendigen Truppen dafür zur Verfügung gehabt.

Zugleich kann man beweisen, daß das Zuckerbrot bis Mai 1941 eher verdeckt, gleichsam hinter Hitlers Rücken oder entgegen seinen Verboten gezeigt wurde. Verbotene Früchte schmecken bekanntlich süßer.

Besonders konspirativ wurden die Kontakte behandelt, die Rudolf Heß mit den Briten in den Jahren 1940/41 anknüpfte. Dies geschah über Albrecht Haushofer, den Sohn des Generals Professor Karl Haushofer, des Begründers der deutschen Geopolitik. Heß' Verbindungsleute auf britischer Seite waren Sir Ian Hamilton und der Duke of Hamilton.[63] Zumindest war Heß überzeugt, daß er mit ihnen persönlich korrespondierte. Der Stellvertreter des »Führers« trug dazu bei, daß Operation »Seelöwe« niemals über das Stadium der Planung hinauskam. Albrecht Haushofer empfahl übrigens als zuverlässigeren Verbindungsmann den britischen Botschafter in Washington Lord Lothian, jedoch Heß bestand auf der Variante Haushofer-Hamilton.[64] Das mußte er auf seine Kappe nehmen.

Aus einem Dossier des sowjetischen Geheimdienstes, der den »Fall Heß« unter dem Codenamen »Schwarze Berta« führte, geht hervor, daß der Stellvertreter des »Führers« nicht mit Hamilton korrespondierte, sondern mit dem britischen Intelligence Service. Heß wurde nach allen

Regeln der Kunst ausmanövriert und nach Schottland gelockt.[65] Damit
löste man ein doppeltes Problem – zum einen legte man diejenigen an
die Kandare, die in Großbritannien den Kurs Chamberlains fortsetzen
wollten, zum anderen wußte man in London spätestens mit Heß'
Enttarnung durch Oberst Graham Donald und seine endgültige Identi-
fizierung durch Kirkpatrick, was der Chef des Naziregimes wirklich im
Schilde führte.

Albrecht Haushofer sowie Popitz, Hassell und einige andere Oppositionelle wirkten über Carl Jacob Burckhardt. Letzterer teilte Hassell
am 30. Januar 1941 mit, er habe Informationen darüber, daß das
britische Kabinett (mit Ausnahme Edens) an einem Frieden mit
Deutschland etwa zu folgenden Bedingungen interessiert sei: »Holland
und Belgien müßten wiederhergestellt werden, Dänemark deutsches
Einflußgebiet bleiben, irgendein Polen (ohne die früheren deutschen
Provinzen) müsse aus Prestigegründen wieder erstehen ... Sonst im
Osten kein besonderes Interesse (auch nicht für Tschechei). Ehemalige
deutsche Kolonien an Deutschland.« Der Frieden könne jedoch nicht
mit Hitler geschlossen werden. Ihm könne man »kein Wort glauben«.[66]

Im Frühjahr 1941 nahm Himmler über Burckhardt mit den Briten den
ersten Kontakt auf. Er sondierte, welche Möglichkeit bestehe, den Krieg
zu beenden, wenn er Reichskanzler werde. Diese Sondierung wurde im
September desselben Jahres noch einmal wiederholt. Dabei hieß es,
»in Himmlers Umgebung« sei man über die entstandene Lage ernsthaft
besorgt und suche einen Ausweg. Damit war zum Heß-Plan, dem Friedensschluß mit dem Westen bei Anwesenheit Hitlers, eine Alternative
entstanden – Friedensschluß ohne Hitler.[67]

In amerikanischen Publikationen wird zuweilen darüber geklagt, daß
die britische Regierung die USA nach Heß' sensationellem Schottland-
Flug nicht in dessen Geheimnis eingeweiht habe. Robert Sherwood
beschreibt die Labilität und die ausgeprägte Vorsicht Roosevelts und
zitiert dazu aus einem Telegramm des Präsidenten an Hopkins: »Ich
weiß nicht, was geschieht, wenn England Anfang 1942 wieder allein
kämpfen wird.« Roosevelt berichtete seinem Freund von der besorgten
Stimmung im Kabinett, die auf das ganze Volk übergreifen konnte.
Hopkins sah darin einen Hinweis darauf, daß die britischen Anhänger
des Appeasement ihren Einfluß verstärken könnten.

Heß' Appell an die »Vernunft« konnte »vor allem im Oberhaus geneig-
te Zuhörer finden«, fährt Sherwood fort. »Heß' ständige Angebote, die er

selbstsicher im Namen Hitlers vortrug, sahen einen Friedensschluß vor, der Macht und Ansehen des British Empire insgesamt anerkannte und garantierte, wobei Deutschland die Kontrolle über Kontinentaleuropa und freie Hand gegenüber den ›Bolschewiken‹ erhalten sollte. Heß wiederholte unermüdlich, es sei eine Illusion, auf ein wirksames Eingreifen Amerikas zu hoffen, Rußland sei dem Untergang geweiht, Großbritanniens Lage sei hoffnungslos, und die britische Regierung müsse von Sinnen sein, wenn sie, solange es noch nicht zu spät sei, die Haut des alternden Löwen zu retten, die von Hitler angebotene Freundschaft nicht annehme.«[68]

Der seriöse Forscher Sherwood, der hundert Seiten zuvor behauptet hatte, Washington hätte von Heß' Versprechungen nichts gewußt, führt hier Auszüge aus dem »endlosen Monolog« des Stellvertreters des »Führers« an. War dies überhaupt ein Monolog? Das ist zu bezweifeln.

Himmler beauftragte Walter Schellenberg, einen Kontakt zwischen Heß und dessen Familie herzustellen. Die Briten hatten nichts dagegen, und die Briefe gingen über das Rote Kreuz in der Schweiz.[69] Heß blieb faktisch bis 1943/44 eine Zeitbombe, die Großbritannien jederzeit nutzen konnte und die man deshalb auch lange nicht entschärfte. Für sich selbst spricht die Tatsache, daß vor dem Internationalen Gerichtshof in Nürnberg weder Heß noch die Briten Licht in die »Affäre des Jahrhunderts« brachten, als ob sie miteinander abgesprochen hätten: dem einen das Leben, den anderen die Ehre.

Die Verbindungen Londons und Washingtons zu Vertretern der Naziführung, Geheimdiensten, dem Oberkommando und deutschen Oppositionellen verschiedener Couleur wurden während des ganzen Krieges mit wechselnder Intensität aufrechterhalten. Das Auf und Ab wie auch der Inhalt des Meinungsaustausches hingen davon ab, wie die Lage an den Fronten sich entwickelte und wie man die weiteren Aussichten einschätzte. Briten und Amerikaner ließen sich sporadisch zu einem Uhrenvergleich herbei, aber insgesamt verfolgte jeder seine eigene Linie. Die britischen Konservativen, die eine »übermäßige Stärkung« der USA beunruhigte, nährten bei der Opposition in der deutschen Führung ununterbrochen die Hoffnung, man könne sich mit Churchill einigen, wenn Hitler entfernt werde.[70]

Zur Entwicklung in den Jahren 1939/40 ist zu bemerken, daß der gegenseitige Verzicht Londons und Berlins auf Angriffsaktionen das materielle Fundament für eine Annäherung und Abstimmung der Interessen darstellte. Das Wesen der Differenzen bestand darin, daß London den Krieg als Geschäft ansah und versuchte, den Appetit Berlins auf die britische »Nachgiebigkeit« zu wecken. In Nazideutschland dagegen erlangte die Gewalt, entgegen allen Traditionen, einen absoluten Wert. Als die Briten ihre Bereitschaft zeigten, die Territorialforderungen der relativ gemäßigten Oppositionellen zu befriedigen, glaubten sie den Erfolg schon greifbar nahe. Es genügte schon eine »Neutralisierung« Hitlers, man forderte nicht einmal seine Entfernung.

Ein Teil der Auslandskontakte der Opposition lief unter Aufsicht der deutschen Geheimdienste ab und war zur Desorientierung des Gegners bestimmt.[71] Das entschuldigt nicht den leichtfertigen Umgang der Westmächte mit den Informationen, die ihnen von Mitarbeitern der deutschen Abwehr und des Auswärtigen Amtes sowie über den Vatikan (durch Wilhelm Canaris, Hans Oster, Erich und Theodor Kordt, Ulrich von Hassell, Trott zu Solz, Otto Kiep, Hans-Bernd von Haeften, Hans von Dohnanyi, Josef Müller und andere) zugingen sowie auch die nachlässige Behandlung der Informanten selbst, deren Verläßlichkeit und Aufrichtigkeit im großen wie im kleinen erwiesen war. Von ihnen bekam London rechtzeitig Tag und Stunde der Überfälle auf Polen, später auf Dänemark und Norwegen, auf Frankreich, Belgien und die Niederlande genannt. Der Starrsinn der Tories wurde hier in reinster Form demonstriert: Mit einem starken Gegner konfrontiert, suchten sie jedes Risiko zu vermeiden, ihren Widerpart mit Geduld und Beharrlichkeit zu zermürben, andere seinen Schlägen auszusetzen und selbst möglichst in respektvoller Entfernung zu bleiben.

Als Frankreich zerschlagen war und das »Dritte Reich« fast ganz Westeuropa kontrollierte, erkannte Roosevelt die Notwendigkeit, sich dem Aggressor nicht nur zu widersetzen, sondern ihn aktiv zu bekämpfen. Auch die Briten begriffen nun, daß Albion auf Unterstützung von außen angewiesen war. Die Strategie des »Teile und herrsche« war aus dem Tritt gekommen. Sie hatte für Großbritannien einen Sinn, solange man andere teilen, Macht und Gewinn aber selbst einstreichen konnte.

Diese neuen politischen Einsichten hatten in den Beziehungen zwischen den Demokratien ihren ersten Test zu bestehen. Zusammenarbeit zum Nutzen der Partner muß nicht unbedingt zum wechselseitigen und gleichen Nutzen sein. Als das Neutralitätsgesetz revidiert wurde und das Lend-Lease-Gesetz in Kraft trat, rollte durch die Washingtoner Korridore der Macht eine Welle des Chauvinismus. Warum sollte man

165

Hilfe nicht gegen die Kolonien und Besitzungen Großbritanniens, Frankreichs und der Niederlande in der Neuen Welt eintauschen? Nach der Kapitulation Frankreichs nahm der amerikanische Kongreß eine Resolution an, in der erklärt wurde, man werde niemals anerkennen, daß »eine geographische Region der westlichen Hemisphäre von einer nichtamerikanischen Macht auf eine andere« übergehe.[72]

Ein eklatanter Fall doppelter Standards: Auf der östlichen Halbkugel konnte man zuschneiden und neu aufteilen, soviel man wollte; es war durchaus möglich, daß Österreich und das Sudetenland nicht die letzten Korrekturen der politischen Karte darstellten, natürlich »im Interesse des Friedens«. Die westliche Halbkugel dagegen war für Außenseiter unantastbar. Und noch ein bemerkenswerter »demokratischer« Zynismus: Kolonien wurden als »geographische Regionen« geführt. Deren Bevölkerung konnte sich auf die Fortsetzung der Rechtlosigkeit gefaßt machen.

Roosevelt plädierte für eine »Treuhandschaft« über Territorien, deren Mutterländer handlungsunfähig geworden waren. Die Rolle der »Treuhänder« sollten einige Staaten der Neuen Welt übernehmen, natürlich unter Aufsicht der USA. Auf einer Beratung der Außenministerien amerikanischer Staaten in Havanna vom 21. bis 30. Juli 1940 wurde dazu die Konvention »Über die zeitweilige Verwaltung europäischer Kolonien und Besitzungen auf dem amerikanischen Kontinent« angenommen.[73]

Im Frühjahr 1941 lagen Pläne für die Besetzung von Grönland, Island, der Azoren und Martiniques durch amerikanische Truppen bereit. Weitere militärische Operationen waren vorgesehen. Im Dezember 1940 besprach der US-Konsul in Reykjavík Kuniholm mit dem isländischen Premierminister die Möglichkeit, Island in den Wirkungsbereich der »Monroe-Doktrin« einzubeziehen, was es den Amerikanern ermöglichte, sich ganz »legal« für dessen Verteidigung zuständig zu fühlen. Cordell Hull wies an, die Verhandlungen zu unterbrechen, aber Hopkins und Welles arrangierten am 14. Januar 1941 mit Billigung des Präsidenten ein streng geheimes Treffen mit dem isländischen Generalkonsul in Washington Tors. Dieses endete damit, daß »im Namen des Premierministers Islands« die Bitte erging, amerikanisches Militär auf die Insel zu entsenden.

Eine Brigade Marineinfanterie wurde nach Island abkommandiert. »Zur Ergänzung der (dort stationierten) britischen Truppen und möglicherweise als ihre Ablösung ... da sie anderenorts gebraucht wurden.« Die Briten wollten eigentlich die Schaffung eines einheitlichen Oberkommandos der Truppe unter einem britischen General anregen. Der Kommandeur der amerikanischen Brigade erhielt jedoch den Befehl: »Koordinieren Sie Ihre Handlungen zur Verteidigung Islands mit den Verteidigungsaktionen der britischen Truppen durch Zusammenarbeit.«[74]

Für die Verhandlungen im Januar und Februar 1941 über die Bedingungen, unter denen die USA britische Militärbasen im Austausch für 50 amerikanische Zerstörer pachten wollten, hatte die amerikanische Delegation die strikte Instruktion, unter keinen Umständen auf die »gegenseitige Nutzung (dieser Militärbasen) in Friedens- und Kriegszeiten« einzugehen, worauf London bestand. Mehr noch, Roosevelt forderte die Entfernung der britischen Marine aus der Umgebung der zu pachtenden Stützpunkte.[75] Von der Annahme dieser und anderer amerikanischer Forderungen machte der Präsident im Grunde genommen abhängig, ob der Kongreß das Lend-Lease-Gesetz beschließen werde.

Hier wurde ein Präzedenzfall geschaffen. Delegierung von Verantwortung, vor allem aber die Unterstellung amerikanischen Militärs unter ausländische Befehlsgewalt durfte es nicht geben. Die Landungen auf Island und Grönland, die ohne jede Zwischenfälle verliefen, sollten später bei den Operationen »Supergymnast« beziehungsweise »Torch« ins Gewicht fallen, als die USA sich entscheiden mußten, wo und wie sie auf dem atlantischen Kriegsschauplatz in den Kampf eingreifen wollten. Bislang konnte Washington zwar bereits gewisse Gewinne verbuchen, ging aber gegenüber London keinerlei politische Verpflichtungen ein.

Ab Frühjahr 1941 wurden der Atlantische Ozean, insbesondere Island, die Azoren, die Kapverden und Dakar für die amerikanischen Militärs zu wichtigen Gebieten. Der Präsident stimmte geheimen Stabsbesprechungen mit den Briten zu, die aber vor allem zum Informations- und Meinungsaustausch gedacht waren. Nicht nur für die fernere, sondern auch für die nächste Zukunft wurde allerdings alles offengelassen: Nach wie vor schloß man die Möglichkeit nicht aus, daß Großbritannien eine Niederlage erlitt und Deutschland die Britischen Inseln besetzte.

Zu dieser Zeit, bemerkte Sherwood, »war das amerikanische Volk weniger als je zuvor geneigt, in Europa einzugreifen. Aus amerikanischer Sicht existierte Europa überhaupt nicht mehr.« Zu den aktiven Isolationisten gehörten auch Großindustrielle. Ford lehnte es ab, Aufträge für Großbritannien auszuführen. Andere, die sicher waren, der Krieg werde nicht lange dauern, hielten es für ungünstig, ihre Produktion umzustellen. In einigen Betrieben kam es zu Proteststreiks gegen die Herstellung von Kriegsgütern. Zur Unterdrückung eines dieser Streiks bei den »North American«-Werken in Engleweed (Kalifornien) wurden auf Befehl des Präsidenten Truppen eingesetzt.[76]

Da es keinen Grund gibt, die Informationen und Einschätzungen Sherwoods und Highams anzuzweifeln, hatten die Nazis also mit ihrer moralisch-psychologischen Einwirkung auf die USA bestimmten Erfolg. Hitler ergriff den langen Hebel der »Befriedung« der Großmacht in Übersee mit oder ohne Roosevelt. Hätte der »Rußlandfeldzug« einen anderen Ausgang genommen, wäre Großbritannien zunächst im Luft- und dann im Seekrieg nicht standhaft geblieben, dann hätten die USA durchaus dorthin abdriften können, wo Hoover, Taft, Fish und ihresgleichen sie vor Anker gehen lassen wollten.

Objektiv gab es Grund genug, tief nachzudenken. Die Politik der Besänftigung der Aggressoren, zu der Washington mehr oder weniger bereitwillig seinen Beitrag geleistet hatte, war gescheitert. Von einem Tag zum anderen erwartete man die deutsche Aggression gegen die UdSSR. Immer düsterer gestaltete sich die Lage im Fernen Osten. Auch hier hatte man die Zeit, in der das Schlimmste hätte abgewendet werden können, stümperhaft verstreichen lassen.

Präsident Roosevelt wurde verschlossener, entfernte sich noch mehr vom State Department, verließ sich auf seinen eigenen Instinkt und die Meinung eines engen Kreises von Vertrauten. Er blieb hartnäckig bei seiner Taktik, auf die Entwicklung zu reagieren. Wäre der Chef der Administration anders vorgegangen, hätte er möglicherweise im Kongreß Niederlagen einstecken müssen, das ohnehin angespannte Verhältnis mit den Geschäftskreisen in einen offenen Konflikt getrieben sowie die Unterstützung der schwankenden Öffentlichkeit verloren. Roosevelt sollte noch viele Male zu spät Entschlüsse fassen, zu wenig auf die Waagschale legen – und das gegen die Devise, die er angeblich nach dem deutschen Einmarsch in Dänemark und Norwegen formuliert hatte. Auf ihrem Wege zu einer politischen und militärischen Großmacht erwarteten die Vereinigten Staaten weitere schwere Irrtümer.

168

Die Trägheit der Vergangenheit war nicht mit guten Absichten allein zu überwinden.

Trotz alledem waren die Jahre 1940 und 1941 die Zeit eines Umbruchs *in den militärpolitischen Positionen Roosevelts, der Herausbildung neuer Staatsdoktrinen der USA.* Damals säte man die verschiedensten Kulturen aus und nahm ihre erste Selektion vor. Das betrifft auch die amerikanische Spielart »weltweiter Verantwortung«, die nach Roosevelts Tod ihren positiven Gehalt einbüßte und zum Anspruch auf Welthegemonie entartete, wenn man ihr auch die Bezeichnung »Führerschaft« verlieh.

5 Die sowjetisch-amerikanischen Beziehungen am Scheideweg

Im ersten Halbjahr 1940 verschärften die USA ihre Politik gegenüber der Sowjetunion unablässig weiter. Selbst in Fällen, da die Administration in ihren internen Analysen den Defensivcharakter von Maßnahmen der sowjetischen Seite nicht anzweifelte, lieferte Moskau Vorwände und Anlässe für ablehnende öffentliche Reaktionen Washingtons. Molotows Schmeicheleien dem »Dritten Reich« gegenüber, die Zuneigungsbekundungen für die Naziführer, die beschämenden Gesten, mit denen die Eroberung Dänemarks und Norwegens oder die Erfolge der Wehrmacht im Frankreichfeldzug von sowjetischer Seite begleitet wurden, mußten, unabhängig von ihren taktischen Motiven, breite Empörung auslösen und zu den abenteuerlichsten Verdächtigungen führen.

Im Frühjahr 1940 sah Roosevelt bereits eine sowjetisch-deutsche Militärkooperation entstehen, die der Errichtung der gemeinsamen Weltherrschaft dienen sollte. Militärexperten der USA schlossen einen sowjetischen Schlag gegen Alaska nicht aus. Wo solche Befürchtungen in der Wirklichkeit oder im irrationalen Treiben Stalins keine Nahrung fanden, sprangen die amerikanischen Botschafter in Moskau (Steinhardt), Paris (Bullitt), London (Kennedy) und die Militärattachés der USA in die Bresche.

Allgemein hat sich die Auffassung durchgesetzt, der sowjetische Botschafter in Washington, Konstantin Umanski, habe den Beziehungen zwischen beiden Mächten in den Jahren 1939 bis 1941 einen schlechten Dienst erwiesen. Möglicherweise war er wirklich nicht der galanteste Diplomat. Aber alles ist relativ. Im Unterschied zu Laurence Steinhardt, der in der sowjetischen Hauptstadt Sitten an den Tag legte, die er vorher als US-Botschafter in Peru praktiziert hatte, vertrat Umanski die Meinung, die Interessen der UdSSR und der USA seien vereinbar, die Unterschiede in der politischen und sozialen Ordnung verdammten beide Mächte zu keiner hoffnungslosen Konfronta-

170

tion. Wenn Umanski als Vertreter seines Landes das Prinzip der Gleichberechtigung mißachtet hätte, wäre es für ihn besser gewesen, den Beruf zu wechseln. Steinhardt dagegen war überzeugter Anhänger einer Schule, die Gleichheit zwischen Ungleichen ablehnte. Er ließ sich, ohne Umschweife gesagt, von dem Prinzip leiten: Der Bittsteller zahlt. Der Sowjetunion mußte außerdem noch ideologisch das Fell über die Ohren gezogen werden. Wenn sie sich dazu nicht hergab, um so schlimmer für sie.

Sicherlich hat kein anderer Botschafter jemals so viel Energie und Mühe wie Steinhardt aufgewandt, um die Beziehungen zu seinem Aufenthaltsland zu vergiften. Die zwei Jahre, die er in Moskau weilte, wiederholte er in immer neuen Variationen die These, es sei völlig nutzlos, in die Sowjetunion zu investieren, denn einen Buckligen kuriere nur das Grab.

Zur Illustration ein unbedeutender, aber symptomatischer Vorgang: Die US-Botschaft in Moskau forderte, sämtliche Mitarbeiter von den Formalitäten beim Grenzübertritt zu befreien. Die sowjetischen Behörden stimmten einer solchen Ausnahmeregelung nicht zu. Steinhardt schlug daraufhin dem State Department vor (und Hull nahm den Vorschlag an), den Antrag eines sowjetischen Schiffes auf Durchfahrt durch den Panamakanal nicht zu genehmigen.[1] Aus Gründen der »Reziprozität«.

Auf dieses Prinzip bezog man sich bei jeder zweiten Repressalie. Proteste gegen die Beschlagnahme zum Abtransport bestimmter Ausrüstungen, die die sowjetische Seite bestellt und bereits bezahlt hatte[2], oder die Abberufung amerikanischer Fachleute aus der UdSSR begleitete man mit der höhnischen Bemerkung: »Sie können doch das gleiche tun.«

Roosevelt vertrat in dieser Zeit eine noch härtere Linie als sein Außenminister oder die Briten. Die Initiative für die meisten Beschlüsse, die man in Moskau als unfreundlichen oder gar feindseligen Akt betrachtete, ging vom Weißen Haus aus. Der Präsident ließ sich vom britischen Premierminister nicht dazu überreden, eine gemeinsame Demarche an Stalin zu richten und diesen zu einem Kurswechsel zu bewegen.[3] Mitte Juli 1940 war Roosevelt nahe daran, die Sowjetunion auf Empfehlung von Bullitt und Steinhardt ins Lager der Achsenmächte zu verweisen. Unter Hinweis auf das Vorgehen der UdSSR in Litauen, Lettland und Estland erklärte Sumner Welles am 27. Juli gegenüber

Konstantin Umanski, die amerikanische Regierung könne keinen prinzipiellen Unterschied zwischen der Aggressivität Deutschlands und der Sowjetunion erkennen.[4]

Aber an demselben Tage und in demselben Gespräch schlug der stellvertretende Außenminister im Auftrage des Präsidenten vor, »die sowjetisch-amerikanischen Beziehungen an diesem kritischen Punkt der Weltgeschichte von Mißverständnissen zu befreien«. Bis April 1941 trafen sich der sowjetische Botschafter und Sumner Welles mehr als zwanzigmal. Welles überredete Roosevelt, öffentlich nicht weiter Unmut über die Politik der UdSSR zu äußern, da dies »zum gegenwärtigen Zeitpunkt keinen Nutzen« bringe. Mehr noch, einige früher eingeführte Handelsbeschränkungen und -verbote wurden aufgehoben. Im Januar 1941 fiel auch das »moralische Embargo«. Das war von erstrangiger Bedeutung. Die UdSSR wurde nun wieder unter den friedliebenden Mächten und potentiellen Partnern aufgeführt.

Angesichts der unübersehbaren Zuneigung Moskaus für Berlin, der Veränderungen im Baltikum und der (ungenauen oder gefälschten) Informationen über den Stand der wirtschaftlichen Zusammenarbeit der UdSSR mit Deutschland nahm sich Welles' Vorschlag an Umanski nicht allzu logisch aus. Eigentlich hätte man das Gegenteil erwarten können. Was war geschehen?

Informationen aus nichtdiplomatischen Quellen besagen, daß Washington in der zweiten Julihälfte von der Absicht Hitlers erfuhr, abgeschirmt durch das allgemeine Gerede über eine Landung in England den Überfall auf die Sowjetunion vorzubereiten. Die Operation »Fritz«[5] hatte nun für den »Führer« höchste Priorität. Die Amerikaner schlossen nicht aus, daß der Angriff bereits im Herbst 1940 geschehen könnte. Und wieder stoßen wir auf eine logische Ungereimtheit: Die tödliche Gefahr rückte auf die UdSSR vom Westen heran, der stellvertretende Außenminister aber debattierte mit dem sowjetischen Botschafter vorwiegend über die Situation im Fernen Osten.

Das Abkommen über die Markierung der sowjetisch-mandschurischen Grenze vom 9. Juni 1940 wurde von der Administration nahezu mit Bestürzung aufgenommen. Für sie stand fest: Japan bereinigte sein Hinterland im Norden, um im Süden vorwärtszustürmen. Die USA fühlten sich aber keineswegs in der Lage, »auf zwei Ozeanen« zu agieren. Während sie auf dem atlantischen Kriegsschauplatz auf Großbritannien setzten, konnte im pazifischen Raum nur die Sowjetunion ein reales Gegengewicht zum japanischen Expansionismus darstellen. Sie war auch die einzige Macht, die China Hilfe leistete. Nicht mit Ratschlägen und Versprechungen wie die Vereinigten Staaten, sondern ökonomische Hilfe und Unterstützung mit Waffen in beträchtlichem Umfang und nach damaligem Standard in hoher Qualität.

Im September 1940 übermittelten der amerikanische Finanzminister Morgenthau und Welles durch Umanski den Vorschlag, die USA, die UdSSR und China sollten einen Dreierpakt schließen, der vorsah, daß die Sowjetunion an China zusätzlich Waffen lieferte, die USA dafür Kredite zur Verfügung stellten, die später durch den Import sowjetischer Rohstoffe getilgt werden sollten. Morgenthau und Welles gelang es dabei, Außenminister Hull zu umgehen und sich gegen die Bedenken des Präsidenten durchzusetzen.

Zu dieser durchsichtigen Rechnung ist jeder Kommentar überflüssig: Rohstoffe, die die USA kauften, konnten nicht nach Deutschland gelangen. Ob dies ein Haupt- oder Nebenaspekt war, ob man damit die Antwort aus Moskau vorwegnahm oder etwas anderes auf Stalin einwirkte, bleibt im dunkeln. Aber Tatsache ist, daß die Antwort der sowjetischen Seite rasch und kurzsichtig ausfiel.

Wahrscheinlich verpaßte Moskau die beste Gelegenheit im ganzen Zeitraum von September 1939 bis Juni 1941, für seine Außenpolitik einen gewissen Spielraum zurückzugewinnen und die prodeutsche Neigung etwas auszugleichen. Man kann ohne Übertreibung sagen, daß das Nein aus Moskau zu diesem Dreiwegehandel eine Optimierung der sowjetischen Beziehungen sowohl zu den USA als auch zu Großbritannien dezimierte und sich schädlich auf die gesamte weitere Fernostpolitik Washingtons auswirkte.

Briten und Amerikaner unternahmen einige weitere Anläufe, um Berührungspunkte mit der Sowjetunion zu finden. Bemerkenswert war der britische Vorschlag »Fünf plus Vier«[6], den Stafford Cripps am 22. Oktober 1940 dem stellvertretenden Außenminister Andrej Wyschinski übergab. US-Botschafter Steinhardt erhielt die Weisung, die britische Demarche in unverbindlicher Form zu unterstützen. Angesichts des Dreierpaktes, den Deutschland, Japan und Italien soeben geschlossen hatten, brachten die USA die Hoffnung zum Ausdruck, die »friedliebenden Mächte« gäben auch künftig Forderungen nicht nach, die »mit ihrer nationalen Integrität unvereinbar sind«. Der Sowjetunion wurde die Möglichkeit einer politischen Zusammenarbeit mit den USA

173

angedeutet, wenn sie die Unterzeichnung eines »politischen« Vertrages mit Japan verweigere.[7]

London und Washington waren über die Reibungen in den sowjetisch-deutschen Beziehungen im Herbst 1940 offenbar recht gut informiert, die sich nicht nur darauf beschränkten, daß Deutschland das Handels- und Kreditabkommen nicht erfüllte. Churchill und in geringerem Maße auch Roosevelt räumten ein, Stalin könnte nach einem sicheren Hafen Ausschau halten, bevor er sich auf ein weiteres Kräftemessen mit der Naziführung einließ. Molotows Berlin-Visite war für Churchill allerdings eine herbe Enttäuschung. Bis zum Frühjahr 1941 verging ihm die Lust, sich mit dem Thema Rußland eingehender zu befassen.

Roosevelt, der den unverbindlichen Versprechungen der Sowjetunion, sich nicht an der Seite Deutschlands oder Japans in den Krieg hineinziehen zu lassen, gewisses Vertrauen entgegenbrachte und zudem über die Krise des Tschiang-Kai-schek-Regimes in China beunruhigt war, ließ den Kontakt des stellvertretenden Außenministers zum sowjetischen Botschafter nicht abreißen. Für Washington stiegen die sowjetischen Aktien sogar im Wert. Die USA unterstützten nicht die britischen Vorschläge, den Verkauf sämtlicher strategischer Güter an die Sowjetunion »einzuschränken«, um die angebliche Weiterlieferung nach Deutschland zu verhindern. Nachdem Moskau allerdings am 10. Januar 1941 neue Wirtschaftsabkommen mit Deutschland unterzeichnet hatte, verfolgten auch die Amerikaner die Warenströme sehr genau, die aus der UdSSR oder über ihr Territorium nach Deutschland gelangten.

Wie bereits erwähnt, sind alle einigermaßen wichtigen Bewegungen in der amerikanischen Europapolitik ab Mitte Januar 1941 im Zusammenhang mit der Vorbereitung Deutschlands auf die Operation »Barbarossa« zu sehen. Das Lend-Lease-Gesetz wurde in der Voraussicht formuliert, daß unter Umständen auch die Sowjetunion zu seinen Nutznießern gehören könnte.[8]

Die Akte wurde am 11. März mit der Unterschrift des Präsidenten in Kraft gesetzt. Zehn Tage zuvor hatte Botschafter Steinhardt den Auftrag erhalten, unverzüglich um eine Unterredung mit Molotow zu bitten und diesem vertraulich mitzuteilen, daß nach zuverlässigen Informationen, über die die US-Regierung verfüge, in allernächster Zeit ein Überfall Deutschlands auf die Sowjetunion zu erwarten sei.[9] Am

20. März wiederholte und bestätigte Sumner Welles diese Warnung gegenüber Konstantin Umanski.

Am 9. April trafen sich der stellvertretende Außenminister und der Botschafter erneut, um weiter über ihre gewohnten Themen zu sprechen. Der Zeitpunkt ihres nächsten Gesprächs war vereinbart, doch kamen sie nicht mehr zusammen, bis Deutschland den Krieg gegen die Sowjetunion begann.

Dafür gab es offenbar mehrere Ursachen. Im Vordergrund stand die Unterzeichnung des sowjetisch-japanischen Neutralitätspaktes am 13. April in Moskau. Die US-Administration betrachtete jede Vereinbarung der UdSSR mit Japan als abträglich für die Entwicklung der Lage im Fernen Osten. Wenn man sich genauer in Welles' Gedankengang in den Gesprächen mit Umanski oder in den Sinn der Weisung hineindenkt, die Steinhardt am 26. Oktober 1940 erhielt, kann es keinerlei Zweifel geben: Eine Mißachtung der Besorgnis der USA durch die Sowjetunion stutzte dem ganzen Projekt der »Bereinigung des Verhältnisses« die Flügel.

Botschafter Grew kabelte aus Tokio, der Vertrag vom 13. April könne nicht mit dem sowjetisch-deutschen Nichtangriffspakt gleichgesetzt werden; er löse keines der bilateralen Probleme, sondern koppele sie eher von den Beziehungen zu dritten Staaten ab. Grew sah in den Vorgängen kein Anzeichen für eine Veränderung der Chinapolitik Moskaus.[10]

Diese Meinung stimmte mit Steinhardts Bericht überein, der in seltener Ausgewogenheit bemerkte, der Vertrag diene der Verteidigung der Sowjetunion und sei eine Art Rückversicherung. Der japanische Außenminister Matsuoka habe in Erwartung der Komplikationen mit Washington eine enge Zusammenarbeit der USA mit der Sowjetunion verhindern wollen. Moskau seinerseits habe eine Möglichkeit gesucht, den Nachbarn im Fernen Osten für den Fall einer deutschen Aggression gegen die UdSSR zu neutralisieren. Der Botschafter äußerte die (völlig richtige) Vermutung, der Vertrag sei gegen den Wunsch Berlins oder zumindest ohne vorherige Abstimmung mit ihm geschlossen worden.[11]

Präsident Roosevelt stimmte jedoch weder beiden Botschaftern noch Außenminister Hull zu, der ebenfalls der Ansicht war, der Vertrag vom 13. April erfordere keine Veränderung der amerikanischen Position. Nach Roosevelts Meinung arbeiteten die aggressiven Mächte intensiv an der Einkreisung der Neuen Welt, und die Neutralisierung der UdSSR erleichtere es Tokio, seinen Kurs zur Errichtung der Vorherrschaft in ganz Ostasien nachdrücklicher voranzutreiben. Der Chef der Administration erteilte der Navy den Befehl, sich auf Operationen gegen deutsche Kriegsschiffe und U-Boote westlich des 25. Längengrades vorzubereiten. Zugleich stoppte er die vorgesehene Verlegung eines Teils der US-Pazifikflotte in den Atlantik, wodurch die Möglichkeiten, die Schiffskonvois nach Großbritannien zu schützen, nun außerordentlich bescheiden ausfielen.

Die Einstellung des Meinungsaustausches zwischen Sumner Welles und Konstantin Umanski bedeutete gleichzeitig, daß die USA zu ihrer restriktiven Praxis vor allem in den Wirtschaftsbeziehungen zur Sowjetunion zurückkehrten. Bereits am 11. April verfügte das State Department, der UdSSR keinerlei Lizenzen für Waren zu erteilen, die für das Verteidigungsprogramm der USA oder zur Unterstützung von Regierungen »gebraucht wurden«, welche nach dem Lend-Lease-Gesetz amerikanische Hilfe erhielten. Ein Anlaß für die Verweigerung der Lizenzen war auch der »Verdacht«, die betreffenden Waren könnten nach Deutschland reexportiert oder in der Sowjetunion dafür genutzt werden, Produktionen zur Erfüllung deutscher Aufträge aufzubauen.[12]

Alle bisher der sowjetischen Seite gewährten Lizenzen wurden mit sofortiger Wirkung annulliert. Bis zum 22. Juni 1941 erhielt die UdSSR keine einzige neue Genehmigung zum Kauf von Waren in den USA. »Aus außenpolitischen Gründen« wurden außerdem Benzin und Ausrüstungen für die Erdölverarbeitung zurückgehalten, die bereits zum Abtransport bereitstanden. Man verbot den Transit von Waren für die Sowjetunion durch die Vereinigten Staaten. Ausländische Schiffe mit entsprechender Fracht durften amerikanische Häfen nicht mehr anlaufen. Es wurde auch ins Auge gefaßt, die Verlängerung des amerikanisch-sowjetischen Handelsabkommens für das Finanzjahr 1941/42 zu verweigern.

Bei einigen dieser Repressalien verwies man ganz offen darauf, daß die Sowjetunion den Vertrag mit Japan geschlossen habe. Es ist allerdings zweifelhaft, daß diese Lawine allein durch die Weigerung Moskaus ausgelöst worden war, zur »ostasiatischen Speerspitze« Washingtons gegen Japan zu werden.[13] Der Vertrag vom 13. April war wohl der letzte Tropfen, der das Faß zum Überlaufen brachte. Stalins Versuche, den Krieg mit Deutschland um jeden Preis abzuwenden, weckten im

Weißen Haus schwärzesten Argwohn. Politikern, die dazu neigten, sich mehr auf ihren Instinkt zu verlassen, als sich mit Tatsachen abzufinden, schien Rußland Juniorpartner Deutschlands und dessen Rohstoffquelle zu sein.

Am 7. Juni führte Washington eine strenge Genehmigungspflicht für Reisen sowjetischer Diplomaten außerhalb des Bundesdistrikts Columbia ein. Eine Woche später wurde überall in den USA das Vermögen der europäischen »Kontinentalstaaten« unter Kontrolle gestellt. Darunter fiel auch das Eigentum der sowjetischen Außenhandelsunternehmen und ihrer amerikanischen Partner.

Die Administration drängte nun auch London energisch zur Konfrontation mit der UdSSR. Man riet den Briten davon ab, einen Dialog mit Moskau zu beginnen, den Eden nach amerikanischen Informationen anstrebte. Die Rollen waren nun vertauscht: Während Ende 1940/ Anfang 1941 die Briten auf die Geißelung der Sowjetunion gedrängt und die Amerikaner sie zu beruhigen versucht hatten, war es nun die britische Regierung, die zur Mäßigung aufrief.

Churchill und seine Kollegen verwiesen darauf, daß die Commedia finita in der nazistischen »Inszenierung eines neuen Rapallo« unmittelbar bevorstand. Statt die sowjetische Führung zu provozieren, schien es angebracht, darüber nachzudenken, was in wenigen Wochen zu tun wäre, wenn der Überfall des »Dritten Reiches« auf die Sowjetunion die Situation grundlegend veränderte.

Am 14. Juni 1941 sandte Churchill dem US-Präsidenten eine Botschaft, in der er die Frage stellte, ob man Rußland nicht zum Widerstand gegen den Aggressor »ermuntern« und ihm dabei Hilfe anbieten sollte. Dieser Gedanke wurde in Übersee unterschiedlich aufgenommen.[14] Formal bestärkte Roosevelt in seiner Antwort, die der amerikanische Botschafter John Winant am 20. Juni in London überbrachte, den britischen Premierminister in seiner Bereitschaft, die Sowjetunion zu unterstützen. Man versprach sogar, sich jeder Erklärung Churchills anzuschließen, in der er »Rußland« einen Verbündeten nannte.

Das State Department beschäftigte sich jedoch noch intensiver mit dem Abwägen der Modalitäten einer möglichen militärischen und politischen Entwicklung. Und es tat das aus der Position einer Macht, die sich den Luxus leisten konnte, abzuwarten und nach ihren eigenen Kriterien die sie umgebende Welt in Rein und Unrein zu teilen. Die

Versuchung, eine solche Einstellung zu disqualifizieren, ist zweifelsohne enorm. Stellen wir aber lieber als gegeben fest: Weder vorher noch damals oder nachher hat es auf der Welt ein System, ein Regime oder eine Regierung gegeben, die fähig und bereit gewesen wären, sich selbst und erst danach andere an ihrem Gewissen und an Grundsätzen zu messen, die zwar nicht einheitlich formuliert sind, aber in allen Weltreligionen, in den meisten positiven politischen und sozialen Theorien vorkommen und mit der Zeit sogar zu völkerrechtlichen Axiomen erhoben wurden.

Am 14. Juni beauftragte Cordell Hull den amerikanischen Geschäftsträger Herschel Johnson, unverzüglich Anthony Eden aufzusuchen und diesem die neuen Richtlinien mitzuteilen, die fortan für die UdSSR galten. Diese legten fest:

»1. keinerlei Annäherungsversuche gegenüber der Sowjetregierung zu unternehmen;

2. jegliche Schritte der Sowjetunion uns [den USA] gegenüber mit Zurückhaltung aufzunehmen, bis die Sowjetregierung zufriedenstellende Beweise dafür liefert, daß sie nicht nur manövriert, um einseitige Zugeständnisse und Vorteile für sich zu erlangen;

3. jegliches sowjetische Ansinnen zurückzuweisen, wir sollen Entgegenkommen zeigen, um die ›Atmosphäre in den amerikanisch-sowjetischen Beziehungen zu verbessern‹ und striktes Quidproquo zu fordern, wenn wir gewillt sind, der Sowjetunion etwas zuzugestehen;

4. für die Verbesserung der Beziehungen keinerlei Prinzipien aufzugeben;

5. der Sowjetregierung insgesamt klarzumachen, daß wir die Verbesserung der Beziehungen als gleichermaßen wichtig für beide Seiten, wenn nicht sogar wichtiger für die Sowjetunion ansehen;

6. unsere praktischen Beziehungen, soweit sie notwendig sind, auf der Grundlage des Prinzips der Gegenseitigkeit zu gestalten.«[15]

Am selben Tag gingen diese Festlegungen in der Botschaft der USA in Moskau ein. Botschafter Steinhardt war selbstverständlich für eine »harte Politik« als die beste Methode, das Ansehen der USA zu heben und für künftige Veränderungen den Boden zu bereiten.[16]

Das State Department schenkte den Einschätzungen und Argumenten der Briten eine gewisse Beachtung. Die Mitarbeiter der Europaabteilung Atherton und Henderson erarbeiteten eine neue Fassung der Direktive. Sie wurde am 21. Juni 1941 von Sumner Welles bestätigt. Für den Fall eines deutsch-sowjetischen Krieges empfahl das State Department folgendes Verhalten:

»(1) Wir sollten der Sowjetunion keinerlei Vorschläge machen oder Ratschläge erteilen, es sei denn, die Sowjetunion bittet uns darum.

(2) Falls ein Ersuchen um Hilfe für die Sowjetunion im Zusammenhang mit dem deutsch-sowjetischen Konflikt das State Department nicht über einen Vertreter der Sowjetregierung erreicht, ist zu antworten, die Sowjetregierung habe bisher in dieser Sache keinen Kontakt mit uns aufgenommen.

(3) Wenn sich die Sowjetregierung direkt mit Hilfeersuchen an uns wendet, sollten wir, soweit das ohne Schaden für unsere Hilfe an Großbritannien und die Opfer der Aggression sowie für unsere eigenen Anstrengungen und Vorbereitungen möglich ist, die Beschränkungen für den Export in die Sowjetunion abschwächen und selbst Lieferungen von Rüstungsmaterial zulassen, das dort dringend gebraucht wird und das wir entbehren können.

(4) Wirtschaftshilfe, die wir der Sowjetunion durch Lieferungen gewähren können, soll auf der Basis des gegenseitigen Vorteils und außerhalb der Zusammenarbeit mit Drittstaaten realisiert werden.

(5) Wir sollten beharrlich an der Linie festhalten: die Tatsache, daß die Sowjetunion im bewaffneten Kampf gegen Deutschland steht, bedeutet nicht, daß sie die Prinzipien der internationalen Beziehungen verteidigt, verficht oder beachtet, denen wir uns verpflichtet fühlen.

(6) Was die Unterstützung betrifft, die wir der Sowjetunion im Falle eines deutsch-sowjetischen Konfliktes gewähren könnten, sollten wir keinerlei Versprechungen machen und jegliche Verpflichtungen im Hinblick auf unsere künftige Politik gegenüber der Sowjetunion und Rußland vermeiden. Vor allem sollten wir auf keinerlei Vereinbarungen eingehen, die später den Eindruck erwecken könnten, wir hätten nicht adäquat gehandelt, wenn im Fall einer Niederlage die Sowjetregierung gezwungen sein sollte, das Land zu verlassen, und wir eine sowjetische Exilregierung nicht anerkennen oder dem sowjetischen Botschafter in Washington die Anerkennung als Vertreter Rußlands verweigern sollten.«[17]

Diese Orientierung war fast das Gegenteil von Roosevelts Versprechen vom 27. Mai, all jenen zu Hilfe zu eilen, die »sich mit der Waffe in der Hand dem Hitlerismus oder seinem Äquivalent entgegenstellen«, und nicht abzuwarten, bis »die Nazis vor unserer (der USA) Haustür auftauchen«. Die Meister »extensiver Interpretationen«, die im State Department immer startbereit waren, konnten sich an dem Wort *Äquivalent* festklammern und diesem seine eigene Deutung geben. Das allerdings nicht nach der Antwort des Präsidenten auf Churchills Botschaft und dem Ratschlag an London, »Rußland« einen Verbündeten zu nennen. Oder wollte man »Rußland« etwa, bevor »Barbarossa« sein Opfer zu zerfleischen begann, nicht mit der Sowjetunion gleichsetzen, ja, wie in den Ergüssen von Atherton-Henderson-Welles zwischen den Zeilen zu lesen war, in einen Gegensatz zur Sowjetunion bringen?

Robert Kelley und Loy Henderson züchteten eine besondere Sorte von Experten, die bestritten, daß die Sowjetunion wie jeder Staat ihre Rechte und Interessen hatte. Im State Department nährte man künstlich eine Atmosphäre, die im Hinblick auf die UdSSR kein ausgewogenes Denken zuließ. Wenn in Welles' Verhalten zuweilen etwas wie Objektivität zu erkennen war, dann war dies größtenteils eine Widerspiegelung bestimmter Vorgänge in der Umgebung des Präsidenten und weniger die Frucht eigener Zweifel. Aber bei seiner Fähigkeit, sachlich und weniger voreingenommen zu denken, war Welles ein weißer Rabe im US-diplomatischen Dienst.

Dem Leser ist sicher aufgefallen, daß die Beamten des State Department die im Osten heraufziehende Katastrophe schlicht und einfach als einen »deutsch-sowjetischen Konflikt« abstempelten. Hier wird abzuwägen sein: Soll man ihn als ein europäisches oder ein Weltereignis, als Krieg zwischen Staaten anerkennen oder als einen Streit der Ideologien?

In vielen Publikationen, die den Positionen der einzelnen Mächte am Vorabend und sofort nach dem Überfall Deutschlands auf die Sowjetunion nachgehen, ist in unterschiedlicher Intensität der Gedanke präsent, daß der 22. Juni 1941 einen tiefen Einschnitt in der Politik Washingtons darstellte. *Ein Bett, aber zwei Träume* – so heißt das Buch von A. Fontaine über die Geschichte der Entspannung der siebziger Jahre. In unserem Falle geht es allerdings um getrennte Betten, und die Mannigfaltigkeit der Träume ist unüberschaubar. Die harte Wirklichkeit schuf einen weiteren Einschnitt, den niemand ignorieren sollte. Lange bevor die gegenstandslose Malerei ihre klassizistische Schwester in die Flucht schlug, hatten die Mächtigen bereits die gegenstandslose Politik zur Kunst erhoben. Darin sind die Völker, sind die Menschen nicht mehr das Maß aller Dinge. Sie sind lediglich ein Anhängsel

der Staatsmaschinerie, die egoistische Interessen oder das Sendungs-
bewußtsein einzelner bedient.

Es sollte noch viel Wasser und fast ebensoviel Blut fließen, bis der
»Kampf zwischen Gut und Böse«, wie man die Auseinandersetzung mit
dem Nazismus in den Kriegsjahren zumeist nannte, zu Formeln, Para-
graphen und Gesetzesartikeln gerann. Der Hang zu Allegorien, Bildern
und Parallelen entsprang dabei zunächst nicht der Liebe zur Rede-
kunst. Er offenbarte ein Defizit an ideeller Übereinstimmung unter den
Gegnern Deutschlands, Italiens und Japans. Mehr oder weniger klar
war, was man ablehnte. Wie aber den Aggressoren wirksam entgegentreten? Das war schon komplizierter. Was die gemeinsame Ausarbeitung und Festlegung der Kriegsziele und der Grundlagen für eine Nachkriegsregelung betraf, so mußte die Sowjetunion zunächst auf dem
Schlachtfeld die strategische Initiative ergreifen, bevor die USA sich
zum Dialog mit Moskau und London bereit fanden.

In den dreißiger Jahren besaßen Großbritannien und Frankreich
noch nicht den Status »natürlicher« Verbündeter oder Partner der
Vereinigten Staaten. Nazideutschland, das faschistische Italien und das
militaristische Japan waren nicht von vornherein ihre Gegner. Weltan-
schauliche Unterschiede galten damals nicht als unüberwindliches
Hindernis für die Verständigung mit den »Achsenmächten«. Die Rolle
der USA bei der »Befriedung« der Aggressoren war gewichtiger, als man
traditionell zugibt; außerdem suchte Washington länger nach einem
»Kompromiß« mit Deutschland als London und Paris.

Noch krasser von Utilitarismus geprägt war das Verhalten der USA
zur UdSSR. Wenn es sich mit den amerikanischen Interessen und
Dogmen vereinbaren ließ, hinderte Washington nichts daran, sich mit
Kombinationen zu solidarisieren, die Moskau außerhalb der internationalen Gemeinschaft stellten, oder solche Kombinationen sogar selbst
zu initiieren. Wenn man aber die Notwendigkeit verspürte, die Sowjetunion sollte sich für die USA abmühen, dann konnte man sich durchaus
zu dem Standpunkt durchringen, daß Ideologie in den zwischenstaat-
lichen Beziehungen nicht das Allerwichtigste sei.

Als die militärische Auseinandersetzung zwischen Deutschland und
der Sowjetunion entfacht wurde, wollte man darin zunächst keine
Veränderung der Natur des ganzen Krieges erkennen. Von jenseits des
Ozeans gesehen, nahm dieser lediglich eine neue Dimension an und
wies einen »günstigeren Trend« auf, was das Bestreben der USA anbe-

langte, die Position der stärksten Macht zu behaupten, die über die Neue Welt uneingeschränkt herrschen und sich in der Alten die Schiedsrichterfunktion aneignen wollte.

Selbst die Verwandlung der USA gegen ihren Wunsch und Willen zum Kriegsteilnehmer führte keine unverzügliche und radikale Veränderung ihrer Einstellung den Kampfhandlungen in Europa gegenüber herbei. Der Einsatz, das Gewicht der USA im Weltgeschehen zu steigern, ohne die heimische Wirtschaft und die öffentliche Meinung zu überfordern, brachte es mit sich, daß man versuchte, die Hauptlasten den anderen aufzubürden, aktuelle Feinde und künftige Rivalen zu zermürben und den Krieg in die Länge zu ziehen.

Einen einzigen Nenner zu finden, der dem Denken und Handeln der USA in den Jahren 1940/41 zugrunde lag, ist ein undankbares Unterfangen. Das Ergebnis wird ausgesprochen kümmerlich sein, wenn man lediglich Hexen nachjagt, besonders solchen fremder Herkunft. Beginnen wir deswegen bescheiden – verlassen wir das flache Ufer, das von Argwohn, Vorurteilen und Feindseligkeit so morastig ist, daß man dort selbst den Schnee vom Vorjahr nicht veräußern will.

Die äußeren Umstände brachten die Sowjetunion 1941 in ein Boot mit den USA und Großbritannien. Wie ein einzelner Mensch im Unglück, so springen auch Regierungen und Nationen ohne Gepäck auf die rettenden Planken. Der Ballast, der sich in ihren Köpfen angesammelt hat, bleibt jedoch selten zurück. Er kann so gewichtig und zählebig sein, daß selbst die Zeit, die alles heilt, nur schwer mit ihm fertig wird.

Es mußten tatsächlich mehr als zwei Jahre vergehen, bis Washington und London sich dazu bereit fanden, mit der UdSSR ein substantielles Gespräch über das politische Credo des Krieges zu eröffnen. Die Schlacht bei Moskau war dafür nicht genug. Es mußte erst noch das Blutbad an der Wolga und am Kursker Bogen folgen, bis man am Potomac und an der Themse endlich begriff, daß die so verlockende Rollenverteilung nicht aufging – die Russen als die Galeerensklaven, Großbritannien als Lotse und Amerika als Kapitän. Wenn man aber genauer hinschaut, ist durchaus zu erkennen, daß der Zweite Weltkrieg in der Praxis der Beteiligten eine Summe nationaler Kriege blieb, in denen sich Koalitionen nach der relativen Übereinstimmung ihrer jeweils aktuellen Interessen bildeten.

In keiner Phase des Krieges hat es ein umfassendes anglo-amerikanisches Bündnis, eine gemeinsame Politik dieser beiden Mächte oder eine einheitliche Strategie gegeben.[18] Als Roosevelt Churchill den Vortritt ließ, übernahm er nicht die Gedanken des Premierministers und identifizierte sich auch nicht mit den britischen Zielvorstellungen.[19] Obwohl sich Churchill sehr darum bemühte, wurde Großbritannien in den Augen des Präsidenten niemals ein »Bruderland«. Mehr noch, »die ersten Sprünge im Bündnis gegen Hitler«, stellt der bekannte Historiograph der amerikanischen Armee Maurice Matloff fest, »zeigten sich zwischen den Vereinigten Staaten und England«.[20] Das bestätigt auch Robert Sherwood.

Die Sowjetunion trennte von den USA, die inzwischen an der Großmachtrolle Geschmack gefunden hatten, außer Ozeanen und der Sprache noch ein Abgrund sozialer und ideologischer Entfremdung. Man mußte sich erst aneinander gewöhnen, sich beäugen und positive Erfahrungen sammeln, damit gegenseitig konstruktives Interesse wachsen konnte. Dieses neue und in vieler Hinsicht ganz unbekannte Interesse mußte alte Enttäuschungen und Kränkungen verdrängen, die Wälle des Mißtrauens abtragen, die beide Seiten so häufig daran hinderten, über die eigene Nasenspitze hinauszusehen. Denn in der Politik sind es häufig nicht das Ereignis oder die Tatsache, die am schwersten wiegen, sondern das Wort und die Meinung, die um Ereignis und Tatsache geschaffen werden.

Jüngste Veröffentlichungen enthalten in dieser Hinsicht geradezu sensationelle Entdeckungen. Plötzlich erfahren wir, daß Hitler in all den Jahren, in denen er an der Macht war, zweifellos aber bis zum Jahre 1941, im Kreml einen heimlichen Verehrer und Verbündeten hatte. Was sich neckt, das liebt sich. 1939 kam alles ans Tageslicht, und das »Dritte Reich« konnte nun mit russischen Lebensmitteln und Rohstoffen an seine Eroberungen gehen.

Die Stiefel der Wehrmacht, die durch Dänemark und Norwegen stapften, waren mit sowjetischem Stahl beschlagen, suggerieren die Mystifikatoren ihrem Publikum. Mit sowjetischem Treibstoff fuhren die Panzer der Nazis durch Luxemburg, Belgien und Holland, bevor sie nach Paris hineinrollten. Natürlich waren auch die Flugzeuge der Luftwaffe, die Großbritannien bombardierten, mit sowjetischem Benzin, die U-Boote, die britische Schiffe versenkten, mit sowjetischem Diesel betankt.

Beweise? Wozu, wenn sich bereits eine »Meinung gebildet« hat. Wenn jemand auf Beweisen besteht, kann man eine Meinung durch eine andere abstützen oder zur besseren Überzeugungskraft eine zusätzliche »Null« anhängen, und, bitte schön, aus 279 000 Tonnen Erdöl werden – für denselben Preis – kurzerhand 2,79 Millionen.[21] Bis zum Jahre 1992 hatte kaum ein Forscher die Möglichkeit oder den Wunsch, nicht in die Ergüsse seiner Berufskollegen, sondern ins Allerheiligste der Archive zu schauen. Nachdem aber Heinrich Schwendemann seine Dissertation *Die wirtschaftliche Zusammenarbeit zwischen dem Deutschen Reich und der Sowjetunion von 1939 bis 1941 – Alternative zu Hitlers Ostprogramm?* verteidigt und ihren Hauptinhalt in einem Buch veröffentlicht hat, sind Spekulationen und Unterstellungen nicht mehr zu entschuldigen. Damit müßte nun eigentlich Schluß sein.

Der Verfasser hatte den Vorzug, die Dissertation eingehend studieren zu können, die Heinrich Schwendemann ihm liebenswürdigerweise zur Verfügung stellte. Diese solide Arbeit bestätigt, daß der sowjetisch-deutsche Handel in den ersten fünf Jahren der Naziherrschaft seine Bedeutung eingebüßt hatte. Der Import aus der UdSSR – dabei geht es übrigens vor allem um Roh- und Werkstoffe – betrug 1938 knapp 53 Millionen und 1939 rund 30 Millionen Reichsmark. Das Gold und die Devisen, die Moskau zur Tilgung von Schulden aus Handelsgeschäften der Weimarer Zeit nach Berlin überwies (1,2 Milliarden Mark), wurden vor allem für Importe vorwiegend aus den USA verwandt. Die Sowjetunion ihrerseits war bemüht, die Ausfälle bei den deutschen Partnern (Hitler verbot bereits im Januar 1936 kategorisch Verkäufe jeglicher Rüstungsgüter an die UdSSR) durch Aufträge in den Vereinigten Staaten auszugleichen. Das amerikanische Marineministerium zum Beispiel blockierte jedoch jeden derartigen sowjetischen Schritt.[22]

Nach der Unterzeichnung des Nichtangriffspaktes am 23. August sowie des Grenz- und Freundschaftsvertrages am 28. September 1939 wurde die deutsche Botschaft in Moskau von Ribbentrop darüber informiert, daß eine Delegation unter Leitung von Ritter und Schnurre in der sowjetischen Hauptstadt eintreffen werde, um »*in wenigen Tagen ein Sofortprogramm für etwa sechs Monate*« zu vereinbaren. Das Kalkül, binnen kürzester Frist umfangreiche Rohstoffmengen aus der Sowjetunion zu beziehen, sowie den Transit von Zinn und Kautschuk über die UdSSR zu organisieren, *ging nicht auf – bis Dezember erhielt das Reich nicht eine Tonne dieser Güter.*[23]

Erst nachdem die USA am 2. Dezember das »moralische Embargo« gegen die Sowjetunion verhängt hatten, begann sich etwas zu bewegen.

Am 18. Dezember unterzeichneten beide Seiten den ersten Vertrag über Erdöllieferungen (108 000 Tonnen). Bis zum 11. Februar 1940 erhielt die deutsche Seite davon 22 400 Tonnen, der Rest wurde auf Eis gelegt. Die Sowjetunion hatte inzwischen ihren Forderungskatalog aufgestellt, der alle Positionen enthielt, die aus verschiedenen Gründen und zu unterschiedlicher Zeit aus dem sowjetisch-amerikanischen Handel herausgefallen waren. Die Erfüllung dieser Forderungen stellte sie nun als Bedingung für die Lieferung solcher Waren, die Berlin interessierten. Damit geriet man in eine Sackgasse. Eine der vielen in den Jahren 1939 bis 1941.

Stalin schaltete sich persönlich in die Verhandlungen ein, weil er irrtümlicherweise annahm, die Position der deutschen Seite werde von Hitler bestimmt. Dieser nahm zwar Einfluß, aber auf ganz andere Weise. Am 21. Januar 1940 notierte Raeder: »Führer wünscht, daß Pläne der ›Bismarck‹-Klasse sowie der Schiffskörper ›Lützow‹ so spät wie möglich an Rußland gegeben werden, da er hofft, bei günstiger Entwicklung der Kriegslage ganz darum herumzukommen.«[24] *Ende September 1939 war die UdSSR für Hitler eine bereits ausgespielte Karte.* Er hatte recht klare Vorstellungen davon, wann und wie das Reich diese Karte stechen wollte.

Der Nazidiktator stimmte endlich widerwillig dem Verkauf von Waffen, Rüstungsgütern und Technologien, von Industrieausrüstungen und Geräten an die Sowjetunion zu. Das öffnete den Weg zur Unterzeichnung des Wirtschaftsvertrages am 11. Februar 1940. Dieser sah sowjetische Rohstofflieferungen an Deutschland im Gesamtumfang von 420 bis 430 Millionen Reichsmark innerhalb von zwölf Monaten vor. Darunter waren 934 000 Tonnen Futtergetreide, 872 000 Tonnen Erdölprodukte, 500 000 Tonnen Eisenerz, 100 000 Tonnen Chromerz, 5000 Tonnen Kupfer, 1500 Tonnen Nickel und 450 Tonnen Zink. Damit diese Möglichkeiten realisiert wurden, hatte Deutschland seine Verpflichtungen entsprechend den Warenlisten Nr. 2 bis 5 zu erfüllen, in denen die einzelnen Warenpositionen und die Liefertermine detailliert aufgeführt waren.

Man darf übrigens die im Vertragstext fixierten Kontrollzahlen nicht mit dem tatsächlichen Warenaustausch verwechseln. Da deutsche Firmen zögerten, sowjetische Aufträge anzunehmen, wurde am 1. April 1940 die Verschiffung von Getreide und Erdöl wieder eingestellt, der einzigen Waren, die seit Dezember 1939 im Umfang von 20 000 bis

25 000 Tonnen monatlich nach Deutschland geliefert wurden. Deutschland gelang es nicht, wie gewünscht, mit sowjetischer Vermittlung Zugang zu Buntmetallen und Kautschuk auf dem Weltmarkt zu erhalten. Unter Hinweis auf die Positionen der Westmächte und Japans nahm Anastas Mikojan im Gespräch mit Botschafter Schulenburg das Versprechen faktisch wieder zurück, das in einem Sonderprotokoll enthalten war.[25]

Solch einsilbige Sprache verstand man in Berlin. Bis April wurden Verträge zur Herstellung von für die sowjetische Seite wichtigen Waren in Höhe von 310 Millionen Reichsmark abgeschlossen. Die UdSSR erhielt bis zum 11. Mai sogar 23 Militärflugzeuge und zwei 210-Millimeter-Mörser der Firma Krupp. Aber auch danach blieb der Erdölhahn zu, bis am 26. und 27. Mai das Problem der Preise für Erdölprodukte und Kohle geklärt war (die deutsche Seite übernahm die Verpflichtung, 4,7 Millionen Tonnen Kohle bis zum 11. Mai 1941 zu liefern) und der Kreuzer »Lützow« Kurs auf Leningrad genommen hatte.

Der sowjetische Entschluß, die Erdöllieferungen zu blockieren, ist möglicherweise in noch größeren Zusammenhängen zu sehen. Am 28. März 1940 faßte der oberste alliierte Kriegsrat den Beschluß, in Nordskandinavien zu landen und die norwegischen Küstengewässer zu verminen, um Deutschland vom schwedischen Eisenerz abzuschneiden. Der Rat setzte aber auch die Operationen gegen Baku und Batumi nicht ab, weil Frankreich weiterhin darauf bestand. Die Führung der UdSSR rechnete damit, daß Frankreich imstande war, im Alleingang (die Briten zögerten) einen feindseligen Akt gegen die Sowjetunion zu unternehmen. Deshalb wurden im Frühjahr 1940 Truppenteile aus westlichen Militärbezirken in den Kaukasus verlegt.

Das bedarf keines besonderen Kommentars, denn es ist offensichtlich, daß die ungestüme Entwicklung der Ereignisse im Westen ihre Wirkung auf die Position Moskaus nicht verfehlte. Die Niederlage Frankreichs war eine äußerst unangenehme Überraschung. Nun standen die Sowjetunion und das Reich auf dem europäischen Festland vis-à-vis. Das ganze strategische Konzept war zerfallen, das Stalins Handlungen im August 1939 bestimmt hatte. Spätestens zu diesem Zeitpunkt ließen nicht nur die Logik, sondern auch die Informationen der Aufklärung den sowjetischen Diktator wieder und wieder auf die Uhr schauen – unaufhaltsam näherte sich die Stunde der Wahrheit, da sich alle Sterblichen für Vollbrachtes und Versäumtes zu verantworten haben.

186

Inzwischen war es bereits Juni geworden. Die Lieferung von Buntmetallen nach Deutschland begann, aber nur in dem Umfang, wie es für die Herstellung der von der UdSSR in Auftrag gegebenen Waffen, Ausrüstungen und Geräte nötig war. Im Juni setzten die ersten Lieferungen von sowjetischem Phosphat, Manganerz und Baumwolle ein. Zu diesem Zeitpunkt nahm auch der Transit aus der Mandschurei, Japan, dem Iran und Afghanistan bedeutenderen Umfang an. Dabei handelte es sich vor allem um Rohstoffe für die Herstellung von Lebensmitteln. Bis zum 31. August 1940 trafen aus Japan 2500 Tonnen Kautschuk ein. Die Deutschen schätzten den Bedarf an Naturkautschuk für die Erfüllung der sowjetischen Aufträge in deutschen Betrieben auf 4000 bis 5000 Tonnen.[26]

Heinrich Schwendemann stellt, gestützt auf umfangreiches dokumentarisches und statistisches Material, mehrfach fest, daß von einer Abhängigkeit Deutschlands im allgemeinen und dessen Rüstungswirtschaft im besonderen von sowjetischen Rohstofflieferungen keine Rede sein kann. Die Behauptung, »daß die militärischen Erfolge im Westen auf der wirtschaftlichen Unterstützung der Sowjetunion basiert hätten, muß in das Reich der Legenden verwiesen werden«.[27]

Die böse Ironie lag in etwas ganz anderem. Am 1. September 1940 wurden die Erdöllieferungen erneut vollständig gestoppt (ein paar Tage später zur Hälfte wieder aufgenommen) und alle Transitlieferungen gesperrt. Anastas Mikojan erklärte ultimativ, entweder erfülle Berlin seinen Teil der Verpflichtungen oder die sowjetische Seite werde die ihrigen reduzieren beziehungsweise gänzlich annullieren. Dann allerdings versuchte Stalin ab November/Dezember 1940 Hitler »wirtschaftlich zu befrieden«, weil er glaubte, damit wenigstens noch einige Wochen oder Monate ohne Krieg erkaufen zu können.

Jedoch nach der Okkupation Dänemarks, der Niederlande, Belgiens und Frankreichs veränderte sich die wirtschaftliche Situation des Reiches grundlegend. Da ihm dort große Vorräte an Erdölprodukten, Eisen und Buntmetallen in die Hände fielen, dazu zahlreiche unzerstörte Betriebe, verlor in dieser Zeit die Sowjetunion in Hitlers Augen an Interesse. Man brauchte dort nun kein Eisenerz, Schrott und Gußeisen mehr einzukaufen, der Bedarf an Chrom sank auf die Hälfte, nach Phosphaten und Holz bestand kaum noch Nachfrage. Die Mißernte des Jahres 1940, in dem die deutschen Bauern 3,5 Millionen Tonnen Getreide weniger ernteten als im Jahr zuvor, zwang Göring angesichts des von Mikojan ausgesprochenen Ultimatums aber zu Winkelzügen. Den »Führer« bestärkten jedoch die Mißernte, der eklatante Mangel an qualifizierten Arbeitskräften in der deutschen Industrie und die magere Valutakasse nur in seiner Entschlossenheit, zum ungeteilten Herrn über ganz Europa zu werden. Niemals in der Geschichte hatten die Deutschen nach seiner Überzeugung eine günstigere Chance, alle Fesseln, die sie bisher einengten, ein für allemal zu sprengen.

Stalins Nachgiebigkeit war für Hitler ein sicheres Indiz für Schwäche und Furcht. Die Schlußfolgerung konnte nur lauten. Je länger Moskau den entscheidenden Augenblick hinauszuzögern versuchte, um so rascher mußte man ihn herbeiführen. Nichts mehr der UdSSR abkaufen, sondern mit dem Schwert nehmen, was man wollte und brauchte. Nach einer kurzen Atempause konnte man dann den Krieg gegen andere Kontinente ins Auge fassen.

Nicht allen in der Führung der Nazis schienen die Argumente des »Führers« so unbestreitbar zu sein. Göring, Raeder und Ribbentrop versuchten zu beweisen, daß Deutschland einem Zweifrontenkrieg nicht standhalten konnte, daß es zu gefährlich war, ohne Großbritannien überwältigt zu haben, einen Krieg gegen die Sowjetunion zu entfesseln. Stalin könnten weitere Zugeständnisse abgerungen werden, behaupteten sie, selbst in Gebietsfragen. Hitler ließ sich jedoch von seinem Kurs nicht abbringen.

Hatte die Sowjetunion noch etwas mehr von der wirtschaftlichen Zusammenarbeit mit dem Reich als nur die Unannehmlichkeiten im Zusammenhang mit den Lieferungen von Erdöl, Getreide, Kupfer, Manganerz und anderen Gütern ans Reich, die bis in die Nacht vom 21. zum 22. Juni 1941 fortgesetzt wurden?[28] Drei Jahre später sollte Stalin in einem Gespräch, aller Wahrscheinlichkeit nach mit Averell Harriman, dem damaligen US-Botschafter in Moskau, den Satz fallenlassen: »Die Russen sind einfache Menschen, aber man sollte sie nicht für Dummköpfe halten.« Der sowjetische Diktator war kein Narr und ließ sich die Gelegenheit nicht entgehen, aus dem wirtschaftlichen Geschäft mit Deutschland in den Jahren 1940/41 Nutzen zu ziehen.

Um Übertreibungen zu vermeiden, nehmen wir zur Kenntnis, daß der Anteil Deutschlands am Außenhandel der Sowjetunion im Jahre 1940 dem der USA gleichkam, obwohl Washington für den Import amerikanischer Waren harte Beschränkungen eingeführt hatte. Die Restriktionen der USA machten sich besonders schmerzhaft bei Rüstungsgütern (einschließlich Aluminium und Molybdän) sowie Industrieausrüstungen bemerkbar. Daher das erklärliche Interesse, solche Güter aus Deutschland zu beziehen.

Von Mai bis Dezember 1940 erwarb die Sowjetunion in Deutschland 2380 Werkzeugmaschinen im Werte von 54 Millionen Mark, Militärtechnik und Rüstungsgüter für 36 Millionen Mark sowie Kohle für 41 Millionen Mark. Im ersten Halbjahr 1941 trafen weitere Modelle von Flugzeugen, Artilleriesystemen und Geräten, Aluminium in bedeutendem Umfang (ein für den Übergang zu einer neuen Flugzeuggeneration äußerst notwendiges Material) und über 4000 Werkzeugmaschinen ein, darunter Sondermaschinen, die die Rüstungsindustrie des Reichs selbst dringend benötigte. An der Ausführung der sowjetischen Aufträge waren über 300 Firmen (ohne die Zulieferer) beteiligt, die aus Gründen der Geheimhaltung bis zum 22. Juni vom Plan »Barbarossa« nichts erfuhren.[29]

Die Arroganz der Nazis, ihre Überzeugung, die russischen »Untermenschen« seien gar nicht in der Lage, moderne industrielle Technologien zu beherrschen oder gar etwas Besseres zu schaffen, erwies sich als das beste Mittel, um an die äußerst wertvollen militärtechnischen Geheimnisse des Reiches heranzukommen und beim Aufbau der Serienproduktion in der UdSSR – vor allem im Flugzeugbau – die Ideen der sowjetischen Konstrukteure, Technologen und Produzenten zu vergleichen und zu verifizieren.

Die Militärfachleute und die Techniker aus Deutschland hätten wahrscheinlich mit ihrer Annahme recht behalten, daß der sowjetischen Seite nicht genügend Zeit blieb, um die erworbenen Waffensysteme zu untersuchen und deren Funktionsweise perfekt zu erkennen, hätte diese sie nachbauen wollen. Es ging jedoch nicht darum, etwas zu imitieren, sondern die Stärken und Schwächen des potentiellen Gegners herauszufinden und danach die in der UdSSR entstandenen eigenen technischen Lösungen entsprechend zu vervollkommnen. Als man deutschen Fachleuten im Frühjahr 1941 einige sowjetische Flugzeugwerke zeigte, waren deren Größe sowie das technische und technologische Niveau für diese eine unangenehme Überraschung.[30]

Natürlich konnten die erworbenen Kenntnisse, die Modelle neuer Technik und die Ausrüstungen in den wenigen Monaten nicht voll zum Tragen kommen. Damit sie einen Sinn hatten, durfte sich die Sowjetunion im entscheidenden Jahr 1941 nicht in die Knie zwingen lassen. Im nachhinein muß man ganz definitiv und offen sagen, daß die UdSSR mehrmals am Rande des Abgrundes stand. Hitlers Siegesvision war keine Fata Morgana. Er war ihr zuweilen sehr nahe. Letzten Endes fanden die eklatanten Fehler und Versäumnisse des einen Diktators ihren Ausgleich im Abenteurertum des anderen. Bevor wir uns jedoch eingehender mit diesem besonders düsteren Kapitel der tausendjährigen Geschichte Rußlands befassen, müssen wir, wenn auch kurz, auf die bis heute umstrittene Frage antworten: Wie und warum legte sich die Sowjetunion selbst die Schlinge um den Hals?

In dem Beschluß zur Übergabe des Volkskommissariats für Verteidigung der UdSSR von Kliment Woroschilow an Semjon Timoschenko nach dem Finnlandkrieg werden das Fiasko und die Mißerfolge vom Winter 1939/40 im Detail nicht analysiert. Es wird mehr auf den beklagenswerten Zustand der Landesverteidigung insgesamt hingewiesen und festgestellt, daß die sowjetischen Streitkräfte in ihrem damaligen Zustand weder zu großangelegten Angriffs- noch Verteidigungsoperationen in der Lage waren. Es fehlte ein die ganze Union erfassendes System der Aus- und Weiterbildung der Reservisten. Sie wurden nicht einmal präzise erfaßt, was die Mobilisierungspläne zu einer Fiktion werden ließ. Das Zusammenwirken der Waffengattungen war unter aller Kritik, ihre technische Ausrüstung äußerst mangelhaft. Kurz gesagt, bei der ersten Begegnung mit einem ernsthaften und hartnäckigen Gegner hatte die berühmte russische Wunderwaffe »Awossi« (Aufs Geratewohl) prompt versagt. Der leichte Spaziergang, der den Ruhm vom Chalchin-Gol bestätigen sollte, geriet zu einem Jahrhundertskandal. Man mußte nun fast überall von vorn beginnen: Soldaten und Offiziere hatten elementare Kenntnisse des realen Kampfes und der Benutzung ihrer Waffen zu erwerben, die mittleren und höheren Kommandeure sich die Kunst der Truppenführung sowie der Koordinierung ihrer eigenen Aktionen mit ihren Nachbarn und den Unterstützungseinheiten anzueignen.

Es ist bezeichnend, daß die Verantwortung für die trostlose Lage in dem Beschluß nicht auf die »Volksfeinde« abgewälzt wurde, die man 1937 bis 1939 erschossen oder in Lager gesperrt hatte. Der Ernst dieser Herausforderung dämpfte auch die Verlockung, eine neue Welle der Repressalien in Gang zu setzen, obwohl die Verhaftungen in Armee und Flotte sowie in der Gesellschaft insgesamt nicht zum Stillstand kamen.

Wohl oder übel mußte man zum Prinzip großer Panzerverbände und motorisierter Einheiten zurückkehren, ohne allerdings zuzugeben, daß Michail Tuchatschewski und die anderen Ermordeten damit im nachhinein recht bekamen. Es mußte Schluß sein mit den langen Anlaufzeiten bei der Entwicklung und dem Beginn der Massenproduktion des neuen Panzers T 34, der Jäger vom Typ »MiG«, »Lagg«, »Jak«, des Kampfflugzeuges »Il 2«, des Bombers »Pe« und der neuen Artilleriesysteme. Die modernen Waffentypen waren nach ihren taktischen und technischen Parametern zumeist mit den deutschen vergleichbar oder übertrafen diese sogar.

Alles braucht jedoch seine Zeit – die Produktion vollkommenerer Waffen, die Ausbildung an ihnen, ebenso aber auch die Vermittlung von Fähigkeiten zur Führung von Einheiten und Verbänden, die auf neuen Prinzipien aufgebaut und mit neuer Technik ausgerüstet waren. Von der technischen Ausstattung des Kriegsschauplatzes und der Befestigung der nach Westen vorgeschobenen Verteidigungsstellungen ganz zu schweigen. Nicht, weil jemand dies so wollte, sondern objektiv waren die wichtigsten Maßnahmen zur Umgestaltung der sowjetischen Streitkräfte frühestens bis Mitte 1942 zu realisieren. Und all das gestaltete sich um so schwieriger bei einem gravierenden Mangel an Führungspersonal, professioneller Kompetenz und frischem militärischem Denken.

Was sich dann im Sommer und Herbst 1941 abspielte, bewies eindeutig, daß gerade hier – in der Desorganisation der Truppenführung auf allen Ebenen vom Regiment aufwärts und dem fehlenden Zusammenwirken der Truppen – das Hauptproblem lag. Bevor mit der Parole »Dortmund« der erste Schuß ertönte, zerfiel das quasi einheitliche System der sowjetischen Verteidigung in Fragmente, weil die Abstimmung und Koordinierung zwischen dem Oberkommando und den Stäben der Militärbezirke sowie zwischen diesen und den ihnen anvertrauten Einheiten nicht vorhanden war. Die intellektuellen Verluste, die das Verteidigungspotential des Landes durch die Willkür des Diktators in den Vorkriegsjahren hinnehmen mußte, konnten nicht ausgeräumt werden, selbst wenn der Krieg bis zum Jahre 1942 oder 1943 ausgeblieben wäre.

Weit verbreitet ist die einst von Nikita Chruschtschow in Umlauf gesetzte Behauptung, Stalin habe von der Vorbereitung der Aggression der Nazis gegen die UdSSR nichts wissen wollen und bis zum letzten Augenblick alle Signale ignoriert, die das heraufziehende Inferno ankündigten. Es ist durchaus des Nachdenkens wert, was daran wahr ist, was dagegen die Wahrheit verhüllt und die Phantasie ins Kraut schießen läßt.

Tatsache ist, daß von Juli 1940 bis Juni 1941 allein die politische Aufklärung mehr als 120 Berichte über Hitlers Absicht übermittelte, gegen die Sowjetunion in den Krieg zu ziehen. Nicht weniger wichtig war die Information der militärischen Aufklärung. Der Entschlüsselungsdienst löste die ihm aufgetragene Aufgabe: Seine Beute kam praktisch jeden Tag auf Stalins Tisch.

Selbst wenn der Diktator von dem starken Wunsch beseelt gewesen wäre, von diesen Unannehmlichkeiten nichts zu hören und zu sehen, wäre ihm dies wohl kaum gelungen. Außerdem kann man auch eine ganze Reihe konkreter Beispiele anführen, wo die Sowjetunion auf derartige Informationen mit Protesten[31] und Aktionen reagierte.

Die Geheimabkommen, die Litauen, Lettland und Estland im ersten Halbjahr 1940 mit dem Reich abschlossen, ebenso die Aktivitäten der Nazis in Finnland, Rumänien, Bulgarien und Jugoslawien bewiesen eindeutig, daß Berlin auf die »Abgrenzung der Interessensphären« keine besondere Rücksicht mehr nahm. Die baltischen Republiken verpflichteten sich beispielsweise, daß drei Viertel ihres Exports nach Deutschland gingen. Streng konspirative Kontakte bestanden zwischen den Militärs, den Geheimdiensten des Reiches und der baltischen Staaten. Die Stationierung von Einheiten der Wehrmacht in der Freihandelszone Memel wurde im Zusammenhang mit Informationen analysiert, daß die litauische Führung mit Unterstützung von außen darauf hinarbeitete, ein offenes militärpolitisches Bündnis mit Deutschland zu schließen.

Wir gehen sicher nicht fehl in der Annahme, daß Hitlers neu erwachtes Interesse am Baltikum bei Stalin Zweifel weckte, ob die im Herbst 1939 unternommenen Schritte noch »ausreichend« seien. Die sowjetische Militärpräsenz in der damaligen Form bewahrte ihn nicht vor Überraschungen und bot auch nur begrenzte Möglichkeiten, das Gebiet der drei Republiken in die Verteidigungspolitik der UdSSR einzubeziehen. Diese Politik war davon ausgegangen, daß eine militärische Auseinandersetzung mit dem Nazireich frühestens 1942 oder 1943 wahrscheinlich beziehungsweise unumgänglich war.

Am 6. Juni 1940 meldete der sowjetische Militärattaché in Bulgarien, I. Dergatschow, aus zuverlässiger Quelle verlaute, Deutschland werde nach Abschluß des Waffenstillstandes mit Frankreich »in allernächster Zeit ... gemeinsam mit Italien und Japan die UdSSR überfallen«. Am 9. Juni meldete der Militärattaché aus Berlin, daß mit der Verlegung großer Wehrmachtseinheiten vom Westen nach dem Osten begonnen worden sei. In den folgenden Monaten trafen Informationen über die Angriffspläne der Nazis gegen die Sowjetunion regelmäßig aus Berlin, Zürich, Bukarest, Tokio, aus der deutschen Botschaft in Moskau und den Aufklärungsabteilungen der Stäbe der Militärbezirke längs der Grenze ein.[32]

Es bedurfte keines besonderen Scharfblicks, um den Sinn der Pionierarbeiten zu erkennen, die im Oktober 1939 in Polen einsetzten und ab Mitte 1940 in Ostpreußen, in Rumänien und der Slowakei in vollem Gange waren. Freilich konnten die Berichte unterschiedlich gelesen werden. Das Anlegen von Umgehungsstraßen, die Befestigung alter und der Bau neuer Brücken, die Einrichtung von Lagerkapazitäten für Rüstungsgüter, Treibstoff und Munition, der Bau neuer Feldflugplätze und so weiter ließen aber keinerlei Mißdeutungen zu.

Am 29. Dezember 1940 meldete der sowjetische Militärattaché aus Berlin: »Hitler hat Befehl gegeben, den Krieg gegen die UdSSR vorzubereiten.« Der Krieg sollte im März beginnen, hieß es in dem Telegramm. Am 4. Januar 1941 teilte der Militärattaché mit, die Angaben vom 29. Dezember seien »kein Gerücht, sondern dokumentarisch belegt«. Lediglich der Zeitpunkt des Überfalls war von der Quelle verschwommen angegeben worden. Diese präzisierte ihn bald darauf und nannte als neues Datum für den Beginn der Aggression den 22. bis 25. Juni.

Zweifelsfrei und ohne Übertreibung steht fest, daß der sowjetische Diktator zu Beginn jedes Arbeitstages zunächst die Berichte der Geheimdienste durchsah. Sein Problem war nicht ein Mangel, sondern ein Überfluß an Information. Die allergeheimsten der geheimen Dokumente wurden nur ihm allein vorgelegt. Das gab ihm die Möglichkeit, seine Wertung der Ereignisse auch im kleinen Kreis, wo niemandem verboten war, den Mund aufzumachen, als unfehlbar erscheinen zu lassen. Aber hätte er nicht wenigstens, wenn er sich selbst zu beichten hatte, jeden Selbstbetrug vermeiden müssen? Wo denken Sie hin! Betrug und Selbstbetrug sind die Wurzel der meisten Tragödien der menschlichen Zivilisation. Die Geschichte des Zweiten Weltkrieges ist vor allem eine Geschichte der Heuchelei, Desinformation und Heimtücke.

Stalin, dessen Intoleranz gegenüber jeglicher Opposition und jedem

Einwand gegen ein mit seinem Namen geheiligtes Dogma bekannt war, vertraute nur den Informationen, denen er vertrauen wollte. Die weite Spanne der übermittelten Daten für den Überfall, die durchaus erklärlich war, denn der 22. Juni wurde von Hitler erst am 28. April endgültig festgesetzt, sowie andere seriöse, aber auch spitzfindige Argumente ließen ihm die Möglichkeit offen, sich einzureden, es sei noch nicht alles verloren, man habe früher Auswege aus komplizierten Situationen gefunden und werde sich auch diesmal irgendwie herauswinden.[33] Natürlich würde er Hitler ausmanövrieren und überlisten; wenn nötig, ihm goldene Berge versprechen oder dem »Führer« Unsicherheit über den Ausgang der Aggression einflößen und damit den »schwersten Entschluß seines Lebens« unmöglich machen. Oder fiel ihm ein, was er im Priesterseminar gelernt hatte: Wen Gott nicht verläßt, der ist nicht verlassen?

Ab Februar/März 1941 beobachteten Aufklärung und Abwehr, wie Tag für Tag deutsche Bodentruppen, danach auch Einheiten der Luftwaffe und der Kriegsmarine in die grenznahen Gebiete der UdSSR verlegt, Befestigungen errichtet, Flugplätze und Bereitstellungsräume für den Angriff vorbereitet wurden. Ab dem 10. April beförderte man Truppen und schwere Technik faktisch ohne Tarnung über Warschau, Bratislava und andere Verkehrsknotenpunkte nach Osten. Die sowjetische Aufklärung stellte fest, daß an die deutschen Offiziere topographische Karten der grenznahen Räume der UdSSR ausgegeben und Kurse zum Erlernen der russischen Sprache eingerichtet wurden.

Am 5. Mai legte die Hauptverwaltung Aufklärung des Generalstabes der Roten Armee Stalin, Timoschenko und anderen Mitgliedern der politischen und militärischen Führung einen Bericht über die Dislozierung der deutschen Truppen längs der Grenzen der Sowjetunion vor. Darin wurde ihre Gesamtstärke mit 103 bis 107 Divisionen angegeben. In Ostpreußen waren 23 bis 24 Divisionen konzentriert. Dem westlichen (belorussischen) Sondermilitärbezirk standen 29 Divisionen, dem Kiewer Militärbezirk 31 bis 34 Divisionen gegenüber; in der Karpato-Ukraine waren vier, in der Moldau und der nördlichen Dobrudscha 10 bis 11 Divisionen stationiert. Man erwartete weitere Verstärkung, unter anderem Einheiten, die in Jugoslawien nicht mehr gebraucht wurden.[34]

In Kenntnis dieser Tatsachen hielt Stalin am selben Tag im Kreml eine Rede vor Absolventen von 16 Militärakademien. Von einigen dort anwesenden Offizieren (aus denen mit der Zeit Generale wurden) und Generalen (die später die Militäruniform gegen die der Diplomaten eintauschten) erfuhr der Verfasser folgendes über Stalins Aussagen bei diesem Anlaß:

Er sprach frei und ging, wie gewöhnlich, wenn er laut dachte, vor dem Präsidiumstisch auf und ab, an dem Wjatscheslaw Molotow sowie weitere Mitglieder der politischen und militärischen Führung saßen. Der Krieg steht vor unserer Haustür, erklärte der Diktator, Hitler ist bereit, in der Sowjetunion einzufallen. Es wäre ein Glücksumstand, wenn es denen – mit einer Handbewegung wies er auf den Volkskommissar für Auswärtige Angelegenheiten – gelänge, die Aggression ein paar Wochen, vielleicht auch ein oder zwei Monate aufzuhalten. Aber allein auf unser Glück dürfen wir uns nicht verlassen. Deshalb sollten die Offiziere, wenn sie nun die ihnen anvertrauten Einheiten und Truppenteile aufsuchten, unverzüglich mit Selbstzufriedenheit und Schlamperei aufräumen, jede Stunde und jede Minute für die Vorbereitung ihrer Untergebenen auf die bevorstehenden schweren Prüfungen nutzen, diesen vor allem aber die Sicherheit vermitteln, daß die Aufgaben zur Verteidigung des Landes lösbar seien, wenn jeder Kämpfer und jeder Kommandeur treu seine Pflicht erfülle. Weiter erging sich Stalin über die Besonderheiten des modernen Krieges, die Notwendigkeit, sich die neue Technik anzueignen, die bereits an die Truppen geliefert werde. Das Volk habe Armee und Flotte Waffen gegeben, die denen des Gegners in nichts nachstünden und so fort.

Das ist mit und ohne Einzelheiten recht wahrheitsgetreu in der Literatur und in einigen Protokollen von Verhören 1941 gefangengenommener Offiziere der Roten Armee wiedergegeben. Nicht von tendenziöser Darstellung, sondern von regelrechter Fälschung muß man aber dort sprechen, wo Stalin der Gedanke zugeschrieben wird, er habe der Aggression Hitlers mit eigenen militärischen Aktionen zuvorkommen wollen.

Ausgehend von der damaligen Militärdoktrin sprach er davon, daß es notwendig sei, den Überfall nicht nur zurückzuschlagen, sondern den Widersacher zu verfolgen und zu bestrafen. Wenn Stalin auch Gegenaktionen nicht verwarf, so berührte er doch nirgendwo das Thema eines Präventivschlages.

Hier könnte man den Schlußpunkt setzen und das niederschmetternde Urteil Heinrich Schwendemanns über die Versuche zitieren,

Hitler reinzuwaschen und die größte seiner Untaten – den Krieg zur Vernichtung und Versklavung der Sowjetunion – für einen »Akt der Selbstverteidigung« auszugeben:

»Alle Versuche, Stalin einen Teil oder sogar die alleinige Schuld für den deutschen Angriff zuzuschieben, sei es durch eine offensive sowjetische Außenpolitik, die Hitler angeblich keine andere Wahl gelassen habe, oder durch die Wiederbelebung der unsäglichen Präventivkriegsthese, ›daß im Sommer 1941 der eine Aggressor, Hitler, die letzte Gelegenheit hatte, dem anderen Aggressor zuvorzukommen‹, entbehren jeder Grundlage. Die abenteuerlichen Thesen eines dubiosen sowjetischen Überläufers, die in der Behauptung gipfeln, Stalin habe für den 6. Juli 1941 einen Angriff auf Deutschland geplant, führen diese Versuche, die alleinige Verantwortung der deutschen Seite am vertragsbrüchigen Überfall auf die Sowjetunion abzuschwächen oder gar zu leugnen, vollends ad absurdum.«[35]

Aber dieser Unsinn wird nicht um seiner selbst willen erfunden und verbreitet. Manchem scheint er gegen Alpträume zu helfen, die ihm noch heute den Schlaf rauben. Das wäre halb so schlimm. Die Variationen um das »präventive Vorgehen« Hitlers erfreuen sich jedoch größter Nachfrage beim eingefleischten und wirklich gefährlichen Revanchismus, der nicht auf die Ergebnisse, sondern auf die Ursprünge des Krieges zielt. Nein, für den Schlußpunkt ist es noch zu früh. Selbst wenn ein Überläufer wie Resun sich nicht mehr wie bisher W. Suworow, sondern Alexander von Mazedonien oder Napoleon Bonaparte nennen sollte, wird sein Geschreibsel davon nicht überzeugender. Aber Werner Maser, der vor den Augen des uneingeweihten Lesers in teilweise echten Dokumenten blättert, ist durchaus in der Lage, diesem ein X für ein U vorzumachen.

Marschall Alexander Wassilewski nahm 1948 ein Papier, das er in einem einzigen Exemplar von Hand zur Vorlage bei Stalin geschrieben hatte, aus seinem persönlichen Safe und ließ es in der operativen Hauptverwaltung des Generalstabes registrieren. Es ist weder von Semjon Timoschenko noch von Georgi Schukow abgezeichnet, obwohl Werner Maser und andere (damit beginnt die Fälschung) etwas anderes vortäuschen. Im Text wurde Platz für Unterschriften gelassen, falls die Konzeption höchste Billigung finden sollte.

Warum blieb das Papier bei Wassilewski liegen? Sicher deswegen, weil der künftige Marschall es gemeinsam mit General Nikolai Watutin ausgearbeitet hatte. Watutin wurde jedoch 1944 in Kiew von den Bandera-Leuten umgebracht.

Wann entstand dieses Dokument? Bei Werner Maser heißt es elegant: »Vor dem 15. Mai«. Das konnte der 1. Mai sein. Mit dem 1. April wäre es schon schwieriger, denn auf der nachlässig angefertigten Kopie ist das Wort »Mai« zu erkennen. In Wirklichkeit vertrauten Wassilewski und Watutin ihre Gedanken und Sorgen unmittelbar nach dem Treffen Stalins mit den Absolventen der Militärakademien und dessen kategorischer Feststellung, der Krieg stehe an der Schwelle, dem Papier an. Beide Generale brauchten für diese Arbeit vier bis fünf Tage. Dann übergaben sie ihren Entwurf Georgi Schukow, von dem er zu Semjon Timoschenko gelangte.

Bei der Begegnung am 5. Mai gerieten die Militärs zwischen zwei Feuer. Zu den wenig schmeichelhaften und zumindest zweideutigen Aussagen Stalins über die Streitkräfte im Augenblick höchster Gefahr für das Land zu schweigen, war noch riskanter, als Vorschläge zu machen.

Es ist nicht zuverlässig überliefert, wie der Volkskommissar für Verteidigung und der Chef des Generalstabes Stalin von diesen Überlegungen berichteten. Angesichts der Reaktion des Diktators auf Geheimdienstinformationen, früher vorgelegte Befehlsentwürfe für Armee und Flotte, auf die Warnungen aus London und Washington, eingedenk seiner Weisung, die Deutschen, die bei Aufklärungsaktionen auf dem Territorium der UdSSR in sowjetische Hände gefallen waren, äußerst zuvorkommend zu behandeln, war es durchaus möglich, daß Timoschenko und Schukow zunächst lediglich sondierten.

So oder so wurde der Diktator also davon in Kenntnis gesetzt, daß der Generalstab einige Überlegungen angestellt hatte, die sich aus seinen Aussagen vom 5. Mai ergaben. Der Grundgedanke lautete, den Angriff nicht abzuwarten, sondern ihm, wenn möglich, zuvorzukommen.

Das weitere ist dem Verfasser aus den Worten Semjon Timoschenkos bekannt. Bei einem der nächsten Rapporte fragten der Volkskommissar für Verteidigung und der Generalstabschef, ob Stalin schon Gelegenheit hatte, sich mit den Überlegungen des Generalstabs vertraut zu machen. Die Antwort war eine lange Tirade: Das bei der Begegnung am 5. Mai Gesagte sei für Truppenoffiziere bestimmt gewesen. Sie sollten mit der Gewißheit in ihre Einheiten gehen, daß man in

Moskau die Entwicklung der Lage genau verfolgte. Stalin wollte das Verantwortungsbewußtsein jedes Offiziers für die ihm übertragene Aufgabe stärken, die Wachsamkeit erhöhen und das militärische Können verbessern. Daraus ergaben sich jedoch keinerlei Veränderungen für die Außen- und Verteidigungspolitik. Wenn Sie Ihren Kopf auf den Schultern behalten wollen, fügte der Diktator finster hinzu, dann heulen Sie nicht mit den Provokateuren, die die UdSSR in einen Krieg mit Deutschland treiben wollen. Krieg dürfe es nicht geben. Es müsse also alles Mögliche und sogar das Unmögliche getan werden, daß es 1941 nicht dazu komme.

Aus dieser Abfuhr Stalins kann man schließen, daß er das Papier offenbar doch zur Hand genommen hatte. Allerdings hinterließ er keine Vermerke am Rande oder zwischen den Zeilen, sondern wies es als seinen Plänen und Gedanken nicht entsprechend zurück. Dieser Entwurf, der erst nach seiner Registrierung im Jahre 1948 zum Dokument wurde, hatte keinerlei Einfluß auf die operative Tätigkeit des Volkskommissariats für Verteidigung und des Generalstabes, wenn man einmal davon absieht, daß die Berichte der Hauptverwaltung Aufklärung an Stalin nun noch mehr abgeschliffen und die Informationen Richard Sorges und anderer erstklassiger Kundschafter dem Diktator gar nicht erst vorgelegt wurden.

Die TASS-Meldung vom 14. Juni, deren Botschaft lautete, mit den sowjetisch-deutschen Beziehungen sei alles im Lot und Deutschland halte seine gegenüber der UdSSR übernommenen Verpflichtungen getreulich ein, war nicht nur für die Öffentlichkeit, sondern auch für die militärische Führung des Landes bestimmt. Niemandem außer dem Diktator war es gestattet, schwarz auch schwarz zu nennen.

Es drängt sich die Frage auf, wer den Gefechtswert und die Kampfbereitschaft der Streitkräfte der UdSSR im Mai 1941 besser einschätzen konnte – ihre unmittelbare Führung, die Armee und Flotte angeblich offensive Aufgaben stellte, oder Stalin, der sie zum passiven Abwarten zwang? In dieser Form ist die Fragestellung offenbar gleich zweifach oder dreifach unkorrekt.

Wer gegen einen voll mobilisierten und erfahrenen Gegner wie Nazideutschland einen Angriff aus vollem Lauf plante, konnte eigentlich nur ein in den Wolken schwebender Phantast oder ein völlig unbedarfter Anfänger sein. Es gibt aber überhaupt keinen Grund, Semjon Timoschenko, Georgi Schukow, Alexander Wassilewski oder Nikolai Watutin

– besonders nach der eiskalten Dusche in Finnland – der Phantasterei, Naivität oder Großsprecherei zu bezichtigen. Ihr Vorstoß diente eher dazu, Stalin zur Diskussion herauszulocken, indem man zeigte, daß es zum Abwarten, das dem Gegner von vornherein die Initiative überließ, auch Alternativen gab. Das zum ersten.

Zweitens, wer wußte besser als Timoschenko, daß die Streitkräfte sich gerade in einer kritischen Phase befanden? Ging ihre Reorganisation doch unter seiner direkten Leitung vonstatten. Sie hatten von einem Ufer abgelegt, das andere aber bei weitem noch nicht erreicht.

Drittens sind Stalins Denken und Handeln im Winter, Frühjahr und Sommer 1941 nicht einfach vom gesunden Menschenverstand her zu beurteilen. Die Einschätzungen der deutschen Seite kamen 1941 der Wirklichkeit schon näher. Rußland wird »vieles tun, um den Krieg zu vermeiden«, bemerkte der stellvertretende Militärattaché in Moskau, Krebs. Stalin sei bestrebt, »alles zu tun, um den Konflikt mit Deutschland zu vermeiden«, heißt es im Militärtagebuch des Oberkommandos der Marine. »Stalin zittert vor den nahenden Ereignissen«, erklärte Hitler Goebbels am 15. Juni 1941.

Die Wahrheit des Lebens nicht zu akzeptieren, war dem sowjetischen Diktator in Fleisch und Blut übergegangen. Um dem Krieg zu entgehen, floh er vor sich selbst, vor seinem Verfolgungswahn und pathologischen Mißtrauen. Stalin, der die besten Heerführer der UdSSR vernichten ließ, glaubte keinem ihrer Nachfolger. Ihn trieb nur noch panische Angst. Der Diktator fürchtete die Dunkelheit und schlief in hell erleuchteten Räumen. Hier aber, in der Politik, erwartete ihn pechschwarze Nacht – was sollte werden, wenn der Alptraum zur Wirklichkeit wird? Er wollte die Stunde der Wahrheit um keinen Preis zulassen. Wenn es keinen Anfang gab, dann entfiel vielleicht die Fortsetzung, die ihn mit ihrer Ungewißheit schreckte.

Was ist schlimmer – etwas nicht zu wissen oder im vollen Bewußtsein der Tatsachen nicht adäquat zu handeln? Die Berichte langjährig bewährter geheimer Mitarbeiter, die völlig unabhängig voneinander eintrafen, stimmten ab Ende Mai in einem überein: Der Krieg beginnt am Sonntag, dem 22. Juni, im Morgengrauen. Nein, das sei Desinformation. Die Daten darüber, daß die Verbände der Wehrmacht und der Satelliten Deutschlands am 16. Juni endgültig in ihre Ausgangspositionen einrückten, seien unwiderlegbar, nicht überzeugend. Mit der Besetzung Dänemarks und Norwegens im Jahre 1940 hatte das Reich der

UdSSR die freie Durchfahrt aus der Ostsee und dorthin zurück versperrt. Als Bulgarien faktisch dem »Dritten Reich« unterworfen und die Türkei willfährig gemacht war, wurden auch die Ausgänge des Schwarzen Meeres verschlossen. Das war unangenehm, aber nicht tödlich.

Am 11. Juni erhielt die deutsche Botschaft die Weisung, Dokumente zu vernichten. Die Vertreter der großen deutschen Firmen, die an sowjetischen Aufträgen arbeiteten, verließen überstürzt das Land. Nichts als Nervenkrieg. Admiral Nikolai Kusnezow meldete Stalin am 13. Juni, deutsche Schiffe verließen sowjetische Häfen. Er bat um die Erlaubnis, die sowjetischen Schiffe aus deutschen Häfen abberufen zu dürfen. »Der Chef warf ihn hinaus«, schrieb der Leiter von Stalins Sekretariat, Alexander Poskrjobyschew.

Regelmäßig wurde die sowjetische Grenze nun von Flugzeugen der deutschen Luftwaffe und Patrouillen der Bodentruppen verletzt. Registrieren, aber nicht reagieren, lautete die Festlegung. In der letzten Woche vor Kriegsbeginn stellten deutsche Lieferfirmen die Verladung von Werkzeugmaschinen, Motoren, Geräten und anderen Gütern ein, die für den Abtransport in die UdSSR bereitstanden. Das hinderte die sowjetische Seite nicht daran, noch in der Nacht vom 21. zum 22. Juni sowjetisches Getreide auf den Weg ins Reich zu bringen.

Gab es jemanden, auf den Stalin hörte? Den gab es. In einem Bericht Berijas vom 21. Juni lesen wir:»Dekanosow bombardiert mich mit ›Desinformationen‹ darüber, daß der ›Überfall‹ morgen beginnt. Der Militärattaché, Generalmajor Tupikow, behauptet ›unter Bezug auf seine Agenten in Berlin, drei Armeegruppen der Wehrmacht werden Moskau, Leningrad und Kiew angreifen. Er fordert frech, wir sollten diese Lügner mit Funkgeräten ausrüsten.‹ Aber meine Leute und ich, Jossif Wissarionowitsch, halten uns fest an Ihre weise Voraussage: Im Jahre 1941 wird Hitler uns nicht überfallen!«

Stalin hatte die Möglichkeit, in Churchills Geheimnisse zu schauen. Er wußte, daß die Informationen über aggressive Absichten Nazideutschlands nebenbei auch dem Zweck dienen sollten, Moskau zu vorbeugenden Operationen gegen das Reich zu drängen, solange dieses noch mit der Überwältigung Jugoslawiens alle Hände voll zu tun hatte. Wenn jemand der sowjetischen Führung den Gedanken an einen Präventivschlag suggerierte, dann sollte man ihn eher in London suchen als in der sowjetischen Hauptstadt.

Wir werden kaum erraten, welche Chimären Stalins Phantasie hervorbrachte, als die Berichte der Aufklärung über Londons Winkelzüge zum Beispiel aus dem Munde des britischen Botschafters Stafford Cripps Bestätigung fanden. Am 12. April stellte dieser faktisch die Forderung, die Sowjetregierung möge unverzüglich Jugoslawien und Griechenland zu Hilfe kommen. Am 18. April überreichte er Andrej Wyschinski ein Memorandum, das die Drohung enthielt, *entweder die UdSSR stelle sich eindeutig auf die Seite der Gegner Deutschlands, oder Großbritannien werde mit diesem einen Friedensvertrag schließen und ihm damit den letzten Freiraum für die Expansion nach Osten öffnen.* Außerdem hatte sich auch noch Heß auf die Britischen Inseln begeben. Wie es hieß, auf eigene Initiative. Aber vielleicht hatte man ihn auch dorthin eingeladen? Wozu, war klar. Wer? Da konnte man sich denken, was man wollte.

Von den USA war nichts zu erhoffen. Die Frau des Botschafters Steinhardt wies am 5. Mai an, alles Silber, Tisch- und Bettwäsche zum Abtransport nach Amerika vorzubereiten. Am nächsten Tag erklärte sie, indem sie sich auf ihren Mann berief: »Die Deutschen werden einen schrecklichen Blitz veranstalten. Das Volk wird sich erheben. Das verstehen die Deutschen ganz genau.« Am 1. Juni begann der Botschafter selbst für eine rasche Evakuierung die Koffer zu packen. Am 20. Juni erkundete er persönlich den Weg, auf dem man sich im schlimmsten Falle aus der Residenz in Moskau auf eine in der Ortschaft Tarassowka gemietete Datscha absetzen könnte. Steinhardts Wagen hatten Ortsbewohner gestoppt, die den Botschafter für einen Spion hielten. Beobachtungsposten eilten dem amerikanischen Diplomaten zu Hilfe.

Für solch pikante Dinge fand Stalin Zeit. Er saugte sie in sich auf und hielt sie in seinem außergewöhnlichen Gedächtnis fest. Steinhardt vergaß er so rasch nicht, wie auch die Informationen darüber, daß Vertreter der amerikanischen Administration ihre Kontakte zu antibolschewistischen Emigranten in den USA aktivierten. Die Art dieser Kontakte wies darauf hin, daß das Vorhaben der USA, die Anerkennung der UdSSR zu widerrufen, konkretere Formen annahm oder Washington gar an seiner Politik für den Fall arbeitete, daß die Sowjetunion nach einer militärischen Niederlage gegen Deutschland verschwand.

Wohin er, der Herrscher über ein Riesenreich, auch schaute, nirgendwo ein Hoffnungsschimmer. Aber am allerwenigsten stand ihm der Sinn danach zu beichten, was er selbst heraufbeschworen oder herbeigeführt hatte.

6 »Ausrotten, dezimieren, ausplündern, kolonisieren!«

Am 22. Juni 1941 bei den ersten Strahlen der aufgehenden Sonne[1], brach die Hölle los. Tausende Tonnen Bomben und Artilleriegeschosse hagelten auf Grenzstationen, Stellungen, Flugplätze, Verkehrsknotenpunkte, Stäbe der Roten Armee, Städte und Ortschaften der Sowjetunion längs der gesamten Grenze von der Ostsee bis zum Schwarzen Meer nieder. Ihre Häfen von Venspils und Liepai bis Tallin und Tartu wurden vermint. Ohne Kriegserklärung begann Hitler seinen »eigentlichen Krieg«, wie es in der Monographie *Das Deutsche Reich und der Zweite Weltkrieg* heißt.[2] Er plante, mit der UdSSR in einem *Einfrontenkrieg* fertig zu werden, fest davon überzeugt, daß im Westen keine lästigen Überraschungen zu erwarten waren.[3] Dem »Führer« schwebte ein Kontinentalimperium vor, das den »russischen Raum« als notwendige Voraussetzung umschloß, um »Weltpolitik zu betreiben«.[4]

Die Geschichte kennt nicht wenige Kriege, die auf die Vernichtung des Gegners abzielten, um Raum für eine Neubesiedlung zu schaffen, wie man bei der Brandrodung den Wald anzündet, um ein Stück Land zu gewinnen, das man bebauen will. Und doch kann keiner dieser Kriege, auch nicht im 20. Jahrhundert, mit dem »Rußlandfeldzug« des Nazireiches verglichen werden.

Das war ein Krieg im üblichen Sinne, und er war es auch wieder nicht. Alle Formalitäten, Normen und Konventionen der Kriegsführung fegte die Nazi- und Wehrmachtführung im Falle der Sowjetunion von vornherein beiseite. Dieser Krieg war auch nach seiner Philosophie und seinen Zielen mit keinem anderen zu vergleichen. Hitler umriß sie in einer Rede vor 250 Generalen am 30. März 1941 so: »Ausrottung des ›jüdischen Bolschewismus‹, die Dezimierung der slawischen Bevölkerung, Ausplünderung und Kolonisierung der eroberten Gebiete.«[5]

Die niedrigen Beweggründe und heimtückischen Methoden, die sorgfältige Planung unmenschlicher Akte, der Grad, in dem Militärangehörige sowie Mitarbeiter anderer staatlicher und nichtstaatlicher Institutionen in Verbrechen hineingezogen wurden, die Dimensionen und die zeitliche Länge dieser Orgie der Gewalt machen diesen Feldzug zu einem Ereignis ohne Beispiel.

»Hitlers ›Programm‹«, schreibt F. Fischer, »steht in der Kontinuität der deutschen Geschichte ... Konstante in Hitlers Weltbild war die sozial-darwinistische Überzeugung, daß der Kampf ums Dasein nicht nur das Leben des einzelnen, sondern auch als universales Lebensprinzip die Entwicklung der Völker bestimme ...«[6]

Inwiefern Hitlers Politik sich in die Traditionen der deutschen Geschichte einordnet und diese fortsetzt, darüber kann gestritten werden. Unbestreitbar ist jedoch eines: In der Wehrmacht fanden sich im Überfluß Menschen, die an den verschiedensten und abscheulichsten Untaten Gefallen fanden. Und man kann sich nicht genug darüber wundern, wie selten Generalen und ihren Untergebenen der elementare Gedanke kam, was ihre Landsleute erwartete, wenn dieser »Krieg ohne Regeln« und moralische Schranken über ihr eigenes Land hereinbrechen sollte. Man konnte doch nicht ernsthaft anderen verweigern, was man sich selber herausnahm. Oder dachten sie – nach uns die Sintflut? Wir kommen aus dem Nichts und gehen ins Nichts?

Aus dem Kreise der mehr oder weniger bekannten offiziellen Persönlichkeiten wandte sich allein Admiral Canaris beispielsweise gegen die grausame Behandlung sowjetischer Kriegsgefangener. Dies natürlich nicht aus Sympathie zur UdSSR oder zu »Linken« jeglicher Couleur. Immerhin hatte er der Gruppe von Offizieren angehört, die die Ermordung Rosa Luxemburgs und Karl Liebknechts ausführte. Aber Canaris verlor selbst im Sommer 1941, als das Reich bereits im Vorgefühl des Sieges schwelgte, nicht seine Fähigkeit zur nüchternen Analyse. Er wußte, der Rausch verflog, und wie sollte es dann weitergehen? Auf den Admiral wollte jedoch niemand hören.

Als Hitler seinen »Rußlandfeldzug« konzipierte, hatten er und faktisch die ganze Generalität keinerlei Zweifel daran, daß dies ein voller Erfolg werde. *Es wurden keine Alternativen zu einem kurzzeitigen Feldzug ausgearbeitet.* Man legte keinerlei Reserven für unvorhergesehene Situationen an. Die Treibstoffvorräte waren für *700 bis 800 Kilometer Fahrt* berechnet, Munition und Lebensmittel *für 20 Tage*. Objektiv war das eine materielle Ausstattung für Operationen bis zu einer Tiefe von 500 Kilometern. Was fehlte, sollte durch »Selbstversorgung« beschafft werden. Das allerdings erwies sich bei der geplanten Konzentration der Kräfte und der technischen Mittel in den Bereichen, wo die Hauptschläge geführt wurden, als völlig wirklichkeitsfremd.[7]

Die 21. Panzer- und drei motorisierte Divisionen wurden mit erbeuteten Waffen und Technik – aus der Tschechoslowakei und Frankreich – ausgerüstet. Als man die Aggression gegen die UdSSR vorbereitete, kalkulierte man Beutewaffen, die übrigens den deutschen an Qualität nicht nachstanden, als wichtiges Element und Voraussetzung für die Lösung der gestellten Aufgaben ein.[8] Da die Laufwerke der Panzer und andere Verschleißteile kurz vor dem 22. Juni erneuert worden waren, erwartete man für einige Monate keine besonderen Komplikationen bei der Wartung. Sie sollten bis zum vollen Verschleiß genutzt und dann liegengelassen werden. Probleme traten erst auf, als der Zeitplan für den Siegeszug nicht aufging.

Das Oberkommando der Naziarmee hatte für den Überfall auf die Sowjetunion 4,6 Millionen Mann bereitgestellt – 3,3 Millionen Infanterie und SS-Einheiten, 1,2 Millionen Angehörige der Luftwaffe und etwa 100 000 Mann der Kriegsmarine. Die Wehrmacht stellte dafür 155 reguläre Divisionen (von insgesamt 208), 43 407 Geschütze und Minenwerfer, 3998 Panzer und Sturmgeschütze, die Luftwaffe 3904 Flugzeuge (von insgesamt 6413) zur Verfügung. Am 22. Juni waren 127 Divisionen der Wehrmacht in drei Heeresgruppen und der Norwegenarmee zusammengezogen. Vierzig Divisionen und 913 Flugzeuge (insgesamt 766 640 Mann) stellten zusätzlich Finnland, Rumänien, Ungarn und Italien dem Reich zur Verfügung oder für koordinierte Aktionen bereit. Flugzeuge für den Krieg gegen die UdSSR sandten auch Slowenien (51) und Kroatien (56).

40,2 Prozent aller Divisionen, darunter 52,9 Prozent der Panzerdivisionen unterstanden dem Kommando der Heeresgruppe »Mitte«. Sie erhielt Unterstützung vom größten Teil der Luftwaffe. Wesentlich schwächer mit Truppen besetzt war der Abschnitt der Norwegenarmee (fünf Divisionen und die bewaffneten Kräfte Finnlands, insgesamt 302 600 Mann).

Auf sowjetischer Seite standen in den fünf angrenzenden Militärbezirken 177 reguläre Divisionen. Die Stärke der Land- und Luftstreitkräfte sowie der Luftabwehr und der Grenztruppen des NKWD betrug insgesamt 2,78 Millionen Mann. Sie verfügten über 43 872 Geschütze und Minenwerfer, 10 394 Panzer (davon 1325 T 34), 8154 Flugzeuge (davon

1540 neuer Bauart). Dazu kamen 1422 Flugzeuge in der Nordmeer-, der Baltischen und der Schwarzmeerflotte sowie den Flottillen.

Der Gegner übertraf die sowjetische Seite bei den lebendigen Kräften um fast zwei Millionen Mann. Bei Panzern besaß die Rote Armee jedoch das Zweieinhalbfache, bei Flugzeugen das Doppelte. Was die taktisch-technischen Parameter betraf, so waren die sowjetischen Panzer und die Artillerie nicht schlechter als die deutsche Technik. Die neuen Flugzeugtypen konnten sich durchaus mit den Maschinen des Aggressors messen. Deshalb kann ein Mangel an »Panzern und teilweise an Flugzeugen« nicht, wie Stalin behauptete, als Erklärung für die Niederlagen und Mißerfolge der UdSSR im Sommer und Herbst 1941 herhalten. Das Verhängnis, das zu Beginn des Hitlerschen Überfalls mit solch unbändiger Wucht hereinbrach, hatte mehrere Wurzeln.

Der Diktator, und vor allem er, trägt die ganze Verantwortung dafür, daß der Aggressor die Streitkräfte in den westlichen Militärbezirken und das Land insgesamt so überraschend angreifen konnte. Stalins Zustimmung zu der Direktive, die die Truppen in Kampfbereitschaft versetzen sollte, war erst am 22. Juni um 0.30 Uhr erreicht worden, obwohl die sowjetische Führung seit Mitte Juni *nicht nur den Tag, sondern auch die genaue Stunde* des Überfalls kannte. Um die Direktive den Stäben und Truppen zu übermitteln, wurden unter den damaligen Verhältnissen etwa vier Stunden gebraucht. Das bedeutete, daß nicht einmal die Grenztruppen zu dem Zeitpunkt, als der Gegner losschlug, ihre Verteidigungsstellungen eingenommen hatten.

In einer Tiefe bis zu 50 Kilometer von der Grenze entfernt standen 42 Divisionen. Die Mehrzahl hatte bestenfalls ein Regiment ohne Unterstützungsmittel bis zur Staatsgrenze vorverlegt. 128 Divisionen waren in bis zu 500 Kilometer Entfernung untergebracht. Von den in den westlichen Militärbezirken stationierten Divisionen waren nur 21 komplett mit Personal und Waffen ausgestattet. In den meisten der übrigen fehlte bis zur Hälfte der Mannschaften; einige von ihnen waren überhaupt erst im Aufbau begriffen. Völlig untauglich waren die Organisation der Luftverteidigung sowie die Verteilung der Jagd- und Frontfliegerkräfte. Die schwächste Stelle aber war die Logistik.

Der strategische Plan des sowjetischen Oberkommandos erwies sich als vollkommen irrig. Es ignorierte die Erfahrungen der deutschen Feldzüge in Polen, Frankreich und auf dem Balkan. Sein Plan ging davon aus, daß die Kampfhandlungen erst allmählich anlaufen würden, die

Hauptkräfte der angegriffenen Seite daher etwa zwei Wochen für ihre Entfaltung hätten. Ein konzentrierter Überraschungsschlag wurde ernsthaft nicht erwogen. Im Hauptverteidigungsraum wurde kein Vorfeld geschaffen. Man setzte auf die neu errichteten Befestigungen entlang der Grenze (die sogenannte Molotow-Linie). Dort aber waren vielerorts die Bauarbeiten bis zum 22. Juni nicht abgeschlossen und die an der alten Grenze demontierten Waffen noch nicht aufgestellt. Zweite und weitere Verteidigungslinien waren nicht eingerichtet. Probleme des Zusammenwirkens, der Neuunterstellung und des Manövrierens mit den Truppen wurden nur unbefriedigend gelöst.

Diese Mängel, die dem Plan von Anfang an anhafteten und vor allem die Dislozierung und Entfaltung sowie die Führung der Truppen betrafen, bestimmten das Frontgeschehen bis zum Dezember 1941. Diese Fehler und Irrtümer konnten auch durch den Opfermut der Offiziere und Soldaten oder durch Quantität und Qualität der Kampftechnik nicht wettgemacht werden.

Der Vergleich der Zahlen und Konzepte ergibt keine erschöpfende Antwort auf folgende Fragen: Warum wurden am ersten Kriegstag 1811 sowjetische Flugzeuge (darunter 1489 am Boden) zerstört, aber nur 35 deutsche abgeschossen und etwa 100 beschädigt? Warum traf dieses Schicksal am 30. Juni immer noch 3143 sowjetische, aber lediglich 669 deutsche Maschinen? (Die Flugzeuge der Verbündeten des Reiches sind dabei nicht berücksichtigt.) Wie konnte es geschehen, daß die Wehrmacht in den ersten drei Wochen von Nordwesten 400 bis 500 Kilometer, von Westen 450 bis 600 Kilometer und von Südwesten 300 bis 350 Kilometer vorrücken konnte?

Die Soldaten und Unteroffiziere sowie die mittleren Kommandeure der Wehrmacht und der Luftwaffe hatten bereits drei, vier oder gar fünf Kriege hinter sich und dort ihre Kampferfahrungen gesammelt. Sie besaßen einen höheren Grad an Allgemeinbildung, technischem Wissen und Spezialkenntnissen. So betrug beispielsweise die Flugausbildung der sowjetischen Piloten 30 bis 150 Flugstunden, der deutschen dagegen etwa 450 Stunden. Ähnliche Unterschiede zeigten sich auch in Ausbildung und Können der Fahrer von Panzern und anderen Fahrzeugen. Die Soldaten der Roten Armee, die im Winter 1940 einberufen worden waren, immerhin etwa ein Fünftel der Mannschaftsstärke, hatten noch nicht einmal die einfachsten Feldübungen durchlaufen.

Zusammenfassend kann man sagen, daß die beträchtlichen Bemühungen zur Umrüstung und Reorganisation der sowjetischen Streitkräfte im Jahre 1940 und in den ersten Monaten des Jahres 1941, die enormen Mittel, die man zur Entwicklung und Herstellung neuer Technik aufgewandt hatte, ohne Erfolg blieben oder zunichte gemacht wurden.[9] Wir fügen hinzu, das war vorprogrammiert, solange man sich von abstrakten, spekulativen Doktrinen und Visionen leiten ließ, die nach dem Geschmack und den Launen des Diktators zurechtgeschnidert waren. Mit dem Fortgang des Krieges sollte er nach Aussage Georgi Schukows vieles in der strategischen und operativen Kunst erlernen. Aber jede Lektion, die Stalin nahm, wurde in all den Jahren mit einem hohen Preis – dem Leben und den Schicksalen Tausender, ja Millionen von Menschen bezahlt.

Die erste Augenblicksreaktion der Demokratien auf die Aggression Hitlers gegen die Sowjetunion ist höchst bemerkenswert und lehrreich im politischen, philosophischen und menschlichen Sinne. Der Meinungsaustausch zwischen dem amerikanischen Präsidenten und dem britischen Premierminister zu diesem Anlaß wird bis heute geheimgehalten. Kein Wort darüber ist in dem Sammelband *Roosevelt und Churchill. Their Secret Wartime Correspondence* zu finden, der 1975 in London erschien. Das von Warren Kimball herausgegebene dreibändige Werk *Churchill and Roosevelt: The Complete Correspondence* und die Memoiren Winston Churchills *Der Zweite Weltkrieg* enthalten die Botschaft des britischen Premierministers vom 15. Juni und eine Wiedergabe der mündlichen Antwort des Präsidenten darauf. Das ist alles. Lakonisch ist Robert Sherwoods Darstellung. Er zitiert einige allgemeine Wertungen Harry Hopkins', Henry Stimsons und anderer, konnte jedoch in den Gedanken und Einschätzungen Roosevelts selbst offenbar nichts entdecken, was einer Wiedergabe wert gewesen wäre.[10]

Der sowjetische Botschafter Konstantin Umanski meldete in einem Telegramm vom 22. Juni 1941: »Buchstäblich ganz Amerika steht im Banne des deutschen Überfalls auf unser Land.« Und weiter: »Roosevelt, das Regierungslager insgesamt und die hinter Roosevelt stehende Mehrheit im Kongreß haben heute zum deutschen Überfall auf unser Land eine schweigende, abwartende Haltung eingenommen ... Die Aussicht auf einen Sieg der Deutschen ist für ihn (den Präsidenten) nicht akzeptabel, da dies eine Bedrohung Großbritanniens und letzten Endes auch der Pläne der USA wäre; die Möglichkeit eines ›allzu‹ überwältigenden Sieges unserer Seite und dessen Auswirkungen auf ganz Europa schreckt ihn aber von seinen Klassenpositionen her. Der ganze Roosevelt und seine Politik ist gegenwärtig ein einziger Zickzackkurs zwischen diesen beiden Gegensätzen.«[11]

Die Verallgemeinerungen des Botschafters waren dem Niveau der damals üblichen Klischees angepaßt. Es gab wesentlich mehr Widersprüche als in dem Telegramm genannt. Andererseits erfaßte der Botschafter eine fernliegende Tendenz, die erst einige Jahre später reales Gewicht erhalten sollte, sich im Sommer 1941 aber gar nicht aktuell ausnahm. In jenen angespannten Wochen dachte wohl kaum jemand in Washington ernsthaft an einen »allzu« überwältigenden Sieg der Sowjetunion. Strategie und Taktik der USA beruhten auf anderen Prämissen.

Das Dilemma lautete: Sollten die USA auf eine möglichst rasche Niederlage der UdSSR hinwirken oder darauf, daß sich die sowjetischdeutsche Auseinandersetzung in die Länge zog, die Wehrmacht in den Weiten der Sowjetunion auf deren Kosten zermürbt und Deutschland so für die Annahme der Forderungen der Westmächte sturmreif geschossen wurde? Verschiedene Varianten dafür hatten der »Sonderausschuß für Fragen der Außenpolitik« beim State Department unter Leitung von Sumner Welles seit Anfang 1940 und parallel dazu auch der britische Sonderausschuß zur Untersuchung von Fragen des Friedens formuliert. Der Welles-Ausschuß hatte den Auftrag, die Grundprinzipien zu umreißen, »die einer *annehmbaren Weltordnung* nach Abschluß der gegenwärtigen Kriegshandlungen zugrunde gelegt werden sollten – vor allem unter Berücksichtigung wichtiger Interessen der Vereinigten Staaten«.[12]

»Der Vorrat an Klassenhaß gegen uns ist in den USA sehr groß«, betonte Konstantin Umanski.[13] Menschen unterschiedlichster politischer Couleur von einflußreichen Katholiken und professionellen Antikommunisten bis zu Erzreaktionären vom Schlage des Expräsidenten Herbert Hoover oder der Senatoren Robert Taft und Arthur Vandenberg sowie offene Anhänger des Nazismus ließen sich von der neuen deutschen Aggression zu Träumen von einer »politischen Neuordnung Kontinentaleuropas« inspirieren. Für diese Politiker und ihre Kreise stellte sich die Frage überhaupt nicht, ob man der Sowjetunion helfen sollte. Selbst der Gedanke Trumans, Deutsche und Russen jeweils im Wechsel zu unterstützen, damit sich »möglichst viele gegenseitig umbringen«, war ihnen nicht orthodox genug, denn er schloß, zumindest theoretisch, auch zeitweilige Erfolge der UdSSR ein. Burton Wheeler, Robert Taft, Hamilton Fish und andere versuchten, ihrem Land eine Sicht aufzudrängen, wonach der Sieg des Nazismus einem Triumph des Kommunismus in jedem Falle vorzuziehen war.

»Wenn Roosevelt und Churchill«, schrieb Hamilton Fish, »wirklich ehrlich die Welt von totalitärer Bedrohung hätten befreien wollen, dann hatten sie diese gottgegebene Möglichkeit am 22. Juni 1941. England hätte mit Hitler zu den günstigsten Bedingungen Frieden schließen können. Hitler hatte überhaupt keine Ziele in den Vereinigten Staaten. Wir wären in keiner Weise durch diese Ereignisse bedroht gewesen. Hitler und Stalin hätten sich gegenseitig erschöpft. Genau das entsprach der außenpolitischen Vision Baldwins und Chamberlains. Der damalige Senator Truman, Senator Vandenberg und viele andere unterstützten diese Politik mit Nachdruck, weil sie den Vereinigten Staaten zusammen mit England Vorrang in der Welt belassen hätte.«[14]

Fish war bereit, Großbritannien und Frankreich zu opfern, da sie im Krieg gegen den Nazismus an der Seite der UdSSR kämpften. Den Krieg Deutschlands gegen die Demokratien hielt er für die Folge eines strategischen Irrtums Paris' und Londons, die dem Reich Handlungsfreiheit im Osten verwehrt hatten.[15]

Was aber dachten die Mitstreiter und Berater des Präsidenten, die sein besonderes Vertrauen genossen? Hier Harry Hopkins' erste Reaktion: »Die Politik des Präsidenten, England zu unterstützen, hat sich wahrhaftig bezahlt gemacht! Hitler ist nach der anderen Seite abgeschwenkt.«[16] Henry Stimson legte Roosevelt ein Memorandum vor, das die Sicht des Chefs des Generalstabes, General Marshall, und der Mitarbeiter der Militärischen Planungsabteilung wiedergab:

»Erstens: Sie beurteilen die beherrschenden Voraussetzungen folgendermaßen:

1. Deutschland wird mindestens einen Monat und, möglicherweise, allerhöchstens drei Monate vollauf damit beschäftigt sein, Rußland zu schlagen.

2. Während dieser Periode muß Deutschland folgende Pläne aufgeben oder aufschieben:

a) Jede Invasion der britischen Inseln.

b) Jeden Versuch, Island selber anzugreifen oder uns daran zu hindern, es zu besetzen.

c) Einen Druck auf Westafrika, Dakar und Südamerika auszuüben.

d) Jeden Versuch, die britische rechte Flanke in Ägypten auf dem Umwege über Irak, Syrien oder Persien zu umgehen.

e) Wahrscheinlich auch die Aufgabe, den Druck in Libyen und im Mittelmeer aufrechtzuerhalten.

Zweitens: Sie waren einhellig der Meinung, daß man diese kostbare und unerwartete Frist benutzen sollte, um unsere Operationen auf dem Kriegsschauplatz des Atlantiks mit äußerster Energie voranzutreiben. Sie waren sich einig darüber, daß solch ein Druck von unserer Seite der beste Weg sei, England zu helfen, Deutschland einzuschüchtern und unsere eigene Verteidigungsstellung gegen die größte Gefahr, die uns droht, zu befestigen ...

Nachdem Deutschland in den Krieg mit Rußland eingetreten ist, hat sich unsere Sorge wesentlich verringert, aber wir müssen rasch handeln und unseren Rückstand bei den ersten Schritten (zur Stärkung der amerikanischen militärischen Positionen) aufholen, bevor Deutschland seine Füße aus dem russischen Sumpf wieder freibekommt ...

Dieser Akt Deutschlands ist beinahe ein Geschenk der Vorsehung. Diese letzte Illustration des Ehrgeizes und des Wortbruches der Nazis eröffnet für Sie große Möglichkeiten, die Schlacht im Nordatlantik zu gewinnen und die Verteidigung unserer Hemisphäre im Südatlantik zu sichern, wobei der Erfolg Ihrer Führung so vollständig sicher ist, wie man die erfolgreiche Erfüllung eines Planes auch nur garantieren kann.«[17]

»Erstens« und »Zweitens« in Stimsons Analyse passen eindeutig nicht zusammen. Hätte Deutschland innerhalb von drei Monaten die UdSSR in die Knie gezwungen, hätte man in Panik ausbrechen müssen und sich nicht freuen dürfen. Die Nazis hatten vor, drei Viertel der sowjetischen Betriebe, die strategische Materialien produzierten, unversehrt zu übernehmen, was zusammen mit den Hüttenwerken, dem Schwermaschinenbau und den Bergwerken das Industriepotential Deutschlands faktisch um die Hälfte vergrößert hätte. Diese Basis hätte ausgereicht, um nicht nur Großbritannien zu überwältigen, sondern auch die Vereinigten Staaten in die Schranken zu fordern.

Wenn es bei einer Position mit der Logik hapert, muß man nach tieferliegenden Motiven suchen. In dem hier vorliegenden konkreten Fall war der Blickwinkel so eingeengt, daß man Binsenweisheiten und das elementare Einmaleins vergaß. Es war wohl kaum auf Nachlässigkeit zurückzuführen, daß in Stimsons Papier die Frage umgangen wurde, ob man der Sowjetunion in irgendeiner Weise helfen konnte. Wenn allerdings der ganze Krieg nur einen Monat dauern und Moskau nach einer Woche fallen sollte, wie Steinhardt prophezeite, dann machte die ganze Aufregung keinen Sinn. Wenn man dem Sowjetstaat »maximal« noch ein Quartal gab, dann konnte man den Russen nur eine ehrenvolle Niederlage wünschen und dazu auch noch Beifall klatschen. Selbst beim aufrichtigsten Wunsch wäre jede Hilfe zu spät gekommen.[18] Aber was allein diesen Wunsch zu helfen betraf, so war die Lage in der Administration äußerst widersprüchlich.

Das State Department nahm nicht nur eine passive und defätistische Haltung ein. Die Beamten dieser Behörde behinderten nach Kräften die Anbahnung der Zusammenarbeit mit der UdSSR. Am 30. Juni 1941 übergab Konstantin Umanski Sumner Welles die dringende Bitte, der Sowjetunion Waffen, Rüstungsgüter und Ausrüstungen zu liefern. Der amtierende Außenminister versprach, seine Regierung werde die übergebene Liste unverzüglich einer sachlichen Prüfung unterziehen. Nach drei Tagen fragte der Botschafter bei Welles nach, wie die Prüfung des sowjetischen Ersuchens vorangehe, und erhielt eine hinhaltende Antwort.

Am 11. Juli teilte Harry Hopkins Umanski mit, Moskaus Antrag habe das State Department erst nach dem Gespräch des Botschafters mit dem Präsidenten einen Tag zuvor verlassen. Der Chef der Administration hatte entschieden, die Rußlandhilfe den »Bürokraten« aus der Hand zu nehmen, wie er es bereits früher mit der Umsetzung des Lend-Lease-Programms getan hatte. Hopkins bekannte, im amerikanischen Regierungsapparat gebe es nicht wenige, deren »politische Vorbehalte gegenüber der UdSSR stärker sind als ihre Loyalität bei der Erfüllung von Anordnungen des Staatschefs und des Oberkommandierenden der Streitkräfte«.[19]

Die veränderte Situation zwang den Präsidenten, Farbe zu bekennen. Er nahm Meinungen von allen Seiten entgegen, hörte jedoch nahezu auf niemanden. Roosevelt spürte instinktiv, wie oberflächlich und tendenziös die Urteile Stimsons und der Generalität, die Berichte der Botschafter und der Militärattachés waren, aber er fand keinen festen Boden, um eine eigene Position zu gestalten.

Der Chef der Administration hatte, wie bereits erwähnt, am Vorabend des deutschen Überfalls auf die UdSSR Churchill ermuntert, sich mit dem Kampf des sowjetischen Volkes verbunden zu erklären, die übereinstimmenden Interessen und Ziele im Krieg gegen den Nazismus zu betonen und die Sowjetunion als verbündete Macht zu behandeln. Seine Worte konnte man als das Versprechen auffassen, sich einer solchen Erklärung anzuschließen und diese damit zu einer gemeinsamen anglo-amerikanischen Willensbekundung zu machen.

Der britische Premierminister schlug diese Empfehlung nicht aus. Der Präsident seinerseits wies am 22. Juni den amtierenden Außenminister Sumner Welles an, den Überfall Deutschlands auf die UdSSR als »wortbrüchig« zu bezeichnen und zu erklären, für die USA bestehe das Hauptziel nun darin, den »umfassenden Eroberungsplan« Hitlers zu durchkreuzen. »Jeder Kampf gegen den Hitlerismus« diene dem Schutz und der Sicherheit der Vereinigten Staaten; die »Hitler-Armeen« seien »gegenwärtig die Hauptgefahr für den amerikanischen Kontinent«.[20] Roosevelt selbst meldete sich auf einer Pressekonferenz am 24. Juni zu Wort, wo er die Bereitschaft signalisierte, der Sowjetunion »alle nur mögliche Hilfe« zu gewähren. Damit ging er nicht über seine Erklärung vom 27. Mai hinaus. Die Frage, ob die Konditionen von Lend-Lease nun auch für diese Hilfe galten, beantwortete er nicht.

Angesichts konturloser amerikanischer Formulierungen erhielt Konstantin Umanski am 26. Juni den Auftrag, unverzüglich Präsident Roosevelt, Cordell Hull (oder in seiner Abwesenheit Sumner Welles) aufzusuchen, »von dem treubrüchigen Überfall Deutschlands auf die UdSSR zu berichten und anzufragen, welche Haltung die amerikanische Regierung zu diesem Krieg und zur UdSSR« einnehme. Es ging zunächst darum, die prinzipielle Position zu erkunden, deshalb wurde der Botschafter angewiesen, »die Frage nach Hilfe gegenwärtig nicht zu stellen«.[21] Die präzise Formulierung »Haltung zu diesem Krieg und zur UdSSR« traf den Nagel auf den Kopf. Schließlich gab es gewichtige Gründe, den eigenwilligen Demokratien eine zutiefst utilitaristische und konjunkturelle Sicht auf den Sowjetstaat sowie für diesen absolut unannehmbare langfristige Pläne zuzutrauen.

Den Ton schlug übrigens Churchill an. Seine bekannte Rundfunkrede vom Abend des 22. Juni 1941 wird in der Regel nur auszugsweise wiedergegeben und als Beispiel für die Anpassung des Denkens an veränderte Umstände dargestellt. Es hat sich sogar durchgesetzt, die »deutliche Erklärung« des Premierministers den glatten Phrasen aus Washington entgegenzustellen. Natürlich gab es da Nuancen, und nicht geringe. Es scheint jedoch, daß die sowjetische Führung damals mehr beunruhigte, was an Untertönen in den Erklärungen sowohl aus Washington als auch aus London mitschwang.

Was sagte Winston Churchill tatsächlich?

An seiner »persönlichen Haltung zum Kommunismus« änderte sich auch nach der deutschen Aggression gegen die Sowjetunion nichts. Die Einstellung des Premierministers zu diesem Volk und zu diesem Land wandelte sich jedoch, als er sah, wie die »russischen Soldaten an der Schwelle ihres Vaterlandes wachen und die Felder schützen, die ihre Vorväter seit undenklichen Zeiten beackert haben ... wie sie ihre Heimstätten verteidigen, in denen ihre Mütter und Frauen beten ...« Er sah »die Zehntausende von russischen Dörfern ... über die die Nazikriegsmaschine ... die hunnische Soldateska in scheußlicher Wildheit hereinbricht ...« Er sah »die kleine Gruppe verbrecherischer Männer, die diese Überfälle und diese Sturzflut von Schreckenstaten planen und organisieren ...«

»Wir haben nur ein Ziel, eine einzige unwiderrufliche Aufgabe«, fuhr Churchill fort. »Wir sind entschlossen, Hitler und jede Spur des Naziregimes zu vertilgen ... Wer, Mensch oder Staat, gegen den Nazismus kämpft, wird unseren Beistand haben. Wer, Mensch oder Staat, mit Hitler marschiert, ist unser Feind ... Das ist unsere Politik, und das ist unsere Proklamation. Daraus folgt, daß wir Rußland und dem russischen Volk jedmögliche Hilfe gewähren, die wir gewähren können. Wir werden an unsere Freunde und Bundesgenossen in aller Welt appellieren, den gleichen Kurs einzuschlagen und daran festzuhalten, wie wir dies getreu und ohne Schwanken bis zum Ende tun werden ...

Das ist kein Krieg der Klassen; es ist ein Krieg des ganzen Britischen Reiches und der britischen Völkergemeinschaft ohne Unterschied der Rasse, des Glaubens und der Partei ...

Diese [Hitlers] Invasion in Rußland ist nichts anderes als ein Auftakt zur Invasion der Britischen Inseln. Zweifellos hofft er, daß ihm all dies noch vor Einbruch des Winters gelingen wird, und daß er Großbritannien überwältigen kann, noch ehe Flotte und Luftmacht der Vereinigten Staaten auf dem Schauplatz erscheinen. Er hofft, daß er in größerem Umfang als je zuvor seine Taktik fortsetzen kann, die ihm bis jetzt Erfolg über Erfolg eingebracht hat, nämlich seine Feinde einen nach dem anderen zu vernichten und so alles für den Schlußakt vorzubereiten, ohne den alle seine Eroberungen vergeblich blieben – die Unterwerfung der westlichen Hemisphäre unter seinen Willen und sein System.

Die Gefährdung Rußlands ist daher unsere eigene Gefährdung und die Gefährdung der Vereinigten Staaten, und der Kampf jedes Russen für Heim und Herd ist der Kampf aller freien Menschen und aller freien Völker in allen Teilen der Welt. Lassen Sie uns die Lehre aus den hinter uns liegenden grausamen Erfahrungen ziehen. Lassen Sie uns unsere Anstrengungen verdoppeln und mit vereinter Macht zuschlagen, solange uns Leben und Kraft verbleiben.«[22]

Der Sowjetstaat wurde hier nicht bei seinem offiziellen Namen genannt. Nur einmal war von Sowjetrußland die Rede. Kein Wort über die Regierung der UdSSR. Churchill streckte seine Hand Rußland, dem russischen Volk, »jedem Russen« entgegen, der nicht ohne Schuld seiner Führung ins Unglück geraten war.

Hier ging es nicht um Semantik oder diplomatische Etikette, sondern darum, das hartgesottene britische Publikum anzusprechen, das schon bei der Erwähnung des Sozialismus außer sich geriet. Mehr noch: Churchill legte hier seine Auslegung von Sinn und Form der Zusammenarbeit mit der Sowjetunion, die ideologischen Grundlagen, die Möglichkeiten und Grenzen dieses Zusammenwirkens dar. Solange Rußland und seine Soldaten zur Rettung Großbritanniens und zur Erfüllung der von London gestellten Aufgaben beitrugen, konnten sie auf Hilfe rechnen, »soweit das Zeit, geographische Bedingungen und unsere wachsenden Ressourcen erlauben«.[23]

Derselbe Churchill lieferte später ein Musterbeispiel an menschlicher Niedertracht und politischer Undankbarkeit, als er in seinen Memoiren schrieb: »Ohne im geringsten die Schlußfolgerung, die die Geschichte ziehen wird, in Frage stellen zu wollen, daß der russische Widerstand die Kraft der deutschen Armeen brach und der Lebensenergie des deutschen Volkes eine tödliche Wunde schlug, ist es doch richtig, hier klarzumachen, daß uns Rußland noch über ein Jahr nach seinem Eintritt in den Krieg mehr als eine Last denn als eine Hilfe erschien.« Und an gleicher Stelle: »Rußlands Eintritt in den Krieg, so willkommen er war, brachte uns doch keine unmittelbare Entlastung.«[24]

Streitkräfte und Volk der Sowjetunion rieben unter unsäglichen Opfern und Mühen, ganz auf sich allein gestellt, die Hauptkräfte der Truppen Nazideutschlands auf. Großbritannien war der Gefahr eines deutschen Einmarsches enthoben und konnte, ohne sich dabei zu übernehmen, den berüchtigten »Blockadering« um das Reich aufbauen.

All das erschien ihm aber als eine »Last«. Wo waren der berühmte Scharfblick und der Geist Churchills geblieben? Geist ist noch nicht Weisheit, und selbst Weisheit ist nichts ohne innere Aufrichtigkeit.

Die schrecklichen Niederlagen und schweren Verluste der Sowjetunion in den Jahren 1941/42 buchte der Premierminister zuweilen indirekt, zuweilen aber auch mit unverhohlener Schadenfreude als Vergeltung für »Gleichgültigkeit gegenüber dem Schicksal anderer« ab, als Strafe dafür, daß man »nur an sich selbst gedacht hatte«. Kapitel XX in Band III,1 seiner Memoiren ist deshalb auch mit »Nemesis und die Sowjets« überschrieben. Der Drang, seine vorgefaßte These um jeden Preis zu verteidigen, bringt Churchill bisweilen in Widerspruch zu sich selbst. Denn fast an derselben Stelle konstatierte er, daß die sowjetischen Führer »Zeit gewonnen hatten, und als am 22. Juni 1941 schließlich ihre Schicksalsstunde schlug, waren sie weit stärker, als sich Hitler dies vorgestellt hatte«.[25]

Erneut im Widerspruch zu sich selbst zitiert Churchill ein interessantes deutsches Dokument, Überlegungen Ernst von Weizsäckers vom 28. April 1941, die die Zweckmäßigkeit des »Rußlandfeldzuges« in Frage stellten: »Man könnte es vielleicht für verlockend halten, dem kommunistischen System den Todesstoß zu geben«, schrieb Weizsäcker, »und vielleicht auch sagen, es liege in der Logik der Dinge, den europäisch-asiatischen Kontinent jetzt aufmarschieren zu lassen gegen das Angelsachsentum mit seinem Anhang. Entscheidend bleibt aber allein, ob dieses Unternehmen den Sturz Englands beschleunigt.

Zwei Fälle sind zu unterscheiden:

a) England steht nahe vor dem Zusammenbruch: rechnen wir hiermit, so wäre es verfehlt, die Engländer dadurch zu ermutigen, daß wir uns noch einen neuen Gegner vornehmen. Rußland ist kein potentieller Alliierter der Engländer. England hat von Rußland nichts Gutes zu erwarten. Die Hoffnung auf Rußland hält den englischen Zusammenbruch nicht auf.

b) Glauben wir nicht an den nahen Zusammenbruch Englands, so könnte sich der Gedanke aufdrängen, daß wir uns aus der Sowjetländermasse durch Anwendung von Gewalt verköstigen müssen … Ich sehe im Russischen Reich keine tragfähige Opposition, welche das kommunistische System ablösen und sich uns anschließen sowie sich uns dienstbar machen könnte. Wir hätten also wahrscheinlich mit dem Fortbestand des Stalin-Systems in Ostrußland und in Sibirien und mit dem Wiederaufleben von Feindseligkeiten im Frühjahr 1942 zu rechnen. Das Fenster nach dem Pazifischen Ozean bliebe zugeschlagen. Ein deutscher Angriff auf Rußland würde den Engländern nur neuen moralischen Auftrieb geben. Er würde dort bewertet als deutscher Zweifel am Erfolg unseres Kampfes gegen England. Wir würden damit nicht nur zugeben, daß der Krieg noch lange dauern werde, sondern könnten ihn auf diesem Wege geradezu verlängern, statt ihn abzukürzen.«[26]

Das schrieb Weizsäcker vor dem Flug des Rudolf Heß, diesem verzweifelten Versuch, wenn man sich nicht direkt mit London einigen konnte, wenigstens eine Zweitauflage des »seltsamen Krieges« im Westen zu erreichen, um so rasch wie möglich mit der UdSSR abzurechnen und, wie Hitler kalkulierte, zum Herren der Lage auf dem europäischen Kontinent zu werden. Die Entscheidung für »Barbarossa« und gegen »Seelöwe« ist in gewissem Maße dem Zeitfaktor geschuldet. So rasch wie möglich das Ziel zu erreichen, bedeutete unter anderem auch, die USA zu neutralisieren, bevor sie an Kraft gewannen und sich ihrer bewußt wurden.[27]

Was aber wollte Churchill beweisen, als er Weizsäckers Überlegungen wiedergab? Berief er sich auf den deutschen Diplomaten, um die Meinung zu stützen, die UdSSR sei der »Erbfeind« Großbritanniens, und damit die eigensüchtige Haltung gegenüber dem sowjetischen Verbündeten während des ganzen Krieges sowie den Bruch mit Moskau nach dem Sieg zu rechtfertigen? Oder wollte er sich damit in den Jahren des Kalten Krieges von dem Sündenfall reinwaschen, der ihn zur Zusammenarbeit mit den »Bolschewiken« veranlaßt hatte?

Es ist schwer, die Gedanken von Persönlichkeiten zu interpretieren, die so zu komplizierten Intrigen neigen wie der Chef des britischen Kriegskabinetts. Zweifellos bestand sein sehnlichster Wunsch darin, den Sieg im großen Krieg mit möglichst geringem britischen Blutzoll zu erreichen. Eine derart vertrackte Aufgabe war nur zu lösen, wenn man fremdes Leben, Millionen Soldaten und Bürger anderer Länder zum Opfer brachte.

Um dieses Zieles willen wurde Rußland zum Partner, nicht zum Verbündeten gegen Deutschland erkoren. Der Begriff »Verbündeter« kam in Churchills Rundfunkrede nicht vor, und das war kein Versehen. Erstens ging die militärische und politische Führung Großbritanniens davon aus, daß die Sowjetunion dem Aggressor höchstens drei bis sechs Wochen Widerstand leisten konnte. Direkte Hilfe für die UdSSR schloß man von vornherein aus. In einer Instruktion, die an die britischen Kommandeure auf den verschiedenen Kriegsschauplätzen versandt wurde, hieß es: »Die Zusammenarbeit wird sich nicht zu einem militärischen Bündnis entwickeln, wie auch keinerlei Pläne bestehen, Streitkräfte zu entsenden oder Kriegsmaterial zu liefern.«[28] Dies ist eine Entscheidung vom 18. oder 19. Juni, die Churchill in seiner flammenden Rede am 22. Juni geschickt ausklammerte.

Als, zweitens, der von dem britischen Orakel vorhergesagte Zeitraum abgelaufen war, veränderte sich Londons Position trotz allem nicht im konstruktiven Sinne. Über den demonstrativen »Händedruck« mit seiner politischen und psychologischen Wirkung ging man nicht hinaus, und auch zum Händedruck kam es nicht immer. Als eine sowjetische Militärmission unter Führung von General Filipp Golikow an die Themse kam, die bevollmächtigt war, das Vorgehen der beiden Mächte im Krieg gegen den gemeinsamen Feind zu koordinieren, gab das Foreign Office den Stabschefs die Empfehlung, »äußerlich einen herzlichen Umgang mit den Russen zu demonstrieren ... Um eine freundschaftliche Atmosphäre zu schaffen, sollten wir die Mitglieder der Mission unterhalten, ohne uns zu schonen ...« und dem Meinungsaustausch zu den eigentlichen Problemen aus dem Wege gehen.[29]

Die Behauptung, es sei eine »Große Allianz« entstanden, die durch die historische Literatur geistert, nennt Professor Gabriel Gorodetski einen Mythos. Churchill hat ihn »mit seinen tendenziösen Memoiren, die vieles entstellen«, nach Kräften genährt.[30] Der Premierminister stellt sich in seinen Werken als einen Politiker dar, der die britische Strategie entschlossen auf die neuen Bedingungen nach dem nazistischen Überfall auf die UdSSR einstellte und für ein koordiniertes Vorgehen mit Moskau eintrat. Stalin dagegen wirkt wie ein undankbarer Partner. Wenn man mit dem vergleicht, was Dokumente aus britischen Archiven aussagen, dann fällt dieser Mythos wie ein Kartenhaus in sich zusammen.

Der britische Botschafter in Moskau, Stafford Cripps, beschrieb die Linie Londons in den ersten Kriegswochen mit folgenden Worten: »Sie [die Mitglieder von Churchills Kabinett] wollen aus der Zusammenarbeit [mit der UdSSR] nur Vorteile ziehen, ohne etwas dafür zu leisten.«[31] In einem Brief an Churchill vom 6. Juli 1941 betonte der Botschafter, wenn Großbritannien den Russen nicht aufrichtig und in vollem Umfang das zur Verfügung stellt, worum sie bitten, dann bedeutet das, »zu ihrem Untergang beizutragen«.[32]

Es ist nochmals hervorzuheben – besonders in den ersten Kriegstagen vermieden es Washington und London, sich auf die sowjetische Führung zu beziehen oder gar ihr gegenüber Verpflichtungen einzugehen. In diesen ersten für die UdSSR allerschwersten Tagen des Krieges waren auf der offiziellen Ebene auch die schärfsten ideologischen Akzente zu verzeichnen. Ein rascher Zusammenbruch des Systems schien unabwendbar, und die Westmächte zerbrachen sich den Kopf darüber, wie man erreichen konnte, daß Rußland seinen Widerstand auch ohne die Sowjets fortsetzte.

Es ist allerdings auch nicht angebracht, in heiligem Zorn über die Heuchelei Londons und Washingtons im Sommer und Herbst 1941 die Hände über dem Kopf zusammenzuschlagen. Die Regierungen Großbritanniens und der USA mußten alle Möglichkeiten von A bis Z bedenken und unter anderem den Fall einer militärischen Niederlage der UdSSR einkalkulieren. Sollte man zu den Plänen der Jahre 1918/19 zurückkehren? Das war verlockend. Ebenso zweifelhaft war aber auch, daß das Reich seine Beute gutwillig teilen werde.

Wie der »Kompromiß« mit einem Deutschland aussehen konnte, das das europäische Festland beherrschte, mußte die Zeit erweisen. Inzwischen, glaubte man, war es angebracht, nach Kandidaten Ausschau zu halten, die Stalin und dessen Regime ablösen konnten. Am besten nach dem Prinzip der Rechtsnachfolge, indem man die Zeit von 1917 bis 1941 ruhig ausklammerte und dafür sorgte, daß künftige Partner sich den Demokratien ergeben zeigen würden. Kandidat Nummer eins als Herrscher über das poststalinistische Rußland war Alexander Kerenski, der Chef der letzten »Provisorischen Regierung«, die die Bolschewiki und die Sozialrevolutionäre im Oktober 1917 gestürzt hatten. Moskau war im Bilde, daß Kerenski sich diesem Vorschlag oder, etwas milder ausgedrückt, einer solchen Eventualität nicht verschloß, zugleich aber den Vorbehalt äußerte, er werde seine endgültige Entscheidung von der Zusammensetzung des künftigen Kabinetts, das er führen sollte, abhängig machen.

Unter Mithilfe »respektabler russischer Bürger« wurden Aufrufe an die Bevölkerung und Entwürfe von Dekreten vorbereitet, wurden »Fachleute« ins Auge gefaßt, die für einen Ausnahmezustand unerläßlich waren. Man verifizierte aufs genaueste, wer von den »Ehemaligen«

in der UdSSR überlebt hatte und zu wem man bei Notwendigkeit verwandtschaftliche oder andere Beziehungen aktivieren konnte. Man vergaß auch nicht die Eigentümer, die von der Nationalisierung und den Enteignungen während des Bürgerkrieges und bei der Demontage der Neuen Ökonomischen Politik durch Stalin gelitten hatten. Ein sehr aufwendiges Unternehmen kam ins Rollen, das noch dazu insgeheim vonstatten gehen mußte. Jegliche Indiskretion konnte zu ärgerlichen Komplikationen führen.

Hitlers Antibolschewismus und der Antibolschewismus der Demokratien – was war zwischen beiden stärker, die Anziehungskraft oder ihr Gegenteil? Ein Handicap blieb der Antisemitismus der Nazis. Aber vielleicht waren einige Pfade doch nicht ganz zugewachsen? Hitler sah sich nach Madagaskar als Ersatz für Auschwitz um, die Briten konnten sich nicht sofort entscheiden, was bessere Chancen versprach – Palästina oder Kenia. Hier zeigte sich nicht nur geographische Nähe.

Es ist anzunehmen, daß sich die Decke der Geheimhaltung mit dem Verschwinden der Sowjetunion nun wie ein Gletscher allmählich zurückzieht und, wenn nicht Sonderkanäle und spezielle Kontakte, so doch Verbindungen politischer Art freilegt: vom Weißen Haus zur Downing Street Nr. 10 und vom State Department zum Foreign Office. Wenn in Rußland heute die Frage der Rehabilitierung der Führer der weißgardistischen Bewegung von 1918 bis 1922 debattiert wird, dann gibt es auch bei den Demokratien keinen Grund, weiterhin geheimzuhalten, was die USA und Großbritannien in den Jahren 1941/42 in dieser Hinsicht dachten und taten.

Bisher sind möglicherweise Form und Ton der »Schattenpolitik« der Demokratien einer der Gründe für diese Zurückhaltung gewesen. Sie könnten Stoff für unangenehme Diskussionen liefern und die bisher gültige Geschichtsschreibung ins Schwanken bringen oder sogar untergraben. Es geht weniger um den Ruf offizieller Persönlichkeiten des Westens als um den der Systeme, wenn sich bestätigt, daß Washington und London bis September/Oktober 1941 weniger die Koordinierung der Strategien mit der UdSSR als vielmehr Szenario, Lexik und Musik der Totenmesse bei ihrem Abschied beschäftigte. Die offizielle und die Schattenpolitik erinnerten an zwei Linien, die sich weder in der Zeit noch im Raum schneiden. Das spricht für sich.

Stalin hatte also allen Grund, Formeln wie »Sowjetrußland« oder »die Russen« zu übernehmen und das Verhältnis der UdSSR zu den Westmächten soweit wie möglich zu entideologisieren. Ihm stand der Sinn nicht nach Vorwürfen; ihn bedrängten andere Sorgen. Um der Sache willen war man in Moskau bereit, auf das formale Protokoll zu verzichten.

Natürlich gab es auch vor dem 22. Juni in den USA Politiker, die ausgewogener als das offizielle Washington die Stalinsche Variante der Appeasement-Politik nach dem August 1939 einschätzten. Mit dem Beginn des »Rußlandfeldzuges« der Nazis kam jedoch vielen die Erleuchtung, daß die Sowjetunion die Interessen und die Lebensweise der Vereinigten Staaten niemals »ernsthaft bedroht« hatte.

In einem Memorandum für Harry Hopkins vom 8. Juli 1941 hob der ehemalige Botschafter der USA in Moskau, Joseph E. Davies, hervor, es sei »außerordentlich wichtig, in Stalin den Eindruck zu erwecken, daß er nicht etwa die ›Kastanien aus dem Feuer holt‹ für Verbündete, die … im Falle eines alliierten Friedens [gemeint nach dem Siege] ebenso seine Gegner sind wie die Deutschen, wenn diese siegen. Churchill und Eden haben, aus den früheren Fehlern lernend, dies offenbar erkannt und haben Rußland ›vorbehaltlos‹ ihre Unterstützung zugesagt.

Ich übersehe nicht die Tatsache, daß in diesem Lande breite Schichten der Bevölkerung die Sowjets bis zu einem Grade verabscheuen, daß sie auf einen Sieg Hitlers in Rußland ihre Hoffnung setzen … Man könnte den Versuchen Hitlers [Moskau zu einem Separatfrieden zu zwingen] beträchtlich entgegenwirken, wenn Stalin einiges Vertrauen gewinnen könnte, daß die [amerikanische] Regierung ungeachtet der ideologischen Differenzen in selbstloser Weise und ohne Vorurteil gesonnen ist, den Russen gegen Hitler zu helfen … Man sollte Stalin direkt wissen lassen … daß unsere bisherige freundschaftliche Haltung gegenüber Rußland nach wie vor besteht.«[33]

»In diesem letzten Punkt«, merkt Sherwood an, »glaubte Roosevelt, daß es am besten sei, sich nicht zu übereilen. Churchill hatte gesprochen, und es bestand kein Zweifel, daß Roosevelt hinter ihm stand.«[34] Die Zweifel blieben bestehen. Und doch unterschätzten wir den Präsidenten, wenn wir ihm in unserer Analyse Tatenlosigkeit unterstellten. Roosevelt handelte. Auf seine Weise.

Am 11. Juli 1941 wurde die Verantwortung für Lieferungen an die UdSSR durch Beschluß des Chefs der Administration dem Organ übertragen, das für Lend-Lease zuständig war. Die ersten Lieferungen wurden über die Lend-Lease-Kanäle abgefertigt, wenn auch noch nicht zu dessen Zahlungsbedingungen. Diese Methode, die Öffentlichkeit und den Kongreß daran zu gewöhnen, daß die Sowjetunion unter die Nutznießer des »Arsenals der Demokratie« eingereiht wurde, war offenbar klug gewählt. Am 7. November 1941 übermittelte Roosevelt durch Präsidentendirektive Stettinius *den Beschluß, die Verteidigung der UdSSR als lebenswichtig für die Verteidigung der Vereinigten Staaten zu betrachten* und *die Festlegungen des Lend-Lease-Gesetzes auf die sowjetische Seite anzuwenden.*[35]

Roosevelt war bei der Prüfung der sowjetischen Anträge nach Lieferung amerikanischer Rüstungsgüter und Materialien nicht kleinlich. Er forderte von seinen Mitarbeitern, die Ende 1941 abgegebenen Versprechen gewissenhaft zu erfüllen. Um so zurückhaltender verhielt sich jedoch der Chef der Administration in politischen Dingen.

Einer Abstimmung der strategischen Ziele und der Entwürfe für eine Nachkriegsregelung mit den Briten wich der Präsident zu dieser Zeit aus. Noch weniger ließ er den Wunsch erkennen, derartige Themen mit Moskau zu erörtern. Roosevelt sah mit Mißtrauen die sowjetisch-britischen Kontakte. Auf sowjetische Initiative wurde ein Abkommen über ein gemeinsames Vorgehen im Krieg gegen Deutschland erörtert und am 12. Juli 1941 unterzeichnet. Washington forderte von den Briten die Zusicherung, daß die Übereinkunft mit der UdSSR keinerlei den Amerikanern unbekannte Geheimklauseln einschließe und das Dokument nicht die Form eines Vertrages erhalte.[36]

Unbekannt ist die Reaktion des Präsidenten auf die Einschätzung, die Churchill über das Abkommen mit der UdSSR am 15. Juli im Unterhaus vortrug: »Es handelt sich zweifellos um ein Bündnis; das russische Volk ist jetzt unser Verbündeter«.[37] Eine solche Lesart war der persönlichen Evolution Roosevelts zu jener Zeit voraus. Als er am 13. Juli Harry Hopkins zum britischen Premierminister sandte, instruierte er diesen: »Wirtschaftliche oder territoriale Abmachungen – NEIN … Keinerlei Verhandlungen über den Krieg.«[38] Die Vertreter der Administration wiesen alle Andeutungen der britischen Seite weit von sich, im Interesse der militärischen Zusammenarbeit sei es wünschenswert, die Westgrenzen der UdSSR nach dem Stand vom 22. Juni 1941 anzuerkennen. An diesem Standpunkt sollten die Amerikaner noch lange festhalten, um auf die Sowjetunion Druck ausüben zu können.

Insgesamt zog es der Präsident vor, die aktuellen Seiten im Buch der Zukunft unbeschrieben zu lassen. Einige allgemeine Prinzipien schienen ihm ausreichend zu sein, um der Bewegung der Verbündeten einen mehr oder weniger übereinstimmenden Kurs zu verleihen. Konkrete Festlegungen verschob man auf später, wenn sich das Kräfteverhältnis klärte und die USA, so Gott wollte, zum obersten Schiedsrichter über die Schicksale der Nationen rund um den Globus geworden waren. Das betraf nicht nur die Sowjetunion, deren Existenz 1941 mit einem dicken Fragezeichen versehen war und deren Zerfall eine grundsätzliche Neuaufteilung der politischen und sozialen Weltkarte mit sich gebracht hätte. Washington hatte auch nicht vor, Großbritannien zu schonen, von Frankreich, das man geringachtete, ganz zu schweigen.

Etwas mehr Erleuchtung zeigte sich nach der Moskaureise Harry Hopkins' und dessen ausführlichen Gesprächen mit den sowjetischen Führern. Bei der Begegnung mit Stalin am 30. Juli standen Grundprobleme der internationalen Zusammenarbeit im Mittelpunkt des Dialogs. Der sowjetische Regierungschef legte das Schwergewicht darauf, daß »minimale Ehrenhaftigkeit von Gentlemen« erforderlich sei: unterzeichnete Verträge, die die Beziehungen zwischen den Staaten regulierten, müßten auf Treu und Glauben eingehalten werden; ohne dies sei friedliche Koexistenz undenkbar. Hopkins hob die Bereitschaft Roosevelts hervor, der UdSSR allseitige Hilfe ohne jegliche Vorbehalte zu gewähren.[39]

Aus amerikanischer Sicht fand das wichtigste Gespräch am 31. Juli statt. Stalin analysierte die Lage an der Front, stellte die Stärken und Schwächen der kämpfenden Seiten einander gegenüber, verglich die sowjetische und die deutsche Militärtechnik. Nach Hopkins' Bericht erklärte der sowjetische Führer mit großer Zuversicht, daß die Frontlinie im Winter vor Moskau, Kiew und Leningrad – wahrscheinlich nicht mehr als 100 Kilometer entfernt von ihrer aktuellen Position – verlaufen werde. Stalin gab dem dringenden Wunsch Ausdruck, die Briten mögen so bald wie möglich ihre Langstreckenbomber schicken, um die rumänischen Ölfelder zu bombardieren. In diesem Gespräch erklärte Stalin auch, er würde es begrüßen, wenn amerikanische Truppen an irgendeinem Teil der russischen Front erschienen, und zwar uneingeschränkt unter amerikanischem Kommando.[40]

Hopkins äußerte natürlich Zweifel, ob seine Administration auf das letzte Angebot eingehen werde. Soviel er wisse, erklärte Hopkins, sei die amerikanische »und wahrscheinlich auch die britische Regierung nicht geneigt, schwere Waffen wie Panzer, Flugzeuge und Flakgeschütze an die russische Front zu schicken, bis die drei Regierungen eine Konferenz abgehalten hätten, auf welcher die strategischen Ziele jeder Front sowie die Interessen der einzelnen Länder klargestellt und aufeinander abgestimmt würden«. Aber in seinem Bericht an den Präsidenten betonte Hopkins: »*Ich hielt es für unratsam, eine Konferenz abzuhalten, solange dieser Kampf noch nicht entschieden ist. Daher schlug ich [Stalin] vor, eine Konferenz zu einem so späten Datum wie möglich anzuberaumen (nicht vor dem 1. und nach dem 15. Oktober). Dann würden wir wissen, ob es noch eine Front geben werde oder nicht und wo ungefähr die Front während der kommenden Wintermonate verlaufen werde.*«[41]

Hier wird uns der dokumentarische Beweis geliefert, daß in der entscheidenden Phase des Zweiten Weltkrieges (man kann sie auch als die kritischste bezeichnen) die Sowjetunion der geballten Macht des faschistischen Blocks allein gegenüberstand. Von Sympathieerklärungen und dem Versprechen großzügiger Unterstützung in der Zukunft einmal abgesehen, fand sie sich alleingelassen, ohne praktische Hilfe von außen und ohne die feste Gewißheit, irgendwann mit solcher Hilfe rechnen zu können. Selbst Hopkins, der »Linksaußen« in Roosevelts Mannschaft, wie ihn Cordell Hull ironisch titulierte, fand es »äußerst unvernünftig«, bei einem Verbündeten oder Partner in großem Stil zu investieren, solange dieser nicht bewiesen hatte, daß es sich für die USA rentierte.

In ihrer gemeinsamen Botschaft an Stalin vom 15. August bekräftigten der US-Präsident und der britische Premierminister ihre Absicht, »die Güter in maximalem Umfang zur Verfügung zu stellen«, die die UdSSR »am nötigsten braucht«. Zugleich betonte man platonisch, daß es notwendig sei, »die Politik für einen längeren Zeitraum zu erörtern, denn vor uns liegt noch ein langer und schwerer Weg, bis der vollständige Sieg erreicht sein wird, ohne den all unsere Mühen und Opfer vergeblich wären«.[42]

Die Sowjetunion und die Westmächte waren eindeutig mit qualitativ ganz verschiedenen Herausforderungen konfrontiert. Für die UdSSR war es existentiell wichtig, die Hitler-Horden aufzuhalten und die Front zu stabilisieren. Die Briten und Amerikaner interessierte vordergründig, wie die Kräfte Nazideutschlands am dauerhaftesten gebunden werden konnten. Aus ihrer Sicht war es sekundär, wo die Front verlief. Für das Hitlersche Oberkommando bedeutete das Erreichen der Linie

Leningrad-Moskau-Archangelsk-Wolga-Kaukasus, daß der Sowjetstaat militärisch zerschlagen war.[43] Die Briten zogen auf ihren Stabskarten etwa dieselbe Linie als Ostrand in ihrer Strategie zur »Einkreisung Deutschlands«, von wo aus später eine Abschnürung des Gegners starten sollte.[44]

Um ihre Interessen im Nahen und Mittleren Osten bequemer schützen zu können, meinten die britischen Stabschefs, daß die Front längs der Hauptkette des Großen Kaukasus jener über die Ausläufer des Nordkaukasus vorzuziehen sei. Was bedeutete es schon, daß damit noch ein paar Hunderttausend Quadratkilometer mehr unter den Stiefel des Feindes gerieten, wo mehrere Millionen sowjetischer Menschen lebten. Die Briten sahen das alles sehr locker, schließlich ging es ja nicht um ihr Land.

»Wenn Deutschland in Rußland *festsitzt«,* lesen wir in einem Dokument des britischen Generalstabes, das für die anglo-amerikanische Konferenz Ende Juli 1941 vorbereitet wurde, »da*nn eröffnen sich damit günstige Möglichkeiten für die Sicherung unserer Positionen im Nahen Osten.«*[45]

Sollte ruhig halb Rußland verbrennen, wenn der Union Jack nur dort wehte, von wo zusammen mit dem Öl ungeahnte Profite sichtbar und unsichtbar in die Londoner City flossen! Lord Beaverbrook schrieb im nachhinein in einem Brief an Hopkins, Churchill habe dieses Risiko bewußt auf sich genommen.[46] London nährte die Illusion, daß es mit heiler Haut davonkommen würde, wenn es fremdes Los aufs Spiel setzte.

In Washington dachte man ähnlich. Der sowjetisch-deutsche Krieg war für Roosevelt kein zwingender Grund, seinen Standpunkt anzuzweifeln, die Erhaltung der Herrschaft über die Weltmeere sei wichtiger, als an gewissen Territorien festzuhalten. Am 1. Mai 1941 schrieb der Präsident an Churchill, »letzten Endes wird die Kontrolle der Marine über den Indischen und den Atlantischen Ozean zu gegebener Zeit den Sieg im Kriege sichern«. Nach seiner Meinung sollte man sich keine übermäßigen Sorgen darüber machen, daß Deutschland neue Gebiete erobert habe, da dort »wenig Rohstoffe« vorhanden seien, was »für die Unterhaltung riesiger Okkupationstruppen oder als Ausgleich für ihren Verbleib« nicht ausreiche.[47] War das nun Naivität, Traumtänzerei oder eine zutiefst unzeitgemäße Geste? Nein, es war eine Mentalität, von der man sich nur widerwillig und unter Schmerzen befreit.

Entsprechend unrealistisch waren auch die Vorstellungen von der Dauer des Krieges. Man konnte durchaus »ein Jahr warten, um sich nicht die Zähne an der deutschen Befestigungslinie jenseits des Kanals auszubeißen«[48], bekannte der »ehemalige Marinemann«, wie sich Churchill nicht ohne Rührung selbst nannte. Nicht einmal den einen oder anderen Zahn wollte man opfern.

Rußlands Rettung im Jahre 1941 hing davon ab, ob es den Russen gelänge, die Pläne der Nazis zu vereiteln: die Rote Armee blitzartig zu zerschlagen, die wichtigsten Industriezentren, darunter das Donezbecken, Moskau und Leningrad unzerstört in Besitz zu nehmen sowie dem Lande die Ausgänge zur Barentssee im Norden und zum Persischen Golf im Süden zu versperren.

Die arrogante Überheblichkeit und leichtsinnige Unterschätzung des Gegners ließ Hitler und seinen Feldherren eine gründlichere militärtechnische und wirtschaftliche Vorbereitung auf den »Kreuzzug nach Osten« überflüssig erscheinen. Im Juli 1940 befahl Hitler, wissenschaftliche Versuchsreihen einzustellen, deren Ergebnisse in den nächsten acht Monaten nicht zu militärischen Zwecken genutzt werden konnten.[49] Die Industrie des Reiches wurde nur teilweise auf die Kriegsproduktion umgestellt. Bald nach Beginn des Unternehmens »Barbarossa« befaßte man sich mit der Frage, wie die Produktionsprogramme bereits im Hinblick auf den nächsten Krieg, den Krieg gegen die USA, umgestellt werden konnten (Konzentration auf den Schiffbau, die Schaffung einer starken Flotte von Langstreckenbombern und so weiter).[50]

Im Sommer 1941 war Deutschland weder wirtschaftlich noch moralisch *auf etwas anderes als einen Blitzkrieg vorbereitet.* Der von seinen bisherigen Triumphen geblendete Feind, der jedes Maß verloren hatte, mußte aufgehalten werden. Koste es, was es wolle, mußte der Blitzkrieg zum Scheitern gebracht und die Wehrmacht gezwungen werden, sich einzugraben und alle Widrigkeiten des Stellungskrieges auf sich zu nehmen, wo es nicht in erster Linie auf das Kriegshandwerk, auf Drill und Disziplin, ja nicht einmal auf die »Kunst der Truppenführung« ankommt, sondern auf den moralischen und den psychischen Faktor, eben auf den Menschen. Die Kriegsmaschine des deutschen Imperialismus leerlaufen zu lassen, ihren Zeitplan zu stören und sie stärkeren Einflüssen zu unterwerfen als dem Willen des »Führers« und seiner Gefolgsleute – das bedeutete, das Reich in einem Krieg von der Art zu schlagen, die den Nazis bis zur Aggression gegen die UdSSR bisher nur unablässig Erfolge gebracht hatte und in die Hitler seine Sehnsucht nach dem Endsieg setzte.

Der Überfall Deutschlands auf die UdSSR veränderte die strategische Situation in der Welt auf radikale Weise. Für die sowjetischen Menschen wie auch für die Völker, die bereits unter faschistischer Besetzung lebten, veränderten sich in vieler Hinsicht Sinn und Wesen des Krieges. Für die USA und Großbritannien bestand die Veränderung dagegen vor allem darin, daß der 22. Juni sie von dem Alptraum befreite, eine Invasion der Nazis auf englischem beziehungsweise amerikanischem Boden könnte fatal nahe sein. Selbstverständlich waren die Westmächte ebenfalls bestrebt, Hitlers Strategie unwirksam zu machen. Das sollte jedoch im Einklang mit den langfristigen Zielen der Demokratien geschehen und in ihre Konzepte passen. Deutschland mußte in die Schranken verwiesen werden. 1941 war allerdings noch nicht ganz klar, worin diese Schranken bestanden. Vieles hing auch davon ab, in welchem Zustand die Sowjetunion den Augenblick des Sieges erlebte. Wenn überhaupt.

Bekannt ist Hopkins' Einschätzung von Anfang 1942: »Es scheint wirklich möglich zu sein, daß die Russen sie [die Deutschen] im nächsten Jahr zusammenhauen werden.«[51] Wenn der engste Berater des Präsidenten mit diesem Argument nicht nur General Marshall, sondern auch seinen Chef oder die Briten zu überzeugen versuchte, dann leistete er der UdSSR damit einen Bärendienst. Die Westmächte waren nämlich von der Aussicht gar nicht begeistert, daß das Fiasko des Blitzkrieges ohne Übergang in eine blitzartige Niederlage des »Dritten Reiches« umschlagen könnte.

Ein historisches Paradox? Ja. Die Vereinigten Staaten waren noch nicht dazu bereit, den Gegner auf dem Schlachtfeld zu besiegen. Washington rechnete sich aus, *im Sommer 1943* den Stand zu erreichen, der es ihm ermöglichte, den Verlauf des Krieges und mehr noch die Nachkriegsentwicklung entscheidend zu beeinflussen. Ein fremder Blitzsieg konnte alle möglichen Unannehmlichkeiten heraufbeschwören. 1942/43 hätte dies bedeutet, daß man die Chance einbüßte, den Zustand ausreichend zu nutzen, da, wie es der Vereinigte Ausschuß für strategische Planung vom 21. Dezember 1941 in einem Papier so elegant formulierte, »nur das Britische Weltreich und die Vereinigten Staaten über Truppen verfügen, die genügend frei vom Druck des

Gegners oder der Gefahr solchen Druckes sind, daß sie ungehindert manövrieren können«.[52]

Im Kriege ist es dann am schwierigsten, wenn man nicht unter mehreren Varianten auszuwählen hat, sondern sich in einer Situation entscheiden muß, da im Grunde keine Wahl bleibt und der unerbittliche Lauf der Ereignisse das Handeln bestimmt. Die USA verfolgten 1941 den strategischen Hauptgedanken, abzuwarten und sich nicht in ernste kriegerische Auseinandersetzungen in Europa hineinziehen zu lassen.

General Marshall und Admiral Stark hoben in einem Memorandum an den Präsidenten vom 27. November 1941, das heißt zehn Tage vor Pearl Harbor, hervor: »Wir müssen darauf achten, bei der Aufnahme der Kampfhandlungen *keine Übereilung* zuzulassen, solange das mit unserer nationalen Politik vereinbar ist.« Die nationale Politik der USA war offiziell darauf orientiert, »neutral« zu bleiben, in erster Linie Großbritannien materielle Hilfe zu leisten und daraus maximalen Vorteil zu ziehen.[53] Offiziere der Aufklärung und manche von den Stäben erklärten den Führern der USA und Großbritanniens im Sommer 1941 eindringlich, wenn man gewillt sei, gegen den Aggressor zu kämpfen, sei die Eröffnung einer *zweiten Landfront in Europa unverzichtbar.* Hier sei eine solche Front technisch leichter zu organisieren und einfacher zu versorgen als auf jedem anderen Kriegsschauplatz. Dies sei »die einzige Möglichkeit, den Sieg der Demokratien näherzubringen«[54]. Was die Stabsoffiziere nicht sahen, das bemerkten die Politiker. »Leichter« und »einfacher« waren für sie nicht die entscheidenden Kriterien.

Lord Beaverbrook, der britische Vertreter auf der sowjetisch-amerikanisch-britischen Konferenz vom 29. September bis 1. Oktober 1941 in Moskau, wo praktische Fragen der militärischen Zusammenarbeit beraten wurden, schrieb Mitte Oktober: »Unsere Strategie ist immer noch auf eine lange Kriegsdauer berechnet, eine Ansicht, die geeignet ist, den Blick für die unmittelbaren Anforderungen und die Gelegenheiten des Augenblicks zu vernebeln. *Man hat nicht einmal versucht, den neuen Faktor, der mit dem russischen Widerstand aufgetreten ist, in Rechnung zu ziehen* ... Es ist töricht zu behaupten, wir könnten nichts für Rußland tun. Wir können es, wenn wir uns dazu entschließen, unsere langfristigen Projekte und unsere allgemeine militärische Konzeption zu opfern, an der wir nach wie vor festhalten, die aber an dem Tage endgültig veraltet war, als Rußland überfallen wurde. Der Widerstand der Russen gibt uns neue Möglichkeiten ... Er hat eine nahezu

227

revolutionäre Situation in allen okkupierten Ländern geschaffen und 2000 Meilen Küstenlinie für die Anlandung britischer Truppen freigelegt.

Aber die Deutschen können ihre Divisionen ohne Risiko nach dem Osten werfen, denn unsere Generäle betrachten den Kontinent immer noch als ein Gebiet, dessen Betreten den britischen Truppen verboten ist, und Rebellion gegen die Nazis gilt, wenn sie vorkommt, als verfrüht und sogar als bedauerlich, weil wir noch nicht fertig sind.«[55]

Betrachten wir in diesem Lichte die erste Konferenz Roosevelts und Churchills, die vom 9. bis 12. August 1941 in Placentia Bay vor der Küste Neufundlands stattfand. Die Briten vertraten dort den Standpunkt, Nazideutschland ohne Landung auf dem Kontinent in die Knie zwingen zu können. Sie behaupteten, eine undurchlässige Blockade, verstärkte Bombardements und eine geschickte Propaganda würden den Kampfgeist der Deutschen brechen. Falls ein Einmarsch unumgänglich sein sollte, wären dafür nach ihren Berechnungen keine großen Kontingente von Bodentruppen erforderlich.[56]

Der Hauptgedanke lief darauf hinaus, nicht gegen die Armee des Feindes, sondern gegen seine Bevölkerung zu kämpfen, die Front durch Schläge im Hinterland zu schwächen. Dies entsprach der seit langem gültigen Orientierung, »unseren [den britischen] Einsatz im Seekrieg maximal zu steigern, im Landkrieg aber minimal zu halten«.[57] In diesem Strategieentwurf Churchills fand sich kein Wort über die Sowjetunion, über ihren Kampf gegen Deutschland oder über eine militärische Zusammenarbeit.[58]

Roosevelt konnte sich noch nicht dazu durchringen, die harten Tatsachen in ihrer Gesamtheit objektiv zur Kenntnis zu nehmen. Er war vor allem darüber besorgt, daß die »Atempause«, der sowjetische Widerstand gegen die deutsche Aggression, zu Ende zu gehen drohte.[59] Diese Sorge führte allerdings noch nicht zu den notwendigen Schlußfolgerungen. Bis zum November, da man die Verteidigung der UdSSR als lebenswichtig für die Verteidigung der USA ansehen sollte, war es noch weit. Im August rangierte Moskau auf der Prioritätenliste des Präsidenten weit abgeschlagen; die Tragödie der Sowjetunion ließ nicht die Alarmglocken läuten.

Roosevelt war von seinem Charakter her auf Erfolg programmiert und konnte es in der Kunst der Rückversicherung mit seinem Secretary of State Cordell Hull aufnehmen. Dieses unbedingte Streben nach Erfolg führte zuweilen dazu, daß man Prinzipien auf den Kopf stellte und sie der Werteskala eines Durchschnittsbürgers anpaßte.

Glühenden Haß auf die Sowjetunion in ihrer trüben Stunde empfand man allerdings nicht. Höchstens Schadenfreude und »christliches Erbarmen«. Mit Moskau hatte man nicht einfach Mitleid, man versuchte immer noch, es zu erziehen; man zeigte den Russen das Zuckerbrot von ferne und verlangte, daß sie es sich verdienten. Die »Anerkennung« der UdSSR im Jahr 1933 geschah in der Hoffnung, sie nach den eigenen Vorstellungen zurechtzuformen. Nun hielt man offenbar die Gelegenheit für gekommen, sich damit eingehender zu befassen.

Eine weitere delikate Frage: Faßte man in Placentia Bay einen politischen Plan als Reserve für den Fall ins Auge, daß die Sowjetunion niedergerungen wurde? Alles, was auch nur zu dieser Fragestellung führen könnte, ist unter sieben Siegeln verschlossen. Glücklich sind die Archivare: Sie wissen, was man vor den gewöhnlichen Sterblichen bereits seit über einem halben Jahrhundert geheimhält.

Die Herausgeber der *Geheimen Korrespondenz Roosevelts und Churchills* schreiben: »Eine Aufgabe der Atlantikkonferenz vom August 1941 bestand zumindest teilweise darin zu demonstrieren, daß die anglo-amerikanische Solidarität, die die Abwendung *weiterer Aggressionen* Deutschlands und Japans zum Ziel hatte, nach wie vor bestand. Dieses Ziel erreichte sie allerdings in keiner Weise. Die Deutschen rückten immer weiter auf Leningrad, Moskau und Kiew vor, verstärkten zugleich ihren brutalen U-Boot-Krieg im Atlantik, der zu einer immer größeren Gefahr für die ›Trasse des Lebens‹ von den USA nach Großbritannien wurde. Im Fernen Osten warf Japan neue Truppen nach Indochina und drohte mit einer weiteren Offensive sowohl im südlichen Pazifik als auch in Südostasien.«[60]

Professor G. J. Schröder von der Universität Gießen bemerkt: Roosevelt »stellte Stalin vor vollendete Tatsachen« und hielt es »für angebracht«, kategorisch »*eine weltweite Pax americana einzufordern, die die sowjetischen Interessen ignorierte*«. Obwohl die »von Roosevelt und Churchill unterzeichnete Atlantikcharta formal in erster Linie gegen die Expansion der Nationalsozialisten und Japans gerichtet war«, konnten die dort formulierten Prinzipien (Schröder zitiert hier Andreas Hillgruber) »*auch eindeutig antisowjetisch interpretiert werden*«.[61]

Versuchen wir, die Atlantikcharta genauer zu betrachten, die Wörter sorgfältig abzuwägen, die dort gebraucht oder aus unerklärlichen

Gründen umgangen wurden; mißachten wir nicht ihre Abfolge im Kontext dessen, was die USA angesichts der deutschen und japanischen Aggression taten und unterließen. Dabei wollen wir uns gar nicht auf die wechselvolle Entstehungsgeschichte der Charta einlassen, die bis heute als Eingebung des Augenblicks hingestellt wird. Nehmen wir den Wortlaut so, wie er vom Präsidenten und Premierminister am 12. August 1941 bestätigt und zwei Tage später publik gemacht wurde. Dies war die erste gemeinsame britisch-amerikanische Definition »gewisser gemeinsamer Grundsätze der von beiden Ländern verfolgten nationalen Politik ... auf die sie ihre Hoffnungen auf eine bessere Zukunft der Welt gründen«.[62]

Den besonderen Vorzug der Charta sah Winston Churchill darin, daß die USA, die sich noch nicht im Kriegszustand mit Deutschland befanden, »den endgültigen Sturz der Nazityrannei« als ihr Ziel verkündeten und die Bereitschaft zum Ausdruck brachten, »nach dem Kriege mit uns [den Briten] *bis zur Aufrichtung einer besseren Ordnung eine Art von Polizeigewalt über die Welt auszuüben*«.[63] Es kam dem Premierminister sehr entgegen, daß die Amerikaner das Problem einer vorherigen Abstimmung dieser »Prinzipien« mit der UdSSR nicht ansprachen, während Washington, wie bereits erwähnt, im Zusammenhang mit dem britisch-sowjetischen Abkommen vom 12. Juli 1941 darauf bestanden hatte.

Churchill seinerseits schlug nicht vor, Solidarität mit dem Kampf der UdSSR gegen den Überfall Hitler-Deutschlands zum Ausdruck zu bringen, als ob es an dieser Ostfront nicht um das Schicksal des Nazismus gegangen wäre. Auch China wurde nicht erwähnt, obwohl es bereits seit Mai 1941 in den Kreis der Nutznießer des Lend-Lease-Gesetzes aufgenommen war.

Von den Opfern der Aggression wurde nur summarisch gesprochen. Was die Aggressoren betrifft, so nannte man nicht einmal Deutschland und auch nicht das dort herrschende Regime, sondern sprach von der »Nazityrannei«. Es genügte also, die »Tyrannei« zu stürzen, und schon gab es Friedensaussichten auf der Grundlage der »freien Willensäußerung« der interessierten Völker.[64] Das ähnelte durchaus der Botschaft Chamberlains an die deutsche Opposition vom März 1940 und den Gegenvorschlägen, die Hassell, Trott und andere übermittelt hatten.

Es ist bekannt, daß die USA und Großbritannien im Frühjahr und Sommer 1941 Japan davon zu überzeugen versuchten, sich mit den bisherigen Eroberungen zufriedenzugeben und nicht die Schwelle zu überschreiten, wo Reibungen mit den USA und Großbritannien in einen Konflikt mündeten. In Zukunft sollte es sich auf Expansion ohne Gewaltanwendung beschränken.

An Hitler-Deutschland stellte man weitergehende Forderungen – einen Teil der Beute sollte es zurückerstatten. Welchen Teil? Aus der Deklaration wird nicht klar, von welchem Zeitpunkt an welche territorialen Veränderungen bestritten wurden. Hatte man vergessen, einen Zeitpunkt anzugeben, wie man unter den dem Präsidenten so am Herzen liegenden Freiheiten auch die Religion ausließ? Dies ist wohl kaum zufällig geschehen, denn für Ost und West hielt man ein unterschiedliches Niveau der Selbstbestimmung, der Rechte und der Selbstverwaltung bereit.

In Berlin verstand man sich nicht nur darauf, die fremden Telegramme zu entschlüsseln, sondern auch zwischen den Zeilen von Deklarationen zu lesen. Dort sah man, womit Washington und London Japan zu locken versuchten, und durfte durchaus unterstellen, daß man etwas Ähnliches auch für Deutschland im Sinne hatte. Hitler war natürlich kaum angetan davon, daß man dem deutschen Imperialismus die Früchte der *Naziaggressionen* unter bestimmten Umständen *ohne den* *»Führer«* zugestehen wollte, daß man vom Chef des Regimes auf dem Höhepunkt seiner Macht forderte, er möge sich selbst zum Opfer darbringen. Als eingefleischter Abenteurer zog er den abenteuerlichen Schluß: Wenn Roosevelt und Churchill die Umrisse des Ölzweiges gezeichnet hatten, wollte er ihnen helfen, die Einzelheiten hinzuzufügen. Man mußte nur rasch mit dem kommunistischen Rußland fertig werden, seine Ressourcen in die Hand bekommen, um mit den USA beim Rohstoff-, Lebensmittel- und Industriepotential gleichzuziehen. Seine Position goß der Naziführer Mitte Juli 1941 in die Formel: »Erstens beherrschen, zweitens verwalten und drittens ausbeuten.« Und: »Der Kampf um die Hegemonie in der Welt wird für Europa durch den Besitz des russischen Raumes entschieden: Er macht Europa zum blockadefestesten Ort der Welt.«[65]

Es hätte wenig Sinn, Roosevelt außerhalb des realen Umfeldes zu sehen, in dem er agierte, oder dem Präsidenten eine Klarsicht zuzuschreiben, die er nicht besaß. Er hatte seine eigenen Sympathien und Antipathien, seine Gewohnheiten und sogar seinen Aberglauben. Aber »wer immer Roosevelt aus der Nähe beobachtet hat«, sollte Robert

231

Sherwood später schreiben, »wird wissen, daß er ... ein höchst scharfsinniger Rechner war und von dieser Begabung einen sehr sorgfältig überlegten Gebrauch machte«. An anderer Stelle bemerkt Sherwood, der Präsident sei ein »überaus sensibler und verschlossener Mensch gewesen, der geschickt ausweichen konnte, ein Mann, den man niemals zu Versprechungen drängen oder überreden konnte, die seinem Urteil, seinem Willen oder seinem Instinkt widersprachen«.[66]

Robert Sherwood verschwieg allerdings, daß Roosevelt zwar in seinen Entschlüssen souverän war, nicht aber in seiner Weltsicht. Nicht selten hatten Ratschläge und Empfehlungen seiner nächsten Umgebung größeren Einfluß auf ihn als die objektiven Tatsachen. Deshalb ist es empfehlenswert, sich die Mannschaft des Präsidenten jedesmal sehr genau anzuschauen.

Schließlich war die Atlantikcharta keine Geburtsurkunde einer anglo-amerikanischen Verbrüderung. In seiner Botschaft an den Kongreß vom 21. August über die Ergebnisse der Atlantikkonferenz nannte der Präsident Nazideutschland den »Hauptaggressor der Gegenwart« und schloß jeden Friedenskompromiß mit ihm aus. Ein solcher Frieden verschaffte Deutschland nach Roosevelts Worten Vorteile, die es sofort zur Errichtung seiner Kontrolle über Europa, Asien und Amerika nutzen würde.[67]

Roosevelt nahm hier nicht von ungefähr zur Frage eines Separatfriedens Stellung. Damit antwortete er den Kritikern im eigenen Lande, die die Atlantikcharta verurteilten, weil sie angeblich zu harte Bedingungen an Deutschland stellte. Zugleich warnte er die »Befrieder«, die in England wieder aktiv wurden, sie sollten sich nicht einfallen lassen, hinter dem Rücken der USA zu intrigieren. Schließlich lag im Herbst 1941 selbst Winston Churchill der Gedanke an eine separate Abmachung mit Deutschland nicht völlig fern. Zumindest separat von der UdSSR. Bei weitem nicht alle politischen, wirtschaftlichen und geistigen Fäden zwischen Washington, London und Berlin waren abgerissen und damit wertlos. Der Gedanke an eine Abmachung stand im Raum. Die Worte des stellvertretenden britischen Außenministers Butler vom 17. Oktober 1939 gegenüber Iwan Maiski hatten an besorgniserregendem Doppelsinn nichts eingebüßt.

»Für einen dauerhaften Frieden – von 20 bis 25 Jahren – wären wir bereit, gut zu zahlen«, hatte Butler damals gesagt. »Dafür wären wir selbst zu bedeutenden Zugeständnissen an Deutschland bei den Kolonien bereit. Unser Empire ist groß, und nicht alle seine Teile brauchen wir dringend. Man könnte den Deutschen durchaus etwas ablassen ... Wir müssen aber sicher sein, daß sich das lohnt, das heißt, es muß garantiert sein, wenn wir jetzt Zugeständnisse machen und ein Abkommen schließen, dann sind Frieden und der Status quo zumindest für eine ganze Generation gesichert. Anders hat es keinen Sinn ... Die ›Friedensoffensive‹ Hitlers [vom 6. 10. 1939] muß als gescheitert angesehen werden. Das schließt aber nicht aus, daß sie etwas später mit wesentlich größerer Aussicht auf Erfolg wiederholt werden kann. Im Verlaufe des Krieges werden solche ›Friedensoffensiven‹ sicher noch öfter vorkommen. Eine von ihnen führt schließlich zum Erfolg.«[68]

Ob Hitler den USA und Großbritannien sofort nach Erreichen seiner Ziele im »Rußlandfeldzug« Frieden angeboten hätte, ist heute nur noch eine akademische Frage. Aber Tatsache bleibt: Von Juni 1941 bis zum Sommer 1942 waren beim Spiel mit den Westmächten in Deutschland nicht in erster Linie die Oppositionellen aktiv, sondern die mit höchster Billigung handelnden Vertreter Ribbentrops und auch die Abgesandten Himmlers.

Am 24. September 1941 brachte die UdSSR ihre »Zustimmung zu den Hauptprinzipien der Deklaration« Roosevelts und Churchills zum Ausdruck. Dieser Erklärung stellte sie ihre Einschätzung der Lage und der Aufgaben voran, die sich aus dem Krieg gegen Hitler-Deutschland ergaben, darunter auch hinsichtlich der Nachkriegsordnung in der Welt. Die Sowjetregierung erklärte ihre Treue zu den Prinzipien des Friedens, der guten Nachbarschaft, der kollektiven Abwehr einer Aggression, der Unantastbarkeit und Integrität der Grenzen der Staaten, des Rechtes jedes Volkes, seine gesellschaftliche Ordnung und seine Regierungsform nach eigenem Ermessen zu bestimmen.[69] Dieser Akt der Sowjetunion war ein Hemmschuh für viele in den westlichen Hauptstädten erdachten Kombinationen mit doppeltem und dreifachem Boden.[70]

Die Position Washingtons in dieser Zeit beschrieb der Biograph General Marshalls mit dem Wort »verworren«. Einer Linie, die Hitler »übermäßig« reizen und zum Konflikt mit den USA herausfordern konnte, widersetzte sich Cordell Hull. Das Gesetz über die Wehrpflicht wurde vom Abgeordnetenhaus – übrigens an dem Tage, als man die Atlantikcharta unterzeichnete – mit der Mehrheit von nur einer Stimme angenommen. Die Republikanische Partei nahm eine offene »Antikriegs«-Position ein. Klerikale Kreise, Isolationisten und Reaktionäre bearbeiteten die Öffentlichkeit zunehmend im antirussischen Sinne.

Gegen die Charta wandte sich die »Kommission zur Erforschung der Grundlagen eines gerechten und dauerhaften Friedens«, die amerikanische Kirchenvertreter im Jahre 1940 gegründet hatten. Ihr Vertreter John Foster Dulles veröffentlichte eine Broschüre, in der er sich gegen Versprechungen wandte, den Völkern die Freiheit zu bringen. Er forderte, »Kontinentaleuropa als föderale Gemeinschaft politisch zu reorganisieren«, die Deutschland in seinen *neuen* Grenzen, allerdings ein »desintegriertes« Deutschland, einschließen sollte. Dulles setzte sich für eine ungehinderte Expansion amerikanischen Kapitals, insbesondere nach China und Japan ein.[71]

Die fast wörtliche Übereinstimmung bestimmter Textpassagen in Dulles' Werk und einem Dokument, das Goerdeler im Mai 1941 ausarbeitete, ist nicht zu übersehen. In beiden Papieren ist von »politischer Reorganisation« die Rede, wobei das Reich die annektierten Territorien behalten sollte. Hier und dort der Zusammenschluß der Streitkräfte der Mitglieder der neuen Allianz, dessen Kern die Wehrmacht bilden sollte. Für Goerdeler mußte das Deutsche Reich wegen seiner zentralen Lage, seiner Stärke und »hochgespannten Leistungsfähigkeit« die Führung des europäischen »antibolschewistischen« Blocks übernehmen.[72] Nach dem Kriege sollten diese Ideen den roten Faden des Berichtes Herbert Hoovers vom März 1947 bilden. Der nicht unbekannte Pangermanist G. Stolper hatte sie ihm dort hineingeschrieben.

Roosevelt verlegte sich auch deswegen aufs Lavieren, weil er Japan keinen zusätzlichen Anlaß geben wollte, aus Solidarität mit Berlin eine Verschärfung der Beziehungen zu den USA zu suchen. Den gleichzeitigen Kampf gegen Deutschland und Japan hielten die Militärs (Admiral Stark und andere) für ungünstig. Falls ein militärischer Konflikt nicht zu vermeiden war, *empfahlen sie ein Vorgehen, das Deutschland zur Kriegserklärung an die Vereinigten Staaten veranlaßte,* Tokio jedoch die Möglichkeit offenließ, *neutral zu bleiben.*

Der amerikanische Präsident und der britische Premierminister einigten sich bei ihrem Atlantiktreffen darauf, gegenüber Japan aktiv zu werden, um dieses davon abzuhalten, nach Südwesten vorzustoßen. Dabei schloß man nicht aus – vielmehr erwartete man es –, daß sich Tokio in diesem Falle nach Norden wenden könnte. Roosevelt und Churchill erachteten es für ausreichend, die UdSSR von den Verhandlungen mit Japan erst bei deren Beginn zu informieren. Falls Moskau zustimmen sollte, bei der Stabilisierung des Verhältnisses der Westmächte zu Japan mitzuwirken, wollte man Tokio warnen, die USA würden »bei einem Konflikt im nordwestlichen Teil des Stillen Ozeans nicht gleichgültig bleiben, da für sie die Sowjetunion eine befreundete Macht« sei.[73]

Roosevelt wich jedoch einer Verpflichtung gegenüber dieser Demarche aus. Damit entfielen auch die Information an Moskau, die Bitte um Mitwirkung und die Warnung an Japan. Aber die Überlegung allein spricht für sich. Sie zeigt, daß Washington sich nicht scheute, der Sowjetunion im August 1941 weiteren Kummer zu bereiten. Dies möglicherweise als Vergeltung dafür, was Robert Sherwood in seinem Buch mit den Worten ausdrückte: »Wenn auch der Überfall Hitlers auf die Sowjetunion bisher für den Krieg gegen Deutschland die reine Wohltat war, barg er jedoch auch die Tendenz in sich, die (russische) Bedrohung für die Flanke Japans in der Mandschurei zu verringern, und erhöhte deshalb die Gefahr, daß dieses sich anderen Richtungen zuwandte.«[74]

Das Bestreben, die Probleme auszusitzen, sich hinter fremdem Rücken vor der Gefahr zu verstecken, überwog im Verhalten des Chefs der US-Administration im Sommer und Herbst 1941. Der Standpunkt des Präsidenten in strittigen militärischen Fragen »blieb stets unklar«, stellen Butler und Gwyer fest. »Ungeachtet der Warnungen seiner eigenen und der britischen Stabschefs glaubte und hoffte er, wie es schien, immer noch, der Krieg sei zu vermeiden, wenn man den Verbündeten rechtzeitig genügend moralische, materielle und finanzielle Unterstützung gab.«[75]

Scheinen konnte einem alles mögliche. Nach den Dokumenten zu urteilen waren die Motive für Roosevelts Verhalten allerdings komplizierter. Er schloß nichts aus und verlegte sich auch selbst nicht den Weg weder für den Angriff noch für den Rückzug oder das Manövrieren, solange sich die Ereignisse am Rande der amerikanischen Interessensphäre abspielten. Zum wiederholten Male stellen wir fest, daß Washington seinen eigenen Marschplan zum Erfolg hatte. Nach diesem Plan, der im zweiten Halbjahr 1941 ausgearbeitet wurde, war die Phase der aktiven Auseinandersetzung mit Deutschland für nicht früher als Mitte 1943 vorgesehen.[76] Genauer gesagt: die Phase der Bereitschaft, in den Kampf einzugreifen, denn bis zum Überfall Japans auf Pearl

Harbor und der deutschen Kriegserklärung an die Vereinigten Staaten baute Roosevelt darauf, den Kampf noch lange Zeit aus der Ferne beobachten zu können.

Falls die Rote Armee unterliegen sollte, war an die militärische Zerschlagung des Hitlerreiches bei Teilnahme amerikanischer Streitkräfte *erst nach dem Ende der vierziger Jahre gedacht.* Die Pläne der Militärs enthielten keine Vorentscheidung darüber, wer außer den USA in dieser Zeit der Koalition der Sieger angehören sollte.

Die Hauptlinien der langfristigen Politik der USA gingen nicht davon aus, eine Niederlage der UdSSR zu verhindern. Die »Unterstützung der aktiven Front in Rußland« taucht erst als Nummer sechs unter den Aufgaben auf, die General Marshall und Admiral Stark im September 1941 ins Auge faßten. Unter den *strategischen Zielen finden wir die »Erhaltung des Britischen Weltreiches«; kein Wort* jedoch *über die Wichtigkeit der Erhaltung der Sowjetunion* als selbständiger Staat. Die UdSSR war lediglich eine Schachfigur neben der amerikanischen Dame und dem britischen König.

Nur sehr wenige Dokumente, in denen die *nationalen Ziele der USA* im Kontext des Zweiten Weltkrieges und im Zusammenhang mit dem Krieg dargelegt sind, sind bisher bekannt geworden. Gemeint sind hier vor allem Dokumente, die nicht die Öffentlichkeit oder die Verbündeten zu positiven Reaktionen herausfordern sollten, sondern solche, die streng für den internen Gebrauch konzipiert waren. Um so mehr Aufmerksamkeit verdient deshalb, wie Robert Sherwood zu Recht feststellt, die im Auftrage des Präsidenten erstellte »Meinung des Vereinigten Komitees [der Stabschefs] zum Produktionsprogramm der Vereinigten Staaten«. Lassen wir den Umstand beiseite, daß die Triebkraft, die die Stäbe in Schwung brachte, nicht Pläne für konkrete Militäroperationen waren, sondern die Notwendigkeit, angesichts der sich vollziehenden Entwicklung die industriellen Reserven festzustellen und der Industrie Aufträge zu erteilen.[77] Aus der Roosevelt im September 1941 vorgelegten »Meinung«[78] erfahren wir:

»Die allgemeinen nationalen Ziele der Vereinigten Staaten, soweit sie mit der militärischen Politik zusammenhängen, sind in großen Zügen folgende: Wahrung der territorialen, wirtschaftlichen und *ideologischen* Integrität der Vereinigten Staaten und der übrigen westlichen Hemisphäre; Verhinderung des Zerfalls des Britischen Empire; Verhin-

236

derung *weiterer* Ausdehnung der japanischen Herrschaft; Herstellung des *politischen Gleichgewichts in Europa und Asien* zur Sicherung der politischen Stabilität in jenen Bereichen und der zukünftigen Sicherheit der Vereinigten Staaten; und, *soweit durchführbar, die Errichtung von Regimen, die für wirtschaftliche Freizügigkeit und die Freiheit der Person eintreten.*«

»Diese Politik unserer Nation«, heißt es weiter, »kann in vollem Umfang nur durch militärische Siege *außerhalb unserer* [der westlichen] *Hemisphäre* wirksam werden, entweder durch die Streitkräfte der Vereinigten Staaten, durch diejenigen befreundeter Mächte oder durch beide zusammen.«

Die Verfasser der »Meinung« bringen Argumente gegen einen Friedensschluß Washingtons mit Deutschland, falls der Nazismus ganz Europa unterwerfen sollte. Sie wenden sich im Grunde genommen auch *gegen den Kompromiß mit einem Regime, das Hitler ablösen könnte,* da »man sicher nicht damit rechnen kann, daß es Friedensbedingungen zustimmen wird, die für die Vereinigten Staaten annehmbar sind«. Marshall und Stark sprachen sich auch gegen einen *»unentschiedenen Frieden zwischen Deutschland und seinen gegenwärtigen militärischen Gegnern«* aus.

Diese Gedanken gingen von der Position eines Landes aus, das noch nicht am Krieg beteiligt war; sie stimmten mit der Grundorientierung der Botschaft Roosevelts an den Kongreß vom 21. August 1941 überein. Das September-Memorandum von Marshall und Stark aus dem Jahre 1941 ist eines der ersten Dokumente, in denen die Aufgabe gestellt wird, nicht allein das Naziregime, sondern den deutschen Staat und seine Institutionen mit militärischen Mitteln vollständig zu zerschlagen. Der Terminus »bedingungslose Kapitulation« wird noch nicht gebraucht, ist aber dem Sinne nach bereits vorhanden. Der Begriff des »Kräftegleichgewichts« in Europa und Asien wird verwendet, sein Inhalt allerdings noch nicht offengelegt. Das British Empire sollte erhalten bleiben (wogegen übrigens auch die Naziführer keine Einwände erhoben), das übrige sollte die Entwicklung zeigen. Washington wollte sich nicht die Hände binden lassen und benutzte dafür den Vorwand, Vorhersagen seien eine unsichere Sache.

Die »strategische Hauptmethode«, die die Militärführer vorschlugen, lief darauf hinaus, »in allernächster Zukunft ... die gegenwärtigen militärischen Operationen gegen Deutschland mit Material zu unterstützen und sie durch aktive Teilnahme der Vereinigten Staaten am Kriege zu verstärken, während Japan im Hinblick auf zukünftige Entwicklungen in Schach gehalten werden sollte«.

Die Formel »aktive Teilnahme am Kriege« sollte niemanden irreführen. Als wirksamste »offensive Methoden gegen Deutschland und Japan« nannte man die Wirtschaftsblockade, finanzielle und diplomatische Sanktionen, Hilfe für die neutralen Länder, für mit den USA und Großbritannien befreundete sowie andere Staaten, die gegen die Aggressoren kämpften, dazu die Sammlung von Kräften, die für den entscheidenden Angriff auf Deutschland erforderlich waren.[79] Die UdSSR fiel wiederum in die Kategorie der »anderen Staaten«. Daß sie in der Atlantikcharta überhaupt nicht erwähnt wird, war also, wie sich hier erneut zeigt, kein Versäumnis, sondern eine Position.

Gab es in jener Zeit auch andere Überlegungen zur Strategie und Taktik der USA? Durchaus. Die Aufklärung der Army und die Planungsgruppe des Pentagon legten im Sommer 1941 Pläne vor, *eine zweite Landfront in Europa zu eröffnen* und dafür die Tatsache auszunutzen, daß der größte Teil der einsatzfähigen Truppen Deutschlands in Rußland gebunden war. Nach der Korrespondenz zwischen Roosevelt, Marshall und MacArthur zu urteilen, begann man im Frühjahr 1942 Varianten eines praktischen Zusammenwirkens mit der UdSSR in Erwägung zu ziehen, darunter auch die Möglichkeit, amerikanische Kampfeinheiten an die Ostfront zu entsenden. Man hielt es jedoch »für unzweckmäßig«, berichten Maurice Matloff und Edwin Snell, »*der Sowjetunion ausreichend direkte Hilfe zu gewähren*«.[80] Man einigte sich darauf, »in der Zukunft« eine zweite Front zu errichten, ohne zu präzisieren, wo, wann und wie das geschehen sollte. Inzwischen sollten weiter Kriegsgüter an die UdSSR geliefert werden.

Das September-Memorandum Marshalls und Starks räumte ein, die Niederlage Rußlands hätte zur Folge, daß Deutschland zu verstärkter Kriegsführung in der Neuen Welt in der Lage wäre und Tokio seine Anstrengungen intensivieren könnte, eine »Sphäre des Wohlstandes in Ostasien« zu errichten. Man ging davon aus, daß der Sturz des Naziregimes in der nächsten Zeit wenig wahrscheinlich sei, und äußerte Zweifel daran, daß Deutschland und seine europäischen Satelliten von den europäischen Mächten allein besiegt werden könnten. Japan – das sei nicht ausgeschlossen – werde sich dann in den eroberten Gebieten »so festsetzen, daß die USA und ihre Verbündeten keine ausreichende

Kraft mobilisieren könnten, um den Krieg gegen dieses Land fortzusetzen«.

»Von Rußland abgesehen, liegt die Stärke der verbündeten Mächte vorwiegend in den Kategorien der Kriegsmarine und der Luftwaffe. Die Flotten und die Luftwaffen können verhindern, daß man Kriege verliert, und können durch Schwächung des Feindes sehr viel zum Siege beitragen. Für sich allein indessen können Marine und Luftstreitkräfte nur selten, wenn überhaupt jemals, größere Kriege entscheiden. Man sollte die fast unumstößliche Regel anerkennen, daß nur die Landtruppen am Ende den Krieg entscheiden können. Es ist jedoch *sinnlos zu erwarten, daß die Vereinigten Staaten und ihre Verbündeten in nächster Zukunft eine zusammengefaßte und erfolgreiche Landoffensive gegen das Zentrum der deutschen Macht unternehmen werden.*«

»Die materielle Unterstützung befreundeter Mächte ... müßte mit dem Bedarf der Vereinigten Staaten in Einklang gebracht werden.« Dieser wurde folgendermaßen definiert:

a) *Die Sicherung der westlichen Hemisphäre* gegen jede politische oder militärische Ausbreitung europäischer oder asiatischer Mächte ist für die Strategie der Vereinigten Staaten *ausschlaggebend.*

b) *Die Sicherung des Vereinigten Königreichs* ist eine wesentliche Voraussetzung für die Unternehmung militärischer Operationen gegen Deutschland und Japan in der östlichen Hemisphäre. Die Sicherung Englands ist aber auch von hoher Bedeutung für die Verteidigung der westlichen Welthälfte.

c) *Die Sicherung der Seeverbindungen der verbündeten Mächte* in der ganzen Welt ist wesentlich für die Fortführung des Krieges.

d) *Die verstärkte Durchführung der Wirtschaftsblockade* dürfte vorläufig die wirksamste Angriffsmethode gegen Deutschland und Japan sein.

e) *Die Aufrechterhaltung der britischen Kontrolle über das Rote Meer, Irak und Iran* ist notwendig, um Gelegenheiten für entscheidende Aktionen zu Lande gegen Deutschland zu finden.

f) *Die Aufrechterhaltung einer aktiven Front in Rußland.* Einer Front, und nichts anderes, »weil nur Rußland über ausreichende Menschenreserven verfügt und dem Zentrum der deutschen Militärmacht am nächsten benachbart ist«. Unterstützung sollte durch eine wirksame Ausrüstung der »russischen Armeen« geleistet werden.

Danach folgen die Verhinderung eines Vordringens der Achse nach Nordwestafrika und den Azoren, der Verbleib der Philippinen, Malayas,

Niederländisch-Indiens, Australiens, Burmas und Chinas unter Kontrolle der USA und ihrer Verbündeten. »Daß Rußland Ostsibirien behält, ist notwendig, wenn Japan in Schach gehalten werden soll.«

Der Umfang der Streitkräfte, die die USA selbst aufstellen und unterhalten sollten, mußte nach Auffassung Marshalls und Starks nach dem Prinzip erfolgen, die Wölfe sind satt und die Schafe unversehrt. »Obwohl die Vereinigten Staaten lange Zeit Kriegslasten werden tragen müssen«, betonten sie, »muß diese Belastung so beschaffen sein, daß Moral und Kampfwillen der Bevölkerung erhalten bleiben.«

Wie Roosevelt diese »Meinung« der Stabschefs aufnahm, ist unbekannt. Zwei Jahre später, am 10. August 1943, ließ er die Bemerkung fallen: »Es ist äußerst unvernünftig, bei der militärstrategischen Planung von Gewinnen im politischen Spiel auszugehen.«[81] 1941 sanktionierte der Präsident das Vorhaben, die Stärke der Streitkräfte bis zum Juli 1943 auf 8 795 658 Mann aufzustocken. Die Army sollte dann aus 215 Divisionen, darunter 61 Panzerdivisionen, bestehen. Etwa zwei Millionen Mann sollten zur Air Force einberufen werden. Man ging davon aus, daß bis zu fünf Millionen Militärangehörige über den Ozean zu transportieren waren, wofür man maximal 2500 Schiffe zur gleichen Zeit benötigte.[82]

Eine derartige Planung für zwei Jahre im voraus, wenn noch nicht klar ist, was in der nächsten Woche geschieht, und man sich selbst noch nicht entschieden hat, mutet sicherlich etwas gespenstisch an. In einem Memorandum vom 25. März 1942 ließ General Dwight D. Eisenhower, damals Leiter der operativen Verwaltung des Stabes der Army, seiner Verärgerung freien Lauf: »Wir müssen uns unbedingt über unser Hauptziel einigen, denn nur dann werden unsere Aktionen koordiniert und entschlossen sein.« Das Gesamtbild änderte sich selbst dann nicht, als die USA die Pflichten einer kriegführenden Seite auf sich nahmen. Vor dem offiziellen Kriegseintritt fühlte sich Washington geradezu als Freischütz, der allein seinen eigenen Interessen verpflichtet war und niemandem als Gott allein Rechenschaft schuldete.

So behandelten die Vereinigten Staaten im Jahre 1941 das Problem der *zweiten Front* rein abstrakt und theoretisch. Auf die Anspielungen der sowjetischen Führung, daß ein Eingreifen amerikanischer Truppen in die Kämpfe an der entscheidenden Ostfront notwendig wäre, um Deutschland so rasch wie möglich niederzuringen, reagierte Washington nicht. Als Stalin die Frage nach einer zweiten Front in seiner

Botschaft an Churchill vom 18. Juli 1941 offiziell ansprach[83], bezog Roosevelt das nicht auf sich.

Die zweite Front war auch auf der Atlantikkonferenz kein Thema. Im Briefwechsel zwischen dem Präsidenten und dem Premierminister fand sie keinen Platz. Zumindest in dem Teil, der aus dem Jahre 1941 veröffentlicht ist, gibt es nicht einmal Spuren eines Gedankenaustauschs über die zweite Front oder andere Modelle militärischer Zusammenarbeit, die die sowjetische Seite vorschlug und die London auf hohem professionellen Niveau entweder sofort abschmetterte oder auf die lange Bank schob.

Beliebte Ausreden der Briten gegen eine Landung an der französischen Küste im Jahre 1941 und danach waren die »starken Befestigungsanlagen« der Deutschen, ein Mangel an Transportmitteln für das Landemanöver und für eine sichere Versorgung größerer Truppenkontingente. Dies entsprach nicht den Tatsachen, doch gehen wir davon aus, daß die Briten selbst an ihre Ausreden geglaubt haben. Für loyale Bündnispartner wäre es dann angebracht gewesen, darüber nachzudenken, wo sonst sie mit dem größten Nutzen für die gemeinsame Sache in die Kampfhandlungen eingreifen konnten.

Dabei brauchten sie ihre Phantasie gar nicht übermäßig anzustrengen. In einer Botschaft an Churchill, die am 15. September 1941 in London einging, schrieb Stalin: »Wenn die Errichtung einer zweiten Front im Westen nach Meinung der britischen Regierung gegenwärtig nicht möglich ist, könnte man dann vielleicht andere Mittel einer aktiven militärischen Unterstützung der Sowjetunion gegen den gemeinsamen Feind finden? Mir scheint, England könnte ohne Risiko 25 bis 30 Divisionen in Archangelsk anlanden oder sie über den Iran in die südlichen Gebiete der UdSSR bringen, wo sie gemeinsam mit sowjetischen Truppen handeln könnten, wie dies im letzten Krieg in Frankreich der Fall war. Das wäre uns eine große Hilfe. Mir scheint, eine solche Hilfe wäre ein schwerer Schlag gegen die Aggression Hitlers.«[84]

Der britische Premierminister wies diesen Vorschlag als »absurd« und »puren Unsinn« zurück. In seiner Antwort sprach er sich dafür aus, die Möglichkeit abzuwägen, »in Norwegen erfolgreich aktiv zu werden« sowie die Türkei auf die Seite der Alliierten zu ziehen. Als nicht »absurd« erschien ihm dagegen die Vorstellung, daß zwei britische Divisionen die sowjetischen Einheiten im Nordiran ersetzten. Wie Churchill Botschafter Cripps schrieb, »sollten letztere wohl erst einmal an der

Verteidigung ihrer Heimaterde mitwirken«.[85] Und nebenbei natürlich auch britischer Interessen. Aber gegen die Hauptkräfte der Deutschen kämpfen – nein, damit sollte man die Briten verschonen.

Die »norwegische Richtung« benutzte Churchill als Blitzableiter, der zudem nicht einmal intakt war, denn das Projekt, in der Gegend von Kirkenes zu landen, das man in den ersten Tagen nach dem Überfall Deutschlands auf die UdSSR ins Gespräch brachte, hatte London inzwischen längst zu den Akten gelegt. Den britischen Militärs erschien es viel zu mühsam, ein Übergewicht der Kräfte zu schaffen, die komplizierten Versorgungsprobleme zu meistern, mit dem schlechten Winterwetter und den »für die Verteidigung gut ausgerüsteten« Objekten fertig zu werden, die einen Angriff wert gewesen wären. Sie hielten es für wesentlich aussichtsreicher, einen Schlag gegen die finnische Halbinsel Petsamo zu führen, »aber diese Operation wäre eine rein russische Angelegenheit, bei der uns [den Briten] lediglich die unbedeutende Rolle von Hilfskräften zufiele«. Die Zweckmäßigkeit einer britisch-schwedischen Operation in Richtung Trondheim wurde erwogen, jedoch die Schweden, die diese Möglichkeit zunächst nicht ausschlossen, verloren das Interesse an der Sache, als Berlin im Oktober 1941 seinen Druck auf Stockholm lockerte.[86]

Petsamo und Nordnorwegen sollten in den sowjetisch-britischen Verhandlungen noch öfter auftauchen. Und wie im Jahre 1941 kam nichts dabei heraus, denn innere und äußere, objektive und subjektive Schwierigkeiten, die es im Krieg in Hülle und Fülle gibt, werden nur dann überwunden, wenn wirkliche Einheit, Gemeinsamkeit der Interessen, echtes Vertrauen und Aufrichtigkeit zwischen den Verbündeten in der Praxis und nicht nur auf dem Papier bestehen.

Was bedeuteten gemeinsame Militäroperationen größeren Umfangs mit der Sowjetunion? Mit den Ausflüchten wäre Schluß gewesen – entweder man schickte Material und Waffen auf den Kriegsschauplatz oder nicht. Der sowjetische Soldat hätte dann nicht mehr nur als *lebendige Kraft* betrachtet werden können. Man wäre fast vollständig von weiteren Tricks der Verbündeten verschont geblieben. Derartige Garantien gingen London und Washington aber nicht einmal in ihren gegenseitigen Beziehungen ein. Weshalb sollten sie sie Moskau geben, ihr Schicksal oder zumindest ihr Ansehen an ein Land binden, das sie gedanklich schon beinahe abgeschrieben hatten? Hilfe für die Sowjetunion kam nur in Frage, solange dies Hilfe für sich selbst war, allerdings

242

mit möglichst geringer Belastung und möglichst hoher Wirkung. So und nicht anders. »Niemand«, bemerken J. Butler und J. Gwyer, »wollte wertvolle Rüstungsgüter im Chaos der zusammenbrechenden russischen Front verlieren, die ebenso an jedem anderen Punkt eingesetzt werden konnten.«[87]

»Langfristige vitale Interessen« der USA sind mit dem Ausgang der Kämpfe an der sowjetisch-deutschen Front verbunden, erklärte Averell Harriman bei der Eröffnung der Moskauer Konferenz am 29. September 1941.[88] Die Botschaft des Präsidenten, die Stalin am 20. September übergeben wurde, war der Form nach freundschaftlich, nach ihrem politischen Gewicht aber bescheiden.[89]

Der sowjetische Regierungschef wußte, warum er Lord Beaverbrook mit der Frage konfrontierte, einen *echten Bündnisvertrag* mit Großbritannien abzuschließen, der nicht nur für die Kriegszeit, sondern auch danach galt, warum er vorschlug, die Konferenz mit der Unterzeichnung eines *Abkommens über die Zusammenarbeit der drei Mächte* abzuschließen, und zur Position Washingtons sagte, sie enthalte »viel Unklares«. »Einerseits«, bemerkte der führende Repräsentant der Sowjetunion, »unterstützen die USA das kämpfende England, andererseits unterhalten sie diplomatische Beziehungen zu Deutschland.«[90] Die USA unterstützten Großbritannien, leisteten der Sowjetunion aber keine praktische Hilfe. Im ganzen Jahr 1941 erhielt die UdSSR wenig mehr als zwei Prozent des Gesamtumfangs der amerikanischen Lieferungen während des ganzen Krieges.

Das Moskauer Treffen endete mit der Annahme eines Protokolls über die Versorgung der Sowjetunion von Oktober 1941 bis Ende Juni 1942 aus den Produktionszentren Großbritanniens und der USA sowie über Hilfe beim Transport dieser Güter in die UdSSR. Alle Dokumente, die von den drei beteiligten Mächten unterzeichnet wurden, mit Ausnahme des Kommuniqués, sind rein wirtschaftlichen Inhalts.

Stalin stellte die Eröffnung einer zweiten Front nicht in den Vordergrund. Bei der Begegnung am 28. September äußerte er Interesse an der Entsendung britischer Truppen in die Ukraine. Er wies die Antwort Beaverbrooks zurück, es bestünde eine Möglichkeit, britische Einheiten aus dem Iran in den Kaukasus oder an die Ostküste des Kaspischen Meeres zu verlegen. »Im Kaukasus ist kein Krieg, wohl aber in der Ukraine«[91], war Stalins Einwand. Das Treffen leistete einen geringen Beitrag zur Verbesserung der politischen Verständigung der drei Mächte. Da das Bestreben der Briten offensichtlich war, der Erörterung von Grundproblemen der Bündnisbeziehungen mit vielsagender Phraseologie auszuweichen, sandte Stalin dem britischen Premierminister am 8. November 1941 folgende Botschaft:

»Ich stimme mit Ihnen darin überein, daß in den Beziehungen zwischen der UdSSR und Großbritannien Klarheit geschaffen werden muß, die gegenwärtig nicht besteht. Diese Unklarheit liegt in folgenden zwei Umständen begründet: 1. Es gibt keine bestimmte Vereinbarung zwischen unseren Ländern über die Kriegsziele und über die Pläne der Friedensregelung nach dem Kriege; 2. Es besteht kein Vertrag zwischen der UdSSR und Großbritannien über gegenseitigen militärischen Beistand gegen Hitler in Europa. Solange es in diesen zwei Hauptfragen keine Abmachungen gibt, wird es in den englisch-sowjetischen Beziehungen nicht nur keine Klarheit geben, sondern es wird, um ganz offen zu sprechen, auch das gegenseitige Vertrauen fehlen.«[92]

Nach einer Pause, die bis zum 22. November anhielt und demonstrieren sollte, daß London über den Ton der Botschaft verärgert war, antwortete Churchill mit dem Vorschlag, Anthony Eden zu politischen Gesprächen nach Moskau zu entsenden. Der Vorschlag wurde angenommen.

Außer dieser Botschaft hatte auch Stalins Rede vom 6. November Churchills Unwillen erregt, in der dieser als »einen der Gründe für die Mißerfolge der Roten Armee« das Fehlen »*einer zweiten Front in Europa gegen die faschistischen deutschen Truppen*« nannte. »Die Lage ist jetzt so, daß unser Land den Befreiungskrieg allein, ohne jede Hilfe, gegen die vereinten Kräfte der Deutschen, Finnen, Rumänen, Italiener und Ungarn führen muß ... Es besteht kein Zweifel, daß *das Fehlen einer zweiten Front in Europa die Lage der deutschen Armee wesentlich erleichtert.*«[93] Die Zeit, da sich London und Washington auf die neue Situation einstellen konnten, die mit dem Krieg der UdSSR gegen das »Dritte Reich« entstanden war, ging nun zu Ende. Die Differenzen, insbesondere die Weigerung Großbritanniens, den Satelliten Hitlers den Krieg zu erklären, traten unverhüllt hervor.

Bevor Eden in der UdSSR eintraf, erlitt die Wehrmacht eine Niederlage bei Moskau, überfiel Japan die USA und das Britische Empire, erklärten Deutschland und Italien den Vereinigten Staaten den Krieg. Angesichts der welthistorischen Bedeutung beider Ereignisse kann der Dezember 1941 als »Kriegswende« betrachtet werden.

Die Niederlage Deutschlands an der Ostfront im Dezember 1941 bedeutete das unwiderrufliche Fiasko der ganzen Doktrin, mit der die deutschen Machthaber nicht nur zu einem europäischen, sondern zu einem Weltkrieg angetreten waren, und die mit einer Serie eskalierender Aggressionen zum Endsieg führen sollte. Als unabdingbare Voraussetzung für den Erfolg mußte jeder Gegner einzeln geschlagen werden. Neben diplomatischen und propagandistisch-psychologischen Schritten diente diesem Ziel vor allem das überraschende und brutale Vorgehen, so daß die Aufgabe erledigt sein sollte, bevor potentielle Verbündete des Aggressionsopfers diesem wirksame Hilfe leisten konnten. Das Nazireich setzte im Krieg nur auf Sieg und hielt keinerlei Reservevariante bereit.

Mit der Eroberung der UdSSR sollte das quantitative Wachstum des deutschen Potentials in eine höhere Qualität umschlagen. Das Reich wäre von Rohstoff-, Energie- und Nahrungsmittelquellen außerhalb seines Herrschaftsbereiches unabhängig geworden, die Wirtschaftsblockade, auf die Großbritannien und die USA setzten, würde wirkungslos gemacht. Man hoffte auch die Angelsachsen insgesamt in technisch-wirtschaftlicher und wissenschaftlicher Hinsicht überholen zu können, selbst wenn das britische Mutterland aus irgendeinem Grunde außerhalb des Einflußbereichs Berlins bleiben sollte.

Im Unterschied zu den meisten seiner Generale und Admirale drang der Naziführer tiefer und gründlicher in die wirtschaftlichen Aspekte des Krieges ein. Meistens gingen von ihm persönlich Direktiven aus, die die Wehrmacht darauf orientierten, im Laufe der Kriegshandlungen Schlüsselunternehmen möglichst unzerstört und mit vollem Personal zu übernehmen sowie Schächte, Bergwerke und die Lebensmittelressourcen der Länder, die die Wehrmacht eroberte, unverzüglich unter Kontrolle zu bekommen.

Während die Militärs jede einzelne Aufgabe eng auffaßten und den Erfolg mit adäquaten Mitteln streng im Rahmen des jeweiligen Feldzuges anstrebten, studierte Hitler die ihm vorgelegten Entwürfe im Zusammenhang mit den generellen Plänen zur Errichtung seiner Herrschaft im regionalen, kontinentalen und globalen Rahmen. Er hatte nicht die Absicht, das Schwert eher in die Scheide zu stecken, bis er nicht sein Maximalziel (die Unterwerfung beider Hemisphären) oder zumindest sein Minimalziel (die ungeteilte Herrschaft über ganz Europa, Afrika, den Nahen und Mittleren Osten) erreicht hatte. Entweder

Deutschland vollbrachte dies oder es war zum Untergang verurteilt! Die Phrase des Demagogen wurde zum Glaubensprinzip des Autokraten und zur Religion eines ganzen Landes.

Ohne die Remilitarisierung des Rheinlandes hätte es Spanien nicht gegeben, ohne Spanien nicht den Anschluß Österreichs, ohne Österreich nicht die Einverleibung der Tschechoslowakei, ohne die Tschechoslowakei nicht den Überfall auf Polen und danach auf Dänemark und Norwegen, Belgien, die Niederlande, Luxemburg und Frankreich, auf Jugoslawien, Griechenland und schließlich auf die Sowjetunion. Vor dem Überfall auf Polen und insbesondere vor München hätte man Hitler-Deutschland in jeder Etappe aufhalten können. Nach der Kapitulation Frankreichs war es nur noch mit Gewalt und einem militärischen Sieg möglich, den deutschen Imperialismus zu stoppen und zu bändigen.

Es erhob sich nun die durchaus nicht zweitrangige Frage, wer der deutschen Expansion eine unüberwindliche Barriere entgegenstellen und wie das geschehen sollte. Die Antwort auf den ersten Teil dieser Frage, den schwersten, der den höchsten Blutzoll forderte, gaben die Kämpfe des Jahres 1941 an der Ostfront von der Barentssee bis zum Schwarzen Meer.

Die Schlacht bei Moskau[94], die mit einer Niederlage der Hauptkräfte des Aggressors endete, zog eine Zwischenbilanz im Kampf des sowjetischen Volkes und seiner Streitkräfte. Die UdSSR löste ein für sie lebenswichtiges Problem, von dem ihre weitere Existenz als Staat, als System und nationale Gemeinschaft abhing, das zugleich aber auch für die gesamte Zivilisation von existentieller Bedeutung war.

Der Sieg bei Moskau bedeutete im Grunde genommen eine Zäsur des ganzen Weltkrieges. Die Sowjetunion machte einen dicken Strich durch die bisher erfolgreiche nazistische Blitzkriegsdoktrin. Hitler irrte sich nicht in seiner Einschätzung, wie lange die USA brauchten, um volle Kampffähigkeit zu erreichen (»nicht vor 1943«). Er verrechnete sich aber gründlich bei der Einschätzung der Lebens- und Verteidigungsfähigkeit der UdSSR.

Bis das »Dritte Reich« und seine Militärwerkzeuge unschädlich gemacht wurden, war es jedoch noch ein langer Weg: Zu tief hatte sich die Krankheit bereits eingenistet, zu stark war die Basis, auf die sich der Nazismus stützen konnte, zu fest hatte das Hitler-Regime die Deutschen in seinen Bann geschlagen. Nach der Schlacht bei Moskau mußte die Wehrmacht aber einen für sie völlig neuen Krieg führen, nach ungünstigen Regeln kämpfen, sich in vollem Lauf umstellen und konnte die Zeit der leichten Siege vergessen.

Bei abgestimmtem Vorgehen der Mächte der Anti-Hitler-Koalition und maximaler Anstrengung aller Partner wäre es möglich gewesen, das Scheitern des Blitzkrieges in relativ kurzer Zeit zur totalen Niederlage Nazideutschlands zu führen. Das wäre erreichbar gewesen, wenn sich alle verbündeten Mächte auf das Hauptproblem konzentriert und ihre Kraft nicht in Nebensächlichkeiten vergeudet hätten.

Hier nur einige Beweise dafür, in welch auswegloser Lage sich die Wehrmacht Anfang 1942 befand, als der Vormarsch der Roten Armee, die in schwersten Kämpfen ihr Offensivpotential erschöpft hatte, steckenblieb. Beim Überfall auf die UdSSR, den Hitler zur »größten Schlacht der Weltgeschichte« erklärte, verfügte die Wehrmacht über 5694 Panzer und selbstfahrende Geschütze. Davon kamen bei der Operation »Barbarossa« 3998 zum Einsatz. Die Monatsproduktion von Panzern betrug im Durchschnitt 250 Stück (gegenüber 900 Stück, die die Naziführung von der Industrie forderte). Bis Ende Dezember 1941 hatten die Deutschen 3730 Panzer und Selbstfahrlafetten verloren. Im Januar 1942 stieg diese Zahl auf 4240 Panzer und Selbstfahrlafetten.

Der Kommandeur der 3. Panzergruppe, Generaloberst Hellmuth Reinhardt, verglich damals die Stärke seiner acht Divisionen mit der von sieben Kompanien. Am 30. März 1942 erhielt das Oberkommando die Meldung, daß die 16 Panzerdivisionen an der Ostfront noch über ganze 140 kampffähige Panzer verfügten.[95] Die Verluste an Flugzeugen beliefen sich Ende Januar 1942 auf 6900 Maschinen. Die Industrie konnte diese Verluste nicht wieder ausgleichen.[96]

Der Minister für Bewaffnung und Munition, Dr. Fritz Todt, teilte dem »Führer« am 29. November 1941 mit, daß eine Beendigung des Krieges zugunsten Deutschlands nur noch auf politischem Wege möglich sei.[97] Militärisch und rüstungswirtschaftlich war Deutschland bereits zum Untergang verurteilt. General Jodl sagte 1945 bei einem Verhör: »Früher als irgendein Mensch in der Welt ahnte und wußte Hitler, daß der Krieg verloren war.« »Als die Katastrophe des Winters 1941/42 hereinbrach« ... war ihm klar, daß »von diesem Kulminationspunkt des begonnenen Jahres 1942 an kein Sieg mehr erzwungen werden konnte.«[98]

In dieser tiefen Krise der deutschen Militärmaschine und ihrer nazistischen Führung hätte die Verlegung von zwei Dutzend frischen britischen oder amerikanischen Divisionen mit Luftunterstützung in die UdSSR ausgereicht, um *auch ohne zweite Front* im Zusammenwirken mit der Roten Armee den strategischen Erfolg auszubauen. Aber die Westmächte konnten oder wollten das nicht tun. Genauer gesagt, sie wollten und konnten es nicht. Die USA hatten sich noch nicht von Pearl Harbor und dem Scheitern ihrer Konzeption des Kampfes ohne Kampf erholt. Großbritannien war vom Nahen, Mittleren und Fernen Osten völlig in Anspruch genommen. Rußland ergab sich nicht – wie schön.

Kehren wir noch einmal zu Todts Worten zurück, daß eine Beendigung des Krieges zugunsten Deutschlands nur noch auf politischem Wege möglich war. Meinte er damit den Weg, auf dem sich das Reich Österreich, die Tschechoslowakei und Danzig einverleibt hatte und durchaus auch Polen sowie die baltischen Staaten hätte in die Hand bekommen können? Todt und andere, die von einem ehrenhaften Frieden träumten – davon gab es in der Naziführung, in Geschäftskreisen und unter den Militärs nicht wenige –, trauerten verpaßten Gelegenheiten nach. Die Niederlage Deutschlands im Blitzkrieg hatte dem »antibolschewistischen Kreuzzug« den Stachel gezogen. Gescheitert war eine politische Mentalität, die gewöhnlich mit dem Verrat von München in Zusammenhang gebracht wird, wobei häufig unbeachtet bleibt, daß München lediglich der sichtbare Teil des Eisberges war.

Nazideutschland mußte nun nach einer Ersatzstrategie suchen und sich aus der Bewegung heraus auf einen neuen, chancenlosen Krieg einstellen. Nach dem Winter 1941/42 setzte man die Hoffnung nicht mehr darauf, den Krieg *insgesamt* zu gewinnen. Man war bereit, sich mit Erfolgen höchstens auf einem bestimmten Kriegsschauplatz oder zu bestimmten Jahreszeiten in einzelnen Schlachten zufriedenzugeben. Im Blitzkrieg, genauer gesagt, in einem ganzen System solcher Kriege, zeigen sich vor allem Mobilität, Organisiertheit und Disziplin einer Gesellschaft, das reibungslose Funktionieren aller Glieder, aus denen sich die Stärke eines Staates aufbaut. In einem langanhaltenden Krieg, wenn Angriff und Verteidigung, Vormarsch und Rückzug aufeinander folgen, treten Fähigkeiten eines Systems in den Vordergrund, aus den eigenen Fehlern und den Vorzügen des Gegners zu lernen, alle Kräfte und Reserven bis auf den letzten Rest in den Dienst eines Zieles zu stellen, das die Mehrheit akzeptiert und sich zu eigen macht.

In den ersten Monaten des Vaterländischen Krieges verlor die UdSSR eine Armee, so groß wie jene, die der Nazismus im Sommer 1941 gegen sie in Marsch gesetzt hatte. Das Land büßte riesige Gebiete, hochwichtige Industriekapazitäten und vor allem die Menschen ein, von denen die Verteidigung abhing.[99] Es fällt schwer, die Frage zu beantworten, ob ein anderer Staat dieses Höllenfeuer überstanden hätte, ohne sich zu beugen. Aber diese Heldentat verschlang zuviel Kraft. Was blieb, reichte nicht aus, daß die Sowjetunion Ende 1941 in der Lage gewesen wäre, die Initiative, die Hitler entglitten war, allein und ohne Verbündete zu ergreifen und Schläge auszuführen, die nicht nur Divisionen und Korps, sondern die Wehrmacht als Ganzes und das verbrecherische Regime, dem sie diente, vernichtet hätten.[100]

Amerikaner und Briten fanden noch lange wenig Geschmack an Partnerschaft und Zusammenarbeit. Die überzeugendsten Argumente für ihren späteren Sinneswandel waren, wie sich herausstellte, nicht Vernunft und Bündnispflicht, nicht die Beispiele der Selbstaufopferung auf sowjetischer Seite, sondern vor allem die politischen, militärischen und sozialökonomischen Tatsachen, die den Siegen der Roten Armee nachfolgten.

Wenn vor Kriegseintritt der USA deren Bestreben, die strategischen Einschätzungen und Pläne der UdSSR und Großbritanniens kennenzulernen, ohne die eigenen Karten aufzudecken, noch mit ihrem sonderbaren Status als halbverbündetes und halbneutrales Land erklärt werden konnte, so raubten Japan, Deutschland und Italien Washington im Dezember 1941 dieses Privileg, das bislang nicht nur Herbert Hoover als Gipfel der Weisheit erschienen war. Für die Vereinigten Staaten, erklärte der Expräsident am 29. Juni 1941, sei es »nicht zweckmäßig, den Eintritt in den Krieg zu übereilen, sondern viel nützlicher, sein Ende abzuwarten, wenn die anderen Nationen so zermürbt sind, daß die USA sie an militärischer, wirtschaftlicher und moralischer Stärke übertreffen«.[101]

Bisher ist nicht ausreichend geklärt, welch eigenes Gewicht die Japanfrage in der amerikanischen Abwartepolitik besaß. Hier gab es verschiedene Sichtweisen. Die innere – wo in der Roosevelt-Administration gleich einige widersprüchliche Linien existierten (die des Präsidenten, des State Department und der Militärs). Dann die äußere, die mit der Gestaltung der Politik Tokios und der Beziehungen Japans zu einigen Drittstaaten zusammenhing.

Bisher sind keine Beweise dafür gefunden worden, daß die USA auf Japan Druck ausgeübt hätten, um es daran zu hindern, sich der Aggres-

249

sion Nazideutschlands gegen die UdSSR anzuschließen. Dabei wußte man in Washington, wie energisch Hitlers Emissäre hier waren und welche Leidenschaften in der japanischen Führung tobten. Die Administration hatte vor und auch nach dem 22. Juni Möglichkeiten im Überfluß, ihren Warnungen Nachdruck zu verleihen. Botschafter Nomura und Außenminister Hull trafen im Jahre 1941 vierzigmal zusammen. Neunmal empfing der Präsident den japanischen Botschafter.

Außenminister Matsuoka setzte sich »mit größtem Nachdruck« für den Krieg gegen die Sowjetunion an der Seite Deutschlands ein. Bis zum 2. Juli 1941 konnte Japan jederzeit in den »Rußlandfeldzug« eingreifen. Matsuokas Widerpart war die Marine. Sie ging davon aus, daß Japan a) nicht in den Krieg ziehen konnte, ohne die Rohstoffquellen in der Hand zu haben, die im Süden lagen; b) ein Angriff auf die UdSSR Japan automatisch in den Krieg mit den USA ziehen und in einen Zweifrontenkampf verwickeln werde.[102] Die Armee zögerte. Sie machte einen Schwenk nach Norden davon abhängig, daß die Deutschen an der Ostfront eine endgültige Übermacht erlangten.

Auf das Verhalten der Regierung und der japanischen Militärs wirkte sich aus, daß zwischen Berlin und Tokio keine koordinierte Strategie existierte. Hitler weihte den japanischen Botschafter Oshima erst am 3. und 4. Juni 1941 in großen Zügen in das Unternehmen »Barbarossa« ein. Und gerade an dem Tag, als Nazideutschland die UdSSR überfiel, bestätigte die japanische Führung einen Plan, der die Beschleunigung der »Südexpansion« vorsah.[103]

Die Japaner zogen aus den anfänglichen schweren Niederlagen der Roten Armee keine voreiligen Schlüsse. Im Unterschied zu den jungen Offizieren der Kwantung-Armee, die nach Rache dürsteten, hielt die Mehrheit einen langandauernden Krieg gegen die UdSSR für zu riskant. Solange Deutschland dem Sowjetstaat noch keine »entscheidende Niederlage« beigebracht hatte, schien es ihnen realer zu sein, auf eine Wende beim »chinesischen Zwischenfall« hinzuarbeiten.[104]

Am 2. Juli 1941 gewannen auf der kaiserlichen Konferenz die Gegner einer Aufsplitterung der Kräfte die Oberhand. Angesichts der »völlig neuen Situation, die durch die Eröffnung des Krieges zwischen Deutschland und der Sowjetunion entstanden war«, beschloß man »drei Prinzipien der nationalen Politik«:

1. Japan soll *vorläufig* nicht in den Krieg gegen die Sowjetunion eingreifen.

2. Japan soll sich jedoch nicht von Deutschland trennen.

3. Japan soll die Kontrolle über ganz Indochina übernehmen.

Der nach dem Ausscheiden Matsuokas aus dem Kabinett neu ernannte Außenminister Togo stellte fest, daß »Deutschland und Italien die Eroberung des Kontinents erreichen und in der Lage sein werden, ihre ersten Ziele zu erreichen, doch daß sie wahrscheinlich nicht in der Lage sein werden, die gesamte Situation unter Kontrolle zu bekommen und daß der Krieg ein langer Krieg werden wird und daß eine Zusammenarbeit dieser beiden Nationen mit Japan nicht erwartet werden kann«.[105]

Die Beschlüsse vom 2. Juli waren auch die Wasserscheide in den Beziehungen Japans zu den USA. Von diesem Augenblick an verlor der »Entwurf einer Übereinkunft« über »eine fernöstliche Variante der Monroedoktrin«, den die Japaner über Postminister Walker dem Weißen Haus zugespielt hatten, seinen Sinn.[106] Professor Peter Herde von der Universität Würzburg nimmt an, daß die japanisch-amerikanischen Verhandlungen an der starren Haltung Cordell Hulls scheiterten, der dafür eintrat, gegenüber Tokio politische Festigkeit und Stärke zu zeigen, nachdem Japan am 19. Juli 1941 begonnen hatte, Militärbasen im südlichen Indochina zu besetzen.

Tatsächlich fror Washington am 24. Juli die japanischen Vermögen in den USA ab 25. Juli ein. Am 1. August verhängte es ein Erdölembargo, griff also zum schmerzhaftesten der nichtmilitärischen Mittel, die zur Verfügung standen. Zugleich versuchte man die Japaner mit günstigen Aussichten zu ködern, falls Japan auf eine »weitere militärische Expansion« verzichtete und der Regelung der entstandenen Probleme nach gegenseitiger Vereinbarung zustimmte.

Roosevelt hatte Grund zur Hoffnung auf einen friedlichen Ausgang, als aus Tokio Vorschläge für einen »Kompromiß« eintrafen. Danach sollten die japanischen Truppen aus Indochina abgezogen und der Krieg in China durch amerikanische Vermittlung beendet werden. Man wollte die »Neutralität« der Philippinen garantieren, gemeinsam Rohstoffquellen in Niederländisch-Indien ausbeuten und das Handelsembargo aufheben.

»Unteilbare Sicherheit« identifizierte Roosevelt in gewissem Sinne mit einem »unteilbaren Weltmarkt«.[107] Japan schränkte die Freiheit der Meere ein und schuf einen abgeschlossenen Raum »gemeinsamen Wohlstandes« in Asien, während Deutschland sich Europa unterwarf.

Daß einige Staaten dabei ihre politische Unabhängigkeit einbüßten, war für die USA leichter zu ertragen, als deren Märkte zu verlieren.

Ab 7. August versuchte Ministerpräsident Konoe fast zwei Monate lang, ein persönliches Treffen mit Roosevelt in Honolulu oder auf Alaska zu erreichen. Der amerikanische Botschafter in Tokio, Joseph Grew, empfahl dem Präsidenten eindringlich, den Premierminister zu unterstützen, der als »liberales« Element in der japanischen Führung galt. Cordell Hull nahm eine entgegengesetzte Position ein. Nach seiner Meinung waren die Japaner nicht nachgiebig genug.

Roosevelt schlug sich auf die Seite des Außenministers, der auch von Stimson Unterstützung erhielt. Wie die Entwicklung verlaufen wäre, wenn die Begegnung des Präsidenten mit dem japanischen Premier stattgefunden hätte, darüber kann nur spekuliert werden. Es ist allerdings bekannt, daß sowohl Berlin als auch London die Idee eines persönlichen Kontakts Roosevelts mit Konoe argwöhnisch registrierten.

Die kaiserliche Konferenz vom 7. September 1941, wo man über einen Aktionsplan gegen das amerikanische Embargo beriet, stand unter dem Motto: Kapitulation oder Krieg. Am 16. Oktober trat Premierminister Konoe seinen Posten an den Chef der Kriegspartei, Hideki Tojo, ab. Die kaiserliche Konferenz sprach sich am 5. November für einen Angriff gegen die USA aus, wenn die japanisch-amerikanischen Verhandlungen bis zum 1. Dezember 1941, 12.00 Uhr, kein zufriedenstellendes Ergebnis bringen sollten. Am selben Tag um 16.10 Uhr besiegelte Kaiser Hirohito die Entscheidung zum Beginn der Kriegshandlungen.[108]

Wenn man Roosevelts Gedankengänge, insbesondere nach Verhängung des Erdölembargos, rekonstruieren wollte, zu welchem Ergebnis käme man dann? Japans Stärke lag in seiner Kriegsmarine. Ohne Öl war die Flotte wie ein Fisch auf dem Trocknen. Wenn man aber diesem Aggressor die Möglichkeit der Expansion nach Süden entzog, dann drängte sich die Frage auf, ob man ihn damit nicht nötigte, einen Ausweg in anderer Richtung zu suchen.

In Washington wurden mehrere Möglichkeiten durchgespielt. Japans Rückzug würde seine Schwächen enthüllen, was zu inneren Auseinandersetzungen und sogar zu einer Krise des Systems führen konnte. Schon aus diesem Grunde erwartete man nicht eine überstürzte Flucht Japans aus den bereits eroberten Gebieten und Positionen. Als wahrscheinlicher galt, daß Tokio Indochina als Trumpfkarte ausspielte, den Hinweis – keine »*weiteren Eroberungen*« – aufnahm und seinen Druck auf die Grenzen der Sowjetunion verstärkte. Indirekt zeugen davon mehrfache »Warnungen« der USA an Moskau im Jahre 1941, Japan beabsichtige, die UdSSR anzugreifen. Damit forderte man die sowjetische Seite gleichsam dazu auf, einer Neuauflage der Ereignisse im Westen zuvorzukommen, zumindest aber im Fernen Osten volle Truppenstärke aufrechtzuerhalten.

Wenn man das Wesen dieser Politik erkennen will, muß man wohl die Gretchenfrage stellen, ob ein japanisch-sowjetischer Krieg Washington von seinen Sorgen befreit hätte. Am 15. Oktober 1941 schrieb Roosevelt an Churchill: »Ich denke, sie [die Japaner] *wenden sich nach Norden, was Ihnen und mir eine zweimonatige Atempause im Fernen Osten verschaffen könnte.*«[109] Am 16. Oktober orientierte Admiral Stark den Befehlshaber der Pazifikflotte, Husband E. Kimmel, »am wahrscheinlichsten« sei »ein Krieg zwischen Japan und Rußland«.[110]

Washington zögerte im Herbst 1941 eine Entscheidung über die Grundfrage – sein Verhalten gegenüber Deutschland – hinaus, weil sowohl die Entwicklung an der sowjetisch-deutschen Front als auch die Reaktion Japans auf die Appelle aus Berlin, so rasch wie möglich gegen den sowjetischen fernen Osten loszuschlagen, nicht voraussehbar waren. Aus amerikanischer Sicht handelte Japan höchst unlogisch und irrational, wenn es ein Land mit unangetasteten Ressourcen und starker Flotte herausforderte, statt einen Gegner zu packen, der sich zu diesem Zeitpunkt in einer extremen Zerreißprobe befand.

Nach Einschätzung des amerikanischen Professors Gerhard Weinberg schloß der Präsident auch nach Pearl Harbor nicht aus, daß man um einen Krieg in Europa, einen Krieg im vollen und direkten Sinne des Wortes, noch herumkommen könnte.[111] Nach Informationen der Funkaufklärung wich Deutschland noch Anfang November 1941 einem Konflikt mit den USA aus, obwohl die amerikanische Marine bereits an Operationen auf seiten Großbritanniens beteiligt war. Roosevelt wollte möglicherweise kein Bündnis mit Staaten, von denen der eine beinahe im Koma lag und der andere von den USA ausgehalten wurde.

Letzten Endes waren es Japan und Deutschland, die Roosevelt dazu brachten, (wenn auch nicht sofort) die offensichtliche Wahrheit zu verkünden: Die USA hatten keine erfreuliche Zukunft, wenn sie sich in sich selbst oder auf der westlichen Hemisphäre abkapselten; sie mußten zum vollwertigen Mitglied der internationalen Gemeinschaft werden. Das heißt, der Präsident sah sich veranlaßt, öffentlich zu erklären, was er am 21. Januar 1941 an Botschafter Grew geschrieben hatte: »Die Probleme, vor denen wir stehen, sind so gewaltig und so eng miteinander verflochten, daß jeder Versuch, sie zu beschreiben, einen zwingt, in den Kategorien der fünf Kontinente und der sieben Meere zu denken ... Ich glaube, es ist von grundlegender Bedeutung zu begreifen, daß die Kämpfe in Europa, Afrika und Asien Bestandteile eines einzigen Weltkonfliktes sind.«[112]

Aber selbst wenn es einem wie Schuppen von den Augen fällt und die Welt in ihren wahren Konturen hervortritt, muß nicht jeder zu denselben Schlußfolgerungen kommen. In den führenden Kreisen der USA ging ein Streit zu Ende, aber andere flammten auf, darunter auch solche, die den Zweiten Weltkrieg überleben und bis in unsere Tage andauern sollten.

Die militärische und zivile Opposition in Deutschland ist unterdessen etwas aus unserem Blickfeld geraten. Was tat sie 1941? Carl Goerdeler schrieb an »patriotischen« Projekten, wie die militärischen Erfolge der Wehrmacht in einen für die deutsche Elite und die westlichen Demokratien annehmbaren Frieden umgemünzt werden könnten. In seiner Schrift *Das Ziel* (99 Seiten), die er Anfang 1941 ausarbeitete, behandelte Goerdeler allgemeine Fragen einer künftigen sozialen und staatlichen Ordnung Deutschlands: eine korporative Gesellschaft mit einer starken Macht, die auf Stabilität achtet und die Traditionen wahrt.[113] Am 30. Mai 1941 tat Goerdeler es Heß nach und sandte einen in diesem Geiste abgefaßten »Friedensplan« nach Großbritannien. Die Reaktion aus London war enttäuschend: Der Gedanke eines »Friedens nach Vereinbarung« wurde nicht gutgeheißen.

Das Abkommen zwischen der UdSSR und Großbritannien vom 12. Juli 1941, das separate Verhandlungen mit dem Gegner untersagte, war für Goerdeler und dessen Kreis ein schwerer Schlag. Seine Wirkung hielt allerdings nicht allzu lange an, wie sich bald herausstellte. Nach dem Überfall des Hitler-Reiches auf die Sowjetunion führten die Briten ihre Kontakte zur deutschen Opposition lediglich auf etwas niedrigerem Niveau weiter. Der britische Generalkonsul in Zürich erhielt »erst« im August 1941 die Erlaubnis, Informationen entgegenzunehmen, die die Aktivitäten der Gegner des Naziregimes betrafen.[114] Was die USA betraf, so gab es für deren diplomatische und Geheimdienste keinerlei

Beschränkungen bei Kontakten zu deutschen Vertretern, bis Deutschland den USA den Krieg erklärte.

Bei der Breite und Differenziertheit solcher Kontakte ist es nicht verwunderlich, daß bestimmte Angaben auch in die Presse gelangten, Parlamentariern zugespielt wurden oder an andere Empfänger gerieten. Um Enthüllungen vorzubeugen, hielt es Churchill für notwendig, am 10. November 1941 im Unterhaus zu erklären, seine Regierung werde niemals mit Hitler oder der Naziregierung in Verhandlungen treten.

Am 19. November übergaben die Briten im NKID der UdSSR ein Memorandum, in dem über die Absicht Deutschlands informiert wurde, eine europäische Konferenz einzuberufen und dort mit Unterstützung seiner Verbündeten und »neutraler« Staaten einen Aufruf an die Völker »zum allgemeinen Frieden« zu verkünden. Die britische Seite bewertete dieses Manöver Berlins als einen Trick, um Zeit zu gewinnen.[115] Damit war die Tatsache legalisiert, daß Kontakte zu den Deutschen bestanden; mögliche Vorwürfe wurden damit von vornherein gegenstandslos.

Roosevelt unterstützte den britischen Premierminister in seiner »Entschlossenheit«, mit Hitler nichts zu tun zu haben. Die Verbindungen rissen jedoch nicht ab. Man senkte nur das Niveau um eine weitere Stufe. Zwischenglieder wurden eingeführt. Man machte mehr Vorbehalte und sträubte sich etwas stärker gegen den Empfang namhafter Oppositioneller, die sich entweder als solche ausgaben oder gar von Himmler und anderen Reichsführern unter dem Deckmantel der »Opposition« benutzt wurden. Von den ganz »normalen« Kontakten mit Politikern wie Pétain, Salazar, Pius XII., spanischen und türkischen Ministern oder Abgesandten von Geheimdiensten ganz abgesehen.

All das spielte aber wahrscheinlich keine übergroße Rolle, als den Briten die Vorschläge Hitlers vorlagen, die Heß mitgebracht hatte: Friedensschluß, um gemeinsam gegen die UdSSR vorzugehen, oder zumindest die Vereinbarung, daß London Berlin nicht daran hinderte, wie der Stellvertreter des »Führers« am 9. Juni 1941 gegenüber Kirkpatrick erläuterte, »an Rußland bestimmte Forderungen zu stellen, die entweder auf dem Verhandlungswege oder im Ergebnis des Krieges erfüllt werden müssen«.[116] Davon informierte Churchill die sowjetische Seite weder damals noch später auch nur mit einem einzigen Wort.

Die Mission des Rudolf Heß war weder eine impulsive noch eine

»persönliche« Aktion eines psychisch labilen Mannes. Zwischen seinem ersten wegen schlechten Wetters mißglückten Start am 10. Januar 1941 und dem aufsehenerregenden Flug vom 10. Mai hatte der Stellvertreter des »Führers« mehrere Gelegenheiten, »seinen« Plan zur Einstellung des »Blutvergießens« nicht nur mit Hitler zu erörtern. Über Carl Jacob Burckhardt wurde die Möglichkeit eines Friedensschlusses unter der Bedingung ventiliert, daß das Reich sich auf die »früheren deutschen Besitzungen« beschränkte.

Der Gedanke, das Programm zur Revision des Status quo von 1937 darauf zu reduzieren, daß dem Reich die nach dem Ersten Weltkrieg an Polen abgetretenen Gebiete zurückgegeben sowie der Anschluß Österreichs und des Sudetenlandes bestätigt werden sollten, wurde bereits bei der Begegnung Heß' mit Sumner Welles im März 1940 ausgesprochen. Einzelheiten dieses Gespräches werden nach wie vor sorgfältig geheimgehalten. Was der britische Botschafter in Madrid, Samuel Hoare, der in diese Affäre verwickelt war, in diesem Zusammenhang versprach, ist bisher auch nicht bekannt Es entsteht der Eindruck, daß das Treffen mit dem Amerikaner Heß endgültig in der Idee bestärkte, ihm sei es aufgegeben, als Parlamentär zwischen Berlin und London zu wirken.

Als etwas Gras über die Sache gewachsen war, zeigte Hitler im Herbst 1941 Interesse an den Gedankengängen Albrecht Haushofers, den er im Mai zum Schein in Acht und Bann getan hatte. Haushofer versuchte dem »Führer« zu suggerieren, keine der Seiten sei in der Lage, die Übermacht zu gewinnen, und der Ausweg aus dieser Pattsituation sei eine Vereinbarung mit dem Westen. Ein solcher Frieden werde, so Haushofer, die Herrschaft des Reiches in Mittel- und Osteuropa (über Polen, die Tschechoslowakei, Estland, Litauen, Serbien und Kroatien) festigen und Deutschland seine Kolonien zurückbringen. Großbritannien erhalte dafür Garantien für die Unantastbarkeit des Empire. Die Vorstellungen Haushofers, der als »Dissident« galt, stimmten im wesentlichen damit überein, was auch Schacht, Hassell, Trott, Bonhoeffer und andere vertraten. Im übrigen waren sie »gemäßigter« als Goerdelers Vorstellungen.[117]

Über die Kontakte der Westmächte mit Nazideutschland im Jahre 1941 liegt eine ganze Reihe seriöser Forschungsarbeiten vor. Sie geben zu weiteren Fragen Anlaß, die durchaus nicht zweitrangiger Natur sind.

In den Jahren 1937 und 1938 gingen in London und Washington

regelmäßig detaillierte Informationen darüber ein, wo die Nazis Operationen mit beabsichtigter Anwendung oder Androhung von Gewalt vorbereiteten. Von der Remilitarisierung des Rheinlandes über den Anschluß Österreichs bis hin zu den Überfällen auf Dänemark, Norwegen, Belgien, die Niederlande und Frankreich wies der Informationsfluß keine großen Lücken auf. Die Angaben kamen direkt aus den oberen Etagen der deutschen Militäraufklärung und zusätzlich auch noch von Mitarbeitern des Auswärtigen Amtes. Der Zweck dieser gezielten Enthüllungen höchster Geheimnisse des Reiches bestand darin, den Westmächten die wahren Absichten Hitlers, seine starken und schwachen Seiten, vor Augen zu führen, damit die Aktionen abgewendet werden konnten oder der »Führer« sich zumindest eine schwere Abfuhr holte.[118]

Was war geschehen, daß dieser Strom immer dürftiger wurde, als Hitler sich entschloß, die Kriegsmaschine des Reiches gegen die UdSSR zu wenden? John Somerville berichtete auf dem Symposium in Stuttgart, daß den britischen Geheimdiensten der Codename »Barbarossa« erst am 8. Mai 1941 bekannt wurde.[119] Wo waren Oster und andere »Nazihasser« aus Canaris' Apparat? Warum verlor von Brauchitsch, als er den nach London übermittelten »Friedensplan« Goerdelers abzeichnete, kein Wort darüber, daß drei Wochen später der Hauptakt des Zweiten Weltkrieges beginnen sollte? Was ging in Canaris vor, als er die Information über die Vorbereitung des »Rußlandfeldzuges« zurückhielt? Immerhin war er im September 1940 nicht davor zurückgeschreckt, Franco in den Plan Hitlers einzuweihen, der Spanien in den Krieg gegen Großbritannien hineinziehen wollte und die Pyrenäenhalbinsel für Operationen in Nordafrika zu nutzen gedachte.[120]

Die vorhandenen Dokumente, darunter auch solche, die erst kürzlich in Umlauf gelangt sind, lassen eindeutig die Feststellung zu, daß Brauchitsch, Halder, Thomas und andere hochgestellte Militärs, die die Ausarbeitung der operativen Pläne gegen die Westmächte hinausgezögert hatten, beim Erstellen der Plandokumente für die Aggression gegen die UdSSR ihren »Führer« noch zu übertreffen suchten. Halder und seine engsten Vertrauten (Loßberg, Trott) bestärkten Hitler sogar in dessen Abenteurertum. Zweifel wurden von Göring, Ribbentrop, Keitel, Jodl und Warlimont sowie aus dem Kommando der Kriegsmarine laut. Es waren Zweifel in der Hauptsache taktischer Natur. Namhafte

Vertreter der Opposition äußerten jedoch nichts gegen den Ostfeldzug und legten niemandem bei der Vorbereitung dieses Krieges keine Steine in den Weg.[121]

An »bürgerliche Moral« und an »Zivilisation« erinnerte sich die Opposition erst wieder im Oktober/November 1941, als vom Blitzkrieg nur noch fernes Donnergrollen übrig war und das Problem akut wurde, die Bildung einer Anti-Hitler-Koalition nicht zuzulassen. Zu diesem Zeitpunkt legte man die abgenutzte Platte auf, es sei »von Nachteil« für den Westen, den Krieg bis zur Zerschlagung des deutschen imperialistischen Staates und seiner Streitkräfte zu führen.

Deutsche Autoren lassen derart unangenehme Fragen meist unberührt. Ritter spricht von »absoluter Finsternis«, die mit dem Überfall auf die UdSSR eingetreten sei. Hassell und Popitz debattierten darüber, ob die Zeit für einen Umsturz verpaßt worden sei, da Deutschland nun »keinen annehmbaren Frieden mehr erreichen« konnte.[122] Wenn aber alles zum Teufel ging, hätte es doch selbst für Erzkonservative noch mehr Gründe geben müssen, sich »Barbarossa« zu widersetzen. Aber bis zum Morgengrauen des 22. Juni erlosch nicht die Hoffnung, Heß und die weniger lautstarken Aktionen, die diese Affäre begleiteten, könnten doch noch zum Erfolg führen. Vorher hatten die Nazis die Hand gegen »ihresgleichen« erhoben«; da sie nun aber entschlossen waren, mit dem »Hauptfeind«, den Sowjets, abzurechnen, kam alles wieder ins Lot. Warum sollte man sie daran hindern?

Nach Angaben von Somerville entschlüsselten britische Fachleute im Mai 1941 den Code der deutschen Eisenbahn. Sie erfuhren nun vieles über Truppenverlegungen und auch über die Bereitstellung von Waggons für künftige Kriegsgefangene. Am 7. Juni fiel dem Abhör- und Entschlüsselungsdienst der volle Wortlaut des Kampfbefehls an die Luftwaffe in die Hände. Auf der Grundlage dieses Materials führte Anthony Eden am 10. Juni das bekannte Gespräch mit Iwan Maiski. Am 12. Juni wurde das Telegramm des japanischen Botschafters Oshima entschlüsselt, der den Inhalt des Gespräches mit Hitler nach Tokio übermittelte. Dieses Telegramm bestätigte: Der Krieg war nun in greifbare Nähe gerückt. Man sandte ein weiteres Warnsignal nach Moskau.[123] Somerville neigt dazu, diese Ereignisse wie einen Kriminalroman abzuhandeln, ohne andere Tatsachen einzubeziehen, die seine Version relativieren und in größere Zusammenhänge stellen.

Bis Anfang Mai 1941 hielt das britische Komitee der Stabschefs einen

Überfall Deutschlands auf die UdSSR noch nicht für beschlossene Sache. Noch gegen Ende Mai war die britische Aufklärung der Meinung, Deutschland könne aus Wirtschaftsverhandlungen mit der Sowjetunion größeren Nutzen ziehen als aus einem Krieg gegen sie. Diese Auffassung wurde erst am 12. Juni revidiert. »Es sind neue Informationen darüber eingegangen«, berichtete der Aufklärungsdienst, »daß Hitler beschlossen hat, die Sowjetunion anzugreifen. Militärische Aktionen sind sehr wahrscheinlich, das Datum ist aber noch schwer anzugeben. Wir nehmen an, daß es dazu in der zweiten Junihälfte kommen wird.«[124]

Krieg ist kein Spaß. Als London im April die Sowjetunion auf hinterhältige Weise in einen Konflikt mit Deutschland hineinzuziehen versuchte, mußte es sich darüber klar sein – das Mißtrauen lauerte jetzt hinter allem. Das rechtfertigt keinesfalls Stalins willkürliche Behandlung der Informationen über den bevorstehenden Überfall Hitlers. Man darf nur keine Unbekannte in der Gleichung unberücksichtigt lassen.

Im nachhinein ist fast alles klar und unbestreitbar. Man kann behaupten und beweisen, zumindest sich selbst, daß es den Westmächten und der UdSSR bestimmt war, gemeinsam gegen Hitler zu kämpfen, daß die USA nicht durch menschliche Schwächen und Fehler, sondern durch unversöhnliche Widersprüche in den Konflikt mit Deutschland und Japan gerieten. Wie man auch belegen kann, daß die Gegnerschaft des Westens zur Sowjetunion nach dem Kriege nahezu unabwendbar gewesen sei.

In jener stürmischen Zeit sah allerdings vieles anders aus. Theoretische Erwägungen und Weisheiten standen nicht hoch im Kurs. Die Hauptrolle spielten brennende Erfordernisse. Häufig überwogen nicht umfassende und bewährte Erfahrungen, sondern unmittelbare, frische Eindrücke und Emotionen, Vertrauen oder Mißtrauen, Sympathien oder Antipathien zwischen Politikern, nicht nur der Intellekt, sondern auch das Gespür derer, die berufen waren, unwiderrufliche Entscheidungen zu fällen, ihre Fähigkeit, ohne Scheuklappen Ungewöhnliches und Ungewohntes zu betrachten – eine Kategorie, in die beinahe alles fiel, was im Zweiten Weltkrieg geschah.

Ende 1941 kam es zu einer qualitativen Wende. Einen Krieg – und zwar den Blitzkrieg – hatte das Reich verloren.[125] Nun begann der nächste – ein langanhaltender Zermürbungskrieg. Wer sollte darin außer der UdSSR zum wirklichen und nicht nur nominellen Gegner Deutschlands werden? Wie einmütig sollte die Anti-Hitler-Koalition sein und inwieweit konnte sie den Mechanismus der militärischen Zusammenarbeit wirksam handhaben? Konnten die UdSSR und die USA den gemeinsamen Nenner finden, wenn möglich sogar den goldenen, der ihre Interessen, die das so unterschiedliche Wesen ihrer Systeme ausdrückten, miteinander verband?

Mit einem vollen Katalog solcher Fragen ging die Welt in das Jahr 1942. Mit den Fragen und der Hoffnung, Antworten darauf zu finden. Und wiederum – zum wievielten Male? – stand der Sowjetunion die Erfahrung bevor, daß in den Beziehungen zwischen den Staaten Worte und Taten auf eigenen Umlaufbahnen kreisen, die zuweilen Lichtjahre voneinander entfernt sind.

7 Probleme der Zusammenarbeit in der Anti-Hitler-Koalition und der Errichtung einer zweiten Front im Jahre 1942

Der Plan der Eröffnung einer zweiten Front und seine praktische Umsetzung entwickelten sich in einem wechselvollen Prozeß. Die objektive Analyse dieser Vorgänge, die kritisch sein muß, wird von einigen Historikern so dargestellt, als fände heute eine verspätete Abrechnung der ehemaligen Alliierten untereinander statt.

Bei Peter Böttger lesen wir: »Entgegen anderslautenden sowjetischen Behauptungen waren sich sowohl Großbritannien als auch die Vereinigten Staaten von Amerika stets ihrer Verpflichtung bewußt, die Sowjetunion mit allen zur Verfügung stehenden Mitteln zu unterstützen.«[1]

Sein Wort in Gottes Ohr. Es ist aber niemandem geholfen, wenn zwei verschiedene Positionen und Strategien miteinander vermischt werden, die die Haltung Londons und Washingtons zur Architektur der Nachkriegswelt, zum Problem eines Bündnisses mit der UdSSR und zur zweiten Front als Teil dieses Problems bestimmten. Außerdem wird unsere Vorstellung von der gemeinsamen Vergangenheit ärmer und wertloser, wenn man den vertrackten Komplex der zweiten Front zeitlich verlagert und als frühe zweifelhafte Entdeckung des »Kalten Krieges« behandelt. Schließlich tun wir auch Churchill, dessen Regierung oder den britischen Militärs keinen Gefallen, wenn wir die Augen vor den Tatsachen verschließen, um nicht dazu Stellung nehmen zu müssen. Besser wäre es dagegen, wir versuchten, uns in die Lage des damaligen Großbritanniens beziehungsweise der USA hineinzuversetzen und die Motive für das Verhalten seiner Politiker zu erklären, ohne ihnen in allem zuzustimmen.

Anklagen, die nach Verhängung der Strafe geäußert werden, bringen kaum Gewinn. Letzten Endes verfolgt die Regierung jedes Staates, wenn sie unabhängig ist, ihre eigenen Ziele. Wenn man aber angesichts der bedrückenden Tatsachen – seien dies nun Worte oder Taten – nicht gerade in Begeisterung gerät, ist dies noch lange kein Grund, die Wahrheit zu verschweigen. In unserem Falle gibt es auch keinen Anlaß, insbesondere die amerikanischen Dokumente der Kriegszeit auszuklammern, deren messerscharfe Bewertung der Linie Churchills alle wissenschaftlichen Arbeiten in den Schatten stellt, die jemals in der UdSSR erschienen sind.

Der Klarheit halber sei hier noch einmal festgestellt, daß man den Unglauben der Demokratien an die Fähigkeit der Sowjetunion, dem Überfall Hitlers standzuhalten, nur bei bösem Willen zu dem Wunsch umdeuten kann, das Land besiegt zu sehen. Der Churchill-Regierung wie auch der Roosevelt-Administration etwas Derartiges zu unterstellen, wäre einfach Sünde. Außenminister Eden hatte vor Kriegsausbruch, dem Meinungsaustausch des Premierministers mit dem US-Präsidenten vorgreifend, Botschafter Iwan Maiski am 13. Juni 1941 versprochen, Großbritannien werde der Sowjetunion im Falle einer deutschen Aggression Wirtschaftshilfe leisten, eine Militärmission (wie zu verstehen war – zur Abstimmung des Vorgehens) nach Moskau entsenden und Entlastungsschläge aus der Luft gegen das Reich führen.

Churchill wählte seine Worte am 22. Juni schon vorsichtiger, formulierte den Hauptgedanken dennoch klar und deutlich: Solange Rußland an der Seite Großbritanniens stand, lag es im britischen Interesse, ihm entsprechend seinen Möglichkeiten zu helfen. Wie und in welchem Maße er sich dazu verpflichten wollte – direkt oder indirekt –, dies zu sagen hielt der Premierminister nicht für zweckmäßig. Im September schrieb er an Botschafter Cripps in Moskau, der London wegen seiner passiven, abwartenden Haltung kritisierte und eine Landung britischer Truppen in Frankreich oder anderswo forderte, um die Nazis zu zwingen, einen Teil ihrer Divisionen von der Ostfront abzuziehen, daß er die Gefühle des Botschafters zwar teile, der der »Agonie Rußlands« zusehen müsse, daß aber »weder Sympathien noch Emotionen die Tatsachen verhüllen sollten, mit denen wir es zu tun haben«.[2]

Welche Tatsachen meinte der Premierminister? Politiker und Berater in Churchills Umgebung waren nahezu einmütig der Auffassung, daß es der Sowjetunion ergehen werde wie Frankreich. Harold Nicolson schrieb in sein Tagebuch: »80 Prozent der Fachleute im Kriegsministerium glauben, Rußland werde binnen zehn Tagen k. o. sein.«[3] Generalstabschef John Dill gab der Sowjetunion alles in allem sieben

262

Wochen, der Oberkommandierende der britischen Streitkräfte im Nahen Osten, Archibald Wavell, »einige Wochen«, Botschafter Stafford Cripps »vier Wochen«. Moralische, politische und symbolische militärische Unterstützung ließ man zu, nicht mehr. Große britische Truppenverbände, Flugzeuge und andere Technik in den Operationsraum der Hauptverbände der Wehrmacht zu werfen, kam nicht in Frage. Ein zweites Dünkirchen würde den Briten niemand schenken.

Churchill schossen die verschiedensten Ideen durch den Kopf; sie alle aber liefen darauf hinaus, die Peripherie des Empire zu befestigen, solange die UdSSR Widerstand leistete. Um dafür zusätzliche Kräfte freizubekommen, machte der Premierminister nicht einmal davor halt, die Amerikaner zur Landung in Nordirland (Operation »Magnet«) aufzufordern. Gleichzeitig informierte er Roosevelt, die Briten seien *in den nächsten sechs Monaten nicht in der Lage, Rußland militärische Hilfe zu leisten.* Er gab zu verstehen, daß es keinen Sinn hätte, die britische Seite in dieser Hinsicht zu drängen.

Betrachten wir die Lage, in der sich Großbritannien im zweiten Halbjahr 1941 befand. Ohne jede Polemik. Die Vereinigten Staaten hielten es über Wasser. Das »Arsenal der Demokratie« war kein leeres Wort, sondern zeigte reale Wirkung. Jedoch das Äußerste, das die Briten allein ohne die USA als militärischen Verbündeten bewerkstelligen konnten, war ihre eigene Verteidigung. Für erfolgversprechende offensive Operationen hatten sie weder die notwendigen Kräfte aufgestellt noch genügend Vertrauen in sich selbst und in die eigene Zukunft erworben. Eine zweite Niederlage konnten Großbritannien und dem Empire zu teuer zu stehen kommen. Das wog schwerer, als den Zusammenbruch der UdSSR zu verhindern. Deshalb war es für die britischen Politiker auch nicht opportun, sich der Vereitelung des Unternehmens »Barbarossa« um jeden Preis zu verschreiben. Nein, wenn ein Engagement gegen »Barbarossa« Großbritannien zur Geisel der Kämpfe an der Ostfront verwandelte, dann blieb man besser auf Distanz und dachte in Kategorien von »Post-Barbarossa«, gleichgültig wie schmerzlich dies für Moskau war.

Auf beharrliches Drängen der sowjetischen Seite willigte Winston Churchill schließlich ein, daß die Regierungen der UdSSR und Großbritanniens am 12. Juli 1941 ein Abkommen über gemeinsame Aktionen im Krieg gegen Deutschland unterzeichneten. Artikel 2 enthielt die Verpflichtung, daß »sie im Verlaufe dieses Krieges weder Verhandlungen führen noch einen Waffenstillstand oder einen Friedensvertrag schließen wollten, es sei denn, im gegenseitigen Einverständnis«.[4] Damit hatte man die nötigen Akzente gesetzt – Kampf bis zum Ende, selbst wenn dies die Niederlage war.

Im Herbst verdüsterte sich jedoch der Horizont. Stalin zog in seiner Korrespondenz mit Churchill die Aufrichtigkeit in den gegenseitigen Beziehungen in Zweifel, forderte, die Verpflichtung zum gegenseitigen Beistand vertraglich zu fixieren, eine Übereinkunft über die Kriegsziele und die Pläne für die Nachkriegszeit zu erzielen. Nach Aussage J. A. Elliots hatte die Sowjetregierung Material in die Hand bekommen, welches darauf schließen ließ, daß die Deutschen verstärkt die Möglichkeit eines Friedensschlusses sondierten und auch London dafür wachsendes Interesse zeigte.

Anfang September erklärte der Premier vor dem Kriegskabinett: »Die Möglichkeit eines Separatfriedens kann nicht völlig ausgeschlossen werden.« Vorher hatte er Harry Hopkins einen Brief geschrieben, den das Weiße Haus als Hinweis auf die Neigung zu einer separaten Regelung mit dem Reich auffaßte. Dasselbe schrieb Churchill etwas später auch an Roosevelt.[5]

Der Schweizer Präsident E. Uetter und der Außenminister der Eidgenossenschaft Marcel Pilet-Golaz, der türkische Präsident Ismet Inönü und der Staatssekretär im türkischen Außenministerium Numan Memenencioglu, der Vatikan, die Vichy-Regierung unter Pétain, Carl Jacob Burckhardt als Präsident des Roten Kreuzes – sie alle übertrafen sich gegenseitig im Bemühen, Churchill diesen Entschluß zu erleichtern. Nicht ganz ohne Folgen.

Unmittelbar vor Edens Reise nach Moskau (am 15. Dezember) kam Churchills Wunsch zum Vorschein, sich mehr Bewegungsfreiheit in puncto Separatfrieden oder Waffenstillstand mit Deutschland zu verschaffen. Der Premierminister argumentierte so: »Wir haben öffentlich erklärt, daß wir keine Verhandlungen mit Hitler oder dem Naziregime führen werden, aber … wir wären zu weit gegangen, hätten wir erklärt, daß wir auch nicht mit einem Deutschland verhandeln, das von der Wehrmacht kontrolliert wird. Niemand kann voraussagen, welche Regierungsform Deutschland haben wird, wenn seine Widerstandskraft schwindet und es Verhandlungen wünscht.«[6]

Der Premierminister sollte seine taktische Linie unter dem Eindruck der Niederlage der Wehrmacht bei Moskau (die Schlacht bei Moskau wurde, was Einsatz von Truppen und Technik anbelangt, nur von jener am Kursker Bogen übertroffen) und der Empfehlungen des Kriegskabinetts korrigieren. Dieses stellte sich auf Edens Seite, der nach den Verhandlungen mit Stalin im Dezember dafür plädierte, mit der Sowjetunion sachlicher zusammenzuarbeiten und deren Interessen zu berücksichtigen. Das bedeutete jedoch nicht, daß Churchill seine strategische Sicht veränderte oder auch nur überprüfte.

In Churchills Telegramm an Eden vom 10. Dezember 1941 stand: Die libysche Wüste – »das ist unsere zweite Front«.[7] Später sollte er die Operation »Torch« (Fackel) und danach die Landung auf Sizilien in den Rang der zweiten Front erheben. Im Herbst 1941 flocht der Premierminister in interne Diskussionen und in seine Briefe den Gedanken ein, eine Landung in Nordfrankreich sei »nicht früher« als 1943 möglich. Ab 1942 verschob er dann die zweite Front gar ins Jahr 1944.

Objektive Schwierigkeiten, die der Errichtung einer – nicht nur symbolischen – zweiten Front im Jahre 1941 im Wege standen[8], trafen sich mit der subjektiven Absicht, nicht zu früh mit dem Hauptgegner in den Clinch zu gehen. Als sich die Lage im Jahre 1942 veränderte und neben Großbritannien auch die USA die Last der zweiten Front zu tragen hatten, Deutschland aber seinen früheren Vorteil verloren hatte, mit großen Truppenkontingenten frei manövrieren zu können, trat gerade dieses subjektive Element immer stärker in den Vordergrund.

Versuchen wir einmal zu erkennen, indem wir die Details in die Ferne rücken, wie sich die Tatsache, daß der Krieg nun für die Vereinigten Staaten keine fremde Angelegenheit mehr war, auf deren politische und strategische Konzeptionen sowie auf ihre militärischen Vorbereitungen auswirkte. Gab es Veränderungen am »Programm des Sieges«, das sie im Spätsommer 1941 rasch zusammengezimmert hatten, und welche? Wie wurden jetzt die Akzente gesetzt, was veränderte sich an den nationalen Zielen und den Methoden zu ihrer Verwirklichung? Churchills Traum, die USA an der Seite Englands nicht als Beobachter und Aufseher, sondern als Partner und Verbündeten zu sehen, hatte sich erfüllt. Welche Auswirkungen hatte das für die praktischen Beziehungen der USA zu Großbritannien? Gab es Veränderungen nur zum Positiven oder auch zum Negativen?

Halten wir als Faktum fest: Der Präsident war innerlich noch nicht bereit, in der UdSSR einen Wunschpartner zu sehen. Ohne daß Washington und London eine elementare Verständigung, eine Harmonisierung ihrer Strategien auf dem europäischen Kriegsschauplatz und eine Abstimmung zumindest ihrer Grundpositionen zu den Fragen einer Nachkriegsordnung erreichten, konnte man auch keine umfassende und wirksame sowjetisch-amerikanische Zusammenarbeit erwarten. Der Prozeß, in dem die britisch-amerikanischen Beziehungen allmählich Bündnischarakter annahmen, ihre Nah- und Fernziele sich aneinanderfügten sowie die tiefgreifenden Veränderungen im Kräfteverhältnis in die Sprache der Politik und militärischer Entschlüsse umgesetzt wurden, erwies sich als langwierig und schmerzlich. Das wiederum hatte seine Rückwirkungen auf die Sowjetunion.

Die nicht eingelösten Versprechen, die Beispiele für Verletzung der Bündnispflichten und Mißachtung lebenswichtiger Interessen der UdSSR schlugen im Jahre 1942 sicherlich alle Rekorde in der kurzen Geschichte der Anti-Hitler-Koalition. Die USA und Großbritannien behandelten verbündete Staaten ausgesprochen utilitaristisch. Der Stabschef der amerikanischen Marine, King, sagte es auf der Konferenz von Casablanca im Januar 1943 so: »Unser Grundkurs muß darin bestehen, *das Menschenpotential Rußlands und Chinas mit der nötigen Ausrüstung zu versehen, damit es kämpfen kann.*« Für Churchill ging es im Jahre 1942 darum, *die Zeitlücke zu schließen,* »*bis englische und amerikanische Massenarmeen [im Jahre 1943] den Deutschen auf dem Kontinent entgegentreten konnten*«.[9]

Der Premierminister füllte auch Lücken, die die US-Stabsarbeit in den Jahren 1941 bis 1943 aufwies oder die auf den autoritären Führungsstil des amerikanischen Präsidenten zurückzuführen waren. Strategie und Taktik entwickelten sich nach britischen Vorgaben und zogen die strategischen Pläne Berlins gegenüber der UdSSR nur am Rande ins Kalkül. »Bis zum Herbst 1943«, schrieb Maurice Matloff, wurde »*buchstäblich nichts* unternommen, um die Strategie und die Pläne des Westens mit den Absichten der Sowjetunion direkt zu koordinieren.« Und weiter: »*Ein kritisches Moment für die Sowjetunion war von Beginn des Krieges an die Eröffnung einer zweiten Front im Westen. Deshalb ist es* durchaus verständlich, daß die Verzögerungen auf diesem Gebiet das Mißtrauen der Sowjetunion gegenüber den Westmächten verstärkten. *Wie das Kriegsministerium der USA richtig einräumte, brauchte man vor der Lösung dieses Problems durch die Führungen Großbritanniens und der USA keine Verbesserung des Verhältnisses zur Sowjetunion erwarten.*«[10]

Die permanenten Winkelzüge und später auch der Wortbruch im

Zusammenhang mit der Eröffnung der zweiten Front belasteten die Beziehungen zwischen den Mächten der Anti-Hitler-Koalition. Anders konnte es auch gar nicht sein. Die Naziführung nutzte das Fehlen dieser zweiten Front aus und warf von April bis November 1942 jeden Monat durchschnittlich zehn neue Divisionen gegen die Rote Armee. Außerdem schickte sie monatlich 250 000 Mann Marschauffüllung an die Ostfront. Als die sowjetischen Truppen am 19. November 1942 bei Stalingrad zur Gegenoffensive übergingen, hatte Deutschland die größte Streitmacht des ganzen Krieges – *278 Verbände* – gegen die UdSSR konzentriert.[11]

Während des Moskaubesuchs Anthony Edens im Dezember 1941 sprach Stalin zwei Fragen an: a) die Ziele des Krieges und die Nachkriegsordnung; b) den gegenseitigen militärischen Beistand im Kampf gegen Hitler in Europa. »Was die erste – eine diplomatische [?] – Frage betrifft«, bemerken J. Butler und J. Gwyer, »so hat sich unsere Regierung, die sich sehr vorsichtig bewegt, bisher lediglich auf allgemeine Phrasen beschränkt.«[12] In bezug auf die militärische Zusammenarbeit hatte der Minister Instruktion, die Verlegung von zehn britischen Fliegerstaffeln an den Südabschnitt der sowjetisch-deutschen Front vorzuschlagen (allerdings nach Abschluß der Operation in Libyen und unter der Voraussetzung, daß die Deutschen die Türkei nicht bedrohten). Während der Anreise erreichte ihn jedoch die Weisung des Premierministers: » ... Sie dürfen den Russen auf gar keinen Fall, ich wiederhole, auf gar keinen Fall nicht einmal zehn Fliegerstaffeln anbieten«. Außerdem sollte Eden auch für Lieferungen keinerlei feste Zusagen machen: Japan hatte in der Zwischenzeit die USA und britische Besitzungen in Asien überfallen.[13]

Die sowjetische Seite forderte den stellvertretenden Generalstabschef Archibald Nye, der Eden begleitete, auf, Pläne für einen Schlag gegen die Halbinsel Petsamo im Januar/Februar 1942 und den nachfolgenden Angriff auf Kirkenes mit drei Divisionen, 130 Jagdfliegern, 70 Bombern und Marineunterstützung zu erörtern. Die UdSSR war bereit, die Bodentruppen, die Hälfte der Flugzeuge und einen Teil der Transportschiffe für diese Operation bereitzustellen. Für Großbritannien blieben die restlichen Flugzeuge und die Marine.

Darüber schreiben Butler und Gwyer: »Dieser Vorschlag war auf keinen Fall als unannehmbar zu betrachten ... Seine Ablehnung lag nicht in unserem Interesse.« Petsamo bedeutete immerhin ein Drittel des Nickels, das die deutsche Rüstungsindustrie bezog. Hitler hielt es für wichtiger, dieses Bergbaugebiet zu halten, als Murmansk zu erobern. Eden sorgte sich jedoch um etwas ganz anderes, daß nämlich »den Russen bis zu unserer Rückkehr nach London keine abschlägige Antwort« auf ihren Vorschlag gegeben werde, den »sie für durchaus real halten, wobei sie erklärt haben, daß sie unsere Zustimmung als Erfüllung unseres Militärabkommens betrachten«.[14]

Zu dieser Zeit war jedoch Churchills eigener »Kriegsplan« bereits herangereift, mit dem er den amerikanischen Präsidenten beglücken wollte. Sein strategisches Triptychon eröffnete er mit dem Entwurf »Die atlantische Front« vom 16. Dezember 1941. Schon der erste Punkt enthält die Quintessenz der Überlegungen des Premierministers:

»Hervorstechendste Faktoren des Krieges sind heute Hitlers Fehlschlag in Rußland und seine damit verbundenen Verluste. Noch läßt sich nichts Gewisses über die Größe der über die deutsche Armee und das Naziregime hereingebrochenen Katastrophe sagen. Bis jetzt hat letzteres von leicht und billig gewonnenen Erfolgen gelebt, doch nun stehen ihm statt des erwarteten schnellen und leichten Siegs alle Schrecken eines verlustreichen Winterkriegs mit seinen gewaltigen Anforderungen an Treibstoff und Ausrüstung bevor.

Die Rolle Großbritanniens und der Vereinigten Staaten beschränkt sich bei diesen Ereignissen darauf, das versprochene Material unfehlbar und pünktlich zu liefern. Nur auf diese Weise sind wir in der Lage, *unseren Einfluß auf Stalin aufrechtzuerhalten und Rußlands gewaltige Kriegsleistung in das gesamte Kriegsgeschehen einzufügen.*«[15] Das »gesamte« bedeutete in diesem Zusammenhang das Kriegsgeschehen, das man in London plante und in das Churchill die Vereinigten Staaten mit aller Macht einzubinden gedachte.

Wieso brauchten Großbritannien und die USA nichts anderes zu tun, als den Rahm abzuschöpfen? Weil Deutschland nach Meinung des Premierministers an Händen und Füßen in Rußland gebunden und deshalb nicht in der Lage war, Aggressionen gegen weitere Länder und in anderen Richtungen zu unternehmen. Indessen konnten die britischen Truppen im Mittelmeerraum die Initiative an sich reißen. Die Konzentration amerikanischer Streitkräfte auf den Britischen Inseln und in Nordirland war dafür gedacht, »die Deutschen von einem Invasionsversuch abzuschrecken«. Ein Teil der in Großbritannien stationierten Truppen konnte dafür eingesetzt werden, daß »Großbritannien und die Vereinigten Staaten alle nord- und westafrikanischen Besitzungen Frankreichs« gemeinsam besetzten sowie die Kontrolle »der übrigen nordafrikanischen Küste von Tunesien bis Ägypten durch Großbritannien« errichteten.[16]

Der zweite Teil des Dokumentes, der vom 20. Dezember 1941 datiert ist, behandelt den pazifischen Kriegsschauplatz. Bei der Veröffentlichung kürzte Churchill die Passagen, in denen es um »den Erwerb von Luftbasen« und um das »Eingreifen Rußlands« (dem Sinne nach in den Krieg gegen Japan) geht. Wie unbeabsichtigt ließ er jedoch die Erwähnung der Jahre *1943/44* als den Zeitpunkt für Bombenangriffe gegen Deutschland bei der Veröffentlichung unverändert, obwohl »Erfordernisse anderen Charakters uns [die USA und Großbritannien] zwingen können, *eine gewisse Verzögerung bei der Ausführung unserer Pläne* hinzunehmen«.[17]

Den dritten Teil des Dokumentes vom 18. Dezember 1941 stellte der Verfasser unter die Überschrift »Der Feldzug im Jahre 1943«. »Falls 1942 die im ersten und zweiten Teil umrissenen Operationen günstig verlaufen, könnte sich zu Jahresbeginn 1943 folgende Situation herauskristallisiert haben:

a) Die Vereinigten Staaten und Großbritannien sind im Besitz der tatsächlichen Seeherrschaft im Pazifik.

b) Die Britischen Inseln wären intakt und besser denn je gegen eine Invasion geschützt.

c) Die ganze west- und nordafrikanische Küste von Dakar bis zum Suezkanal und die Levanteküste bis zur türkischen Grenze wären in englisch-amerikanischer Hand.«

»Doch all das genügt nicht, um dem Krieg ein Ende zu machen. Dieses Ende wird nie eintreten, indem wir Japan auf seine eigenen Grenzen zurückwerfen und seine überseeischen Streitkräfte zerschlagen. Das Kriegsende kann nur durch die Niederlage der deutschen Armeen in Europa herbeigeführt werden *oder* durch einen inneren Umschwung in Deutschland als Folgeerscheinung des ungünstigen Kriegsverlaufs, der wirtschaftlichen Nöte und alliierter Bombenangriffe. Wenn sich die Deutschen der zunehmenden Macht der Vereinigten Staaten, Großbritanniens und Rußlands erst einmal bewußt werden, ist ein innerer Zusammenbruch jederzeit möglich, wenn wir auch nicht damit rechnen können.«

»Wir müssen uns daher darauf einrichten, die unterworfenen Länder

269

West- und Südeuropas zu befreien, indem wir an geeigneten Punkten – nacheinander oder gleichzeitig – britische und amerikanische Armeen an Land setzen, die stark genug sind, um den unterworfenen Völkern den Aufstand zu ermöglichen ...« Unter den Landepunkten wurden »Norwegen, Dänemark, Holland, Belgien, die französische Kanal- und Atlantikküste, Italien und *eventuell auch der Balkan*« genannt. Zum Abschluß und in Dissonanz zum Teil 2 folgte die optimistische Prognose, »den Krieg auch ohne vorherigen deutschen Zusammenbruch Ende 1943 oder 1944 zu gewinnen«.[18]

Soweit sich feststellen läßt, ist dies der erste dokumentarisch belegte Fall, daß zum Zwecke der »Mobilisierungspropaganda« versprochen wurde, eine zweite Front zu eröffnen. Ein halbes Jahr später sollte Churchill diesen ihm liebgewordenen Trick auch in den Verhandlungen mit Molotow anwenden, wonach er sich anschickte, seine amerikanischen Partner an der Nase herumzuführen.

Seine Überlegungen testete der Premierminister zunächst an den britischen Stabschefs. Diese taten so, als hätten sie die Finten ihres Vorgesetzten nicht bemerkt. Sie stimmten ihm zu und umrissen folgende »drei Kriegsstadien: a) Vollendung der Einkreisung; b) Befreiung der besetzten Länder; c) Endsturm auf die Zitadelle Deutschland.«[19]

»Vollendung der Einkreisung« bedeutete einen Ring, der »etwa von Archangelsk über das Schwarze Meer, Anatolien, die Nordküste des Mittelmeeres bis zur Westküste Europas« reichte. »Das Hauptziel«, beschworen später die britischen Stabschefs ihre amerikanischen Kollegen, »wird darin bestehen, diesen Ring zu konsolidieren und *Breschen darin durch die Unterstützung der russischen Front,* durch Waffenhilfe für die Türkei, durch die Aufstockung unserer Kräfte im Nahen Osten *und durch die Besetzung der gesamten Küste Nordafrikas* zu schließen.«

Die amerikanischen Militärs sahen die Stadien und die Geographie des Krieges anders. Nach ihrer Auffassung waren der Ferne Osten, Afrika, der Nahe Osten, die Pyrenäenhalbinsel und Skandinavien lediglich »Hilfsschauplätze«. Kriegsschauplatz Nummer eins war für sie Nordwesteuropa, wo es galt, »sich den Bodentruppen des Gegners ernsthaft zum Kampf zu stellen«.[20]

Die operative Abteilung bestätigte diese Einschätzung bei der Begegnung Roosevelts und Churchills auf der Arcadia-Konferenz, die von Ende Dezember 1941 bis Januar 1942 stattfand. Sie setzte sich dafür ein, »die Hauptkräfte in Westeuropa aufzustellen« und »im Zusammenwirken mit einem möglichst starken Angriff der Russen an der Ostfront und geringeren Angriffshandlungen, überall, wo dies möglich ist«, zur Offensive überzugehen. Die Stabsoffiziere sahen keinen anderen Raum, wohin man die für eine derartige Aktion notwendigen Truppen transportieren und entsprechend versorgen konnte. Die Militärs zogen in ihre Überlegungen mit ein, durch eine wirksame und rechtzeitige Unterstützung der Sowjetunion in Europa zugleich die Voraussetzungen dafür schaffen zu können, daß die UdSSR auf der Seite der USA in den Krieg gegen Japan eingriff. Zunächst aber war aus ihrer Sicht die beste sowjetische Unterstützung für den Krieg gegen Japan eine Offensive der Roten Armee gegen Deutschland.[21]

In einem Memorandum des Vereinigten Ausschusses für strategische Planung, das dem Präsidenten am 21. Dezember 1941 übergeben wurde, nannte man als »gemeinsames strategisches Ziel der alliierten Staaten die Zerschlagung Deutschlands und seiner Verbündeten«. Das Papier enthielt die Empfehlung, »bei Stärkung der strategischen Verteidigung Angriffsoperationen von lokaler Bedeutung in den dafür geeignetsten Räumen durchzuführen«. Krönender Abschluß sollte eine Großoffensive zum einen gegen Deutschland und dessen europäische Verbündete und zum anderen gegen Japan sein. Von koordiniertem Vorgehen mit der UdSSR war hier allerdings nicht mehr die Rede. Man erwähnte lediglich die Versorgung »Rußlands, Chinas und Großbritanniens mit Waffen und militärischer Ausrüstung, soweit dies möglich« sei.[22]

Donovans Dienst legte dem Präsidenten ein weiteres Dokument vor. Darin betonte die Aufklärung die »militärischen und politischen Vorteile einer Besetzung Nordwestafrikas«.

Auf einer Beratung im Weißen Haus am 21. Dezember, an der Harry Hopkins, Henry Stimson, Frank Knox, die Stabschefs und die Befehlshaber von Navy und Air Force teilnahmen, wurde die Position der USA zu den Operationen in Europa der britischen angenähert. *Über die zweite Front wurde auf der Beratung nicht gesprochen.* Als dieses Thema bei der Begegnung mit Churchill auftauchte, erörterte man lediglich die Möglichkeit einer »Opferlandung« oder eines symbolischen Flaggezeigens auf dem Kontinent 1942, wenn die »russische Front in ernste Gefahr« geriet.[23]

Der Premierminister und der Präsident kamen überein, daß »Deutschland die Hauptkraft des faschistischen Blockes« sei und deshalb der »atlantische und europäische Raum als die entscheidenden Kriegsschauplätze« betrachtet werden müßten. Die Richtung des Hauptschlages kristallierte sich allmählich heraus, wobei man nicht zuletzt von den potentiellen Möglichkeiten der Gegner in Industrie und Wissenschaft ausging. Man meinte, die Deutschen seien eher als die Japaner in der Lage, Waffensysteme neuer Qualität zu schaffen.

Die Atomwaffe, die man dabei offenbar im Auge hatte, fand auf diese Weise Eingang in die Politik. Man schloß nicht aus, wenn die Alliierten auf dem europäischen Kriegsschauplatz jahrelang tatenlos blieben, Deutschland sein Potential so entwickeln konnte, daß »es um so schwerer oder am Ende überhaupt nicht mehr zu besiegen sein werde«.[24] Damit stieß der Kurs, den Krieg in die Länge zu ziehen, auf objektive Grenzen. Daß die Zeit zum Verbündeten der Sowjetunion werden könnte, daran hatte man noch nicht gedacht.

»Wenn Deutschland einmal besiegt ist, werden der Zusammenbruch Italiens und die Niederlage Japans folgen.« Folglich mußte »das Grundprinzip der amerikanisch-britischen Strategie darin bestehen, von den Operationen gegen Deutschland nur das Minimum von Kräften abzuziehen, das notwendig war, um auf anderen Kriegsschauplätzen lebenswichtige Interessen zu sichern«.[25]

Man sollte sich bald davon überzeugen, daß dieses »Grundprinzip« blanke Theorie blieb. Das war bereits mit dem Vorbehalt entschieden, den man in die Dokumente der Konferenz einbaute: *»Es ist kaum anzunehmen, daß 1942 eine Landoffensive außer an der russischen Front möglich sein wird.«* Ihre eigene Funktion sahen die Westmächte lediglich darin, strategische Bombenangriffe zu fliegen, die Offensive der Russen zu unterstützen, das Reich mit einer Blockade zu umgeben, den Geist des Aufruhrs in den besetzten Ländern wachzuhalten und Untergrundbewegungen zu organisieren. Erst »im Jahr 1943 kann der Weg offen sein, um den Kontinent über das Mittelmeer, von der Türkei aus, auf dem Balkan oder durch Landungen in Westeuropa wieder zu betreten. Derartige Operationen werden das Vorspiel bilden für den endgültigen Angriff auf Deutschland selbst, und das Siegesprogramm sollte soviel Spielraum lassen, daß jene Operationen auch wirklich durchgeführt werden können.«[26]

Churchill gelang es, wie dem aufmerksamen Leser nicht entgangen sein dürfte, alle seine Ideen in dem gemeinsamen Text unterzubringen. Diese sollte er bis 1944 hartnäckig weiterverfolgen. Nach »Arcadia« zu urteilen, haben die Forscher durchaus Anlaß festzustellen, der Präsident habe sich zu jener Zeit noch mangelhaft in der großen Politik orientiert. Und das erleichterte Churchill sein vielschichtiges Unterfangen. Der Wahrheit näher sein könnte die Annahme, Roosevelt habe der Trägheit Tribut gezahlt. Für seine Vorstellungswelt und seinen Charakter waren die USA noch zu kurze Zeit eine kriegführende Macht, als daß er bereits die Initiative und damit die Verantwortung hätte auf sich nehmen können.[27]

Daß zur Frage der zweiten Front keine Beschlüsse gefaßt wurden, kam dem Präsidenten sehr zupaß, denn dies gestattete ihm, sich umzusehen, sich auf die neue Lage einzustellen und Muskeln zu entwickeln, solange die Kämpfe in Europa ohne die USA abliefen. Und im Winter 1941/42 gab es sogar etwas mehr Hoffnung. Wie er das amerikanische Staatsschiff zwischen Szylla und Charybdis hindurchsteuern sollte, dafür hatte Roosevelt seine Route noch nicht bestimmt. Dies hatte offenbar US-General Gerow im Auge, als er am 5. August 1941 als Leiter der operativen Abteilung des Stabes der Army betonte: »Zunächst müssen wir einen strategischen Plan zur Zerschlagung unserer potentiellen Gegner ausarbeiten und erst danach die wichtigsten Kampfverbände – der Air Force, der Navy und der Army – festlegen, die wir für die Realisierung dieser strategischen Operation benötigen.« Man kann nicht siegen, warnte der General, »wenn man lediglich die Industrieproduktion erhöht«.[28]

Die gewichtigsten praktischen Ergebnisse der Konferenz waren die »Bildung einer großen Koalition der Alliierten« und die Ausarbeitung einer Deklaration der Vereinten Nationen. Der Begriff »Vereinte Nationen« stammt von Roosevelt. Auf Hopkins' Vorschlag wurde die UdSSR (zusammen mit China) aus der alphabetischen Aufzählung der Staaten, wie es der britische Entwurf vorsah, herausgehoben und unmittelbar nach den USA und Großbritannien genannt – »zur Unterscheidung derer, die aktiv im eigenen Land Krieg führen, von den durch die Achsenmächte unterjochten Ländern«. Die USA wandten sich jedoch entschieden dagegen, in der Deklaration die »Freien Franzosen« zu erwähnen.[29]

Eine gewisse Bedeutung hatte die Tatsache, daß die USA und Großbritannien sich auf das Prinzip eines einheitlichen Kommandos einigten. Das Komitee der Vereinigten Stabschefs wurde geschaffen, dem ein Vereinigter Stab für strategische Planung und ein Vereinigtes

Sekretariat unterstellt waren. Sowjetische Vertreter wurden zu diesem Komitee nicht eingeladen. Wie Churchill erklärte, »bestand weder das Bedürfnis noch die Möglichkeit für eine Stabsfusionierung [mit den Russen]. Es genügte, daß wir die allgemeinen Umrisse und Daten ihrer Bewegungen kannten und sie die unseren.«[30] Das schrieb Churchill nach dem Kriege, als er sich schon etwas abgekühlt haben sollte. Was hätte er damals noch bekennen sollen – daß er seinen eigenen Krieg führen und dabei die Erfolge der Sowjetunion dosieren wollte? Das ist auch ohne seine Selbstenthüllungen unschwer zu erkennen.

Nichtssagende, abgeschliffene Formulierungen in militärpolitischen Dokumenten sind vor allem deshalb schädlich, weil sie Meinungsverschiedenheiten und Nuancen hinter einer Fassade angeblicher Harmonie verbergen. Für den Fall Großbritanniens und der USA trifft außerdem zu, daß in einer ähnlichen Sprache oft unterschiedliche Gedanken ausgedrückt werden, hinter denen verschiedene Ziele und Interessen stehen.

Es wäre sicher ungerecht, den amerikanischen und zum Teil auch den britischen Militärs Sünden vorzuhalten, die sie nicht selbst begangen, sondern auf Befehl von oben hingenommen haben. Stabsdokumente und Einschätzungen angesehener Generale, die von der realen Lage und den konkreten Tatsachen ausgingen, sind interessant als Antithesen zu Urteilen, die man aus den politischen Doktrinen ableitete. Auch hier ist allerdings eine Spezifik zu beachten, denn die amerikanischen Militärs teilten sich in Generale und Admirale, die sich primär als Politiker benahmen (George Marshall oder William Leahy), und solche, die sich als Soldaten verstanden (Eisenhower und Somerville).

Nach Stalingrad fanden die Militärs immer mehr Geschmack am politischen Geschehen. Zuweilen versuchten sie, den Präsidenten und dessen Berater zu übertreffen. Maurice Matloff sieht darin eine Tendenz, »den ohnehin kaum erkennbaren Unterschied zwischen Außen- und Militärpolitik« der USA weiter zu nivellieren. »Der Präsident«, stellt der Historiker fest, »war gezwungen, sich an der Entscheidung rein militärischer Fragen aktiv zu beteiligen, und die Armeekommandeure gelangten immer mehr zu der Überzeugung, daß sie bei der Lösung militärischer Fragen auch internationale und politische Faktoren berücksichtigen mußten.«[31]

Damit überspielt Matloff die Widersprüche in seinen eigenen Einschätzungen, denn er selbst behauptet auch, daß »die wichtigsten Entscheidungen des Präsidenten auf dem Höhepunkt des Krieges, die die bedeutendsten Operationen betrafen, ohne Beteiligung der Militärführung getroffen wurden. Aus diesem Grunde können sie natürlich auch nicht genau datiert oder mit entsprechenden Dokumenten belegt werden wie Entscheidungen der Militärführung.« In einer Bilanz der Entwicklung bis zum Jahre 1943 stellte Matloff dann fest, daß »die Kalkulationen politischer Führer jede Strategie zum Scheitern bringen können, wie verläßlich sie sich auch ausnehmen mag«.[32]

Wjatscheslaw Molotow, der von den Diskussionen zwischen und unter den Westmächten Kenntnis hatte, betonte deshalb im Gespräch mit Roosevelt am 20. Mai 1942 folgerichtig, daß *die zweite Front vorwiegend ein politisches Problem ist, das nicht von den Militärs, sondern von Staatsmännern entschieden werden muß.*[33] Am folgenden Tag verwies der Volkskommissar für Auswärtige Angelegenheiten auf das Risiko, welches darin lag, daß Hitler-Deutschland nun in der Lage war, die Ressourcen nahezu ganz Europas ungehindert gegen die UdSSR einzusetzen. Wenn es den Deutschen gelingen sollte, sich auch noch der Lebensmittel und Rohstoffe der Ukraine und der Ölquellen des Kaukasus zu bemächtigen, werde der Krieg noch schwerer und langwieriger werden.

Molotow brachte seine Zuversicht zum Ausdruck, daß das sowjetische Volk durchhalten werde, und hob den Gedanken hervor, der militärische Mißerfolg der Roten Armee im Jahre 1942 werde nicht der Schlußpunkt des Krieges sein. Wie es in der amerikanischen Mitschrift des Gespräches heißt, forderte er dann eine offene Antwort auf die offene Frage, ob die Westmächte bereit seien, »eine solche Offensivaktion zu unternehmen, daß 40 deutsche Divisionen abgezogen würden«. Sollte die Antwort negativ ausfallen, »dann würden die Sowjets eben allein weiterkämpfen und ihr Bestes tun, und mehr könne kein Mensch von ihnen verlangen«.[34]

Vor der Begegnung Roosevelts mit Molotow hatten in der amerikanischen Führung Politiker und Militärs bereits über die Konzeption der zweiten Front gestritten. Die militärischen Vorarbeiten wurden in der Planungsabteilung des Stabes der Army geleistet. Seit dem 16. Februar 1942 leitete diese General Dwight D. Eisenhower, der sich für eine massive Invasion in Europa zu Lande und in der Luft einsetzte. Er hielt es für unzulässig, »unsere [die amerikanischen] Ressourcen auf dem ganzen Erdball zu verstreuen und, was noch schlimmer ist, Zeit unproduktiv verstreichen zu lassen«.[35] Eisenhowers Feststellung, daß man die Küste Frankreichs erfolgreich angreifen konnte und das unbedingt tun mußte, fand Zustimmung unter vielen Militärs.

An den Schlußfolgerungen, zu denen Eisenhower, der stellvertretende Stabschef der Army Joseph MacNarney, T. Handy von der Planungsabteilung und andere kamen, war im Grunde genommen nichts Neues. Ähnliche Einschätzungen waren bereits bei den anglo-amerikanischen Stabsverhandlungen vorgetragen worden und hatten in die strategischen Pläne Eingang gefunden, die noch vor dem Eintritt der USA in den Krieg erstellt wurden.[36]

Am 28. Februar 1942 legte Eisenhower George Marshall einen Bericht der Planungsabteilung vor, der die Empfehlung enthielt, »Operationen, deren Durchführung auf den verschiedenen Kriegsschauplätzen der Welt für die endgültige Zerschlagung der ›Achsenmächte‹ notwendig ist, von Operationen zu unterscheiden, deren Realisierung nur wünschenswert ist, weil sie zur Zerschlagung des Gegners beitragen«. Das heißt, er forderte, einen *klaren Trennungsstrich zwischen militärischer und politischer Strategie zu ziehen*. In die erste Kategorie ordnete er drei Aufgaben ein:

a) Das Vereinigte Königreich zu unterstützen und folglich die Sicherheit der Seewege im Nordatlantik zu gewährleisten;

b) Rußland als aktiven Gegner Deutschlands im Kriege zu erhalten;

c) in der Region von Indien bis zum Nahen Osten die Positionen zu verteidigen, die es ermöglichen, einen faktischen Zusammenschluß der Kräfte unserer beiden Hauptgegner zu verhindern und China im Kriege zu halten.

Zur Erläuterung des Punktes b) verwiesen die Verfasser des Berichtes auf die Notwendigkeit, »unverzüglich konkrete Aktionen einzuleiten«, das heißt erstens, »direkte Hilfe durch Lend-Lease« zu leisten und zweitens, *so rasch wie möglich Operationen einzuleiten, die bedeutende Kontingente der Bodentruppen und Fliegerkräfte der deutschen Wehrmacht von der russischen Front abziehen«*. Es sei dringend notwendig, gemeinsam mit Großbritannien »einen Plan für Militäraktionen *in Nordwesteuropa*« auszuarbeiten. »Dieser Plan«, betonte Eisenhower, »muß unverzüglich in allen Details erstellt werden. *Es geht um großangelegte Aktionen, mit denen wir ab Mitte Mai wachsende Teile der deutschen*

Luftwaffe und ab Spätsommer eine zunehmende Zahl deutscher Boden-truppen binden können.«[37]

Die Wahl Nordwesteuropas für die Invasion wurde damit begründet, daß eine Zusammenziehung der Kräfte und Mittel auf den Britischen Inseln für den Angriff über den Ärmelkanal es ermöglichte, zugleich Großbritannien zu verteidigen und die Seewege im Nordatlantik zu schützen. Dadurch konnte man im Vergleich zu dem, was für den Transport von Truppen und Material an andere Orte außerhalb des Nordwestatlantik notwendig gewesen wäre, beträchtlichen Schiffs-raum einsparen.

Bei der parallel dazu laufenden Erörterung der langfristigen strate-gischen Pläne im Komitee der amerikanischen Stabschefs und im Vereinigten anglo-amerikanischen Komitee der Stabschefs stand das Vorgehen im Pazifik im Mittelpunkt. Jedoch auch dort wies man darauf hin, daß die militärische Lage in Europa »die Notwendigkeit diktiert, Kräfte auf anderen Kriegsschauplätzen zu sparen, um sie gegen den Hauptfeind [Deutschland] konzentrieren zu können«. Dieser Gesichts-punkt wurde in einem getrennten Bericht einer Minderheit von Mitglie-dern der amerikanischen Kommission für strategische Planung beson-ders hervorgehoben.[38]

Die Offiziere der operativen Abteilung rieten den amerikanischen Stabschefs dringend, »das weitere Vorgehen unverzüglich festzulegen und mit maximaler Energie durchzusetzen«. Sie konnten sich jedoch nicht darüber einigen, welchem strategischen Plan der Vorzug zu geben sei. Deshalb legten sie dem Komitee der Stabschefs am 14. März 1942 *drei Varianten* zur Auswahl vor: a) Verteidigung der strategischen Positionen im Pazifik und Abzug eines Teils der Kräfte, die gegen Deutschland eingesetzt werden können; b) *solange Rußland noch ein relativ starker Verbündeter bleibt, Konzentration der US-Kräfte für eine energische Offensive von England aus, um Deutschland endgültig zu schlagen, wobei die Möglichkeit hingenommen werden muß, daß der Südwestpazifik verlorengeht;* c) Entsendung von minimaler Verstärkung in den Südpazifik zu Verteidigungszwecken. Gleichzeitiger Beginn der Zusammenführung von Kräften in England für einen Angriff zum frü-hestmöglichen Zeitpunkt. In diesem Falle sollten die Briten den größten Teil der Kräfte für die Operationen im Jahre 1942 bereitstellen. Das Komitee der Stabschefs der USA entschied sich am 16. März für die dritte Variante.[39]

Churchill war über die Meinungsverschiedenheiten unter den amerikanischen Militärs bestens informiert und spielte eine Fraktion gegen die andere aus, um *jedes Streben nach Eröffnung einer zweiten Front im Jahre 1942 im Keime zu ersticken.* Am 4. Mai unternahm er einen fein durchdachten Schachzug – er wandte sich an den Präsidenten mit der Bitte, je eine amerikanische Division nach Neuseeland und Australien zu entsenden, damit die Dominions nicht ihrerseits entsprechende Kontingente aus dem Nahen Osten abzogen und so »Schiffsraum gespart« wurde.[40] Auf diese Weise verhalf der Premierminister den Amerikanern dazu, Aktivität vorzutäuschen, und kam zugleich ihrer Absicht entgegen, ihre Positionen im Südpazifik auszubauen.

Der britische Premier irrte sich nicht: Der Präsident schluckte den Köder. Er bot sogar an, eine dritte Division einzusetzen, wenn die Australier und Neuseeländer mehr Truppen im Nahen Osten beließen. In einem Telegramm an Churchill vom 7. März stellte Roosevelt einige Bedingungen für die vorgeschlagene Rochade, die beträchtliche Transportmittel band:

a) die Operation »Gymnast« (die Landung in Nordafrika) sei damit nicht durchführbar;

b) die Verlegung amerikanischer Truppen auf die Britischen Inseln müsse in Abhängigkeit von der Zahl der verbleibenden Schiffe beschränkt werden;

c) direkte Truppenverlegungen nach Island seien nicht möglich;

d) es müßten Schiffe abgezogen werden, die nach dem Lend-Lease-Gesetz Material nach China sowie in den Nahen und Mittleren Osten transportierten;

e) »der Beitrag Amerikas zu Angriffsoperationen aus der Luft gegen Deutschland im Jahre 1942 müßte etwas eingeschränkt und jede materielle Beteiligung der USA an Bodenoperationen auf dem europäischen Kontinent im Jahre 1942 bedeutend reduziert werden«.[41]

In einem Telegramm vom 9. März forderte Roosevelt, »die Struktur zu vereinfachen«, was bedeutete, den USA »die gesamte Verantwortung für die Operationen im pazifischen Raum zu übertragen«. Das Oberkommando sollte bei den Vereinigten Staaten liegen, die lokale operative Befehlsgewalt jeweils bei Australien, Neuseeland und den Niederlanden (wenn Niederländisch-Indien von den Japanern befreit war). »Für die Region von Singapur bis Indien, den Indischen Ozean, den Persischen Golf, das Rote Meer einschließlich Libyens und des Mittelmeeres wird England unmittelbar verantwortlich sein.« »Die Aktionen im dritten Raum, die Sicherung der Verteidigung in den Gewässern des Nord- und Südatlantiks, wird die Ausarbeitung konkreter Pläne zur Schaffung einer neuen Front auf dem europäischen Kontinent einschließen. Dafür werden England und die Vereinigten Staaten gemeinsam die Verantwortung tragen.«[42]

Churchill stimmte am 17. März in einem (teilweise veröffentlichten) ausführlichen Telegramm dem »Wunderentwurf« Roosevelts, wie ein britischer Historiker die amerikanischen Vorschläge nannte, »im Prinzip« zu.[43] »Ich war damit durchaus zufrieden«, schrieb der Premierminister später in seinen Memoiren. Ihn freute besonders, daß die USA Schiffe für den Transport »einiger Divisionen« aus Großbritannien um das Kap der Guten Hoffnung bereitstellten, die bisher für den Transport amerikanischer Militärangehöriger auf die Britischen Inseln für den Einsatz bei Operationen auf dem europäischen Kontinent im Jahre 1942 vorgesehen waren. Von dem Washingtoner Schema der »Verantwortungsbereiche« war Churchill nicht begeistert, beschränkte sich aber auf den Wunsch, durch einige organisatorische Maßnahmen die Koordinierung der Aktionen der Befehlshaber der Navy im Stillen Ozean und der Truppen im Nahen Osten sicherzustellen.

Die Korrespondenz zwischen dem britischen Premierminister und dem amerikanischen Präsidenten im März 1942 bestimmte die Grundlinie des Vorgehens Großbritanniens und der USA in Europa bis Ende 1943 und in Asien sogar bis einschließlich 1945. *London und Washington teilten die Einflußsphären untereinander auf,* wobei von nicht geringer Bedeutung war, daß zwei britische Dominions in die amerikanische Sphäre fielen.

Offenbar beflügelte der Erfolg Roosevelts Phantasie. In einem Telegramm an Churchill vom 10. März 1942 sprach der Präsident das für die britischen Tories äußerst sensible Thema an, in Indien eine »provisorische Regierung des Dominions« aus »Vertretern verschiedener Kasten, Berufe, Religionen und geographischer Regionen« zu bilden.[44] Damit stieß er allerdings in London auf eisige Ablehnung.

Die Problematik, wie eine künftige internationale Gemeinschaft aufgebaut sein sollte, beschäftigte den Chef der Administration sehr. Ausführlich äußerte er sich dazu im Gespräch mit Molotow am 1. Juni 1942. Nach der amerikanischen Mitschrift sagte Roosevelt, »daß es in der ganzen Welt eine Menge von Inseln und kolonialen Besitzungen gebe, die um unserer eigenen Sicherheit willen schwachen Nationen wegzunehmen wären. Er schlug vor, Stalin möge die Errichtung irgendeiner Art internationaler Treuhänderschaft für diese Inseln und Besitzungen überlegen ...« Die Inseln, über die Japan nach dem Ersten Weltkrieg das Mandat erhielt, »seien nur klein und sollten überhaupt nicht im Besitz einer Nation sein ... Auch nicht der Briten oder Franzosen. Ähnlich sei es mit den jetzt in britischem Besitz befindlichen Inseln. Es sei vollkommen klar, daß diese nicht einer einzelnen Nation gehören sollten. Ihre Wirtschaft sei im Grunde genommen überall gleich. Am einfachsten und praktischsten sei es, diese Inseln für eine lange Periode einem internationalen Komitee von drei bis fünf Mitgliedern zu unterstellen.« Eine Treuhandschaft von etwa 20 Jahren sollte für Indochina, Siam, Malaya und Niederländisch-Indien eingerichtet werden.

In der sowjetischen Niederschrift finden sich dazu Präzisierungen oder auch Abweichungen: So ist dort von der Treuhandschaft von »drei bis vier großen Siegermächten« für »wirtschaftliche Entwicklung und administrative Verwaltung« die Rede. Als Urheber der Idee, ein Treuhandsystem über Länder zu errichten, »die nicht für die Selbstverwaltung reif« seien, nannte der Präsident Tschiang Kai-schek. Nach dem sowjetischen Vermerk war dabei an unterschiedliche Fristen gedacht – so zum Beispiel 20 Jahre für Java und nicht weniger als 150 Jahre für Borneo.

»Zu den drei bis vier Großmächten« zählte Frankreich eindeutig nicht, das Washington in vieler Hinsicht hintanzusetzen trachtete. Daß Tschiang Kai-schek erwähnt wurde, hieß, die USA hatten über dieses Thema bereits mit den Guomindang-Vertretern gesprochen und ihnen, soweit aus den Dokumenten ersichtlich, mehr versprochen, als der Präsident dem Volkskommissar mitteilte. Die Hauptsache war jedoch – Roosevelt gab recht eindeutig zu verstehen, daß er nicht die Absicht habe, für den Erhalt der Kolonialreiche zu kämpfen, zumindest nicht im Sinne abgeschlossener wirtschaftlicher Gebilde. Darin machte er nicht einmal für Großbritannien eine Ausnahme.

Hier erhebt sich die Frage, was den US-Präsidenten, der seine Gedanken durchaus zu verbergen verstand, dazu bewog, im Gespräch mit Molotow offen zu sein und Stalin noch dazu einen so delikaten Vorschlag zu unterbreiten. Dabei widersprach Roosevelt sogar sich selbst. »Der Chef der Administration, der sich entschieden gegen Garantien für die sowjetischen Grenzen vom 22. Juni 1941 aussprach«, was Churchill in einem Telegramm an den Präsidenten im März 1942 befürwortet hatte,[45] initiierte, ohne das Ende des Krieges abzuwarten, bedeutende territoriale und politische Veränderungen, die andere Staaten betrafen. Der formale Bezug auf die Atlantikcharta änderte daran kaum etwas. Offenbar suchte der Präsident damals eine Verständigung mit der Sowjetunion in einer einzigen Absicht: bei Großbritannien und noch viel weniger bei Frankreich irgendwelche Hoffnungen hinsichtlich der Zukunft ihrer überseeischen Besitzungen aufkommen zu lassen.

Wären der sowjetischen Seite alle Einzelheiten der Debatten im Vereinigten »Planungsausschuß« oder der volle Inhalt der Korrespondenz zwischen Churchill und Roosevelt vom März bekannt gewesen, deren faktische Folge eine Absage an die Pläne zur Eröffnung einer zweiten Front im Jahre 1942 und die Reduzierung der Lieferungen von Material und Militärtechnik an die Sowjetunion um mehr als die Hälfte waren, dann hätte Moskau die Verhandlungen mit den USA und Großbritannien über den ganzen Komplex der militärischen Zusammenarbeit möglicherweise anders geführt. Es gibt Gründe anzunehmen, daß selbst die amerikanischen Militärs (sowohl der Planungs- als auch der operativen Abteilung) in die Hintergründe der Abmachung zwischen Premierminister und Präsident nicht eingeweiht waren. Diejenigen allerdings, die davon wußten, billigten den Entschluß des Präsidenten nicht[46] und versuchten immer wieder, ihrer Haltung zu den Problemen Gehör zu verschaffen, die das Leben stellte, und nicht zu den Chimären, die die Politik schuf.

Die Militärs orientierten sich an den Informationen, die die Aufklärung beschaffte und die besagten, daß Deutschland starke Kräfte mobilisierte, um die UdSSR im Jahre 1942 in die Knie zu zwingen. »Eine Niederlage der Roten Armee«, schrieben die Fachleute der amerikanischen Stäbe, »bedeutete das Ende nahezu jeglicher Hoffnung Großbritanniens und der USA auf einen Sieg im Nordwesten Europas.« Die Westmächte wären bei einem solchen Gang der Dinge lediglich zu begrenzten Operationen in der Lage, die »den Gegner höchstens auf seine jetzigen Positionen fixieren könnten, nicht aber zu einer Untergrabung und Schwächung seines tatsächlichen Potentials führen werden«. Die britischen Militärs waren nicht in der Lage, dieser Einschätzung zu widersprechen.[47]

Das britische Komitee der Stabschefs erörterte am 10. März den

Bericht seines Planungsorgans. »*Außer der Lieferung von Versorgungsgütern leisten wir der Sowjetunion keinerlei Hilfe* ... Unser größter Beitrag zur Zerschlagung Deutschlands wäre die Schaffung eines wirksamen Ablenkungsfaktors im Westen, der die Pläne des deutschen Oberkommandos zum Scheitern bringen und dieses zwingen könnte, einen Teil der Kräfte von der sowjetisch-deutschen Front nach Westen zu verlegen. *Der Mangel an Transportmitteln schließt die Möglichkeit aus, ein solches Vorhaben irgendwo außerhalb der Region des Ärmelkanals durchzuführen.*« Diese Operation erhielt die Bezeichnung »Sledgehammer«. Für ihre Vorbereitung war die Zeit bis Mitte Mai 1942 vorgesehen.[48]

Symptomatisch ist die übereinstimmende Reaktion George Marshalls und Alan Brookes auf diese Arbeit der Fachleute. Der Stabschef der amerikanischen Armee sagte zur Invasion auf dem Kontinent nicht nein, zumindest wenn sie mit Kräften der Briten erfolgte und diese zustimmten.[49] Alan Brooke versuchte die Idee mit Hilfe der drei britischen Befehlshaber zu Fall zu bringen, die die Operation bei Zustimmung führen sollten. Zu seinem Ärger aber räumten diese ein, die Landung sei durchaus realisierbar, wenn man die Schwierigkeiten bei der materiell-technischen Versorgung der Landetruppen überwinde und die Zahl der deutschen Divisionen in Frankreich, Belgien und den Niederlanden nicht anwachse.[50]

Wenn man ein Problem nicht lösen will, wird allerdings jeder Einwand zum Rettungsring. Die Befehlshaber erhielten eine bescheidenere Aufgabe: »den Russen zu helfen«, indem sie Luftangriffe im Westen zur Vernichtung eines möglichst großen Teils der deutschen Luftwaffe unmittelbar nach Beginn der Frühjahrsoffensive der deutschen Truppen in Rußland organisierten.

Im Telegramm vom 9. März an Churchill hatte Roosevelt bereits darauf hingewiesen, daß die Betrachtung des Atlantiks als eigener Kriegsschauplatz »die Ausarbeitung bestimmter Pläne zur Schaffung einer neuen Front auf dem europäischen Kontinent« erfordere und ihm, dem Präsidenten, der Gedanke immer anziehender erscheine, »eine solche Front im Sommer 1942 zu errichten, natürlich, beschränkt auf Einsätze der Luftwaffe und auf Kommandooperationen«.[51] Diese These nahm den wohl allzu offenen Ton des Telegramms des Präsidenten vom 7. März wieder etwas zurück. Offenbar machte sich hier der Einfluß der Militärs und von Leuten wie Hopkins bemerkbar.

Bekannt ist Hopkins' Memorandum vom 14. März. Ob darin die Ergebnisse eines früheren Gesprächs festgehalten sind oder der Berater seinen Chef aus eigenem Antrieb auf eine bestimmte Position festlegen wollte, ist schwer zu durchleuchten. »Ich zweifle, ob irgend etwas jetzt wichtiger ist, als in diesem Sommer eine brauchbare Front gegen Deutschland zu gewinnen«, drängte Hopkins. »Dies muß sehr sorgfältig ausgearbeitet werden, in erster Linie zwischen Ihnen und Marshall und in zweiter zwischen Ihnen und Churchill. Ich glaube, es ist keine Zeit zu verlieren, denn wenn wir es ins Werk setzen wollen, müssen sofort die Pläne gemacht werden.«[52] Am 18. März teilte Roosevelt dem Premierminister mit, er habe vor, ihn in einigen Tagen mit einem »genaueren Plan für eine gemeinsame Offensive in Europa« bekanntzumachen.[53]

Der Plan einer Landung zwischen Calais und Le Havre wurde von der operativen Abteilung des amerikanischen Kriegsministeriums ausgearbeitet.[54] In dem Dokument, das die Bezeichnung »Memorandum Eisenhowers vom 25. März« erhielt, wurde hervorgehoben, daß man die Frage klären müsse, »auf welchem Kriegsschauplatz die erste große Offensive der Vereinigten Staaten stattfinden sollte«. Ohne eine solche Entscheidung wäre es unmöglich, die Rüstungsproduktion zu planen, die Armee entsprechend auszubilden und zu dislozieren.

Erneut führte Eisenhower frühere Argumente an, um den Schluß zu ziehen: *»Hauptziel unserer ersten großen Offensive sollte Deutschland sein, das im Westen angegriffen werden muß.«* Diese Variante stützte er mit folgenden Überlegungen:

a) Da die Verbindungswege zu Großbritannien in jedem Falle geschützt werden müssen, erfordern Operationen in Westeuropa keine weitere Aufsplitterung der Verteidigungskräfte in der Luft und zur See.

b) Die USA könnten auf dem kürzesten Seewege und bei geringstem Schiffsraum eine große Armee auf diesen Kriegsschauplatz bringen.

c) Die rechtzeitige Konzentration von Fliegerkräften und Bodentruppen in Großbritannien wäre eine ausreichende Bedrohung für Deutschland und hinderte dieses daran, alle Kräfte gegen die UdSSR einzusetzen.

d) Mit einem Angriff über den Ärmelkanal näherte man sich auf dem kürzesten Wege den Industriezentren Deutschlands.

e) Großbritannien verfüge bereits über die Flugplätze, von denen

Operationen gestartet werden könnten, um die Luftüberlegenheit zu erringen, die für die Landemanöver unabdingbar sei.

f) Ein bedeutender Teil der britischen Truppen könne genutzt werden, ohne die Landesverteidigung zu schwächen.

g) Dieser Plan wäre ein Versuch, Deutschland zu einem Zeitpunkt anzugreifen, da seine Streitkräfte an mehreren Fronten kämpften.

Eisenhower legte überzeugend dar, daß es möglich sei, die Produktion von Rüstungsgütern und die Ausbildung der Truppen aufeinander abzustimmen, die »Unterstützung durch überlegene Fliegerkräfte« sicherzustellen, Truppen in ausreichender Stärke zu konzentrieren und auch die notwendige Zahl von Schiffen und Landungsbooten aufzutreiben. »Wenn jedoch dieser Plan nicht als Endziel aller unserer Bemühungen angenommen wird, dann müssen wir dem Ostatlantik unverzüglich den Rücken kehren und alle unsere Kräfte so rasch wie möglich gegen Japan werfen!«[55]

Als Marshall von diesem Memorandum Eisenhowers Kenntnis nahm, wußte er, daß Roosevelt den Kerngedanken bereits gebilligt hatte. Auf einer Beratung am 25. März im Weißen Haus, an der Stimson, Knox, Marshall, Arnold und Hopkins teilnahmen, setzte sich der Stabschef der Armee nach Aussage des Kriegsministers mit »höchst überzeugenden Argumenten« für eine baldige Offensive über den Ärmelkanal ein. Stimson und Marshall erhielten den Auftrag, in den allernächsten Tagen einen konkreten Plan auszuarbeiten. Roosevelt stimmte dem Vorschlag Hopkins' zu, den Plan auf Regierungsebene mit den Briten abzustimmen.

Am 1. April war das »Konzept der Invasion« fertiggestellt. Marshall und Stimson legten es dem Präsidenten vor, der seine Zustimmung gab. In dem Dokument, das als »Marshall-Memorandum« bekannt geworden ist, wird der Gedanke herausgearbeitet, daß Nordwesteuropa »*die einzige Region ist, wo die Alliierten in nächster Zeit in der Lage sein werden, einen Angriff mit starken Kräften vorzubereiten und durchzuführen.* Wegen der langen Ausdehnung der Seewege wäre die notwendige Zusammenführung der Kräfte in jedem anderen Raum nur wesentlich langsamer möglich. Außerdem ist der Gegner in anderen Regionen durch natürliche Hindernisse, weit vorgeschobene und gut organisierte Verteidigungsstellungen besser geschützt. Es wäre beträchtliche Zeit erforderlich, um diese Hindernisse zu überwinden und einen erfolgreichen Angriff durchzuführen.

Dies ist auch der einzige Raum, wo die Alliierten die Luftüberlegenheit über dem Territorium des Gegners erringen können, die für eine Großoffensive so notwendig ist ... Dies ist auch der einzige Raum, wo die Masse der britischen Bodentruppen gemeinsam mit den amerikanischen an einer Großoffensive teilnehmen kann. Mangelnder Schiffsraum gestattete es nicht, eine große Zahl britischer Truppen in eine entfernte Gegend zu transportieren; außerdem wird ein großer Teil der britischen Divisionen für den Schutz der Britischen Inseln gebraucht.

Die Vereinigten Staaten können große Truppenverbände in Westeuropa erfolgreicher als auf jedem anderen Kriegsschauplatz konzentrieren und einsetzen, da die Seewege dorthin kürzer sind und in Großbritannien ein Netz von Flugplätzen vorhanden ist. *Die Masse der Streitkräfte der USA, des Vereinigten Königreichs und Rußlands kann nur gegen Deutschland gleichzeitig eingesetzt werden.* Gegen Japan ist dies nicht möglich. Ein erfolgreicher Angriff auf diesem Kriegsschauplatz wäre eine maximale Unterstützung für die russische Front.«[56]

Diese umständlichen Auszüge aus den Memoranden Eisenhowers und Marshalls belegen:

a) Die sowjetischen Argumente, die für die Errichtung einer zweiten Front angeführt wurden, waren nicht künstlich erdacht und lediglich auf die Erfordernisse der UdSSR ausgerichtet.

b) Den Großangriff gegen Deutschland von Westen diktierte die Logik des Krieges, nicht allein die Lage an der Ostfront.

c) Die intensiven Kampfhandlungen an der sowjetisch-deutschen Front und die guten Voraussetzungen der Britischen Inseln als Ausgangsbasis boten die Möglichkeit, die Kampfaufgaben einer Invasion mit einem hohen Grad an Zuverlässigkeit zu lösen.

d) Ein Angriff von den Britischen Inseln aus sicherte eine optimale langfristige Lösung des Problems der Verteidigung Großbritanniens – selbst für den Fall, daß sich die Lage der UdSSR im Krieg gegen Deutschland stark verschlechterte.

e) Die Streitkräfte der USA konnten so ohne Zwischenetappen in den Kampf gegen den Hauptfeind eingesetzt werden, der noch nicht mit der totalen Mobilisierung seiner Reserven begonnen hatte.

In den amerikanischen militärischen Dokumenten ist die Tendenz in Ansätzen spürbar, auf den eigenen Vorteil zu sehen, die Bündnispflichten wie ein Geschäft zu behandeln – eine Haltung, die besonders deutlich in den Positionen der politischen Instanzen zutage trat. Die

Westfront stellte man sich vor allem als Druckmittel gegen Deutschland und nicht als einen Weg vor, die Anstrengungen im Rahmen des Koalitionskrieges mit der Roten Armee wirkungsvoll zu teilen. Der Umfang der Operationen wurde von der Entfaltung der Kriegsproduktion abhängig gemacht, die ihr eigenes Tempo hatte. Sie waren nicht auf das konkrete Ziel ausgerichtet, die Möglichkeiten Nazideutschlands einzuschränken und starke Gruppierungen für strategische Schläge sowohl im Osten als auch im Westen aufzubauen.

Der Hinweis des »Marshall-Memorandums«, es sei dringend notwendig, die Richtung des Hauptschlages festzulegen, um die »Kriegsproduktion, die notwendigen besonderen Baumaßnahmen, die Ausbildung der Truppen, ihren Transport und ihre Dislozierung« entsprechend zu organisieren, ändert an dieser Feststellung nichts. Der Hauptschlag sollte nach den Vorstellungen der amerikanischen Militärs mit 48 Divisionen und 5800 Flugzeugen geführt werden (30 amerikanische und 18 britische Divisionen sowie 3250 beziehungsweise 2550 Kampfflugzeuge, seitens der USA insgesamt eine Million Mann). In der Praxis bedeutete dies (bei der Bildung von Reserven, der Truppenstaffelung und anderem), daß auf dem Kontinent etwa 25 bis 30 Divisionen der Bodentruppen gleichzeitig zum Einsatz kommen sollten, was für Deutschland zwar eine unangenehme Situation, aber keine akute Bedrohung schuf.

Noch wichtiger aber ist, daß der Entwurf Marshalls im Unterschied zum »Eisenhower-Memorandum« die Invasion nicht für Sommer und Herbst 1942, sondern erst nach dem 1. April 1943 vorsah, und dies unter der Voraussetzung, daß die UdSSR weiterhin die Masse der deutschen Streitkräfte band und die Truppenstärke der Achsenmächte (Deutschlands, Japans, Italiens und ihrer Satelliten) sich etwa auf dem Niveau vom April 1942 hielt. Wenn man die erste Bedingung mit Mühe und Not noch als sachlich betrachten konnte, so war die zweite von vornherein dazu angetan, Verzögerungen und Abänderungen an den operativen Plänen der USA sowie das Abgehen von übernommenen Verpflichtungen zu rechtfertigen, denn sie war rein spekulativer Natur und hatte mit der Praxis nichts zu tun.

Das »Marshall-Memorandum« räumte die Möglichkeit eines »vorzeitigen« Angriffs im Jahre 1942 ein, um ein begrenztes Aufmarschgebiet zwischen Le Havre und Boulogne zu erobern und zu konsolidieren. Aber die Verfasser meinten dies wohl selbst nicht ernst. Nichts deutete darauf hin, daß die Deutschen es den Alliierten erlauben könnten, mit allem Komfort zu kämpfen. Ein Erfolg der Invasion war nur möglich, wenn dabei, nicht wie vorgesehen, »maximal« fünf Divisionen und 700 Kampfflugzeuge zum Einsatz kamen, sondern Kräfte, die dem Gegner eindeutig überlegen waren und nichts anderes.

Eine solche »vorzeitige« Operation war für zwei Fälle vorgesehen: a) wenn die Lage an der sowjetisch-deutschen Front sich so verschlechterte, daß nur ein anglo-amerikanischer Angriff im Westen ihren völligen Zusammenbruch aufhalten konnte, und b) wenn eine wesentliche Schwächung der deutschen Verteidigung in Westeuropa eintrat. Die Planung ein und derselben Operation unter diametral entgegengesetzten Voraussetzungen kann als Zeichen für ein niedriges Niveau der damaligen militärstrategischen Schule der USA gelten; allerdings waren die Sophismen, die in den Plänen der Militärs für Durcheinander sorgten, zum größten Teil politischen Ursprungs.

Eisenhower und einige weitere Militärs forderten Aufrichtigkeit. Sie bestanden darauf, bereits 1942 mit der Roten Armee koordinierte Operationen durchzuführen. Marshall wandte sich dagegen, die Situation zu »dramatisieren«. Formal stimmte er den Argumenten Eisenhowers und seiner Gruppe zu, legte jedoch in der Tat die USA weiterhin auf den Kurs fest, den sie *vor Kriegseintritt* verfolgt hatten.

Man kann es als Ironie des Schicksals betrachten, daß der Plan der Konzentration amerikanischer Kräfte und Mittel in Großbritannien für eine Landung auf dem Kontinent über den Ärmelkanal den Codenamen »Bolero« erhielt. Marshall und andere sorgten dafür, daß die Partitur eines langen Tanzes um die Hauptfrage als Pas de deux und als Solo dabei herauskam, der sich so arg hinzog und selbst die Grundidee der Amerikaner so deformierte und entstellte, daß der Präsident schließlich die Geduld verlor.

Die Verhandlungen, die Harry Hopkins und George Marshall mit den britischen Stabschefs und dem Kriegskabinett in London im April 1942 führten, sind in der amerikanischen und britischen Literatur eingehend beschrieben worden. Hier seien nur einige charakteristische Gesichtspunkte angeführt. Die amerikanischen Vertreter bestanden darauf, »fest von der gemeinsamen strategischen Konzeption auszugehen, daß unser Hauptfeind Deutschland ist ... Die Aufsplitterung unserer gemeinsamen Kräfte muß eingestellt oder zumindest auf ein Minimum reduziert werden. Im Interesse der Hauptaufgabe, Truppen für die

Offensive auf dem europäischen Kriegsschauplatz zusammenzuführen, gilt es, sich in allen anderen Regionen auf die Verteidigung zu beschränken.«[57]

Alan Brooke redete von Europa, arbeitete aber darauf hin, wie er später seinem Tagebuch anvertrauen sollte, »die Unterstützung der Amerikaner für die Operationen im Indischen Ozean und im Nahen Osten zu sichern«.[58] »Wie paradox dies auch klingen mag«, stellen Butler und Gwyer fest, »bestanden die amerikanischen Militärs entgegen der öffentlichen Meinung in ihrem Lande darauf, in erster Linie Deutschland zu zerschlagen, während die Briten die große Bedeutung des Sieges über Japan hervorhoben.«[59] Brooke war nicht der Meinung, daß sich alles um die Sowjetunion drehte, und hatte deshalb auch nicht die Absicht, den sowjetischen Faktor den Kriegsplänen der Westmächte zugrunde zu legen.

Churchill war gegen Operationen vom Typ »Sledgehammer« im Jahre 1942. Er ließ diesen Gedanken aber nicht laut werden, um sich mit den USA nicht in Fragen anzulegen, an denen Großbritannien interessiert war. Auf Hopkins' These, »die Entscheidung, die Operation über den Kanal vorwärtszutreiben, könne nun nicht mehr abgebogen werden, denn die Vereinigten Staaten betrachteten diese Unternehmung als ihren Hauptbeitrag zum Kriege«, versicherte der Premierminister, »die britische Regierung und das Volk würden alles dazu beitragen, den Erfolg dieses großen Unternehmens zu sichern«.[60] Auf Grund dieser Worte berichtete Hopkins dem Präsidenten, die britische Seite habe dem amerikanischen Vorschlag »zugestimmt«. Eine analoge Information sandte Marshall an Stimson.

In einer Botschaft an Roosevelt vom 17. April 1942 schrieb Churchill: »Wir stimmen Ihrer Konzeption, uns gegen den Hauptfeind zu stemmen, aus ganzem Herzen zu und nehmen Ihren Plan – *von einem großen Vorbehalt abgesehen* – mit Freuden an: Die Vereinigung der Japaner mit den Deutschen muß unbedingt verhindert werden. Infolgedessen müssen wir einen Teil unserer gemeinsamen Kräfte für den Moment zur Abbremsung des japanischen Vormarsches abzweigen.« (Warum des japanischen und nicht des deutschen, erläuterte der Premierminister nicht.)

Neben diesem »großen« Vorbehalt enthielt das Telegramm noch einige weitere. Zuallererst nimmt der Premierminister die Aussage Marshalls zur Kenntnis, daß der Präsident nicht geneigt sei, *(im Jahre*

1942) ein Unternehmen zu überstürzen, das ein ernstes Risiko in sich birgt und zu schrecklichen Folgen führen kann, sondern sich auf ein aktives Vorgehen *im Jahre 1943* festgelegt hat.

Davon ausgehend »werden die gemeinsamen Pläne und Vorbereitungen sofort in Angriff genommen«, erklärte Churchill scheinheilig. »In kurzen Worten, unser gemeinsames Programm sieht eine Intensivierung unserer Tätigkeit auf dem Kontinent vor, die von einer stets zu verstärkenden Luftoffensive bei Tag und Nacht und immer häufigeren und größeren Handstreichen unter Mitwirkung amerikanischer Verbände einzuleiten ist.« Um seinen Partner in Verwirrung zu bringen, warf der Premierminister die halb rhetorische Bemerkung ein: » ... Da uns aber die ganze Küste Europas vom Nordkap bis Bayonne offensteht, sollte es uns gelingen, den Gegner über Umfang, Zeitpunkt, Ort und Richtung, wie auch über die Angriffsmethode zu täuschen.«[61] Damit forderte er Washington zum Nachdenken darüber auf, ob man denn unbedingt in Frankreich landen müsse.

Ja, hier heuchelte Churchill, denn was er wirklich von Roosevelts Plänen hielt, schrieb er später in seinen Memoiren: »Ich war froh, daß die Ereignisse einen derartig wahnsinnigen Akt [die Landung auf dem Kontinent im Jahre 1942] unmöglich machten. Es kann keinen Fortschritt für die Menschheit ohne Idealismus geben, aber man kann nicht als höchste und edelste Form den Idealismus betrachten, der auf Kosten anderer Menschen geht, und die Folgen – den Ruin und Untergang von Millionen einfacher Familien – nicht ins Kalkül zieht.«[62]

Das galt natürlich nicht für die Sowjetunion, denn sowjetische Menschen waren für den britischen Tory lediglich Material, um »Breschen zu schließen«, die die Sicherheit seines Imperiums bedrohten.

Nicht weniger heuchlerisch war auch der Vorschlag des Premierministers in der Botschaft vom 17. April, der Präsident möge »Stalin um sofortige Entsendung zweier Sonderabgesandter ersuchen, denen Sie Ihre [nicht die gemeinsamen] Pläne mitteilen«.

Es mutet etwas seltsam an, daß man in Washington diesen Trick Churchills nicht sofort durchschaute. Dwight D. Eisenhower faßte die Ergebnisse der Besprechungen Hopkins' und Marshalls in London so zusammen: »... Endlich sind wir nach Monaten des Kampfes ... nun alle zu einer einheitlichen Konzeption des Krieges gelangt! Wenn wir uns über die Hauptziele und -gegenstände unserer Aktionen einigen können, dann werden unsere Anstrengungen in einer Richtung gehen, und wir tappen nicht länger im dunkeln.«[63]

Dies glaubte auch Roosevelt, oder er tat zumindest so. In seinem Antwortschreiben äußerte der Chef der Administration »große Freude über die Einigung, die Sie [Churchill] und Ihre Militärberater mit Marshall und Hopkins erreicht haben«. Das Telegramm des Premierministers interpretierte Roosevelt als »Bestätigung« dieser Übereinkunft. Die dort vorgesehene »Maßnahme«, schrieb der Präsident, »kann durchaus zu dem Mittel werden, mit dem sein [Hitlers] Sturz erreicht wird. Diese Aussicht ist mir eine große Ermutigung ... Wenn wir auch viele gemeinsame Schwierigkeiten haben, sage ich offen, daß mein Gefühl hinsichtlich des Krieges heute besser ist als jemals in den letzten zwei Jahren.« In der Botschaft wurde auch mitgeteilt, daß man in Washington Wjatscheslaw Molotow und einen sowjetischen General zu Verhandlungen – offenbar über die zweite Front – erwarte.[64]

War man in der amerikanischen Hauptstadt mit Blindheit geschlagen und hatte plötzlich vergessen, daß »Zustimmung im Prinzip« nach britischer Ausdrucksweise nicht bindend war und zu nichts verpflichtete? Die Führer der Vereinigten Staaten wiesen den Gedanken von sich, Churchill könnte sie für einfältig halten. Sie nahmen auch die Phrasen des Premierministers für bare Münze, mit denen dieser sein Telegramm vom 1. April 1942 an das Weiße Haus ausgeschmückt hatte: »Jetzt hängt alles von der kolossalen Schlacht zwischen Rußland und Deutschland ab. Es hat den Anschein, daß die deutsche Großoffensive nicht vor Mitte Mai oder sogar Anfang Juni beginnt. Wir tun alles, was wir können, um zu helfen und den Schlag abzuschwächen. Wir müssen um jeden Konvoi kämpfen, der nach Murmansk fährt. Stalin ist mit unseren Lieferungen zufrieden. Sie sollen ab Juni um 50 Prozent gesteigert werden, aber das wird schwierig, weil es zu neuen Kampfhandlungen kommt und auch die Schiffe nicht ausreichen. Nur das Wetter hindert uns an ununterbrochenen intensiven Bombenangriffen auf Deutschland.« Und so weiter und so fort.[65] Was sich so edel und tugendhaft ausnahm, verdeckte in Wirklichkeit schnöden Betrug.

Wie Alan Brookes Biograph später schrieb, »verpflichteten« sich der britische Stabschef und seine Kollegen nicht zur Invasion in Europa über den Ärmelkanal im Jahre 1942 und *auch nicht 1943*, sondern stimmten lediglich zu, daß es wünschenswert sei, eine Landung durchzuführen, wenn – und nur wenn – die Bedingungen einen Erfolg garantierten.[66] General Sir Hastings Ismay, der an den Ereignissen jener Tage beteiligt war, erinnert sich: »Unsere amerikanischen Freunde reisten befriedigt ab *mit dem falschen Eindruck,* wir hätten [hinsichtlich der Invasion über den Ärmelkanal] Verpflichtungen übernommen ... denn *als wir nach überaus gründlicher Prüfung der Frage gezwungen waren zu sagen, daß wir ganz eindeutig gegen dieses Unternehmen sind, meinten sie, wir hätten unser Wort gebrochen.*«[67]

Indessen hatte man in den USA bereits damit begonnen, die Mobilisierungspläne, die Programme der Rüstungsproduktion und der Ausrüstung der Truppen auf den Plan »Bolero« einzustellen. So war beispielsweise entschieden worden, die zu dieser Zeit in den USA zur Formierung befindlichen Truppen vollständig mit Waffen und Technik zu versorgen und nach ihrer Ausbildung sofort auf den Kriegsschauplatz in Marsch zu setzen. Die Briten informierten ihrerseits über die Aufstellung der britischen Streitkräfte im Jahre 1942 ohne Hinweis auf eine Abweichung von den »besprochenen« Plänen. Am 10. Juni besiegelte George Marshall offiziell die Einrichtung des Kriegsschauplatzes Europa (dem Finnland, Norwegen, Schweden, die Britischen Inseln und Island, Spanien, Italien, Frankreich, der Balkan und Deutschland zugehörten) und setzte Dwight D. Eisenhower zum Befehlshaber ein. Als dieser am 24. Juni mit seiner Gruppe in London eintraf, war der Plan einer Invasion auf dem Kontinent jedoch nur noch ein Schatten seiner selbst.

Im April und Mai 1942 hatte Roosevelt als Oberkommandierender die Verteilung der Kräfte zwischen dem Atlantik und dem Pazifik genau zu bestimmen. Bei der Behandlung der vorliegenden Anträge war der Präsident kein Musterbeispiel an harter Konsequenz, was George Marshall dazu veranlaßte, seinen Chef zu warnen: »Wenn wir Plan ›Bolero‹ nicht als unsere Hauptaufgabe ansehen, möchte ich empfehlen, ihn fallenzulassen« und »den Briten offiziell mitzuteilen, daß die Übereinkunft, die wir kürzlich in London erzielt haben, annulliert werden sollte.« Roosevelt reagierte zunächst ausweichend – er stimmte sowohl Marshall als auch King »voll zu«, die ganz unterschiedliche Positionen vertraten. Am selben Tag, dem 6. Mai 1942, sandte er an Hopkins, Stimson, Knox und die Mitglieder des Komitees der Stabschefs eine Denkschrift, in der er seine Auffassungen zur Strategie darlegte.

Der Kurs der Eröffnung eines neuen Kriegsschauplatzes im Atlantik fordere, so formulierte der Chef der Administration, »ein sehr hohes

Tempo der Vorbereitung auf die Kampfhandlungen«. Ungeachtet der »Einwände des amerikanischen und des britischen Marinekommandos gegen den Beginn der Kampfhandlungen auf dem europäischen Kriegsschauplatz noch im Jahre 1942« hielt er »dies für notwendig«. Der Präsident begründete die Wichtigkeit, »im Jahre 1942 reguläre Kampfhandlungen jenseits des Atlantik zu eröffnen« damit, daß es notwendig sei, »deutsche Luft- und Bodentruppen von der russischen Front abzuziehen«, wo die Sowjetarmee »mehr lebendige Kräfte und Technik der Armeen der ›Achsenstaaten‹ vernichtet als alle 25 Alliierten zusammengenommen«.

»Die Lage erfordert den Beginn der Kampfhandlungen nicht 1943, sondern im Jahre 1942«, schloß Roosevelt. »In einem kürzlich überreichten Memorandum der Alliierten heißt es, man habe Einigung darüber erzielt, die zweite Front bei Vorhandensein von Ausrüstungen und Bewaffnung zu eröffnen. Die Alliierten haben weiter erklärt, falls Rußland ernste Gefahr drohe, müsse eine zweite Front selbst dann eröffnet werden, wenn man diese gemeinsame Aktion von Briten und Amerikanern eine ›Operation der Verzweiflung‹ nennen müßte. *Wenn wir zu dem Schluß kommen, daß eine Großoffensive nur in Europa stattfinden kann, dann gewinnt das Tempo unseres Handelns erstrangige Bedeutung.*«[68]

»Wenn wir zu dem Schluß kommen ...« – das waren Schlüsselworte. Umstände können nicht nur entstehen und registriert, sondern bei vorhandenem Wunsch und Willen auch überwunden werden. Die Denkschrift des Präsidenten ließ den Umfang der Operationen und ihren konkreten Inhalt im unklaren. Die Auswahl war groß: »Landungen zu Diversionszwecken« mit einem Rückzug binnen 24 Stunden; »Super-Diversionsakte« mit bis zu 50 000 Beteiligten und einer Dauer von zwei bis sieben Tagen; »Errichtung einer ständigen Front« mit ausreichend Truppen, daß der Gegner sie nicht ins Meer zurücktreiben konnte. Roosevelt glaubte nicht daran, daß letztere Variante realisierbar sei. Deshalb drängte er auch nicht auf die Durchführung des Planes »Bolero«. Ihm war mehr daran gelegen, daß die USA »jenseits des Atlantiks« Flagge zeigten. Wo – das war zweitrangig.

Eine gewisse Klarheit sollten Besuche Wjatscheslaw Molotows in London und Washington bringen. In der britischen Hauptstadt angekommen, sprach der sowjetische Vertreter in erster Linie über die Eröffnung der zweiten Front. Er hatte angesichts der persönlichen Botschaft Roosevelts an Stalin, die am 11. April 1942 über die Vertretung der UdSSR in den USA eingegangen war, und des darauf folgenden Meinungsaustauschs mit dem Chef der amerikanischen Regierung auch allen Grund dazu.

In der Botschaft hieß es, man halte es für wünschenswert, in der nächsten Zeit einen »Vorschlag zum Einsatz unserer [der amerikanischen] Streitkräfte zur Erleichterung der kritischen Lage an Ihrer [der sowjetischen] Westfront« zu erörtern. Der Präsident informierte die sowjetische Seite darüber, er habe Hopkins zur konkreten Bearbeitung dieses Vorschlages nach London entsandt.[69]

Seine Überlegungen konkretisierte Roosevelt in einem Gespräch mit Maxim Litwinow am 14. April. Nach dem Bericht des Botschafters hatte der Präsident Auftrag erteilt, »die Briten darauf hinzuweisen, daß *die zweite Front absolut notwendig sei*«. Er habe Interesse daran zum Ausdruck gebracht, daß »wir« [die sowjetische Seite] ihm angesichts der Schwankungen der Briten »helfen und ihn unterstützen«.[70] Am 21. April deutete Roosevelt Litwinow an, Hopkins' und Marshalls Mission habe keinen Erfolg gehabt. Nach seinen Worten wollten die Briten die zweite Front auf 1943 verschieben. Der Präsident schlug vor, Molotow sollte seine Verhandlungen in Washington beginnen, um danach in London auch im Namen der Amerikaner sprechen zu können.[71]

Warum Roosevelts Vorschlag, die Verhandlungen über die zweite Front in den USA zu beginnen, nicht angenommen wurde, ist nicht bekannt. Möglicherweise hat Desinformation eine Rolle gespielt, die Churchill geschickt und systematisch zu handhaben verstand. Ob es um die Frage der Westgrenze der UdSSR ging, wo es keine Fortschritte gab, oder um Stockungen beim Transport von Kriegsgütern nach Murmansk – stets steckten nach Andeutungen Churchills die Amerikaner dahinter. Ein Beispiel ist die Botschaft Churchills an Stalin vom 9. März 1942.[72] Sei es wie es sei, bis zur Teheraner Konferenz war der Kontakt der sowjetischen Führung zu den Briten enger als zum offiziellen Washington. Die für Molotows Reise gewählte Kompromißvariante, das Problem der zweiten Front zunächst vorab mit Churchill zu erörtern, dann darüber Verhandlungen mit dem Präsidenten zu führen und die Gespräche schließlich in London abzuschließen, war wohl kaum als die weiseste Entscheidung anzusehen.

Der britische Premierminister bestritt nicht, daß, wie der sowjetische Vertreter darlegte, zwischen der Strategie der Nazis und der ausbleibenden Bedrohung des Reiches von Westen ein Zusammenhang bestand. Als Antwort erklärte er, Großbritannien und die USA seien fest entschlossen, so rasch und mit so starken Kräften wie möglich auf dem Kontinent einzumarschieren. Die technische Seite der Landung müsse allerdings noch vorbereitet werden. Und wie nebenbei ließ er fallen, in Voraussicht auf eine solche Operation habe er Roosevelt bereits im August 1941 vorgeschlagen, mit dem Bau von Landungsschiffen und -mitteln zu beginnen. Churchill verbreitete sich über die Kompliziertheit derartiger Landeoperationen im Zeitalter der Luftwaffe und bei einem Mangel an Transportmitteln, die (gewiß wegen der Kurzsichtigkeit der USA) in zu geringer Zahl gebaut wurden. Churchill vergaß auch nicht hinzuzufügen, daß eine schlecht vorbereitete Invasion, die zum Scheitern verurteilt wäre, weder Rußland noch der gemeinsamen Sache der Alliierten Nutzen brächte.[73]

Wie Churchill in seinen Memoiren bekennt, unterschieden sich seine wahren Gedanken gründlich von dem, was er Roosevelt im April und Mai 1942 mitgeteilt hatte. Er sagte also auch Molotow nicht, was er dachte, denn das war nichts anderes, als er den Präsidenten hatte wissen lassen. Der Premierminister betonte seinen »unveränderten« Standpunkt »über die gefaßten Beschlüsse und das meiner Ansicht nach gebotene Vorgehen«.[74]

»Wir durften bei der Projektierung der gigantischen Unternehmung für das Jahr 1943 keinesfalls unsere übrigen Pflichten außer acht lassen. Dem Empire gegenüber bestand unsere vornehmste Pflicht in der Verteidigung Indiens gegen eine, wie es schien, bereits drohende Invasion. Überdies stand diese Aufgabe in entscheidender Beziehung zum Gesamtkrieg ... Für die alliierte Sache wäre es aber auch eine Katastrophe erster Ordnung gewesen, hätten wir Deutschen und Japanern gestattet, sich in Indien oder im Mittleren Osten zu vereinigen. Dieser Punkt spielte in meinem Denken eine ähnlich große Rolle wie ein eventueller Rückzug der Russen hinter den Ural oder gar ein Separatfrieden der Sowjets mit Deutschland. Ich hielt zu diesem Zeitpunkt keine dieser Eventualitäten für wahrscheinlich, da ich Rußlands Armee und Volk die Kraft zutraute [?], die Heimaterde erfolgreich zu verteidigen. Aber unser Indisches Kaiserreich mit allen seinen Herrlichkeiten mochte dem Feinde leicht zur Beute fallen ...

Der Versuch der Bildung eines Landekopfes bei Cherbourg schien mir schwieriger, weniger entlastend wirkend im Augenblick und weniger fruchtbar auf die Dauer, alles in allem nicht sehr verlockend. Ich hielt es für besser, unsere rechte Pranke auf Nordafrika zu legen und mit der linken dem Gegner das Nordkap zu entreißen; im übrigen aber ein Jahr zu warten, um nicht unsere Zähne an der deutschen Befestigungslinie jenseits des Kanals auszubeißen.

Das war mein damaliger Standpunkt, und ich habe ihn nie bereut ... So mußte ich aber meinen Einfluß und meine Diplomatie spielen lassen, um zu einheitlichem, harmonischem Handeln mit unserem verehrten, großen Bundesgenossen zu gelangen, ohne dessen Mitwirkung die ganze Welt vor dem Ruin stand. Aus diesem Grund schwieg ich in der Sitzung vom 14. April [mit Hopkins und Marshall] über diese Alternative.«[75]

So sah es Churchill – den nützlichen Betrug fand er besser als die nutzlose Wahrheit, wenn er auch den Betrug um des schönen Scheins willen mit »Einfluß« und »Diplomatie« umschrieb. Churchill ging aber noch weiter. Nach seinen Worten hatte er niemals die Absicht, zuzulassen, daß »Jupiter« (die Operation in Nordnorwegen) dem Plan »Torch« (Operation in Afrika) in die Quere kam. Wenn man sie nicht parallel durchführen konnte, gebührte der afrikanischen Variante eindeutig der Vorrang.

Im Interesse der historischen Wahrheit muß festgestellt werden, inwiefern die britische Führung an die Kampf- und Lebensfähigkeit der UdSSR glaubte. Gegenüber Molotow erklärte Churchill, Großbritanniens Schicksal sei »mit der Gegenwehr der Roten Armee verbunden«. Aus seinen weiteren Darlegungen folgt allerdings, daß er das nicht sehr wörtlich meinte. In seinen Memoiren schrieb er: »Indien konnte ohne Großbritanniens aktive Hilfe in wenigen Monaten erobert werden. Rußlands Niederwerfung hingegen mußte für Hitler weit zeitraubender und kostspieliger sein.«[76] Was hielt er dabei für »unwahrscheinlich« – einfach eine Niederlage oder eine in kurzer Frist? Eher letzteres. Aus Äußerungen Alan Brookes geht hervor, daß die Briten bei ihren Plänen von der schlimmsten Variante ausgingen. 1942 legten sie ihren strategischen Überlegungen die *Wahrscheinlichkeit der Zerschlagung der UdSSR im Kriege* zugrunde, weshalb Pläne für eine Invasion auf dem Kontinent 1942 und 1943 in ihren Augen mit »größter Gefahr verbunden« waren.[77]

Nach Sherwoods Meinung bestand Churchills Leitmotiv darin, kein Leben britischer Untertanen zu riskieren. Der Premierminister war fest entschlossen, Großbritannien vor den Opfern zu bewahren, die es in den Jahren 1914 bis 1918 hatte bringen müssen und die nach seiner Meinung den Niedergang des Empire vorprogrammiert hatten. Er wandte sich gegen »riesige Armeen, die sich gegenseitig mit einer ungeheuren Menge von Granaten beschießen«. Seine generelle Haltung erinnerte an das Prinzip des Generals MacArthur: »Schlagt sie [die Feinde] dort, wo sie nicht sind!« Deshalb setzte er auf Blockade und Zermürbungskrieg gegen Deutschland, bis die Geduld der Briten belohnt wurde, und sei es mit einem Sieg, den andere erfochten hatten.

Aber irgendwer mußte doch die riesigen Armeen schaffen, um die Aggressoren dort zu schlagen, wo sie in großen Scharen auftraten, so zu schlagen, daß Deutschland, selbst wenn es wollte, nicht mehr in der Lage war, sich rundherum zu verteidigen. Das kümmerte London jedoch nicht. Ohne jede moralische Skrupel überließ es die Schmutzarbeit anderen. Für Churchill und seine Gleichgesinnten gab es 1942/43 nur eine einzige Variante der Landung auf dem Kontinent – um die Kapitulation Deutschlands entgegenzunehmen.

Am 27. Mai 1942 traf Molotow in den USA ein. Ihm hinterher tickerte der Telegrafenapparat die Information für Roosevelt über die sowjetisch-britischen Gespräche zum Thema zweite Front. Der Premierminister gab zu verstehen, jede Seite sei bei ihrem Standpunkt geblieben, wobei die Briten »die Sache in jeder Hinsicht nur flüchtig berührten«. Churchill teilte mit, er habe seinen Stäben den Auftrag erteilt, sich mit dem Projekt einer Landung in Nordnorwegen zu beschäftigen, und beendete seine Botschaft mit den Worten: »Wir sollten ›Gymnast‹ [Landung in Französisch-Nordafrika] nie aus den Augen verlieren. Alle in Gang befindlichen Vorbereitungen kämen gegebenenfalls dieser Operation zugute.«[78] Robert Sherwood sieht in dieser Botschaft *das erste offizielle Warnzeichen dafür, daß Großbritannien die Errichtung einer zweiten Front im Jahre 1942 nicht unterstützen werde.*[79]

Roosevelt hatte aber offenbar beschlossen, sich sein eigenes Bild zu machen, ehe er weitere Schritte unternahm. Nicht zufällig zog der Chef der Administration deshalb beim ersten der vier ausführlichen Gespräche mit Molotow einen Vergleich der Vorstellungen Washingtons und Moskaus vom Mechanismus der Sicherung eines stabilen Friedens. Es war ihm wichtig festzustellen, inwiefern die langfristigen Interessen der USA und der Sowjetunion sich miteinander vereinbaren ließen.

Roosevelt setzte sich für eine internationale Gemeinschaft, frei vom Wettrüsten, ein. Er gab zu verstehen, daß er hier auf eine Verständigung mit der UdSSR hoffte, um Churchill dazu zu bewegen, einem entsprechenden Vorschlag zuzustimmen. In der amerikanischen Mitschrift dieses Gesprächs sind Roosevelts Worte zitiert, daß »die Weltwirtschaft nicht gesunden wird, wenn alle Länder – große und kleine – gezwungen sind, die Bürde der Rüstung zu tragen«. Auf Nachfrage Molotows sagte der Präsident, Frankreich werde dem Kreis der Vertragspartner nicht angehören. Chinas Teilnahme sei noch nicht endgültig klar. Die Zahl der Staaten, die sich mit eigenen Kontingenten am Aufbau internationaler Polizeikräfte beteiligten, sollte minimal sein, um eine hohe Wirksamkeit zu erreichen. In den ersten zehn bis zwanzig Jahren sollte der Frieden mit Gewalt aufrechterhalten werden, bis seine Notwendigkeit erkannt werde und alle Staaten sich der Forderung der vier Mächte nach Sicherung des Friedens anschlössen.[80]

Zwei Gespräche waren in der Hauptsache den Problemen des Krieges gegen Deutschland gewidmet. Der Präsident präsentierte sich als aktiver Anhänger der Errichtung einer zweiten Front, der die Militärs dazu drängte, die dabei entstehenden Schwierigkeiten zu überwinden. Der Chef der Administration stellte die Prognose, daß die Vorbereitungen für eine großangelegte Landung an der französischen Küste von England aus 1943 abgeschlossen seien. Er selbst versuche die Militärs davon zu überzeugen, daß sie das Risiko eingehen und noch im Jahre 1942 mit sechs bis zehn Divisionen in Frankreich landen sollten, selbst wenn das 100 000 bis 120 000 Menschenleben kostete.

Molotow hob die Bedeutung einer großangelegten Operation der Alliierten hervor, die die Deutschen zwänge, 40 Elitedivisionen von der sowjetisch-deutschen Front abzuziehen. Wenn dies geschähe, *könnte Hitler bereits im Jahre 1942 niedergerungen werden.* Zumindest aber wäre sein Schicksal besiegelt, betonte der sowjetische Vertreter.[81]

Vor dem dritten Gespräch am 30. Mai empfahl Hopkins Molotow, den Kampf der Sowjetunion gegen Deutschland in den stärksten Farben zu schildern, damit die amerikanischen Generale aufhörten, »die Stellung der Sowjetunion an der Front als stabil zu betrachten«, und begriffen, »wie dringend notwendig die zweite Front« war.[82] In ähnlichem Sinne sprach Hopkins offenbar auch mit Roosevelt.

An der Begegnung am 30. Mai nahmen Marshall und King teil. An sie gewandt, erklärte der Präsident, Molotow habe in London keine klare Antwort zur Frage der zweiten Front erhalten. Seine Aufgabe bestehe aber gerade darin, sich Klarheit zu verschaffen. *Wir gehen davon aus,* fuhr Roosevelt fort, *daß es Veranlassung gibt, die zweite Front im Jahre 1942 zu eröffnen.* Gründe sind die ungünstige Lage an der sowjetisch-deutschen Front, die Möglichkeit, daß die sowjetischen Armeen zurückweichen, was eine Verschlechterung der Lage der Alliierten insgesamt bedeutete. *Das Ziel besteht darin, Operationen einzuleiten, um 40 Divisionen von der Ostfront abzuziehen, und zwar im Jahre 1942.*

Molotow legte dar, welchen Unterschied es mache, ob die zweite Front 1942 oder 1943 errichtet werde. Wenn die USA und Großbritannien wenigstens 40 deutsche Divisionen abziehen könnten, werde es zu einem grundlegenden Umschwung zugunsten der Alliierten kommen. Bleibe die zweite Front 1942 jedoch weiterhin aus, könne sich das Kräfteverhältnis zugunsten Hitlers verschieben.[83]

Am 31. Mai telegrafierte Roosevelt an Churchill, angesichts der Lage »wünsche ich mehr als je zuvor, daß im Zusammenhang mit Operation ›Bolero‹ bestimmte Schritte bereits im Jahre 1942 eingeleitet werden«. *Ohne eine Landung auf dem Kontinent,* schrieb der Präsident, *»kann man die deutsche Luftwaffe nicht zerschlagen oder den Luftkrieg faktisch so führen, daß Kräfte von der russischen Front abgezogen werden«.* Besonders hob er sein Interesse hervor, daß Molotow »einige reale Ergebnisse seiner Mission mitnimmt und Stalin jetzt positiv berichtet«. Roosevelt teilte dem Premierminister mit, daß »der Vereinigte Stab gegenwärtig an einem Vorschlag arbeitet, die Zahl der für Operation ›Bolero‹ einzusetzenden Schiffe zu erhöhen, indem ein bedeutender Teil der für Rußland bestimmten Waren reduziert wird, außer Kriegsgütern, die noch in diesem Jahr verwendet werden können«.[84]

Bei der Begegnung mit Molotow am 1. Juni machte der Präsident die Errichtung der zweiten Front im Jahre 1942 von der Beschaffung umfangreichen Schiffsraumes abhängig. Roosevelt berief sich auf entsprechende Berechnungen der Stabschefs und schlug vor, die Menge der Güter, die die USA an die UdSSR zu liefern gedachten, von 4,4 Millionen auf zwei Millionen Tonnen zu reduzieren. Die freiwerdenden Schiffe sollten amerikanische Truppen, Panzer und Flugzeuge nach Großbritannien transportieren, um die Organisierung der zweiten Front zu beschleunigen.[85]

Nach der amerikanischen Mitschrift stellte der Volkskommissar »die offenbar sarkastisch gemeinte Frage, was geschehen werde, wenn die Sowjets ihre Anforderungen kürzten und dann trotzdem keine zweite Front zustande käme«.[86] Roosevelt versicherte, »die amerikanische

298

Regierung hoffe darauf und strebe danach, die zweite Front im Jahre 1942 zu errichten«. »Dafür sind sowohl in Großbritannien als auch in den USA umfangreiche Vorbereitungsarbeiten im Gange.« Nach den Worten des Präsidenten »werde man mit der zweiten Front um so schneller vorankommen, wenn es die Sowjetregierung durch Reduzierung der Lieferungen aus den USA ermögliche, mehr Schiffe zum Transport amerikanischer Truppen und Ausrüstungen nach England bereitzustellen«.[87]

Der Sonderberater des Präsidenten gab Molotow zu verstehen, Roosevelt könne, »ohne sich mit den Briten zu beraten, keine bestimmte Antwort in dem Sinne geben, daß die zweite Front im Jahre 1942 kommen werde«. General Marshall und er, Hopkins, seien jedoch überzeugt, daß dies im Jahre 1942 geschehe. Durch die Verhandlungen Molotows in Washington seien die »Chancen auf eine erfolgreiche Lösung des Problems der zweiten Front im Jahre 1942 weit über 50 Prozent gestiegen«. Hopkins erklärte, »der Präsident hat seine eigene strategische Konzeption für diesen Krieg, und niemand ist in der Lage, diese Konzeption zu verändern«. Er »strebt nach Deutschland« und »hat den festen Entschluß gefaßt, die Zerschlagung Deutschlands in Angriff zu nehmen«.[88]

In dem sowjetisch-amerikanischen Kommuniqué, das am 12. Juni 1942 veröffentlicht wurde, heißt es: »*Im Verlaufe der Verhandlungen wurde über die dringliche Aufgabe, im Jahre 1942 eine zweite Front in Europa zu errichten, volle Übereinstimmung erzielt.* Außerdem wurden Maßnahmen erörtert, die Lieferung von Flugzeugen, Panzern und anderen Arten von Bewaffnung aus den USA an die Sowjetunion aufzustocken und zu beschleunigen. Gesprächsgegenstand waren auch Grundprobleme der Zusammenarbeit der Sowjetunion und der Vereinigten Staaten zur Gewährleistung von Frieden und Sicherheit für die freiheitsliebenden Völker nach dem Kriege. *Beide Seiten stellten mit Befriedigung übereinstimmende Auffassungen in all diesen Fragen fest.*«[89]

Bei der Abstimmung des gemeinsamen Kommuniqués über den Besuch Molotows in Washington in den amerikanischen Instanzen bestand Marshall darauf, als Zeitraum für die Eröffnung der zweiten Front weder das Jahr 1942 noch den Monat August zu erwähnen. Der Präsident stimmte dem jedoch nicht zu. Den Bezug auf den Monat August strich Hopkins bei der endgültigen Abfassung des Telegramms des Präsidenten an Premierminister Churchill.[90]

Diese Einzelheiten belegen, wie unhaltbar die Behauptungen einiger Historiker sind, dem sowjetischen Vertreter sei bei den Washingtoner Verhandlungen die Errichtung der zweiten Front im Jahre 1942 lediglich zugesagt worden, »um der Sowjetregierung wieder Hoffnung zu geben«.[91] Möglicherweise gab der Präsident dem sowjetischen Drängen nicht ohne Zweifel nach. Einerseits brauchte er einen Erfolg, der die Möglichkeiten der amerikanischen Streitkräfte und die Effektivität ihrer Führung demonstrierte. Andererseits war eine Invasion über den Kanal nicht ohne Risiko. Die unerfahrenen Truppen der USA und Großbritanniens wären auf dem Kontinent auf Einheiten der Wehrmacht gestoßen, die bereits die Ostfront hinter sich hatten.

Warum Roosevelt von der Position wieder abging, die er Molotow dargelegt hatte, ist möglicherweise so zu erklären: Der Chef der Administration war zu dieser Zeit noch nicht reif für eine Entscheidung zwischen der bedingt prosowjetischen oder der probritischen Strategie des Krieges. Da man in Washington darauf setzte, daß die Briten im Falle einer Landung im Jahre 1942 die Masse der Bodentruppen stellten, machte man sich selbst von Londons Eigensinn abhängig. Die Amerikaner waren nicht dazu bereit, ohne die Briten von England aus in Frankreich einzumarschieren. Wäre eine solche Aktion mißlungen, hätte der Präsident nach allen Seiten Angriffsflächen geboten und seiner Partei fast unausweichlich bei den Zwischenwahlen zum Kongreß im Jahre 1942 eine Niederlage eingehandelt.

Die zugänglichen Dokumente führen nicht zu dem Schluß, daß Roosevelt in den Verhandlungen mit Molotow unaufrichtig war. Es gibt auch keinen Hinweis darauf, daß die durchaus pikanten Ausführungen über die Nachkriegsregelung nur hohle Worte waren. Hopkins übertrieb nicht, der Präsident hatte tatsächlich seine eigene Konzeption von diesem Krieg. In der Theorie wußte er ziemlich genau, was gut und was schlecht war. Leider hatte der Chef der Administration nur eine vage Vorstellung davon, welche Schwierigkeiten es bereitete, die Theorie in die Praxis umzusetzen, insbesondere wenn man einen Entschluß gemeinsam mit anderen durchzusetzen hatte.

Im Unterschied zu Roosevelt, der nach gemeinsamem Handeln mit Großbritannien und der UdSSR strebte, hatte Churchill für sich eindeutig entschieden, daß es im Jahre 1942 keine Landung in Nordwesteuropa mit britischer Beteiligung geben werde, welches Unheil der Sowjetunion auch immer drohen sollte.[92] Er war sich selbst kein Feind, strebte auch nicht danach, der UdSSR unnötig Böses zuzufügen. Bei all seinem äußerlich so stürmischen Temperament verlor Churchill fast nie seinen klaren Kopf. Er täuschte sich nicht: Falls es den Deutschen gelang, die Sowjetunion zu überwältigen, würden sie Großbritannien unterjochen, ohne Rücksicht auf Verluste und ohne Skrupel in der Wahl der Mittel. Hitler ließe sich von den Unbilden des Wetters, dem Mangel an Transportmitteln oder schlechter Versorgung nicht abschrecken. Die Wehrmacht hatte bereits auf dem »Rußlandfeldzug« gelernt, mit wenigem auszukommen.

Nach den Dokumenten zu urteilen, wollte Churchill eher die UdSSR in eine Lage bringen, in der sie gezwungen war, um nicht bei Deutschland um Gnade zu flehen, die USA und Großbritannien kniefällig um Hilfe zu bitten. Spuren dieser Absicht finden sich selbst in dem Aidemémoire, das der Premierminister Molotow als Beilage zum sowjetisch-britischen Kommuniqué in die Tasche steckte, das am 11. Juni veröffentlicht wurde und die bereits mit den USA abgestimmte Formel wiederholte: »Im Verlaufe der Verhandlungen wurde über die dringliche Aufgabe, im Jahre 1942 eine zweite Front in Europa zu errichten, volle Übereinstimmung erzielt.« Dazu hieß es in dem Aide-mémoire: »Man kann unmöglich im voraus sagen, ob die Lage so sein wird, daß sich diese Operation zum gegebenen Zeitpunkt einleiten läßt. Wir können deshalb kein Versprechen hierüber geben; wir werden aber nicht zögern, unsere Pläne in die Tat umzusetzen, sofern *vernünftige Erfolgsaussichten* bestehen.«[93]

Der ganze Aufbau der Argumentation zeigt, daß hier nicht die Technik Grenzen setzte, obwohl man sie als den »Hauptfaktor der Beschränkung« anführte. Eine exakte Berechnung der notwendigen Transportmittel wurde überhaupt nicht vorgenommen. Die Zahlen (7000 Schiffseinheiten) waren aus der Luft gegriffen. Die Briten nutzten mehrfach die Methode, die Erfordernisse an Landetechnik überhöht darzustellen, um eine Übereinkunft zu verhindern. So forderten sie zum Beispiel 1943 für die Operation »Overlord« 8000 Schiffe. Nach exakten Berechnungen der Stäbe stellte sich heraus, daß 4504 Schiffseinheiten genügen würden, um Truppen und Ausrüstungen auf den Kontinent überzusetzen, die den Umfang, von dem 1942 die Rede war, um ein mehrfaches übertrafen. Im Jahre 1944 wurden dann in der Tat weniger als 4500 Einheiten gebraucht.

»Vernünftige Erfolgsaussichten« – darin lag der Haken. Man kann komplett bewußtlos sein beim besten Wohlbefinden. In der Forderung nach einem Garantieschein verlief die Trennlinie zwischen der Politik von West und Ost. Vom Westen und nicht von Großbritannien allein muß hier gesprochen werden, weil man andeutete, das Aide-mémoire sei ein gemeinsames anglo-amerikanisches Dokument. Daß das sowjetisch-britische Kommuniqué einen Tag vor dem sowjetisch-amerikanischen veröffentlicht wurde, rückte die Versicherungen, die Molotow in Washington erhalten hatte, in ein zweifelhaftes Licht und warf, möglicherweise unverdient, einen Schatten auf Roosevelt und dessen Umgebung.

Churchill hielt sich nicht lange beim Versteckspiel auf. Am 19. Juni traf er mit einem fertigen Entwurf in den USA ein, der vorsah, »Bolero« und »Sledgehammer« gegen »Gymnast« auszutauschen. Nicht einmal der Höflichkeit halber wartete der Premierminister ab, wie sich die Dinge an der sowjetisch-deutschen Front entwickelten und was die Stäbe über die Vor- und Nachteile der verschiedenen Varianten einer Landung in Frankreich zu berichten hatten. Die Überlegungen der Militärs und die Lage an der Ostfront wären wahrscheinlich für »Bolero« ins Gewicht gefallen, hätten die USA zu parallelem Vorgehen mit der Sowjetunion veranlassen können und Großbritannien auf den Platz verwiesen, der ihm nach seinem realen Beitrag zum Krieg zukam. Sollte es dazu kommen, dann wären alle Finessen der britischen Weltmachtpolitik vergeblich gewesen. Der Premierminister war entschlossen, seine Strategie nun festzuklopfen, die er bisher nur vorsichtig angedeutet hatte.

Von »Gymnast« war in Churchills Telegramm an den Präsidenten vom 28. Mai die Rede. Wenn dieser nicht sofort begriff, worauf London zielte, dann erläuterte ihm dies Mountbatten, der eigens dafür nach Washington kommandiert wurde. Der Admiral informierte die führenden Politiker der USA (noch während die letzten Gespräche mit Molotow in London im Gange waren), daß die britische Regierung nichts davon halte, noch 1942 über den Kanal zu setzen. Formal aus den berüchtigten Gründen »technischer« Art. Dem schwachen Gegenargument des Präsidenten, man könnte die Operation in den Spätherbst verlegen und inzwischen Landungsmittel und mehr amerikanische Truppen in Großbritannien konzentrieren, hielt man entgegen, dann herrschten »ungünstige Witterungsbedingungen«.

Roosevelt erkannte durchaus, daß die Briten nicht nur auf Operation

»Sledgehammer« zielten. Aber wenn man sich mit London zerstritt, konnte es geschehen, daß man, falls die Sowjetunion zusammenbrach, Deutschland und Japan allein gegenüberstand. Deshalb wies der Präsident im Gespräch mit Mountbatten selbst darauf hin, daß man sechs amerikanische Divisionen, die für den Abtransport auf die Britischen Inseln vorgesehen waren, auch nach Französisch-Nordafrika oder in den Nahen Osten umleiten könnte.[94]

Die amerikanischen Stäbe erhielten den Auftrag, für den Oberkommandierenden alle Fakten zum Plan »Gymnast« zusammenzustellen. Aus professionellem Pflichtgefühl wiesen die Militärs darauf hin, daß die Operationen »Gymnast« oder »Supergymnast« entgegen allen optimistischen politischen und psychologischen Prognosen äußerst schwierig zu realisieren seien. Marshall und Stimson sahen in der Landung in Nordafrika einen nicht zeitgemäßen und schlechten Ersatz für den Plan »Bolero«. Zu derselben Meinung kam auch das Vereinigte Komitee der Stabschefs.[95] Es entstand eine kuriose Situation – die Politiker versuchten den Militärs einen Kurs aufzudrängen, der allen Regeln der Arithmetik widersprach, wobei sie behaupteten, sie ließen sich von den Interessen des Kampfes gegen den »Hauptfeind« leiten.

Bei seiner Ankunft in den USA übergab Churchill dem Präsidenten eine vom 20. Juni 1942 datierte Denkschrift, die den Weg für das Abgehen von den Verpflichtungen gegenüber der UdSSR bahnte und den Boden bereitete, für die Errichtung der zweiten Front im weiteren eine ganze Reihe von Vorbedingungen zu stellen.

»... Wir sind verpflichtet«, schrieb der Premierminister, »die Vorbereitungen für ›Bolero‹ wenn möglich für 1942, bestimmt aber für 1943, weiterzuführen.[96] Das alles ist im Gang, und die Maßnahmen sind getroffen, um Anfang September sechs bis acht Divisionen an der Küste Nordfrankreichs zu landen. Allerdings kann die britische Regierung keine Operation befürworten, die mit Bestimmtheit zur Katastrophe führt, denn der Not der Russen – so groß sie auch wäre – würde dadurch nicht abgeholfen, hingegen würde das französische Volk, soweit es daran beteiligt wäre, bloßgestellt und der Rache der Nazis ausgesetzt; und schließlich erlitte auch die Hauptoperation im Jahre 1943 eine ernstliche Verzögerung. *Wir stehen entschieden auf dem Standpunkt, in diesem Jahr von einer bedeutenderen Landung in Frankreich abzusehen, sofern wir nicht zu bleiben entschlossen sind.*

Keine verantwortliche militärische Stelle in Großbritannien hat sich bisher in der Lage gesehen, einen im September 1942 auszuführenden Plan zu entwerfen, der auch nur die geringste Erfolgschance verspricht, es sei denn im Falle einer völligen deutschen Demoralisation, wofür keinerlei Anzeichen vorliegen ...

Falls aber kein Plan ausgearbeitet werden kann, zu dem eine verantwortliche Stelle Vertrauen hat, und infolgedessen im September 1942 kein wesentlicher Kräfteeinsatz in Frankreich möglich sein sollte, was wollen wir dann tun? Können wir es uns leisten, das ganze laufende Jahr auf dem atlantischen Kriegsschauplatz müßig zu bleiben? Sollten wir nicht innerhalb des großen Rahmens von ›Bolero‹ irgendeine andere Operation vorbereiten, die uns vorteilhafte Positionen verschafft und direkt oder indirekt den gegen Rußland ausgeübten Druck erleichtert? Unter diesem Gesichtswinkel scheint mir eine Operation in Französisch-Nordafrika erwägenswert.«[97]

Henry Stimson bemerkte, Churchill habe die Operation »Gymnast« vorgeschlagen, wohl wissend, daß eine derartige Aktion dem Präsidenten durchaus sympathisch war.[98] Die britische Konzeption der Einkreisung Deutschlands und seiner schließlichen Zermürbung suchte und fand die Begründung in sich selbst, nutzte jedes Risiko und jede Unentschlossenheit Washingtons. Die Argumente, die der Premierminister und seine Emissäre gegen den Vorstoß über den Ärmelkanal vorbrachten, nahm Roosevelt bereitwillig als Rechtfertigung für sein eigenes Schwanken entgegen.

Am 20. Juni 1942 überbrachte Hopkins Marshall und King die Weisung des Präsidenten, folgende Fragen zur Erörterung mit ihm vorzubereiten. »Angenommen, daß die deutschen Truppen im August erstens Leningrad und Moskau gefährlich bedrohen und zweitens nach einem Durchbruch an der Südfront den Kaukasus bedrohen – an welchem Punkte oder an welchen Punkten unter obiger Annahme können: a) amerikanische Landtruppen vor dem 15. September 1942 einen Angriff auf deutsche Streitkräfte oder auf von den Deutschen besetzte Gebiete planen und ausführen, so daß die Deutschen gezwungen werden, Truppen aus der russischen Front herauszuziehen? b) britische Streitkräfte auf demselben oder auf einem anderen Schauplatz zu demselben Zweck mit eingreifen?«[99]

Hier wird zum erstenmal die Möglichkeit eingeräumt, daß die USA praktisch allein militärisch gegen den Hauptfeind vorgehen könnten.

Den Briten wird die Rolle von Hilfskräften zugewiesen, die nicht einmal mit den Amerikanern am selben Ort vorgehen und auch nicht unbedingt in Kampfhandlungen eingreifen sollten. Andererseits blieb die Frage strittig, wo der Schlag geführt werden sollte, wenn überhaupt: in Europa, Afrika oder sogar im Nahen Osten (nicht umsonst wurde der Kaukasus erwähnt) – eine nicht zu erfassende Spannbreite.

Das Kriegsministerium und der Stab der Army empfahlen, bei der getroffenen Entscheidung zu bleiben, die eine gemeinsame anglo-amerikanische Landeoperation über den Kanal hinweg vorsah. Die USA konnten dafür bis zu vier Infanterie- und eine Panzerdivision sowie bedeutende Kräfte der Luftunterstützung bereitstellen. Als eventuellen Beitrag Großbritanniens – »ohne besonderes Risiko für die Sicherheit des Vereinigten Königreiches« – erwartete man mindestens fünf Divisionen und einen großen Teil der britischen Air Force. Die Militärs wandten sich gegen die britische Forderung, den Erfolg der Operation zu garantieren, da diese der ursprünglichen Vereinbarung zuwiderlief. Außerdem wiesen sie darauf hin, daß die starke Unterstützung und Deckung aus der Luft »den Mangel an anderen Mitteln« ausglich. Zum dritten führte man das Argument an, daß ein Luftangriff auf dem Kontinent und starke Vorstöße über den Kanal (direkt oder indirekt) eine größere Hilfe für Rußland darstellten als ein Angriff an irgendeinem anderen Ort. Zum Plan »Gymnast« hieß es: »Der Hauptmangel dieses Planes besteht darin, daß er selbst bei erfolgreicher Verwirklichung die Deutschen nicht dazu veranlassen wird, auch nur einen einzigen Soldaten, einen einzigen Panzer oder ein einziges Flugzeug von der russischen Front abzuziehen.«[100]

Die amerikanischen Militärfachleute machten sich keine Illusionen: Eine Entscheidung zugunsten von »Gymnast« bedeutete, daß *auch im Frühjahr 1943 mit einer Invasion auf dem Kontinent nicht zu rechnen war.* Noch kategorischer war die Denkschrift des Stabschefs der Army an den Präsidenten abgefaßt. Dieser wies darauf hin, daß die Briten nun zu ihrer ursprünglichen Konzeption zurückkehrten, die alles der Aufgabe unterordnete, »das Britische Empire zusammenzuhalten«. Sein Rat lautete, nach »vernünftigem Risiko und nüchternen strategischen Erwägungen« zu handeln.[101]

Die führenden Militärs der USA dachten auch daran, den Briten ein Ultimatum zu stellen: Entweder sie waren zu einem aktiven gemeinsamen Vorgehen gegen die Deutschen bereit, oder die Masse der amerikanischen Bodentruppen wurde gegen Japan in Marsch gesetzt. Roosevelt lehnte diese »Mystifikation« jedoch ab.

Das Treffen des US-Präsidenten mit dem britischen Premierminister in Washington endete mit einer gemeinsamen Erklärung, die sich nach den Worten Robert Sherwoods »durch inhaltliche Leere auszeichnete«. Von der zweiten Front kein Wort. Man stellte lediglich fest, daß »die bevorstehenden Operationen ... Kräfte der Deutschen aus Rußland abziehen werden« und die »Gesamtlage sich für den Sieg günstiger gestalten« werde.[102]

Formal wurden die Pläne »Bolero« und »Sledgehammer« nicht abgesetzt. Man schob sie auf die lange Bank. Marshall, Ismay und andere Generale mühten sich um Formulierungen, die Schein und Sein versöhnen, eine Übereinstimmung vorspiegeln und die Idee der Landung auf dem Kontinent für eine gewisse Schamfrist in Sichtweite halten sollten. Churchill aber bewegten schon ganz andere Sorgen. Er suchte nach Wegen, wie er auch »Jupiter« zu Fall bringen konnte, das Projekt, mit dem er seine Kritiker in London und Washington hinters Licht geführt hatte. Genauer gesagt, das Projekt ad acta zu legen, nachdem er mit dessen angeblichen Vorzügen auch noch in Moskau jongliert hatte.

Die veröffentlichte Erklärung über die Ergebnisse des Treffens in Washington und die interne Niederschrift, die General Ismay anfertigte, waren jedoch gar nicht so steril. Sie zeigten deutlich die Verschiebung zugunsten der britischen Sicht auf den Krieg oder, wie die Herausgeber der *Geheimen Korrespondenz* Roosevelts und Churchills später formulieren sollten, den verdeckten Sieg der britischen Position.[103]

Das wäre noch zu ertragen gewesen. Schlimmer war etwas anderes. Ein einfacher Vergleich des Wortlauts dieser Mitteilungen über die Ergebnisse der Besuche Molotows in London und Washington mit der anglo-amerikanischen Erklärung ließ die Führung Nazideutschlands zu dem nicht zu kühnen Schluß kommen: *Im Jahre 1942 war keine zweite Front in Europa zu erwarten, und nichts hinderte sie daran, ein Maximum kampffähiger Verbände an die Ostfront zu werfen.*

Die Erklärung Roosevelts und Churchills bestätigte, was deutsche Agenten bereits gemeldet hatten, die unter anderem über Informationsquellen in der Umgebung des Premierministers verfügten. Statt gemeinsamer Aktionen mit der UdSSR und Unterstützung des Bündnispartners *lockerten* die Westmächte den Druck auf Deutschland. Statt die Hilfe für die Ostfront mit erhöhten Waffenlieferungen zu verstärken, *reduzierten* die USA und Großbritannien zu dem allgemeinen Gerede von der zweiten Front, die sie gar nicht errichten wollten, zunächst diese Lieferungen zur Hälfte und stellten sie schließlich monatelang ganz ein. Als Vorwand diente die Vernichtung des Konvois PQ 17 durch die Deutschen wegen der Inkompetenz eines britischen Admirals.

In Berlin konnte man sich wieder einmal davon überzeugen, daß die Anti-Hitler-Koalition voller Widersprüche steckte, über keine einheitliche Strategie verfügte und nicht einmal die einfachste Koordinierung ihrer Handlungen zuwege brachte. Das konnte nicht nur, sondern mußte Hitler ins Grübeln bringen: Wenn seine Gegner selbst in den für sie schwierigsten Tagen und Monaten nicht zueinander fanden, dann hatte das offenbar seinen Grund, und für das Reich war also noch nicht alles verloren. Daß die zweite Front beim Übergang vom Blitzkrieg zum langanhaltenden Krieg ausblieb, war faktisch eine erneute Aufforderung an die Führung Deutschlands (im breiten Sinne), sich die Frage zu stellen, was ihr lieber war – die komplette Niederlage durch die Kräfte der Roten Armee oder ein ehrenhafter Frieden mit dem Westen, für den man Hitler, dessen Partei und noch einiges aus deren »Erbe« opfern mußte?

In den Dokumenten sind keine Anzeichen dafür zu erkennen, daß man in den USA die Möglichkeit erwogen hätte, die wegen der »beschleunigten Organisierung der zweiten Front« reduzierten Lieferungen von Kriegsgütern im ursprünglichen Umfang wieder aufzunehmen, als man den Plan der Landung auf dem Kontinent aufgab. Davon konnte offenbar keine Rede sein, denn, erstens, liebte Roosevelt keine unangenehmen Diskussionen und, zweitens, forderte »Gymnast« doppelt, wenn nicht dreimal soviele Transportmittel wie »Sledgehammer«.

Aus den Staaten zurückgekehrt, setzte Churchill alles daran, dem Projekt der zweiten Front auch den letzten Wind aus den Segeln zu nehmen. Am 8. Juli schrieb er an Roosevelt: »Kein einziger britischer General, Admiral oder Luftmarschall kann ›Sledgehammer‹ als 1942 durchführbare Operation empfehlen.« Das Halten der Positionen im Falle einer Landung, warnte der Premier, werde so viel Kräfte verschlingen, daß »die Möglichkeit wesentlich schwindet, 1943 eine großangelegte Operation organisieren zu können«. »Und ich bin sicher«, gurrte der Verfasser der Botschaft, »daß ›Gymnast‹ eine sehr viel sicherere Chance bietet, der russischen Front im Jahre 1942 wirksame Erleichterung zu schaffen. Das war doch stets Ihre Absicht. Faktisch ist dies Ihre beherrschende Idee. Das ist die wirkliche zweite Front des Jahres 1942. Das ist der sicherste und zugleich höchst nutzbringende Schlag, der in diesem Herbst geführt werden kann.«[104]

Am selben Tag gingen im Weißen Haus zwei weitere Telegramme aus London ein, so daß der Eindruck entstand, Churchill denke an nichts anderes als an »Bolero«. Er schlug sogar vor, Marshall zum Befehlshaber der Operation zu ernennen. Und schob sofort nach:

»Ich hoffe, Mr. Präsident, Sie sehen darauf, daß die Ernennung eines amerikanischen Befehlshabers für ›Bolero‹ im Jahre 1943 die Operationen nicht beeinträchtigt, die von unmittelbarer Bedeutung sind, wie zum Beispiel ›Gymnast‹.«[105]

Damit demonstrierte Churchill wieder einmal, wie umfassend er über die Debatten um die zweite Front in Washington informiert war. Er wußte beispielsweise, daß die operative Abteilung des Kriegsministeriums der USA die Absicht hatte, am 8. Juli um Instruktionen über »vorzeitige Operationen in Europa im Jahr 1942« zu bitten, denn die Entscheidungen mußten bis zum 1. August fallen. Dem kam der Premierminister zuvor, indem er Roosevelt daran erinnerte, daß der britische Standpunkt unverändert war und zur Kenntnis genommen werden mußte, ob dies den Amerikanern paßte oder nicht.

In einer Botschaft an den britischen Militärvertreter in Washington, Feldmarschall John Dill, teilte Churchill am 8. Juli 1942 mit, das Kriegskabinett habe beschlossen, Operation »Sledgehammer« aufzugeben. *Selbstverständlich,* schrieb der Premierminister, *sagen wir den Russen vorläufig nicht, daß es unmöglich ist, Operation »Sledgehammer« durchzuführen.*[106] Sein Wort nicht zu halten, war für London nichts Besonderes. Solange die Wahrheit nicht von selbst ans Licht kam, setzte man eine Unschuldsmiene auf.

Am 14. Juli 1942 servierte der »ehemalige Marinemann« dem Präsidenten noch ein paar weitere Unaufrichtigkeiten: »Mir liegt viel daran, daß Sie wissen, wie ich gegenwärtig denke. Ich habe niemanden gefunden, der Operation ›Sledgehammer‹ für möglich hält. Ich möchte, daß Sie ›Gymnast‹ so bald wie möglich durchführen und wir abgestimmt mit den Russen versuchen, ›Jupiter‹ zu realisieren. In der Zwischenzeit müssen alle Vorbereitungsmaßnahmen für ›Round-up‹ im Jahre 1943 auf vollen Touren laufen, wodurch wir maximale Kräfte des Feindes auf der anderen Seite des Kanals binden werden. All das ist für mich so klar wie der Tag.«[107]

Churchill beunruhigten bestimmte Nachrichten aus Übersee. Zwei Tage vor dieser Botschaft an Roosevelt hatte er an Dill geschrieben: »Falls sich ... der Präsident gegen ›Gymnast‹ entscheidet, ist die Angelegenheit begraben. Sie kann nur von Truppen unter amerikanischer Flagge durchgeführt werden. Diese Chance wäre dann eben endgültig vertan. Beide Länder werden 1942 untätig bleiben, und alle Anstrengungen werden sich auf ›Round-up‹ [die Landung in Westeuropa] 1943 konzentrieren.« Dill erhielt den Auftrag, sich gegen die Verlagerung der amerikanischen Kriegsanstrengungen in den Stillen Ozean zu wenden und darauf zu achten, daß nach »Gymnast« *als nächstes Italien* an der Reihe war.[108]

Daß Churchill so demagogisch auftrat und wie eine Bulldogge zupackte, verärgerte in den USA nicht nur Militärkommandeure und Minister, sondern zuweilen auch den Präsidenten selbst. In einem Gespräch mit Hopkins am 15. Juli erklärte Roosevelt: »*Vor allem läßt mich die Position des britischen Kabinetts unbefriedigt* ... Wenn wir Operation ›Sledgehammer‹ im Jahre 1942 mit großem Widerwillen aufgeben müssen, glaube ich trotzdem, daß wir energisch handeln sollten, um sie 1943 durchzuführen. In den Botschaften aus England sehe ich jedoch nichts, was auch nur den geringsten Wunsch erkennen ließe, die Operation 1943 zu realisieren. Mich stimmt diese Bereitschaft besorgt, darauf im Jahre 1942 zu verzichten. *Werden sie das vielleicht auch 1943 tun?*« Weiter sprach Roosevelt davon, man dürfe nicht bis 1943 warten, der Pazifik sei nicht der beste Ausweg, »Gymnast« habe »große Vorzüge«, diese Operation sei ein »rein amerikanisches Unternehmen«.[109]

Londons Dreistigkeit und Voreingenommenheit weckten Mißtrauen, aber die Schmeichelei, das Angebot, »Gymnast« unter amerikanischer Flagge durchzuführen, stimmten den Präsidenten wieder versöhnlicher. Es war doch verlockend, ohne komplizierte Probleme und nervenraubende Auseinandersetzungen eine bedeutende und äußerlich nicht besonders schwierige Sache in Angriff zu nehmen.

Churchill beunruhigte jedoch nach wie vor die Position der amerikanischen Militärs. Auf einer Beratung des Komitees der Stabschefs am 10. Juli wandte sich Marshall unbeirrt gegen den Plan »Gymnast« als eine »teure und wenig nutzbringende Operation«. Er schlug vor, sich auf den pazifischen Kriegsschauplatz umzuorientieren. Nach seiner Meinung waren Aktionen im Stillen Ozean nach »Bolero« »das wirksamste Mittel, Rußland zu helfen«. King säte Zweifel an den Absichten der Briten, die den »Operationen auf dem europäischen Kontinent niemals ehrlich zugestimmt« hätten. Gemeinsam mit Marshall unterzeichnete er ein an den Präsidenten gerichtetes Memorandum, in dem es unter anderem hieß:

»Nach unserer Auffassung schließt die Durchführung des Planes ›Gymnast‹ (selbst wenn man ihn als zweckmäßig erachtete) die Operationen ›Bolero‹ und ›Sledgehammer‹ im Jahre 1942 definitiv aus und wird die Operationen ›Bolero‹ und ›Sledgehammer‹ auch im Frühjahr 1943 beeinträchtigen (wenn nicht gar ganz unmöglich machen). Wir sind davon überzeugt, daß *der Plan ›Gymnast‹ keine entscheidenden Ergebnisse bringt und darüber hinaus unsere Ressourcen erschöpft.* Wenn wir Operation ›Gymnast‹ in Angriff nehmen, werden wir auf keinem Kriegsschauplatz ausreichend Kräfte und Mittel konzentrieren können, um entscheidende Schläge gegen den Feind zu führen. Folglich werden wir ohne jeden Zweifel unsere Positionen im Stillen Ozean in Gefahr bringen ... *Wenn wir jede Möglichkeit ausschließen, Operation ›Sledgehammer‹ im Jahre 1942 durchzuführen, dann verletzen wir nicht nur unsere Verpflichtungen gegenüber Rußland, sondern jede andere Operation wird zweifellos unsere Bereitschaft beeinträchtigen, den Plan ›Round-up‹ im Jahre 1943 zu realisieren.* Wenn der europäische Kriegsschauplatz entfällt, müssen alle Anstrengungen auf den Pazifik konzentriert werden.«[110]

Da die Militärs die Operation in Nordafrika so eindeutig ablehnten, bat Roosevelt um Überlegungen für die Kriegführung im Stillen Ozean. An dem Bericht des Komitees der Stabschefs fällt auf, daß man die Beteiligung amerikanischer Truppen an Kriegshandlungen in China und Sibirien (im Falle eines Krieges Japans gegen die UdSSR) für möglich hielt. In diesem Zusammenhang war eine starke Reduzierung (auf ein Viertel bis ein Fünftel) der amerikanischen Truppenkontingente vorgesehen, die in Großbritannien stationiert werden sollten. Die Militärs räumten ein, daß eine Umorientierung auf den Stillen Ozean sich ungünstig auf die Ostfront auswirken würde; wenn sich die USA jedoch in zweitrangige Operationen wie »Gymnast« hineinziehen ließen, wären die Folgen nach ihrer Auffassung noch schlimmer.

Da der Präsident der Meinung war, die amerikanische Seekriegsflotte sei noch nicht stark genug, und da er zweifelte, ob die Vorschläge des Komitees der Stabschefs ökonomisch ausreichend begründet seien, vermied er eine konkrete Diskussion über die pazifische Variante. Zu einer Landung in Europa ohne die Briten war er auch nicht bereit. Am 14. und 15. Juli traf Roosevelt eine willkürliche Entscheidung zugunsten von »Gymnast«. Er sandte Hopkins, Marshall und King nach London, wo sie mit dem britischen Verbündeten »im Geiste des Einvernehmens« die Vorhaben für den Rest des Jahres 1942 und die Pläne für 1943 abstimmen sollten.

Der Entwurf der Direktive vom 15. Juli (in der Fassung des Kriegsministeriums) schloß Operationen in Nordafrika jedoch aus. Die Polemik mit dem Chef der Administration setzte sich so lange fort, bis Marshall von Roosevelt eine andere Direktive erhielt. Diese sah vor:

1. Verzicht auf Operation »Sledgehammer« im Jahre 1942.

2. Verschiebung der Vorbereitungsmaßnahmen zum Plan »Bolero« um drei Monate.

3. Umlenkung aller Flugzeuge, die zur Überführung aus den USA nach Großbritannien vorgesehen waren: der größere Teil in den Nahen Osten und nach Ägypten, der kleinere in den Nordwestpazifik.

4. Entsendung von fünf Divisionen (ohne Eile) nach Großbritannien.

5. Sofortige Verlegung von fünf Divisionen in den Nahen Osten.

6. Abschluß der Ausarbeitung des Planes »Bolero« bis Oktober, damit »Bolero« und »Round-up« im April 1943 zur Ausführung bereit sind.

7. Fortsetzung der Hilfe für Rußland, aber über Basra.

Zugleich gab der Präsident Hopkins, Marshall und King einen ausführlichen instruktiven Brief mit, der es seinen Vertretern gestattete, zu versuchen – allerdings nicht ultimativ –, Churchill davon zu überzeugen, daß eine Landung auf dem europäischen Kontinent im Jahre 1942 erforderlich war. Wenn der Premierminister allerdings auf seiner Auffassung bestehen sollte, war die Ersatzvariante ohne weiteren Aufschub zu beschließen. »Wenn ›Sledgehammer‹ endgültig und definitiv nicht in Frage kommt«, wies Roosevelt an, »so wollen Sie bitte die Weltsituation, wie sie gerade ist, ins Auge fassen und sich für eine andere Stelle entscheiden, an der die amerikanischen Truppen noch 1942 zum Kampf eingesetzt werden können.« Er nannte »Gymnast« nicht direkt, betonte jedoch die »außerordentliche Bedeutung dessen, daß amerikanische Landtruppen noch 1942 an Kampfhandlungen teilnehmen«.[111]

Die Empfehlung der Militärs, die Entschlüsse entsprechend der Lage an der Ostfront zu fassen, lehnte Roosevelt ab. »Meiner Ansicht nach nimmt sich die Weltlage zur Zeit folgendermaßen aus:

a) Wenn Rußland eine starke deutsche Truppenmacht bindet, wird Round-up 1943 möglich, und Pläne für Round-up sollten sofort aufgenommen und mit der Vorbereitung begonnen werden.

b) Wenn Rußland zusammenbricht und die deutschen Land- und Luftstreitkräfte freiwerden, dann ist es vielleicht unmöglich, Round-up 1943 durchzuführen.«[112]

Weder hier noch in anderen Dokumenten wird die Aufgabe gestellt, bis an die Grenzen des Möglichen zu gehen, um eine Niederlage der UdSSR im Kriege zu verhindern, wie es die amerikanische Regierung gerade erst in der am 11. Juni mit der UdSSR unterzeichneten Vereinbarung zugesichert hatte. In der Präambel dieser Vereinbarung hieß es, daß »die Verteidigung der Union der Sozialistischen Sowjetrepubliken gegen die Aggression für die Verteidigung der Vereinigten Staaten von Amerika lebenswichtig« sei. In der Instruktion für seine Abgesandten wog der Chef der Administration kühl die Folgen des Entweder-Oder ab, als ob sich an der Ostfront im übrigen nicht auch das persönliche Schicksal Roosevelts als Präsident, Politiker und »moralischer Führer« des Westens entschied.

Robert Sherwood führt eine vollständigere und genauere Fassung der Punkte 8 und 10 der Instruktion des Präsidenten für Marshall und Hopkins an als Maurice Matloff und Edwin Snell:

»8. Der Nahe Osten müßte so stark wie möglich gemacht werden, ob Rußland zusammenbricht oder nicht ...

Sie werden mit aller Umsicht die besten Mittel und Wege ausfindig machen, um den Nahen Osten zu halten. Zu diesen Mitteln gehören unweigerlich die beiden folgenden oder eins von beiden:

a) Entsendung von Luft- und Landtruppen nach dem Persischen Golf, Syrien und Ägypten.

b) Eine neue Operation in Marokko und Algerien mit dem Zweck, Rommels Armeen in den Rücken zu fallen.«

»10. Bitte denken Sie an drei Hauptgrundsätze: rasche Entscheidung über die Pläne, Einheitlichkeit der Pläne, Angriff, verbunden mit Verteidigung, aber nicht Verteidigung allein. Dies betrifft den unmittelbaren Zweck, die amerikanischen Landtruppen noch 1942 gegen die Deutschen einzusetzen.«[113]

Für eine Verständigung mit den Briten gab Roosevelt den Unterhändlern eine Woche. Und stets derselbe Refrain: Die amerikanischen Soldaten sollten im Jahre 1942 in den Kampf ziehen. Zum Teil war dies der Stimmung in der Öffentlichkeit der USA geschuldet, hauptsächlich aber ein Mittel, um die amerikanischen Stabschefs dazu zu bringen, endlich das zu tun, was der Chef der Administration von ihnen mit Ungeduld erwartete: die Invasion in Nordafrika vorzuschlagen.

Marshall, dem Stark, Eisenhower und Spaatz den Rücken stärkten, wollte zunächst hart bleiben. In den ersten drei Tagen der Beratung mit den Briten (20. bis 22. Juli) verteidigte er den Plan »Sledgehammer«. Am 22. Juli berichteten die amerikanischen Abgesandten nach einem Gespräch mit Churchill dem Präsidenten, die Verhandlungen seien in eine Sackgasse geraten. Daraufhin folgte aus Washington unverzüglich die Weisung, Einigung über eine der fünf folgenden Varianten zu erzielen (deren Bedeutung in fortlaufender Reihenfolge abnahm):

1. Eine gemeinsame anglo-amerikanische Operation in Französisch-Nordafrika (in Algerien, Marokko oder in beiden zugleich).

2. Eine rein amerikanische Operation in Französisch-Marokko (Plan »Gymnast«).

3. Eine gemeinsame anglo-amerikanische Operation in Nordnorwegen (Plan »Jupiter«).

4. Die Stärkung Ägyptens.

5. Die Stärkung Irans.[114]

In den Verhandlungen mit den britischen Stabschefs am 24. Juli sprachen sich Marshall und King dafür aus: a) die Vorbereitung von Operation »Round-up« fortzusetzen und den Kanal bis zum 1. Juli 1943 mit starken Kräften zu überqueren; b) die Vorbereitung von Operation »Sledgehammer« so fortzusetzen, daß die Vorbereitung der Truppen für Operation »Round-up« nicht erschwert und der Verzicht auf die früher geplante Landung im Jahre 1942 dabei berücksichtigt werde; c) im Jahre 1942 eine gemeinsame Operation an der Nord- und Nordwestküste Afrikas so durchzuführen, daß die Operation zur Überquerung des Kanals im Rahmen des Planes »Bolero« nicht ausgeschlossen wurde.

Marshall war der Meinung, »Gymnast« werde die erfolgreiche Durchführung des Planes »Round-up« im Jahre 1943 beeinträchtigen, weshalb er vorschlug, auf dem europäischen Kriegsschauplatz zur Defensive überzugehen. Eine endgültige Entscheidung über die Strategie in Europa sollte nach seiner Meinung bis zum 15. September aufgeschoben werden, wenn sich, wie erwartet wurde, die Lage an der Ostfront klärte. Falls sich andeuten sollte, daß der Widerstand der Russen endgültig eingestellt oder stark geschwächt und eine erfolgreiche Durchführung von »Round-up« damit unmöglich werde, sollte in kürzester Frist, spätestens am 1. Dezember, mit Operation »Gymnast« begonnen werden.[115]

So und nicht anders. *Bei Stalingrad kam der Krieg an einen Scheideweg nicht nur für Japan und die Türkei, die sich anschickten, die UdSSR anzugreifen, sondern auch für die Vereinigten Staaten.* Washington bereitete sich innerlich darauf vor, die Sowjetunion ihrem Schicksal zu überlassen sowie sich auf eine neue politische und militärische Kalkulation ohne die Ostfront einzustellen. Heute kann man mit Sicherheit sagen, daß fast keiner der wirklich bedeutenden Politiker in Übersee im August und September 1942 daran glaubte, die Sowjetunion sei in der Lage, sich zu einer weiteren Moskauer Schlacht aufzuraffen. Man debattierte in der Hauptsache darüber, wie bedeutend die Erfolge der Nazis sein könnten und ob Hitler in der Lage sein werde, einen Teil der Kräfte von der Ostfront in anderer Richtung in Marsch zu setzen.

Die Lage der britischen Unterhändler wurde dadurch erleichtert, daß Roosevelt sich auf ihre Seite schlug. *Am 23. Juli teilte der Präsident Churchill seinen Verzicht auf großangelegte Operationen auf dem europäischen Kontinent im Jahre 1942 mit und versprach, das Komitee der amerikanischen Stabschefs von der Notwendigkeit eines Einmarsches in Nordafrika zu überzeugen.*[116]

Marshall und Hopkins führten ihr letztes Rückzugsgefecht am 24. Juli. Sie versuchten »Round-up« wenigstens für 1943 zu retten und bestanden deshalb darauf, daß die Vorbereitungen fortgesetzt werden mußten.[117] Diese Position ist in dem gemeinsamen Bericht enthalten, den die Teilnehmer der Verhandlungen dem britischen Kabinett vorlegten. Dieser Bericht wurde kritisiert, weil darin ein klarer Hinweis fehlte, welcher Operation – »Torch« oder »Round-up« – der Vorzug zu geben war, und weil er indirekt andeutete, auf »Torch« könnte verzichtet werden, wenn die UdSSR trotz allem durchhielt.

Churchill zähmte die amerikanischen Militärs schließlich mit Roosevelts Hilfe. Auf seine Angabe hin befahl der Präsident seinen Stäben, mit den Planungsarbeiten für die Landung in Nordafrika zu beginnen und diese so zu gestalten, daß sie spätestens bis zum 30. Oktober 1942 erfolgen konnte. General McNarney teilte Marshall mit, der Oberkommandierende habe seinen Entschluß gefaßt, ohne die Überlegungen der Stabschefs zur Kenntnis zu nehmen und auch ohne die Meinung Stimsons, Leahys und Arnolds anzuhören. Mit der Direktive des Präsidenten SSG-94 wurde faktisch auch die Aufgabe zurückgenommen, die zweite Front im Jahre 1943 zu eröffnen.

Roosevelt kam allen Einwänden der Militärs zuvor und teilte ihnen am 30. Juli mit, als Oberkommandierender betrachte er Operation »Torch« als die gegenwärtig entscheidende. Deshalb habe die Mobilisierung von Kräften und Mitteln dafür vorrangig zu erfolgen. Der Präsident schlug vor, Churchill unverzüglich über seine Position zu informieren und ihn zur Mitwirkung aufzufordern. »Auf der Grundlage dieser Direktive ist die endgültige Entscheidung bis zum 15. September zu fällen.«[118]

Diesem Entschluß des Präsidenten war ein Austausch von Botschaften mit Churchill vorausgegangen, der einige zusätzliche Zeilen verdient. In einem Telegramm vom 27. Juli brachte der Premierminister seine Befriedigung darüber zum Ausdruck, daß man Marshall und King verpflichtet hatte, auf »Torch« Kurs zu nehmen. »Sehr viel hängt von strengster Geheimhaltung, von Schnelligkeit und einem genauen Terminkalender für die militärischen und politischen Aktionen ab«, schrieb der britische Führer. »Die Geheimhaltung kann einzig mittels *Täuschung* erreicht werden. *Zu diesem Zweck lasse ich weiterhin an ›Jupiter‹ arbeiten;* außerdem müssen wir ›Sledgehammer‹ mit größter Energie weiterverfolgen. Unter diese beiden Titel fallen alle Maßnahmen im Vereinigten Königreich. Beim Aufbruch Ihrer Truppen für ›Torch‹ wird jeder Mann außerhalb des kleinen Kreises der Eingeweihten glauben, daß sie nach Basra oder Suez bestimmt sind ...«

Danach folgt die übliche Phantasiegeschichte oder Desinformation, daß der Premierminister wünsche, »20, 30 oder sogar 40 Fliegerstaffeln an der Südflanke der Russen zu stationieren und diesen damit zu helfen, die Barriere vom Kaspischen Meer über den Kaukasus bis zur Türkei zu halten, die ihre Neutralität bekräftigt hat. Mir scheint auch notwendig zu sein, Stalin etwas Solides vorzuschlagen. *Was aber auch geschehen mag,* nichts darf Operation ›Torch‹ stören oder Auchinlek (den Befehlshaber der britischen Truppen, die der Gruppierung Rommels gegenüberstanden) schwächen, bevor er nicht den Sieg errungen hat.«[119]

Roosevelts Antwort vom selben Tag ist aus zwei Gründen bemerkenswert: Der Präsident erklärte, er sei »natürlich sehr zufrieden über die Ergebnisse«, die mit Beteiligung der »drei Musketiere« (Hopkins, Marshall und King) erreicht wurden. »Mir drängt sich die Empfindung auf«, bemerkte der Präsident, »daß die vergangene Woche der *Wendepunkt des ganzen Krieges* war und wir jetzt Schulter an Schulter unseren eigenen Weg gehen.« Der Chef der Administration betonte, daß es »äußerst wichtig« sei, Geheimhaltung zu wahren und rasch vorzugehen. Er äußerte die Hoffnung, daß »der Zeitpunkt vom Oktober vorverlegt werden kann«.[120] Seine Mitteilung an die Stabschefs vom 30. Juli war also lediglich ein Postskriptum zu dem drei Tage zuvor nach London abgesandten Einverständnis zu einem Kurs, den Churchill dem Chef der US-Administration seit 1941 aufdrängte. Dabei erfuhren Marshall und die anderen nicht sofort die ganze Wahrheit.

Die Worte des Präsidenten über den »Wendepunkt des Krieges« korrespondierten mit der Einschätzung der Direktive SSG-94 durch das Oberkommando der Landstreitkräfte der USA als *»grundlegende Veränderung der bisherigen Gesamtstrategie des Krieges«*.[121] Eisenhower nannte den Tag, an dem Roosevelt sich zu der Landung in Nordafrika entschloß, den »dunkelsten Tag der Geschichte«.

Wenn man von einem »Wendepunkt« sprechen konnte, dann natürlich nicht im Hinblick auf den gesamten Krieg, sondern auf den Krieg, den Großbritannien und die USA führten. Für die Westmächte war diese Umorientierung in der Tat tiefgreifend und von langanhaltender Wirkung. Sie trug dazu bei, daß der Weltkrieg noch blutiger und verheerender wurde, daß er noch länger dauerte. Diese Entscheidung, ein Hohn auf den gesunden Menschenverstand, brachte Washington ins Fahrwasser der britischen Politik, die sich an den kolonialen und imperialen Traditionen orientierte, in denen Begriffe wie Ehre und Treue, Sorgfalt in der Wahl der Mittel von untergeordneter Bedeutung waren.

Es wäre sicher übertrieben zu erklären, Großbritannien und die USA hätten Kurs auf die Mißachtung ihrer Bündnispflichten gegenüber der UdSSR genommen. Andererseits hieße es auch, die führenden Politiker in London und Washington übermäßig zu schonen, wollte man sagen, sie hätten sich allein aus Gleichgültigkeit von den Problemen und dem Unglück der anderen abgewandt. Von seiten der Westmächte blieben praktische Schritte aus, die Hitler hätten nötigen können, auch nur einen Bruchteil seiner Truppen von der Ostfront abzuziehen. Im Gegenteil, sie ließen sich von der Perspektive leiten, daß die Sowjetunion noch mehr Divisionen der Wehrmacht und der Luftwaffe band, damit »Torch« reibungslos vonstatten gehen konnte.[122]

Nach den Verhandlungen in London und insbesondere, nachdem Churchill und Roosevelt die erwähnten Botschaften ausgetauscht hatten, *»war eindeutig klar«*, konstatieren Butler und Gwyer, *»daß alle Seiten nach reiflicher Überlegung darin übereinstimmten: Die Durchführung von Operation ›Round-up‹ im Jahre 1943 war unmöglich geworden.«* Am 1. August 1942 telegraphierte Dill, daß »nach Auffassung der Amerikaner die Annahme von ›Torch‹ ›Round-up‹ im Jahre 1943 unmöglich gemacht« habe. Der Premierminister wies die britischen Vertreter an, gegen diesen »amerikanischen Standpunkt« Einspruch zu erheben. Er stellte Washington aufs neue als die Kraft hin, die die Errichtung der zweiten Front im Jahre 1943 untergrub, und tat so, als verstehe er nicht, als Eisenhower ihn sozusagen mit der Nase auf die Tatsachen stieß.[123]

Illoyalität gegenüber dem sowjetischen Partner wurde nun zur Norm. Dies laut auszusprechen, fiel schwer. Derartige Aufrichtigkeiten vertraute man nur von Zeit zu Zeit streng geheimen Papieren an. In einem Telegramm an Roosevelt vom 22. September schrieb Churchill: »Auf der Besprechung [mit den britischen Stabschefs] *habe ich den Eindruck gewonnen, daß Operation ›Round-up‹ nicht nur verschoben wird oder mit Operation ›Torch‹ in Konflikt gerät, sondern daß man sie für 1943 als eindeutig abgesetzt betrachten muß.* Das wird der zweite schwere Schlag für Stalin sein.« Mit dem ersten Schlag meinte er die beabsichtigte Information, daß die Geleitzüge über den nördlichen Seeweg bis zum Jahresende eingestellt werden sollten.

Die Karten auf den Tisch zu legen, »wäre sehr gefährlich«. »Deshalb«, bekannte der Premier in vertraulichem Ton, »will ich Stabsbesprechungen über Operation ›Jupiter‹ und alle notwendigen Reserven aufnehmen …« Zum Abschluß seines Telegramms erklärte Churchill: »Ich fasse zusammen: Meine ständige Sorge bleibt Rußland, und ich weiß nicht, wie wir dies mit unserem Gewissen und mit unserer Absicht vereinbaren können, daß wir bis 1943 keine PQ-Konvois mehr schicken werden, daß wir keine Angebote für ein gemeinsames Vorgehen bei Operation ›Jupiter‹ haben und nichts darauf hindeutet, daß es im Frühjahr, Sommer oder wenigstens im Herbst 1943 zu einer Offensive in Europa kommt.«

Der Premierminister bat Roosevelt um seinen Rat, in welcher Ver-

317

packung er Stalin diese unangenehmen Nachrichten darbieten sollte. Er ersuchte die USA, London bei diesem riskanten Spiel »nach Möglichkeit rasch und eindeutig zu unterstützen«.[124]

Es stand jedoch noch die peinliche Auseinandersetzung mit der sowjetischen Führung über die zweite Front im Jahre 1942 bevor. Man beschloß, die von Stalin (auf eine Andeutung des Premierministers hin) am 31. Juli übermittelte Einladung dafür zu nutzen. Stalin bat Churchill und Brooke, in die UdSSR zu kommen, »damit wir gemeinsam die dringendsten den Krieg gegen Hitler betreffenden Fragen beraten, denn England, die USA und die UdSSR sind jetzt von dieser Seite besonders stark bedroht«.[125] Diese Initiative und sein Vorgehen in Moskau hatte Churchill bis in die Einzelheiten mit Roosevelt abgesprochen.

In einem Telegramm vom 29. Juli 1942 teilte der Premierminister dem Präsidenten mit: »Ich habe nicht die Absicht, mich in Diskussionen einzulassen, aber Stalin wird zweifellos von uns einen Bericht über unsere kürzlichen Verhandlungen zum *Thema der zweiten Front* haben wollen. Abhängig davon, wie Sie es sehen, schlage ich vor, Stalin auf die Denkschrift zu verweisen, die unsere Position erläutert und die Molotow hier unmittelbar vor seiner Abreise nach Moskau ausgehändigt wurde. Ich hatte sie Ihnen gezeigt. Ich möchte Stalin erklären, daß sie nach wie vor *unsere gemeinsame Position* zum Ausdruck bringt und daß wir beide uns auf eine bestimmte Aktion geeinigt haben, obwohl man im gegenwärtigen Stadium noch nichts über Zeit und Ort sagen kann.«[126]

Hier versuchte Churchill erneut Roosevelt zum offenen Betrug an Moskau zu verleiten. Die »Täuschung«, von der der Premierminister am 27. Juli geschrieben hatte, wuchs sich zu einer Aktion aus, in der der UdSSR die Rolle des Opferlamms zugedacht war. Das Böse, einmal begonnen, drohte wie Unkraut zu wuchern und das kaum entstandene Vertrauen im Keime zu ersticken.

In seiner Antwort vom selben Tage riet der Präsident »zur Vorsicht«: »Man kann von niemandem, dessen Land eine Invasion erduldet hat, erwarten, daß er den Krieg vom Gesichtspunkt der ganzen Welt ansieht. Ich denke, wir sollten versuchen, uns an seine Stelle zu denken.« Die nachfolgenden Gedanken des Chefs der Administration zeugen allerdings nicht davon, daß ihm das mit Erfolg gelang. »Wir sollten Stalin ganz ausdrücklich sagen«, fuhr Roosevelt fort, »daß wir uns für 1942 zu einer positiven Aktion entschlossen haben. *Ohne ihn weiter darüber aufzuklären, welcher Art diese Operationen gerade sein werden, sollten wir ihm doch, wenn auch ohne nähere Angaben, sagen, daß sie stattfinden werden.*«[127] Dies sollte ohne Rücksicht auf die Entwicklung der Lage an der Ostfront geschehen, denn geplant war eine engstirnige Operation, die fernab von den aktuellen Aufgaben des Krieges gegen Deutschland konzipiert worden war.

Der Präsident behielt recht mit seiner Annahme, daß die strategischen Pläne der USA und Großbritanniens die sowjetische Führung nicht in Begeisterung versetzten. Auf Churchills Bitte und nicht ohne innere Schwankungen erteilte er Harriman die Vollmacht, sich der undankbaren und nicht gerade edlen Mission des Premierministers anzuschließen, die zu einem »kritischen Zeitpunkt« stattfand.[128] Roosevelt selbst hatte Litwinow bereits am 22. Juli mitgeteilt, die Landung in Frankreich scheitere an Churchill. Er deutete die Möglichkeit einer begrenzten Operation in Nordafrika an, »um Rommel aus dem Hinterland anzugreifen«. In einem weiteren Gespräch mit Litwinow am 30. Juli bat der Präsident, Stalin mitzuteilen, die zweite Front werde kommen. Einer Antwort auf die unbequeme Frage, in welchem Jahr, wich er jedoch erneut aus.[129]

Die Verhandlungen mit Churchill und Harriman begannen am 12. August, dem Tag ihres Eintreffens in Moskau. Ihr Verlauf kann nach den sowjetischen Protokollniederschriften, den Telegrammen des Premierministers und den Berichten des persönlichen Vertreters des US-Präsidenten an seinen Auftraggeber sowie nach Churchills Erinnerungen, die nach dem Kriege erschienen, rekonstruiert und analysiert werden.[130]

Das ganze Streben der Gesprächspartner Stalins lief darauf hinaus, das Laster für die Tugend auszugeben. Die düstere Atmosphäre beschrieb am besten Harriman, der es für angebracht hielt, Roosevelt davon zu informieren, daß die Sophismen des Premierministers über »Sledgehammer« und »Round-up« auf die sowjetische Seite keinen Eindruck machten. Stalin, so berichtete der amerikanische Vertreter, »schloß diesen Teil der Diskussion, indem er kurzerhand, aber mit Würde, feststellte, er könne zwar unseren Argumenten nicht beipflichten, aber er könne uns nicht zur Aktion zwingen«.

Die Spannung ließ etwas nach, als Churchill das Gespräch auf die »erbarmungslosen Bombenangriffe gegen Deutschland« brachte. Einige seiner Aussagen fanden bei Stalin positiven Widerhall. Damit schien dem Premierminister der Boden bereitet, um auf Operation »Torch« zu sprechen zu kommen.

Die Berichte Harrimans und Churchills über Ton und zum Teil auch Inhalt des Meinungsaustausches zum Thema »Torch« gehen spürbar auseinander. Der Premierminister stellte in seiner Information an den Präsidenten, die er am 13. August absandte, die Punkte der Übereinstimmung heraus und verwies auf eine, wie er es ausdrückte, innere Neigung des sowjetischen Führers, »Torch« als Ersatz für die Überquerung des Ärmelkanals zu akzeptieren. Harriman bewegten mehr Stalins Zweifel. Der Amerikaner versäumte es übrigens nicht, Churchills Argument wiederzugeben, »daß es ebensogut sei, das Krokodil am weichen Bauch (am Mittelmeer) zu treffen wie an der Schnauze (Nordfrankreich)«. Harriman war klar, daß der Premierminister hier die Möglichkeit sondierte, *eine zweite Front in Italien und auf dem Balkan zu eröffnen*. Da »Torch« nun nicht mehr zu umgehen war, sprach sich Stalin nach Harrimans Bericht dafür aus, den Beginn der Operation zu beschleunigen. Churchill versicherte, die Landung in Nordafrika werde »spätestens am 1. Oktober« erfolgen.

Wieviel sensibler Harriman die Atmosphäre erfaßte, zeigt die Wiedergabe des Gesprächs im Kreml am 13. August, wo Stalin sein Memorandum über die zweite Front überreichte. Churchill nahm dieses Dokument und das ganze Gespräch mit großer Nervosität auf:

a) Das Scheitern der zweiten Front wurde mit seiner Position in Zusammenhang gebracht.

b) Großbritannien wurde wiederholter Treuebruch vorgeworfen.

c) Mit der Absage an frühere Beschlüsse brachte Großbritannien die Pläne des sowjetischen Oberkommandos durcheinander und schuf der Roten Armee zusätzliche Schwierigkeiten.

d) Wegen der britischen Position blieben die äußerst günstigen Möglichkeiten für die Errichtung einer zweiten Front, die 1942 bestanden, ungenutzt, und es war unbestimmt, ob man sie im Jahre 1943 noch vorfinden werde.

Die Denkschrift war nicht dafür gedacht, Churchill umzustimmen. Die Führung der UdSSR hielt es für notwendig, ihre Einschätzung nicht nur für die Geschichte festzuhalten, sondern auch als Mahnung gegen Unaufrichtigkeit in den künftigen Bündnisbeziehungen.

Die angeführten Dokumente aus amerikanischen und britischen Quellen widerlegen gründlich alles Erdichtete, dessen sich Churchill im Kreml bediente. Zuweilen vergaß der Premierminister in seinem Hang zum Intrigieren jedes Maß und jede Vorsicht. Was sollte zum Beispiel die Lüge, daß »Torch« am 1. Oktober beginnen werde? In keinem Dokument von Juli bis September kommt dieser 1. Oktober vor. Churchill korrigierte sich jedoch weder damals noch später. In einem Telegramm an den Premierminister vom 30. August 1942 nannte Roosevelt den 30. Oktober und äußerte die Hoffnung, daß man den Beginn der Operation beispielsweise auf den 14. Oktober vorziehen könnte. Auf einer Beratung am 22. September in London, an der Churchill teilnahm, verschob man die Landung auf den 8. November, obwohl der Präsident auf dem 3. November, dem Wahltag in den USA, bestanden hatte.

Am 22. September schrieb der Premierminister an den Präsidenten, man müsse Operation »Round-up« *»für 1943 als eindeutig abgesetzt«* betrachten, was ein weiterer »harter Schlag für Stalin« sein werde. Am 14. August dagegen hatte er in Moskau noch *vom Jahr 1943 als einer Zeit »wirklicher Aktionen« gegen Deutschland* gesprochen und geschrieben. Churchill konnte selbst nicht im unklaren darüber sein, wozu es führte, wenn man Wortbruch auf Wortbruch häufte. Oder war er überzeugt, daß die Sowjetunion im Jahre 1943 nicht mehr in der Lage sein werde, ihre Stimme zu erheben?

Am 14. August übergab der Premierminister Stalin ein Gegenmemorandum, in dem er »Sledgehammer« und die »Diskussion über eine englisch-amerikanische Invasion Frankreichs« *als Mittel darstellte, um den Feind irrezuführen* und ihn zu veranlassen, starke Kräfte an der französischen Kanalküste in Bereitschaft zu halten. Er drohte, »der Nation all die vernichtenden Argumente« gegen »Sledgehammer« vorzutragen. Churchill ging aufs Ganze, als er behauptete, durch eine solche »öffentliche Kontroverse ... sähen sich die russischen Armeen in ihren Hoffnungen getäuscht, sie wären entmutigt, der Gegner hingegen würde sich frei fühlen, weitere Kräfte aus dem Westen abzuziehen. *Das klügste Vorgehen ist, ›Sledgehammer‹ als Tarnung für ›Torch‹ zu benutzen, ›Torch‹ aber bei der Auslösung als zweite Front zu proklamieren«,* erklärte der Premierminister. »Das liegt jedenfalls in unserer Absicht.«

Und überhaupt, behauptete Churchill in diesem Papier, hätten Großbritannien und die USA keinerlei Versprechen hinsichtlich der zweiten Front gegeben. Bei den Vorbehalten, die in den Verhandlungen mit

Molotow zu dieser Frage geäußert wurden, hatte das sowjetische Oberkommando keinen Grund, seine Pläne umzustellen.[131]

Mit derart dreisten Worten versuchte Churchill ihm unangenehme Wahrheiten zu überspielen. In einem Telegramm an Roosevelt vom 16. August bekannte er: »Alles in allem hat mir mein Moskauer Besuch entschieden neuen Mut eingeflößt. Die von mir überbrachte enttäuschende Mitteilung hätte meines Erachtens auf keine andere Weise als von mir persönlich übermittelt werden dürfen, ohne zu einer bösen Entfremdung zu führen. Es war einfach meine Pflicht, mich dieser Reise zu unterziehen. Jetzt wissen die Russen das Schlimmste; und nachdem sie ihren Protest vorgebracht haben, verhalten sie sich trotz der Sorgen und Qualen, die sie durchmachen, freundschaftlich.« Dennoch hinterließ die Mitteilung, die Westmächte wollten 1942 keine zweite Front eröffnen, einen bitteren Nachgeschmack, wovon folgende Passage aus diesem Telegramm spricht: »Jede tröstende oder ermutigende Botschaft, die Sie Stalin senden könnten, wäre von Nutzen.«[132]

Franklin D. Roosevelt sandte am 19. August eine Botschaft mit Worten der Anerkennung und des Respekts nach Moskau. »Die Tatsache, daß die Sowjetunion im Jahre 1942 die Hauptlast der Kämpfe und der Verluste trägt«, schrieb der Präsident, »wird von den Vereinigten Staaten wohl erkannt, und ich darf feststellen, daß wir die hervorragende Widerstandskraft, die Ihr Land entfaltet hat, außerordentlich bewundern. Wir werden Ihnen so schnell und so wirksam zu Hilfe kommen, wie es nur möglich ist, und ich hoffe, Sie glauben mir, wenn ich das sage.« Um überzeugender zu wirken, fügte der Chef des Weißen Hauses den unerfüllbaren Versprechungen Churchills von sich aus hinzu, man werde bereits im laufenden Monat (August) die Hilfe an die Sowjetunion aufstocken.[133]

Man braucht aber dieses Versprechen des Präsidenten nur mit der Direktive des Vereinigten Komitees der Stabschefs Nr. 100/1 vom 14. August 1942 zu vergleichen. Dort wurde »Torch« gegenüber allen anderen Operationen im Atlantik der Vorrang gegeben. Der Plan »Bolero« rutschte auf den vierten Platz. Lieferungen an die UdSSR waren nur über Basra vorgesehen. »Wenn es notwendig werden sollte, Kriegsmaterial über den nördlichen Seeweg nach Rußland zu bringen«, hieß es in dem Dokument, »dann wird empfohlen, dies *als letztes* zu tun.«[134]

Am 30. August betonte Roosevelt in einer Botschaft an Churchill sein besonderes Interesse daran, daß für Operation »Torch« in großzügiger

Weise alle notwendigen Mittel bereitgestellt werden, um gleichzeitig an drei Punkten landen zu können. »Zu diesem Zweck sollten wir meines Erachtens unsere Mittel nochmals überprüfen und das Letzte hergeben, um diese dritte Landung zu ermöglichen. *Wir könnten im gegebenen Zeitpunkt die Geleitzüge nach Rußland vorübergehend unterbrechen* und auch die übrige Handelsschiffahrt stillegen ... Natürlich müssen die Eisenhower bereits zugewiesenen Schiffe für seine beiden Landungen belassen werden. Infolgedessen hätte die östliche Landung mit Schiffen zu erfolgen, die bis jetzt nicht für ›Torch‹ vorgesehen sind.«[135]

Der britische Premierminister schlug Roosevelt vor, den Konvoi PQ-19 abzusetzen, für den bereits 40 Schiffe beladen waren. Nach seinen Worten wäre die Alternative »eine Verschiebung des Beginns von Operation ›Torch‹ um drei Wochen«. *Er sprach sich dafür aus, Stalin zu informieren, daß es bis Januar 1943 keine Geleitzüge über den nördlichen Seeweg mehr geben werde.* Er hob besonders hervor, daß in diesem »schwierigen Augenblick der britisch-amerikanisch-sowjetischen Beziehungen« die Einmütigkeit Großbritanniens und der USA besonders notwendig sei. *»Wir haben das feierliche Versprechen gegeben, Rußland zu versorgen«*, bemerkte Churchill, *»und es kann äußerst ernste Folgen haben, wenn wir dieses Versprechen nicht erfüllen.«*[136]

Der Präsident *wandte sich »ganz entschieden«* dagegen, Stalin zu *informieren, daß »kein Konvoi abgesandt werden wird ...«* Über die Motive für diese zweifelhafte Position schweigen sich die Herausgeber der *Geheimen Korrespondenz* aus. Statt dessen fügten sie dem zitierten Satz folgende törichte Schlußfloskel an: »... Unsere beiden Botschaften müssen so formuliert werden, daß sie auf ihn [Stalin] einen angenehmen Eindruck machen.«[137]

Um sich aus der Affäre zu ziehen, ließen sich die amerikanischen und britischen Schlauköpfe »einfallen«, nicht Geleitzüge nach Murmansk und Archangelsk zu entsenden, sondern »Schiffe, die die Fahrt völlig auf sich allein gestellt« unternehmen sollten. Diese Entscheidung teilte Churchill Stalin am 9. Oktober 1942 mit. Am selben Tag sandte auch Roosevelt ein Telegramm nach Moskau. Stalin antwortete dem Premierminister: »Habe Ihre Botschaft vom 9. Oktober erhalten. Ich danke Ihnen.« Eine gleichlautende Antwort erhielt auch der Präsident.[138]

Nicht anders erging es Operation »Jupiter«. Aus dem Telegramm Churchills an Roosevelt vom 22. September 1942 und den Bemerkungen des Premierministers zu dem Bericht des kanadischen Oberkommandierenden, General McNaughton, vom 16. September geht hervor, daß »Jupiter« für London ein Mittel zur »Aufrechterhaltung der Fühlung mit Rußland« war. An »Jupiter« reizte ihn die Chance, »Round-up« bis 1944 einzufrieren.[139] Nach einem Gespräch mit Churchill am 9. November 1942 meldete der amerikanische Botschafter in London, Winant, die Briten hätten das Interesse an der Überquerung des Ärmelkanals verloren. *Eine Landung in Nordfrankreich werde nur dann als lohnend betrachtet, wenn sie der letzte Todesstoß gegen den Feind ist, der unter Schlägen fällt, die anderenorts geführt werden.*

Als Churchill in seinen Gesprächen im Kreml erwog, man könnte Kräfte der britischen und amerikanischen Air Force an der Südflanke der russischen Armeen zum Schutze des Kaspischen Meeres und des Kaukasus stationieren und sich überhaupt an den Kämpfen auf diesem Kriegsschauplatz beteiligen, äußerte er zugleich zahlreiche Vorbehalte (»Zuerst müssen wir die Schlacht in Ägypten gewinnen«, »die Pläne des Präsidenten hinsichtlich des amerikanischen Beitrages« erkunden und so weiter). All das hatte für die sowjetische Seite keinerlei reale Bedeutung. Churchill bezweckte nach eigener Aussage mit diesem unseriösen Verhalten einen »moralischen Effekt der Kameradschaft«.

Nach Einschätzungen von Experten des Stabes der Army auf Anfrage des Weißen Hauses konnten die Luftstreitkräfte der Alliierten im Kaukasus nicht vor dem 20. Januar 1943 zum Einsatz kommen. Wegen der Witterungsbedingungen in dieser Region war dieser nur bis April möglich. Die Experten machten eine positive Haltung der USA zu Churchills Idee von einer Reduzierung der Lieferungen an die UdSSR nach dem Lend-Lease-Gesetz über den Persischen Golf abhängig und stellten zudem als generelle Bedingung, »falls der Bedarf anderer Fronten an Kräften der amerikanischen Air Force nicht dringlicher« sei.[140]

Roosevelt teilte weder die Skepsis seiner Militärs noch die Einwände Churchills und war bestrebt, die Entsendung von Flugzeugen der USA und Großbritanniens nach dem Kaukasus in praktische Bahnen zu lenken. Er brauchte eine Geste der Solidarität, die eine Verschlechterung des Verhältnisses zur UdSSR verhinderte. Entgegen den Empfehlungen der Militärs neigte der Präsident dazu, den sowjetischen Standpunkt zu akzeptieren und amerikanische Mannschaften in sowjetische Einheiten einzugliedern. Am 16. Dezember telegrafierte er Stalin, für die USA wäre das Prinzip des »russischen Oberbefehls« akzeptabel.[141]

Stalin dankte Roosevelt am 18. Dezember für die »Bereitschaft, uns zu helfen«, jedoch wegen der veränderten Lage an der Front, fuhr der sowjetische Führer fort, entfalle die Notwendigkeit, anglo-amerikanische Staffeln samt Flugpersonal »nach dem Kaukasus zu entsenden«.[142]

Der »Kaukasus« wurde nicht ohne Absicht erwähnt, denn wie sich aus dem Meinungsaustausch ergab, zeigten die Briten und die Amerikaner keinen übermäßigen Eifer, an die vorderste Front zu kommen. Außerdem gab es Gründe anzunehmen, daß das Interesse an einer wirklichen militärischen Zusammenarbeit auf diesem Gebiet nicht besonders ausgeprägt war. Ähnliche Projekte waren bereits mehrfach zur Sprache gekommen. Die sowjetische Seite hatte jedesmal konkrete Flugplätze für einmalige oder regelmäßige Operationen von Flugzeugen der Alliierten benannt, aber wenn dann die Stunde schlug, hatte sich auf westlicher Seite der Wunsch nach Zusammenarbeit bereits verflüchtigt.[143]

Zur Prophylaxe entsandte der Chef der Administration Ende September Wendell Willkie nach Moskau. Dort wurde dem persönlichen Vertreter des Präsidenten ohne Umschweife gesagt: »Das Programm der Versprechungen oder Verpflichtungen zur Lieferung von Waffen, die Amerika übernommen hat, wird nicht erfüllt. Der Erfüllungsstand der Transporte auf der Südroute über den Persischen Golf beträgt in den letzten beiden Monaten 40 bis 50 Prozent, über die Nordroute 15 bis 20 Prozent (Verluste durch versenkte Schiffe eingeschlossen) ... Großbritannien zweigt einige Lieferungen der USA ab, die für die UdSSR vorgesehen sind.«

Stalin betonte, den Alliierten stünden Wege offen, Deutschland zu zerschlagen, sie müßten aber gegangen werden. Auf eine entsprechende Mitteilung Willkies antwortete der sowjetische Führer, er setze wenig Hoffnung in eine Niederlage Deutschlands infolge einer inneren Eruption. Diese sei nur als Folge einer schweren militärischen Niederlage, das heißt eines Schlages von außen, denkbar.[144]

Churchill und Roosevelt fühlten sich von der Reaktion der Sowjetunion auf ihr offensichtliches Doppelspiel getroffen. Als sich die sowjetische Seite zum Thema der zweiten Front an die amerikanische und britische Öffentlichkeit wandte, verloren die Offiziellen in Washington und London eine Zeitlang die Selbstbeherrschung.

Dabei waren die Amerikaner selbst, insbesondere die Militärs, zuweilen verzweifelt und wütend über die skrupellosen Versuche Londons, andere für dumm zu halten. So warnte Henry Stimson den Präsidenten vor der »äußerst zügellosen und verwirrenden Art von Skandalen«, zu denen Churchill in der Lage war.[145]

Stabsoffiziere der Army, außer sich vor Empörung, empfahlen Marshall, den Nahen Osten aufzugeben, um die Briten zu zwingen, ihre Truppen auf den Britischen Inseln zu konzentrieren und endlich mit wirksamen Angriffsoperationen gegen die Zitadelle des Gegners auf dem europäischen Kontinent zu beginnen.[146]

Das Kriegsministerium der USA erließ im November 1942 eine Direktive, die Lend-Lease-Lieferungen nach Großbritannien einschränkte. Alle Bauvorhaben, die über das hinausgingen, was für eine Truppenstärke von 427 000 Mann notwendig war, sollten nach dieser Direktive mit britischen Kräften und Mitteln realisiert werden. Der Grund war die Reduzierung der Truppenkonzentrationen im Vereinigten Königreich, die ursprünglich nach dem Plan »Bolero« vorgesehen waren.[147]

Churchill wurde nervös. »Und nicht so sehr wegen Lend-Lease«, schrieb er am 24. November an den Präsidenten, »sondern aus Überlegungen strategischer Art.« Churchill tat immer noch so, als seien die Vorbereitungen für »Round-up« in Großbritannien »entsprechend dem Plan für Operation ›Bolero‹ in breiter Front im Gange«. Nach seinen Worten *»war niemals vorgesehen, daß wir die zweite Front 1943 oder 1944 nicht eröffnen sollen«.* Churchill versicherte, er sei »von Marshalls Argumenten sehr beeindruckt«, der die Operation »Round-up« als einzige Möglichkeit sah, »die Hauptkräfte nach Frankreich und in die Niederlande zu werfen« sowie »die Hauptkräfte des britischen Mutterlandes in der Luft und die im Ausland operierende Air Force der Vereinigten Staaten« zum Einsatz zu bringen.

Ganz am Schluß folgte ein Hinweis darauf, was London an den »Überlegungen strategischen Charakters« besorgt stimmte. »Selbst 1943«, bemerkte der Premierminister, »können wir noch eine Chance haben. Wenn Stalins Armeen mit ihrer Offensive bis nach Rostow am Don vorstoßen, was er beabsichtigt, dann wird die deutsche Heeresgruppe Süd möglicherweise ganz erstklassig zerschlagen. *Unsere Aktionen im Mittelmeer, die auf Operation ›Torch‹ folgen,* könnten dazu führen, daß Italien aus dem Krieg ausscheidet. Unter den Deutschen könnte sich Demoralisierung ausbreiten, *wir aber müssen bereit sein, jede sich bietende Möglichkeit zu nutzen.«*[148]

Unter dem Eindruck dessen, was sich um Stalingrad abspielte, be-

326

schlich Churchill die Besorgnis, er könnte den Sieg in Europa verpassen. Den heraufziehenden Umschwung hatte er jedoch später bemerkt als Roosevelt. Der Präsident hatte ihm bereits am 27. Oktober geschrieben: »Ich habe das bestimmte Gefühl, daß die Russen diesen Winter durchhalten werden. Wir müssen Stalin beweisen können, daß wir unsere Verpflichtungen hundertprozentig erfüllt haben, *und deshalb müssen wir unsere Maßnahmen vorantreiben*, sie zu versorgen und eine eigene Fliegertruppe an ihrer Front einzusetzen.«[149] Das hieß, wie die Russen sagen, es war der Mühe wert, den Gaul zu füttern, und deshalb sinnvoll, die Vereinbarungen zu erfüllen.

In seiner Antwort auf das Telegramm vom 24. November beruhigte Roosevelt den Premierminister: »Selbstverständlich haben wir nicht die Absicht, die Pläne für ›Round-up‹ fallenzulassen ... Zur Zeit gehen meine Gedanken dahin«, schrieb der Präsident, *»daß wir unsere verfügbare Truppenmacht so rasch wie möglich im Vereinigten Königreich zusammenziehen, damit sie im Fall eines deutschen Zusammenbruchs sofort verfügbar ist.* Wir sollten aber eine sehr starke Truppenmacht für eine spätere Verwendung konzentrieren, falls Deutschland intakt bleibt und eine defensive Stellung bezieht.«

Der Chef der Administration wies Churchills Versuche zurück, den USA die Urheberschaft für »Torch« und die Verantwortung für die jämmerliche Ausführung des Planes zuzuschieben: Die Initiative für diese Operation in Nordafrika, die von Anfang an nicht so lief, wie vorgesehen,[150] lag bei Großbritannien. Der Präsident erklärte mit ziemlichem Nachdruck, solange die Kampfhandlungen in Nordafrika nicht vollendet seien, ließen sich die USA auf keine anderen großen Operationen ein. Ohne auf den von Churchill geäußerten Gedanken einzugehen, Operation »Torch« könnte in einem Italienfeldzug ihre Fortsetzung finden, regte er an, »eine militärstrategische Konferenz zwischen Rußland, Großbritannien und den Vereinigten Staaten anzuberaumen, sobald wir die Deutschen aus Tunesien hinausgeworfen und uns vor der Gefahr einer Bedrohung von Spanien aus gesichert haben«.[151]

Am 2. Dezember präzisierte der Präsident, daß er eine Begegnung mit Stalin im Sinne habe. Das Ziel sollte eine »Übereinkunft über eine vorläufige Prozedur für den Fall des Zusammenbruchs Deutschlands« sein. Er äußerte den Wunsch, diese Beratung »etwa am 15. Januar oder bald darauf« durchzuführen. Es sollte keine Vorverhandlungen zwischen Großbritannien und den USA geben, um »bei Stalin nicht den

Eindruck zu erwecken, daß wir alles vor der Begegnung mit ihm unter uns entscheiden«. Roosevelt setzte Churchill davon in Kenntnis, er habe bereits eine Botschaft nach Moskau gesandt, um »ihn [Stalin] davon zu überzeugen, sich mit Ihnen und mir zu treffen«.[152]

Der Führer der Sowjetunion akzeptierte den Gedanken nicht, den Roosevelt seit April 1942 nun schon zum zweiten Male anregte. Der Präsident war fast überzeugt, er und Stalin könnten einander besser verstehen, wenn der britische Premier nicht anwesend war. Auch der etwas später geäußerte Vorschlag, um den 1. März ein Treffen in Nordafrika zu arrangieren, fand keine Zustimmung. Stalin befürchtete anscheinend eine Falle, was die zweite Front anging.[153] Es wird auch vermutet, daß er im Dialog mit Roosevelt nicht als Bittsteller erscheinen wollte[154] und, den Triumph an der Wolga herunterspielend, abwartete, bis er die Initiative im Krieg mit Deutschland endgültig in die Hand bekam.

Es gibt auch eine ganz banale Begründung – Stalin hatte Angst vor dem Fliegen, aber auf dem Landwege waren die genannten Orte allesamt nicht zu erreichen. Unter Umständen hat ihn etwas ganz Persönliches und weniger Politisches davon abgehalten, ja zu sagen, da dies doch eine Möglichkeit gewesen wäre, die Uhren zu vergleichen, dem Bündnis eine neue Qualität zu verleihen und Meilensteine für die Zusammenarbeit nach dem Kriege zu setzen. Welcher Art die Motive auch immer waren, die Chance, den USA näherzukommen und in das Jahr 1943 mit einer strategischen Übereinkunft zu gehen, die die militärische Zerschlagung Nazideutschlands schon deswegen beschleunigt hätte, weil sie Churchills Manövrierfeld einschränkte, wurde von der sowjetischen Seite vergeben.

Die anglo-amerikanischen Beziehungen waren Ende 1942 nicht gerade in glänzendem Zustand. Operation »Torch« hatte beide Mächte einander nicht nähergebracht. Die unterschiedlichen Auffassungen von der Gesamtstrategie des Krieges und seinen Endzielen traten deutlich zutage. Es ist durchaus möglich, daß Stalins Verrenkungen in der weiteren Entwicklung unauslöschliche Spuren hinterließen, die leider nur allzu oft stärker von den menschlichen Schwächen in den oberen Etagen der Macht der Großen Drei beeinflußt war als von den wachsenden Kräften an der Basis. Ende 1942/Anfang 1943 war Roosevelt in guter körperlicher Verfassung. Wären er und Stalin damals zu Übereinkünften von Teheraner Dimensionen gekommen, hätte der amerikanische Präsident ein Jahr mehr zur Verfügung gehabt, um deren Realisierung persönlich zu betreuen.

Da der Führer der Sowjetunion eine Begegnung außerhalb der UdSSR ablehnte, zugleich aber auch selbst keinen Ort in Rußland nannte, war nun grünes Licht für eine bilaterale anglo-amerikanische Beratung »bei Algier oder Casablanca« gegeben. Es war durchaus bequem, in ausgefahrenen Gleisen zu bleiben. Es entfiel von selbst das substantielle und sicher nicht unproblematische Gespräch über die zweite Front.

»Werden die Russen die Front halten können? – das ist die Hauptfrage. Von ihrer Lösung hängen unsere Pläne für den Rest des Jahres 1942 ab«, hatten die Briten auf der ersten gemeinsamen Sitzung der Stäbe in Washington im Juni 1942 erklärt.[155] Ohne Gipfeltreffen hatte die UdSSR die notwendige Klarheit in die strategische Ausgangslage des Jahres 1943 gebracht. Dies zog jedoch neue schwierige Fragen nach sich.

Fassen wir zusammen. Bestanden objektive Voraussetzungen für die Errichtung der zweiten Front im Jahre 1942? Operation »Torch« verschlang das Mehrfache an Transport- und Landemitteln, das für die Überquerung des Ärmelkanals notwendig gewesen wäre. Wenn man die bis Mitte 1942 auf den Britischen Inseln geschaffene Infrastruktur in Betracht zieht, dann wäre die Landung in Frankreich wesentlich besser aus der Luft abgesichert gewesen. Churchills Argument, der Kanal hätte sich wegen der zu erwartenden starken Gegenwehr der Deutschen und fehlender Reserven der Alliierten für das Erreichen der entscheidenden Übermacht in einen Strom von Blut verwandelt, mit dem er vor allem Roosevelt in Verwirrung gebracht hatte, hielt keiner sachlichen Kritik stand.

Nach den Monatsberichten des OKW waren im Januar 1942 in Frankreich, Belgien und den Niederlanden insgesamt 33 deutsche Divisionen stationiert, darunter zwei Panzerdivisionen. Im Juni standen dort 24 Infanteriedivisionen. *Mit Ausnahme einer Feldfliegerdivision galt nicht eine einzige von ihnen als komplett kampffähig.* Hitler gab am 9. Juli 1942 den Befehl, die Verteidigung zu verstärken: »Unsere Erfolge können die Briten vor die Wahl stellen, entweder eine große Landeoperation mit dem Ziel der Eröffnung einer zweiten Front durchzuführen oder die vollständige Zerschlagung Rußlands zuzulassen. Deshalb ist es durchaus wahrscheinlich, daß der Gegner bald Landetruppen in Räumen absetzt, die im Bereich des Oberkommandierenden der Heeresgruppe West liegen.« Für am stärksten bedroht hielt man die Kanalküste zwischen Dieppe und Le Havre, die Normandie, die Bretagne und Südholland.

Nach dem Angriff der Alliierten auf Saint-Nazaire zu Beginn des Sommers 1942 warfen die Deutschen die »einzige Eliteeinheit der Wehrmacht«, das motorisierte Regiment »Hermann Göring«, nach dem Westen. Im Juli kamen eine motorisierte Division der Waffen-SS und eine motorisierte Brigade hinzu. Kurz gesagt, die gesamte kampfbereite und kampffähige nazistische Streitmacht in Frankreich, Belgien und Holland bestand aus zwei Divisionen, einer Brigade und einem Panzerregiment. Luftwaffeneinheiten wurden für die Verteidigung der Atlantikküste von der Ostfront überhaupt nicht abgezogen.

Wie sah man in Berlin die Bedeutung der zweiten Front? In Hitlers Direktive vom 23. März 1942 wird darauf hingewiesen, daß selbst Landeoperationen mit begrenzten Zielen an der Westküste die deutschen Pläne empfindlich gestört hätten, da sie bedeutende Kräfte der Bodentruppen und der Luftwaffe binden konnten, die nicht für die entscheidende Front einsetzbar gewesen wären. In einem Bericht der deutschen Militäraufklärung vom 5. Mai 1942 heißt es, die Westmächte verfügten über genügend Kräfte, um in Norwegen, Frankreich oder an anderen Orten zu landen. Zugleich äußerte man Zweifel darüber, daß sie angesichts der Verlegung von Truppen der USA und Großbritanniens nach Osten genügend Schiffsraum konzentrieren könnten.[156] Mit dem Hinausziehen der Eröffnung der zweiten Front verband die deutsche Militärführung nach Kurt von Tippelskirch die Hoffnung, doch noch »rechtzeitig eine Entscheidung im Kriege gegen die Sowjetunion zu erzielen, bevor die Kräfte der USA (in Europa) entscheidend in die Waagschale geworfen wurden«.[157]

Mit der Entwicklung der Lage sah sich die Washingtoner Regierung vor die Notwendigkeit gestellt, nicht nur zum Schein, sondern in der Tat aktiv zu werden und ihre Erklärungen in konkrete Schritte umzusetzen. Aus einer Reihe mehr oder weniger sichtbarer, äußerer und innerer Gründe stellten sich die Vereinigten Staaten nur mit Mühe auf die Verpflichtungen eines kriegführenden Staates ein. Im Jahre 1943 demonstrierten sie vor allem ihre Ambitionen mit Erfolg.

Den Anspruch auf die führende Rolle in jeder Koalition hatten die USA bereits auf der Augustkonferenz Roosevelts und Churchills im Jahre 1941 erhoben, als sie noch als neutraler Staat galten. Die »führende Rolle« wurde nicht als unmittelbare und maßgebliche Beteiligung an der Zerschlagung der Aggressoren gedeutet. Man meinte, selbst bei einem symbolischen Beitrag könnten die USA das entscheidende Wort beanspruchen, wenn eine Bilanz des Sieges gezogen und die Nachkriegsordnung festgelegt wurde.

Ob nun Zufall oder nicht, jedenfalls zog der Eintritt der USA in den Krieg gegen Deutschland und Italien keine Säuberung des Staatsapparates und der Streitkräfte von profaschistischen und durch enge Verbindungen zu den Nazis und deren Komplizen kompromittierten Politikern nach sich. Roosevelt tolerierte auch weiterhin Menschen in der Administration, die dem FBI und anderen zuständigen Organen wegen ihrer Kontakte zum Feind bekannt waren, ja, er schritt nicht einmal ein, als sie auf neue Posten befördert wurden, die für die Umstellung des Landes auf den Kriegszustand von Bedeutung waren.

Die Veröffentlichungen G. Martins, Charles Highams[158] und anderer geben eine generelle Vorstellung von der Einstellung mancher Banken und Konzerne, dieser Schattenherrscher der USA. Roosevelts Inkonsequenz, seine halbherzigen Entscheidungen, die Tatsache, daß er delikate Angelegenheiten an seine Minister, Berater und Stabschefs delegierte – all das war von seinem Streben abgeleitet, keine Überhitzung des Dampfkessels im Lande zuzulassen, einen Konsens mit den Hauptgruppierungen zu finden, die die reale Macht im Lande verkörperten.

Dem Präsidenten kam es gar nicht in den Sinn, das Big Business in irgendeiner Weise einzuschränken. Seine Reibungen mit dem Großkapital rührten daher, daß Roosevelt für eine relative Stabilität des US-Systems und dessen äußere Sicherheit die Behandlung der schlimmsten sozialen Wunden der amerikanischen Gesellschaft für erforderlich hielt. Die repressive Natur des Nazismus stieß bei dem liberalen Präsidenten auf Ablehnung. Aus diesem einen Grund allein hätte sich Roosevelt jedoch nicht zum Kampf gegen Deutschland entschlossen. Bedrohlicher war für den Präsidenten die Aussicht, daß das »Dritte Reich« seine Herrschaft über die gesamte östliche Hemisphäre errichtete und damit den USA sowohl wichtige Märkte als auch den Zugang zu Rohstoffquellen verwehrte. Die Vereinigten Staaten konnten auf diese Weise ihre privilegierte Stellung verlieren und gegenüber dem Militärpotential »Großdeutschlands« sogar ins Hintertreffen geraten.

Als Roosevelt klar wurde, daß das Nazireich und die USA auch an verschiedenen Küsten eines Ozeans nicht miteinander koexistieren konnten, richtete er seine Anstrengungen darauf, eine Zehnmillionenarmee zu schaffen, die sich im Entscheidungskampf gegen die Deutschen, falls Großbritannien und die UdSSR geschlagen wurden, auf die mächtige Rüstungsindustrie der USA stützen konnte. Hätten die USA Deutschland nach 1943 allein besiegen können? Das ist eine Frage für sich. Amerikanische Experten haben errechnet, daß ein Erfolg des »Rußlandfeldzuges« den Nazis Ressourcen für die Aufstellung von etwa 400 Divisionen gebracht hätte – und das zu einem Zeitpunkt, da die Vereinigten Staaten gerade ihre 200 in Stellung bringen würden.[159]

Der Präsident wies die Stäbe an, bei ihren Planungsarbeiten vom Vertrauen in ihren glücklichen Stern und der Hoffnung auszugehen, daß Großbritannien und das Britische Empire als aktive Gegner Deutschlands erhalten blieben. Nach dem Überfall Nazideutschlands auf die UdSSR fügte er noch eine Voraussetzung hinzu: Die Rote Armee mußte die Wehrmacht für einen bestimmten Zeitraum binden, damit die USA ihre militärischen Vorbereitungen organisierter und zielstrebiger realisieren konnten.

Das Kriegsministerium begann im September 1941 Berechnungen darüber anzustellen, was die Armee für ein »Programm des Sieges« entsprechend den zu erwartenden »strategischen Operationen« und den dafür erforderlichen »militärischen Haupteinheiten« benötigte. Im November 1942 orientierten sich die Planungsorgane des Komitees der Stabschefs darauf, die Stärke der Armee auf 10 572 000 Mann und die Zahl der Divisionen auf 334 aufzustocken. Man kalkulierte, daß, die Erfordernisse der Flotte, der Marineinfanterie und des Küstenschutzes eingeschlossen, insgesamt 13 Millionen Mann mobilisiert werden mußten. Dabei ging man davon aus, daß die UdSSR die Anstrengungen des Kampfes gegen Deutschland (und nicht ausgeschlossen auch gegen Japan) auf die Dauer nicht aushalten werde und daß folglich die Westmächte um große Landkriegsoperationen nicht herumkamen.

Wenn man tiefer in die Materie eindringt, stellt man fest, daß Roosevelt im September 1942 ein neues, niedrigeres Limit für die Stärke von Army und Air Force festsetzte – insgesamt 8 208 000 Mann. Die Programme der Rüstungsindustrie wurden korrigiert, das Tempo verlangsamt und der absolute Umfang der Produktion, insbesondere von Waffen für die Landstreitkräfte, verringert. Mit einer gewissen Verzögerung – im Januar 1943 – revidierte die operative Abteilung des Kriegsministeriums die Struktur der Armee und die Prinzipien für den

Einsatz der Personalreserven. Die Landstreitkräfte beliefen sich nun auf 100 Divisionen. Zwei Drittel davon waren für den europäischen Kriegsschauplatz, der Rest für den Pazifik oder als Reserve vorgesehen. Es war fraglich, ob 66 amerikanische Divisionen den Kampfauftrag zur Zerschlagung des Gegners ausführen konnten, wenn die Deutschen auch nur ein Viertel ihrer Kräfte oder lediglich die 40 Divisionen von der Ostfront abzogen, von denen im Sommer 1942 die Rede war.

Am 1. Juli 1943 wurde der Einsatzplan der Streitkräfte der USA noch einmal revidiert. Nunmehr war von einer Gesamtzahl von 83 Armeedivisionen und insgesamt 7,7 Millionen Mann auszugehen. Auch die Zahl der Panzer- und motorisierten Verbände wurde reduziert. Diese neue Struktur sollte bis Kriegsende beibehalten werden. Die Verstärkung der Streitkräfte der USA nach 1942 erfolgte im wesentlichen durch eine Erweiterung der Air Force sowie die Aufblähung des Verwaltungsapparates und der Hilfsdienste. Die Vorhaben zur Aufstellung von Kampfverbänden der Landstreitkräfte waren im August 1943 erfüllt.[160]

Wenn man die angeführten Daten und Zahlen systematisiert und mit den konkreten Ereignissen jener Zeit in Zusammenhang bringt, dann ergibt sich ein bemerkenswertes Bild. Die erste wesentliche Reduzierung der Basis für die militärischen Aktivitäten der USA kam zu einem Zeitpunkt, da die deutsche Offensive bei Stalingrad mit voller Wucht geführt wurde und die militärische Stärke Deutschlands ihren Höhepunkt erreichte. Nicht nur die amerikanischen Stäbe, sondern auch die sowjetische Führung schätzten damals die Situation als äußerst kritisch ein.

Was bewog den Präsidenten im Herbst 1942 zur Beschränkung des »Programmes des Sieges« außer den ungünstigen Ergebnissen der Meinungsumfragen vor den Zwischenwahlen zum Kongreß, der Unordnung und mangelnden Abstimmung in und zwischen den verschiedenen Washingtoner Instanzen, die für die Ausgabe von Aufträgen, die Verteilung von Kriegsmaterial oder die Ausbildung des Militärpersonals zuständig waren? Womit begründete man den relativen Rückgang der rüstungswirtschaftlichen Anstrengungen der USA zu einer Zeit, da eigentlich das Gegenteil zu erwarten war? Ist es ein Zufall, daß etwa zur selben Zeit in amerikanischen und britischen Kreisen erneut Zweifel darüber aufkamen, ob die Hauptschlachten gegen Deutschland schon ausgetragen waren und es zweckmäßig sei, der UdSSR weiter Waffen und Material zu liefern? Auf diese und andere Fragen gibt es keine direkte und erschöpfende Antwort. Indirekte Beweise bringen uns auf widersprüchliche Gedanken.

Beschränken wir uns zunächst auf die Feststellung, daß die Sowjetunion ein Jahr nach der Schlacht vor Moskau nun bei Stalingrad eine weitere Überraschung bereithielt. Sowohl für das Reich als auch für die Westmächte. Letztere wollten seit Ende Oktober daran glauben, daß »die Russen sich diesen Winter halten« und »Torch« kein allzu riskantes Unternehmen sein werde. Ab Dezember 1942/Januar 1943 plagte Washington und London jedoch eine neue Sorge – *daß Stalingrad eine unkontrollierbare Kettenreaktion auslösen könnte.*

Die Opposition gegen Hitler, die im zweiten Halbjahr 1941 und Anfang 1942 von tiefer Verzweiflung erfaßt war, gab sich nun erneut in London und Washington die Klinke in die Hand. Die Geistlichen Schönfeld und Bonhoeffer (letzterer in Canaris' Auftrag) aktivierten ihre Beziehungen zum britischen Klerus. Den Gedanken, den Krieg gegen Deutschland einzustellen, wenn Hitler von der Macht entfernt wurde, trug der Bischof von Chichester, George Bell, an Anthony Eden heran. In einem Brief an Bell vom 17. Juli 1942 verwies der Minister auf »delikate (jedoch nicht prinzipielle) Umstände«, die einem positiven Eingehen auf diese Sondierungen im Wege standen. Am 8. August 1942 fügte er hinzu, die Opposition habe bisher nur »wenig Beweise für ihre Existenz« vorgelegt, weshalb man ihr nicht mehr versprechen könne, als daß Deutschland nach dem Kriege ein »Platz im künftigen Europa« gewährt werde. Je länger das deutsche Volk allerdings das Naziregime dulde, desto schwerer wiege seine Verantwortung auch für die Verbrechen, die das Regime in seinem Namen begehe. Bell teilte seine Gedanken auch John Winant mit. Der amerikanische Botschafter versprach, das State Department davon zu informieren.[161]

Nun wurde von Trott, zweifellos eine der honorigen Gestalten unter den oppositionellen Politikern, wieder aktiv, der im Namen des »Kreisauer Kreises« (von Moltke, Yorck von Wartenburg, von Schulenburg und andere) an Stafford Cripps in London ein Memorandum sandte, das dazu aufrief, um der Rettung der »bürgerlichen Zivilisation« willen zu handeln. Sein Kerngedanke lautete: *Einstellung des Krieges im Westen* zu ehrenhaften Bedingungen und dessen *Fortsetzung im Osten*, um sich vor der UdSSR und »anarchischen Prozessen« zu »schützen«. Cripps legte dieses Memorandum Churchill vor, der es, wie Randbemerkungen zeigen, »ermutigend« fand. In einem Gespräch mit Bell empfahl Cripps, den Verfasser zu weiteren Aktionen zu ermuntern, jedoch »auf der Grundlage eines Deutschlands, das eine Niederlage erlitten hat«.[162]

Die Vorsicht der Briten in den Kontakten mit der Opposition erklärt Gerhard Ritter mit Befürchtungen, daß die Sowjetunion davon erfahren und diese Tatsachen zusammen mit den Verzögerungen bei der Eröffnung der zweiten Front als Verrat auslegen könnte.[163]

Im November 1942 traf sich Goerdeler mit den Generalen Olbricht und von Tresckow zu einem Gespräch über die Lage an der Ostfront. Die Oppositionellen hatten eine Zeitlang darauf gesetzt, daß Paulus entgegen dem Befehl Hitlers aus dem Kessel auszubrechen versuchen und die ganze Front in Bewegung bringen werde. Am 24. November erhielt Beck Besuch von einem Offizier aus dem Stab der 6. Armee. Dieser rief zum Umsturz auf, um die Eingeschlossenen zu retten. Beck wandte sich seinerseits an Manstein, der jedoch eine ausweichende oder eher ablehnende Haltung bezog.

Ende 1942 berieten die Militärs erneut. Olbricht versicherte, er werde innerhalb von acht Wochen eine Reservearmee aufstellen, die Berlin, Köln, München und Wien besetzen werde. Unter Federführung Tresckows wurde ein Plan zur »Neutralisierung« Hitlers ausgearbeitet, wenn er das Stabsquartier im Raum von Smolensk besuchte. Der Plan scheiterte am fehlenden Mut des Feldmarschalls von Kluge, der die Aktion leiten sollte. Dann legte Tresckow mit Hilfe von Schlabrendorff am 13. März 1943 eine Bombe in Hitlers Flugzeug. Der Zünder funktionierte nicht. Auch ein weiteres Attentat auf den Naziführer am 21. März schlug fehl.

Indessen kam es unter den Oppositionellen zu neuen Meinungsverschiedenheiten über das gemeinsame Vorgehen. »Stalingrad«, schrieb der Sozialdemokrat Henk, der an dem Treffen in Oberdorf zu Weihnachten 1942 teilnahm, wo man empfahl, mit weiteren Anschlägen auf das Oberhaupt des Reiches abzuwarten, »war in militärischer Hinsicht der erste tödliche Schlag für Hitlers Armee. Die Russen befanden sich im Aufschwung ... Die Alliierten waren noch zu keinen endgültigen Vereinbarungen über die Zukunft Europas gekommen. *Solange die Angelsachsen noch nicht zur kontinentalen Kraft geworden waren, sollten keinerlei Beschlüsse über Europa gefaßt werden. In der militärischen Situation Ende 1942 hätte Hitlers Sturz den Vormarsch des Ostens bedeutet. Europa war auf einen plötzlichen Frieden nicht vorbereitet. Über diesen Teil des Erdballs hätten sich ungeheuerliche nicht gelöste Probleme ergossen. Das*

335

bedeutete: *Ein Attentat auf Hitler konnte erst nach gelungener Invasion der Amerikaner und Briten ins Auge gefaßt werden.*«[164]

Dies bedeutet, daß auch Anfang 1943 die Bedingungen für einen Frieden noch nicht reif waren, der den Demokraten ins Konzept gepaßt hätte. Henk, Mierendorff und Haubach sprachen das offen aus. Andere wählten ihre Worte vorsichtiger, meinten jedoch etwa das gleiche. Nach Stalingrad verbanden sich die Aktivitäten der antinazistischen Opposition und die Pläne für eine zweite Front zu einem immer festeren Knoten.

Die Westmächte hielten Kontakt zu Canaris, Oster und anderen Militärs. Nach wie vor funktionierten auch die Verbindungen über den Vatikan, Schweden, die Schweiz, die Türkei, Spanien, Portugal und Lateinamerika reibungslos. Kuriere eilten zwischen mehreren großen Firmen und Banken der USA und Großbritanniens sowie führenden Banken und Konzernen Deutschlands hin und her. Die These, daß innerhalb Deutschlands eine Krise heranreifte, die ab Ende 1942 in den Botschaften des Premierministers und des Präsidenten anklang, war ganz eindeutig von den Plänen und Versprechungen der Opposition aus der deutschen Oberschicht inspiriert.

Nehmen wir zur Kenntnis, daß Alan Dulles im November 1942 in Bern eintraf, um die Aktionen der Geheimdienste der USA in Europa zu koordinieren. Seine Hauptaufgabe bestand darin, unter Nutzung seiner Verbindungen zu Canaris und zur Schwarzen Kapelle über die Vorgänge in den wichtigsten Machtzentren Deutschlands und den Hauptstädten seiner Verbündeten zu berichten.[165] Dafür verfügte er über umfangreiche Vollmachten und nahezu unbegrenzte Finanzmittel, die nicht unbedingt aus dem Haushalt der Regierung stammten. Ohne Anlaufschwierigkeiten schaltete er sich in die Vorbereitung eines Separatfriedens mit Deutschland ein. Diese Frage stand im Mittelpunkt der Kontakte, die er unter anderem Ende 1942 mit dem Prinzen zu Hohenlohe unterhielt – ohne offizielle Zustimmung des Weißen Hauses.

Hier sei eingefügt, daß die sowjetische Führung diese Vorgänge nüchtern betrachtete. In einem Telegramm Stalins an Maiski vom 19. Oktober 1942 lesen wir: »Wir alle in Moskau haben den Eindruck, daß Churchill Kurs auf die Niederlage der UdSSR hält, um sich dann mit einem Deutschland Hitlers oder Brünings auf Kosten unseres Landes zu einigen. Ohne diese Annahme wäre schwer zu erklären, warum sich Churchill in der Frage der zweiten Front in Europa so und nicht anders verhält, warum die Waffenlieferungen an die UdSSR ständig reduziert werden, obwohl die Produktion in Großbritannien steigt, warum Churchill Heß offenbar in Reserve hält und schließlich warum Churchill einerseits in Moskau das Versprechen abgab, die Briten wollten im September regelmäßige Bombenangriffe auf Berlin fliegen, es bisher aber in keiner Weise erfüllt haben, obwohl sie es zweifellos hätten tun können.«[166]

Von den USA hing es im wesentlichen ab, den Machenschaften Londons ein Ende zu setzen und dem Premierminister mehr Sinn für die Bündnispflichten beizubringen. Dafür hätte aber der Chef der US-Administration für sich selbst erst einmal eine klare Entscheidung treffen müssen.

8 Das Jahr 1943:
Jeder wählt seinen Kurs

Die Offensive der Roten Armee bei Stalingrad (19. November) und die Landung der anglo-amerikanischen Truppen in Nordafrika (8. November) setzten faktisch zur gleichen Zeit ein. Geplant und realisiert wurden sie allerdings ohne jede operative Koordinierung. Und doch bestand ein Zusammenhang, wenn auch politischer Art.

Hätte Operation »Torch« stattgefunden, wenn an der Wolga Hitlers Szenario zum Zuge gekommen wäre? Die amerikanischen Militärs kalkulierten eine solche Variante ein – als Reaktion auf ein mögliches Ausscheiden der UdSSR aus dem Krieg und als ersten Akt einer Umgruppierung der Kräfte und Positionen für eine langanhaltende Konfrontation der Demokratien mit den »Achsenmächten« und Japan. Allerdings stimmten die Vorstellungen der Politiker mit den Gedanken der Generale nicht unbedingt überein. Außenminister Cordell Hull hinterließ in seinen Memoiren folgende Eintragung als Mahnung für die Nachwelt: »Wir sollten immer daran denken, daß die Russen mit ihrem heldenhaften Kampf gegen Deutschland die Alliierten offenbar vor einem Separatfrieden bewahrt haben. Ein solcher Frieden hätte die Alliierten gedemütigt und dem nächsten Dreißigjährigen Krieg Tür und Tor geöffnet.«[1] Cordell Hull erwähnt Stalingrad zwar nicht, hatte vor allem aber diese Schlacht im Sinn.

Wie wirkte sich die unerwartete Vitalität der Sowjetunion auf die Vorstellungen der Westmächte von Zweck und Zielen des Krieges aus? Was sollte nach »Torch« kommen? Welche Überraschungen hielt die UdSSR noch bereit, nachdem sie *dem Feind ganz allein die strategische Initiative entrissen und damit das Hauptproblem der zweiten Phase der Auseinandersetzung mit Hitler-Deutschland gelöst hatte?* Der sowjetische Verbündete zwang den Machtzentren in Washington und London damit seine Logik für die Betrachtung all der Fragen auf, die ihnen bisher Kopfzerbrechen bereitet hatten.

Von Ende 1942 bis Anfang 1943 wurden an der Ostfront – vor allem im Raum von Stalingrad – von den insgesamt 260 Divisionen, die an dem Feldzug gegen die Sowjetunion teilnahmen, 113 zerschlagen, darunter 74 deutsche, 19 rumänische, zehn ungarische und zehn italienische Divisionen. 68 dieser Einheiten wurden vollständig aufgerieben. Die Menschenverluste überstiegen 1,5 Millionen Mann. Hitler bekannte auf einer Besprechung im OKW am 1. Februar 1943, daß die Möglichkeit, den Krieg im Osten mit einer Offensive zu beenden, nicht länger existiere. Darüber müsse man sich im klaren sein.

»Der gewaltige russische Sieg bei Stalingrad«, schrieb Robert Sherwood später, »veränderte das ganze Bild des Krieges und der Zukunft, soweit sie abzusehen war. Mit einer Schlacht – die freilich, was ihre Dauer und die blutigen Verluste angeht, selbst einem großen Kriege gleichkam – nahm Rußland die Position einer Groß- und Weltmacht ein, zu der es sowohl auf Grund seiner Eigenart als auch der Bevölkerungszahl berechtigt war. *Roosevelt wußte, daß er nun über die militärischen Feldzüge von 1943 hinweg die politische Gestaltung der Dinge in der kommenden Nachkriegswelt ins Auge zu fassen hatte.*«[2]

Maurice Matloff und Edwin Snell drückten es zurückhaltender und praktischer aus: »Mit dem Übergang der strategischen Initiative auf dem europäischen Kriegsschauplatz an die Alliierten und mit den größeren Ressourcen, die ihnen nun zur Verfügung standen, begann eine neue Etappe der strategischen Planung.«[3] Man konnte nun an mehrere aufeinanderfolgende oder parallel ablaufende Operationen denken. Die schließlich getroffene Entscheidung und die sie begleitenden Diskussionen lassen Schlüsse auf die politische und konzeptionelle Einstellung des US-Präsidenten und des britischen Premierministers sowie ihrer Umgebung zu.

In einer Botschaft an Roosevelt vom 18. November 1942 nannte Churchill als »wichtigste Aufgaben«: a) die Eroberung Nordafrikas und die Öffnung des Mittelmeeres für Militärtransporte sowie b) die Nutzung der Stützpunkte an der afrikanischen Küste, um »in nächster Zeit einen Schlag gegen die empfindlichste Stelle der Achsenmächte zu führen«. Darunter stellte sich der Premierminister Sardinien und Sizilien, aber auch den Balkan vor, wo man die Türkei dazu bewegen mußte, in den Krieg gegen die »Achsenmächte« einzutreten.[4] Der Premierminister nahm den Gedanken des Präsidenten bereitwillig auf, die Stabschefs zu beauftragen, »einen Überblick über unsere Möglichkeiten anzufertigen, einschließlich des Vormarsches unserer Truppen auf Sardinien, Sizilien, Italien, Griechenland und in anderen Teilen des Balkans, einschließlich der Möglichkeit, Unterstützung seitens der Türkei zu erhalten, und eines Vorstoßes in die Flanke Deutschlands über das Schwarze Meer«.[5]

In seinen Memoiren unterschlägt Churchill, welche Varianten in Italien und auf dem Balkan er am 18. November ins Auge faßte. »Entgegen zahlreichen Mutmaßungen in Amerika« (über seine Haltung zur Überquerung des Ärmelkanals im Jahre 1943) und »vieler Behauptungen der Sowjets in der Nachkriegszeit« (darüber, daß Operation »Torch« zum Hinausschieben der zweiten Front diente) bezieht er sich lediglich auf seine kritischen Bemerkungen vom 9. und 18. November zu den Berichten der britischen Stabschefs. Dort hatte er die Militärs gerügt, weil sie die Interessen von »Round-up« mißachteten. Des weiteren erging Churchill sich darüber, wie wichtig es sei, »mittels ständiger Invasionsvorbereitungen den Gegner in Nordfrankreich und Holland festzunageln und einen entscheidenden Angriff gegen Italien oder noch besser Südfrankreich auszulösen. Daneben sind Operationen vorzusehen, die nicht allzu viel Schiffsraum beanspruchen.« Man müsse etwas unternehmen, lesen wir in seinen *Bemerkungen.* »*Kann man denn wirklich annehmen, daß sich die Russen damit zufriedengeben würden, wenn wir das ganze nächste Jahr in dieser Weise untätig bleiben, während Hitler zum dritten Male auf sie einschlägt?*«

Churchill wies weiter darauf hin, daß der Moskau versprochene »Großangriff gegen den Kontinent« nicht zustande komme. »Es besteht eine unüberbrückbare Kluft zwischen dem, was die Stabschefs im Sommer 1942 für den Feldzug 1943 als möglich erachteten, und dem, was sie heute als durchführbar bezeichnen ... Sollten dann diese Zahlen stichhaltig sein, hätten wir und die Amerikaner uns mit unserem Ehrgeiz und unserer Urteilslosigkeit im letzten Sommer scheußlich blamiert ...« Einen Teil der Verantwortung für die entstandene »kombinierte Sackgasse« schrieb der Premierminister Marshall zu.[6]

Der Auftrag des Präsidenten und des Premierministers an die Stäbe, ihre Vorschläge vorzulegen, ließ alten Streit wiederaufleben. Auf einer Sitzung im Weißen Haus am 10. Dezember 1942 wandte sich Marshall in Anbetracht der schwierigen materiell-technischen Versorgung gegen weitere Operationen im Mittelmeer, die er generell für unsinnig hielt. Er sprach sich dafür aus, den Feldzug in Nordafrika rasch zu beenden und weitere Kräfte in Großbritannien zu konzentrieren, wohin monatlich im Durchschnitt 8500 amerikanische Soldaten transportiert werden sollten. Der Stabschef schloß eine vorgezogene besondere Landung auf der Halbinsel Cotentin oder im Raum von Boulogne im März/April 1943 nicht aus, falls eine Schwächung Deutschlands zum Vorschein kommen oder deutsche Truppen in Spanien einmarschieren sollten. Der Stab der Army wies die extremen Auffassungen Arnolds zurück, der den Sieg lediglich mit Kräften der Air Force glaubte erkämpfen zu können.

Roosevelt hielt es für das Beste, zumindest bis März 1943 keine strategischen Entscheidungen zu fällen. In dieser Zeit sollten die vorhandenen Kräfte in Großbritannien und in Nordafrika aufgestockt werden. Die Pläne für neue Operationen im Mittelmeer wurden auf eine ferne Zukunft geschoben.

Die führenden US-Militärs erfaßten durchaus, was der Präsident im Sinne hatte, und handelten deshalb nach dem Motto, daß ein weiteres »Ablenken von Kräften und Mitteln« in Richtung Mittelmeer den Abzug von Kräften und Mitteln in den Stillen Ozean rechtfertige. Jedesmal, wenn die Briten vorschlugen, die amerikanischen Kräfte im Mittelmeer zu verstärken, empfahl das Komitee der Stabschefs, die Operationen im Pazifik auszuweiten.

Am 26. Dezember 1942 sandte das Komitee der US-Stabschefs den britischen Kollegen seine schriftliche Meinung über die künftige Entwicklung. Die Amerikaner schlugen vor, von folgender Grundeinschätzung auszugehen: »Beginn einer Offensive auf dem westeuropäischen Kriegsschauplatz und im Atlantik mit dem größten Teil der Kräfte in allernächster Zeit« und »Verteidigungsaktionen« mit den verbleibenden Kräften auf den anderen Kriegsschauplätzen. Der Hauptschlag sollte gegen Deutschland und nicht gegen dessen Satelliten geführt werden.

Die britischen Stabschefs antworteten am 2. Januar 1943 auf salomonische Weise. Sie stimmten dem »größten Teil« der Gedanken ihrer amerikanischen Kollegen zu, definierten jedoch als zentrale Aufgabe des Jahres das Ausscheiden Italiens aus dem Krieg. Für die Landung in Nordfrankreich konnte man nach Londoner Berechnungen bis zum August nicht mehr als 13 britische und 12 amerikanische Divisionen in Bereitschaft bringen; die Operation selbst sollte durchgeführt werden, »wenn günstige Voraussetzungen« vorlagen. Nach Marshalls Einschät-

341

zung zeugte diese Antwort davon, daß Großbritannien sich nach wie vor hartnäckig sträubte, auf französischem Gebiet eine Front zu eröffnen.

Die US-Militärs forderten eine politische Entscheidung; der Präsident aber drängte sie wieder und wieder darauf, Kompromißvarianten zu suchen. In einer prinzipiellen Frage jedoch zeigte Roosevelt Festigkeit. Matloff und Snell führen sie als »eklatantes Beispiel für fehlende Verständigung zwischen dem Präsidenten und den Stabschefs« vor.[7]

Diese These bleibt allerdings nicht belegt, und die Historiker könnten sie wohl auch nicht belegen, so sehr sie es auch wollten: gemeint ist die Absicht des Chefs der Administration, eine bedingungslose Kapitulation der Aggressoren zu fordern, über die er die Stabschefs am 7. Januar informierte.

Während des Krieges und nach Kriegsende wurde immer wieder heiß darüber debattiert, ob es richtig, politisch und psychologisch begründet war, die Forderung nach bedingungsloser Kapitulation zu stellen, welches ihre Entstehungsgeschichte und ihre Motive waren. Amerikas Rechtskonservative und die westeuropäische Reaktion bezichtigten den Präsidenten aller nur möglichen Todsünden und fielen mit solcher Vehemenz über ihn her, daß Roosevelt sich persönlich zu rechtfertigen begann. Die Tatsachen zeigen jedoch, daß diese Forderung weder eine Eingebung des Augenblicks noch ein falscher Zungenschlag oder eine emotionale Reaktion auf das Gezänk im französischen Lager war.

Erinnern wir uns daran, daß der Präsident bereits 1940 öffentlich die Befürchtung geäußert hatte, ein »Frieden auf der Grundlage von Verhandlungen« würde »von denselben feigen Gedanken diktiert sein«, die bereits zu München führten. Am Vorabend des Jahres 1941 warnte der Chef der Administration vor einem Frieden mit den Nazis, der »nur um den Preis totaler Kapitulation« erkauft werden könne und »überhaupt kein Frieden« wäre. Damit verwarf er Wilsons Konzeption von einem »Frieden ohne Sieg«. Am Labor Day, dem 1. September 1941, sagte der Präsident: »Ich möchte alle diejenigen, welche glauben, daß Hitler zum Stehen gebracht sei, ernstlich davor warnen, sich einer sehr gefährlichen Illusion hinzugeben ... Das ist der richtige Augenblick, mit verdoppelter Kraft loszuschlagen, noch mehr Energie einzusetzen, um ihn zu besiegen ... und zugleich damit allem Gerede oder jedem Gedanken an einen Frieden ein Ende zu machen, der auf einem Kompromiß mit dem Bösen beruht.« In seiner Botschaft an den Kongreß vom 6. Januar 1942 betonte Roosevelt, »die Welt ist zu klein, um für Hitler und Gott genügend Lebensraum zu haben«. Er forderte den *totalen Sieg*.[8]

Das State Department billigte die Formel von der bedingungslosen Kapitulation im Mai 1942. In der Direktive, die Roosevelt Hopkins, Marshall und King am 16. Juli 1942 vor ihrer Abreise nach London übergab, heißt es im Punkt 3 a): »Das gemeinsame Ziel der Vereinten Nationen muß die Besiegung der Achsenmächte sein. In diesem Punkte darf es keinen Kompromiß geben.«[9]

Roosevelt war bereits vor dem Kriegseintritt der Vereinigten Staaten der festen Überzeugung, daß der deutsche Imperialismus militärisch zerschlagen werden mußte, und zwar so vollständig und endgültig, daß Deutschland der Gnade der Sieger ausgeliefert war. Dafür liegen umfangreiche Beweise vor. Man kann allerdings nicht sagen, daß der Führer Amerikas nicht auch hier geschwankt hätte. Das tat er. Und in Politiker-, Geschäfts-, Militär- und Kirchenkreisen des In- und Auslandes gab es mehr als genug Menschen, die den Präsidenten gern von seinem Kurs des kompromißlosen Kampfes gegen Deutschland abgebracht hätten.

Robert Sherwood stützt die Legende, Vorbild und Verkörperung der Idee von der bedingungslosen Kapitulation sei General Grant gewesen, der General Lee, dem Feldherrn der Südstaaten, im amerikanischen Bürgerkrieg die entscheidende Niederlage zufügte.[10] Hier sind Zweifel angebracht. Roosevelt hatte näherliegende Vorbilder.

Als im Oktober 1918 die Bedingungen für den Waffenstillstand mit Deutschland ausgearbeitet wurden, stellte Marschall Foch Bedingungen auf, die der Außenminister im Kabinett von Lloyd George, Balfour, als einer bedingungslosen Kapitulation gleichkommend charakterisierte. Der amerikanische Befehlshaber in Europa, General Pershing, solidarisierte sich mit Foch. Er war für die Fortsetzung des Krieges bis zum vollständigen Sieg auf dem Schlachtfeld, damit die Alliierten Deutschland zur bedingungslosen Kapitulation zwingen konnten. Für einen Waffenstillstand stellte er Forderungen, die zum selben Ergebnis führten.[11] Als Mitarbeiter der Wilson-Administration, der seine eigenen Entwürfe zur Durchsetzung der globalen Positionen der USA vorlegte, wußte Roosevelt ganz sicher über diese Diskussionen Bescheid.

Schwieriger ist schon die Frage zu beantworten, warum das Thema einer bedingungslosen Kapitulation offiziell gerade im Januar 1943

343

gestellt wurde und wen außer Deutschland, Japan, Italien und deren Satelliten es noch betraf. Es war klar, daß es weitere Adressaten gab. Nicht zuletzt Großbritannien. Die Obstruktion der zweiten Front, die endlosen Versuche Londons, den Verlauf des Weltkrieges seiner imperialen Politik unterzuordnen, sowie bestimmte Informationen über britische Kontakte mit dem Feind gaben dem Chef der Administration Stoff genug für kontroverse Gedanken.

In den USA selbst kamen die Auseinandersetzungen zwischen den Befürwortern und Gegnern einer Zusammenarbeit mit der Sowjetunion nicht zur Ruhe. Die »Isolationisten«, auf die eine Kooperation mit der UdSSR wie ein rotes Tuch wirkte, hätten Roosevelt bei den Wahlen im Jahre 1942 um ein Haar die Mehrheit im Parlament geraubt.

Möglicherweise strebte der Präsident deshalb so sehr danach, die amerikanischen Landstreitkräfte unbedingt im Jahre 1942 auf dem atlantischen Kriegsschauplatz einzusetzen, wobei er den Zeitpunkt sogar über die strategische Vernunft stellte. Er wollte eine Situation schaffen, in der es kein Zurück mehr gab.

Symptomatisch war der Meinungsaustausch, der zwischen dem amerikanischen Botschafter in Madrid, Carlton Hayes, und deutschen Emissären stattfand. Nach den Worten des Botschafters gab es nur zwei Möglichkeiten – entweder die Eröffnung einer zweiten Front oder Friedensverhandlungen. Hayes selbst zog die zweite Variante vor. Ähnliche Gedanken kamen auch von dem britischen Vertreter in Bern, K. Norton. Der deutsche Gesandte in der Schweizer Hauptstadt, Otto Köcher, berichtete nach Berlin am 27. Juli 1942 die Einschätzung seines Kollegen in folgenden Worten: »Solange Sowjetrußland sich noch rücksichtslos im Kampf einsetzt, sind die Amerikaner mutig und überscharf. Sollten aber die Russen einmal ausfallen, dann werden Sie sehen, daß man auf der anderen Seite des Atlantiks von Frieden redet.«[12]

Für Roosevelts Entscheidung war auch der Umstand von nicht geringem Gewicht, daß Washington in Deutschland keine im amerikanischen Sinne überzeugende demokratische Alternative zu Nazismus und Großmachtchauvinismus erkannte. Es versteht sich von selbst, daß eine sogenannte prosowjetische Fraktion in antinazistischen Kreisen als möglicher Bezugspunkt zuallerletzt in Betracht kam. Dann schon lieber die Nazigenerale ohne Hitler. In analytischen Dokumenten der amerikanischen Aufklärung aus der Nachkriegszeit findet sich bemerkenswerterweise die These, daß nur der totale Zusammenbruch

die Deutschen dazu zwingen könne, »ihr politisches Denken zu erneu-
ern«, während »der 20. Juli 1944 bestenfalls eine geringfügig veränderte
deutsche politische Denkweise in zivilisiertere und annehmbarere Formen gebracht hätte«.[13]

Es konnte in der Tat nicht übermäßig hoffnungsvoll stimmen, daß
die »Überlegungen« Goerdelers, Schachts, Canaris' und Weizsäckers
den Sondierungen der Emissäre Himmlers fast aufs Haar glichen, und
wenn sie sich schon unterschieden, dann nicht unbedingt zum Besseren. Es war zuweilen bedrückend zu sehen, daß sich die Plattform der
Opposition von der Substanz her in der Begriffswelt der territorialen
und vieler anderer Programme des »Dritten Reiches« bewegte. Politiker, die mit dem Anspruch auftraten, im Namen des »wahren«, »besseren« Deutschland zu sprechen, boten den USA einen Frieden an, der auf
eine »Wiedergutmachung der Ungerechtigkeiten« von Versailles zielte
und dem deutschen Imperialismus die Funktion des wichtigsten Gegen-
gewichts gegenüber dem »Bolschewismus« übertrug.[14]

Um die Kräfte der USA auf ihre Hauptaufgabe zu konzentrieren,
mußte der Präsident zunächst für sich selbst das ideologische und
politische Credo finden, das zur Grundlage seines praktischen Handelns werden konnte. Daß Roosevelt erst Ende 1942/Anfang 1943 zu
einer klaren Einstellung gelangte, ist von den Veränderungen an der
Ostfront und den nach Washingtons Dafürhalten undeutlichen Absichten Stalins nicht zu trennen. Hatte der sowjetische Diktator beschlossen, die Früchte des strategischen Erfolges allein zu genießen, und
deshalb die ausgestreckte Hand nicht ergriffen?

Angesichts der Haltung Churchills gab sich der Präsident keinen
Illusionen hin – für das Jahr 1943 war die Chance vertan, die zweite
Front zu eröffnen. Zugleich konnte sich der US-Führer die Reaktion
Moskaus auf einen erneuten Wortbruch wohl vorstellen, besonders
wenn Hitler die Kraft fände, eine weitere Großoffensive an der Ostfront
einzuleiten. Wenn ein Staat es aber für möglich ansieht, »angesichts der
Umstände« ein Geschäft mit dem Gegner zu machen, dann schließt er
in der Regel, was die Moral betrifft, von sich auf andere.

London und Washington hatten bereits im Jahre 1941 und auch im
Sommer und Herbst 1942 erwogen, ob Stalin, da kein Zusammenwirken
mit den Westmächten zustande kam, einen Modus vivendi mit Deutschland suchen könnte. Es ist nicht abwegig anzunehmen, daß der sowjetische Diktator von Juni bis Oktober 1941 an eine Rettung durch einen

Scheinfrieden dachte. Es gibt Indizien darüber, daß er in den ersten Wochen der Aggression Nazideutschlands eine Neuauflage des Brester Friedens von 1918 erwog und Berija beauftragte, darüber mit Botschafter Schulenburg in Kontakt zu treten, der zusammen mit dem Botschaftspersonal zu diesem Zeitpunkt die UdSSR noch nicht verlassen hatte. Diese Frage wurde parallel auch über Agenten im Reich sondiert. Mit der Niederlage der Wehrmacht im Winter 1941/42 tauschten Stalin und Hitler die Plätze. Jetzt war es an Berlin, nach Möglichkeiten für die Herstellung eines neuen Gleichgewichts zu suchen. Was aber kam nach Stalingrad?

An Themse und Potomac war man ernsthaft besorgt, daß die Deutschen in Panik geraten und sich geneigt zeigen könnten, nahezu jegliche Forderungen zu akzeptieren, wenn die UdSSR solche geltend machte. Am schlimmsten für den Westen wäre es gewesen, wenn die Wehrmacht vor der Roten Armee kapituliert und sich der Gnade der sowjetischen Seite überantwortet hätte.

In seiner Erklärung vom Januar 1943 gab Roosevelt auch Moskau zu verstehen, daß er Friedensbedingungen, die nicht vorher mit Washington abgesprochen und von ihm gutgeheißen waren, nicht ohne weiteres zustimmen werde. Die Beendigung des Kriegszustandes zwischen Deutschland und einem Mitglied der Anti-Hitler-Koalition werde ohne Sanktionierung der USA für diese keine Rechtskraft besitzen.

Der Chef der Administration, der selbst ohne Unterlaß bilaterale Abmachungen mit Großbritannien, Kanada, Australien, China oder Belgien traf, über deren Inhalt die sowjetische Seite häufig nicht einmal in Kenntnis gesetzt wurde, warnte London und andere, er werde Ergebnisse ihrer Verhandlungen, insbesondere mit der UdSSR, nicht anerkennen, die über den engen Rahmen rein bilateraler Beziehungen hinausgingen.[15] Später sollte der Präsident in dieser Hinsicht sogar auf einen Sonderstatus der Vereinigten Staaten Anspruch erheben.

Der Text, den Roosevelt auf der Pressekonferenz in Casablanca am 24. Januar 1943 verlas, lautete: »Der Präsident und der Premierminister sind in Ansehung der gesamten Kriegslage mehr denn je dazu entschlossen, daß nur eine totale Beseitigung der deutschen und der japanischen Kriegsmacht der Welt den Frieden bringen kann. Dies führt zu der einfachen Formulierung der Kriegsziele, welche eine bedingungslose Kapitulation Deutschlands, Japans und Italiens zum Inhalt hat. Die bedingungslose Kapitulation dieser Mächte kann allem Ermessen nach den Weltfrieden für Generationen sichern. Bedingungslose Kapitulation bedeutet nicht die Vernichtung der deutschen, der japanischen oder der italienischen Bevölkerung, sie bedeutet vielmehr die Zerstörung einer Weltanschauung in Deutschland, Italien und Japan, die auf der Eroberung und Unterjochung anderer Völker beruht.«

Als diese Formel noch geprägt wurde, versuchte Churchill Italien auszuklammern. Das britische Kriegskabinett, dem er den Entwurf der Erklärung zur Prüfung vorlegte, empfahl, auf dieser Veränderung nicht zu bestehen, weil sich dies negativ auf die Balkanstaaten, die Türkei und Italien selbst auswirken konnte.[16]

Die Forderung einer bedingungslosen Kapitulation stand in ihrer realen Bedeutung dem Lend-Lease-Gesetz nicht nach. Damit hatte Roosevelt die Weichen für die Planung, materielle Sicherstellung und Durchführung der militärischen Operationen der USA gestellt. Man verfügte nun über den bisher fehlenden gemeinsamen Nenner, um die Auffassungen der wichtigsten Teilnehmerstaaten der Anti-Hitler-Koalition einander anzunähern und koordiniert zu handeln. All das allerdings zunächst nur auf dem Papier. Es mußte noch über ein Jahr ins Land gehen, bevor bei den Westmächten das Interesse erwachte, ihr Vorgehen zumindest teilweise mit der Sowjetunion abzustimmen.

Maurice Matloff bezeichnet die Erklärung als das wichtigste Ergebnis der Casablanca-Konferenz, »das so oder so tiefgehenden Einfluß auf den weiteren Verlauf des Krieges ausübte«. Noch 1942, stellt er fest, war Roosevelt von den »traditionellen Verteidigungszielen der USA ausgegangen, die vor allem forderten, Sicherheit im Atlantik und Pazifik zu gewährleisten«. Das schlug sich in den Vorschriften nieder, »die Linie Australien-Hawaii zu sichern, China nicht aus dem Kriege ausscheiden zu lassen, die Seewege nach Großbritannien zu sichern und Nordafrika zu besetzen«. »Andere klar ausgeprägte Ziele hatten die USA« nach Meinung des Wissenschaftlers nicht. »Man kann annehmen, daß der Präsident nach Erfüllung dieser Aufgaben sofort eine Friedenskonferenz einberufen wollte, wo er, völlig ungebunden, die Ziele der USA weiter stecken und dabei die Fehler des Präsidenten Wilson vermeiden wollte.« »In den Debatten mit den Verbündeten wären dann die noch frische, flexibel einsetzbare Militärmacht der Vereinigten Staaten, ihre konzentrierten, aber nicht eingesetzten Streitkräfte der entscheidende Trumpf gewesen.«[17]

Roosevelt betonte die Bedeutung dessen, daß in Casablanca »zum ersten Mal in der Geschichte die globalen Ereignisse in ihrer Gesamtheit« erörtert wurden. Dies aber hatte keine Veränderung der praktischen Strategie zur Folge. Die militärischen Entscheidungen wurden auch weiterhin im Rahmen der bisherigen Vorstellungen und erprobten Scheinlösungen gesucht, obwohl, wie Maurice Matloff einräumt, »die Alliierten nun die Möglichkeit hatten, die Strategie zu wechseln, Zeit und Ort für Schläge gegen den Feind nach ihrem Ermessen auszuwählen«.[18]

Das Vereinigte Komitee der Stabschefs tagte in Casablanca fünfzehnmal. Dreimal traf es sich mit dem Präsidenten und dem Premierminister. Folgende Übereinkünfte wurden erzielt:

1) Erstrangige Bedeutung des Kampfes gegen die U-Boote des Feindes im Atlantik; 2) Konzentration amerikanischer Kräfte in Großbritannien; 3) verstärkte Bombenangriffe gegen Deutschland; 4) Streben nach Kriegseintritt der Türkei auf der Seite der Alliierten; 5) Aufbau eines vereinigten Stabes zur Planung der Operation über den Ärmelkanal hinweg; 6) nach Abschluß der Operationen in Tunesien Landung in Sizilien, um den Druck der Deutschen auf die UdSSR etwas abzuschwächen.

Es wäre unangebracht, die Position der USA schlechter zu machen, als sie war, die Schwierigkeiten herunterzuspielen, die die Amerikaner bei ihrer Einstellung auf die Härten des Krieges objektiv und subjektiv zu bewältigen hatten. So kämpfen, wie es die Sowjetunion mußte, konnten und wollten sie nicht. Zu vieles war ihnen fremd an der Psyche der Europäer im allgemeinen und der Russen im besonderen. Was man aber auf keinen Fall mit Schweigen übergehen kann, ist das Bestreben, den Ausweg aus jeder Schwierigkeit vor allem auf Kosten der UdSSR zu suchen. Schlimmer noch, der durch unglückseliges Zusammentreffen der Umstände erzwungene Wortbruch wurde zum Präzedenzfall, den man wiederholte, auch ohne ersichtlichen Grund.

Die Seetransporte sind dafür ein sehr anschauliches Beispiel. Ab Mitte 1943 besaßen die USA und Großbritannien die unangefochtene Überlegenheit zur See. Die U-Boot-Abwehr war qualitativ verbessert worden. Admiral Leahy schrieb an Donald Nelson: »Ich kann nicht erkennen, daß der Seetransport unsere Möglichkeiten im Jahr 1943 beschränken könnte.« Was aber geschah? Die Briten weigerten sich, ihre Transportschiffe für Plan »Bolero« zur Verfügung zu stellen. Der Transport von Kriegsgütern in die UdSSR wurde mit Beginn des Jahres

1943 auf ein Minimum reduziert (von Januar bis August 240 000 Tonnen, kein Vergleich mit dem Volumen, das aus den USA nach Großbritannien transportiert wurde – 11,7 Millionen Tonnen im Jahre 1943).[19]

Im ersten Halbjahr 1943 beförderten die USA 496 844 Mann zu den vier wichtigsten Kriegsschauplätzen. In Casablanca hatte man dagegen 527 200 Mann vorgesehen. Die Truppen verteilten sich auf die Kriegsschauplätze wie folgt: Für Operation »Husky« (die Landung auf Sizilien) und die Kriegshandlungen in Nordafrika wurden 292 385 Mann transportiert, geplant waren 184 000; in den südlichen Teil des Südwestpazifik brachte man 121 580 Mann bei einem Soll von 79 200; im Zusammenhang mit Operation »Bolero« wurden 65 830 Mann befördert, vorgesehen waren 250 000. Im Mai 1943 betrug die Gesamtstärke der amerikanischen Bodentruppen auf den Britischen Inseln und in Nordirland etwa 59 000 Mann. Das war ein Drittel der Stärke vom November 1942, bevor Operation »Torch« begann. Die Fliegerkräfte der USA und Großbritanniens wurden im Grunde genommen nicht aufgestockt (58 000 Mann im November 1942 und 66 000 im Mai 1943).

Das machte die Überquerung des Ärmelkanals im Jahre 1943 von vornherein unmöglich. Angesichts dieser Daten wirkt die Bemerkung Maurice Matloffs an den Haaren herbeigezogen: »Nicht die Truppen, sondern der Transport setzten der großen Strategie Grenzen.«[20] Und dies meinte ein amerikanischer Historiker, der sich weniger als andere von konjunkturellen Überlegungen leiten ließ.

Die Bremser saßen in den Amtsstuben von London und Washington. Dort hielt man weiter Kurs auf die Zermürbung sowohl Deutschlands als auch der Sowjetunion. Bedingungslose Kapitulation – ja, aber sie mußte Washington auf einem silbernen Tablett serviert werden. Daran ändert auch nichts, daß die Amerikaner nicht den Ton angaben, als es darum ging, die Strategie der »Einkreisung« Deutschlands zu einer neuen Art Einkreisung der Sowjetunion umzufunktionieren. Denn den Politikern und Militärs der USA war wohl bewußt, welche Spiele um die zweite Front getrieben wurden, und warum.

Marshall und seine Kollegen meldeten beim Präsidenten Dutzende Male Zweifel über »Torch«, »Husky« und andere »Perlen« der britischen Kriegskunst an. Auf eigene Initiative gab das Komitee der Stabschefs der USA faktisch alle Hauptargumente, die auch die sowjetischen hätten sein können, wieder, die für direkte Schläge gegen Deutschland und gegen die »Nadelstiche an der Peripherie« sprachen. »Anfang 1943«, schreibt Maurice Matloff, »als die Strategie der Alliierten [gemeint sind hier die Vereinigten Staaten und Großbritannien] im Krieg gegen Deutschland noch nicht klar definiert war, stellten sich bei der amerikanischen Militärführung Befürchtungen ein, der Krieg könnte sich in die Länge ziehen und Europa dadurch in eine ausweglose Lage geraten.« Der Zermürbungskrieg und das Agieren an der Peripherie »brachten eine wesentliche Vergrößerung der Armee mit sich, die die Vereinigten Staaten zur Verfügung stellen mußten«.[21] Die Amerikaner verdächtigten London des Versuchs, auch die USA zu zermürben, dem Verbündeten im Interesse der britischen Politik zuviel abzuverlangen.

Allmählich stellten sich jedoch auch die amerikanischen Militärs darauf ein, 1943 zum Jahr des Abwartens zu machen. Dazu erklärte General Embick, wenn dieses Jahr auch nicht die endgültige Lösung des sowjetisch-deutschen Konfliktes bringe, so werde es doch auf jeden Fall zeigen, in welche Richtung sich dieser Konflikt entwickle. Gegen den gesunden Menschenverstand und das eigene Eingeständnis, es sei falsch und schädlich, sich nur auf den »günstigen Zufall« zu verlassen, ließen sich die USA mit im Strom treiben.

Bevor Washington zum Angriff auf Deutschland blies, mußte es Churchill nachdrücklich klarmachen, was er sich erlauben durfte und was nicht. Konnten die USA Großbritannien dazu bringen, endlich zur Sache zu gehen? Im Jahre 1943 wäre das zweifellos möglich gewesen, aber die Amerikaner zeigten dabei keine Eile. Die US-Führung erlag nicht weniger als die britische der Versuchung, den sowjetischen Verbündeten als Lieferanten von »Menschenreserven« einzustufen und den Sieg bei geringem eigenem Blutzoll herbeizuführen.

Seit »Torch« gingen Großbritannien und die USA davon aus, daß es *keine zweite Front* geben werde, *deren Ziel es sein sollte, deutsche Kräfte von der Ostfront abzuziehen und so der Sowjetunion zu helfen.* Die Invasion in Frankreich wurde ausschließlich in Abhängigkeit von der »Schwächung« Deutschlands kalkuliert und motiviert, einer derart schwindenden Kampfkraft der Wehrmacht, daß das anglo-amerikanische Expeditionskorps mehr oder weniger zum Parademarsch auf dem Kontinent Einzug halten konnte. Alle Anstrengungen, die notwendig waren, um die Kriegsmaschine Hitlers in die den Westmächten genehme Form zu bringen, bürdete man der UdSSR auf.

»Torch« entzündete kein Feuerwerk. Die »Fackel« brannte nicht. Sie schwelte nur und regte die USA auch nicht zu großangelegten Opera-

350

tionen in Westeuropa an. Die etwa 40 000 bis 50 000 Deutschen, auf die die amerikanischen und britischen Truppen bei der Landung in Nordafrika stießen, kauften ihnen sehr schnell den Schneid ab. Die Alliierten beschlossen, nicht mit Können, sondern mit technischer Überlegenheit zu kämpfen, was wiederum Zeit, passendes Wetter und die Versorgung der Truppen nach den Normen eines Kuraufenthaltes erforderte. Das nazistische Oberkommando wurde in seiner Auffassung bestärkt, daß die USA und Großbritannien auf die Überquerung des Ärmelkanals nicht vorbereitet waren und Deutschland deshalb seine Truppen ohne Bedenken weiter nach Osten werfen konnte.

Ein Fazit, das die amerikanischen Stäbe aus dem Nordafrikafeldzug ziehen konnten, war allerdings objektiv von Nutzen. Die USA mußten erkennen, daß sie nicht allmächtig waren; für mehr als eine große Landkriegsoperation reichten ihre Kräfte und ihr Wille nicht aus. Jetzt konnte sich Washington deutlicher vorstellen, welch kolossale Last die UdSSR zu tragen hatte und welche Potenzen hierfür notwendig waren. Letzteres löste verständlicherweise nicht nur Bewunderung aus.

Nehmen wir einmal an, Roosevelt war nicht imstande, seinen inneren Zwiespalt zu überwinden, und schrieb nach »Torch« die Losung »Vorsicht« mit noch größeren Lettern. Jedenfalls gab er Anfang 1943 von allen vorhandenen Möglichkeiten denjenigen den Vorzug, die für die USA und entsprechend auch für Deutschland am harmlosesten waren. Was aber zwang den Präsidenten dazu, die Sowjetunion an der Nase herumzuführen?

In einer gemeinsamen Botschaft vom 26. Januar 1943 über die Ergebnisse der Konferenz von Casablanca versicherten der amerikanische Präsident und der britische Premierminister Stalin, sie hätten *für die ersten neun Monate des Jahres 1943 solche Operationen festgelegt, die »im Verein mit (der sowjetischen) kraftvollen Offensive Deutschland noch in diesem Jahr in die Knie zwingen werden«.* Weiter wurde die Überzeugung zum Ausdruck gebracht, »daß keine andere Strategie in Frage kommen kann, als uns auf Deutschland zu konzentrieren, damit wir auf dem europäischen Kriegsschauplatz einen *raschen und entscheidenden Sieg* erringen.« »*Unser Hauptaugenmerk«,* schrieben Roosevelt und Churchill, »*gilt der Ablenkung starker deutscher Land- und Luftstreitkräfte von der russischen Front und der Lieferung größter Mengen Kriegsmaterial nach Rußland«.*

Zur unmittelbar nächsten Aufgabe wurde erklärt, die »Achsenmächte« aus Nordafrika hinauszuwerfen. Dann wurde versprochen, »im Mittelmeer Landungsoperationen größeren Umfangs zum frühestmöglichen Zeitpunkt auszulösen«; im Vereinigten Königreich starke amerikanische Land- und Luftstreitkräfte zu konzentrieren, die sich zusammen mit den britischen Streitkräften »bereitmachen, um so bald wie technisch durchführbar auf den europäischen Kontinent überzusetzen«; schließlich wollte man »die von Großbritannien ausgeführte Bomberoffensive gegen Deutschland rapid steigern, so daß sie bis zum Hochsommer doppelt so stark sein dürfte wie heute«.[22]

Stalin gab in seiner Antwort vom 30. Januar 1943 zu verstehen, daß ihm vollmundige Versprechungen nicht genügten. Er entnehme der ihm übersandten Botschaft, »daß Sie mit diesen Entscheidungen sich die Aufgabe gestellt haben, Deutschland durch die Eröffnung einer zweiten Front in Europa im Jahre 1943 zu zerschmettern«, schrieb der Vorsitzende des Rates der Volkskommissare. »Ich wäre Ihnen sehr verbunden, wenn Sie mich über die für diesen Zweck geplanten einzelnen Operationen und den Zeitpunkt ihrer Ausführung informieren wollten.«[23]

Am 9. Februar sandte Churchill die anglo-amerikanischen »Erläuterungen«, aus denen hervorging, daß a) die Säuberung Tunesiens von den Kräften des Gegners für April, »falls nicht schon früher«, geplant war; b) »im Juli, wenn nicht schon früher«, Sizilien genommen werden und danach eine Aktion im östlichen Mittelmeer folgen sollte, die 300 000 bis 400 000 Mann beanspruchen werde; c) die Vorbereitungen für eine Überquerung des Ärmelkanals weitergingen, wobei mit dem Beginn der Operation im August/September zu rechnen sei. »Das Angriffsdatum muß sich natürlich nach den jenseits des Kanals stehenden deutschen Abwehrkräften richten«, schränkte der Premierminister ein und wiederholte damit den Trick, den er bereits bei der Denkschrift vom Juni 1942 angewandt hatte.[24]

Das Jahr 1943 wurde nicht mehr als Jahr der Niederlage Deutschlands bezeichnet. Von einem »Abzug deutscher Kräfte von der Rußlandfront« war keine Rede. Man zeigte keinerlei Interesse an den Absichten der Sowjetunion, denn man verspürte nicht den Wunsch, das eigene Tun (oder Nichttun) mit den »kraftvollen Anstrengungen der Russen« zu koordinieren.

Die sowjetische Seite hielt es für angebracht, ihre Enttäuschung nun nicht mehr in Anspielungen wie am 30. Januar, sondern im Klartext zum

Ausdruck zu bringen. In einer Botschaft vom 16. Februar betonte Stalin das strategische Erfordernis, die zweite Front im Westen im Frühjahr oder Frühsommer zu errichten, um dem Feind keine Gelegenheit zum Atemholen zu lassen. Die Operationen in Tunesien wurden als enttäuschend charakterisiert. Da sie zögernd ausgeführt wurden, sei es den Deutschen möglich gewesen, weitere Truppen aus Frankreich, Belgien, Holland und Deutschland an die Ostfront zu verlegen. Stalin gab zu verstehen, daß er den von den Westmächten ins Auge gefaßten Plan für fehlerhaft halte.[25]

Roosevelt überließ es Churchill bereitwillig, diese unerfreuliche Korrespondenz weiterzuführen. Dem Premierminister machte es auch diesmal nichts aus, daß das Los auf ihn fiel, doch forderte er vom Präsidenten »zusammenzuhalten«. Dagegen hatte der Chef der Administration nichts einzuwenden, zweifelte jedoch, ob er London das Recht zugestehen sollte, auch im Namen der USA zu sprechen.[26] Das ist offenbar einer der frühen dokumentarisch belegten Fälle, da der Präsident den Briten andeutete: den Rauchvorhang gegenüber der Sowjetunion – gemeinsam, aber den Nutzen – getrennt.

Stalin sah die Botschaft aus London allerdings als gemeinsamen Standpunkt der Briten und Amerikaner an, weshalb er auch Roosevelt eine Antwort sandte. Das bietet uns den Anlaß, Churchills Gedanken eingehender zu betrachten, mit denen er sowohl die Versprechen der Westmächte aus dem Jahre 1942 als auch vom 26. Januar 1943 entwertete.

Der Premierminister sprach von der Absicht, in Sizilien zu landen und in Abhängigkeit vom Ausgang der Operation »Husky« sowie »bei Vorhandensein der notwendigen Zahl an Kampfschiffen und Landungsmitteln Kreta und/oder den Dodekanes« zu erobern und in Griechenland einzumarschieren. Über die Operation in Italien nicht ein Wort. Das Verzögern in Nordafrika rechtfertigte er damit, daß der »Gegner sehr stark war, die Regenzeit *bevorstand,* das Terrain bereits aufgeweicht«, die Verbindungslinien lang und in schlechtem Zustand waren.

Um jeder Kritik zuvorzukommen, bemerkte Churchill, diese Aktionen (in Nordafrika) seien »im Vergleich zu den gewaltigen Operationen an der Ostfront nur von geringem Umfang«. Der Premierminister bestritt die sowjetischen Angaben über die Verlegung deutscher Truppen (nach Beginn von »Torch«) aus Frankreich, Belgien und den Niederlanden nach Osten nicht, addierte jedoch Angaben darüber, daß ein Teil von ihnen »in der Hauptsache durch Divisionen aus Rußland und Deutschland, zum Teil durch in Frankreich neu formierte Divisionen« ersetzt worden sei. Stalins Feststellung wurde faktisch recht gegeben: »Statt daß der Sowjetunion durch die Ablenkung deutscher Kräfte von der sowjetisch-deutschen Front Hilfe zuteil wurde, ist die Lage Hitlers erleichtert worden. Nur infolge des Nachlassens der militärischen Operationen in Tunesien war Hitler in der Lage, eine Anzahl neuer Truppen gegen die Russen einzusetzen.« (27 Divisionen, darunter fünf Panzerdivisionen.)[27]

Die größte Überraschung hob sich der Premierminister jedoch für den Schluß auf. Erst kam eine harmlose Bemerkung, daß man, um die Operationen in Nordafrika, im Stillen Ozean und in Indien mit allem Nötigen zu versorgen und Kriegsmaterial nach Rußland zu schaffen, »die Importe des Vereinigten Königreichs auf ein Minimum herabsetzen mußte, so daß wir von Reserven gezehrt haben beziehungsweise zehren.« Dann folgte in Moll-Tonart die Vermutung: »Es wäre unmöglich, den notwendigen Schiffsraum für den Rücktransport von Kräften aus Nordafrika rechtzeitig zum Beginn der Operation über den Kanal in diesem Jahr bereitzustellen.« Danach ein Schlußakkord in Dur: »Aber wir tun alles, was in unseren Kräften steht, um starke amerikanische Land- und Luftstreitkräfte im Vereinigten Königreich zu konzentrieren.« Am Ende wieder zwei Aber: Die Überquerung des Ärmelkanals werde stattfinden, »*falls der Feind genügend geschwächt erscheint*« und *der Erfolg garantiert ist.* »Ein vorzeitiger Angriff mit zu schwachen Kräften würde lediglich zu einem blutigen Rückschlag führen ... und dem Feind einen großen Triumph verschaffen.«[28]

Der sowjetische Regierungschef fühlte sich verpflichtet, am 16. März 1943 zu erklären: »Heute wie auch früher erblicke ich in der schnellsten Errichtung der zweiten Front in Frankreich die Hauptaufgabe.« Die Operation in Sizilien sei kein Ersatz für die zweite Front. Der Aufschub der Offensive in Nordafrika habe es den Deutschen ermöglicht, bis Mitte März 36 Divisionen, darunter sechs Panzerdivisionen, an die Ostfront zu verlegen. Angesichts dessen, daß Hitler »weittragende Maßnahmen getroffen hat, um seine Armee für die Frühjahrs- und Sommeroperationen gegen die UdSSR aufzufüllen und zu verstärken«, wurde auf die große Bedeutung eines Schlages von Westen im Frühjahr oder Frühsommer hingewiesen, wie man es bereits 1942 versprochen habe. Die vage Stellungnahme der Westmächte hinsichtlich der Eröffnung einer zweiten Front in Frankreich erfülle ihn, betonte Stalin, »mit ernster Besorgnis«.[29]

Was konnten Roosevelt und Churchill darauf erwidern? In der Sache – nichts. Es trat eine Pause ein, wenn man die Botschaft nicht rechnet, welche nach den Worten des Präsidenten »zweifellos schlechte Nachrichten« für Moskau enthielt, daß man bis September alle Lieferungen über den nördlichen Seeweg unter dem Vorwand einstellte, in Narvik sei eine Flotte deutscher Schlachtschiffe konzentriert worden. Erneut ging – gleichsam gesetzmäßig – vor und während einer großangelegten Operation Deutschlands an der Ostfront der Umfang der militärischen Güter stark zurück, die aus den USA und Großbritannien, vor allem auf der effektivsten Route über Murmansk und Archangelsk, in die UdSSR geliefert wurden.

Die Deutschen, die die Taktik Londons und Washingtons inzwischen kannten, brauchten lediglich in der Barentssee Flagge zu zeigen, um das Kommunikationssystem der Alliierten zu stören und damit dem sowjetischen Oberkommando die operative Planung zu erschweren. Roosevelt und Churchill spekulierten darauf, daß die Lend-Lease-Lieferungen gleichsam eine freiwillige Leistung der Westmächte waren, wofür ein Empfänger nur dankbar zu sein und sich jeder Kritik zu enthalten hatte, denn einem geschenkten Gaul schaut man nicht ins Maul. China sagte man das direkt. Nach Moskau schrieb man es zwischen den Zeilen, aber stets deutlich genug.

Ende März war damit offenbar, daß eine Beendigung des Krieges mit Deutschland im Jahre 1943 den Westmächten nicht ins Konzept paßte. Immer deutlicher zeigte sich, daß Washington und London ihre Pläne nicht auf die militärische Zerschlagung Deutschlands ausrichteten, sondern vielmehr auf deren mögliche Folgen für die Gesamtsituation nach dem Kriege. Zu dieser Zeit begann man auf der Ebene des Präsidenten[30] und des Premierministers über Modelle zur Teilung Deutschlands nachzudenken: einer zeitweiligen, um eine geordnete Besetzung zu gewährleisten, und einer ständigen, die man als ein Element der Nachkriegsordnung ansah.

Was aber, wenn Deutschland kapitulierte, bevor anglo-amerikanische Truppen auf dem Kontinent auftauchten? Dieses Thema wurde beim Besuch Edens in Washington im März 1943 erörtert. Roosevelts Position geht aus folgender Notiz Hopkins' hervor: »Der Präsident betonte, daß er nach dem Zusammenbruch keinen Verhandlungswaffenstillstand wünsche; *wir sollten auf totaler Kapitulation bestehen, ohne uns dem Feinde gegenüber auf unsere Handlungsweise nach dieser Aktion festzulegen.* Der Präsident sagte, er glaube nicht, daß nach dem Zusammenbruch Deutschlands und Japans sehr bald ein Friedensvertrag unterzeichnet werden könne.« Roosevelt äußerte den Gedanken, daß die »Großmächte« – die USA, die UdSSR und Großbritannien – *die Führung der Nachkriegswelt übernehmen sollten.* Frankreich, Polen und andere »kleine« Staaten sollten entwaffnet werden. *Die Großmächte sollten über deren Grenzregelungen und Besitzungen, bei einigen auch ihre Souveränität, entscheiden.* Einschmeichelnd sprach Eden die Hoffnung aus, die japanischen Mandatsinseln im Pazifik würden den USA übergeben, amerikanische Truppen würden unter anderem auf Taiwan und in Dakar stationiert.[31]

Seit Anfang 1943 kam die Sowjetunion als eine der drei Großmächte in den meisten Überlegungen des Präsidenten über die Nachkriegsregelung vor. Roosevelt hatte den Gedanken an ein bilaterales Treffen mit Stalin nicht aufgegeben. Als er Maxim Litwinow am 5. Mai eine Botschaft an den sowjetischen Führer übergab, bekräftigte der Präsident seinen Wunsch, bei einer »Begegnung der Köpfe« außerhalb jeder Diplomatie alle Probleme zu besprechen, ohne daß Churchill, Vertreter des State Department oder Militärs anwesend waren. Er erklärte sich bereit, dafür auf die Tschuktschen-Halbinsel zu kommen. Um Einzelheiten der amerikanischen Initiative abzusprechen, wurde Joseph Davies nach Moskau gesandt.[32]

Aus diesem Vorhaben wurde jedoch nichts. Die sowjetische Seite empfand die Ergebnisse der unmittelbar darauf folgenden anglo-amerikanischen Konferenz in Washington vom 12. bis 25. Mai 1943 als gravierenden Treuebruch. Stalins vorläufiger Zustimmung zu einer Begegnung mit dem Präsidenten war der Boden entzogen. Die sowjetischen Botschafter wurden aus Washington und London zurückberufen. Die Beziehungen der UdSSR zu den USA und auch zu Großbritannien sanken auf den Tiefpunkt der ganzen Kriegszeit.

Was geschah auf dieser dritten Konferenz in Washington? Die Amerikaner bereiteten sich darauf sorgfältiger vor als auf alle bisherigen Treffen. Aus operativen Gründen und um in Moskau keinen Argwohn hinsichtlich der westlichen Pläne an den Dardanellen zu wecken, stellten sich der Präsident und seine Berater darauf ein, die zweifelhaften Projekte Großbritanniens im östlichen Mittelmeer zurückzuweisen. Als

356

Hauptaufgabe der Konferenz wurde auf einer Beratung Roosevelts mit den Mitgliedern des Komitees der Stabschefs am 8. Mai 1943 vereinbart, »den Briten die Verpflichtung abzuringen, die Vorbereitungen zur Invasion in Europa über den Ärmelkanal so rasch wie möglich abzuschließen und mit dieser Operation im Frühjahr 1944 zu beginnen«. Maurice Matloff ist nicht ganz »klar«, was den Präsidenten dazu bewog, »einen der wichtigsten Beschlüsse des ganzen Krieges« ins Auge zu fassen.[33] Aus dem Blickfeld des Historikers gerieten wie von selbst die Ostfront und – weiter gefaßt – der sowjetische Faktor. Ihm gefiel, es zu glauben, alles andere sei wichtiger.

Auf der Konferenz vertrat Roosevelt folgende Ausgangsposition: Im Jahre 1943 werde es nicht mehr gelingen, die zweite Front zu organisieren. Wenn es 1944 die Möglichkeit gebe, »Sledgehammer« oder »Roundup« durchzuführen, dann müsse man die Vorbereitung dieser Operationen unverzüglich in Angriff nehmen. Churchill hob den Standpunkt hervor, nach »Husky« bestehe die nächste Aufgabe, die zugleich »reiche Beute« verspreche, darin, das Ausscheiden Italiens aus dem Kriege zu erreichen. Der Premierminister verbreitete sich rhetorisch darüber, daß die Deutschen dann ihre Truppen von der Ostfront abziehen müßten, um die Italiener auf dem Balkan zu ersetzen. Es sei denn, sie wollten den Balkan aufgeben. Die Türkei trete in den Krieg gegen Deutschland ein, mutmaßte er, und die Alliierten könnten die Stützpunkte und Häfen Italiens nutzen, um ihre Kriegshandlungen auf dem Balkan und in Südeuropa zu entfalten. *Nach Auffassung des Premierministers kam die Überquerung des Ärmelkanals für das Frühjahr 1944 nicht in Frage, es sei denn, Deutschland breche zu dieser Zeit bereits zusammen.*

Die amerikanischen Militärs zeigten sich einer Landung in Italien abgeneigt. Aus ihrer Sicht konnte man sein Ausscheiden aus dem Krieg durch Luftangriffe erreichen. Marshall machte darauf aufmerksam, daß London über das Vorgehen im Mittelmeer ungerechtfertigten Optimismus verbreite und zugleich die Operationen über den Ärmelkanal von vornherein überzogen pessimistisch betrachte.

Churchill mußte schließlich nachgeben. Er akzeptierte »im Prinzip« die Orientierung, Deutschland über den Ärmelkanal und nicht vom Mittelmeer aus den Todesstoß zu versetzen. Die Operation erhielt die Bezeichnung »Roundhammer« (die später in »Overlord« abgeändert wurde). Zugleich mußte aber auch Roosevelt dem Premierminister entgegenkommen und die Bereitschaft bekunden, die Möglichkeit eines Angriffs auf Deutschland via Bulgarien, Rumänien und die Türkei zu prüfen. Über Italien schloß man einen Kompromiß. Man nahm sich vor, es zu neutralisieren, verschob die Festlegung praktischer Schritte jedoch bis zum Abschluß der Operation auf Sizilien (die den neuen Codenamen »Eskimo« erhielt).[34]

Am 4. Juni ging in Moskau ein Telegramm Roosevelts mit der Mitteilung ein, die Westmächte hätten für sich entschieden, der UdSSR Unterstützung aus der Luft zu gewähren. Wenn Italien als Verbündeter des Reichs ausfiele, würden Luftangriffe gegen Süd- und Ostdeutschland wesentlich erleichtert werden. *Die Eröffnung der zweiten Front wurde auf das Frühjahr 1944 oder später verschoben.* Der Präsident vermied es, sich genauer darüber zu äußern, wo die Landung geplant sei. *»Wenn sich irgendwo Anzeichen von Schwäche der Achsenmächte zeigen«,* schrieb er, *»dann werden eine tatsächliche Offensive oder die Drohung mit dieser leicht und rasch in erfolgreiche Operationen umgesetzt werden.«*[35]

Der Vorsitzende des Rates der Volkskommissare schätzte am 11. Juni 1943 ein, die Washingtoner Beschlüsse verursachten »der Sowjetunion außerordentliche Schwierigkeiten«. Die Regierung der UdSSR lehnte es ab, »sich diesem Beschluß anzuschließen, der ohne ihre Beteiligung und ohne den Versuch zustande kam, diese äußerst wichtige Frage, die schwere Folgen für den ganzen weiteren Kriegsverlauf haben kann, mit ihr zu erörtern«.[36]

Churchill hatte mit einem stürmischeren Ausbruch gerechnet. »Der ernste Rüffel, den uns Onkel Joe in seiner Botschaft vom 11. Juni verpaßt hat«, schrieb er dem Präsidenten, »war angesichts der Entwicklung, die unsere Beschlüsse bedingte, natürlich zu erwarten. Nach meiner Meinung wäre die beste Antwort die Zerschlagung Italiens und sein Ausscheiden aus dem Krieg. Das sollte ihm ein Trost sein. Ich verstehe seinen Ärger durchaus, wenn er auch sicher die Fakten nicht durchschaut, die unser Handeln bestimmen.«[37]

Churchill sandte ein Telegramm nach Moskau (dem sich Roosevelt anschloß), in dem er Verständnis für die Enttäuschung der Sowjetunion über die Beschlüsse der Washingtoner Konferenz äußerte. Stalin hielt das Blabla für unangebracht. Er warf dem Premierminister und dem Präsidenten vor, unseriös zu sein. »Es ist gar keine Frage«, erklärte Stalin, »daß die Sowjetregierung es nicht hinnehmen kann, daß Lebensinteressen der Sowjetunion im Krieg gegen den gemeinsamen Feind

derart ignoriert werden ... Es geht hier nicht darum, daß die Sowjetregierung enttäuscht ist, sondern daß das Vertrauen unter den Verbündeten schweren Prüfungen ausgesetzt wird.«[38]

Churchills Offenbarungen nach dem Kriege zeigen, daß er es bewußt
auf Komplikationen mit der UdSSR anlegte. Für ihn war das ein Mittel,
um ein Zusammenwirken von Sowjetunion und USA auszuschließen.
Jede Erwärmung in den sowjetisch-amerikanischen Beziehungen störte
die Bemühungen der Briten, in der Koalition einen Platz einzunehmen,
der ihrem Beitrag nicht zukam. Aber der Premierminister irrte gründlich, wenn er glaubte, Moskau seien die Tatsachen unbekannt oder
unbegreiflich gewesen. Und zudem waren, ehrlich gesagt, die meisten
britischen Intrigen auch zu grob gesponnen. Selbst einige Briten konnten diese kaum ertragen.[39]

Nach Stalingrad rührten sich im Lager der Aggressoren diejenigen,
denen das Prinzip »alles oder nichts« gegen den Strich ging. Die Satelliten blickten suchend um sich. Italien sondierte Möglichkeiten, sich
von Deutschland zu lösen. Nach Walter Schellenberg wußten die deutschen Geheimdienste von den Kontakten Badoglios zu den Westmächten wie auch von Canaris' Verschwörung mit dem Chef der italienischen Aufklärung, Amé, über Täuschungsmanöver, mit denen das
Ausscheiden Italiens aus dem Krieg gedeckt werden sollte. Beweise für
das Komplott Canaris-Amé wurden Himmler vorgelegt, der sie jedoch
zurückhielt.[40]

Canaris hatte zu dieser Zeit bereits ständige Verbindung zu den USA
und Großbritannien. Ende 1942 sandte der Chef der Abwehr dem Leiter
des M-6, Sir Stewart Menzies, »Friedensvorschläge«. Sie wurden bei
einem persönlichen Geheimtreffen Menzies' mit Canaris erörtert, das
auf französischem Gebiet stattfand. Die Verhandlungen der Geheim-
dienstler brachen ab, als sich das britische Foreign Office einmischte,
das deswegen einen offenen Konflikt mit der UdSSR befürchtete.[41]

Unter den Mitarbeitern des OSS, schreibt A. Brown, »kursierten
Gerüchte, Donovan und Canaris hätten sich im März oder April 1943 in
Spanien und im Spätsommer oder Frühherbst noch einmal in Istanbul
getroffen. Uns liegen aber keine direkten Beweise vor, daß die Begeg-
nungen tatsächlich stattgefunden haben und zu welchen Ergebnissen
sie führten.«[42] George Earle, ein ehemaliger Gouverneur des Staates
Pennsylvania, der Roosevelt nahestand, wurde zum stellvertretenden
Marineattaché der USA in der Türkei ernannt und traf sich 1943 mit

Canaris. Sie sprachen darüber, wie das Ende des Krieges beschleunigt und die Kräfte zum Kampf gegen die »kommunistische Gefahr« zusammengeschlossen werden könnten. Ein Bericht über dieses Treffen wurde dem Präsidenten zugeleitet. Ohne Lob oder Tadel von dessen Seite abzuwarten, nahm Earle Kontakt zu Kurt von Lersner auf, einem Vertrauten von Papens, über den er den Plan einer Gruppe deutscher Offiziere erhielt, die sich Hitlers bemächtigen und mit den Westmächten Frieden schließen wollten, um zu verhindern, daß die Rote Armee auf deutsches Gebiet vorstieß.

Etwa zur selben Zeit gab eine oppositionelle Gruppe aus der Abwehr der OSS den Plan einer Regelung bekannt, der »die Besetzung der deutschen Ostgebiete durch die Rote Armee verhindern« sollte. Der Plan gelangte über einen Mitarbeiter des Auswärtigen Amtes zu Allan Dulles und Gero von Schulze-Gaevernitz.[43] Die gleichen Ideen entwickelte in den Kontakten mit Dulles auch Hans Bernd Gisevius. Dieser prominente Oppositionelle, der zugleich der OSS-Agent Nr. 512 war, gab den Amerikanern Staatsgeheimnisse von höchster Wichtigkeit preis, darunter die Tatsache, daß einige amerikanische und britische Codes entschlüsselt waren, sowie Angaben über Usedom als Stätte der Entwicklung von V 1 und V 2. Mitte 1943 erhielt das OSS-Büro in Bern durch Gisevius' Mithilfe ein Dossier von über 4000 »dichtbeschriebenen Seiten«, das den »vollständigen Hintergrund« eines in Vorbereitung befindlichen Komplotts gegen Hitler enthielt. Allan Dulles gab ihm in seinem Telegramm nach Washington den Namen »Breakers« (Einbrecher).[44]

Im Juni/Juli 1943 reiste Helmuth von Moltke, einer der Gründer des Kreisauer Kreises, mit Canaris' Hilfe in die Türkei, wo er sich mit den OSS-Agenten Hans Wilbrandt und Alexander Rüstow traf. Moltke schlug vor, daß ein deutscher Generalstabsoffizier mit den notwendigen Vollmachten und Dokumenten nach London reisen sollte, um die Einstellung des Widerstandes gegen die Westmächte bei Fortsetzung des Krieges gegen die UdSSR zu vereinbaren. Auf Rüstows Rat bestand Moltke nicht darauf, daß als Voraussetzung für die Realisierung seines Planes die Forderungen der bedingungslosen Kapitulation abgeschwächt wurden.[45] Moltkes sowie Trotts Kontakte hatten eine Fortsetzung, wovon noch die Rede sein wird.

Hier sei angemerkt, daß Großbritannien und die USA es im Sommer 1943 vermieden, gegenüber der UdSSR Verpflichtungen politischer

360

oder militärischer Art einzugehen. Der Erfolg der Spezialoperationen in Italien hatte den Präsidenten und den Premierminister für Geheimdienstinformationen empfänglicher gemacht. Vielleicht war an den Behauptungen der Opposition, die den Zusammenbruch des Naziregimes voraussagte, doch etwas Wahres? Sollte ein »freiwilliger« und »friedlicher« Abzug der deutschen Wehrmacht aus den besetzten Gebieten Westeuropas in der Tat möglich sein? Ohne jede zweite Front hätte damit das »wahre« Deutschland seinen Beitrag zur »Versöhnung« der christlichen Völker geleistet, die angesichts der »Gefahr von Osten« so notwendig war.

Gedanken dieser Art legte Goerdeler den Brüdern Wallenberg bei einem Treffen vom 19. bis 21. Mai 1943 in Stockholm dar. Diese deutschen Vorschläge wurden in Form eines »Briefes Jakob Wallenbergs an seinen Bruder« über Kanäle des schwedischen Außenministeriums nach London gebracht, wo man sie Churchill zur Kenntnis gab. Der Inhalt des Briefes lief auf folgendes hinaus:

1. Eine »Befreiungsaktion« in Deutschland wurde als nahe bevorstehend angekündigt. Dabei sei es wünschenswert, die Luftangriffe auf die von den Verschwörern befreiten Gebiete einzustellen. Dies wäre »die stärkste moralische Unterstützung der Aufständischen«. An den befreiten Punkten werde die Verdunkelung aufgehoben.

2. Die neue Regierung »wird alle sozialen Schichten, alle Konfessionen, alle deutschen Länder repräsentieren«. Es sollte ein vorläufiger Reichsrat zur Kontrolle der Regierung gebildet werden.

3. Räumung der besetzten Gebiete so rasch wie möglich (mit Rücksicht auf die jeweilige Lage). Die »volle Selbständigkeit aller europäischen Nationen wird wiederhergestellt«. Die Grenze zu Polen soll durch Verhandlungen festgelegt werden. Am einfachsten wäre es, zu den Grenzen von 1914 zurückzukehren. »Deutschland verbürgt bei Einigung den Bestand Polens und fördert die Staatsunion Polen-Litauen.« Im Osten wird das »russische Gebiet vor 1938 geräumt«. »Weitere Räumungen nur im Einvernehmen mit Polen und seinen Verbündeten.« Im Westen ist die Sprachgrenze die, die gerecht ist und Ruhe verspricht. Die Tschechoslowakei wird wiederhergestellt. »Deutschland wünscht, daß Finnland bestehen bleibt, und ist bereit, dafür ebenso zu kämpfen wie für die polnische Ostgrenze.« Westlich der Sowjetunion muß sich die »europäische Interessen- und Kulturgemeinschaft bilden, unter deren Mitgliedern es nie wieder Krieg geben darf«.

4. Deutschland kommt an einer Abrüstung nicht vorbei. »Das mögliche Maß richtet sich nach dem Verhältnis Europas zu Rußland« und nach der Lage im Fernen Osten. »Auf Seerüstung wird verzichtet. Deutschland ist bereit, die Luftwaffe zu internationalisieren.«

Zusammenfassend schrieb Goerdeler: »Dies ist der Plan. Die zu seiner Durchführung fähigen Menschen besitzt Deutschland zur Genüge. Aber gerade sie lehnen, die Selbständigkeit aller anderen Völker achtend und wollend, die Einmischung anderer Völker in deutsche Fragen leidenschaftlich ab. Wenn man also hört, daß Polen Ostpreußen und Teile Schlesiens verlangt, daß man Einfluß auf das deutsche Erziehungswesen nehmen, daß man in Deutschland tun will, was Deutsche selbst tun müssen und auch allein mit Erfolg tun können, dann muß man schwarz in die Zukunft Europas und der weißen Völker sehen. Denn sie kann nur auf ihren freien Bund, auf Selbständigkeit und Achtung, nicht auf neue Entwürdigung gegründet werden. Wir werden Hitler und seine Mitverbrecher allein zur Rechenschaft ziehen, weil sie unseren guten Namen befleckt haben. Aber wir werden dahinter unsere Selbständigkeit verteidigen.« Aus den dargelegten Gründen sprach sich Goerdeler gegen das Prinzip der bedingungslosen Kapitulation aus.[46]

Markus Wallenberg verhandelte in London mit dem Sekretär des Premierministers, D. Norton. Goerdelers Äußerungen wurden als »Informationsmaterial« entgegengenommen. Über eine dritte Person, aber mit Bezug auf Churchill, bat man Markus Wallenberg, die Verbindungen zu den deutschen Oppositionellen fortzusetzen. Man sei daran interessiert, weitere Informationen über die deutschen »Widerstandsgruppen« und ihre Tätigkeit zu erhalten.

Goerdeler versicherte seinerseits, die geplante Aktion gegen Hitler stehe nun »ganz unmittelbar bevor«. Die britische Luftwaffe werde dringend gebeten, bis etwa Mitte Oktober, wenn möglich, Berlin, Leipzig und Stuttgart, die Hauptzentren der Verschwörung, mit Bombenangriffen zu verschonen. Andernfalls werde die Aktion durch Zerstörung von Kommunikationseinrichtungen gelähmt werden.

Eindringlich schilderte Goerdeler die Gefahr eines »Totalsieges Rußlands«: »Ein überstarkes Rußland würde alle freien Staaten, ganz besonders aber Schweden und das Britische Empire in Asien bedrohen: als aggressive Macht, aber auch durch die Gefahr einer bolschewistischen Zersetzung der europäischen Demokratien.« Es liege auch im Interesse Englands, dem Wahnsinn dieses Krieges so rasch wie möglich ein Ende zu machen und dazu die von der deutschen Opposition gebotene Hand zu ergreifen.[47]

Diese Verhandlungsrunde Goerdelers mit den Briten gewann sachliche Konturen. Bei einer Begegnung mit Jakob Wallenberg im November 1943 stellte der Oberbürgermeister zufrieden fest, daß die von ihm bezeichneten Städte von den britischen Bombenflugzeugen bisher wirklich geschont worden waren. Wallenberg betonte seinerseits, die britischen Politiker würden mit sich reden lassen, falls der Umsturz *sehr bald* erfolgte. Wenn Deutschland erst geschlagen ist, meinte der schwedische Bankier, dann ist alles vergeblich.

Aus den Mitteilungen Jakob Wallenbergs zog Goerdeler den Schluß, Churchill beobachte mit »wohlwollendem Interesse« das Aufkommen eines neuen Systems in Deutschland. Offenbar unter dem Eindruck dieser Gespräche verfaßte Goerdeler Mitte 1943 seinen »Friedensplan«, in dem Großbritannien und die USA als natürliche Antipoden zum »bolschewistischen Rußland« dargestellt werden. Daraus leitete er deren »grundlegendes« Interesse an einem lebensfähigen und starken Deutschland ab, daran, den »deutschen Soldaten« als Schutzschild gegen »den Vormarsch Rußlands« an ihrer Seite zu wissen.[48]

Vergleichen wir Goerdelers Gedanken mit anderen Thesen, die Bowman, Pasvolsky, Acheson und Vertreter des Kriegsministeriums auf den Tagungen des Komitees für die Nachkriegspolitik der USA entwickelten, oder mit dem Geheimpapier Liddell Harts, das die bekannte britische Autorität auf dem Gebiet der Strategie im Oktober 1943 verfaßte.

Zunächst zu dem Regierungskomitee, das Cordell Hull leitete. Die Mehrheit in diesem Gremium definierte die tragenden Elemente einer künftigen Politik der USA so: Die Sowjetunion wird zur Hauptbedrohung (zum wichtigsten Herausforderer) für die Interessen der USA; sie muß möglichst weit im Osten gehalten werden. Modelle für den Umgang mit Deutschland müssen der Hauptaufgabe – der Beschränkung des sowjetischen Einflusses in Europa – untergeordnet sein. Deutschland kann als natürlicher Verbündeter der USA und Großbritanniens betrachtet werden, deshalb wäre seine übermäßige Schwächung ungünstig; man müsse für die Deutschen »politische und militärische Gleichheit« anstreben. Die Militärs sagten es einfacher und kategorischer: Nach dem Kriege gelte es, »Himmel und Erde in Bewegung zu setzen«, um Deutschland als Verbündeten der Vereinigten Staaten zu gewinnen.[49]

Wohlgemerkt – das war keine Diskussion am Biertisch, sondern unter offiziellen Persönlichkeiten. Man schrieb den Januar 1943. Paulus hatte sich in Stalingrad noch nicht ergeben. Roosevelt sollte kurz darauf seine berühmte Tirade über die bedingungslose Kapitulation erschallen lassen.

Liddell Harts Standpunkt war für Churchill und dessen Militärberater von Bedeutung. In Europa, erklärte Liddell Hart mit Nachdruck, gibt es nur ein Land, das in der Lage ist, sich den Nachkriegsbestrebungen der Russen gemeinsam mit den westeuropäischen Staaten zu widersetzen, das ist das Land, das wir »zu zerschlagen im Begriffe sind«. Die große Freundschaft mit der UdSSR, so wünschenswert sie im Prinzip sei, müsse dort enden, wo es darum gehe, die einzige Barriere zu bewahren, die stark genug sei, die Flut aufzuhalten. Es sei eine Ironie des Schicksals, daß die Verteidigungsmacht, die die Briten gerade brechen wollten, weil sie das stärkste Hindernis für ihren »Siegeszug« sei, zugleich auch den mächtigsten Stützpfeiler des westeuropäischen Hauses bilde.

Alle übrigen Staaten Westeuropas seien militärisch so schwach, daß die Vernichtung der deutschen Wehrmacht unweigerlich eine erdrückende Überlegenheit der Roten Armee bewirken werde. Deshalb wäre es vernünftig, über das nächste Kriegsziel hinauszugehen, das im Grunde genommen bereits erreicht sei (die Angriffskraft Deutschlands sei gebrochen) und dafür zu sorgen, daß der lange Weg zum nächsten Ziel von den Gefahren befreit werde, die sich bereits deutlich am Horizont abzeichneten.[50]

Wenn man diese Überlegungen Liddell Harts mit der praktischen Linie vergleicht, die Großbritannien während des ganzen Jahres 1943 verfolgte, dann stößt man nicht auf unversöhnliche Widersprüche. Der Stratege rief lediglich dazu auf, das zur offiziellen Politik zu erheben, was spontan bereits geschah. Alles hing nun an einer »Kleinigkeit«: Es fehlte ein Umsturz in Deutschland und – sei es auch nur zum Schein – die demokratische oder pseudodemokratische Selbstreinigung des Reiches. Bislang war noch nichts vorhanden, was die Westmächte – auf Kosten anderer – hätten großzügig belohnen können.

Wenn man sich die Bemühungen Churchills, mit allen zur Verfügung stehenden Mitteln den Einmarsch auf der Apenninenhalbinsel zu erreichen, genauer anschaut, dann treten weitergehende Ambitionen hervor, als das Mittelmeer lediglich in einen britischen Binnensee zu verwandeln. Italien sollte zum Modell, zum Muster werden, wie man mit jedem »vernünftig gewordenen« Gegner umzugehen gedachte.

Am 26. Juli 1943 forderte der Premierminister Roosevelt dazu auf, jede nichtfaschistische italienische Regierung wohlwollend zu behandeln, die in der Lage sei, das Land effektiv zu führen.[51] Weiter äußerte er einige Gedanken, wie sich die Kapitulation Italiens aus einer bedingungslosen zu einer »ehrenhaften« verwandeln ließe. Das war aber noch nicht alles.

In einem der Botschaft beigelegten Memorandum aus zwölf Punkten wird der sowjetische Verbündete zweimal erwähnt: Zum einen in Punkt 11, wo die Hoffnung zum Ausdruck gebracht wird, daß »sich Rußland dem getrennten oder auch gemeinsamen Vorgehen Großbritanniens und der Vereinigten Staaten anschließen« und Druck auf die Türkei ausüben sollte, um diese zum Eintritt in den Krieg und zur Unterstützung einer Variante der zweiten Front auf dem Balkan zu bewegen; zum anderen in Punkt 12, wo von möglichen Konsultationen mit der UdSSR bei der Entscheidung über das Schicksal Mussolinis und dessen Komplizen die Rede ist. Der Rest ist eine typische Abmachung hinter dem Rücken des Verbündeten und eine klare Verletzung eingegangener Verpflichtungen (zumindest durch Großbritannien).[52]

Roosevelt brachte an Churchills Entwurf geringfügige Korrekturen an. Er entfernte Wörter, die zweideutig oder sogar provokatorisch wirken konnten. So sprach der Premierminister von der Kapitulation oder Rückführung nach Italien aller italienischen Truppen »auf Korsika, an der französischen Riviera einschließlich Toulon und auf dem Balkan, also in Jugoslawien, Albanien und Griechenland«. Dagegen schrieb der Präsident: »... wo immer sie sich außerhalb Italiens befinden mögen«. Churchill sprach von der »sofortigen Freilassung aller britischen Kriegsgefangenen«. Der Präsident erweiterte dies auf die Gefangenen der »Vereinten Nationen«. Der Ton des Dokumentes blieb insgesamt jedoch unverändert.[53]

Das Ausscheiden Italiens aus dem Kriege stellte sich der britische Premierminister ohne schwere Kämpfe gegen deutsche Truppen vor. Churchills Memoiren geben die Notiz vom 25. November 1942 wieder: »Ich teile den Standpunkt nicht, daß es in unserem Interesse liegt, Italien unter deutsche Besetzung und Verwaltung fallen zu lassen.«[54] Stalin und Roosevelt sagte man das eine, dem Papier aber vertraute man etwas anderes an: Den Abzug von Wehrmachtseinheiten von der

365

Ostfront zu bewirken, lag nicht in Churchills Sinn. Das Gegenteil war gemeint.

Die Bedingungen für die Kapitulation Italiens wurden zwischen London und Washington vom 26. bis 30. Juli abgestimmt. Danach teilte sie Eden dem sowjetischen Geschäftsträger in Großbritannien, Arkadi Sobolew, mit. Am nächsten Tag, dem 31. Juli, informierte Molotow den britischen Botschafter in Moskau, die sowjetische Seite akzeptiere das Dokument, das ihr zur Information übergeben wurde, ohne Einwände. Das bedeute jedoch keine Zustimmung zu der Methode, die man der sowjetischen Seite aufzuzwingen versuche.

Am 22. August sandte Stalin Roosevelt und Churchill eine Botschaft, in der er forderte, »eine militärisch-politische Kommission aus Vertretern der drei Länder – der USA, Großbritanniens und der UdSSR – zu bilden, um die Probleme der Verhandlungen mit den verschiedenen von Deutschland abfallenden Regierungen zu prüfen«. »Bisher ist es so«, hieß es in der Botschaft, »die USA und Großbritannien treffen untereinander eine Übereinkunft, während die UdSSR als dritte Partei passiv zuschaut und über diese Übereinkunft zwischen den beiden Mächten informiert wird. Ich muß sagen, daß dieser Zustand nicht länger hingenommen werden kann.«[55]

Edens Idee, der im Gespräch mit dem amerikanischen Botschafter Winant geäußert hatte, man müsse »die Sowjetunion *auf irgendeine Weise zu den Beratungen über die Lage in Italien heranziehen«,* denn wenn die russischen Armeen zur Offensive übergehen, »wollen wir sicherlich Einfluß auf die Bedingungen für die Kapitulation und die Okkupation der verbündeten und feindlichen Länder haben[56]«, ging nicht auf. Die sowjetische Seite forderte klare Festlegungen. Sie ließ sich von den Alliierten nicht mehr mit Phrasen abspeisen, sondern bestand darauf, daß diese sich wie Alliierte verhielten.

Der Vorwurf des Treuebruchs bezog sich natürlich nicht allein auf Italien. Roosevelt und Churchill wurden gewarnt, daß die UdSSR sich nicht mit der Rolle des Statisten in den politischen Inszenierungen des Westens abfinden werde. Die sowjetische Demarche führte dazu, daß die genannte Kommission gebildet wurde und die USA über prinzipielle Fragen der weiteren Kriegsführung und der Zusammenarbeit in der Nachkriegszeit ernster nachdenken mußten.

Churchill wußte Bescheid, welches Gewicht für die Angelsachsen Präzedenzfälle haben, wie man Roosevelt mit einer Aktion ködern konnte, die sofortigen Nutzen versprach, wie man seine gestrige Entschlossenheit aufweichen und ihn zu einem ganz anderen Vorgehen bewegen konnte. Der Premierminister machte sich noch eifriger daran, immer wieder Situationen zu schaffen, die die USA de facto dazu nötigten, weiterhin im britischen Fahrwasser zu schwimmen.

Statt der bedingungslosen Kapitulation gewährte man Italien auf Londons Betreiben einen leicht verdaulichen Waffenstillstand. Diese Wendung der Ereignisse war für die hochgestellte Opposition in Deutschland eine Quelle der Inspiration. Die antifaschistische Revolution in Italien reduzierte Churchill auf die Beseitigung Mussolinis.[57] Die staatliche Struktur des Regimes blieb unangetastet, damit die »Ordnung« aufrechterhalten und »spontane Exzesse« verhindert werden konnten.

Von den deutschen Oppositionellen forderte man etwas mehr – neben Hitler auch die Entfernung aller seiner Kabinettskollegen von der Macht. Darauf hätte man möglicherweise sogar bestanden. Für den Anfang genügte allerdings auch die Absetzung des »Führers«, um durch »übertriebene Ansprüche« die allgemeine Disposition nicht zu verderben.

Hitlers Sturz sollte das Signal dafür sein, die Kriegsziele für erreicht zu erklären und die Fronten auf neue Aufgaben auszurichten.[58] Dabei wurde nicht zufällig zwischen dem deutschen und dem preußischen Militarismus unterschieden. Während man für die Streitkräfte Italiens im Zusammenhang mit einigen spezifischen Projekten des Westens kein besonderes Interesse zeigte, lagen die Dinge bei der Wehrmacht ganz anders.

Im Sommer 1943 untersuchte das Amt für strategische Dienste (OSS) der USA, ob es zweckmäßig sei, »die ganze Macht des noch starken Deutschlands gegen sie [die Sowjetunion] zu wenden«. Donovans Memorandum vom 20. August 1943 und das diesem beigelegte Dokument »Strategie und Politik: Können Amerika und Rußland zusammenarbeiten?« haben bisher bei den Forschern nicht die Aufmerksamkeit gefunden, die ihnen der Präsident und der Premierminister gemeinsam mit ihren Stabschefs seinerzeit schenkten.

Dieses kollektive Werk des OSS spiegelte die konzeptionellen Besonderheiten der Position der USA zu diesem Krieg, des Werdegangs ihrer Strategie und Politik wider. Es läßt uns besser verstehen, wo die inneren Triebfedern für den Zickzackkurs der Vereinigten Staaten bis

1945 und für den nachfolgenden Bruch mit dem Erbe der Anti-Hitler-Koalition liegen.

Den Zustand der Beziehungen der Westmächte zur UdSSR schätzte das OSS im Sommer 1943 als »Krise« ein, die »gebieterisch eine Überprüfung und Festlegung der Strategie und der Politik verlangt, die die Nachkriegsordnung bestimmen werden«. »Die Zukunft Europas wird tief, ja vielleicht entscheidend von der Stärke und der geographischen Aufstellung der Streitkräfte bei der *Beendigung der offiziellen Kriegshandlungen* gegen Deutschland beeinflußt werden.«

Als wichtigstes amerikanisches Ziel in Europa wurde die »Sicherheit der Vereinigten Staaten« genannt, als primäre Voraussetzung für diese Sicherheit gefordert, »den Versuch Deutschlands abzuwehren, die Kräfte Europas zu vereinen, zu unterwerfen und zu führen«. Als zweite Forderung wurde gestellt, »daß nach einer Niederlage Deutschlands *keine Macht allein und keine Gruppe von Mächten, in der wir* [die USA] *keinen starken Einfluß haben, die Kräfte Europas führen darf«.*

Wenn die USA weder das eine noch das andere erreichten, *»kann man davon ausgehen, daß wir* [die Amerikaner] *den Krieg verloren haben«.* Das Endziel der USA sah man darin, »zur Schaffung einiger anderer Bedingungen in Europa beizutragen, die Frieden, Freiheit und Prosperität gewährleisten – zum Wohle nicht nur Europas, sondern auch zu unserem [der Amerikaner] eigenen Wohl«. Dies sei aber nur durch die »Errichtung eines (entsprechenden) Machtsystems« zu erreichen.

Allein waren die USA allerdings nicht in der Lage, ihre Zielvorstellungen in Europa durchzusetzen. Deshalb hatten sie die Wahl, dabei entweder zurückzustecken oder wirksame Bündnisse zu schaffen. Gemeinsame Anstrengungen der USA und Großbritanniens reichten dafür nicht aus. Sie sollten möglichst ergänzt werden durch »den Aufbau aller möglicher Hilfskräfte (norwegischer, holländischer, belgischer, tschechischer, polnischer, jugoslawischer, griechischer und insbesondere französischer Herkunft) vor und nach der erwarteten Landung der Truppen der Alliierten in Westeuropa«.

Deutschland und die Sowjetunion werden nach Stärke und Einfluß als Mächte aufgefaßt, die gegen die USA stehen. Das »Dritte Reich« – weil es sich im Kriegszustand mit den Vereinigten Staaten befindet. Die Sowjetunion, weil sie ein Staat ist, dessen Potential rasch wächst, was sie in die Lage versetzt, eine eigene Politik zu verfolgen.

Das OSS wertete folgende Kriegsziele für die Sowjetunion als vorrangig:

1. Hauptaufgabe: die Sicherheit der UdSSR.

2. Erste unabdingbare Voraussetzung der Sicherheit Rußlands: die Niederlage Deutschlands. Und weiter eine These, die in der amerikanischen Analyse ständig präsent war: *»Ein starkes und aggressives Deutschland stellt zweifellos eine größere Gefahr für die Russen als für die Vereinigten Staaten dar.«*

3. »Die Sowjetregierung wird wahrscheinlich mindestens auf den folgenden Bedingungen für eine Regelung bestehen:

a) Wiederherstellung der sowjetischen Grenzen etwa auf dem Stand vom Juni 1941;

b) Einsetzung der UdSSR freundschaftlich oder zumindest nicht feindselig gesinnter Regierungen, die nicht unter dem Einfluß anderer Großmächte stehen, in allen Nachbarstaaten (einschließlich Deutschland);

c) Garantien dafür, daß keine nichtsowjetische Macht oder eine Mächtegruppierung, in der die Sowjetunion keinen starken Einfluß besitzt, die Gesamtherrschaft über Europa ausübt.«

4. Unter bestimmten Voraussetzungen können die Minimalziele auf ein Maximum ausgedehnt werden – »eine bedeutende Ausweitung des revolutionären Sowjetsystems nach Westen zusammen mit der Bildung neuer Räteregierungen unter der Herrschaft Moskaus«. Die Errichtung eines solchen Regimes in Deutschland »sicherte Rußland die Herrschaft über Europa«.

»Angesichts der Diskrepanz zwischen unseren Zielen und Möglichkeiten werden *drei Alternativen für die Ausrichtung der Strategie und Politik gegenüber Deutschland und Rußland* vorgeschlagen:

1. Unverzüglich einen Versuch zu unternehmen, unsere Differenzen mit der Sowjetunion beizulegen und uns auf die gemeinsamen Interessen zu konzentrieren, die wir mit dieser Macht haben.

2. Amerika und Großbritannien *verfolgen weiterhin eine Zeitlang* eine Strategie und Politik, die in großem Maße unabhängig sind von der Strategie und der Politik der Sowjetunion – in der Hoffnung, auf diese Weise sowohl die Niederlage Deutschlands als auch eine Stärkung unserer Positionen bei Verhandlungen über eine Regelung zu erreichen, die Rußland nicht gerade begünstigt.

3. *Zu versuchen, die ganze Macht eines unbesiegten Deutschland, das*

immer noch von den Nazis oder den Generalen regiert wird, gegen Rußland zu wenden.«

Als optimal schwebte den Verfassern dieses Dokuments ein Kurs vor, der auf die Schwächung Deutschlands und der Sowjetunion bei »maximaler Konzentration (anglo-amerikanischer) Kräfte in der entscheidenden Region Westeuropas« zielte. Angesichts der gegenwärtigen und vorhersehbaren Gefahren und Unwägbarkeiten, die jedem denkbaren Kurs in Europa anhaften, »ob nun in den Kampfhandlungen oder in Verhandlungen mit Deutschland oder Rußland, scheint dies unsere *einzige gute Hoffnung* zu sein«.

Nach Einschätzung des OSS war die Sowjetunion in der Lage, »den gegenwärtigen Umfang der Kriegshandlungen bis zum Frühjahrstauwetter des Jahres 1944, möglicherweise auch etwas länger aufrechtzuerhalten«. *Spätestens im Sommer werde jedoch »der Mangel an Lebensmitteln und lebendigen Kräften einen bedeutenden Rückgang der militärischen Möglichkeiten Rußlands« zur Folge haben.*

Zugleich erwartete man auch ein »bedeutendes Absinken der militärischen Möglichkeiten Deutschlands zur selben Zeit«. Einen Separatfrieden »mit einem starken und aggressiven Deutschland« abzuschließen, liege »nicht im Interesse der Sowjetunion«, denn damit wäre für die Amerikaner und die Briten die *»einzige Bedingung«* (Hervorhebung von den Verfassern des Dokuments) erfüllt, bei der »für die Vereinigten Staaten und Großbritannien der Abschluß eines analogen Friedens [mit den Deutschen] politisch und moralisch realisierbar wäre«.

Das ist ein sehr bedeutsames Moment, das möglicherweise einen weiteren Aspekt der Manöver der Westmächte beleuchtet. Sie forderten die UdSSR 1943 zu Aktionen heraus, die den Demokratien den äußeren Anlaß für ein Geschäft mit dem Reich geboten hätten.

In dem Dokument werden alle Für und Wider der »amerikanischen Alternativen« im einzelnen abgewogen. Dabei ist unter Punkt A vorgesehen, *»Nazi- oder Junkerdeutschland gegen Rußland zu wenden«. »Es gibt offenbar nur einen Weg, die Sowjetunion allein durch Stärke zu besiegen: gegen sie die gesamte Macht eines immer noch mächtigen Deutschlands (d. h. eines Deutschlands, das von den Nazis oder den Generalen regiert wird) zu wenden.«* Um die spätere Herrschaft eines Deutschlands, das die UdSSR erobert hat, über das gesamte Europa zu verhindern, seien die USA und Großbritannien verpflichtet, *»ein weiteres Mal und ohne die Hilfe Rußlands an die schwierige, vielleicht auch* *unrealisierbare Aufgabe zu gehen, Deutschland zu besiegen«*. Die Hauptschwierigkeit wurde darin gesehen, wie die Öffentlichkeit der westlichen Länder auf diese Idee eingestellt und zur Durchsetzung dieses ungeheuerlichen Planes mobilisiert werden konnte.

Unter B schlugen die Autoren des Dokumentes vor, »eine unabhängige Strategie in der Hoffnung auf *einen billigen Sieg über Deutschland und eine bessere Ausgangsposition für Verhandlungen mit Rußland* zu verfolgen«. Die Verfasser warnten, »beim Fehlen abgewogener, energischer und erfolgreicher Anstrengungen für eine Veränderung des sich abzeichnenden Gangs der Ereignisse werden die anglo-amerikanische und die sowjetische Strategie und Politik offenbar im Laufe der folgenden sechs oder acht Monate von der jetzigen Phase einer relativen Unabhängigkeit und eines beginnenden Wettstreits in eine neue Phase der scharfen Rivalität übergehen«.

Für diesen Fall wurde eine Prognose bis zum Ende des bevorstehenden Winters gestellt:

a) Die Kriegshandlungen der USA und Großbritanniens auf dem Festland dürften etwa auf dem jetzigen Stand fortgesetzt werden. Wenn sie diese ohne Konsultationen mit der UdSSR auf den Balkan ausdehnen, dann werden sich die »Reibungen mit den Russen verstärken«. Eine »Operation auf dem Balkan« wurde insgesamt als nicht sehr vielversprechend betrachtet, weil sie keine Stärkung der amerikanischen Position gegenüber der UdSSR versprach und zugleich Truppen der Alliierten aus Westeuropa abzog. Deshalb plädierte das OSS für den Versuch, Bulgarien, Rumänien und Ungarn mit politischen Mitteln und Luftangriffen zum Ausscheiden aus dem Krieg gegen Rußland zu bewegen.

»Die militärpolitische Tätigkeit [gegenüber dem Reich] kann *zum Teil auf den Versuch hinauslaufen, die Nichtnazis in Deutschland von den Nazis und anderen Personen, die für den Krieg verantwortlich sind, zu trennen und ihnen versöhnliche Bedingungen anzubieten, wenn die Nazis und die Generale von der Macht entfernt werden«.*

b) Die Sowjetunion kann ihre Operationen gegen Deutschland etwa auf dem jetzigen Stand und mit bedeutendem Erfolg fortsetzen. *»Die Sowjetregierung kann darauf hoffen, Deutschland vor allem mit eigenen Kräften zu besiegen und danach bei der Neugestaltung Deutschlands und Europas die Hauptrolle zu spielen.*

c) Die deutschen Truppen dürften immer mehr aus Westeuropa

nach Osteuropa verlegt werden. Zu dieser Veränderung werden folgende Faktoren beitragen: *Das Fehlen eines starken alliierten Drucks im Westen, starker russischer Druck im Osten und die weitverbreitete Angst der Deutschen vor Rußland und dem Kommunismus.«*

Falls die Russen einem Sieg im Osten entgegengehen und die deutschen Streitkräfte im Westen wesentlich geschwächt werden, kann es *im Frühjahr und Sommer 1944 zu einer raschen Entwicklung der Krise kommen.*

a) »Die USA und Großbritannien könnten dann *eine Offensive mit begrenzten Kräften im Westen starten.*

b) Die Deutschen, die eine anglo-amerikanische Besetzung einer russischen vorziehen, werden offenbar *relativ schwachen Widerstand im Westen leisten,* doch versuchen, ihre Positionen im Osten zu halten.

c) In dieser Situation kann die Macht von den Nazis auf die deutschen Generale übergehen.

d) Die (zur Führung gelangten) Generale könnten bei den Westalliierten um einen Waffenstillstand nachsuchen.

Bei Ablehnung dieses Ersuchens könnten die Generale, wie man annimmt, die Macht an eine zentristisch-sozialistische Regierung übergeben«, die für die USA und Großbritannien annehmbar wäre. *Die russische Seite müßte diese vollendete Tatsache als Grundlage für die Einstellung der Kriegshandlungen an der Ostfront und ein nachfolgendes Abkommen über die Nachkriegsregelung anerkennen.*

Für Frühjahr und Sommer 1944 wurde auch eine Rebellion einer energischen Minderheit deutscher Kommunisten und ihrer Sympathisanten prognostiziert, ein ungehinderter Vormarsch der Russen nach Westen mit Kräften, die die Großbritanniens und der USA wesentlich übertrafen, eine ungünstige Verhandlungsposition der Westmächte und, nicht ausgeschlossen, ein faktischer Konflikt mit den stärkeren Streitkräften der UdSSR.

Unter C wird eine »Konzentration maximaler Kräfte in Westeuropa und eine *unverzügliche Vereinbarung mit Rußland«* vorgeschlagen.

Das OSS war der Meinung, daß die *Minimalziele der USA und der UdSSR vereinbar seien. Obwohl sich abzeichnet, daß Deutschland auch ohne direkte Beteiligung anglo-amerikanischer Bodentruppen besiegt werden wird, hat die sowjetische Seite das Interesse an der Zusammenarbeit mit den Westmächten nicht verloren.* Eine teure Landung auf dem Kontinent, betonten die Verfasser des Dokumentes, »wäre die einzige

Aktion, die geeignet sein könnte, den Westmächten von vornherein eine aussichtsreiche Position zur Durchsetzung einer Kompromißregelung mit Rußland und die Grundlage dafür zu garantieren, daß die Vereinigten Staaten, Großbritannien und Rußland Deutschland gemeinsam besetzen und gemeinsam die Einhaltung der Vereinbarungen garantieren«.

Die Durchsetzung dieser Variante hänge in entscheidendem Maße von »Umfang, Zeitpunkt und einer vorherigen Vereinbarung mit Rußland ab«. *Eine verspätete Landung könnte dazu führen, daß die Sowjetunion sich von den Alliierten abwendet und eine »extremistische Regierung« einsetzt.* Ein baldiges Eingreifen der Kräfte der Alliierten, solange die UdSSR noch das Bedürfnis nach einem koordinierten Vorgehen verspüre, mache den Weg frei für eine Verständigung über einen weiten Kreis von Fragen, an denen alle drei Mächte außerordentlich interessiert seien.

In einer Liste von zwölf derartigen Fragen werden angeführt: *«die Anerkennung der amerikanischen und britischen Ansprüche auf eine Reihe neuerworbener strategischer Basen durch die Sowjetunion«* im Grunde genommen im Austausch für die Anerkennung der »sowjetischen Ansprüche auf einen bedeutenden Teil der von Rußland 1939/40 annektierten Territorien« durch den Westen.

Wenn ein Versuch, mit der UdSSR zu einer Vereinbarung zu gelangen, scheitern sollte, wäre »die fortgesetzte offene Rivalität nicht schärfer als ohne diesen Versuch, zu einer Vereinbarung zu kommen«. Der Geheimdienst betonte den Gedanken, daß *die Eröffnung einer zweiten Front »eines der unverzichtbaren Elemente jeglicher Kompromißpolitik gegenüber der Sowjetunion« sei.* Mehr noch, man stellte fest, daß es *auch im Falle einer separaten Strategie und Politik gegenüber Deutschland ohne »großangelegte Operationen der Alliierten in Westeuropa«* nicht abgehen werde.[59]

Vorauseilend stellen wir fest, daß der praktische Kurs der USA nach Quebec, wo diese Überlegungen aus Donovans Amt erörtert wurden, eine Kombination der verschiedenen Alternativen darstellte. Dabei neigte der Präsident, wie die Tatsachen deutlich zeigen, mehr zu Variante C, während seine Umgebung, die Apparate des State Department, des Kriegsministeriums und die Generalität sich mehr für die Ideen von Variante B (und zum Teil auch Variante A) erwärmten.

Aus Punkt 9 des Protokolls »Militärische Überlegungen in den Beziehungen mit Rußland«, das bei der Sitzung des Vereinigten Anglo-Amerikanischen Stabes am 20. August geführt wurde, erfahren wir, daß die Admirale William Leahy und Ernest King, die Generale George Marshall und Henry Arnold (USA) sowie General Alan Brooke, Admiral Dudley Pound und der Hauptmarschall der Air Force Charles Portal (Großbritannien) die Frage erörterten, ob die Deutschen beim Einmarsch anglo-amerikanischer Truppen in Deutschland »nicht helfen würden«, »um die Russen zurückzuschlagen«.[60] Diese Beratung fand im Rahmen der Konferenz »Quadrant« in Quebec vom 19. bis 24. August 1943 statt. Worauf einigte man sich?

Unabhängig davon, zu welcher Entscheidung man letzten Endes kam, spricht die Tatsache für sich, daß *die Frage nach Methode und Zeitpunkt des Verrats an dem Verbündeten und der Sache der Anti-Hitler-Koalition überhaupt zur Diskussion gestellt wurde.* Zu einem Zeitpunkt, da die Sowjetunion in schwersten Kämpfen stand, um die Hitlersche Zitadelle aufzubrechen, wogen die Westmächte ab, wie sie der UdSSR das Leben erschweren und im Kampf gegen die Aggressoren weitere Lasten über jedes Maß aufbürden könnten. Womit sich Leahy, Brooke und andere bisher einzeln und sogar heimlich befaßt hatten, das diskutierten sie jetzt ohne jede Scheu in einem ziemlich großen Kreis, ohne zu befürchten, daß man sie zur Ordnung rufen könnte.

Spätestens seit dieser Zeit sahen die amerikanische und britische Diplomatie sowie die Geheimdienste ein äußerst wichtiges Feld ihrer Tätigkeit darin, die Voraussetzungen für den ungehinderten Einmarsch der Truppen der USA und Großbritanniens in Deutschland und den von ihm besetzten Ländern zu schaffen. Dieses Ziel durchzusetzen, wurde nun zum Hauptinhalt der verschiedenen Kontakte mit der deutschen Opposition, der die Rolle einer »fünften Kolonne« zugedacht war. Die Idealvariante war eine Landung, bei der die Kommandeure der wenigen im Westen stationierten Einheiten der Wehrmacht die Schlüssel der Städte und Festungen kampflos übergaben. Die nazistischen Militärs selber wollte man in Reserve halten – für den Fall, daß es zu Komplikationen mit der UdSSR kam.

Der Premierminister wurde nicht müde, alle Pläne zunichte zu machen, die die Überquerung des Ärmelkanals in der Zeit von Juni bis August 1943 zum Inhalt hatten. Die strategische Konzeption, die man auf der Trident-Konferenz nur mit Mühe zusammengezimmert hatte, geriet damit in Gefahr. Ihren Alternativkonzepten wie einer »erstrangigen Operation« in Italien oder dem Plan einer Landung auf dem Balkan fügten die Briten nun noch die Idee einer Invasion in Spanien hinzu.

Der Präsident erörterte das Spanienprojekt am 23. Juni mit den Mitgliedern des Komitees der Stabschefs und Hopkins. Leahy zeigte Interesse für die Pyrenäen. Die anderen waren geteilter Meinung. Einige (General Hull) setzten sich für Operationen im Mittelmeer ein, andere (General Wedemeyer) sprachen sich dafür aus, entweder einen Schlag über den Ärmelkanal zu führen oder sich auf den Kampf gegen Japan umzuorientieren; eine dritte Gruppe (Oberst Bissell und General Lindsay) war dafür abzuwarten, bis die UdSSR Deutschland völlig zermürbt hatte, und in der Zwischenzeit Italien zum Ausscheiden aus dem Krieg zu bewegen. Eine Churchill nahekommende Position vertrat Donovan.

Marshall definierte den Unterschied der Ziele von Operationen im Mittelmeer und dem Plan »Overlord« so: »Für die Briten waren im Mittelmeer von Anfang an die politischen Folgen wichtig, während Operation ›Overlord‹ ein entscheidender Schritt ist, der von Anfang an rein militärische Ergebnisse bringen wird.«[61]

Vor dem Treffen in Quebec wiesen die Planungsorgane der Army Roosevelt darauf hin, daß »zwischen den von Großbritannien und den USA erzielten Vereinbarungen und der Art und Weise ihrer Realisierung in den vergangenen eineinhalb Jahren eine Kluft« bestehe. In dem Bericht hieß es, der Übergang von Plan »Bolero« zu »Torch« sei übereilt, mit großem Aufwand und in starker Unordnung vollzogen worden. Pläne für die Rüstungsproduktion, die Ausbildung und Ausrüstung der Truppen wurden mißachtet, die Zeitpläne für die Entsendung der Einheiten auf die Kriegsschauplätze nicht eingehalten. Aus diesem Grunde sei es nicht gelungen, auch nur auf einem einzigen Kriegsschauplatz genügend Kräfte zu konzentrieren, um einen raschen und entscheidenden Sieg über die »Achsenmächte« zu erringen.

Zum Abschluß hoben die Planungsorgane hervor, daß die Zersplitterung der Kräfte den Krieg in die Sackgasse führen könne. Um einen raschen Sieg zu erringen, müsse man entscheiden, wo man die Hauptanstrengungen unternehmen wolle, und dies dann strikt einhalten. Die Planer selbst sprachen sich für die Operation über den Ärmelkanal aus, den einzigen »den Alliierten offenstehenden« Weg, um »in unmittelbare Kampfberührung mit der deutschen Armee zu kommen«.[62]

Die Behauptung, eine Zerschlagung der Streitmacht Deutschlands und seiner Satelliten sei ohne das aktive Eingreifen großer Verbände

375

der anglo-amerikanischen Bodentruppen unmöglich, mögen die Verfasser des Berichtes auf ihr Gewissen nehmen. Nach der Schlacht am Kursker Bogen wußten Roosevelt und die Mehrheit in seiner Umgebung, daß die Sowjetunion das Nazireich ohne fremde Hilfe vernichten würde.

An dieser Schlacht waren von beiden Seiten über vier Millionen Mann, mehr als 70 000 Geschütze und Minenwerfer, bis zu 13 000 Panzer und 12 000 Flugzeuge beteiligt. Im Sommer und Herbst 1943 verlor der Gegner an der Ostfront 1,4 Millionen Mann. Hier wurden 118 Divisionen der Wehrmacht zerschlagen – die Hälfte der Kräfte, die auf diesem Kriegsschauplatz eingesetzt waren.

Die Ereignisse hatten bereits eine Eigendynamik angenommen, die weder Washington noch London aufhalten konnten. Nicht mit einer Taktik des Abwartens und auch nicht mit einem »strategischen Kurs, nach dem die UdSSR und Deutschland sich auch weiter an der Front gegenseitig auslöschen sollten, während die USA und Großbritannien sich darauf beschränkten, die deutsche Militärmaschine durch psychologische und politische Einwirkung zu erschüttern«.

Bei einer Begegnung mit Marshall am 9. August sprach sich der Präsident dafür aus, »Overlord« mit den Operationen im zentralen Teil des Mittelmeeres zu verknüpfen. Einen Tag später empfahl Kriegsminister Stimson Roosevelt, vor den »prinzipiellen Meinungsverschiedenheiten« zwischen Briten und Amerikanern nicht die Augen zu verschließen und »die Verantwortung für die Führung der bevorstehenden entscheidenden Operation auf dem europäischen Kriegsschauplatz zu übernehmen«. »Wir können nicht zulassen«, hieß es in der Denkschrift, die Stimson dem Präsidenten übergab, »daß wir uns noch einmal versammeln und Operation ›Bolero‹ wiederum nur in Worten zustimmen.«

Die Beratung am 10. August, an der Roosevelt, Stimson und die Stabschefs teilnahmen, empfanden die Militärs als einen Umschwung in der Denkweise ihres Oberkommandierenden. Er wandte sich gegen die Variante, eine zweite Front auf dem Balkan zu errichten. Falls die Briten »Overlord« endgültig ablehnten, schloß der Präsident nicht aus, eine rein amerikanische Operation durchzuführen, bei der jedoch die Britischen Inseln als Operativbasis dienen sollten.[63]

Als Churchill von diesem Sinneswandel im Weißen Haus erfuhr, griff er zu seiner erprobten Methode der Zustimmung »im Prinzip«, wobei er weitere Vorbedingungen für die Durchführung von »Overlord« auftürmte. Diese wurde nun davon abhängig gemacht, daß die Wehrmacht am Tag X in Frankreich und den Niederlanden nicht mehr als zwölf Divisionen in voller Stärke stationiert hatte, die in der Lage waren, Angriffsoperationen durchzuführen (ausgenommen die mit der Küstenverteidigung und mit Ausbildung befaßten Einheiten). In den ersten beiden Monaten nach der Landung mußte man die Deutschen daran hindern, mehr als 15 kampffähige Divisionen von der Ostfront nach Westen zu werfen. Und natürlich brachte er das unvermeidliche Pendant ins Spiel – wenn nicht »Overlord«, dann »Jupiter«.

Nachdem der Premierminister Roosevelts Zustimmung zu einer schnellstmöglichen »Neutralisierung« Italiens erhalten hatte, versuchte er nun für die Apenninenhalbinsel ein Maximum an Kräften herauszuschlagen. Die Operation sollte mit den bereitgestellten Truppen durchgeführt werden, erklärten die Amerikaner.[64] Churchill aber war entschlossen, den Verbündeten mit allen Mitteln auf seine Position zu zwingen: erst einmal die Straße von Messina überqueren – dann würde sich alles weitere von selbst ergeben.

Auf der Konferenz von Quebec wurde parallel zu »Overlord« auch der Nachfolger von »Sledgehammer« erörtert – der erneuerte Plan für eine besondere Landung der Alliierten auf dem Kontinent in drei Modifikationen, nun »Rankin« genannt:

»Fall A: Umfassende Schwächung von Geist und Kampfkraft der deutschen Truppen, die eine Invasion der vorhandenen anglo-amerikanischen Truppen vor dem für die Operation ›Overlord‹ vorgesehenen Termin möglich macht.

Fall B: Abzug der deutschen Truppen von den okkupierten Gebieten.

Fall C: Bedingungslose Kapitulation Deutschlands und Einstellung des organisierten Widerstandes in Nordwesteuropa.«

In Anlage 1 zum Hauptdokument (43) 41 heißt es: »Es liegt im Bereich des Möglichen, daß die Gefahr einer vollständigen Niederlage an der russischen Front sie [die Deutschen] dazu bewegen kann, die Besetzung West- und möglicherweise auch Südeuropas völlig aufzugeben, um alle vorhandenen Kräfte gegen die russische Bedrohung zu werfen, so die endgültige Niederlage hinauszuzögern und zu erreichen, daß Deutschland eher von anglo-amerikanischen als von russischen Truppen besetzt wird.«

Nach »Fall C« war vorgesehen, in kürzester Frist die Gebiete zu besetzen, die es ermöglichen sollten, »die Einhaltung der Festlegungen der bedingungslosen Kapitulation« zu kontrollieren. Bei der geographischen Bestimmung dieser Gebiete ging man großzügig vor. Für die amerikanischen Truppen waren Frankreich, Belgien und Deutschland von der Schweizer Grenze bis Düsseldorf vorgesehen. Die Briten sollten die Niederlande, Dänemark, Norwegen und Norddeutschland von der Ruhr bis Lübeck besetzen. Nach Plan »Rankin« war die Errichtung einer gemeinsamen anglo-amerikanischen Zivilverwaltung für Deutschland und alle zu befreienden Länder vorgesehen.

In dieser Fassung wurde der Plan von Roosevelt und Churchill in Quebec sanktioniert. Damit hatten die Planer ihr Pulver jedoch noch nicht verschossen.

In der Variante vom 8. November 1943 orientierte man sich darauf, daß Truppen der USA und Großbritanniens folgende Punkte unverzüglich zu besetzen hatten: in Nordwestdeutschland – Bremen, Lübeck und Hamburg, in Westdeutschland – das Ruhrgebiet und Köln, in Mitteldeutschland – Berlin und Dresden, in Süddeutschland – die Gegend um Stuttgart und München, in Italien – die Städte Turin, Mailand, Rom, Neapel und Triest mit ihrer Umgebung, in Südosteuropa schließlich Budapest, Bukarest und Sofia.

»Symbolische Kräfte« sollten in Den Haag, Brüssel, Lyon, Prag, Warschau, Belgrad und Zagreb abgesetzt werden. In einer dritten Etappe wollte man Dänemark, den Raum Kiel, in Griechenland Saloniki und die Insel Rhodos unter Kontrolle nehmen. Das Leitmotiv lautete überall: »den Russen zuvorkommen«. Kein koordiniertes Vorgehen mit der UdSSR, sondern Gegenmaßnahmen. Bedingungslose Kapitulation Deutschlands nicht vor der Anti-Hitler-Koalition, der auch die Sowjetunion angehörte, sondern vor den USA und Großbritannien.

Was wurde Moskau über die Beschlüsse von Quebec mitgeteilt? Am 26. August erhielt Stalin eine gemeinsame Botschaft Roosevelts und Churchills, in der von einer Ausweitung der Luftangriffe gegen Deutschland von Basen in Großbritannien und Italien sowie von der Konzentration amerikanischer Truppen auf den Britischen Inseln für eine Landung auf dem Kontinent die Rede war. Man wies darauf hin, daß diese Operation, für die drei bis fünf Divisionen im Monat bereitgestellt werden sollten, die »Hauptanstrengung der USA und Großbritanniens zu Lande und in der Luft« sein werde. Im Mittelmeer gehe es darum,

Italien aus dem Bündnis mit dem Reich herauszulösen. Termine für die einzelnen Operationen wurden nicht genannt.[65]

Dies war eine Ausrede, dazu gedacht, Vorwürfe gegen Washington und London abzuwehren. Man informierte nicht über Beschlüsse, die die Interessen der UdSSR direkt betrafen. Die Botschaft enthielt sogar eine Verschlechterung der bisher erklärten Position, denn in dem Telegramm nach »Trident« hatte man als Zeitpunkt für die Eröffnung der zweiten Front »das Frühjahr 1944« genannt. Hier ließ man den Termin völlig offen.

Der Italienfeldzug wird in den nach dem Kriege erschienenen Forschungsarbeiten nicht gerade hoch bewertet. Der britische Historiker Fuller bescheinigt ihm, »nach strategischer Sinnlosigkeit und taktischer Mittelmäßigkeit« einzig dazustehen.[66] Viele amerikanische Autoren gehen den »goldenen Mittelweg« – sie spielen ihn gegenüber dem ursprünglichen Konzept zur »Hilfsaktion« herunter und meinen, insgesamt habe er seinen Zweck erfüllt. Allerdings können auch die Autoren aus Übersee die mäßige Truppenführung nicht übersehen, die sie unter anderem auf Konkurrenzgehabe zwischen Amerikanern und Briten zurückführen.[67]

Die Italiener gaben Sardinien faktisch kampflos auf. Die Deutschen zogen sich aus eigenem Entschluß von Korsika zurück. Diese Nachgiebigkeit des Gegners führte in London zu der Illusion, das nazistische Oberkommando könnte die Inseln im östlichen Mittelmeer und selbst den Balkan kampflos räumen.

Der Premierminister nahm nun die Dodekanes-Inseln ins Visier. Jedoch seine Versuche, die »Apenninen- und die Balkanhalbinsel in militärischer und politischer Hinsicht zu einem Ganzen« zu erklären, das »faktisch einem Kriegsschauplatz« zugehörig sei, einen Zusammenhang zwischen dem Italienfeldzug und den Operationen in der Ägäis herzustellen, beeindruckten die Amerikaner nicht. Die USA ließen sich nicht dazu überreden, »für Operation ›Overlord‹ vorgesehene Landungsmittel und Schiffe der Sturmstaffel für einige Wochen herauszulösen, ohne das festgesetzte Datum der Operation zu verändern«, um eine »kolossale, aber vorübergehende Chance« (zur Eroberung der Insel Rhodos) nicht zu verpassen.[68]

Nicht einmal Erpressung half – Ende Oktober äußerten die britischen Stabschefs die Meinung, wenn der Italienfeldzug mit einem Mißerfolg ende oder steckenbleibe, werde man »Overlord« unweigerlich verschieben müssen.[69] Die Versuche der Briten, auf eigene Faust zu handeln, endeten mit einem Fiasko, das der Premierminister in seinen Memoiren dramatisch beschreibt.[70] Dramatisch deshalb, weil damit sein Traum, »Overlord« im letzten Augenblick doch noch durch eine Invasion auf dem Balkan zu ersetzen, in der Ägäis versunken war.

Ganz nebenbei: Wenn die Westmächte sich tatsächlich entschlossen hätten, auf dem Balkan anzugreifen, wäre dies für sie eine harte Nuß geworden. Von hier bezog Deutschland Erdöl, Bauxit, Kupfer, Chrom und andere Rohstoffe sowie Nahrungsmittel. Bis Oktober 1943 hatte die Wehrmacht auf dem Balkan nach amerikanischen Einschätzungen eine starke Verteidigungslinie aufgebaut.

Daß es im Herbst 1943 mit Großbritannien keine Verständigung über die in Europa zu verfolgende Strategie gab, war Washington Anlaß zur Sorge. Diese »verstärkte sich noch, als klar wurde«, wie Maurice Matloff feststellt, »daß es *nun endlich an der Zeit war, die anglo-amerikanische Strategie mit den Plänen und Absichten des anderen Hauptverbündeten im Krieg gegen Deutschland, der Sowjetunion, abzustimmen*«.[71] »Es war nun endlich an der Zeit.« So dachten die Amerikaner, denen ihr sechster Sinn sagte, daß es gefährlich war, sich noch länger von Großbritannien steuern zu lassen. Dies war die letzte Möglichkeit, die Strategie der USA in Europa zu korrigieren und das Vorgehen des Staates zu berücksichtigen, der nun die Entwicklung hier bestimmte.

Am Vorabend der Konferenz von Quebec hatte der Präsident seinen Vorschlag erneuert, persönlich mit Stalin zusammenzutreffen. Im Gespräch mit dem Geschäftsträger der UdSSR in den USA, Andrej Gromyko, am 19. Juli betonte Harry Hopkins, bei dieser Begegnung werde der Präsident Stalin in Erstaunen versetzen, wie weit er bereit sei, der Sowjetunion bei der Anerkennung ihrer Rechte, insbesondere in der Territorialfrage, entgegenzukommen. Nach den Worten seines Beraters hatte Roosevelt auch in anderen Fragen »bestimmte abgewogene Pläne«.[72]

Stalin, der Vorsitzende des Rates der Volkskommissare, wich auch diesmal einem zweiseitigen Meinungsaustausch mit der üblichen Begründung aus, »die gespannte Lage an der Front« erfordere seine Anwesenheit im Lande. Pro forma wurden als Orte für eine Zusammenkunft »verantwortlicher Vertreter« beider Staaten Astrachan oder Archangelsk genannt. »Falls Ihnen persönlich das nicht zusagt«, schrieb er, »können Sie auch einen Bevollmächtigten an einen der genannten Orte senden.« Zugleich sprach sich der sowjetische Regierungschef wie bereits in der Begegnung mit Joseph Davies dafür aus, »die Beratung von Vertretern zweier Staaten auf drei Staaten zu erweitern«.[73]

Nichts weist darauf hin, daß Roosevelt, als er bilaterale Verhandlungen mit dem sowjetischen Führer vorschlug, taktische Ziele im Auge hatte, zum Beispiel nach einer Rechtfertigung für die anglo-amerikanischen Konferenzen in Casablanca, Washington oder Quebec suchte. Die zurückhaltende, ja sogar ablehnende Reaktion Moskaus auf die Initiativen des Präsidenten trug sicherlich dazu bei, daß die USA auf allen drei Konferenzen gegenüber Großbritannien den Weg des geringsten Widerstandes einschlugen. Das betraf auch die zweite Front: Da die sowjetische Führung offenbar keine Annäherung mit Roosevelt wollte, sah dieser keinen Sinn darin, seinerseits zu Großbritannien auf Distanz zu gehen.

In London kannte man den Hang des Präsidenten zur persönlichen Diplomatie und versuchte, ihm diese auszureden. Am 25. Juni ging ein Telegramm des Premierministers ein, der schrieb, jedes Treffen ohne Großbritannien werde der Nazipropaganda nur Stoff für Spekulationen bieten.[74] Unklar ist allerdings, wieso dieses Argument Churchill seinerseits nicht davon abhielt, ohne Roosevelt nach Moskau zu reisen.

Was bewog Stalin zu diesem Verhalten? Am ehesten Mißtrauen und Ärger, ein Verkennen der persönlichen Eigenheiten Roosevelts und dessen tatsächlicher Rolle als Oberhaupt des amerikanischen Staates. Eine Überbewertung der Informationen, die ihm regelmäßig aus London zugespielt wurden und den Eindruck erweckten, die Errichtung der zweiten Front werde in Washington hintertrieben, ist kaum zu bezweifeln. Historische Erfahrung konnte den Standpunkt rechtfertigen, die britische Position sei pragmatischer, die amerikanische dagegen ausgesprochen doktrinär; die aktuellen Tatsachen bestätigten dies jedoch nicht.[75]

Der Vorschlag, ein zweiseitiges Treffen Roosevelts und Stalins durchzuführen, wandelte sich zunächst zur Idee von einer Konferenz der Außenminister der drei Mächte in Moskau[76], aus der dann der Gedanke an eine Beratung der Regierungschefs der UdSSR, der USA und Großbritanniens in Teheran entstand. Die Bedeutung dieser Ereignisse für die weitere Entwicklung kann nicht überschätzt werden. Zugleich geben sowohl Moskau als auch Teheran eine Vorstellung davon, was bereits ein halbes Jahr oder fast ein Jahr früher hätte erreicht werden können.

Natürlich besteht überhaupt kein Grund, die Position Washingtons zu beschönigen. Cordell Hull kam mit der Instruktion zur Moskauer Konferenz, auf keinerlei Vereinbarungen im Namen des Komitees der Stabschefs ohne besondere Genehmigung einzugehen, die Pläne für den Krieg gegen Japan »nur in allgemeinen Zügen« darzulegen, von einer einheitlichen anglo-amerikanischen Strategie auf allen Kriegs-schauplätzen zu sprechen und die großen Vorzüge auszumalen, die der Eintritt der UdSSR in den Krieg im Fernen Osten brächte, das heißt einen gewissen Zusammenhang zwischen einer zweiten Front in Europa und auf dem pazifischen Kriegsschauplatz herzustellen.

Auf der Konferenz selbst vermieden es sowohl die amerikanischen als auch die britischen Vertreter, sich präzise über den geplanten Zeitpunkt der Landung auf dem Kontinent zu äußern, weil sie befürchteten, wie Maurice Matloff meint, »die sichere Durchführung der Operation zu gefährden«.[77] In Wirklichkeit hatten sie ganz andere Sorgen – sie wollten vermeiden, daß aus ihren vorläufigen Festlegungen, die sich je nach Lage und Stimmung leicht noch ändern konnten, feste Verpflichtungen gegenüber der UdSSR wurden. Zugleich konnte man immer wieder beobachten, daß die Anwesenheit der Briten die amerikanischen Vertreter hemmte und sie zuweilen regelrecht daran hinderte, sich deutlich zu artikulieren.

Das zeigt beispielsweise folgende Episode: Zur Zeit der Moskauer Konferenz sprach sich Roosevelt in einem Telegramm an Churchill dafür aus, eine bereits angesetzte Tagung des alliierten Komitees der Stabschefs zu verschieben. Dieser sollte, so bemerkte der Präsident, eine gründliche Analyse der Ergebnisse des Treffens der drei Außenminister und ihrer Verhandlungen mit Stalin vorausgehen. Der Premierminister widersprach jedoch kategorisch.

»Es dürfte die Russen nicht verdrießen«, schrieb Churchill zur Antwort, »wenn Amerikaner und Briten die sehr umfangreichen Operationen, die sie 1944 gemeinsam durchführen wollen, und zwar ohne Teilnahme russischer Truppen, genau aufeinander abstimmen. Auch dürfen wir meines Erachtens nicht mit Stalin zusammenkommen, falls eine solche Zusammenkunft überhaupt arrangiert werden kann, ohne uns über die englisch-amerikanischen Operationen als solche geeinigt zu haben.«

Der Premierminister gab zu verstehen, daß er die Entscheidung über »Overlord« nicht als endgültig betrachtete. Die Verteilung der Truppen der USA und Großbritanniens auf den Kriegsschauplätzen werde nach seiner Auffassung *nicht von strategischen Erfordernissen diktiert, sondern je nach dem Lauf der Ereignisse und den Möglichkeiten der Marine durch einen Kompromiß zwischen der amerikanischen und der britischen Auffassung festgelegt*. Churchill schlug vor, die Situation noch einmal abzuwägen, denn *einige hypothetische Voraussetzungen für die Eröffnung der zweiten Front* könnten möglicherweise nicht eintreten. Er setzte sich für »größte Sorgfalt und Voraussicht« ein, um »Hitler keine Gelegenheit zu einer sensationellen Revanche zu geben«. *»Ich tappe im Moment sehr im dunkeln und bin unfähig, so zielbewußt zu denken und zu handeln, wie es nötig wäre«,* schloß der Premierminister. »Aus diesem Grund wünsche ich eine baldige Begegnung mit Ihnen« (ohne Stalin).[78]

Nun versuchte Roosevelt, von einer anderen Seite an die Sache heranzukommen. Er schlug Churchill vor, einen sowjetischen Militärvertreter zu den gemeinsamen Sitzungen der anglo-amerikanischen Stäbe einzuladen. Dieser sollte das Recht erhalten, in der Diskussion Meinungen zu äußern und Vorschläge einzubringen. Bei den Beratungen war nicht vorgesehen, rein russische Operationen zu erörtern, es sei denn, der sowjetische Vertreter hatte Vollmacht, darüber zu informieren. »Die Moskauer Konferenz scheint eine *echte britisch-russisch-amerikanische Zusammenarbeit einzuleiten,* die zur baldigen Bezwingung Hitlers führen dürfte«, betonte der Präsident. Wir müssen *»die weitere Entwicklung dieser Zusammenarbeit voranbringen und insbesondere Stalin in der Überzeugung bestärken, daß wir ehrliche Absichten verfolgen«.*[79]

Churchill parierte: »Der Gedanke, einen russischen Militär an den Konferenzen unserer Vereinigten Stäbe teilnehmen zu lassen, gefällt mir ganz und gar nicht.« Er unterstellte, der sowjetische Vertreter »würde ganz einfach nach einer früheren zweiten Front schreien und jede andere Aussprache blockieren«. Auch ohne dies »könnten sich zwischen uns schwere Differenzen auftun, und wir könnten den falschen Weg einschlagen. Oder aber wir schließen Kompromisse und fallen zwischen zwei Stühle.«[80]

Damit hatte der britische Regierungschef sich aber verrechnet – der Zug fuhr ohne ihn ab. London hatte nur noch die Wahl, ihm entweder hinterherzuschauen oder noch im Fahren aufzuspringen, wobei ein großer Teil des britischen Gepäcks zurückblieb.

Vor der Moskauer Konferenz waren die amerikanischen Stabschefs zu der festen Meinung gekommen, daß die Sowjetunion in der Lage war, Deutschland auch ohne die Westmächte zu besiegen. Sie werde unter allen Umständen den entscheidenden Einfluß auf die Lage in Mitteleuropa und auf dem Balkan ausüben. Von den USA hing es nun ab, die Niederlage Deutschlands zu beschleunigen. Das entsprach ihrem strategischen Hauptziel und erleichterte es der Sowjetunion, ihrerseits bei der raschen Zerschlagung Japans Hilfe zu leisten. Wenn die Sowjetunion zu einem Zeitpunkt aus dem Krieg gegen Deutschland ausschied, da die deutsche Militärmaschine noch stark war, konnten die westlichen Alliierten auf dem Kontinent faktisch nichts unternehmen und mußten sich auf Luftangriffe gegen das Reich beschränken.[81]

Maurice Matloff beschrieb die Situation mit den treffenden Worten: »Die Zeit der müßigen Gespräche war vorüber; jetzt hieß es, entweder den Fisch an Land zu ziehen oder die Angel einzupacken.«[82] Nun aber setzten gegenläufige Prozesse ein: Die Sowjetunion war immer weniger auf die militärische Zusammenarbeit mit den Vereinigten Staaten angewiesen; andererseits wuchs die Bereitschaft der amerikanischen Planungsorgane, das in Quebec bestätigte Vorgehen bezüglich der zweiten Front zu realisieren. Einzige Begründung dafür, dies noch zu ändern, konnte jetzt die Zustimmung Moskaus zur Position Londons sein.

Die Bedeutung der Moskauer Außenministerkonferenz vom 19. bis 30. Oktober 1943 liegt darin, daß sie zu bestimmten politischen Ergebnissen führte, die Atmosphäre für das erste Gipfeltreffen in Teheran vorbereitete sowie einen Mechanismus zur Erarbeitung der Dokumente für die Kapitulation Deutschlands und der Normen des Umgangs mit diesem Lande in der Nachkriegszeit festlegte.

Außerordentlich wichtig war die Erörterung von Problemen, die sich aus der Befreiung der vom Nazismus unterjochten Völker Europas und der Gewährleistung eines stabilen Friedens auf dem Kontinent ergaben. Auf der Konferenz wurde anerkannt, daß der Kampf gegen die Aggressoren bis zum Sieg beschleunigt werden mußte – ein Thema, das vor allem die Sowjetunion in den Mittelpunkt stellte.[83]

Und doch übertreibt Maurice Matloff sicher, wenn er das Treffen der drei Minister den »Wendepunkt in der militärischen Zusammenar-

384

beit zwischen den alliierten Mächten im Zweiten Weltkrieg« nennt.[84] Möglicherweise traf das für die amerikanischen Stäbe zu. Washington nabelte sich von London ab und fühlte sich nicht mehr allein an die Zusammenarbeit mit Großbritannien gebunden. Dies bedeutete jedoch nicht automatisch eine Annäherung an die UdSSR. Die Orientierung auf ein paralleles Vorgehen mit der Sowjetunion wurde von Aktionen begleitet, die darauf abzielten, eine Sonderstellung der USA in der Welt aufzubauen – wenn nötig, ohne die UdSSR und in der Perspektive gegen sie.

Für Großbritannien war die Konferenz lediglich eine Etappe im Kampf für seine Konzeption des Krieges, frei von »Zufällen und Kompromissen«, wie Churchill Roosevelt schrieb, eine Konzeption, die sich gänzlich darauf orientierte, eine Nachkriegsordnung entsprechend den britischen Vorstellungen zu kreieren.

Ende 1943, bekennt Maurice Matloff, standen die USA und Großbritannien vor der Aufgabe, »*die endgültige Strategie für den Krieg in Europa ein für allemal festzulegen*«. Und weiter: »In der strategischen Planung des Koalitionskrieges trat nun eine kritische Situation ein. Seit Pearl Harbor waren fast zwei Jahre vergangen, aber *eine definitive Vereinbarung zwischen den Alliierten über die Strategie zur Zerschlagung des Hauptgegners – Deutschland – war immer noch nicht vorhanden.*« Dabei ging es nicht nur darum, wann Operation »Overlord« gestartet werden sollte und ob sie überhaupt zweckmäßig war. Die Strategie des globalen Krieges insgesamt, die Konzeption der »Zerschlagung Deutschlands zuerst«, die Rolle der USA, Großbritanniens und der Sowjetunion im Koalitionskrieg – *alle diese Probleme harrten ihrer Lösung.*[85] Bis zu dem Wendepunkt, von dem der Historiker soeben sprach, war es noch ein weiter Weg.

Hier sei daran erinnert, daß die Moskauer Konferenz auf Vorschlag Großbritanniens einen Sonderbeschluß »Über das Verhalten bei Friedenssondierungen von Feindstaaten« faßte. Dieser sah vor, daß die Regierungen der drei Mächte »sich gegenseitig unverzüglich über jegliche Friedensvorschläge informieren, die seitens der Regierungen, einzelner Gruppierungen oder Persönlichkeiten von Staaten an sie herangetragen werden, mit denen eine der drei Parteien sich im Kriegszustand befindet. Die Regierungen der drei Mächte vereinbaren weiterhin, sich zu konsultieren, um ihre Reaktion auf derartige Vorschläge abzustimmen.«[86]

Nach der Moskauer Konferenz hielt der US-Präsident einige Beratungen mit Militärs ab, auf denen der Plan »Rankin«, die Teilung Deutschlands in Besatzungszonen, die Neuaufrüstung der französischen Truppen, der Kriegseintritt der Türkei sowie die Zusammenarbeit mit der UdSSR nach dem Kriege erörtert wurden. Dabei schloß man nicht aus, daß Deutschland vor der Landung der Alliierten in Frankreich oder während dieser Operation kapitulieren konnte. Dementsprechend wurde die Möglichkeit vorgesehen, *amerikanische Truppen in jedem Stadium aus der Operation »Overlord« abzuziehen, um die* [im »Rankin«-Plan] *vorgesehenen Territorien zu besetzen.* »Wir müssen alles daran setzen«, erklärte Roosevelt, »daß amerikanische Divisionen so schnell wie möglich in Berlin sind.« Man konstruierte eine Art Mischoperation aus »Round-up« und »Rankin« ,wobei Elemente der letzteren überwogen. Die gesamte Planung ging von der Annahme aus, daß die Wehrmacht den amerikanischen Truppen nur geringen Widerstand leisten und der Sieg über Deutschland leicht und rasch sein werde.

Als Besatzungszone der USA schwebte Roosevelt jetzt Nordwestdeutschland bis zur Linie Berlin-Stettin vor. Die Briten sollten die Gebiete südlich und westlich der amerikanischen Zone erhalten. Das Territorium »im Osten« sollte der UdSSR zufallen. Auf diese Weise wollte man Deutschland später in drei (oder fünf) souveräne Staaten aufteilen. Der Gedanke »separatistische Tendenzen zu fördern« setzte voraus (oder räumte zumindest ein), daß die Politik in jeder Besatzungszone bereits während der Okkupationszeit unterschiedlich sein konnte. Eine Karte mit eigenhändigen Anmerkungen des Präsidenten wurde dem Stabschef der Army, George Marshall, am 19. November übergeben.

Bezeichnend ist, wie man in den USA über Frankreich dachte. Die Wiederherstellung des französischen Militärpotentials bis zu einem Niveau, daß es eingesetzt werden konnte, um die Herrschaft Frankreichs in seinen Überseeterritorien wiederherzustellen, an der Besetzung der »Achsenstaaten« und an den Kriegshandlungen gegen Japan teilzunehmen, wurde für nicht zweckmäßig erachtet. Roosevelt sagte voraus: »Frankreich wird mindestens 25 Jahre lang keine Großmacht sein.« Er war dagegen, Frankreich Indochina, Neukaledonien, die Marquesas-Inseln und Dakar zurückzugeben. Letzteres war als »Vorposten Amerikas auf dem afrikanischen Festland« gedacht (wobei Brasilien im Namen der Vereinten Nationen formal die Kontrolle über den Hafen, die Flugplätze und weitere Militärobjekte ausüben sollte). Roosevelt verhärtete damit seine Position im Vergleich zu Anfang 1943.[87]

Was das künftige Verhältnis zur UdSSR betrifft, so sind die Informationen darüber mehr als karg. Wenn man nach der Linie urteilt, die Roosevelt in den Gesprächen mit Churchill und Tschiang Kai-schek in Kairo und danach bei dem Gipfeltreffen der Großen Drei in Teheran verfolgte, beanspruchte der Präsident zwar einerseits die unumstrittene Führerschaft bei der Festlegung von Politik und Strategie des westlichen Blocks, bestritt aber andererseits nicht, daß es notwendig und zweckmäßig sei, mit der UdSSR durch eine »Abstimmung der gegenseitigen Interessen« langfristig zusammenzuarbeiten.

Die Verhandlungen in Kairo wirkten auf Churchill wie eine kalte Dusche. Die Balkan-Variante wurde verworfen. Nach Marshalls Einschätzung hätte sie zu einer Beschränkung der militärischen Möglichkeiten der USA »genau um ein Drittel«, zu einer Verzögerung des Krieges sowohl in Europa als auch im pazifischen Raum geführt. Die USA lehnten es ab, sich in Operationen im östlichen Mittelmeer (um Rhodos und andere Inseln) hineinziehen zu lassen. Auch die Kunstgriffe Londons, die Vorbereitung von »Overlord« dem Verlauf der Kriegshandlungen in Italien unterzuordnen, wurden zurückgewiesen. Die Amerikaner setzten sich dafür ein, unverzüglich einen Oberkommandierenden für die Führung »aller Operationen der Vereinten Nationen gegen Deutschland aus Richtung Mittelmeer und Atlantik« zu ernennen. Die Briten wollten dies umgehen, weil der Oberkommandierende nur ein amerikanischer General sein konnte.[88]

Die »bedingte« Einwilligung der USA, neue Operationen im Mittelmeerraum ins Kalkül zu ziehen, war von den Berichten des Generals Dean aus Moskau inspiriert, der behauptete, die sowjetische Regierung neige zu der Variante eines Angriffs vom Mittelmeer und dem Balkan her und verliere mehr und mehr das Interesse an der zweiten Front. Die »Beobachtungen« Deans wurden von den britischen Geheimdiensten unterstützt. Es ist nicht ausgeschlossen, daß sie es auch waren, die dem Amerikaner diese Hypothese einflüsterten. Drei Wochen später löste sie sich in nichts auf.

In Teheran fanden die amerikanischen Argumente zugunsten von »Overlord« und gegen die Aufsplitterung der Kräfte im Mittelmeer die volle Unterstützung der sowjetischen Seite. Nach der amerikanischen Mitschrift erklärte Stalin, »vom russischen Standpunkt seien die Türkei,

Rhodos, Jugoslawien und selbst die Einnahme Roms nicht von Wichtigkeit«. Er empfahl, den militärischen Stäben folgende Richtlinie zu geben:

»1. Um der Durchführung des Unternehmens Overlord die russische Unterstützung vom Osten her zu verleihen, müsse ein Datum festgesetzt, und die Operation dürfe nicht verschoben werden.

2. Wenn möglich, sollte der Angriff in Südfrankreich dem Unternehmen Overlord zwei Monate vorhergehen, aber wenn das unmöglich sei, dann sollte er gleichzeitig mit Overlord oder sogar ein wenig später geführt werden ...

3. Der Oberbefehlshaber für Overlord sollte so bald als möglich ernannt werden.«[89]

Die Verhandlungen von Teheran sind detailliert beschrieben worden. Wir wollen uns hier lediglich auf ein paar Feststellungen beschränken. Churchill unternahm alles, um die Operation »Overlord« in der Schwebe zu halten und bindende Verpflichtungen der Westmächte zu vermeiden. Im Vieraugengespräch mit dem Premierminister am 30. November wurde Stalin sehr deutlich: Falls die Landung in Nordfrankreich im Mai 1944 nicht stattfinde, werde die Rote Armee im Laufe des Jahres von neuen Operationen Abstand nehmen. »Das Wetter könne ungünstig sein und der Transport Schwierigkeiten bereiten«, erklärte der Vorsitzende des Rates der Volkskommissare laut britischer Mitschrift. »Eine Enttäuschung [in der Roten Armee] würde die Stimmung negativ gestalten. Falls der Krieg in Europa im nächsten Jahr keine entscheidende Wendung nehme, würde es den Russen sehr schwerfallen weiterzumachen.« Damit war ein Zusammenhang zwischen dem konkreten Zeitpunkt für den Beginn von »Overlord« und der Vorbereitung neuer sowjetischer Schläge gegen Deutschland hergestellt.[90]

Erst an diesem Tag, dem 30. November, teilte Roosevelt Stalin mit, die Überquerung des Pas de Calais sei auf Mai festgesetzt. Die sowjetische Seite übernahm ihrerseits die Verpflichtung, eine Großoffensive an der Ostfront »etwa zur selben Zeit« zu organisieren, um zu verhindern, daß die Deutschen bedeutende Kräfte nach dem Westen werfen konnten. Diese Übereinkunft wurde als »militärischer Beschluß« der Konferenz formuliert. Er sah vor, daß die militärischen Stäbe der drei Mächte von nun an hinsichtlich der bevorstehenden Operationen in Europa engen Kontakt halten sollten.[91] Die zweite Front hatte damit eine vertragliche Grundlage erhalten.

Die Beschlüsse von Teheran banden Churchill die Hände. Allerdings nicht so sehr, um ihm die Lust am Intrigieren zu vergällen. Der Chef der US-Administration lehnte ab, daß die Briten »nebenbei« Mittel für die Landung in Anzio (Italien) nutzten, die von Operation »Buccaneer« zu Operation »Overlord« umgeleitet wurden. Sie erhielten auch keinen zusätzlichen Schiffsraum für die Eroberung der Insel Rhodos (Operation »Herkules«). Am 27. Dezember 1943 telegrafierte Roosevelt dem Premierminister, »nach der britisch-sowjetisch-amerikanischen Übereinkunft von Teheran kann ich nicht ohne Stalins Zustimmung den Einsatz von irgendwelchen Kräften und Mitteln irgendwo billigen, die die Operationen ›Overlord‹ und ›Anvil‹ [Landung in Südfrankreich] verzögern oder beeinträchtigen könnten.«

Nun versuchte Churchill, Widersprüche zwischen »Overlord« und »Anvil« sowie »Anvil« und den Operationen in Italien zu konstruieren. Er erreichte schließlich auch, daß die Landung in Südfrankreich vom Vormarsch der alliierten Truppen auf Rom abhängig gemacht wurde. Einen gemeinsamen Jugoslawienfeldzug konnte er allerdings nicht durchsetzen. Roosevelt und seine Berater wiesen diesen Vorschlag als zu riskant zurück.

All dies bedeutet nicht, daß die sowjetisch-amerikanischen Beziehungen nach Teheran voller Wärme, Aufrichtigkeit und Konsequenz gewesen wären. Dies kann man bestenfalls als eine Tendenz beim Chef der Administration feststellen, die sich jedoch auf den nachfolgenden Ebenen der Kontakte immer weiter abschwächte. Roosevelts Weisungen verloren vieles an Konkretheit und Durchschlagskraft, während sie durch die Hände solcher Politiker wie William Leahy, Cordell Hull oder George Marshall gingen. Die Informationen, die der Präsident von den Botschaften, Stäben, von Aufklärung und Abwehr erhielt, wurden präpariert, um seine edlen Anwandlungen zu dämpfen, Argwohn zu wecken und Anzeichen von Großmachtegoismus zu stärken.

Minister, Behördenchefs und Militärs mißbrauchten das Prinzip der geteilten Verantwortung und verfolgten ihre eigene Linie. Deshalb muß man zwischen den auf höchster Ebene gefaßten Beschlüssen und ihrer praktischen Durchführung, zwischen Absichten und Taten unterscheiden. Das unterschiedliche Gewicht von Zentralisierung und Staatsdisziplin in der UdSSR und in den USA führte zu Mißverständnissen, Komplikationen und Meinungsverschiedenheiten, die zuweilen grundlos waren, denn man konnte nicht jedesmal die Wurzeln bis zu ihrem Ursprung verfolgen.

Auf das generelle Klima in der Koalition wirkten sich die offenen und verdeckten Versuche Washingtons negativ aus, für die Vereinigten Staaten auf lange Sicht Sonderpositionen zu sichern. Im Kreml gingen Informationen ein, daß man bestimmten Projekten, die vor allem auf die Nachkriegszeit zielten, höchste Priorität beimaß. Da das Schicksal Deutschlands zu dieser Zeit bereits vorentschieden war, drängte sich die Frage auf, über wessen Los man sich in Übersee außerdem noch Gedanken machte? Man mußte nicht unbedingt General Groves, dem Leiter des Projektes »Manhattan«, Glauben schenken, daß die Atombombe für den nächsten Krieg – gegen die UdSSR – geschmiedet wurde. Aber da man von derartigen Ansichten wußte, die noch dazu mit britischen Ideen korrespondierten, konnte man sie wohl kaum ignorieren.

Auch nach den Beschlüssen der Moskauer Konferenz über die »Versuchsballons« aus Feindstaaten brachen die Verbindungen zum Gegner nicht ab. Man verschleierte sie nur noch sorgfältiger, damit die sowjetische Seite keinen Wind davon bekam. Das stärkte nicht gerade das Vertrauen. Das OSS stellte einen Bericht über die Verbindungen und Sondierungen zusammen, die mit Vertretern von Feindstaaten und deren Vermittlern bei Mitwirkung der amerikanischen Aufklärung in Europa stattfanden. Veröffentlicht ist bis heute nur William Donovans Begleitschreiben dazu.[92] Wahrscheinlich finden sich in dem Bericht einige Rosinen – weshalb hielte man ihn sonst geheim? Aber Sensationen im Ideengut und im Umkreis der handelnden Personen enthält auch er kaum.

Die Kontakte mit der Naziführung wurden bis Anfang Mai 1945 weitergeführt. Sie liefen häufig über Vertreter aus dem Kreise der prominenten Opposition, über »Neutrale«, durch Vermittlung der türkischen, der schwedischen und der Schweizer Aufklärung, über Repräsentanten des Kapitals und der Regierungen Spaniens, Portugals, der Türkei, der Schweiz, Schwedens und über den Vatikan.[93] Diese Aufzählung gibt ein ungefähres Bild davon, welchen Umfang die Operationen an der unsichtbaren Front annahmen. Aber 1943 und danach ging es nicht mehr allein um die quantitativen Ausmaße. Es entstand eine neue Qualität, die dazu herausfordert, eine gewisse Reihe verfestigter Einschätzungen zu korrigieren.

390

Man kann die Behauptungen nicht für bare Münze nehmen, daß die Westmächte angesichts der Aktivitäten der Opposition gegen Hitler und die Nazis in Deutschland »gleichgültig« geblieben wären. Sammelbegriffe wie »Washington« oder »London« sind hier nicht angebracht. Sie verwirren nur. Sehen wir einmal davon ab, daß innerhalb und außerhalb der Regierungen unterschiedliche Linien verfolgt wurden. Aber auch die Aktivitäten, die unmöglich von den staatlichen Strukturen getrennt werden können, waren nach Farben und Schattierungen breit gefächert – es gab solche »persönlicher«, »geschäftlicher« oder »beruflicher« Art.

Die betonte »Zurückhaltung« im politischen Penthouse gegenüber den Sondierungen wirklicher und angeblicher Oppositioneller aus dem Reich war nicht als generelles Verbot aufzufassen, und niemand in den unteren Etagen, insbesondere in den Seitenflügeln und Anbauten, faßte das Nein aus dem Weißen Haus oder der Downing Street als schmiedeeisernen Riegel gegen jegliche Schritte und Initiativen auf. Hier war das Interesse an »Alternativen zu Hitler« nie erloschen und nahm mit der Zeit einen ganz spezifischen Charakter an.

Dieses spezifische Interesse, das die Bedeutung der politischen, diplomatischen und wirtschaftlichen Kontakte nicht verminderte, sondern sich mit ihnen in gewissem Maß sogar überschnitt, ist einer näheren Betrachtung wert.

Der britische Geheimdienst MI-5 verfügte in Deutschland über eine solide Basis. Während London in den Jahren 1938 und 1939 noch Informationen von Abteilungsleitern der Abwehr erhielt, nahm Admiral Wilhelm Canaris nicht später als im Dezember 1940 direkte Verbindung zum bekannten »C«, dem Chef der britischen Aufklärung, auf. Von ihrer persönlichen Begegnung im Jahre 1943 war bereits die Rede. Sie muß natürlich als ein außerordentliches Ereignis betrachtet werden, das Vereinbarungen die höhere Weihe gab, die man nicht einmal Agenten der höchsten Geheimhaltungsstufe anvertrauen wollte.

Wir gehen sicher nicht fehl in der Annahme, daß die Leiter der beiden Aufklärungsdienste Schritte absprachen, die Operation »Rankin« zum Erfolg verhelfen sollten. Im Juni 1944 erhielt »C« (Sir Stewart Graham Menzies) von seinem deutschen Amtskollegen eine ausführliche Information über die Situation um Hitler und die Pläne der Opposition aus der Oberschicht, den »Führer« zu beseitigen.

Selbst wenn wir die vollständigen Akten von MI-5 und OSS zur

Verfügung hätten, fiele es uns sicher schwer festzustellen, wen Canaris eifriger bediente, die Briten oder die Amerikaner, und wer – London oder Washington – die Möglichkeiten der deutschen Abwehr besser für sich nutzte.[94] Die westlichen Alliierten waren, was das Teilen erbeuteter Geheimnisse betraf, außerordentlich engherzig. Die Tatsache, daß das OSS Kontakte zu den Verschwörern des 20. Juli unterhielt, erfuhren die Briten erst, nachdem die Bombe in der »Wolfsschanze« bereits hochgegangen war. Allerdings war Menzies auch ohne die verspäteten »Eröffnungen« des OSS auf dem laufenden.

Es kann als erwiesen gelten, daß William Donovan und Wilhelm Canaris mindestens zweieinhalb bis drei Jahre lang in persönlichem Kontakt standen. Die Zusammenarbeit mit der Abwehr eröffnete der amerikanischen (und der britischen) Seite den Zugang zu authentischen Informationen über die Befindlichkeit des Naziregimes und seiner Institutionen, über die wichtigsten Operationen der Wehrmacht, die deutsche Sicht auf die Lebensfähigkeit der UdSSR und der Verbündeten Deutschlands.

In welchem Maße Canaris' Aktionen, die die Pläne Hitlers in Spanien, Italien und Nordafrika zum Scheitern brachten oder wesentlich komplizierten, von seinen Kontakten zu MI-5 und OSS inspiriert waren, ist einer besonderen Untersuchung wert. Wie dem auch sei, die Angaben, die die Geheimdienste von der Abwehr erhielten, unterschieden sich in Größenordnungen davon, was ihre Kontakte zu allen anderen Arten und Gruppen des deutschen Widerstandes gegen Hitler ergaben.

Hier soll auch nicht unerwähnt bleiben, daß Canaris einen großen Personenkreis an die Westmächte heranführte oder diesen half, nützliche Kontakte mit ausländischen Vertretern zu knüpfen. Andererseits half der Admiral OSS und MI-5, Zugang zu den Kreisen im Reich zu finden, die ein gewisses Gewicht besaßen, aber von außen dazu angeregt werden mußten, vom Wort zur Tat zu schreiten. Zugleich entstand dadurch der Eindruck, daß die gegen Hitler eingestellte Fronde oder Opposition eine gewichtige Größe darstellte.

Die bekanntesten Namen unter den zwei oder drei Dutzend Persönlichkeiten, die Canaris' Aufträge ausführten oder seine Dienste nutzten, waren Helmuth James von Moltke, Hans von Dohnanyi, Dietrich Bonhoeffer und Josef Müller. SD und Gestapo wußten, daß lebenswichtige Staatsgeheimnisse abflossen, drangen jedoch nur selten bis zu den undichten Stellen, den konkreten Ausführenden und ihren Hintermännern vor. Das ist nicht so sehr ein Beweis für die hervorragend funktionierende Konspiration, sondern es zeigt vor allem, daß der Mythos, im »Dritten Reich« sei alles und jeder unter Kontrolle gewesen, in neuem Licht gesehen werden muß.

Wir werden den Dingen wohl kaum auf den Grund kommen, wenn wir für bare Münze nehmen, was die Geheimdienste offenlegen, oder wenn wir glauben, damit unsere numismatische Sammlung vollendet zu haben. Die Mitarbeiter dieser Dienste betrachten sich weithin als frei von gesetzlichen Bestimmungen und Schranken nicht nur im internationalen Rahmen, sondern auch im eigenen Lande. Sie bilden gleichsam geschlossene, keiner Kontrolle unterworfene Gesellschaften, die nach eigenen Normen und Regeln leben und Freiheiten genießen, die ihnen ihr Status gewährt.

Präsident Roosevelt billigte zum Beispiel die Kontakte mit von Papen und Himmlers Emissären nicht oder hatte seine Zweifel, daß für die weitere Zusammenarbeit mit Moltke und dessen Gesinnungsgenossen überhaupt eine konzeptionelle Grundlage bestand. Natürlich war das unangenehm. Aber der »Tatmensch« Donovan, wie ihn Jürgen Heideking nennt, »der als Republikaner und Geschäftsmann keine Berührungsängste vor deutschen Konservativen verspürte«[95], geriet deshalb nicht in Verzweiflung. Ein Nein bedeutete lediglich, daß er besser auswählen mußte, was er nach oben berichtete, wo man in der alltäglichen Hektik keinen Sinn für Geheimdienstintrigen hatte und nur für sichtbare und spürbare Ergebnisse Lob erteilte. Noch weniger Informationen gingen ans Weiße Haus, fast gar nichts ans State Department und den britischen Verbündeten. Besonders sorgfältig achtete man darauf, daß »die Russen« ja nichts von alledem erfuhren.[96]

Im OSS entschloß man sich dazu, die Verbindungen ins Reich auf eigene Faust zu nutzen, »um die Invasionsbemühungen ungeachtet irgendwelcher Überlegungen – etwa die Zukunft Europas oder die Zukunft Deutschlands betreffend – voranzutreiben«. Es wurde Weisung gegeben, die Gruppe Moltke (und andere Gruppen) ohne ihr Wissen »als ein potentielles Reservoir von Doppelagenten zu benutzen oder sie in irgendeiner anderen Weise kalt berechnend einzusetzen ... ohne jede Rücksicht auf die einzelnen beteiligten Deutschen, ihre Sicherheit, persönliche Beziehungen zu ihnen oder die letztendliche Wirkung auf Deutschland im Falle einer erfolgreichen Invasion«. Mit anderen Worten, stellt Jürgen Heideking fest, das OSS »instrumentalisierte seine

Verbindungen zum Gegner für den militärischen Kampf«. Es monopolisierte diese Kontakte auch, um sie als Trumpfkarte im internen bürokratischen Wettstreit zu nutzen.[97]

Um das Bild zu vervollständigen, fügen wir hinzu, daß Donovan Nachahmer im eigenen Hause fand. Da der Chef des OSS die Weisungen des Präsidenten sehr frei auslegte, zeigten auch Dulles und andere wenig Ehrfurcht vor Donovan. So kann man sich den Kopf darüber zerbrechen, wann Allan Dulles zum ersten Mal Kontakt mit der Gruppe deutscher Politiker aufnahm, die er im Januar 1944 »Breakers« (Einbrecher) taufte. Will man den schriftlichen Berichten des Residenten Vertrauen entgegenbringen, geschah das nicht später als am 29. November 1943.[98] Dann ist aber nicht zu verstehen, weshalb Donovan Roosevelt am 22. Juli 1944 meldete, daß »im Januar 1944 zum ersten Mal zwei Abgesandte der Verschwörergruppe an den OSS-Vertreter in Bern herantraten«.[99] Aus »höheren Erwägungen« hütete man sich, London und Moskau etwas mitzuteilen, was der Wahrheit auch nur nahekam, aber den eigenen Präsidenten in die Irre zu führen?

Nach Informationen, die in Moskau vorliegen, fallen die verstärkten Bemühungen des OSS, deutsche Generale im Interesse der »schnellstmöglichen Beendigung des Krieges« zur Zusammenarbeit zu gewinnen, in den August und September 1943. Nicht zufällig schrieb Dulles damals den Satz: »Wenn wir die Maßnahmen im psychologischen und militärischen Bereich der Kriegsführung koordinieren, dann *können* wir Deutschland spalten und den Krieg in diesem Jahr [1943] beenden.«[100]

Der Grund für den weiteren Aufschwung von Aktivitäten lag darin, daß in Quebec der den amerikanischen Geheimdiensten teure Plan »Rankin« bestätigt wurde. Man arbeitete Verhaltensmaßregeln für drei verschiedene militärisch-politische Szenarien aus: Die Deutschen leisten »normalen Widerstand« und müssen niedergekämpft werden (»Rankin-A«); der Widerstand ist gering, und die Westfront wird teilweise freiwillig geöffnet (»Rankin-B«); das NS-Regime bricht vor oder während der Landung zusammen (»Rankin-C«). Unter dem Kennwort »Gerplan« wurden in aller Eile Listen »vertrauenswürdiger« und kooperationswilliger Personen zusammengestellt, die bei einer raschen Besetzung des Reiches durch die Truppen der Westmächte von Nutzen sein konnten.[101]

Krieg ist Krieg. Und man darf der amerikanischen Aufklärung keine besonderen Vorwürfe machen, daß sie bemüht war, die günstigsten

Voraussetzungen für die Landung der Truppen der Alliierten in Nordfrankreich zu schaffen. Wenn ... ja, wenn es vor allem um die militärische Seite der Sache gegange^ wäre. Wenn es sich hier um eine Operation gegen den gemeinsamen Feind gehandelt hätte und nicht um einen Schritt zur Demontage der Anti-Hitler-Koalition, um eine Vorstufe dessen, was später als »Kalter Krieg« in die Geschichte eingehen sollte, in der damaligen Situation aber durchaus zum Vorspiel für einen heißen Krieg oder gar ein weltweites Inferno hätte werden können.

Wir haben bereits mehrfach die Initiativen Helmuth von Moltkes erwähnt. Auf den Hinweis des ihm bekannten amerikanischen Gesandten in Kairo, Kirk, dieser sei zu einem Treffen mit ihm bereit, reiste von Moltke im November 1943 in die Türkei. Er trat in diesem Fall als Verbindungsmann Canaris' und anderer Militärs auf, die nach Wegen suchten, ihr Vorgehen mit den höchsten Kommandostellen der Demokratien abzustimmen. Kirk erschien zu dem Treffen jedoch nicht. An seiner Stelle kommandierte man den amerikanischen Brigadegeneral R. G. Tindall dorthin, der Graf Moltke wie einen mittelmäßigen Agenten behandelte. Ein vertrauliches Gespräch kam so nicht zustande. Vor seiner Abreise aus der Türkei schrieb Moltke Kirk einen Brief, in dem er darauf hinwies, daß man den Krieg unverzüglich beenden und danach die entstehenden Probleme lösen müsse.[102]

Moltkes Erwägungen, die er der Führung der USA zur Kenntnis zu geben bat, wurden von den OSS-Mitarbeitern Hans Wilbrandt und Alexander Rüstow in einem Bericht an Donovan zusammengefaßt. Dieser erhielt die vielsagende Überschrift: »Exposé über die Bereitschaft einer mächtigen deutschen Gruppe, militärische Operationen der Alliierten gegen Nazi-Deutschland vorzubereiten und zu unterstützen«. Das Exposé enthält folgende Hauptthesen:

Die Opposition teilt sich in zwei Flügel. Der größere, dem die Militärs, insbesondere aus der Luftwaffe, zuneigen, orientiert sich auf gute Nachbarschaft mit Rußland. Sie sind in ihrer Überzeugung, diese Tradition müsse gewahrt werden, durch den tiefen Eindruck bestätigt worden, den die Stärke und das Durchhaltevermögen der Roten Armee und das Geschick ihres Oberkommandos gemacht haben. In diesem östlichen Flügel hat die Gründung des Bundes Deutscher Offiziere in Moskau, dem eine Reihe hervorragender und persönlich integrer Offiziere angehören, starken Widerhall gefunden.

Die »westliche« Gruppe ist zwar zahlenmäßig schwächer, wird aber von vielen Schlüsselkräften in der Militär- und Beamtenhierarchie, darunter auch aus dem OKW, vertreten. Sie steht außerdem in enger Fühlung mit den katholischen Bischöfen, der protestantischen Bekennenden Kirche, führenden Kreisen der ehemaligen Gewerkschaften und Arbeiterorganisationen sowie einflußreichen Männern der Industrie und Intellektuellen. Diese Gruppe sucht jetzt eine praktische Grundlage für eine wirksame Zusammenarbeit mit den USA und Großbritannien.

Die »westliche« Gruppe vertritt folgende Standpunkte:

1. Die Niederlage und die Besetzung Deutschlands sind moralisch und politisch notwendig für die Zukunft der Nation.

2. Die Forderung nach bedingungsloser Kapitulation ist berechtigt. Diskussionen über Friedensbedingungen vor erfolgter Kapitulation sind verfrüht. Die proangelsächsische Einstellung der Gruppe beruht auf der Überzeugung, daß sie mit den verantwortlichen Staatsmännern auf (westlicher) Seite über die Ziele bezüglich der zukünftigen Organisation menschlicher Beziehungen grundsätzlich übereinstimmt, und auf der Einsicht, daß sich angesichts der natürlichen Interessenkonvergenz zwischen einem Deutschland nach den Nazis und den anderen »demokratischen Nationen« zwangsläufig eine fruchtbare Zusammenarbeit zwischen ihnen ergeben muß. Die demokratischen Deutschen betrachten diese übereinstimmende Zielstellung als weit sicherere Garantie für einen Zustand der Gleichheit und Würde nach dem Krieg, als sie ihnen eine formelle Zusicherung der Alliierten gegenwärtig geben könnte.

3. Eine wichtige Voraussetzung für den Erfolg des Plans ist eine nach wie vor intakte Ostfront, die aber gleichzeitig in bedrohliche Nähe der deutschen Grenze, etwa die Linie Tilsit-Lemberg, rücken sollte. Eine solche Situation würde radikale Entscheidungen im Westen vor dem nationalen Bewußtsein rechtfertigen als die einzigen Mittel, der übermächtigen Gefahr im Osten zuvorzukommen.

4. Die Gruppe ist bereit, einen möglichst weitreichenden militärischen Kooperationsplan mit den Alliierten zu verwirklichen, vorausgesetzt, daß die Verwendung der militärischen Information, Mittel und Autorität, die der Gruppe zur Verfügung stehen, mit einem umfassenden militärischen Einsatz der Alliierten kombiniert wird, so daß ein rascher, entscheidender Erfolg auf breiter Front sicher ist. Dieser Sieg über Hitler, gefolgt von einer möglichst raschen Besetzung ganz

Deutschlands durch die Alliierten, würde die politische Situation auf einen Schlag so verändern, daß die wirkliche Stimme Deutschlands laut würde.

5. Sollte jedoch die Invasion von Westeuropa im selben Stil eingeleitet werden wie der Angriff auf das italienische Festland, würde die Beihilfe der Gruppe nicht nur nicht kriegsentscheidend wirken, sondern sogar noch zur Bildung einer neuen Dolchstoßlegende beitragen sowie die deutschen Patrioten vor der Nation kompromittieren. Zweifellos würden halbe Maßnahmen der Sache mehr schaden als nützen, weshalb die Gruppe zu einer Zusammenarbeit mit begrenzten Zielen nicht bereit ist.

6. Wenn beschlossen wird, die zweite Front im Westen durch einen übermächtigen, umfassenden Einsatz zu schaffen und diesem eine totale Besetzung Deutschlands folgen zu lassen, ist die Gruppe bereit, den Einsatz der Alliierten mit allen ihr zur Verfügung stehenden wichtigen Hilfsmitteln zu unterstützen. Zu diesem Zweck wäre sie nach genauer Verabredung bereit, einen hohen Offizier als ihren Beauftragten in ein bestimmtes alliiertes Land fliegen zu lassen, um die Pläne für die Zusammenarbeit mit dem Alliierten Oberkommando zu koordinieren.

7. Wenn die obigen Voraussetzungen mit hinreichender Sicherheit erfüllt werden, könnte der Einmarsch der Alliierten von einer ausreichenden Zahl intakter Einheiten der Wehrmacht unterstützt werden.

8. Die Gruppe würde dafür sorgen, daß gleichzeitig mit der Landung der Alliierten eine provisorische antinazistische Regierung gebildet würde, die nichtmilitärische Aufgaben übernehmen würde. Die Zusammensetzung dieser provisorischen Regierung würde im voraus festgelegt.

9. Die Gruppe sieht in der Möglichkeit einer »Bolschewisierung Deutschlands durch das Aufkommen eines nationalen Kommunismus eine drohende tödliche Gefahr für Deutschland und die Gemeinschaft der europäischen Nationen«. Sie ist entschlossen, dieser Gefahr mit allen möglichen Mitteln entgegenzuwirken und insbesondere zu verhindern, daß »der Krieg durch einen Sieg der Roten Armee beendet wird, welchem eine russische Besetzung Deutschlands vor Ankunft der angelsächsischen Armeen folgen würde«. Andererseits will sich die Gruppe die starken prorussischen Kreise in Deutschland nicht zum Gegner machen, sondern sie in einen allgemeinen aufbauenden Einsatz

einbeziehen. Das ist notwendig, damit sich eine neue »demokratische Regierung« nicht dem Vorwurf aussetzt, sie stelle ausländische Interessen über nationale Angelegenheiten.

10. Um dem Linksradikalismus den Wind aus den Segeln zu nehmen, sollte die geplante »demokratische Regierung« mit den Sozialdemokraten und den Gewerkschaften operieren und, wenn nötig, die Zusammenarbeit mit »unabhängigen Kommunisten« anstreben.

11. Der erste Standort der Gegenregierung wäre am besten Süddeutschland, vielleicht Österreich. Es wäre wünschenswert, die Zivilbevölkerung dieses Gebietes nicht wahllosen Luftangriffen auszusetzen.[103]

Was wurde aus diesem Exposé, aus dem »Herman Plan«, wie man die Moltke zugeschriebenen Überlegungen nun verschlüsselt nannte? Die Residentur des OSS in Istanbul sandte das Dokument über das Hauptquartier in Algier nach den USA. Offiziell wurde der »Herman Plan« im State Department niemals geprüft. Donovan sandte ihn mit der Bemerkung an das Vereinigte Komitee der Stabschefs, daß der Verfasser und einige weitere Mitglieder dieser Gruppe von Oppositionellen ihm als Persönlichkeiten bekannt seien, die Sympathien für die USA und Großbritannien hegten. Der Chef des OSS bezeugte die Seriosität der Gruppe, merkte jedoch an, daß ihre Schwäche die fehlende Massenunterstützung sei.

Weiter heißt es bei Donovan, »die in dem Exposé genannte Linie Tilsit-Lemberg, wo der Vormarsch der Russen aufgehalten werden soll, ist eine wichtige Voraussetzung für den Erfolg des Planes ... Das bedeutet, daß das Gebiet, welches anglo-amerikanische Truppen besetzen sollen, nicht nur ganz Deutschland, sondern auch einen großen Teil Polens einschließt.« Daraus folgerte Donovan, dies könne nur bei »sehr weitgehender Interpretation« als ein »antirussischer Vorschlag« betrachtet werden.[104]

Diese Einschätzung Donovans unterscheidet sich stark von den Schlußfolgerungen, zu denen der Leiter des »Forschungs- und Analysedienstes« (Research and Analysis Branch) des OSS, William L. Langer, am 15. März 1944 kam. Dieser bezweifelte 1., daß die von »Herman« beschriebene »ziemlich große, gut organisierte und einflußreiche Oppositionsgruppe« existierte. Es könne sich hier um eine »im wesentlichen militärische Organisation« handeln, »die angeblich von einem hochrangigen General geleitet« wird. Diese behauptet von sich, über eine »Anhängerschaft aus Diplomaten, Junkern, Großindustriellen und sogar einigen Personen aus der Gestapo zu verfügen.« 2. »Es versteht sich fast von selbst, daß bestimmte Elemente oder Gruppen in Deutschland mit dem Gedanken einer Kapitulation vor den Briten und Amerikanern spielen müssen, um zu verhindern, von den bolschewistischen Armeen überrannt zu werden.« 3. »Das Hauptziel der Verfasser des Herman Plan ist es, eine ziemlich großzügige Linie gegen die Russen im Osten zu halten und die Briten und Amerikaner für eine Verteidigung Deutschlands gegen die Bolschewisten anzuwerben.« Nach Langers Meinung wäre es »ein grober Fehler«, sich von den im »Herman Plan« angebotenen Bedingungen verlocken zu lassen, insbesondere zu einem Zeitpunkt, da »die Russen in jeder Hinsicht wesentlich größere Möglichkeiten zum unabhängigen Handeln besitzen als die Westmächte«.[105] Ein hartes Urteil, vor allem wenn man bedenkt, daß Langer nicht gegen Moltke, sondern gegen Donovan und dessen Brain-Trust polemisierte.

Es gibt gewichtige Gründe für die Annahme, daß Rüstow und Wilbrandt Moltkes Aussagen »schöpferisch« bearbeitet haben.[106] Der Graf brachte zweifellos allem Angelsächsischen große Sympathien entgegen, aber in seinem umfangreichen schriftlichen Nachlaß erscheint Moltke nirgendwo so militant antisowjetisch, wie er in dem »Exposé« präsentiert wird. Überdies ist die sehr kritische Haltung Moltkes zu Goerdeler und anderen »Reaktionären« allgemein bekannt. Von diesem ungewöhnlichen Mann, einer redlichen Persönlichkeit, anzunehmen, er hätte uneingeschränkt »Reaktionären« Beglaubigungsscheine ausgestellt, wäre doch wohl zuviel der Toleranz.

Zugleich finden sich in dem »Herman Plan« solche für die OSS-Produkte aus Bern, Stockholm und Istanbul für die Washingtoner Küche charakteristischen Hinweise, daß die Gefahr einer »Bolschewisierung« Deutschlands und ganz Europas drohe[107], weshalb man sich an die Seite der »Westler« unter den deutschen Oppositionellen stellen, die UdSSR so weit wie möglich im Osten halten und eine Kapitulation des Reiches vor der Roten Armee verhindern müsse, da eine »Interessenverwandtschaft« Deutschlands und der Demokratien bestehe. Das sind zu viele Übereinstimmungen, als daß man an einen Zufall glauben könnte. Hier handelt es sich wohl um die in der Diplomatie und den Geheimdiensten so oft praktizierte Methode, eigenen Argumenten mehr Überzeugungskraft zu verleihen, indem man sie dem Partner in den Mund legt.

Nicht geklärt ist das Verhältnis zwischen dem »Herman Plan« und einem anderen Dokument auf dem Briefbogen der deutschen Botschaft in Ankara, das von Dr. Paul Leverkuehn unterzeichnet ist (der vor dem Kriege in Washington die »Gemischte Kommission für deutsche Ansprüche« vertrat und seit jener Zeit in Verbindung zu Donovan stand). In dem Brief hieß es, die »Opposition« könne nicht garantieren, daß die gesamte Westfront im Falle einer Invasion der Alliierten völlig tatenlos bleibe. Sie verfüge jedoch über solchen Einfluß auf die Kommandeure der Bodentruppen und teilweise der Luftwaffe im Westen, daß *die deutschen Antwortmaßnahmen gegen die landenden Truppenteile der USA und Großbritanniens zumindest verspätet erfolgen* könnten. Als Gegenleistung erwarte man die Bereitschaft, nach einem Staatsstreich mit der neuen deutschen Regierung in Verhandlungen zu treten.

Donovan überbrachte Leverkuehns Brief persönlich, nachdem er Professor Karl Brandt, einen deutschen Emigranten in den USA, nach der Echtheit des Textes befragt hatte. Es heißt, die Empfehlung des Generals, diese Aktivitäten zu unterstützen, hätte nicht die Billigung Roosevelts gefunden. Andere Informationen besagen, daß kein Verbot erlassen wurde, mit der Opposition auf dieser Grundlage in Kontakt zu treten, Donovan jedoch angewiesen wurde, keine Verhandlungen mit »ostdeutschen Junkern« zu führen, das heißt die Kontakte sorgfältiger auszuwählen.[108] Wenn man in Betracht zieht, womit sich die Residenturen des OSS seit Anfang 1944 und später auch die Offiziere aus Eisenhowers Stab befaßten, scheint die zweite Version der Wahrheit näher zu kommen.

Die Oppositionellen wandten sich zugleich auch an Großbritannien. Trott zu Solz traf im November 1943 im Beisein des schwedischen Außenministers Christian Günther in Stockholm mit dem leitenden Mitarbeiter des britischen Informationsministeriums Sir Walter Monckton zusammen. Seine Besuche in der schwedischen Hauptstadt wiederholte er mehrfach im Juni und Juli 1944.[109] Offiziell wurde ihm nichts versprochen, aber man nahm seine Informationen und Ratschläge gern entgegen, die der britischen Aufklärung eine genauere Steuerung ihrer Agententätigkeit ermöglichten. Diese löste sich damit von den Verpflichtungen, die die Briten in Moskau übernommen hatten.

Die nach den Worten des Herausgebers der *Secret Correspondence* »empörende« Beschuldigung der *Prawda*[110], die am 17. Januar 1944 von Kontakten Ribbentrops mit führenden politischen Vertretern Großbri-

400

tanniens berichtete, beruhte auf den im Kreml eingehenden Signalen über Kontakte von Mitarbeitern des deutschen Auswärtigen Amtes (Solz) mit Londoner Abgesandten. Eine bewußte oder spontane Übertreibung lag lediglich darin, daß die Versuche, »Bedingungen für einen Separatfrieden mit Deutschland zu formulieren«, mit der Person Ribbentrops in Zusammenhang gebracht wurden. Diese Ungenauigkeit änderte nichts am Wesen der Sache. Churchill reagierte deswegen so gereizt, weil er erkennen mußte, daß seine Pläne für Moskau kein Geheimnis waren.

Wenn wir die Hintergründe dafür erhellen wollen, weshalb die Briten einer substantiellen und konkreten Zusammenarbeit der Stäbe der Westmächte mit dem sowjetischen Generalstab so beharrlich aus dem Wege gingen und auch die Amerikaner kein übermäßiges Interesse daran zeigten, weshalb die Demokratien sich nicht darauf einließen, große Operationen abzustimmen, dann kommen wir an folgender Tatsache nicht vorbei: In London und Washington waren stets Hintergedanken im Spiel. Man hatte immer etwas vor der UdSSR zu verbergen und hoffte, Deutschland werde zusammenbrechen, ohne überhaupt eine Kapitulation unterzeichnen zu können, und der Zerfall des Reiches, des Regimes und der Wehrmacht werde im Westen beginnen. Wenn dann keine festen Absprachen mit der sowjetischen Seite vorlagen, waren die USA und Großbritannien formell nicht genötigt, die Interessen der Sowjetunion zu respektieren und den Beitrag des Sowjetvolkes zum Sieg zu würdigen. Moralische Verpflichtungen wogen für Großbritannien und die USA ohnehin nicht so schwer, daß sie in ihrem praktischen Handeln darauf große Rücksicht nahmen.

Nichts anderes als die Hoffnung auf eine Separatlösung steckte de facto auch hinter den ewigen Hinweisen Churchills, in Deutschland könne es jeden Augenblick zu »revolutionären Ereignissen« wie im Jahre 1918 kommen, die im Weißen Haus durchaus Gehör fanden. Washington und London gingen bis zum Spätherbst des Jahres 1944 in der großen Politik davon aus, daß die NS-Führung selbst die Operationen im Osten und Westen asymmetrisch behandelte. Für sie war es nicht nur wahrscheinlich, sondern angesichts der unaufhaltsam näherrückenden Katastrophe nahezu unausweichlich, daß die »wahren Herrscher« Deutschlands nach der ihrem System eigenen Logik reagierten – sie hatten Hitler zur Macht gebracht, ihre Pflicht war es auch, dieser Macht ein Ende zu setzen.

Daß dies den Kern der Sache trifft, beweist folgende Tatsache: »Sledgehammer« und danach auch »Rankin« entgingen dem Schicksal von Operation »Round-up« und anderen Plänen zur Eröffnung einer zweiten Front in den Jahren 1941 bis 1943. Sie wurden kontinuierlich in Bereitschaft gehalten. Wäre es zu dem von den Demokratien erwarteten und geförderten Umsturz gekommen – eine kleine Palastrevolution wäre ausreichend gewesen –, hätte man für eine solche Notoperation sofort grünes Licht gegeben. Truppen, Waffen und Landungsmittel wären zur Stelle gewesen. Denn der Wunsch war vorhanden.

9 Die zweite Front: Auf alles gefaßt sein

Von den zahlreichen Problemen, die einer systematischen Analyse bedürfen, wollen wir einige behandeln, die bisher am geringsten untersucht sind.

Seit 1943 gestaltete sich Washingtons Einstellung zu den einzelnen Ereignissen unter immer stärkerem Einfluß der Überlegungen und Prognosen für eine langfristige Politik. Aus dieser Sicht wurden die Vor- und Nachteile einzelner Operationen und Kriegsschauplätze bewertet, politische, wirtschaftliche und militärische Schritte konzipiert, Geheimdienstaktionen geplant.

Endlose Debatten kreisten darum, wie man die Hebel betätigt, um die Entwicklung überall in der Welt steuern zu können. Das war natürlich kein methodologisches Problem. Die Palette der Meinungen darüber, was die USA zu tun und zu lassen hatten, war überaus farbig, und die Auswahl von politischen, moralischen und philosophischen Kriterien für wuchernde Ambitionen noch bunter.

Roosevelt war unentschlossen und zuweilen derart unbeweglich, daß die besten sich bietenden Chancen verpaßt wurden. Dabei kreisten alles Schwanken und Suchen Roosevelts um eine Idee, die er nicht der Konjunktur preisgeben wollte, bewegten sich seine Gedanken in einer bestimmten Richtung, die er tief verinnerlicht hatte. Hinter der Verschlossenheit des Präsidenten, der Zurückhaltung, seine eigentlichen Absichten preiszugeben, da er in hochwichtigen Fragen der Außen- und Innenpolitik den Secretary of State und andere Minister im unklaren ließ, verbarg sich möglicherweise das Bestreben, seinem »neuen Kurs« gegen alle Widrigkeiten zum Erfolg zu verhelfen. Dafür nahm Roosevelt viele Unannehmlichkeiten auf sich. Auf Erfolg konnte der Präsident nur rechnen, wenn er seine Widersacher daran hinderte, sich zusammenzuschließen.

Die Siege der sowjetischen Streitkräfte schufen eine völlig neue

403

strategische Lage. Die Zerschlagung Hitler-Deutschlands und der anderen Aggressoren war nun kein schöner Traum mehr. Wann jedoch der Tag der Kapitulation anbrach, hing davon ab, ob die USA und Großbritannien es auch weiterhin der Sowjetunion allein überließen, den Schlußpunkt im Krieg zu setzen, oder ob sie doch in den Kampf gegen den Hauptfeind eingriffen. Und wenn, dann mit welcher Intensität, mit welchen Nah- und Fernzielen. Letzteres war von erstrangiger Bedeutung.

Die totale Niederlage Deutschlands und Japans, die neben anderen Folgen unweigerlich dazu führen mußte, daß die Aggressoren den Status einer Großmacht verloren, war eine Sache. Eine andere jedoch – der Sturz des Naziregimes bei Weiterbestehen aller wichtigen Institutionen und Attribute des imperialistischen deutschen Staates, um das »Kräftegleichgewicht« auf dem Kontinent aufrechtzuerhalten, wie es sich die Briten und viele in Washington sehnlichst wünschten.

Die erste Variante lief darauf hinaus, die Zusammenarbeit mit der UdSSR bis zum Sieg nicht einzuschränken und auch nach dem Krieg fortzusetzen. Die zweite Variante bedeutete, daß die USA und Großbritannien nicht gegen Deutschland direkt kämpften, sondern die Strategie der immer engeren »Einkreisung« weiterverfolgten, dabei das Schwergewicht ihrer Operationen zunächst auf den Balkan, dann ins Donaubecken, nach Nordeuropa und schließlich nach Polen verlagerten. Die Wucht dieser Variante führte zu einem Komplott mit den Deutschen auf sowjetfeindlicher Grundlage oder schloß dieses zumindest nicht aus. In amerikanischen Stabsdokumenten kann man dafür Bestätigungen finden, daß sich die US-Planungsorgane im Sommer 1944 noch nicht im klaren waren, ob nach dem Kriege eine enge Zusammenarbeit sogar mit Großbritannien von Nutzen sein würde.[1]

Schließlich kam dem Präsidenten die Erleuchtung, daß nicht nur die aktuellen Sorgen des Krieges, sondern auch die fundamentalen Interessen der zukünftigen Welt einen bestimmten Grad der Verständigung mit der UdSSR erforderten. Seitdem drängte er beharrlich auf eine persönliche Begegnung mit Stalin. Er wollte sich selbst davon überzeugen, daß die sowjetische Position ein Miteinander nicht ausschloß. Roosevelt seinerseits war bereit, das Prinzip der Gleichberechtigung in den sowjetisch-amerikanischen Beziehungen anzuerkennen, denn in einer Welt ohne Wettrüsten, mit radikal geschrumpften Waffenarsenalen, käme dem Wirtschaftspotential einer Nation die entscheidende

Bedeutung zu. Hier aber hatten die Vereinigten Staaten in absehbarer Zukunft keine ernsthafte Konkurrenz zu befürchten.

Im Unterschied zu Churchill und der Vielzahl seiner Berater war Roosevelt der Auffassung, daß es nicht zweckmäßig war, der UdSSR respektlos zu begegnen, ihre Sicherheit, ihre wirtschaftlichen und anderen Interessen sowie ihre Würde zu mißachten. Der Chef der Administration meinte, wenn man in Moskau zu der Überzeugung gelänge, daß die legitimen Ansprüche der UdSSR Anerkennung fänden, würden die sowjetischen Machthaber sich nachgiebiger zeigen, und man könnte Großes für die Erhaltung des Friedens erreichen.

Ausgehend von diesen Überlegungen sprach sich Roosevelt in Teheran aus eigenem Antrieb dafür aus, der Sowjetunion den Zugang zu den »warmen Meeren« zu ermöglichen. Mit großem Weitblick setzte er sich dafür ein, eine Weltorganisation für die Aufrechterhaltung der internationalen Sicherheit zu schaffen, in der die USA und die UdSSR Partner sein sollten. Für diesen Vorschlag hatte sich der Präsident vorsorglich ein starkes Hinterland geschaffen: Am 5. November 1943 beschloß der Senat mit 85 gegen 5 Stimmen die »Connally-Resolution«, die eine Zusammenarbeit zur Gewährleistung und Erhaltung des Friedens in der Nachkriegszeit sowie die Gründung einer internationalen Organisation als Nachfolgerin des Völkerbundes für diese Ziele ins Auge faßte.

Roosevelt wäre aber nicht Roosevelt gewesen, wenn er sich damit abgefunden hätte. Seine Vision von einer Welt mit einem Minimum an Waffen und einem Optimum an sowjetisch-amerikanischer Übereinstimmung bedeutete keinesfalls, daß er Schritte unterließ, die objektiv in die entgegengesetzte Richtung führten. Im Jahre 1943 begannen die USA mit dem Aufbau eines weltumspannenden Netzes von Militärstützpunkten, startete das Programm zur Schaffung einer global operierenden Flotte und strategischer Luftstreitkräfte, setzte man den supergeheimen Plan »Murray Hill Area« in Kraft, der vorsah, alle Vorräte und Quellen spaltbaren Materials in der Welt zu ermitteln und in den Besitz der USA zu überführen, um ihnen das Atommonopol zu garantieren. Ende 1943 legte General Donovan dem Komitee der Stabschefs einen Dokumententwurf mit dem Titel »Aufbau einer ständigen Behörde für strategische Aufklärung zu Friedenszeiten im Militärapparat der USA« vor.[2] Die USA beabsichtigten, die Kontrolle über die Haupterdölquellen im Ausland an sich zu reißen. Zur selben Zeit wurde auch an Plänen gearbeitet, um den Vereinigten Staaten die Vormachtstellung in den Weltfinanzen, in der internationalen Zivilluftfahrt und im Schiffstransport zu sichern.

Die Absicht Washingtons, seine Stützpunkte so anzulegen, daß die gesamte westliche und Schlüsselregionen der östlichen Hemisphäre in der Reichweite der amerikanischen Air Force lagen, war evident. Und man darf bezweifeln, daß dieses Thema nach Hopkins' Erläuterungen beim Treffen mit Molotow und Eden in Teheran für die UdSSR erledigt war.[3] Der Sonderberater des Präsidenten erklärte dort: »Bei der geographischen Festlegung der künftigen Stützpunkte und der Entscheidung darüber, welche Land-, See- und Luftstreitkräfte für sie benötigt werden, muß man davon ausgehen, wer der künftige potentielle Gegner sein wird. Der Präsident hält es für notwendig, daß Rußland, Großbritannien und die Vereinigten Staaten im Interesse des Weltfriedens eine Lösung für diese wichtige Frage finden, die ausschließt, daß eine der drei Mächte gegen die anderen aufzurüsten beginnt.«[4] Wie sollte das praktisch geschehen? Darüber gab es kein Einverständnis. Inzwischen aber schossen die Stützpunkte wie Pilze aus dem Boden.[5]

Wieweit war Roosevelt im einzelnen darüber informiert, welche sogenannten Alternativkonzepte in seinen Stäben sowie zwischen Vertretern der USA und Großbritanniens erörtert wurden? Wenn er davon wußte, dann meistens in allgemeinen Zügen. Wahrscheinlich erriet er es mehr nach der Art und Weise, wie man ihm gegenübertrat, als er die bedingungslose Kapitulation forderte.

Unklar ist, was sich hinter Robert Sherwoods These verbirgt, die Konferenz von Teheran sei der »Zenit der Karriere des Präsidenten« gewesen. Soll man sie so verstehen, daß Roosevelts Stern nach Teheran allmählich verblaßte, daß das Hinausdrängen Hopkins' und der Aufstieg Leahys zum neuen Vertrauten des Präsidenten mehr war als ein gewöhnlicher Wechsel der Höflinge? Die Jahre 1944 und 1945 liefern in dieser Hinsicht genug Stoff zum Nachdenken.

Halten wir fest: 1943 wehrte Roosevelt die Versuche in der Regel ab, die Formel von der bedingungslosen Kapitulation auszuhöhlen. Im Frühjahr 1944 übten Briten und amerikanische Militärs (die Aufklärung und die Kommission für strategische Probleme des Komitees der Stabschefs) gemeinsam starken Druck auf ihn aus. Der Präsident wies diese Empfehlungen zurück, räumte allerdings ein, daß bei der prakti-

406

schen Anwendung der Forderungen unter konkreten Bedingungen etwaige Modifikationen möglich waren.

Ein Telegramm Roosevelts an Churchill vom 6. Januar 1944 erhellt seine Leitmotive. »Ich habe am 24. Dezember [1943] folgende öffentliche Erklärung abgegeben«, schrieb der Chef der Administration. »Die Vereinten Nationen haben nicht die Absicht, das deutsche Volk zu versklaven. Wir wollen ihm alle Möglichkeiten geben, sich als nützliches und würdiges Mitglied der europäischen Familie ungehindert zu entwickeln. Aber wir unterstreichen mit tiefem Ernst das Wort ›würdig‹, denn wir wollen es ein für allemal von Nazismus und preußischem Militarismus befreien, ebenso von der törichten und unheilvollen Annahme, es sei eine ›Herrenrasse‹.« Wenn man die Bedingungen für die Kapitulation konkretisiert, läuft man stets Gefahr, etwas zu übersehen, was unter veränderten Umständen heute oder in der Zukunft »von unserem Standpunkt ebenso wichtig« sein kann.[6]

Der britische Premierminister fand, daß Roosevelts Haltung die notwendige Breite fehle. Von ideologisch gefärbter Skepsis waren auch die amerikanischen Militärs befallen. *Der Sieg im Krieg wird sinnlos sein, wenn wir* [die USA] *nicht auch den Frieden gewinnen«,* schrieb General Handy an George Marshall. Damit stieß er in das gleiche Horn wie das Politische Komitee der Operativen Verwaltung, das am 23. Januar 1943 vor dem Hintergrund von Stalingrad empfahl: *»Da wir immer stärker werden, können wir es uns nun erlauben, in unserem Interesse die politische Einflußnahme auf die Verbündeten zu verstärken. Die Zeit ist reif, mit dem sowjetischen Ministerpräsidenten Klartext zu sprechen.«* Und je nach den Ergebnissen derartiger »Gespräche« zu entscheiden, ob man unter anderem die Lieferung nach Lend-Lease fortsetzte oder nicht.[7]

Erinnern wir uns daran, daß man in den amerikanischen Stäben bereits im Sommer und Herbst 1943 das Für und Wider eines möglichen Frontenwechsels im Krieg gegen Deutschland abgewogen hatte. Der Gedanke, die Sowjetunion könnte zu stark werden, ließ den amerikanischen Militärs auch während des ganzen Jahres 1944 keine Ruhe. Das State Department erhielt entsprechende Berichte vom OSS und dem Komitee der Stabschefs. Letztere prophezeiten, ein Sieg über Deutschland werde der UdSSR die »Vormachtstellung« in Osteuropa und im Nahen Osten bringen.

»Die Zerschlagung Japans, unabhängig davon, ob sie [die Russen] sich an diesem Krieg beteiligen oder nicht«, hieß es in einem Bericht des Komitees der Stabschefs, »läßt Rußland zur entscheidenden Macht in Nordostasien werden und gibt ihm die Möglichkeit, jedem Staat seinen Willen zu diktieren.« »Nach der Zerschlagung Japans«, fuhren die Stabschefs fort, »werden die Vereinigten Staaten und die Sowjetunion Militärmächte erster Ordnung sein. Das ist eine unabdingbare Folge ihrer geographischen Lage, ihres riesigen Territoriums sowie der enormen Möglichkeiten, ihre Armeen zu versorgen. *Die Vereinigten Staaten können zwar ihre Streitkräfte in die verschiedensten Regionen in Übersee entsenden, die relative Stärke und die geographische Lage dieser Mächte werden es aber zweifellos unmöglich machen, daß eine von ihnen die andere besiegen kann, selbst wenn sie sich mit dem Britischen Empire verbündete.* Dies um so weniger, als das Empire bei Kriegsende seine wirtschaftliche und militärische Bedeutung verlieren wird.«[8]

In einem Memorandum an Hull stellte das Komitee der Stabschefs am 16. Mai 1944 fest, im Falle eines bewaffneten Konfliktes mit der UdSSR »können wir [die USA] Großbritannien erfolgreich verteidigen. Wir sind jedoch nicht in der Lage, Rußland eine Niederlage zuzufügen. Mit anderen Worten, wir befänden uns dann in einem Krieg, den wir nicht gewinnen können.«[9]

Wenn man die Debatten in den Führungskreisen der USA außer acht läßt, könnte es bei oberflächlicher Betrachtung scheinen, das Komitee der Stabschefs habe empfohlen, die Realitäten als gegeben und unumstößlich zu akzeptieren. In der konkreten Situation von 1943/44 zielten seine Überlegungen jedoch darauf, Roosevelts Orientierung auf einen raschen Rückzug der USA aus Europa und Asien nach Abschluß des Krieges zu unterlaufen, die Operationen gegen Deutschland und Japan bereits im Hinblick darauf zu gestalten, daß die UdSSR der Hauptrivale Washingtons sein werde, die einzige Macht, die in der Lage war, der globalen Politik der USA Hindernisse in den Weg zu legen.

In derselben Richtung wirkte eine Reihe von mächtigen Konzernen, die ihre Vertrauensleute in allen Etagen des Staatsapparates der Vereinigten Staaten untergebracht hatten: James Forrestal, stellvertretender Marineminister und zugleich Vizepräsident von »General Aniline and Film«; Allan Dulles, Leiter des europäischen Netzes des OSS, zugleich Mitglied des Direktoriums der Schroeder-Bank; Frances Biddle, Justizminister und Lobbyist der Firma »Sterling«, eines Tochterunternehmens der »I.G. Farben«; John Jones, der Handelsminister, der zugleich die Geschäfte der »Standard Oil« und anderer Unternehmen mit dem Gegner absicherte. Dazu eine ganze Mannschaft im State Department und auf Botschafterposten. Gemeinsam mit offenen und heimlichen Anhängern des »America First« waren sie, und nicht die kleinen Figuren deutscher Abstammung, die Hoffnung derer, die nach einem Kompromiß mit dem Reich strebten.

Maurice Matloff schreibt, wenn Roosevelt Churchill nachgegeben hätte, wäre der Krieg 1944 »in ganz anderen, *in politischen Bahnen,* verlaufen«. Möglicherweise, so vermutet der Historiker, wollte der Präsident »den Krieg so rasch wie möglich beenden und seine restliche Energie für die Lösung der Aufgaben des Friedens einsetzen«.[10] Deswegen gab Roosevelt nicht nach. Die zweite Front war somit unausweichlich geworden. Nun galt es in der Tat, sich auf den Einmarsch in Europa und auf wirkliche Kämpfe vorzubereiten.

Churchill und sein wissenschaftlicher Berater Lord Cherwell vertraten zu Beginn des Krieges mit Deutschland die Meinung, 15 Monate intensiver Bombenangriffe gegen 58 deutsche Großstädte könnten den Widerstandswillen des Volkes brechen. Hauptangriffsziele der Air Force der Alliierten waren die vor allem von Arbeitern bewohnten Stadtviertel, Hafenanlagen, die die deutsche Marine benutzte, Eisenbahnknotenpunkte. Es gibt Hinweise darauf, daß die britische Militärführung das Prinzip – Brechen des Widerstandswillens durch Terrorangriffe aus der Luft und Herausforderung der »proletarischen« Bevölkerungsschichten zum Sturz des bestehenden Regimes – bereits 1936 ihrer Strategie für eine mögliche kriegerische Auseinandersetzung in Europa zugrunde legte. Drei Jahre später wurde es dann in Operationen der Air Force umgesetzt. Da es um »Verteidigung« ging, galten alle Mittel und Methoden als rechtmäßig, die zur Abwendung der Gefahr dienen konnten, auch solche, die internationale Konventionen untersagten.

Nach einigem Zögern machten sich die USA die britische Version des Luftkrieges zu eigen. Damit nicht genug, sie verschärften sie bis aufs äußerste, soweit das die Technik jener Zeit zuließ. Jedoch die Auswirkungen der Bombenangriffe auf die Wirtschaft des Reiches und die Kampfkraft seiner Streitkräfte blieben lange Zeit kümmerlich. Nachts und bei schlechter Sicht fanden im Frühjahr 1942 lediglich fünf Prozent der Maschinen ihre Ziele. Im März und April desselben Jahres warfen zwei Fünftel der Bomber ihre Last im Umkreis von sieben bis acht

409

Kilometern von den vorgegebenen Objekten ab. Die geringe Effizienz dieser Luftangriffe führte dazu, daß man sie im zweiten Halbjahr 1942 einschränkte.[11]

Die »Luftoffensive« gegen Deutschland war bis zur Eröffnung der zweiten Front lediglich eine mittelbare Hilfe für die UdSSR. Sie versagte in der Hauptaufgabe – der Strom von Waffen und Ausrüstungen für die Wehrmacht an der Ostfront wurde bis Mitte 1944 nicht geringer, geschweige denn unterbrochen. Das Auf und Ab der Luftangriffe ist mit der Lage an der sowjetisch-deutschen Front beim besten Willen nicht in Verbindung zu bringen. Im Herbst 1941 sowie im Herbst 1942, als die Nazis nach eigener Einschätzung und den Auffassungen führender Militärs und Politiker in den westlichen Hauptstädten dem Erfolg am nächsten waren, ließ die Aktivität der britischen und amerikanischen Air Force auf dem europäischen Kriegsschauplatz nach. Ein Teil der Kräfte wurde für zweitrangige Aufgaben abgezogen.[12]

Der Gesamtumfang der Schäden, die den Industriebetrieben des Reiches bis Kriegsende durch Schläge aus der Luft und zu Lande zugefügt wurden, belief sich auf circa 18 bis 19 Prozent der vorhandenen Kapazitäten. Viele Industrieunternehmen wurden geschont, weil sie als wichtig für die Wiederherstellung nach dem Kriege eingestuft wurden oder der Schaden für ihre ausländischen Eigentümer gering gehalten werden sollte. Eine Sonderkommission amerikanischer Experten errechnete, daß die deutsche Industrie im Jahre 1943 wegen der Bombenangriffe lediglich 9 Prozent ihrer laufenden Produktion verlor, in den Jahren 1940 bis 1942 noch weniger und 1944 ganze 17 Prozent.[13] Dabei wuchs der absolute Umfang der Produktion im Vergleich zum Jahre 1941 ständig an.

Vor »Overlord« wurden im Reich Eisenbahnknotenpunkte, Lagerhäuser und andere Ziele am intensivsten bombardiert, die die Beweglichkeit der Wehrmacht und die Durchlaßfähigkeit der Verbindungswege nach Westen sowie die Wirksamkeit der Luftabwehr beeinflußten. Flüge gegen Ploiesti und andere Zentren der Erdölförderung, die sich in deutscher Hand befanden, wurden erst 1944 in die anglo-amerikanischen Pläne aufgenommen, obwohl die sowjetische Seite dies seit 1941 forderte.

In einem Dokument des Kriegsministeriums der USA *vom 9. September 1942 wird Mitte 1944 als Höhepunkt des »strategischen Angriffs«* auf Deutschland aus der Luft zur »Schwächung der deutschen Luftwaffe und Untergrabung der Wirtschaftsgrundlage des deutschen Heeres« genannt. Dieselbe Orientierung lag auch der Ausarbeitung des »Eaker-Planes« vom 30. April 1943 zugrunde. Die vierte Etappe dieses Planes sollte »Overlord« unmittelbar vorausgehen.

Erst *ab Ende 1943* forderten die USA und Großbritannien nachdrücklich von Schweden, der Schweiz, der Türkei, Spanien und Portugal, die Lieferungen von strategischen Rohstoffen, Rüstungsmaterial und Waffen nach Deutschland einzustellen beziehungsweise zu reduzieren. Auch diese Aktion wurde nicht mit den Erfordernissen der Ostfront, sondern primär mit der Vorbereitung auf »Overlord« abgestimmt. Das ist kaum verwunderlich, wenn man weiß, daß einige amerikanische Firmen ihre Geschäfte mit dem Feind nicht einmal nach Überquerung des Ärmelkanals durch die Truppen der Alliierten einstellten.

Kugellager gelangten aus Schweden und der Schweiz sowie aus den SKF-Werken in den USA nach Deutschland, obwohl amerikanische Flugzeugwerke und andere Betriebe zuweilen regelrecht danach lechzten. Nicht das Geschäft, sondern eine harte Hand dirigierte die Ströme der für die wichtigsten militärischen Produktionen notwendigen Güter. So kompensierten zum Beispiel die Schweden in bedeutendem Maße Ausfälle in Staßfurter Werken, die die Amerikaner bombardiert hatten.

Der schwedische Außenminister Christian Günther erklärte auf eine Demarche des amerikanischen Botschafters Herschel Johnson vom 13. April 1944, das »dreiseitige Abkommen« zwischen den USA, Großbritannien und Deutschland sei nur durch ungeheure Anstrengungen (übrigens schon während des Krieges) zustande gekommen, und wenn Stockholm dieses Abkommen nun breche, werde Deutschland sehr stürmisch reagieren. Der Minister drohte, falls die Westmächte weiter Druck ausübten, werde Schweden *»den Inhalt der gesamten Korrespondenz veröffentlichen, aus der hervorgeht, daß der Handel zwischen Schweden und Deutschland auf vertraglicher Grundlage beruht, die den alliierten Regierungen bekannt war, und die sie vorab gebilligt haben«.*[14]

Übrigens versorgten die schwedischen Partner Berlin auch sehr großzügig mit Geheiminformationen, die ihre Dienste über die UdSSR sammelten. Von ihnen erhielt das deutsche Oberkommando unter anderem Angaben über die Vorbereitung der Roten Armee auf die Gegenoffensive bei Moskau im Dezember 1941.

Im Dezember 1943 willigte Bern ein, die Verkäufe von Waffen, Munition und Maschinen an Deutschland um 45 Prozent, von Präzisionsmaschinen und Kugellagern um 40 Prozent zu reduzieren. Auch die Schweden gaben das Versprechen, die Lieferung strategischer Rohstoffe an Deutschland auslaufen zu lassen. Im Jahre 1944 hielten sie sich allerdings nicht daran.

Überaus merkwürdig gestalteten sich die ausgedehnten Verhandlungen mit der Türkei über die Einstellung des Exports von Chromerz nach Deutschland, ebenso mit Spanien und Portugal über deren Wolframerzlieferungen. Ein großer Teil der Korrespondenz Roosevelts und Churchills zu diesem Thema ist nicht veröffentlicht. Es ist jedoch bekannt, daß Churchill hier besondere »Flexibilität« an den Tag legte und bemüht war, sich in die Lage der Lieferanten Deutschlands »hineinzuversetzen«. Er forderte und erreichte beim US-Präsidenten eine Taktik der »kleinen Schritte«, um die Klientel des Reiches nicht dem Zorn der Nazis auszusetzen.[15]

Daß der Präsident in einem Telegramm an den Premierminister vom 21. April 1944 den Erdölhebel erwähnte[16], kann als Hinweis darauf gelten, daß er sich in der Situation schlecht auskannte. In der Westpresse war viel von dem »Erdölstrom« die Rede, der sofort nach Unterzeichnung des sowjetisch-deutschen Vertrages vom 23. August 1939 geflossen sei. Wie lagen die Dinge tatsächlich? Im Januar 1940 meldeten Experten des Komitees der Stabschefs Großbritanniens, Erdölprodukte aus der UdSSR stellten weniger als zwei Prozent des gesamten deutschen Imports dar.[17] Von Januar bis Mai 1941 wurden aus der Sowjetunion an Deutschland 306 884 Tonnen Erdöl geliefert. Das war etwa die Hälfte dessen, was allein die »Standard Oil« über ihren spanischen Kanal während des Krieges jährlich an Deutschland verkaufte. 1944 erhielten die Deutschen über Spanien durchschnittlich 48 000 Tonnen amerikanisches Benzin und andere Erdölprodukte monatlich. Hier sei angemerkt, daß in den Jahren 1943/44 im Reich mit amerikanischer Hilfe die Produktion hochoktanigen Flugzeugtreibstoffs aufgebaut wurde.[18] So kam es, daß nahezu während des ganzen Krieges ein Siebtel bis ein Zehntel aller deutschen U-Boote, Flugzeuge und Panzer, die gegen die UdSSR und dann auch gegen die USA eingesetzt wurden, Treibstoff benutzten, der aus westlichen Zapfsäulen stammte.

Die Wirtschaftsbeziehungen mit dem Feind, die bereits vor dem Einmarsch in der Sowjetunion bestanden und auch danach nicht abbrachen, beruhten auf der Orientierung, die Zusammenarbeit der »Geschäftskreise« nach Beendigung der Kriegshandlungen unverzüglich wieder aufzunehmen. Sie sollten die materielle Grundlage für den breiten Dialog der Westmächte mit dem »wahren« Deutschland bilden. Die Bedingungen wurden insbesondere über die Bank für Internationalen Zahlungsausgleich in Basel[19] sowie bei Zusammenkünften ausgehandelt, die nicht ohne Schützenhilfe der amerikanischen und britischen Geheimdienste zustande kamen.

Das OSS und seine Residenturen verfügten über weitgehende Vollmachten. Und wenn diese fehlten, war das ebenfalls keine ernste Hürde. Wie Charles Higham bemerkt, »entwickelte er [Donovan] viele seiner Initiativen, obwohl er wußte, daß der Präsident dazu eine negative Haltung einnahm«. So kam es beispielsweise ohne Zustimmung Roosevelts zu Begegnungen der Agenten Donovans und Schellenbergs in Schweden, Spanien und in der Schweiz. »Allan Dulles«, schreibt Higham, »war der ideale Mann für derartige Aufgaben. Er und sein Bruder John Foster hatten weitverzweigte Verbindungen nach Deutschland. Als überzeugter Antikommunist spielte der letztere eine federführende Rolle in der Konfrontation nach dem Krieg, die in den Kalten Krieg mündete.«

Bei seiner ersten Begegnung im Jahre 1942 mit Hohenlohe, der SD und SS vertrat, erklärte Allan Dulles: »Der deutsche Staat muß bewahrt werden, damit die Ordnung aufrechterhalten und die Umgestaltung begonnen werden kann.« Die Frage der Tschechei sei, nach seinen Worten, nicht besonders wichtig, man müsse jedoch einen Cordon sanitaire gegen den Bolschewismus und den Panslawismus durch ein »Vorschieben der Grenzen Polens nach Osten, die Erhaltung Rumäniens und ein starkes Ungarn« schaffen. Rußland, so betonte Dulles, dürfe unter keinen Umständen nach Rumänien und Kleinasien hineingelassen werden.

Die US-Aufklärung, die verschiedenen Herren diente, berichtete jedem einzeln die für ihn bestimmte Wahrheit. Da der Präsident an einem Erfolg von »Overlord« bei geringen amerikanischen Verlusten interessiert war, wurde in den Informationen an das Weiße Haus vor allem diese Seite hervorgehoben. Kontakte, die unter anderen Bedingungen den Zorn des Chefs der Administration und strenge Rügen ausgelöst hätten, wurden mit militärischen Erfordernissen gerechtfertigt. Die Täuschung der Sowjetunion bezüglich der Verbindungen zum Gegner begründete man mit der spezifischen Arbeitsweise der Geheimdienste.

Am 24. Mai 1944 übergab das State Department der sowjetischen Botschaft allerdings eine Denkschrift, in der es hieß:»... Kürzlich haben sich zwei Emissäre einer Gruppe in Deutschland an offizielle Vertreter der USA in der Schweiz mit dem Vorschlag gewandt, einen Versuch zum Sturz des Naziregimes zu unternehmen. Diese Emissäre erklärten, sie seien Vertreter einer Gruppe, der der Sozialistenführer und ehemalige Innenminister von Hessen, Leuschner, General Oster, Canaris' ehemalige rechte Hand, den die Gestapo 1943 verhaftete, unter Aufsicht stellte und den Keitel erst kürzlich aller seiner offiziellen Ämter enthob, der ehemalige Oberbürgermeister von Leipzig, Goerdeler, und General Beck angehörten. Als weitere Mitglieder dieser oppositionellen Gruppe wurden die deutschen Generale Halder, Zeitzler, Heusinger (Zeitzlers Stabschef), Olbricht (der Chef des Allgemeinen Heeresamtes), Falkenhausen und Rundstedt genannt. Zu Zeitzler hieß es, ihn hätten Heusinger und Olbricht mit dem Argument gewonnen, er sollte sich an jedem derartigen Plan beteiligen, um auf diese Weise eine geordnete Liquidierung der Ostfront zu erreichen und einer Anklage wegen des militärischen Fiaskos zu entgehen, die er sehr fürchte.

Diese Emissäre wandten sich im April dieses Jahres an den amerikanischen Vertreter in der Schweiz. Im Namen ihrer Gruppe brachten sie den Wunsch und die Bereitschaft zum Ausdruck, Hitler und die Nazis zu vertreiben. Sie erklärten, die Gruppe könne genügend Einfluß auf die deutsche Wehrmacht nehmen, um die Generale, die die Truppen im Westen kommandierten, zu veranlassen, keinen Widerstand gegen eine Landung der Alliierten zu leisten, sobald die Faschisten gestürzt seien. Die Gruppe stellte als Bedingung für ihr Handeln den direkten Kontakt zum Vereinigten Königreich und den Vereinigten Staaten unmittelbar nach dem Sturz des faschistischen Regimes. Als Präzedenzfall dafür, daß man die UdSSR von allen Verhandlungen ausschließen könne, führte sie das kürzliche Beispiel Finnlands an, das nach ihren Behauptungen ebenfalls ausschließlich mit Moskau Kontakt hatte.«[20]

Die Denkschrift schloß mit dem Hinweis, der Vertreter der USA habe den Emissären geantwortet, seine Regierung nehme keinerlei Vorschläge entgegen, die die UdSSR ausklammerten, und die Politik der Alliierten hinsichtlich der bedingungslosen Kapitulation Deutschlands bleibe in Kraft.

An dem Tage, an dem das Papier des State Department der sowjetischen Seite übersandt wurde, erklärte Churchill im Unterhaus, das

414

Britische Empire werde den Kampf bis zur bedingungslosen Kapitulation Deutschlands führen und auf keinerlei Abmachungen im Stile der 14 Punkte Wilsons eingehen. Daß Washington und London gleichzeitig Treueschwüre leisteten, deutete auf eine Absprache hin und mußte nach den bisherigen Erfahrungen eher mißtrauisch machen als beruhigend wirken.

Die Denkschrift vom 24. Mai 1944 ist auf ganz eigene Weise ein einzigartiges Dokument. Es erblickte das Licht der Welt, als der Pfriem, wie die Russen sagen, bereits aus dem Sack ragte. Ein Anschlag auf Hitler war kein flüchtiges Phantombild mehr. Mit der Beseitigung des Kopfes des Naziregimes sollte eine Entwicklung eingeleitet werden, die im Grunde genommen nach dem italienischen Muster ablief. Bereits im August/September 1943 hatte Allan Dulles Washington mitgeteilt, die Verschwörer sähen in Generaloberst Beck den »deutschen Badoglio«, während militärische und konservative Kreise auf Himmler als »Brücke zu den Westmächten« setzten.[21]

Das Szenario für den Übergang Deutschlands von einem Nazi- zu einem »normalen« Staat wurde unter tatkräftiger Beteiligung Allan Dulles' und dessen rechter Hand Gero von Schulze-Gaevernitz ausgearbeitet. In der Denkschrift für Moskau stellte man es jedoch als ein Vorhaben der Verschwörer selbst hin. Zwischen den Zeilen war zu lesen: Die USA waren selbstverständlich dagegen, aber was sollten sie tun, wenn die Deutschen den Widerstand im Westen de facto einstellten? Als treuer Verbündeter würde Washington bemüht sein, den »Eigensinn« der Deutschen zu brechen, weshalb die amerikanischen Truppen möglicherweise durch ganz Deutschland bis zu der Linie würden marschieren müssen, wo die Wehrmacht im Osten steckengeblieben war.

Die Denkschrift war zugleich eine Warnung an die sowjetische Seite, daß den Vereinigten Staaten nun eine Reservevariante zur Verfügung stand, auf die sie zurückgreifen konnten, wenn es in der Anti-Hitler-Koalition an gegenseitigem Verständnis mangelte. So wäre es wahrscheinlich auch gekommen, wenn das Schicksal nicht anders entschieden und das raffinierte Vorhaben der Westmächte durchkreuzt hätte.

An dieser Denkschrift, das war zu spüren, hatten die Amerikaner lange gefeilt. Zu groß mußte die Zahl der Widersprüche gewesen sein, so daß es nicht hatte gelingen können, sie alle aus der für die sowjetische Seite bestimmten Fassung zu entfernen. Das »kürzlich«, von dem am Anfang die Rede ist, stellt sich später als »im April« heraus. Das heißt, nach der offiziellen Version war seitdem mindestens ein Monat vergangen. Die »offiziellen amerikanischen Vertreter« schmelzen im Verlaufe der Darlegung auf einen einzigen »Vertreter« zusammen. Sein Name wird nicht genannt, aber natürlich geht es um Allan Dulles. Und so weiter.

Versuchen wir dieser und einigen weiteren Thesen der Denkschrift nachzugehen. Das Mißlingen des Unternehmens »Zitadelle« hatte selbst solchen Gefolgsleuten Hitlers wie Manstein, Kluge, Küchler oder den SS-Generalen Haußer und Dietrich den Hochmut ausgetrieben. Der Krieg war unwiederbringlich verloren. Nun strickte man an »großzügigen politischen Lösungen«. Kluge und andere glaubten, »bei rechtzeitiger Verständigung mit den Angelsachsen könne man die Ostfront an der alten Ostgrenze Polens noch stabilisieren und uneinnehmbar machen«. Da Hitler einer Übereinkunft im Wege stand, hörte man auf, die Notwendigkeit seiner Entmachtung zu bagatellisieren. Goerdeler wurde beauftragt, dafür zu sorgen, daß die USA und Großbritannien »sich richtig verhielten«.

Das Gespräch mit Kluge und Beck in Olbrichts Wohnung im September 1943 wertete Goerdeler als den Geburtstag der Verschwörung vom 20. Juli 1944.[22] Wenn man die langjährigen Verbindungen Becks, Goerdelers und ihrer Gesinnungsgenossen mit Briten und Amerikanern bedenkt, dann kann man es wohl kaum einen Zufall nennen, daß die Stabschefs der USA und Großbritanniens ungefähr zur selben Zeit eine Variante diskutierten, wie die restlichen Kräfte der Wehrmacht gegen die UdSSR geworfen werden könnten. Offenbar war der Geburtstag der Verschwörung zugleich auch der Tag der Empfängnis für die Denkschrift vom 24. Mai.

Natürlich hatten die Verschwörer weder von einer »geordneten« noch jeder anderen »Liquidierung der Ostfront« gesprochen – weder im eigenen Kreise noch mit den Amerikanern. Das war der plumpe Versuch des State Department, in Moskau den Eindruck zu erwecken, als ginge es um eine Kapitulation vor der Anti-Hitler-Koalition insgesamt, die möglicherweise zeitlich etwas auseinandergezogen und unterschiedlich gestaltet war, aber doch dem ganzen Bündnis galt. Nichts von alledem hatten Goerdeler, Beck, Olbricht und Witzleben aber im Sinn.

In vielen Arbeiten taucht die Behauptung auf, es habe in Deutschland neben der rechtskonservativen auch eine nationalliberale und sogar eine prosowjetische Verschwörung gegeben. Von dort ist es kein weiter Weg zu dem Schluß, daß den USA und Großbritannien gar nichts anderes übrigblieb, als aus Gründen der eigenen Sicherheit insgeheim in Kontakt mit der Gruppe Beck-Goerdeler zu treten. Den Desinformateuren wird das Geschäft noch dadurch erleichtert, daß manche sowjetischen und DDR-Historiker einzelne Teilnehmer des Anschlages vom 20. Juli ohne jeden Grund rötlich eingefärbt haben.

Den Frauen und Männern, die Hitler den Fehdehandschuh hinwarfen, kann niemand Opfermut absprechen. Viele hielten dies für ein Gebot ihrer Pflicht und ihres Gewissens. Um Deutschland und ihrer eigenen Ehre willen schreckten sie vor dem Tod nicht zurück und gewannen Unsterblichkeit. Marion Gräfin Dönhoff legt in den Erinnerungen an ihre Freunde dafür unbestreitbares Zeugnis und unerschütterliche Bürgschaft ab.[23]

Doch das Spektrum des Geschehens war viel bunter. Das Argument Goerdelers, Hassells, Trotts – wenn der Westen die Verschwörer zurückweise und ihnen nicht ein Minimum dessen zugestehe, worum sie baten, werde die »Mehrheit« der Opposition sich an den Osten wenden – war die Fortsetzung einer Taktik, die dem Reich bereits in den zwanziger und dreißiger Jahren reiche Ernte gebracht hatte.

Die Gestapo durchleuchtete die »Ostkontakte« der Opposition mit dem größten Eifer. Ihre Schlußfolgerung lautete: »Die ganze Widerstandsgruppe (allenfalls von Reichwein und Langbehn abgesehen) war darin *einig,* erstens: daß auf die Dauer mit den Bolschewisten keine fruchtbare Zusammenarbeit möglich sei, sondern nur mit dem Westen; zweitens: daß die gewaltig anwachsende Macht der Sowjets eine so große Gefahr für Mitteleuropa bedeute, daß wir nur in Verbindung mit England und den Vereinigten Staaten hoffen durften, uns ihrer zu erwehren.«[24]

In einem Bericht Allan Dulles' an Donovan vom 7. April 1944 heißt es: Gisevius hat eine Information von der »Schwarzen Kapelle« überbracht, in der festgestellt wird, daß »die Situation in Deutschland sich rasch verändert und man die Beendigung der Kriegshandlungen in Europa definitiv voraussehen kann«. Die Verschwörer »wünschen jetzt eine Aktion und bereiten sie vor, die das Ziel hat, die Nazis zu stürzen und den Führer unschädlich zu machen«. Unverzichtbare Bedingung für ihre Aktion ist die Garantie dafür, daß die Gruppe ausschließlich mit den angelsächsischen Mächten verhandeln wird. Das ausdrückliche Ziel der Gruppe besteht darin, fuhr Dulles fort, »Mitteleuropa davor zu bewahren, daß es – faktisch oder ideologisch – unter den Einfluß der Sowjets gerät«. Sie wollen nicht, so behauptete der Resident, daß »der Totalitarismus der Nazis« von einem »neuen linksextremen Totalitarismus« abgelöst wird.[25]

Über Otto John gelangte die Information der »Schwarzen Kapelle« zugleich auch zu den Briten. Donovan berichtet über Dulles' Telegramm unverzüglich an den Präsidenten, den Außenminister, das Vereinigte Komitee der Stabschefs und an Eisenhower. Zwischen Washington, London und Bern setzte eine lebhafte Korrespondenz ein, um die Einzelheiten zu präzisieren.

Inzwischen ging am 13. Mai 1944 über Gisevius ein noch dramatischerer Vorschlag ein, der mit dem »Herman Plan« übereinstimmte, wie A. Brown schreibt. Die Verschwörer brachten ihre Bereitschaft zum Ausdruck, den anglo-amerikanischen Truppen beim Einmarsch in Deutschland Unterstützung zu geben, wenn die USA und Großbritannien »es ihnen [den Deutschen] gestatteten, die Ostfront zu erhalten«. Bei der Erörterung dieses Zusatzvorschlages kamen die Leiter der einzelnen Behörden überein, *den Präsidenten eine gewisse Zeit im unklaren zu lassen. Die Hauptrolle übernahm hier das State Department,* das die Formel von der bedingungslosen Kapitulation ohnehin nicht allzu engherzig auslegte.

Zwanzig Tage vor Beginn von Operation »Neptun« (»D-Day«) wurde Cordell Hull ein Dokument zugestellt, das den Titel trug: »Versuch deutscher Generale und der zivilen Opposition, einen *separaten Waffenstillstand* zu erreichen«. Darin hieß es: *»Seit Anfang 1944 sind Emissäre einer deutschen Gruppe, die angeboten hat, einen Versuch zum Sturz des Naziregimes zu unternehmen, in regelmäßigen Kontakt* mit Vertretern des Amtes für strategische Dienste (OSS) in Bern getreten.« Dieser Gruppe gehören Wilhelm Leuschner, »Führer der Sozialisten und ehemaliger Innenminister von Hessen«, Hans Oster, »General, ehemaliger Mann Canaris', dessen rechte Hand, der von der Gestapo 1943 verhaftet, nach seiner Freilassung ständig beobachtet und kürzlich auf Befehl von (Feldmarschall Wilhelm) Keitel (dem Chef des deutschen Oberkommandos) aller seiner offiziellen Ämter entbunden wurde«, Karl Goerdeler, »der ehemalige Oberbürgermeister von Leipzig«, und General Ludwig Beck, »der ehemalige Chef des deutschen Generalstabes«

an. Kürzlich, so hieß es in dem Dokument weiter, haben sich Feldmarschall von Rundstedt und General Baron Alexander von Falkenhausen, der deutsche Gouverneur in Belgien, »der bereit wäre, den Widerstand einzustellen und, falls das Naziregime gestürzt wird, die Landung alliierter Truppen zu unterstützen«, der Gruppe von Verschwörern angeschlossen.

Die Gruppe plane »ähnliche Schritte auch zum Empfang von Luftlandeeinheiten der Alliierten an strategischen Punkten Deutschlands zu unternehmen«. Die Gruppe brachte ihre Bereitschaft zum Ausdruck, unter der Voraussetzung zu handeln, daß »sie es nach dem Sturz des Naziregimes nur direkt mit den Alliierten zu tun haben wird ... Die Gruppe brachte jedoch ihre Bereitschaft zum Ausdruck, mit allen linken Elementen außer den Kommunisten zusammenzuarbeiten.«[26]

Die Ähnlichkeit mit der Denkschrift vom 24. Mai 1944 ist offensichtlich. Es zeigen sich aber auch bedeutsame Unterschiede. Der sowjetischen Seite wurde mitgeteilt, die »Initiative« der Deutschen datiere vom April, Hull dagegen berichtete man (wiederum unrichtig), die Verhandlungen seien seit Anfang des Jahres geführt worden. In dem Papier für das State Department wird das antisowjetische Moment hervorgehoben, offenbar um dem Plan des OSS größere Attraktivität zu verleihen. Mehr oder weniger glaubhaft klingt lediglich die Version von »einer Gruppe«, denn die Versuche von Anfang 1944, die Oppositionellen verschiedener Tendenzen zu vereinigen, hatten keinen Erfolg, weil die bürgerlich-liberalen Ideen, die sich im »Kreisauer Kreis« entwickelten, und die reaktionären Vorstellungen Goerdelers, den Moltke wegen seines hohlen Geschwätzes einen »deutschen Kerenski« nannte, sich als unvereinbar erwiesen.[27]

Im Frühjahr 1944 versuchte Allan Dulles die Administration mit allem Nachdruck dazu zu bewegen, die Forderung nach bedingungsloser Kapitulation aufzugeben. Die Quintessenz seiner Berichte nach Washington lautete, »die deutsche militärische Opposition« sei gezwungen, »tatenlos zu bleiben, solange sie vom Westen keine Zusicherungen (Versprechen)« erhalte. Der offizielle Vorschlag im Namen der Gruppe Beck-Goerdeler, mit den USA und Großbritannien bei der Landung der Alliierten in Frankreich zusammenzuarbeiten, erfolgte, als Allan Dulles' Bemühungen ergebnislos blieben.[28] Der sogenannte Gisevius-Rapport sollte offenbar den Argumenten und Überlegungen des Residenten größeres Gewicht verleihen.[29]

419

Bei Zustimmung der Westmächte zu separaten Aktionen, versprachen Beck und Goerdeler, würden die Oberkommandierenden der Westfront Falkenhausen und Rundstedt Befehl erhalten, den Widerstand sofort aufzugeben und die Landung alliierter Truppen in Frankreich zu erleichtern; ja, man würde Vorsorge treffen, um alliierte Fallschirmtruppen an den Schlüsselpunkten Deutschlands in Empfang zu nehmen. *»Müßte an erster Stelle mit Moskau verhandelt werden, so stünden andere Kräfte dafür bereit, nicht ihre eigene Gruppe.«* Wie Goerdelers Biograph schreibt, sollten nach der Besetzung ganz Deutschlands durch anglo-amerikanische Truppen Friedensverhandlungen beginnen – zwischen Siegern und Besiegten, *aber mit einer neuen deutschen Regierung, der jene es verdankten, daß »der Endkampf wesentlich verkürzt wurde« und zu deren Anerkennung sie sich vorher verpflichtet hätten.* »Sicherlich eine sehr bedenkliche Aussicht«, schreibt Ritter, »aber immer noch besser als die ›bedingungslose‹ Kapitulation schlechthin. Und immer noch wesentlich besser als eine Kapitulation nach der Eroberung Berlins durch die Russen!«[30]

Anfang Mai 1944 ging über Gisevius der Vorschlag einer »Gruppe von Militärs aus Berlin« ein, mit Unterstützung von meuternden Wehrmachtseinheiten sollten drei amerikanische Luftlandedivisionen in der Nähe der deutschen Hauptstadt landen. Zugleich sollten starke Luftlandeverbände in der Umgebung von Hamburg und Bremen abgesetzt werden. Auch Unterstützung für die Landung der Alliierten an der französischen Küste wurde nicht ausgeschlossen. Zugleich wollten zuverlässige Einheiten der Verschwörer aus dem Raum München Hitler und dessen Umgebung auf dem Obersalzberg isolieren. Nach Allan Dulles betrachtete man diese Variante allerdings als »Phantasterei«.[31]

Wo gingen die Auffassungen der Amerikaner und der Verschwörer formal auseinander? Die Oppositionellen störte der unbestimmte Charakter des Prinzips der bedingungslosen Kapitulation. Bei genauer Auslegung und gewissenhafter Anwendung bedeutete dies, vor allen Gegnern gleichzeitig zu kapitulieren. Die deutschen Reaktionäre lehnten dies jedoch gegenüber der Sowjetunion strikt ab. Außerdem strebte die Gruppe Beck-Goerdeler von den Westmächten bestimmte Zusagen in territorialen und einigen staatspolitischen Fragen an, die den Beschlüssen von Teheran und offenbar auch Roosevelts Vorstellungen direkt zuwiderliefen.

Sollte man offen mit der UdSSR brechen, sich auf ein Abenteuer mit unabsehbaren Folgen einlassen, das doppelt riskant war, da die Opposition bisher keinerlei Taten aufzuweisen hatte? *Oder* sollte man nach Plan »Overlord« handeln und dabei den deutschen Generalen und Politikern die Chance geben, die Westfront auf eigene Initiative aufzulösen? Man entschied sich für die zweite Variante, gab den deutschen Partnern klar zu verstehen, daß sie die Politik auf bessere Zeiten zu verschieben hatten, und nannte ihnen Eisenhowers Stab als Partner für die Erörterung aller Einzelheiten einer separaten Feuereinstellung.[32]

Aus Allan Dulles' Sicht war die Beseitigung Hitlers die Schlüsselfrage. Sie mußte fast automatisch in Deutschland Prozesse auslösen, die für die USA günstig waren, wer immer dem Naziregime den Todesstoß versetzte. Ihn hätte es kaum gestört, wenn diese »antinazistische Operation« Himmler ausgeführt hätte.

R. H. Smith stellt einen Zusammenhang her zwischen den amerikanisch-deutschen Geheimdienstkontakten und der Abneigung der USA, das militärische Vorgehen gegen Deutschland mit der UdSSR abzustimmen.[33] Man kann einen weiteren Zusammenhang verfolgen – zwischen der Entwicklung der militärischen Lage und dem Verhandlungstempo in der Europäischen Konsultativkommission (EKK), wo die Grundsatzdokumente für die Kapitulation Deutschlands und die Besatzungszonen ausgearbeitet wurden.[34]

Es fehlte am Okay des Weißen Hauses, die Verhandlungen mit der Gruppe Beck-Goerdeler in offizielle politische Bahnen zu lenken. Für Dulles war das kein Grund, die Kontakte zu ihr abreißen zu lassen und frühere Versprechungen zurückzunehmen. Im Gegenteil, der Resident ermutigte sie weiter, wo er konnte, gab allerdings nun den »Praktikern« gegenüber den »Ideologen« den Vorzug. Im Juni 1944 hatte er Gisevius beauftragt, Beck mitzuteilen: »Für weitere Diskussionen ist keine Zeit mehr, jetzt muß gehandelt werden.«[35] Am 12. und 15. Juli informierte Dulles Washington über die bevorstehende Beseitigung des Kopfes des Naziregimes, als ob diese schon eine beschlossene Sache sei.[36]

Oberst Claus Graf von Stauffenberg, der der Verschwörung gegen Hitler mit seinen persönlichen Qualitäten konkrete Gestalt verlieh, war bereit, für das Wohl »Nationaldeutschlands« etliche Vorurteile und auch sein Leben zu opfern. Allan Dulles argwöhnte, Stauffenberg sei stark an den »Problemen der Beziehungen zum Osten und der gewachsenen Bedeutung Rußlands in Europa« interessiert. Ihm wurden sogar Sympathien für das Nationalkomitee Freies Deutschland unter-

421

stellt. Daß Stauffenberg mit dem Sektierertum der Gruppe Beck-Goerdeler nicht einverstanden war, interpretierte Dulles als Neigung zur Zusammenarbeit mit der »kommunistischen Untergrundbewegung«.[37]

Claus von Stauffenberg paßte schlecht in die politisch-ideologischen Koordinaten, in denen sich Goerdeler und einige andere »Greise« bewegten. Diese hielten überhaupt nichts davon, daß für Oberst Stauffenberg »den Anfang vom Ende der gesamten militärischen Entwicklung der russische Feldzug bildete, der mit Befehl zur Tötung aller Kommissare begonnen habe und mit dem Verhungernlassen der Kriegsgefangenen und der Durchführung von Menschenjagden zur Gewinnung von Zivilarbeitern fortgesetzt worden sei«.[38] Ihnen konnte auch nicht behagen, daß Stauffenberg persönliche Verbindungen zu solchen »prorussischen« Figuren wie dem ehemaligen Militärattaché in Moskau, General Köstring, unterhielt, der Hitler stets abgeraten hatte, die UdSSR zu überfallen. Der Graf – wie auch die Mitglieder des Kreisauer Kreises – hatte keine Berührungsängste gegenüber Sozialdemokraten, Gewerkschaftern und selbst Kommunisten. Das grenzte für die »Greise« an Verrat, war aber auf jeden Fall mit den Maximen eines »deutschen Offiziers« nicht zu vereinbaren.

Die Zweifel am ideologischen und politischen Credo Claus von Stauffenbergs kamen – sicherlich nicht ohne Gisevius' Hilfe – Allan Dulles zu Ohren. Sie werden in seinen Urteilen und Erinnerungen in der für Dulles typischen Weise reflektiert. Mit seiner schweren Hand lancierte er nach dem Kriege Spekulationen in die verschiedensten Veröffentlichungen, deren Verfasser sich nicht die Mühe machten, diese mit gewichtigen Tatsachen zu untermauern, von Beweisen ganz zu schweigen.

In diesem Zusammenhang drängt sich ein ganz anderer Gedanke auf: Waren nun Dummheit oder wiederum ein Zufall, übermäßige Information oder Argwohn der Geheimdienste und ihrer Doppelagenten vom Typ Gisevius (im deutschen Falle) daran schuld, daß für General Charles Delestraint und Jean Moulin die Reise nach London[39], für Anton Saefkow, Franz Jacob oder Adolf Reichwein der Kontakt zu den Spitzen der Opposition in Deutschland verhängnisvoll ausgingen? Eine »Zentristisch-sozialistische Regierung«, wie sie sich der amerikanische Geheimdienst im August 1943 vorstellte, sollte ein Schutzschirm oder ein Knebel für Störenfriede sein, damit man die Entwicklung sicher in die geplanten Bahnen lenken konnte, auf keinen Fall aber sollte sie an die Stelle der Konservativen treten.

Nach Informationen, die der Gestapo vorlagen, hatte Stauffenberg im Frühjahr 1944 Kontakt zu den Briten. Neben rein militärischen Fragen sollten dabei Listen von Personen geprüft werden, mit denen man in Verhandlungen treten konnte. Goerdeler sagte nach seiner Verhaftung aus, der Oberst habe ihm gegenüber mehrfach davon gesprochen, er könne seine Informationen unmittelbar an Churchill heranbringen. Über John hatte Stauffenberg auch Verbindungen zum amerikanischen Oberkommando geschaffen.

Vor der Landung der Alliierten in Frankreich gehörten dem Kern der Opposition gegen Hitler die Feldmarschälle Rommel und Witzleben, der Militärbefehlshaber im besetzten Teil Frankreichs, General Heinrich von Stülpnagel, der Stadtkommandant von Paris, General Boineburg-Lengsfeld, der Befehlshaber der deutschen Truppen in Belgien und Nordfrankreich, Alexander von Falkenhausen, sowie die Generale Tresckow, Hammerstein, Oster, Thomas, Wagner, Olbricht und andere an. An der Spitze des militärischen Teils der Verschwörung stand Generaloberst Ludwig von Beck. Feldmarschall Rundstedt lehnte es ab, sich der Gruppe anzuschließen.

Ungeachtet dessen standen die Hauptkräfte der Wehrmacht in Frankreich und Belgien, Reserveverbände in Deutschland sowie Nachrichten und rückwärtige Dienste unter der Kontrolle der Hitlergegner. Bei koordiniertem und entschlossenem Vorgehen war die Opposition objektiv in der Lage, die Westfront zu desorganisieren und die Grenzen des Reiches für die Truppen der USA und Großbritanniens zu öffnen. Die amerikanischen und britischen Kommandeure, die die Verantwortung für die Landung trugen, waren davon sehr angetan, und Dulles' Garantieerklärungen für Beck und Goerdeler verbreiteten ein Gefühl der Sicherheit.

Wie Strünck und Goerdeler in ihren Verhören aussagten, informierte Gisevius (in Dulles' Auftrag) die Verschwörer darüber, daß Eisenhower Instruktion habe, von einer Regierung Beck-Goerdeler, falls sie gebildet werde, keine bedingungslose Kapitulation zu fordern.[40] Wenn eine solche Instruktion existierte, wofür indirekte Bestätigungen vorliegen, dann verwies sie auf einen wohlwollenden, nachsichtigen Umgang mit der neuen Regierung und bedeutete ein faktisches Unterlaufen der bedingungslosen Kapitulation.

Unter bestimmten Bedingungen war es für Washington und London von Vorteil, den Zerfall der Zentralmacht im Reich zu inszenieren. So war jeder deutsche Kommandeur auf sich allein gestellt, niemand konnte den Befehl zu einer allgemeinen Feuereinstellung geben, und niemand konnte so die USA und Großbritannien formal dafür verantwortlich machen, daß die Deutschen ihren Widerstand an der Ostfront fortsetzten.

So geschah es in den letzten Kriegstagen im April und Mai 1945 dann auch.

Am 6. Juni 1944 betraten die Vorausabteilungen von Amerikanern, Briten und Kanadiern in der Normandie französischen Boden. Als die Armada der Schiffe und schwimmenden Landungsmittel in der Nacht zum 6. Juni in See stach, begann die Luftwaffe der Alliierten Artilleriestellungen, Stäbe, Konzentrationsräume der Nazitruppen sowie Flugplätze und Verkehrsknotenpunkte mit Unmengen von Bomben zu überbelegen. So steckte sie zugleich das Landungsgebiet ab. Einige Stunden zuvor hatten 2395 Flugzeuge und 847 Segelflugzeuge Tausende Fallschirmspringer hinter den deutschen Linien abgesetzt. Kräfte der Résistance, die ihre Aktionen mit Eisenhowers Stab koordinierten, zerstörten deutsche Fernmeldeverbindungen und Stromleitungen, sabotierten den Verkehr auf Eisenbahnen und Straßen.

Die Deutschen, die von der Vorbereitung der Invasion wußten und sie längst erwartet hatten,[41] waren plötzlich wie blind und taub. Als »Ungeschick« der deutschen Aufklärung, die Informationen über Ort und Zeit der Invasion (am 6. oder 7. Juni in der Normandie oder der Bretagne) hatte, es aber angeblich »versäumte«, diese über den Instanzenweg weiterzugeben, ist dies nicht zu deuten. Infolgedessen befanden sich weder Rommel noch Dollmann (der Befehlshaber der 17. Armee) oder Dietrich im entscheidenden Augenblick in ihren Befehlsständen. Die Kommandeure von Bataillonen, Regimentern und Divisionen mußten auf eigene Faust handeln.

Bei der Untersuchung des Attentats vom 20. Juli stellte sich heraus, daß lediglich zwei Abteilungsleiter der Abwehr – Reinhard Gehlen (»Fremde Heere Ost«) und Kurt Gehrke (Verkehr) – nicht in die Verschwörung verwickelt waren. Die Obersten Hansen (Canaris' Nachfolger) und Rönne (»Fremde Heere West«) beteiligten sich aktiv an der Vorbereitung des Umsturzes. Vor Beginn der Operation der Alliierten in der Normandie erhielt Rönne die Vollmacht, mit dem anglo-amerikanischen Oberkommando in Kontakt zu treten, um die Landung der Truppen der Alliierten zu unterstützen und ihnen einen raschen Vormarsch über West- und Mitteleuropa bis zur Elbe (?) zu ermöglichen, »bevor die Russen dort eintreffen«.[42]

Als Meldungen über die Landung gegnerischer Truppen eintrafen, befahl Feldmarschall Rundstedt in der Nacht vom 5. zum 6. Juni zwei Panzerdivisionen der Reserve, die westlich von Paris standen, zur Seinemündung zu fahren. Um 6.00 Uhr morgens erhielt er vom OKW den Befehl, das Manöver zu stoppen, weil, wie es in dem Telegramm hieß, »bisher nicht sicher festgestellt werden kann, wo die Hauptkräfte landen und Hitler außerdem noch keinen Entschluß gefaßt hat«.[43] Um 14.30 Uhr desselben Tages ging dann doch die Genehmigung ein, die von Rundstedt beabsichtigte Truppenverlegung auszuführen. Dafür war es aber bereits zu spät. Die anglo-amerikanische Luftwaffe beherrschte ungeteilt den Luftraum und machte jede Bewegung größerer Verbände bei Tage nahezu unmöglich. Am 6. Juni flog die Air Force der Westmächte 10 535 Einsätze. Die deutsche Luftwaffe dagegen nur 319, davon lediglich zwölf im Landungsraum der westlichen Invasionstruppen. Die deutsche Marine sah tatenlos zu.

Nein, nicht nur aus technischen Gründen – weil Kommunikationszentren und -linien zerstört wurden, Berlin sich über Umfang und Planung des Einmarsches uninformiert zeigte und weil es an der Atlantikküste keine durchgehende Verteidigungslinie gab – waren Wochen vonnöten, um ein zentrales Kommando über die Aktionen der Truppenteile und Verbände der Wehrmacht an der Westfront herzustellen. Es war, als ob die deutschen Generalstäbler völlig verlernt hätten, worauf sie so stolz waren – in wenigen Stunden höchst komplizierte Operationen zu verwirklichen. Die präzise Militärmaschine, die noch bis vor kurzem tadellos funktioniert hatte, versagte hier und kam aus dem Takt. Zur selben Zeit aber lieferten die Deutschen an der Ostfront Beweise ihrer hohen operativen und taktischen Meisterschaft gerade in der Verteidigung. Das heißt, im Westen und an der Westfront wirkten andere Faktoren.

Der erste ist klar: In Frankreich, Belgien und den Niederlanden verfügte die Wehrmacht über sehr begrenzte Kräfte und Kampftechnik, um eine großangelegte Invasion abzuwehren. Zum Zeitpunkt der Landung der Alliierten standen dort insgesamt nominell 58 Divisionen des Reiches, die in den Heeresgruppen B und G zusammengefaßt waren. Fast in allen Divisionen fehlten 20 bis 30 Prozent der Mannschaften. Über 20 Divisionen bestanden aus älteren Soldaten und unausgebildeten siebzehnjährigen Jugendlichen. 33 Divisionen galten als »stationär«, weil ihnen die Transportmittel fehlten.

Die Mehrheit der Panzerdivisionen (insgesamt neun), zu deren Struktur 200 Panzer gehören sollten, hatten sich mit nur 90 bis 120 Fahrzeugen zufriedenzugeben. Den Truppen fehlte jede Deckung aus der Luft. Zum Zeitpunkt der Landung waren die Alliierten den Deutschen bei Flugzeugen um das 61,4fache überlegen. Insgesamt standen dem deutschen Oberkommando an der Westfront 526 000 Mann Bodentruppen, 6700 Geschütze und Minenwerfer, 2000 Panzer und Selbstfahrlafetten sowie 160 Kampfflugzeuge zur Verfügung.

Großangelegte Arbeiten zur Befestigung der Abschnitte, wo die Invasion erwartet wurde, hatten im November 1943 begonnen, als Rommel es übernahm, mit der bestehenden Unordnung aufzuräumen. Da es an Kräften und Mitteln fehlte, verlegte sich der Feldmarschall vor allem auf die Verminung der Küstengewässer. Die Gesamtzahl der ausgelegten Sprengkörper wurde unter seinem Befehl verdreifacht und erreichte etwa sechs Millionen Stück. Zwischen Calais und Boulogne sowie auf einigen Inseln wurden starke Verteidigungsstellungen errichtet. Jedoch die Garnisonen und die Technik dieser befestigten Stellungen spielten bei der Abwehr der Landung keinerlei Rolle, denn sie wurden von den Einheiten der Alliierten einfach umgangen. Dort, wo diese landeten, waren die Pläne für die Befestigungsarbeiten erst zu 18 Prozent erfüllt (an der Kanalküste dagegen zu 68 Prozent).

Zum 12. Juni 1944 standen 15 vollwertigen alliierten Divisionen im Landungsraum neun deutsche Divisionen gegenüber, die noch dazu in den vorausgegangenen Tagen durch ununterbrochene Schläge aus der Luft und von See bereits große Verluste erlitten hatten. Starke Kräfte des Gegners banden auch die französischen Partisanen. Bis Ende Juni hatten die Alliierten ihr Expeditionskorps in der Normandie bis auf 875 000 Mann aufgestockt. Im Landungsareal waren inzwischen 23 Flugfelder angelegt worden. Bei energischer Bewegung nach Süden und Südosten wären die Briten und Amerikaner auf keinen ernsthaften Widerstand gestoßen – hier war die Front faktisch offen. Es kam aber zu einem Dünkirchen mit umgekehrtem Vorzeichen: Amerikaner und Briten hielten für einige Wochen inne und beschränkten sich auf Aktionen von örtlicher Bedeutung am äußeren Rand ihres Aufmarschgebietes.

Fehlte es an Erfahrung in großen Landkriegsoperationen? Zweifellos.

Viele Mängel traten beim Zusammenwirken der Waffengattungen zutage, schmerzliche Reibungen entstanden zwischen den nationalen Gruppen, aus denen sich das Expeditionskorps zusammensetzte. Um eigene Verluste so gering wie möglich zu halten, vermied man jedes Risiko, ohne die Bevölkerung der zu befreienden Länder zu schonen.[44]

Bei inoffiziellen Erörterungen der amerikanischen und britischen Stabschefs in London vom 10. bis 15. Juni standen beide Varianten zur Disposition: sowohl Ausbau des Landungsraumes als auch Rückzug der Truppen, falls die Wehrmacht ihren Widerstand verstärken und innerhalb von sieben bis acht Tagen einen größeren Gegenschlag führen würde. Wenn das OKW zu diesem Zeitpunkt eine kleine Ardennenoffensive gestartet oder zumindest die Verteidigung stabilisiert hätte, wie es in Italien bei etwa gleichem Kräfteverhältnis der Fall gewesen war, dann hätten die Alliierten zurück in Richtung Britische Inseln segeln können.[45]

Die inadäquaten Handlungen des OKW und der Befehlshaber der Heeresgruppen zu Beginn der Invasion in der Normandie lassen vermuten, daß es neben den Verschwörern noch andere einflußreiche Personen gab, die mit einer baldigen Beendigung des Krieges im Westen sympathisierten, bevor die Rote Armee die Grenzen Deutschlands, Österreichs, der Tschechoslowakei, Ungarns und der Balkanstaaten erreichen würde. Indolenz und Unentschlossenheit auf höchster Ebene konnten nur teilweise und lokal von energischen Kommandeuren kompensiert werden, die auch ohne Befehl entsprechend der Lage handelten.

Die operative Passivität der Alliierten im Juli 1944, als die Gebote des Kampfes eigentlich das Gegenteil – eine energische Ausnutzung des eigenen Vorteils und der Verwirrung des Gegners – erforderten, war geradezu eine Demonstration. Eisenhowers Stab war genauestens über das Durcheinander im deutschen Lager informiert. Es hätte ausgereicht, den Widerstand an der vordersten Front zu brechen, einige Beispiele von Kampfeslust zu zeigen, die Übermacht der Alliierten skrupellos zu nutzen, und der Rest hätte sich von selbst ergeben. Wozu aber den eigenen Kopf auch nur einem Querschläger aussetzen, wenn der »Führer« heute oder morgen abgesetzt sein würde und die USA und Großbritannien dann aufgefordert wären, Deutschland vor den Bolschewiken zu retten?

All das zeigt – im Detail oder in der Gesamtheit betrachtet – den inneren Zusammenhang in dem widersprüchlichen Geflecht von anscheinend so unsinnigen Einzelerscheinungen. Wenn man nach den Tatsachen urteilt, dann explodierte die Bombe in Hitlers Hauptquartier nicht zufällig zu dem Zeitpunkt, da die Kräftekonzentration der Alliierten in der Normandie im wesentlichen abgeschlossen war.

Machen wir uns die Reihenfolge der Ereignisse und Episoden bewußt. Unmittelbar nach Beginn der Landung teilte General Tresckow Stauffenberg über Lehndorff mit: »Das Attentat muß erfolgen. Sollte es nicht gelingen, so muß trotzdem in Berlin gehandelt werden. Denn es kommt nicht mehr auf den praktischen Zweck an, sondern darauf, daß die deutsche Widerstandsbewegung vor der Welt und vor der Geschichte den entscheidenden Wurf gewagt hat.« Tresckow bestand darauf, *die Westfront aufzureißen,* und empfahl Stauffenberg, er möge sogleich nach Frankreich zu General Speidel, dem Chef des Stabes bei Feldmarschall Rommel, fahren und diesen für den Plan gewinnen.[46]

Der Plan, »ein Loch aufzureißen, um einen Durchbruch der Alliierten zu ermöglichen«, war bereits im Mai zwischen Rommel, Speidel und Stülpnagel besprochen worden. Allerdings lief dieser nach den Vorstellungen der Troika nicht auf ein »formloses Preisgeben« der Front oder gar auf eine Kapitulation hinaus. *Die Militärs planten vielmehr, ohne Bewilligung Hitlers einen rein militärischen Waffenstillstand mit den Generalen Eisenhower und Montgomery zu verabreden, nach dem man die deutsche Armee aus den besetzten Ländern hinter den »Westwall« zurückziehen wollte.* Im Gegenzug sollten die Bombenangriffe auf Deutschland sofort eingestellt werden. Danach wollte man separate Friedensverhandlungen einleiten. Unterdessen sollte ein Aufruf an das deutsche Volk ergehen, das über die militärische Lage und über die Verbrechen des Hitlerregimes schonungslos aufgeklärt werden sollte. Hitler sollte festgesetzt werden, eine Regierung Beck-Goerdeler-Leuschner die Gewalt übernehmen.[47]

Nach den Ermittlungsakten der Gestapo bahnten zu dieser Zeit auch Hansen und Stauffenberg Kontakt zu Eisenhower und Marshall an. Stauffenberg setzte auf eine direkte Absprache mit dem Oberkommando der Alliierten unter Ausschaltung der deutschen Politiker. Er hoffte, daß der Kontakt »von Militär zu Militär« funktionierte, den Otto John mit dem amerikanischen Militärattaché in Spanien vereinbart hatte. Dieser wiederum übernahm es, alle Informationen von den Verschwörern direkt an Eisenhower weiterzugeben.[48]

Wie bereits erwähnt, nahm das OSS Kurs darauf, die Opposition in der deutschen Oberschicht an die operativen Pläne des Stabes Eisenhowers und die strategischen Vorhaben Washingtons anzupassen. Die Mitglieder dieser Anti-Hitler-Gruppe behandelte man seit April 1944 faktisch wie inoffizielle Mitarbeiter beziehungsweise Agenten der amerikanischen Geheimdienste, ohne daß die Deutschen dies allerdings wissen durften. In der Gruppe selbst versuchten die »Alten« Subordination durchzusetzen. Goerdeler forderte von den Offizieren »den militärischen Vollzug, nicht die politische Einmischung«.[49]

Claus von Stauffenberg wies solche Ansprüche entschieden zurück und war, nach den Dokumenten zu urteilen, bis Ende Juni der Meinung, Deutschland sei in der Lage, die Widersprüche zwischen den Westmächten und der UdSSR erfolgreich auszuloten. Wenn der Zeitpunkt für die Beseitigung Hitlers nicht verpaßt würde, könnte die neue Regierung, gestützt auf die Wehrmacht, durchaus zu einem gewichtigen Machtfaktor im europäischen Kräftespiel werden.

Ausgehend davon war Stauffenberg nicht bereit zu einer puren »Westlösung«, die lediglich darauf hinauslief, durch Kampfverzicht in Frankreich den westlichen Alliierten eine Besetzung ganz Deutschlands zu ermöglichen. Wie Eberhard Zeller schreibt, glaubte oder hoffte der Oberst, in Frankreich einen Waffenstillstand erreichen zu können, in dem die Deutschen sich verpflichten sollten, den Widerstand im Osten fortzusetzen.[50] Stauffenberg hatte keine überhöhte Meinung von der Kriegskunst des westlichen Oberkommandos, ganz im Unterschied zu seiner Einschätzung der sowjetischen Operationen, was ebenfalls zu Spekulationen Anlaß gab, nach welcher Richtung der Graf tendierte.[51]

Rommel näherte sich Beck und den anderen Verschwörern im Februar 1944 unter Bedingungen an, die er selbst genannt hatte. Der Feldmarschall war dagegen, Hitler physisch zu liquidieren. Er hielt es für ausreichend, Hitler abzusetzen und ihn danach möglicherweise einem deutschen Gericht zu übergeben, aber auch das nur, wenn der »Führer« sich weigern sollte, den Krieg unverzüglich zu beenden und freiwillig abzutreten. Wenn alle Versuche, den Chef des Regimes zur Vernunft zu bringen, scheitern sollten, schloß Rommel »eigenmächtige Handlungen« nicht aus. Bis zum Beginn der Invasion zögerte er jedoch, etwas Derartiges zu unternehmen – ihm stand anscheinend Rundstedt im Wege, der seiner »soldatischen Pflicht« nicht untreu werden wollte.

Am 29. Juni 1944 meldeten Rundstedt und Rommel Hitler die Sachlage: Mit den vorhandenen Kräften war die Verteidigung im Westen nicht aufrechtzuerhalten, der Krieg mußte als verloren betrachtet werden. Diese »defätistische« Haltung kostete Rundstedt den Posten des Oberkommandierenden der Westfront. Als sein Nachfolger wurde am 7. Juli Kluge eingesetzt.

Bei Rommel erschien am 9. Juli Cäsar von Hofacker, ein vertrauter Mitarbeiter Stülpnagels und Vetter Stauffenbergs. Er legte eine Denkschrift vor, in der der Feldmarschall aufgefordert wurde, den Krieg im Westen auf eigene Faust zu beenden. Rommel erklärte, die Front werde sich ohnehin nur noch »maximal vierzehn Tage bis drei Wochen« halten. Man vereinbarte, daß er bis zum 15. Juli einen weiteren Bericht über die Staatsstreichpläne erhalten sollte. Inzwischen nahm Rommel praktische Vorbereitungen für das Ausscheiden aus dem Krieg in Angriff. So wurde unter anderem eine Funkverbindung zu den Stäben der Invasionskräfte getestet und die Stimmung unter den Frontgeneralen sondiert.

Am 12. Juli überzeugte Rommel Kluge davon, daß man Hitler eine »ultimative« Botschaft senden und selbständig handeln müsse, wenn der »Führer« den Forderungen kein Gehör schenken sollte. Speidel übernahm es, Stülpnagel zu verständigen, daß Rommel zum Handeln auch dann bereit sei, wenn Kluge erneut schwanken sollte. Nun aber wurden Beck und Goerdeler von Zweifeln befallen, ob es nicht zu spät war, ein Attentat auf Hitler zu verüben. Vielleicht sollte man besser seine Befehle an der Westfront nicht ausführen und es den anglo-amerikanischen Truppen in jeder Hinsicht erleichtern, bis zur Linie Königsberg–Prag–Wien–Budapest vorzurücken.[52]

Stauffenberg beschloß, so zu handeln, wie es ihm seine innere Stimme befahl. Nachdem er am 1. Juli zum Stabschef des Ersatzheeres und zum ersten Stellvertreter des Kommandeurs, General Fromm, ernannt worden war, hatte er Zutritt zu den Operativberatungen bei Hitler. Am 11. Juli 1944 flog er nach Berchtesgaden und hatte schon hier einen Sprengsatz bei sich. Er führte den Anschlag jedoch nicht aus, weil bei der Beratung Himmler fehlte. Den nächsten Attentatsversuch setzte er auf den 15. Juli fest, was er seinen Mitverschwörern einen Tag zuvor mitteilte.

Olbricht versetzte das Reserveheer in Alarmbereitschaft. Wiederum kam es zu keiner Explosion, weil diesmal Göring und Himmler nicht im Hauptquartier erschienen. Rommel und Kluge hatten aber gefordert,

430

beide unbedingt zu beseitigen, um Komplikationen bei der Luftwaffe und der Waffen-SS zu vermeiden. Der Alarm beim Reserveheer wurde als »Übung« deklariert.

Allan Dulles wußte, daß der Anschlag auf Hitler bis Ende Juli vollzogen sein sollte. Ob er vom Entschluß Stauffenbergs, das Attentat bei der nächsten Gelegenheit auszuführen, gleichgültig wer sich in Hitlers Nähe befand, Bescheid wußte, darüber gibt es keine genauen Angaben. Am 20. Juli um 16.00 Uhr befand sich Dulles in seinem Büro in Gesellschaft der Mitarbeiterin der britischen Militärmission in Bern Elisabeth Wieskemann. Sie erinnert sich: »Das Telefon klingelte. Er [Dulles] antwortete sehr kurz, wie wenn man eine erwartete Nachricht empfängt. Er legte den Hörer auf und sagte zu mir: ›Auf Hitler ist ein Attentat in seinem Hauptquartier verübt worden.‹ Ich war nicht überrascht, eher besorgt: Niemand von uns wußte, ob der Anschlag geglückt war.«[53]

Der Mißerfolg wirkte auf Allan Dulles deprimierend, berichtet Wilhelm Hoegner. »Noch nie hatte ich sie [Dulles und Gaevernitz] so niedergeschlagen gesehen«, schrieb Hoegner. »Sie hatten immer gehofft, daß mit einem überraschenden Sturz Hitlers der Krieg beendet werden konnte, bevor die Sowjetrussen Berlin erreichten. Ein rascher Friedensschluß mit einem demokratischen deutschen Regime hätte dies verhindert. Jetzt aber war alles verloren. Die Fortdauer des Krieges öffnete den Russen den Weg zur Elbe, in das Herz Europas. Die amerikanische Politik hatte eine furchtbare Niederlage erlitten.«[54]

Bereits am 15. Juli 1944 hatte Rommel Hitler ein Schreiben gesandt (das diesen erst am 22. oder 23. Juli zusammen mit Kluges Brief vom 21. des Monats erreichte). Darin bestand Rommel darauf, »unverzüglich politische Schlußfolgerungen aus dieser [hoffnungslosen militärischen] Lage zu ziehen«. Bevor er den Brief absandte, hatte er das Wort *politische* entfernt, um keine »unnötigen Zornesausbrüche« zu provozieren. Zur selben Zeit versuchte Goerdeler, Kluge und Rommel dazu zu bewegen, *ohne das Attentat auf Hitler abzuwarten,* im Westen zu kapitulieren und alle Truppen sofort nach Osten zu verlegen. Hitler sollte dabei vor die Wahl gestellt werden, »*diese Rettung mitzumachen oder zurückzutreten«.*[55]

Das ist sicher von Bedeutung, um zu verstehen, wie die »Ideologen« der Opposition auf die »Westlösung« fixiert waren. Etwas in diesem Sinne hätte auch nach dem mißlungenen Attentat auf Hitler vom 20. Juli unternommen werden können, wäre nicht Rommel am 17. Juli schwer verwundet worden. Der »starke Mann«, der die Westfront um 180 Grad drehen sollte, war nun für die Verschwörung verloren. Als sich dann auch noch Kluge als Hasenfuß erwies, fiel das Kartenhaus völlig in sich zusammen.

Nachdem die Staubwolke der Explosion in der »Wolfsschanze« sich gesetzt hatte, stand, wie Peter Hoffmann schreibt, »nicht das Militär, nicht die Wehrmacht gegen die Reste des seines Führers beraubten Regimes, sondern eine Gruppe von Verschwörern im Führungsstab des Ersatzheeres gegen die ganze übrige Wehrmacht und gegen die völlig intakte Führung des Dritten Reiches«.[56] In dieser Unglücksstunde stellten sich die deutschen Generale auf die Seite des Stärkeren. Die Verschwörer fanden Unterstützung und Gefolgsleute weder in der Wehrmacht noch im Volke.[57]

In der *Geheimen Korrespondenz* des US-Präsidenten und des britischen Premierministers fehlt das Thema des Attentats auf Hitler völlig. In Churchills Erinnerungen sind ihm einige Sätze gewidmet, von denen einer hier wiedergegeben werden soll: »Während der Kampfpause in der Normandie fand am 20. Juli ein neuerlicher, erfolgloser Attentatsversuch auf Hitler statt.«[58] Als ob die »Kampfpause« und das Attentat zeitlich nur zufällig übereingestimmt, als ob London und Washington von dem Vorfall später als alle anderen erfahren hätten! Roosevelt hinterließ praktisch keinerlei Hinweise darauf, wie er diese Ereignisse empfand, die, wäre alles so gekommen wie gewünscht, das Finale des Krieges in Europa hätten grundlegend verändern können.

Am 21. Juli setzte im Reich eine fieberhafte Säuberung der Wehrmacht und des Staatsapparates von Personen ein, die in die Verschwörung verwickelt waren oder dessen verdächtigt wurden. Nicht früher und nicht später als am 22. Juli berief der Oberkommandierende des anglo-amerikanischen Expeditionskorps eine Beratung über die »entstandene Lage ein, die gebieterisch forderte, daß Montgomery mit Nachdruck und mit allen Kräften vorrücken sollte«. Neben rein militärischen Überlegungen, notierte ein Augenzeuge, »diktierte dies auch die politische Situation«.[59]

Am 25. Juli starteten die Briten einen Angriff bei Falaise, der bald zum Stillstand kam. Die Amerikaner erkämpften jedoch am 30. Juli einen großen Erfolg in der Gegend von Avranches. Der Gegenschlag, den Kluge am 7. und 8. August auf Befehl des Hauptquartiers dort mit dem Ziel führte, die Alliierten auf ihre Ausgangslinien zurückzuwerfen, mißlang. Wie Hitler Warlimont erklärte, »scheiterte der Angriff deshalb, weil Feldmarschall Kluge sein Scheitern wollte«.

David Irving schreibt, Kluge habe geradezu den Operationen Pattons zur Einkesselung der Gruppierung Erlebach Vorschub geleistet.[60] Der Feldmarschall wollte möglicherweise im Kessel bei Falaise direkte Verbindung zu den westlichen Alliierten aufnehmen; als das jedoch mißglückte und Hitler Verrat witterte, nahm sich Kluge am 19. August das Leben.[61]

Geheimdienste sind sehr wählerisch im Öffnen ihrer Archive. Große Teile der Pläne »Sledgehammer« und »Rankin« sind bis heute nicht zugänglich, soweit es sich um Geheimdienstoperationen handelt. Streng gehütet werden die Namen der Agenten und Kontaktpersonen, wenn sie nicht selbst ihr Inkognito aufgaben oder durch Zufall ins Scheinwerferlicht gerieten. Aber die Tatsachen sprechen für sich selbst. Vor und auch nach der Explosion in der »Wolfsschanze« führte die deutsche Generalität den Krieg im Westen ohne jeden Schwung. Selbst als im Dezember 1944 die Operation in den Ardennen begann, »blieb die Ostfront für das OKH der einzige Kriegsschauplatz«.[62] Im Krieg gegen die Sowjetunion lief die Kriegsmaschine, soweit das von den Deutschen abhing, nach wie vor ohne Stockungen.

Ab Ende Juli 1944 ordnete Hitler alle Aktionen gegen Amerikaner und Briten der Aufgabe unter, Zeit zu gewinnen, in der er die Anti-Hitler-Koalition auseinanderzubringen hoffte.[63] Der »Führer« beobachtete nun das Verhalten Washingtons und Londons noch gespannter; er registrierte genau, wo die Westmächte ihre Verpflichtungen gegenüber der UdSSR erfüllten und wo ein doppeltes Spiel getrieben wurde.

Nach den bisher teilweise zugänglichen Dokumenten zu urteilen, sondierten die Nazis das Für und Wider einer Aktion auf dem Balkan. Man schloß nicht aus, die Einheiten der Wehrmacht bis zur Donau zurückzuziehen und die anglo-amerikanischen Truppen nachrücken zu lassen. Ein entsprechender Vorschlag des deutschen Auswärtigen Amtes ging im September 1944 bei Allan Dulles ein. In verschiedenen Modifikationen blieb er bis Mai 1945 in den Geheimkontakten zwischen den Westmächten und den Emissären Berlins auf der Tagesordnung.[64]

Wie kam man auf den Balkan als mögliches Geschäft und wie sollten die allgemeinen Bedingungen aussehen? Hier zeigte sich, wie gut Berlin Churchills Einstellung kannte. Die Nazis kamen seinem Bemühen entgegen, eine *dritte Front* in Südosteuropa zu eröffnen, um auf diese Weise die Kräfte der USA und Großbritanniens zu zersplittern und so der Wehrmacht in Frankreich, Belgien und den Niederlanden Entlastung zu verschaffen. Vor allem aber ging es darum, die Vereinbarungen von Teheran zu unterlaufen. Ein solches indirekt paralleles Vorgehen gegen die sowjetischen Interessen wäre dann nicht auf den Balkan beschränkt geblieben.

Für Hitler und seine Generale war es von Vorteil, einen Teil der Kräfte, die unter anderem in Jugoslawien gebunden waren, freizusetzen, um die Verteidigung von Gebieten mit strategisch wichtigen Erdöl- und anderen Ressourcen zu verstärken. Der Verlust dieser Quellen würde die Kampfkraft der Wehrmacht halbieren. Unter Umständen konnten Albanien, Bulgarien und größere Teile Rumäniens kampflos preisgegeben werden (wie es zuvor mit Südfrankreich, Sardinien, Korsika und Griechenland geschehen war oder noch geschehen sollte). Allerdings gab sich die NS-Führung mit den rein militärischen Vorteilen (Reduzierung der Verteidigungslinien, kürzere und sicherere Kommunikationswege) nicht zufrieden, sondern forderte von den USA und Großbritannien zugleich politische Zugeständnisse. An der Politik scheiterte das Ganze auch diesmal.[65]

Die Geschichtsschreiber heben gewöhnlich hervor, Berlin habe auf seine Sondierungen und Vorschläge keine positive Antwort erhalten. Man hörte die Emissäre des Reiches angeblich in der Regel an und wies sie dann darauf hin, daß die offizielle Position der Westmächte nach wie vor die bedingungslose Kapitulation sei. Rein formal kann das sogar zutreffen. Die Wirklichkeit war jedoch vielschichtiger.

Zwischen der deutschen und der britischen Argumentation, mit der eine Verlegung der anglo-amerikanischen Kräfte in Richtung Italien und Balkan begründet wurde, bestand kein prinzipieller Unterschied. Maurice Matloff beschrieb die Befindlichkeit der Briten so: »Zu dieser Zeit [Sommer 1944] begann eine neue Etappe des Krieges, und Churchill sah *nun* den europäischen Kontinent auf neue Weise. Mit einem Auge beobachtete er den Rückzug der Deutschen, mit dem anderen den Vormarsch der Russen. Das war eine neue periphere Strategie, die vor allem darauf hinauslief, den Vormarsch der sowjetischen Truppen in Osteuropa aufzuhalten.«[66] Mit dem Wort *nun* sollte angedeutet werden, der Premierminister habe bis 1944 nur auf Berlin gestarrt. Churchill selbst verhehlte allerdings nicht, daß Aktionen im Mittelmeer ihn bereits seit 1941 faszinierten.

Nach der Landung in der Normandie versuchten die Briten Operation »Anvil« auszuhebeln. Bei Stabsbesprechungen im Juni 1944 setzten sie sich dafür ein, eine endgültige Entscheidung zu verschieben, je nachdem, wie sich »Overlord« entwickelte und die Rote Armee vorankam. Wenn die Deutschen die Westfront auflösten, entfiel »Anvil«. Wenn die Sowjetunion vor allem den Druck auf die Südflanke verstärkte, sollte man eine Landung der Alliierten in Istrien nicht ausschließen.

»Die Aufspaltung unserer Anstrengungen im Mittelmeerraum in zwei Operationen, von denen keine entscheidende Ergebnisse bringen kann«, schrieb Churchill am 1. Juli 1944 an den Präsidenten, »wäre der erste ernsthafte und *politische Fehler*, für den wir beide die Verantwortung zu tragen hätten.« Der Premierminister wies darauf hin, daß es darauf ankomme, solche *»strategischen und politischen Positionen«* wie Istrien und Triest einzunehmen. *»Ausgehend von langfristigen politischen Überlegungen«*, argumentierte Churchill, »wird er [Stalin] es sicherlich vorziehen, daß die Briten und die Amerikaner in außerordentlich schweren Kämpfen in Frankreich ihren Teil der Aufgabe erfüllen, wodurch Ost-, Mittel- und Südeuropa von selbst unter seine Kontrolle fielen.«[67]

Roosevelt wies die britischen Argumente als »ausgeklügelt« und »unlogisch« zurück. »Der richtige Kurs wäre die Durchführung von Operation ›Anvil‹ in kürzester Frist«, wie in Teheran vereinbart.[68] Der Präsident forderte, daß General Wilson die entsprechenden Befehle erhielt. In einem Brief an Hopkins von Mitte Juli klagte Churchill: »Wir haben gegen unseren Willen nachgegeben ... Wenn wir auch den Krieg offenbar gewinnen werden, stürzen von allen Seiten schwer lösbare Probleme auf uns ein, und ich glaube, nichts als die Bündnispflicht wird mich dazu bringen, diese in Angriff zu nehmen.«[69]

Im August unternahm der Premierminister einen weiteren Versuch, Roosevelt umzustimmen. Dieser ließ sich jedoch auf nichts ein. Von einem direkten militärischen Eingreifen in Südosteuropa hielten die Amerikaner nüchterne Überlegungen und erworbene Erfahrung ab. Erstere besagte, daß ein Engagement zugunsten kompromittierter monarchistischer Regime, die London protegierte, keinen besonders freundlichen Empfang verhieß. Die Erfahrung lehrte sie, daß die Briten Washington schon mehrfach in für die USA nachteilige Affären hineingezogen hatten. Wegen der britischen Obstruktionspolitik zog sich der Krieg übermäßig in die Länge, und es konnte geschehen, daß die USA zum Zeitpunkt des Sieges in Europa nicht auf Reichsgebiet standen, sondern irgendwo in Norditalien oder am Alpenrand festsaßen. Das waren für Roosevelt keine sehr verlockenden Aussichten, und die zu erwartenden Komplikationen im Verhältnis zur UdSSR machten sie nicht besser.

»... Die Planungsorgane der USA waren der Meinung«, schreibt Maurice Matloff, »daß die Unterstützung der Politik Großbritanniens im Mittelmeerraum ein langfristiges Problem war, das in Abhängigkeit davon gelöst werden mußte, ob die USA nach dem Kriege auf eine enge Zusammenarbeit mit Großbritannien angewiesen waren.« Zu dieser Zeit herrschte die Meinung vor, *die Teilnahme britischer Truppen an den Operationen im Pazifik sei nicht wünschenswert. Man wollte die Briten nicht über den Indischen Ozean hinaus aktiv werden lassen.* Außerdem hielt man es für »außerordentlich wichtig«, daß die UdSSR, wenn sie in den Krieg im Fernen Osten eingriff, die Kwantung-Armee auf dem Festland band, falls die USA auf den japanischen Hauptinseln landen müßten.[70]

Viele Aspekte der künftigen amerikanischen Politik waren jedoch noch unbestimmt. Roosevelt gab insbesondere zu drei Fragenkomplexen keine klare Orientierung: »Wollten die USA die dominierende Kraft im Südwestpazifik bleiben, beabsichtigten sie Militärstützpunkte südlich der Linie Salomonen–Französisch-Indochina–Kalkutta zu behalten und strebten die USA schließlich wirtschaftliche oder politische Privilegien in Niederländisch-Indien, Siam oder Französisch-Indochina an?«[71] Die Antworten auf diese und andere Fragen in Asien und viel mehr noch in Europa hingen davon ab, welche Marksteine und Eckpfeiler für die gesamte Nachkriegspolitik der Vereinigten Staaten gesetzt wurden.

Die Weigerung Washingtons, die militärischen Pläne Londons auf dem Balkan zu unterstützen, bedeutete natürlich nicht, daß die USA sich dieser Region gegenüber gleichgültig verhielten. Äußerlich bot sich folgendes Bild: Man »gestattete« es der Roten Armee, die Aggressoren aus Ost- und Südosteuropa zu vertreiben. Die politischen und anderen Folgen der Befreiung waren jedoch im Komplex mit den übrigen Beschlüssen über die Nachkriegsordnung zu regeln, genauer gesagt, einer Neuordnung, die einer neuen Sicht der Vereinigten Staaten auf ihre globale Rolle entsprechen sollte.

In einer Rede vor Mitgliedern der Außenpolitischen Vereinigung im

Oktober 1944 erklärte Roosevelt: »*Die Macht, die unsere Nation erlangt hat – die moralische, politische, wirtschaftliche und militärische Macht –, hat uns Verantwortung auferlegt und zugleich die Gelegenheit gegeben, in der Gemeinschaft der Nationen an führender Stelle zu stehen.* Um unseres eigensten Interesses und um des Friedens und der Menschheit willen kann unsere Nation, darf und wird unsere Nation nicht jene Verantwortung scheuen.«[72]

Möglicherweise war es vor den Wahlen, da die Isolationisten sich erneut regten, notwendig geworden, daran zu erinnern, daß die Zeit der völlig auf sich allein gestellten Staaten vorüber war. Hier ging es in erster Linie um Wählerstimmen, denn für seine Pläne zum Aufbau einer neuen internationalen Organisation anstelle des Völkerbundes war Roosevelt im Senat überwältigende Zustimmung sicher.

Der Sinn derartiger Reden erschließt sich jedoch umfassender, wenn man sie im Zusammenhang mit der diplomatischen Korrespondenz jener Zeit sieht, die einzelne westliche Historiker als den Auftakt zum »Kalten Krieg« betrachten.[73] Im Zusammenhang mit dem Besuch Churchills in Moskau sandte der Präsident Stalin am 4. Oktober 1944 ein Telegramm, in dem Unwillen über diese sowjetisch-britische *bilaterale* Begegnung anklingt. Roosevelt betonte: »Wie Sie verstehen werden, bin ich davon überzeugt, daß es *im gegenwärtigen Weltkrieg auch nicht eine einzige Frage militärischer oder politischer Natur gibt, an der die Vereinigten Staaten nicht interessiert wären.* Ich bin ganz sicher, daß wir *zu dritt* und *nur zu dritt* die Lösung der noch nicht abgestimmten Fragen finden werden.« Davon ausgehend, erklärte der Chef der Administration, er betrachte die bevorstehenden Verhandlungen Stalins mit Churchill als *»Vorgespräche für unser Dreiertreffen«*, mit anderen Worten, *Gespräche, die noch der Billigung Washingtons bedurften.*[74]

Das klang prätentiös, selbst wenn man bedenkt, daß Anlaß für dieses Schreiben an den Führer der Sowjetunion die Roosevelt bekannt gewordene Information war, daß Churchill Stalin bei dieser Gelegenheit einen Vorschlag über »Einflußsphären« vorlegen wollte. Roosevelts Vorhaltungen nahmen sich merkwürdig und egoistisch aus, denn die USA beanspruchten für sich seit längerem großzügige Ausnahmen von der Konzeption einer »einheitlichen Welt«. Dies betraf nicht allein Mittel- und Südamerika. Unlogisch und prätentiös waren diese Bemerkungen auch vor dem Hintergrund des gerade zu Ende gegangenen anglo-amerikanischen Treffens in Quebec, wohin man die UdSSR nicht eingeladen und über dessen Ergebnisse man sie nicht umfassend und sachlich informiert hatte.

In seiner Antwort an Roosevelt brachte Stalin »Betroffenheit« über diesen Schritt des Präsidenten zum Ausdruck. Höhnisch bemerkte er, er *betrachte Churchills Besuch als Fortsetzung von Quebec.*[75]

Formal richtete sich Washingtons Argwohn gegen die britische Seite. Die Botschaft vom 4. Oktober konnte auch als Signal dafür verstanden werden, daß Roosevelt Churchills Konzeption nicht teilte und in dem Führer der Sowjetunion einen Gesinnungspartner gewinnen wollte. Stalin neigte dem Gedanken der dreiseitigen Zusammenarbeit durchaus zu, wollte den USA aber nicht die Rolle eines obersten Schiedsrichters zugestehen. In der historischen Literatur finden sich Hinweise darauf, daß der Vorsitzende des Rates der Volkskommissare den Anspruch Roosevelts auf ein Mitspracherecht in allen internationalen Fragen zurückwies.[76]

Von prinzipieller Bedeutung bei der Bewertung der Vorgänge im Sommer und Herbst 1944 ist die Tatsache, daß *zum Zeitpunkt des Einmarsches der Alliierten auf dem Kontinent keine konkreten Absprachen der drei Mächte über die Art und Weise der Besetzung Deutschlands nach dessen Kapitulation vorlagen.* Die USA-Vertreter in der Europäischen Konsultativkommission zeigten auch nach Eröffnung der zweiten Front keine Eile, derartige Empfehlungen mit der UdSSR abzustimmen, obwohl man vor dem Treffen Roosevelts mit Churchill in Quebec (vom 11. bis 16. September 1944) die »gemeinsame Überzeugung« zum Ausdruck gebracht hatte, »daß die Kapitulation Deutschlands eine Sache der nächsten Wochen oder sogar Tage« sei.[77]

Man zeigte keine Eile, weil man hoffte, den Sieg, den, wie während des Krieges niemand bestritt, vor allem das sowjetische Volk und seine Armee auf dem Schlachtfeld erkämpft hatten, in einen Triumph der anglo-amerikanischen Demokratie umzumünzen. Es gelang nicht, Hitler zu beseitigen, aber man klammerte sich immer noch daran, daß »die Deutschen es den anglo-amerikanischen Truppen absichtlich gestatten könnten, durchzubrechen und in Deutschland einzumarschieren, damit dem Dritten Reich auf diese Weise die schreckliche, aber verdiente Rache der Russen erspart blieb«. Möglicherweise war dies und nicht die Präsidentenwahlen der Grund dafür, weshalb man auch keine Eile hatte, ein neues Treffen der führenden Männer der drei Mächte oder ihrer Bevollmächtigten einzuberufen.

Vor Quebec und auf der Konferenz selbst drängte Churchill Roosevelt beharrlich dazu, gemeinsam auf Wien zu marschieren, um vor den Russen in der österreichischen Hauptstadt zu sein, denn »wir wissen nicht, wie Rußlands Politik nach der Einnahme Wiens aussehen wird«.[78] »Mir lag viel daran«, schreibt der Premierminister in seinen Memoiren, »den Russen in gewissen Gegenden Mitteleuropas zuvorzukommen. So hatten beispielsweise die Ungarn wissen lassen, daß sie sich zwar einem russischen Vormarsch widersetzen, aber vor einer britischen Streitmacht, sofern sie rechtzeitig einträfe, kapitulieren würden.«

Churchill argumentierte, daß ein Stich in die »Achselhöhle Deutschlands an der Adria« in zweierlei Hinsicht von Nutzen wäre: Wenn die Westmächte Wien nicht erreichten, könnten sie zumindest Triest und Fiume erobern. Das wäre wichtig angesichts des »schnellen Eindringens der Russen auf dem Balkan und der gefährlichen Ausbreitung des Sowjeteinflusses in diesem Raum«.[79]

Nach einem Telegramm des Premierministers, das er am 13. September nach London sandte, wurde »das Wiener Projekt hier [in Quebec] für den Fall, daß der Krieg lang genug dauert und nicht andere zuerst dorthin gelangen, voll akzeptiert«. Am selben Tag befahl er den Generalen Wilson und Alexander, sich auf neue Operationen vorzubereiten und beim Vormarsch auf Wien »Mut und Unternehmungsgeist« zu zeigen.[80]

Laut Churchill zeigten sich in der amerikanischen Position Aufweichungserscheinungen. Technisch sollte die Umorientierung der Strategie folgendermaßen vonstatten gehen: Nach einer Vereinbarung mit den Deutschen wurden die Kämpfe auf der Apenninenhalbinsel eingestellt; Truppen der USA und Großbritanniens sollten durch die Laibacher Senke und über den Brennerpaß nach Österreich, Jugoslawien und Ungarn durchbrechen.[81] So wurde schon im Herbst 1944 die Grundlage für die künftigen Gespräche Allan Dulles' mit dem SS-General Karl Wolff gelegt.

In Quebec vereinbarte man, daß das allgemeine Ziel des Oberkommandos des Expeditionskorps der Alliierten in Frankreich darin bestehen sollte, »die deutschen Streitkräfte zu vernichten und Innerdeutschland zu besetzen«. Als beste Chance dafür galt ein Angriff auf den Raum um Ruhr und Saar.[82] Der Präsident und der Premierminister kamen überein, ihrer künftigen Politik gegenüber Deutschland den »Morgenthauplan« zugrunde zu legen.[83]

Auf dem Gipfel von Quebec gab Roosevelt die Frage der Teilung Deutschlands in Besatzungszonen zur Diskussion frei. Unerwartet für seine Militärs stimmte er zu, daß Nordwestdeutschland an die Briten fallen sollte, während das Gebiet südlich einer Linie von Koblenz längs der Nordgrenze von Hessen bis an die Grenze des Gebietes, das für die Sowjetunion vorgesehen war, amerikanische Besatzungszone werden sollte. Den Präsidenten hatten inzwischen Zweifel beschlichen, ob die optimistischen Prognosen über einen raschen Zusammenbruch Deutschlands eintreffen könnten. Der Verzicht der USA auf Nordwestdeutschland, das Großbritannien für sich beanspruchte, widerspiegelte offenbar die Erkenntnis, daß es nicht gelingen werde, die Rote Armee irgendwo zwischen Oder und Weichsel, Karpaten und Rhodopen zum Stehen zu bringen.

Im Zusammenhang mit den Überlegungen amerikanischer und britischer Politiker darüber, auf welche Weise man in Deutschland und die Länder eindringen konnte, die noch unter dessen Knute standen, kann ein Ereignis nicht unerwähnt bleiben, das, was die Beteiligung der USA betrifft, noch nicht völlig aufgeklärt ist.

Kehren wir zu der Explosion vom 20. Juli in Rastenburg und zu der »gewaltigen russischen Offensive« zurück, wie Churchill sie in Band 6 seiner Memoiren nannte, um vergessen zu machen, was er in Band 5 geschrieben hatte,[84] und stellen wir die Frage: Gab es einen Kausalzusammenhang zwischen dieser Detonation, der sowjetischen Offensive und dem Warschauer Aufstand vom August/September, der ein tragisches Ende fand?

In seiner Botschaft an Stalin, die der Premierminister am 4. September im Namen des Kriegskabinetts sandte, gestand er zwischen den Zeilen ein, daß der Aufstand von den Briten inspiriert war. *»Wie immer auch Recht und Unrecht bei der Auslösung der Warschauer Erhebung verteilt sei«*, schrieb Churchill, *»die Warschauer Bevölkerung selbst kann nicht für den gefaßten Beschluß verantwortlich gemacht werden. Und auch das Kriegskabinett kann nur schwer begreifen, warum Ihre Regierung nicht berücksichtigen will, daß die britische und die amerikanische Regierung verpflichtet sind, den Polen in Warschau zu helfen.«*[85] Am selben Tag kabelte der Premierminister an Roosevelt: »Ich fürchte, der Fall von Warschau wird nicht nur jede Hoffnung auf Fortschritt [bei der Errichtung eines den Briten genehmen Regimes in Polen] zerstören, sondern auch die Lage Mikolajczyks in katastrophaler Weise untergraben.«[86]

Seine Gesamtsicht auf die Situation hatte Churchill bereits in einer Botschaft an den Präsidenten vom 18. August dargelegt. »Im Gefolge der ruhmreichen, kolossalen Siege, die die amerikanischen und britischen Truppen in Frankreich erkämpfen, verändert sich die Lage in Europa in bedeutendem Maße«, erklärte der Premierminister seinem Washingtoner Amtskollegen in aufmunterndem Ton, »und es ist durchaus möglich, daß unsere Armeen in der Normandie Siege erringen, die alles bei weitem übertreffen, was die Russen zu irgendeinem Zeitpunkt geleistet haben. Deshalb neige ich zu der Annahme, daß sie unsere Worte mit einem gewissen Respekt aufnehmen werden, wenn wir uns einfach und klar ausdrücken. Es ist durchaus möglich, daß Stalin nicht unzufrieden sein wird; und selbst wenn er es wäre, müssen wir als Staaten, die einer großen Sache dienen, aufrichtige Ratschläge zur Erhaltung des internationalen Friedens geben.«[87]

Nach der lustlosen Unterstützung zu urteilen, die London in Washington zuteil wurde, hatte Roosevelt die Wahrheit über den Aufstand erst im nachhinein erfahren. Ihm mußte klar sein, daß Churchill ein überaus riskantes Spiel trieb, in das er nicht hineingezogen werden wollte. Am 5. September, einen Monat bevor die Nazis den Widerstand der Warschauer erstickten, hatte der Präsident den Aufstand bereits abgeschrieben. »Das Problem der Hilfe für die Polen in Warschau«, erklärte er dem Premierminister, »hat sich wegen der Verzögerungen und des Vorgehens der Deutschen leider bereits erledigt, und jetzt können wir offenbar nichts mehr tun, um den Polen zu helfen.«[88]

Noch sind nicht alle Archive geöffnet, dennoch darf heute niemand behaupten, der Warschauer Aufstand sei unter dem Eindruck »des Kommentars von Radio Moskau« vom 29. Juli, der zur Aktion rief, »spontan« ausgebrochen[89], oder es habe sich um eine »isolierte«, von der »großen Strategie« des Westens losgelöste nationale polnische Aktion gehandelt. Nein, der Aufstand wurde lange und sorgfältig vorbereitet. Er wurde zeitlich und konzeptionell mit Operation »Overlord« oder, genauer gesagt, mit dem Plan »Rankin« gekoppelt, und der Befehl zum Losschlagen kam aus der britischen Hauptstadt.

Aber gehen wir der Reihe nach vor.

Im Jahre 1940 schufen die Briten die »Verwaltung für Sonderoperationen« (Special Operations Executive – SOE) unter Leitung von General Gubbins. In der britischen Direktive Nr. 13186/761/G hieß es: *»Die polnische Heimatarmee,* die als Teil der polnischen Streitkräfte dem

441

Kommando von General Sosnkowski als polnischem Oberkommandierenden unterstellt ist, *befindet sich unter der operativen Kontrolle der britischen Stabschefs.*«

Diese Armia Krajowa (AK) wurde unter direkter Aufsicht britischer Berater mit britischem Geld aufgebaut und mit Waffen ausgerüstet, die Flugzeuge der SOE über polnischem Gebiet abwarfen. Von den 175 000 Mann (die offizielle Mannschaftsstärke der AK) kam nur ein kleiner Teil bei Operationen gegen die Naziokkupanten zum Einsatz. Alle übrigen warteten auf den Tag X. Die AK lehnte Vorschläge der Volksgarde (Gwardia Ludowa, seit 1944 – Armia Ludowa – Volksarmee)[90], gemeinsam oder koordiniert gegen die Nazis zu kämpfen, strikt ab.

1943 entstand in der AK der Plan »Burza« (Sturm), dem das Zweifeindeprinzip zugrunde lag. Dieser sah vor, beim Heranrücken der Einheiten der Roten Armee die Kontrolle über einige polnische Städte zu übernehmen und dort die Macht der Exilregierung auszurufen. Wie Lew Besymenski festgestellt hat, war in der ersten Fassung von »Burza« Warschau nicht unter diesen Städten zu finden.

Man rechnete mit zwei verschiedenen Varianten der Entwicklung:

»Hypothese A: Die Russen dringen, die Deutschen vor sich hertreibend, tief in Polen ein.

Hypothese B: Die Deutschen kapitulieren, bevor die Rote Armee in Polen einmarschiert.«

Die zweite Variante wurde natürlich als optimal angesehen. Darüber schrieb General Sosnkowski: »Unsere Sache wird nur dann einen umfassenden Sieg davontragen, wenn Deutschland und Rußland einander so schwächen, daß die angelsächsischen Truppen den Endsieg erringen sowie das Territorium Deutschlands und Polens besetzen.«

Im Januar 1944 sandte dieser General seinem Kollegen Gubbins ein Memorandum darüber, wie die AK in die Gesamtstrategie der Westalliierten eingebunden werden könnte. Auch die Stabschefs der USA und Großbritanniens erhielten dieses polnische Dokument mit dem Titel *Streitkräfte und illegale bewaffnete Organisationen in Polen als Faktor der gesamteuropäischen Planung der Alliierten.*

Hier ein kurzer Ausschnitt aus diesem umfänglichen Traktat: »Die Armia Krajowa in Polen kann eine mächtige Waffe der Alliierten in Ost- und Mitteleuropa werden.« Als »Alliierte« werden hier und im weiteren stets nur die USA und Großbritannien verstanden. Das »Vereinigte Aufklärungskomitee« der Westmächte stellte die logische Frage: »Gegen wen sollte die polnische Secret Army, wenn sie einmal komplett ausgerüstet war, kämpfen – gegen Rußland, gegen Deutschland oder gegen beide zugleich?«

Am 11. Januar 1944 richtete Churchill, dessen Haltung zu »Overlord« dem Leser inzwischen sicher klarer geworden ist, an seine Stabschefs die Anfrage: »Welche Kräfte haben Sie für Operation ›Rankin‹ im Februar oder März zur Verfügung, wenn sich die Dinge unerwartet zu unseren Gunsten entwickeln sollten?« Der Chef der SOE erhielt kurz darauf die Direktive, »Pläne zur Intensivierung der Diversionskampagne auszuarbeiten, die von einer maximalen Aktivierung der illegalen Streitkräfte begleitet und zeitlich auf die Unterstützung von ›Overlord‹ und ›Rankin‹ ausgerichtet ist«.

Am 21. Juli 1944 sandte General Bor-Komorowski, der den Warschauer Aufstand befehligte, nach London die Meldung Nr. 406/1/XX/799/: »Das soeben verübte Attentat auf Hitler kann im Zusammenhang mit der militärischen Lage Deutschlands jeden Augenblick zu dessen Zusammenbruch führen.« Bors Gedanken kreisten am wenigsten darum, die Briten und Amerikaner über seine eigenen Absichten zu informieren. Er bekräftigte nur ein weiteres Mal den Anspruch Sosnkowskis aus dem Jahre 1943, daß die AK das Recht haben sollte, den Zeitpunkt des Aufstandes selbst zu bestimmen. Er führte folgendes Argument ins Feld: »Eine allgemeine Erhebung wäre ein Akt der Selbstaufopferung der polnischen Nation. Es ist klar, daß dies nicht zweimal geschehen kann.« Nachdem das Vereinigte Komitee der Stabschefs der Westmächte alle Argumente gegen die von der polnischen Exilregierung geplante Operation geltend gemacht hatte, wies es offiziell jegliche Verantwortung für die Bestimmung des Tages X von sich.

Das britische Kriegskabinett hatte dazu seine eigene Meinung. Auf einer Sitzung im Februar 1944 erklärte man es für zweckmäßig, den Aufstand der AK »*unmittelbar nach der Invasion [der alliierten Streitkräfte] in Europa*« auszulösen. Von diesem Zeitpunkt an stand der Aufstand in Polen ständig auf der Tagesordnung der Churchill-Regierung.

Dieses Thema war auch Gesprächsgegenstand beim Besuch des Chefs der polnischen Exilregierung, Mikolajczyk, in den USA vom 4. bis 15. Juni 1944. Der Leiter der operativen Abteilung der polnischen Armeeführung Stanislaw Tatar führte gleichzeitig Verhandlungen mit dem stellvertretenden amerikanischen Kriegsminister McCloy, mit General McNarney und Admiral Leahy. Bei der Begegnung mit Roosevelt

443

erweckte Mikolajczyk den Eindruck, es gehe um eine »militärische Aktion der polnischen Untergrundbewegung im Zusammenwirken mit der russischen Armee«, und die Loyalität zum Bündnispartner der USA werde gewahrt. Als die britischen Stabschefs von diesem Zusammenwirken hörten, beschlossen sie, sich abzusichern: *»Man sollte die Polen nicht direkt zu einer solchen Entfaltung ihrer Operationen drängen, die den Russen von Nutzen sein könnte.«*

»Nicht drängen« bedeutete, ihnen ein derartiges Vorgehen auszureden. Diversionsakte, um den Eisenbahnverkehr in ganz Polen lahmzulegen (Plan »Barriere«) – ja. Die dritte und vierte Aktionsserie von »Barriere« sollten am 25. Juli starten, die fünfte und sechste am 10. August.[91] Über den allgemeinen Aufstand sollten die Polen selbst entscheiden. Gelang er – um so besser, scheiterte er – wusch London seine Hände in Unschuld.

Unter den polnischen Militärs schieden sich die Geister. Für Sosnkowski war ein Aufstand, den man nicht vorab mit der Roten Armee abgesprochen hatte, »politisch falsch und in militärischer Hinsicht ein Akt der Verzweiflung.« Bor-Komorowski indessen war gegen jeden Kontakt zur sowjetischen Seite, für eine Beschleunigung des Aufstandes und die Konzentration aller Kräfte in Warschau, um den politischen Sinn und Zweck der Aktion hervorzuheben. Nach Bors Worten bedeutete der Aufstand die Eröffnung *»des politischen Kampfes gegen Rußland, den wir gewinnen müssen«.* Er erhielt Unterstützung von Mikolajczyks Vertreter in Warschau, Jankowski. *»Es kann keine Rede davon sein«,* erklärte dieser, *»den Beginn des Aufstandes an das Kriegsgeschehen im Osten zu binden.«*

Wie verantwortungslos die Befürworter des Aufstandes als politische Demonstration handelten, zeigen unter anderem folgende Tatsachen: Sie forderten von den USA und Großbritannien eine massive Luftunterstützung unmittelbar vor Beginn des Aufstandes durch »1300 Flugeinsätze, die Verlegung einer Brigade polnischer Fallschirmspringer aus Italien« und so weiter. Die Briten lehnten diese Forderungen in allen Punkten als »undurchführbar« ab. Dies erfolgte sowohl auf politischer (Eden) als auch auf militärischer Ebene (Ismay). Die Exilregierung ließ Bor darüber im unklaren. Dieser polnische General wußte lediglich, daß entsprechende Forderungen an die Westmächte ergangen waren und dort geprüft wurden.

Als die Aufständischen losschlugen, sandten die Briten am 4. August

14 Transportflugzeuge und zwischen dem 8. und 18. August weitere neun Maschinen. In der Summe also 23 Flugzeuge anstelle von 1300. Die Amerikaner (General Eaker, der Befehlshaber der 15. Luftflotte) lehnten das Risiko rundweg ab und empfahlen, »sich an Marschall Stalin zu wenden«.

Mikolajczyk kam von Ende Juli bis Anfang August 1944 nach Moskau. Am 31. Juli erklärte er in einem Gespräch mit Molotow, daß »die polnische Regierung den *Plan eines allgemeinen Aufstandes in Warschau erwäge* und die Sowjetregierung um die Bombardierung der Flugplätze rings um Warschau bitten möchte«. Die Briten waren der Meinung, es sei vorab geplant gewesen, daß der Besuch des polnischen Ministerpräsidenten in Moskau und der Beginn des Warschauer Aufstandes zeitlich zusammenfielen.[92] Eine offizielle Information über die Ereignisse in Warschau ging beim sowjetischen NKID über die britische Militärmission jedoch erst am 3. August ein.

Offenbar nicht weniger wichtig als der Besuch des polnischen Ministerpräsidenten in der UdSSR war die Tatsache, daß Einheiten der Roten Armee gegenüber von Warschau zur Weichsel vorstießen und das sowjetische Kommando versuchte, »auf den Schultern des Gegners« den Fluß nördlich und südlich der polnischen Hauptstadt zu überqueren, um auf dem linken Ufer Brückenköpfe zu schaffen.

Vom 27. bis 29. Juli wurde auf einer Beratung im Hauptquartier in Moskau der Zeitplan für das weitere Vorgehen erörtert. Die Hauptkräfte der 1. Belorussischen Front waren nicht in der Lage, die Weichsel zu überqueren. Im Juni und Juli hatten sie unter verlustreichen Kämpfen 500 bis 600 Kilometer hinter sich gebracht. Viele Einheiten mußten zurückgezogen und neu formiert werden. Andere brauchten dringend eine Ruhepause. Das 3. und 8. Panzerkorps hatten bis zum 31. Juli 284 Panzer und Selbstfahrlafetten verloren. Die Vorräte an Munition und Treibstoff gingen zur Neige.

Unter diesen Umständen gegen die tiefgestaffelte deutsche Verteidigung anzustürmen, die gegenüber der Front Rokossowskis fast eine Million Offiziere und Soldaten der Wehrmacht zusammengezogen hatte (zum Vergleich: an der ganzen Westfront standen zu dieser Zeit 526 000 Mann der Bodentruppen des Reiches), wäre eine Wahnsinnstat gewesen. Angesichts deutscher Gegenattacken hatte man auf sowjetischer Seite eher an elementare Verteidigungsmaßnahmen zu denken.

Am 4. August erhielt Stalin Churchills Aufforderung, den aufständischen Polen zu Hilfe zu eilen. Es entspricht nicht den Tatsachen, daß der sowjetische Diktator sich lediglich auf Empörung über das Abenteuer als solches und den Versuch Londons beschränkte, die UdSSR dort hineinzuziehen. Nein, er beauftragte Georgi Schukow und Konstantin Rokossowski, Überlegungen zur Einnahme Warschaus vorzubereiten. Zwei Tage später übergaben die Marschälle ihre Vorschläge.[93] Diese sahen vor, die Weichsel nördlich von Warschau zu überqueren, den Brückenkopf südlich der Hauptstadt zu erweitern und danach den Gegner einzukesseln. Für diese Aufgabe sollten die 3. und die 50. Armee aus dem Bestand der 1. Belorussischen Front, die 70. Armee aus der Reserve und die 1. Polnische Armee unter Führung von General Berling eingesetzt werden. Der Plan wurde vom Oberkommando gebilligt, der Beginn der Operation auf den 25. August festgesetzt.

Bereits im Vorfeld hatten die Versuche sowjetischer und polnischer Einheiten am 14., 19. und 25. August, die Brückenköpfe auf dem linken Weichselufer zu erweitern und neue zu schaffen, keinen Erfolg. Das deutsche Oberkommando warf die Panzerdivision »Hermann Göring« und zwei weitere frische Divisionen in den Kampf. Da die Landungstruppen am 29. August schwere Verluste erlitten, wurde die Operation zur Überquerung der Weichsel eingestellt.

Die Anstrengungen konzentrierten sich nun auf die Befreiung des Warschauer Vorortes Praga auf dem rechten Weichselufer. Am 14. September hatte die Rote Armee die volle Kontrolle über das rechte Flußufer gewonnen. Nun wurde es möglich, in direkten Kontakt zu den Aufständischen zu treten. Zur Koordinierung der Aktionen vor Ort entsandte Stalin Georgi Schukow zur 1. Belorussischen Front.

Vom 13. September bis zum 1. Oktober 1944 flogen Maschinen der 1. Belorussischen Front zur Unterstützung der Aufständischen 4821 Einsätze. Darunter waren 2435 Einsätze zum Abwurf von Waffen, Munition, Funkgeräten, Medikamenten und Lebensmitteln, 1361 Starts, um zur Unterstützung der Aufständischen Positionen des Gegners in Warschau zu bombardieren sowie 925 Flüge zum Schutz der von den Polen gehaltenen Bezirke und für Aufklärungszwecke. Die Artillerie der 1. Polnischen Armee nahm die Feuermittel des Gegners unter Beschuß, die sowjetische Luftabwehr schützte die Bezirke der Aufständischen vor Angriffen der deutschen Luftwaffe.[94]

Nachdem am 18. September der Luftstützpunkt bei Poltawa wiederhergestellt war, der bei einem deutschen Angriff im Juni 1944 stark

gelitten hatte[95], setzten Transportflüge amerikanischer Fliegender Festungen ein. Daran nahmen insgesamt 305 Maschinen teil. Die Lasten
wurden aus großer Höhe abgeworfen, lediglich 37 Prozent kamen bei
den Aufständischen an.

Am 16. September unternahmen Einheiten vor allem der 1. Polnischen Armee einen weiteren Versuch, die Weichsel an drei Stellen zu
überqueren. Die Führung der AK lehnte es jedoch ab, sich mit den
Landungstruppen zu vereinigen. Mehr noch, sie verlegte ihre Einheiten
vom Ufer auf das Stadtgebiet, womit sie es den Nazis ermöglichte, ihre
Verteidigungsstellungen nicht nur zu halten, sondern sogar zum Gegen-
angriff überzugehen. Am 21. September zogen Marschall Rokossowski
und General Berling die bereits nach Warschau übergesetzten sechs
Bataillone auf das Ostufer zurück.

Sowjetische Vorschläge zur gegenseitigen Abstimmung, um Waffen
und Ausrüstungen den Aufständischen effektiver zuführen zu können,
wurden abgewiesen oder unbeantwortet gelassen. General Monter
erklärte dem Vertreter des sowjetischen Kommandos, Iwan Kolos:
»Unsere Führung erwartet keine Hilfe von den Sowjets. London wird
uns Hilfe erweisen.« Kolos konnte als einziger aus drei Gruppen von
Offizieren, die mit dem Fallschirm abgesprungen waren, Verbindung zu
den Aufständischen herstellen.

Anstatt auf Aktionen einzugehen, die mit dem Sowjetkommando
abgestimmt waren, beschwor die AK-Führung nach Kolos' Aussage[96]
ein »zweites Wunder an der Weichsel«, das die Russen von Warschau
fernhalten sollte. Güter, die aus sowjetischen Flugzeugen abgeworfen
wurden, gab man für britische aus. Man betrieb eine zügellose anti-
ukrainische und antisemitische Agitation. Die Soldaten der Berling-Armee hießen in Warschau »käufliche Elemente aus Sibirien«. Aufständi-
sche, die der Armia Ludowa angehörten, wurden diskriminiert und
verfolgt.

Nach einem deutschen Dokument, das im Januar 1945 im Gebäude
des SD in Grujnec in Polen gefunden wurde,[97] plante die Armia Krajowa,
die Deutschen innerhalb von drei Tagen aus Warschau zu vertreiben.
Verhöre der Führer des Aufstandes ergaben, daß sie beabsichtigten,
nach der Befreiung Warschaus den Aufstand auf das ganze Generalgou-
vernement auszudehnen, eine neue polnische Regierung zu bilden und
»den Sowjets zum Trotz« eine unabhängige Macht zu errichten. Als sich
das Scheitern des Aufstandes abzeichnete, legte die AK Lager von

Waffen und Diversionsmaterial an; die Mitarbeiter des »Sicherheits-korps« gingen in den Untergrund. Sie hatten die Aufgabe, später Terrorakte gegen Angehörige der Berling-Armee und des polnischen Komitees für nationale Befreiung zu verüben sowie einen »zweiten Aufstand« vorzubereiten. General Monter ließ Vorschläge unbeachtet, über die Weichsel zu setzen und sich dort mit den sowjetischen Truppen zu vereinigen, statt zu kapitulieren. Während der Kapitulationsverhandlungen mit den Deutschen wurden unter den Aufständischen Gerüchte verbreitet, das Reich habe »einen Waffenstillstand mit Großbritannien und den USA abgeschlossen«, es beginne gemeinsam mit diesen nun einen Krieg gegen die UdSSR; die sowjetischen Truppen hätten sich aus Praga zurückgezogen; von den Nazis gefangengenommene Polen kämen mit Hilfe der Briten und Amerikaner unverzüglich frei. Die deutsche Propaganda versprach ihrerseits allen Polen, die bereit waren zu kapitulieren, sie erhielten die Möglichkeit, ihre Waffen gegen die Rote Armee zu wenden.

Bei den Operationen im August und September 1944 zur Unterstützung Warschaus kamen 7750 Mann der Roten Armee um, 24 100 Soldaten und Offiziere wurden verwundet. 5600 Mann der 1. Polnischen Armee verloren ihr Leben. Das zur Kenntnis derer, die Soldaten verleumden, die im Kampf gegen den Nazismus bei Warschau ihr Leben gegeben haben, und schamlos behaupten, die sowjetischen Truppen und die Einheiten der 1. Polnischen Armee hätten am rechten Weichselufer tatenlos zugesehen, wie die Aufständischen verbluteten.[98]

Dokumente bezeugen, daß bestimmte Kreise versuchten, auf polnischem Boden eine Art Pro-Pilsudski-Regierung einzusetzen und so der Wiedergeburt Polens eine besondere politische, soziale und ideologische Ausprägung zu verleihen. Eine Restauration der Vorkriegsverhältnisse in Polen konnte unabsehbare Folgen haben. Der Streit darum zum Beispiel, ob die Rote Armee berechtigt war, bei der Verfolgung der deutschen Wehrmacht polnisches Territorium zu betreten und unter welchen Bedingungen dies geschah, wäre wieder aufgeflammt. Der Anspruch, »Verpflichtungen der britischen und amerikanischen Regierung gegenüber den Polen« zu Verpflichtungen der UdSSR zu erklären, dieser aber zugleich jedes Recht zu verweigern, bezüglich der Regelung für die Länder eine Meinung zu äußern, die sich im Aktionsradius der USA und Großbritanniens befanden, ist ganz symptomatisch. Das verrät zum Teil, was sich hinter Churchills Erwartung verbarg, Siege zu erringen, die alles »bei weitem übertrafen«, was »die Russen« zu irgendeinem Zeitpunkt geleistet hatten.

Ein weiteres Thema ist die Atombombe. Je weiter die wissenschaftlich-technischen Arbeiten vorankamen, desto schwerer wog dieses Projekt in der Politik der USA und Großbritanniens, in ihren Plänen und Absichten. Nach dem offiziellen Abschluß der Konferenz von Quebec zogen Roosevelt und Churchill am 18. September 1944 bei ihren Verhandlungen in Hyde Park eine Bilanz der bisherigen Tätigkeit auf diesem Gebiet. Sie entschieden, daß die Arbeiten an der Atomwaffe »unter größter Geheimhaltung« weitergeführt werden. Wenn eine Bombe fertiggestellt war, sollte diese »nach reiflicher Überlegung möglicherweise gegen Japan eingesetzt werden«. Der Präsident und der Premierminister kamen überein, die britisch-amerikanische Zusammenarbeit zur friedlichen und *militärischen Anwendung der Atomenergie* nach Kriegsende fortzusetzen.[99]

Als die britischen und amerikanischen Experten das Projekt in Angriff nahmen und spaltbares Material ansammelten, gingen sie davon aus, daß für die Bewältigung der wichtigsten wissenschaftlich-technischen Probleme etwa ein Jahr angespannter Forschung erforderlich sei. Ähnlich schätzte man auch die Chancen der Deutschen ein, die mit der Entwicklung der Atomwaffe etwas früher begonnen hatten und in den Jahren 1941/42 die Demokratien durchaus überholen konnten. Seit 1942 war der Einfluß der Atombombe in der strategischen Planung der USA ständig spürbar. 1944 schloß man nicht aus, daß Deutschland bereits über eine Waffe auf atomarer Grundlage verfügte und diese zur Abwehr einer Offensive im Westen einsetzen konnte.

Ende 1943 wurde im Rahmen des Projektes »Manhattan« eine »wissenschaftliche Erkundungsmission« ins Leben gerufen, die den Auftrag erhielt, Operation »Alcos« durchzuführen, das heißt Informationen über die Arbeiten auf atomarem Gebiet beim Gegner und in der Sowjetunion zu beschaffen. Agenten von »Alcos« begleiteten die Vorausabteilungen von »Overlord«, um Geräte an sich zu bringen, die deutsche Atomwissenschaftler für Experimente benutzt haben konnten, und Informationen über diese zu sammeln. Was nicht demontiert und in die USA gebracht werden konnte, sollte vernichtet werden, damit es nicht den Russen und Franzosen in die Hände fiel. Von den Deutschen erlangte Informationen über Standorte von Laboratorien und anderen Objekten in Gegenden, die nicht in amerikanische Hand gelangen würden, gingen in die Pläne für Bombenangriffe der amerikanischen strategischen Luftwaffe ein.[100]

Als die Amerikaner im November 1944 das Städtchen Haigerloch, ein Zentrum der deutschen Kernforschung, besetzten, wurde endgültig klar, daß das Reich keine Atombombe besaß und bis Kriegsende auch nicht besitzen werde. Danach erklärte der Leiter der Gruppe »Alcos«, der dänische Physiker S. Goldsmith, seinen Kollegen vom Militär: »Jetzt werden wir unsere Bombe einsetzen müssen.« Das war offensichtlich so zu verstehen, daß man keinerlei Zweifel zu haben brauchte, denn den USA und Großbritannien drohte nun keine Vergeltung mehr.

Mitte der achtziger Jahre wurde bekannt, daß man in den USA 1943 ein Projekt zur Schaffung von Strahlenwaffen auf der Grundlage von Strontium in Mengen erwogen hatte, die für die Vernichtung von 500 000 Menschen ausreichten (Brief Robert Oppenheimers an Enrico Fermi vom 25. Mai 1943). Nach Meinung Professor Bernsteins, der diesen Brief in der Bibliothek des Kongresses entdeckte, wurde das Projekt nicht realisiert, weil »beträchtliche technische Probleme auftraten und die oberste Militärführung keine Ressourcen vom Projekt der Atombombe abziehen wollte«. Von diesem Projekt wußten George Marshall, der Vorsitzende der nationalen wissenschaftlichen Forschungskommission für Verteidigung James Conant, Leslie Groves, der Atomphysiker Edward Teller und der Spezialarzt aus dem Strahlungslaboratorium Hamilton. In Oppenheimers Brief wird Marshalls Bitte an Conant erwähnt, einen Bericht »Über den militärischen Einsatz radioaktiver Stoffe« auszuarbeiten.

Das ist ein bemerkenswerter Fakt. Soweit bekannt, empfahlen die deutschen Wissenschaftler nicht die Entwicklung einer alternativen Strahlenwaffe, als sie 1942 ihre Unfähigkeit (oder ihren mangelnden Willen) erklären mußten, eine Technologie für die Anreicherung natürlichen Urans zu schaffen.

Ab Anfang 1945 trat der UdSSR-feindliche Aspekt von »Alcos« eindeutig in den Vordergrund. Die Agenten der Organisation konzentrierten sich darauf, deutsche Fachleute ausfindig zu machen, zu internieren oder unverzüglich nach Übersee zu bringen sowie Labors, Materialien und Dokumente sicherzustellen, die für die Kernforschung der UdSSR von Wert sein konnten. Am 15. März wurde ein Betrieb der Firma »Auer Gesellschaft« in Oranienburg bei Berlin, wo mit Uran gearbeitet wurde, durch einen Angriff von 612 »Fliegenden Festungen« total zerstört. »Um

Russen und Deutsche vom wahren Ziel dieses Angriffs abzulenken«, bekannte Groves später, »wurde ein ebenso massiver Angriff auch gegen das Städtchen Zossen geflogen, wo sich ein Stab der Wehrmacht befand.« Alle Einzelheiten dieser und weiterer militärpolitischer Diversionsakte wurden auf »Arbeitsebene« direkt zwischen Marshall, Groves und Spaatz abgesprochen. Die Generale betrieben ihre eigene große Politik.[101]

Wie bereits erwähnt, lief unter dem Dach des Projektes »Manhattan« seit 1943 auch ein streng geheimes Programm, nach dem alle Vorräte und Lagerstätten radioaktiver Elemente weltweit erfaßt und unter alleinige amerikanische Kontrolle gestellt werden sollten. Entsprechende Abkommen mit ausländischen Regierungen wurden ohne Wissen und unter Umgehung des State Department geschlossen. In einem Bericht an den Kriegsminister vom September 1944 sagte Groves voraus, daß die USA bei Kriegsende direkt oder indirekt über neun Zehntel aller Vorkommen mit hohem Uranerzanteil verfügen würden. Am 3. Dezember 1945 meldete Groves an Patterson, 97 Prozent der Weltvorräte an hochreichem Uran- und Thoriumerz befänden sich unter Aufsicht der USA. Man ging davon aus, daß die Verarbeitung von Erz mit geringem Urangehalt eine Revolution der Technik für die Gewinnung des Metalls erforderte. Daraus folgte der Schluß, daß das Atommonopol der USA lange Zeit bestehen und ihre Überlegenheit unerschütterlich sein werde.[102]

Man geht wohl kaum fehl, wenn man 1943 als das Geburtsjahr der »Atomdiplomatie« benennt. Daran ändert auch die Tatsache nichts, daß die Absicht, die »absolute Waffe« für die Politik der Zukunft einzusetzen, damals häufiger und kategorischer aus britischem Munde zu hören war.

Im Sommer 1943 philosophierte Churchill über das »vitale Interesse [Großbritanniens], in der Lage zu sein, seine Unabhängigkeit in Zukunft vor internationaler Erpressung zu schützen, die letzen Endes von den Russen ausgehen könnte«.[103] Von denselben Russen, die damals am Kursker Bogen dem Naziungeheuer das Rückgrat brachen, denselben, über die der Premierminister am 21. Oktober 1942, am Vorabend der Schlacht von Stalingrad, in einer Denkschrift an die Mitglieder des britischen Kriegskabinetts geschrieben hatte, sie bedrohten die Unabhängigkeit und Kultur der europäischen Völker mit der »Barbarei«.

Churchill hatte sich in dieser Denkschrift dagegen gewandt, die

UdSSR wie auch China zur Erarbeitung von Vorstellungen für die Nachkriegsordnung in der Welt zuzulassen: »Wir wissen nicht, mit welchem Rußland und mit welchen russischen Forderungen wir konfrontiert werden.« In Gestalt Chinas »erklänge zweifellos eine Stimme, die die Vereinigten Staaten bei jedem Versuch unterstützte, das Britische Empire zu liquidieren«. Der Premierminister wälzte damals verschiedene Pläne zur Schaffung von »Vereinigten Staaten Europas« als vordergründig antisowjetisches und teilweise antiamerikanisches Gebilde sowie »mehrerer Konföderationen« für Skandinavien, den Donauraum, den Balkan und andere Regionen, die allesamt am Gängelband der Briten gehen sollten.[104]

Der Minister im britischen Kriegskabinett John Anderson, der für den Bereich der Atomforschung zuständig war, sagte dem kanadischen Premierminister Mackenzie King nach der ersten Konferenz von Quebec im August 1943, »die Atombombe wird dem Lande die Kontrolle über die Welt bringen, das sie als erste besitzt«. Er »betrachtete die Atombombe im Zusammenhang mit der sowjetischen Gefahr und stellte in Zweifel, daß es vernünftig sei, sich ausschließlich auf die Vereinigten Staaten zu verlassen«.[105]

Groves, Stimson und einige andere amerikanische Staatsmänner, die für die Atompolitik Verantwortung trugen, wurden nach Roosevelts Tod und vor allem nach dem Ende des Zweiten Weltkrieges allmählich gesprächiger.[106] Von 1942 bis 1945 wirkten sie unter einem Schleier strengster Geheimhaltung, der selbst für Vizepräsidenten, die Außenminister und fast alle übrigen Kabinettsmitglieder undurchdringlich war. Das gab den Verfechtern einer Politik der übermächtigen Stärke gegenüber ihren Rivalen Trümpfe in die Hand, als die Stunde schlug, Platz und Kurs der Vereinigten Staaten in der Nachkriegswelt zu bestimmen, Freund und Feind neu zu ordnen.

Ende 1944 kam es zu wachsenden Meinungsverschiedenheiten zwischen den USA und Großbritannien. Ein Symptom dafür war der Unwillen, den Churchills Reise nach Moskau auslöste. Roosevelt verfolgte auch die aufdringlichen Bemühungen Londons mit Unbehagen, die morschen Regime in Italien, Griechenland und einigen anderen europäischen Staaten zu restaurieren. Wie das Beispiel Frankreichs zeigt, waren die Vereinigten Staaten selbst allerdings auch nicht gerade zimperlich und konsequent, wenn sie die großsprecherischen Verkündungen der Demokratien in die Tat umzusetzen hatten.

Als die Briten mit Waffengewalt in Griechenland eingriffen, das innere Kräfte bereits von den Aggressoren befreit hatten, Georg II. wieder auf den Thron setzten und die britische Flagge in diesem Teil des Mittelmeeres hißten, erließ Admiral King einen Befehl, der den Einsatz amerikanischer Panzer und Landungsschiffe bei dieser Operation verbot. Dieser wurde zwar durch eine Weisung Leahys wieder aufgehoben, der amerikanische Standpunkt änderte sich im Prinzip jedoch nicht.[107] Am 13. Dezember 1944 erklärte Roosevelt Churchill unumwunden, er habe »keine Möglichkeit, sich bei den gegenwärtigen Ereignissen in Griechenland auf Ihre [die britische] Seite zu stellen«.[108]

Hier spielte die öffentliche Meinung nicht die letzte Rolle. Der Präsident hatte seine traurige Erfahrung mit Admiral Darlan und das Echo nicht vergessen, das der Versuch ausgelöst hatte, sich auf einen derart kompromittierten Kollaborateur zu stützen. Nicht weniger wichtig war allerdings auch das Streben, als Schutzengel von Demokratie und Freiheit zu erscheinen, zum einzigen Deuter und Garanten der Atlantik-Charta aufzurücken. Angesichts der Willkür und Brutalität, mit denen Churchill seine »aufrichtigen Ratschläge« durchsetzte, fiel es den Vereinigten Staaten schwer, Aktionen der UdSSR in Osteuropa, die ihnen auch nicht gefielen, zu kritisieren und von Moskau mehr Flexibilität zu fordern.

Die enttäuschende Zusammenarbeit mit der britischen Seite sowie das Auf und Ab in den Beziehungen zur UdSSR ließen bei Roosevelt Zweifel aufkommen, ob es für die USA günstig sei, sich für lange Zeit in Europa festzusetzen. Diese waren allerdings kaum freimütiger Art. In einem Telegramm an Churchill schrieb er am 18. November 1944: »Sie wissen natürlich, daß ich nach dem Zusammenbruch Deutschlands die amerikanischen Truppen so rasch in die Heimat zurückführen muß, wie dies angesichts der Transportprobleme möglich sein wird.«[109] Der Premierminister äußerte aus diesem Anlaß ernste Befürchtungen,[110] worauf es dem Präsidenten offenbar auch ankam.

Am 22. November forderte Roosevelt die Briten auf, sich an die Deutschen mit dem Appell zu wenden, den sinnlosen Widerstand einzustellen und damit weitere unnötige Opfer und Zerstörungen zu vermeiden. Dabei betonte er, das Ziel der Alliierten sei die Beseitigung des Nazismus und die »Rückkehr des deutschen Volkes zur Zivilisation der übrigen Welt«.[111] Damit tauschte er mit Churchill gleichsam die Plätze. Nun bestand der Premierminister darauf, an der »Orientierung auf bedingungslose Kapitulation« festzuhalten. Nach seiner Meinung könnten die Deutschen eine derartige Ermahnung zu diesem Zeitpunkt als Zeichen von Schwäche auffassen und ihren Widerstand eher verstärken.[112]

Was bewegte den Präsidenten – Erschöpfung, Ärger wegen der unerfüllten Versprechungen der Generale oder eine Vorahnung der Prüfungen, die Hitler für die Westmächte noch bereithielt? Das ist heute noch ebenso unklar wie die Erklärung Churchills vom 15. Dezember 1944 vor dem Unterhaus, er beabsichtige, Polen die deutschen Ostgebiete zu übergeben und Ostpreußen zu liquidieren. Offenbar wollte London den Deutschen zu verstehen geben: Je länger sie die Kapitulation im Westen hinauszögerten, desto mehr würden sie dafür im Osten bezahlen müssen.

Mitte September hatte das amerikanische Oberkommando keinerlei Zweifel mehr, daß man vom Sieg nur noch Tage entfernt war.[113] Die Überlegenheit von 20:1 bei Panzern, von 25:1 bei Flugzeugen, die hohe Mobilität der Einheiten der Westmächte gegenüber den manövrierunfähigen Kräften der Wehrmacht – all das ließ Selbstgefälligkeit aufkommen. »Der organisierte Widerstand unter Führung des deutschen Oberkommandos«, prognostizierten die Analytiker der Aufklärung, »wird wahrscheinlich nur bis zum 1. Dezember 1944 anhalten oder ... sogar noch früher eingestellt werden.«[114]

Bei den Zusammenkünften Dulles' und Gaevernitz' mit den Chefs der Aufklärung aus dem Korps von Omar Bradley im Dezember 1944 wurde berichtet, es gäbe »eine Reihe deutscher Generale, die Hitlers Versprechungen keinen Glauben schenken und sich gern ergeben würden, wenn sie die Möglichkeit hätten, dies vernünftig und in Sicherheit für sich selbst zu tun«. Nach diesen Besprechungen besuchte Gaevernitz Kriegsgefangenenlager, wo er gemeinsam mit Mitarbeitern des britischen MI-6 eine Gruppe deutscher Generale auswählte, die ein Komitee nach dem Vorbild von »Freies Deutschland« gründen sollten. Dieser Plan wurde durch die Weisung »von allerhöchster Stelle« in Washington gestoppt, man solle »nicht deutsche Militaristen benutzen, um andere deutsche Militaristen in die Knie zu zwingen«. Sehr zum Ärger von Allan Dulles.[115]

Himmlers Agenten trugen im November und Dezember 1944 mehrfach »Friedensvorschläge« an Dulles heran, der in Berlin »nicht nur als hochintelligenter Mann, sondern auch als überzeugter Gegner des

Bolschewismus auf Grund von Wissen, Vernunftargumenten und klarem Weitblick« galt. Dulles suchten Angehörige des italienischen Klerus, österreichische Industrielle, der deutsche Militärattaché in Bern und viele andere auf – alle mit demselben Motiv, eine »heilige Allianz gegen den östlichen Kommunismus« zu schmieden.[116] Diese und weitere Kontakte bestärkten die amerikanischen Geheimdienste in der Absicht, in eigener Verantwortung eine »interne Kapitulation« der Deutschen an der Westfront oder zumindest an einem wichtigen Abschnitt zustande zu bringen.

Hitlers Gedankengang war etwas anders, sein Ziel aber im Grunde genommen dasselbe. Der Krieg war unwiederbringlich verloren. Wenn die USA allerdings ernsthaftes Interesse daran hatten, der Sowjetunion den Weg nach Mitteleuropa zu versperren, dann kamen sie um eine Zusammenarbeit mit dem »Dritten Reich« und folglich mit den Nazis nicht herum. Um Washington und London die Augen zu öffnen, mußte man, bevor die Rote Armee eine neue Offensive begann, den Westmächten beweisen, daß die Wehrmacht unter Hitlers Führung eine Kraft darstellte, die noch etwas bedeutete. »Es ist naiv, in Zeiten schwerer militärischer Niederlagen auf einen Verhandlungserfolg zu hoffen«, erklärte der Naziführer gegenüber General Manteuffel. »Die Westmächte werden eher auf ein Friedensabkommen eingehen, wenn es gelingt, ihnen eine militärische Niederlage zuzufügen.«[117]

Ende 1944 waren die amerikanischen Streitkräfte großangelegten Kämpfen auf dem europäischen Kriegsschauplatz nicht oder nur bedingt gewachsen. Die Gegenoffensive der Wehrmacht in den Ardennen, die mit begrenzten Kräften und auf einem relativ schmalen Frontabschnitt vorgetragen wurde, »zwang die USA, alle vorhandenen Divisionen einzusetzen«. Die Krise, die dieses Unternehmen auslöste, »verschlang vollständig die gesamte strategische Reserve«. »Zum Glück«, bemerkt Maurice Matloff, »war dies die letzte unangenehme Überraschung. Wenn es zu einer weiteren derartigen Krise gekommen wäre, hätten sich dafür keine Divisionen mehr gefunden.«[118]

Den vorwiegend politischen Charakter der Operation in den Ardennen hob General Jodl am 3. November 1944 auf einer Besprechung der Truppenkommandeure der Westfront hervor: »Die Pläne der Alliierten werden für lange Zeit gestört, und der Gegner muß seine Politik völlig neu überdenken.«[119] Nach den Truppenbewegungen während der Operation selbst zu urteilen, orientierte sich das deutsche Oberkommando auf eine Reihe überraschender Konterschläge gegen die Truppen der USA und Großbritanniens abwechselnd an verschiedenen Frontabschnitten, um so den Eindruck zu erwecken, man habe die Initiative an sich gerissen.

Da eine Offensive der Roten Armee in Ungarn näher rückte, der es dann am 26. Dezember in Budapest gelang, eine Wehrmachtsgruppierung von 188 000 Mann einzukesseln, da sich die sowjetischen Truppen anschickten, die Weichsel zu überqueren, und Schläge gegen Ostpreußen führten, erhielt Rundstedt keine Verstärkung von der Ostfront. Die Faust in den Ardennen wurde auf Kosten der Flanken der deutschen Verteidigung im Westen gebildet. Wenn man sich die Gedankengänge Hitlers und seiner Umgebung vor Augen führt, warteten die Nazis möglicherweise voller Schadenfreude darauf, daß Moskau den Amerikanern und Briten nun ihre Heimtücke in gleicher Münze zurückzahlte. Wenn diese ihre Absicht kaum noch verhehlten, die sowjetischen Truppen soweit wie möglich von Berlin, Wien, Prag und Budapest fernzuhalten, mußte man sich fragen, warum darauf eigentlich kein Echo erfolgen sollte. Wäre etwas Derartiges wie in den Ardennen an der Ostfront geschehen, hätten London und Washington – besonders Ende 1944/Anfang 1945 – keine Eile gezeigt, der UdSSR zu Hilfe zu kommen.

Den Deutschen gelang es mit der Ardennenoffensive, den Westmächten einen gehörigen Schrecken einzujagen. In einem Telegramm an das Alliierte Komitee der Stabschefs vom 21. Dezember 1944 erweckte Eisenhower den Eindruck, als hätte die Wehrmacht alle ihre Kräfte gegen ihn in Marsch gesetzt. »Deutsche Divisionen, die man im Osten Deutschlands neu- oder umformiert, werden an die Westfront geworfen«, meldete der General. »Die Ankunft dieser Divisionen wirkt sich natürlich auf die Entwicklung in meinem Raum aus, und wenn diese Tendenz anhält, wird sie die Entschlüsse beeinflussen, die ich hinsichtlich der künftigen Strategie im Westen fassen muß. Deshalb halte ich es für notwendig, daß wir so bald wie möglich von den Russen Angaben über ihre strategischen und taktischen Absichten erhalten.«[120]

Am 24. Dezember wandten sich Roosevelt und Churchill mit einem Telegramm an Stalin, in dem es unter anderem heißt: » ... *Ganz offensichtlich kann Eisenhower seine Aufgabe nicht lösen, ohne zu wissen, was Ihre Pläne sind* ... Es ist für uns wirklich dringend erforderlich, die wichtigsten Grundzüge und Termine Ihrer Truppenbewegungen zu kennen. Wir haben ein solches Vertrauen in die kommenden Offensiven der Roten Armee, daß wir Ihnen bisher niemals eine Frage gestellt haben, und wir sind jetzt überzeugt, daß *die Antwort beruhigend* sein wird ...«[121] Der Präsident bat darum, einen Offizier aus dem Stab General Eisenhowers zu empfangen, mit dem Fragen des Zusammenwirkens zwischen West- und Ostfront erörtert werden sollten.[122]

Man hätte glauben können, Washington und London seien nun bereit, sich für die Vernachlässigung ihrer Bündnispflichten in drei Jahren Krieg, für die Irreführung der sowjetischen Seite über die wirklichen Pläne der Westmächte zu entschuldigen, Amerikaner und Briten hätten nun endlich erkannt, was Waffenbrüderschaft wert war. Dennoch brachte der nach Moskau kommandierte Vertreter, der britische Marschall Tedder, die Instruktion mit, zuzuhören und einer Koordinierung der Aktionen der britischen und sowjetischen Truppen aus dem Wege zu gehen.[123]

Während Tedder noch in die sowjetische Hauptstadt unterwegs war, gingen die Deutschen in der Neujahrsnacht im Elsaß mit acht Divisionen zum Angriff über. Damit sollte ein Teil der Truppen des Gegners abgelenkt und das eigentliche Ziel der Ardennenoperation – der Durchbruch nach Antwerpen – erleichtert werden. In seinem Rapport an den Kriegsminister der USA meldete Eisenhower: »... Die Deutschen unternehmen maximale und entschlossene Anstrengungen, um in kürzester Frist den Sieg an der Westfront zu erringen. Die Ardennenschlacht ist nach meiner Auffassung nur eine Episode, und wir müssen damit rechnen, daß der Gegner an anderen Frontabschnitten weitere Schläge führen wird.«[124]

Unmittelbar vor diesen Ereignissen hatten sich Eisenhower sowie Montgomery und de Gaulle dafür ausgesprochen, daß Churchill sich sofort persönlich an Stalin um Hilfe wenden sollte. In der Botschaft des Premierministers vom 6. Januar hieß es: »*Die Schlacht im Westen ist sehr schwer, und jeden Augenblick können vom Oberkommando bedeutende Beschlüsse verlangt werden ... Es ist General Eisenhowers Wunsch und Bedürfnis, in Umrissen zu erfahren, was Sie zu tun beabsichtigen, da dies natürlich alle seine und unsere wichtigeren Entscheidungen beeinflußt ...* Ich wäre Ihnen dankbar, wenn Sie mir darüber Mitteilung machen könnten, ob wir im Laufe des Januar mit einer größeren russischen Offensive an der Weichselfront oder anderswo rechnen können, wie auch über jede andere Angelegenheit, die Sie erwähnenswert finden ... Ich betrachte die Angelegenheit als dringend.«[125]

Stalin antwortete am 7. Januar, dem Tag, an dem Churchills Hilferuf bei ihm eintraf: Angesichts der Lage der Verbündeten an der Westfront habe man beschlossen, die Vorbereitungen in schnellem Tempo zu beenden und »spätestens in der zweiten Januarhälfte ... am gesamten Mittelabschnitt der Front umfangreiche Angriffsoperationen zu beginnen«. Zunächst wurde empfohlen, »unsere Artillerie- und Luftüberlegenheit gegenüber den Deutschen« zu nutzen.[126] Nicht von ungefähr erinnerte der Führer der Sowjetunion den Premierminister an die Luftwaffe, über die sich dieser in den Jahren 1942/43 stets als einen Faktor verbreitet hatte, der die zweite Front ersetzen sollte.

Churchill war aber nicht nach Sarkasmus zumute. Alle seine Pläne, die Russen an der Weichsel aufzuhalten, hatten sich verflüchtigt, als er Stalin am 9. Januar in einer Botschaft schrieb: »Ich bin Ihnen für Ihre aufregende Botschaft außerordentlich dankbar. Ich habe sie General Eisenhower zu seiner ganz persönlichen Kenntnisnahme übersandt. Möge viel Glück Ihr nobles Unterfangen begleiten!«[127] Eisenhower nahm die Nachricht des Premierministers als »außerordentlich ermutigend« auf.[128] Am 27. Januar sandte Churchill eine weitere Botschaft nach Moskau, in der es hieß: »Wir stehen im Banne Ihrer ruhmreichen Siege über den gemeinsamen Feind und Ihrer mächtigen Streitkräfte, die Sie gegen ihn in den Kampf geworfen haben. Nehmen Sie unsere herzlichsten Danksagungen und Glückwünsche zu diesen historischen Taten entgegen.«[129]

Dafür hatte Churchill auch allen Grund. Angesichts der Konzentration sowjetischer Kräfte für diesen Angriff hatte man bereits am 26. Dezember 1944 damit begonnen, Wehrmachtseinheiten von der Westfront nach Ungarn zu verlegen. Am 3. Januar stimmte Hitler zu, die VI. SS-Panzerarmee (die Hauptstoßkraft der Ardennenoperation) und das 47. Panzerkorps in die Reserve zurückzunehmen. Am 15. Januar befahl Hitler, über 40 Divisionen an die Ostfront zu werfen, um dort den vollständigen Zusammenbruch zu verhindern. Am 19. Januar wurde die VI. Panzerarmee in höchster Eile zum Balaton in Marsch gesetzt. Insgesamt zog man etwa ein Drittel der Kräfte von der Westfront ab. Gegen die sowjetischen Panzer wurden an der Oder über 300 Batterien schwerer Flag-Geschütze zusammengezogen. Berlin, Leipzig, Dresden und andere Großstädte blieben ohne Luftverteidigung, weil man gleichzeitig faktisch alle Abfangjäger als Feldfliegerkräfte in Ostpreußen und Schlesien einsetzte.

In der »Geheimen Korrespondenz«, die auf eine objektive Wiedergabe der Dokumente der Kriegszeit Anspruch erhebt, in Churchills Memoiren, in anderen offiziellen und offiziösen westlichen Publikationen wird die Hilfe, die die sowjetische Seite den USA und Großbritannien in den für ihre Truppen schweren Wochen von Dezember 1944 bis Januar 1945 leistete, entweder fast völlig verschwiegen, oder die Fakten werden so zurechtgestutzt, daß Uneingeweihte den Eindruck gewinnen, nach der Landung der Alliierten in der Normandie habe sich das Schwergewicht des Kampfes gegen das Nazireich in den Westen verlagert. »Für die Russen war der Sommer 1944«, schwadronieren beispielsweise die Herausgeber der *Geheimen Korrespondenz, »eine Zeit nahezu ungehinderten Vormarsches. In Polen und auf dem Balkan errangen sie einen großen militärischen Sieg nach dem anderen.«*[130]

In diesen Ausgaben finden sich faktisch keine Informationen darüber, was die, nach den Telegrammen Churchills zu urteilen, so »dankbaren« Verbündeten und Partner – sozusagen für alle Fälle – hinter den Kulissen trieben. Wie Professor German Rosanow feststellte, ließen die Generale Eisenhower und Montgomery im Januar 1945 das Telegramm Keitels nicht unbeantwortet, der vorschlug, an der Westfront einen Waffenstillstand für 100 Tage zu schließen, damit die Wehrmacht die Möglichkeit hatte, ein Maximum an Kräften gegen die Rote Armee zu konzentrieren und dieser »zwischen Weichsel und Oder eine vernichtende Niederlage zuzufügen«.

Montgomery war geneigt, die Deutschen nicht daran zu hindern, ihre Truppen vom Westen nach dem Osten zu verlegen, wenn die Demokratien Frankreich, Belgien, die Niederlande und Luxemburg ungehindert besetzen und an den deutschen Westgrenzen eine »Sicherheitslinie« einnehmen konnten. Daraufhin antwortete das OKW mit der Gegenforderung, im Westen solle zunächst der Status quo erhalten bleiben. Wenn es der Wehrmacht allerdings nicht gelingen sollte, in einem bestimmten Zeitraum einen Erfolg gegen die UdSSR zu erringen, dann erhielten die Truppen der USA und Großbritanniens die Möglichkeit, durch Deutschland so weit wie möglich nach Osten zu marschieren. Insgesamt tauschten Keitel, Eisenhower und Montgomery sieben Telegramme aus. Der Kuhhandel hatte erst ein Ende, als die sowjetische Seite diese geheimen Machenschaften aufspürte.[131]

Hatte Hitler also mit der Ardennenoperation die gewünschte politische Wirkung erzielt? Teilweise ja. Im Januar und Februar 1945 begann die letzte Runde der separaten Bemühungen Großbritanniens, der USA und Deutschlands, die Positionen des deutschen Imperialismus zu retten sowie Washington und London eine Dividende aus dem Sieg zu sichern, die ihrem realen Anteil an der Zerschlagung des Nazismus nicht entsprach. Für Churchill und die reaktionär eingestellte Umgebung Roosevelts war »Sowjetrußland zu einer tödlichen Gefahr für die freie Welt geworden«. Man mußte »seinem Gewaltvormarsch unverzüglich eine neue Front entgegenstellen«. »Diese Front war so weit im Osten Europas zu errichten wie möglich.«[132] Seit Anfang 1945 führten bestimmte Gruppen in den Demokratien nicht mehr den Kampf um einen dauerhaften Frieden, den man den Völkern versprochen hatte, sondern in erster Linie um die günstigsten Ausgangspositionen für eine künftige Einkreisung der UdSSR.

10 Ein Sieg ohne Frieden

Der Krieg hatte nun deutschen Boden erreicht. Der »Lebensraum« der Herrenrasse schmolz rasch und unerbittlich dahin. Aber Hitler und seine Kumpane glaubten, daß sich der Tag des Jüngsten Gerichts hinauszögern ließe. Wenn Fortuna lächelte, könnte man ihn vielleicht sogar völlig aus dem Kalender reißen. Die Hürden für ein Geschäft mit den Demokratien schienen überwindbar zu sein. Das Problem lief immer mehr auf den Preis und nicht auf abstrakte Prinzipien, auf die Vereinbarkeit der Interessen und nicht der Personen hinaus.

Der »Führer« beharrte darauf, daß es zum starken, imperialistischen Deutschland als Gegengewicht zur UdSSR in Europa keine Alternative gab und daß die Politiker des Westens dies letzten Endes einkalkulieren mußten. Seine gesamte Vorkriegserfahrung sprach dafür, eine von dekorativem Beiwerk entblößte Bewertung der britischen und amerikanischen Strategie während des Krieges, die alles überdauernden Bindungen des Big Business der Westmächte zur deutschen Finanz- und Industrieoligarchie lieferten Belege für solche Vermutungen. Hitler wollte es einfach nicht in den Kopf, daß die USA und Großbritannien an dem Aste sägen könnten, der die Überlegenheit des westlichen Systems stützte, daß sie ruhig zusehen würden, wie die UdSSR zu einer Großmacht in Europa und der Welt aufstieg. Nach seiner Überzeugung mußten in den Vereinigten Staaten und Großbritannien einflußreiche Gruppen Geltung erlangen, die ihre Regierungen zu einer Verständigung mit Deutschland veranlaßten, ebenso wie die deutschen Industriellen seit dem zweiten Halbjahr 1944 von der Naziführung forderten, den Krieg im Westen einzustellen.

Bis Anfang 1945 verfügte die Führung des Reiches über umfangreiche Informationen, um sich ein differenzierteres Bild von den Neigungen und Tendenzen unter den »Großen Drei« und in ihrer Umgebung zu machen, als dies Parlamentsreden, Kommuniqués oder gegenseitige

Glückwünsche erkennen ließen. Viel Stoff zum Nachdenken und Spekulieren lieferten die Protokolle der Moskauer Außenministerkonferenz und der Verhandlungen Roosevelts, Churchills und Stalins in Teheran, Materialien mit Einzelheiten über die Lend-Lease-Lieferungen an die UdSSR, die Angaben über die Operationen der Air Force, insbesondere auf dem Balkan, die Rundschreiben des Foreign Office an die britischen Missionen, die die Emissäre Schellenbergs für echte und falsche Pfund Sterling von »Cicero«[1] direkt aus dem Safe des britischen Botschafters in Ankara erhielten. Und natürlich verfolgte Berlin mit gespannter Aufmerksamkeit die Informationen, die man aus den transatlantischen Kabeln abzapfte und aus den Chiffretelegrammen der drei Mächte anläßlich der Debatten in der Europäischen Konsultativkommission (EKK) gewann.

Diese Kommission war mit Beschluß der Moskauer Konferenz vom Oktober 1943 ins Leben gerufen worden. Sie sollte die Kapitulationsmodalitäten für die Aggressorenstaaten und Vorschläge für den Mechanismus zur Kontrolle ihrer Realisierung ausarbeiten. Hier sei auch darauf hingewiesen, daß es auf der Konferenz der drei Minister[2] war, wo die Formel von der bedingungslosen Kapitulation aus einer einseitigen Erklärung Roosevelts vom Januar 1943, die Churchill unterstützte, zu einer gemeinsamen Forderung der Anti-Hitler-Koalition wurde.

Deklarationen und »im Prinzip« gefaßte Beschlüsse beeindruckten die Nazispitze herzlich wenig. In der Vergangenheit hatten sich viele derartige Akte als taube Nüsse erwiesen. Was hielt die Praxis für wen bereit? Dies herauszufinden war ihnen wesentlich wichtiger.

Die Dokumente der EKK haben bis heute nichts an Informationsgehalt eingebüßt. Ohne sie ist das ganze Netz von Intrigen, das die Beziehungen zwischen den USA, Großbritannien und der UdSSR in den Jahren 1944/45 einhüllte, schwer zu erfassen. Da Hitler einige von ihnen kannte, weckten diese ganz gewiß seine Begehrlichkeit: Ihm schwebte der Zerfall dieser Allianz antagonistischer Verbündeter vor.

Kurz vor Ende des Ersten Weltkrieges hatte der damalige amerikanische Präsident Woodrow Wilson die Losung von einem »Frieden ohne Sieg« aufgestellt. Was daraus wurde, ist eine andere Sache: Die Wilsonsche Philosophie von der Errichtung einer gerechten und festen Weltordnung, die keine Einteilung in Sieger und Besiegte kannte, war für sich genommen nicht ausgesprochen ketzerisch. Derartige Ideen lagen damals förmlich in der Luft. Willen und Weisheit, Verantwortungsbewußtsein und Weitblick der Politiker reichten jedoch nicht aus, um sie anzunehmen und ihnen zum Durchbruch zu verhelfen.

Am Ende des Zweiten Weltkrieges mit seiner ungeheuren Grausamkeit und Unmenschlichkeit waren die Lehren von Versailles gründlich in Vergessenheit geraten. Washington bestand jetzt zunehmend vehementer auf einem »Sieg ohne Frieden«. Da es keine Vereinbarungen der Alliierten über die Kriegsziele und die Struktur der internationalen Beziehungen nach dem Krieg gab, fühlten sich die USA ungebunden in ihren Entscheidungen und in ihrem Anspruch auf die »Führungsrolle Amerikas« bestätigt. Für die Vereinigten Staaten war von vornherein klar, daß es einen Friedensvertrag mit Deutschland nicht geben werde, zumindest nicht innerhalb kurzer Frist. Und von welcher Befriedung konnte auch die Rede sein, da man doch 1944/45 noch nicht einmal für sich selbst klar definieren konnte, wie viele deutsche Staaten an die Stelle des »Dritten Reichs« treten sollten, welche Art Deutschland oder Deutschländer man anstreben wollte.

Um sich hier festzulegen, mußte die Mehrheit in den Führungsetagen Washingtons aber zunächst über das Schicksal der Anti-Hitler-Koalition entscheiden – was geschieht, wenn die Geschütze schweigen und die Kriegsschiffe vor Anker gehen? Letzteres war von richtungsweisender Bedeutung für die gesamte Struktur der Nachkriegswelt.

Auf der UNO-Entwicklungskonferenz in Moskau im Jahre 1988 und bei anderen Gelegenheiten äußerte der Verfasser den Standpunkt, daß das wichtigste politische, rechtliche und moralische Ergebnis des Zweiten Weltkrieges nicht die Kapitulation Deutschlands, Italiens oder Japans war, sondern die Gründung der Organisation der Vereinten Nationen. Wenn diese Organisation in den ersten 40 Jahren ihres Bestehens nicht mit beeindruckenden Ergebnissen aufwarten konnte, dann deshalb, weil die UNO als freiwillige Gemeinschaft für Zusammenarbeit und durchaus nicht als Arena der Konfrontation gegründet wurde. Mit geringfügigen Abänderungen und Ergänzungen hätte die UNO-Charta seinerzeit eine Charta des Friedens und der Sicherheit, der Vertrag aller Verträge werden können. Leider wurde sie es nicht.

Kehren wir jedoch ins Jahr 1944 zurück. Als Antwort auf die Botschaft des Premierministers vom 2. Januar schrieb Roosevelt: »Nach meiner Auffassung wäre es gegenwärtig besser, unser Verständnis der bedingungslosen Kapitulation bliebe so, wie es ist.« Das heißt, höchst allgemein und verschwommen. Diesen Gedanken äußerte der Präsident auch gegenüber Cordell Hull[3], der seinerseits den amerikanischen Botschafter in London, John Winant, als den Vertreter der amerikanischen Regierung in der EKK instruierte. Er wies Winant an, die Tätigkeit der Kommission in einem betont technischen Rahmen zu halten und sich nicht ohne Sondererlaubnis auf allgemeine politische Diskussionen einzulassen.

Als die EKK im Entstehen war, versuchten die Amerikaner ziemlich ungeschickt, ihr das Vereinigte Komitee der Stabschefs der USA und Großbritanniens als Vormund beizugeben; die Empfehlungen der Kommission sollten nach US-Vorstellung den drei Regierungen erst übermittelt werden, nachdem die westlichen Militärs sie abgesegnet hatten. Anthony Eden wies dieses Projekt als anrüchig und eine Provokation für die Sowjetunion zurück.

Bezeichnend ist in diesem Zusammenhang auch der Fragenkatalog, den die Militärführung der USA Winant zur Erörterung in der EKK übermittelte (Reihenfolge der Fragen ihrem Gewicht nach):

(1) Direktiven für die Zivilverwaltung in Frankreich; (2) Direktiven für die Zivilverwaltung in Belgien, den Niederlanden, Dänemark und Norwegen; (3) »der militärische Waffenstillstand« mit Deutschland; (4) die Militäradministration in Deutschland; (5) »umfassende Kapitulationsbedingungen für Deutschland«; (6) die Kapitulationsbedingungen für die kleinen Feindstaaten.[4]

Nicht ohne Mitwirkung der Beamten des State Department legten die amerikanischen Militärs so die politischen Beschlüsse und Übereinkünfte der drei Mächte auf ihre Weise aus. Die vom Nazijoch befreiten Länder erwartete eine neue Okkupation. Statt eines Aktes der bedingungslosen Kapitulation der Aggressoren ein »Waffenstillstand«, dessen Problematik zudem zuallerletzt erörtert werden sollte. McCloy, der am Schöpfungsakt dieses Meisterwerkes beteiligt war, kommentierte Punkt 5 so: »Ein Blankoscheck ist etwas viel Wertvolleres als ein Dokument, das alle unsere Rechte von vornherein fixiert und bestimmt.«[5]

Die US-Administration und ihre einzelnen Institutionen waren bis Ende 1944 hartnäckig bemüht, Rolle und Bedeutung der EKK herunterzuspielen. Im Oktober schrieb Roosevelt an Hull: »Wir müssen klarstellen, daß die Europäische Konsultativkommission ein ›beratendes‹ Organ ist, dessen Ratschläge weder für Sie noch für mich bindend sind. Das wird zuweilen übersehen. Wenn wir das Wort ›konsultativ‹ vergessen, kann es geschehen, daß wir zu weit gehen und Ratschläge verwirklichen, die uns später gar nicht ins Konzept passen.«[6]

Hier galt es, nicht nur einen einzigen – den Moskau nicht unbedingt genehmen – Nenner zu sehen. Zuweilen war auch die gegen Großbritannien gerichtete Spitze nicht weniger scharf. So suchten General Eisenhower und sein Stabschef Bedell Smith beispielsweise Einfluß darauf zu erlangen, daß eine gemeinsame anglo-amerikanische Besatzungszone Deutschlands entstehen sollte. Dabei gingen sie natürlich davon aus, daß an der Spitze der Militäradministration ein US-Oberkommandierender stehen werde.

Objektiv waren die Positionen der Sowjetunion und Großbritanniens, insbesondere in der Anfangszeit der EKK, aus verschiedenen Gründen einander näher. Daß sich London dem Vorgehen des amerikanischen Partners nicht fügen wollte, vertiefte die distanzierte Haltung des Präsidenten gegenüber Anthony Eden. Man verdächtigte den britischen Minister, den Argumenten der UdSSR zu viel Gehör zu schenken, und beabsichtigte, Eden von der Regelung der Nachkriegsprobleme fernzuhalten.

War Roosevelt in gleicher Weise von dem Bestreben der Briten irritiert, die Beschlüsse der Kommission nach den Klischees einer alten imperialen Politik zu gestalten? In Washington mußte auch das unveränderte Streben vor allem Winston Churchills, weniger Anthony Edens, Mißtrauen erregen, die angewandte Ausführung der bedingungslosen Kapitulation in Italien auf Deutschland zu übertragen.

Am 15. Januar 1944 brachte die britische Seite den Entwurf »Die militärische Okkupation Deutschlands« in der EKK ein. Dieser sah vor, die Wehrmacht *in zwei Jahren* schrittweise zu demobilisieren und zu entwaffnen.[7] Das Motiv – *ein geordneter Übergang in den neuen Zustand und die Verhütung »innerer Unruhen«* – konnte niemanden hinters Licht führen. Roosevelt hatte damals zum deutschen Militarismus eine nahezu entgegengesetzte Auffassung: die klare Demonstration für alle und jeden in Deutschland, daß »das deutsche Volk eine besiegte Nation« war.[8]

Die USA lehnten die britische Variante der Kapitulationsbedingungen rundweg ab. Sie sprachen sich kategorisch dagegen aus, im einzelnen zu kodifizieren, wer was und wie zu tun hatte, wenn Deutschland sich mit seiner Niederlage einmal abgefunden hätte. Selbst wenn die Briten in jedem der 70 Punkte ihres Entwurfes den Terminus »bedingungslose Kapitulation« wiederholt hätten – in Wirklichkeit kam er nicht ein einziges Mal vor –, hätte das aus Washingtoner Sicht nichts an der Sache geändert. Am 29. Februar 1944 wandte sich Roosevelt an Churchill mit der Bitte, die zugleich eine Aufforderung war, den britischen Entwurf zurückzuziehen. Dabei hob er hervor, man sollte »ein Dokument haben, in dem die gemeinsamen Prinzipien bekräftigt werden«.[9]

Einer der Entwürfe des State Department (vom 25. Januar 1944) enthielt folgende Definition der »bedingungslosen Kapitulation«:

»Bedingungslose Kapitulation bedeutet, Deutschland erkennt an:

a) Seine Streitkräfte haben eine vollständige Niederlage erlitten und sind nicht imstande, sich den Kriegszielen seiner Gegner weiterhin zu widersetzen.

b) Seine Ressourcen und sein Volk sind derart erschöpft, daß weiterer Widerstand zwecklos ist.

c) Deutschland ist bereit, sich ohne Widerspruch jeglichen militärischen, politischen, wirtschaftlichen und territorialen Bedingungen zu unterwerfen, die die Sieger ihm stellen werden.«[10]

Zugleich konnte nach diesem Entwurf ein *Teil der Naziorganisationen, »der sich als nutzbar erweist«,* erhalten bleiben. Wie bereits in dem britischen Entwurf war auch hier vorgesehen, die *Demobilisierung der Wehrmacht »bei maximaler Rücksicht auf innere Ordnung und soziale Stabilität« durchzuführen.*[11] Das amerikanische Komitee der Stabschefs billigte diese Arbeit der Diplomaten jedoch nicht, da sie der amerikanischen Seite in gewisser Weise die Hände band. Botschafter Winant wurde angewiesen, alle konkreten Festlegungen wegzulassen und das Dokument über die Kapitulation in ganz allgemeiner Form abzufassen.[12]

In den von Winant am 15. Februar, am 6. und 25. März 1944 in der EKK vorgelegten Vorschlägen hieß es: »Die Rechte, Vollmachten und Privilegien des Oberkommandierenden des Alliierten Expeditionskorps [!] und des Oberkommandierenden der Streitkräfte der UdSSR ... *werden keinerlei Beschränkungen unterliegen.«* Weiter war vorgesehen, *»für einen beträchtlichen Zeitraum* eine strenge Militärverwaltung« einzuführen.[13]

Diese harten rhetorischen Formulierungen, die öffentlich ausgesprochen wurden, veranlaßten ihre Verfasser allerdings nicht zu besonders konsequentem Vorgehen. Völlige Freiheit bedeutete eben auch die Freiheit, die Institutionen und Kader zu erhalten, die »von Nutzen« sein konnten, wenn die Stunde kam, da man den Gegner als Verbündeten und den Verbündeten als Feind ansehen würde.

Den sowjetischen Entwurf über die Erklärung und Realisierung der bedingungslosen Kapitulation durch Deutschland, der am 15. Februar 1944 übergeben wurde, faßte John Winant als vorwiegend militärisches Dokument auf, »das vor allem unverzüglich und wirksam sicherstellen soll, daß die deutschen Streitkräfte die Kriegshandlungen nicht fortsetzen können«. Halten wir fest – im Westen wie im Osten gleichermaßen. »Unser erster Gesamteindruck von diesem kurzen, sachlichen und weitgefaßten Dokument«, berichtete der Botschafter an Cordell Hull, »besteht darin, daß es unseren eigenen Ideen erfreulich nahekommt.«[14] Später sollte Winant in einer Depesche an das State Department hinzufügen, er sei »persönlich einverstanden mit dem begründeten russischen Vorschlag über die Reihenfolge der Annahme vor allem der militärischen Kapitulationsbedingungen und der nachfolgenden Veröffentlichung von Proklamationen und Befehlen je nach ihrer Bedeutung«.[15]

Ein naiver Botschafter. Er kämpfte nicht gegen Windmühlenflügel, sondern gegen die vereinigte Reaktion, die sich im State Department und dem Pentagon verschanzt hatte. Ihnen lag letztendlich daran, nicht so sehr den Besiegten wie den Verbündeten gegenüber freie Hand zu behalten. Eine Zusammenarbeit mit der UdSSR bei der Verwaltung Deutschlands galt von vornherein als wenig realistisch, die Abstimmung gemeinsamer Programme zur Entnazifizierung und Demokratisierung des Landes »aus grundsätzlichen Erwägungen« (George Kennan) als nicht opportun.

Während hitziger Debatten in der EKK bestand die amerikanische Seite darauf, in den Entwurf Festlegungen einzutragen, die den Siegern »die absolute Macht ohne jegliche Einschränkungen und Bedingungen über Regierung, Volk, Territorium und Ressourcen Deutschlands sicherten«.[16] Briten wie auch Amerikaner strebten zugleich an, daß bei der EKK ein Sonderausschuß zur Ausarbeitung von Vorschlägen über die Teilung Deutschlands gebildet wurde.[17]

Der sowjetische Vertreter Fjodor Gussew nahm an der Erörterung des entsprechenden britischen Dokumententwurfes nicht teil. Die Begründung war: die Delegation sei mit den »Bedingungen der Kapitulation Deutschlands« voll ausgelastet, und es fehle ihm an »ausreichendem Material und Experten«. Er lehnte es auch ab, ein Delegationsmitglied zur Prüfung der Angelegenheit zu benennen.[18]

Die Teilung Deutschlands kam 1944 in der Kommission nicht mehr zur Sprache. Erst auf der Krim-Konferenz wurde ein Meinungsaustausch darüber geführt, nachdem Stalin am 5. Februar 1945 die direkte Frage gestellt hatte, ob die Alliierten vorhätten, Deutschland nach dessen militärischer Niederlage zu teilen. Churchill und Roosevelt sprachen sich für die Teilung des Reiches aus. Der Präsident bestand darauf, in Jalta eine Grundsatzentscheidung zu fällen. Stalin erklärte sich damit einverstanden, dies »im Prinzip« zu beschließen. Die entsprechende Ergänzung zu Artikel 12 des Protokolls über die bedingungslose Kapitulation fixierte den Konsens.[19]

Die Regierungschefs ernannten eine Kommission zur Prüfung der entsprechenden Modalitäten, der Eden, Gussew und Winant angehörten. Am 9. März schlug Eden seinen Kollegen vor zu erörtern, »auf welche Weise Deutschland geteilt werden soll, in welche Teile, in welchen Grenzen und wie die Beziehungen zwischen den einzelnen Teilen sich gestalten sollen«. Am 26. März sandte Gussew Eden folgende Antwort: »Die Sowjetregierung versteht den Beschluß der Krim-Konferenz über die Teilung Deutschlands nicht als einen obligatorischen Plan zur Teilung des Landes, sondern als eine Möglichkeit, auf Deutschland Druck auszuüben und ihm die Gefährlichkeit zu nehmen, falls sich andere Mittel als nicht ausreichend erweisen sollten.«[20] Der sowjetische Delegierte legte Wert darauf, daß die in Jalta angenommene Ergänzung zu Artikel 12 (über die prinzipielle Einstellung zur Teilung Deutschlands) der französischen Seite nicht bekanntwerden und auch nicht in dem von den drei Mächten offiziell bestätigten und von Frankreich akzeptierten Wortlaut des Dokumentes über die bedingungslose Kapitulation enthalten sein sollte.[21]

Der Wahrhaftigkeit halber sei folgendes hinzugefügt: Die sowjetische Position zum künftigen Staatsaufbau Deutschlands entwickelte sich nicht geradlinig. Im Dezember 1941 äußerte Stalin Zweifel, ob es richtig sei, ein einheitliches Deutschland zu erhalten. Einige Monate später trat er jedoch mit der bekannten Formel an die Öffentlichkeit: »Die Hitler kommen und gehen, aber das deutsche Volk, der deutsche Staat bleibt.« Anfang September 1943 wurden beim Volkskommissar für Auswärtige Angelegenheiten der UdSSR eine Kommission für Fragen der Friedensverträge und der Nachkriegsordnung unter

Leitung Maxim Litwinows sowie eine Kommission für Fragen des Waffenstillstandes unter Leitung Kliment Woroschilows gebildet. Letztere wurde später in eine Kommission für den Waffenstillstand mit Deutschland umformiert. Daneben entstand eine weitere Kommission für den Waffenstillstand mit Finnland, Ungarn und Rumänien. Nach der Teheraner Konferenz erörterte man in der Kommission für Fragen der Friedensverträge auch Varianten einer möglichen Teilung Deutschlands, die mit der Unterschrift ihres jeweiligen Verfassers (Maxim Litwinow, Eugen Tarlé und andere) Stalin und Molotow vorgelegt und »zur persönlichen Kenntnisnahme« auch Gussew nach London geschickt wurden.

Als Fjodor Gussew im März 1945 die Weisung erhielt, die Frage der Teilung Deutschlands faktisch von der Tagesordnung abzusetzen, war Stalin zu dem Entschluß gekommen, den sowjetischen Interessen entspreche besser ein einheitlicher, demokratischer deutscher Staat mit einer sozialökonomischen Ordnung ähnlich der Weimarer Republik, und das insbesondere angesichts der in Moskau bekanntgewordenen Pläne der USA. Im Archiv des sowjetischen Außenministeriums lagen Materialien über eine Begegnung Stalins und anderer mit den Mitgliedern der Litwinow-Kommission, die entsprechende Aussagen enthalten.

Wenden wir uns nun den Debatten in der EKK über andere Fragen zu. Der erste Entwurf über die Besatzungszonen in Deutschland vom August 1943 stammte aus britischer Hand. Am 15. Januar 1944 stellte der britische Delegierte William Strang diesen in der Konsultativkommission als ein Konzept für die Einrichtung von drei Besatzungszonen vor. Die sowjetische Seite akzeptierte diesen Plan am 18. Februar ohne langes Feilschen. Winant wartete bis März 1944 auf Instruktionen. Schließlich erhielt er vom amerikanischen Komitee der Stabschefs die Weisung, der Sowjetunion eine im Vergleich zum britischen Vorschlag halbierte Besatzungszone zuzugestehen. Die USA beanspruchten einen dreimal größeren Raum.

John Winant bat daraufhin den Präsidenten um Aufklärung. Darauf hob Roosevelt die Weisung des Komitees der Stabschefs auf und beauftragte den Botschafter, die Zoneneinteilung, die London vorgeschlagen hatte, zu unterstützen, aber unter der Vorbedingung, daß der nordwestliche Teil Deutschlands den USA zugesprochen werde. Diesen Vorbehalt zogen die Amerikaner im September 1944 zurück, als sich abzeichnete, daß die sowjetischen Truppen als erste deutschen Boden betreten und es nicht gelingen werde, sie »weit im Osten zu halten«.[22]

Häufig wird der Standpunkt vertreten, die EKK habe die ihr gestellte Aufgabe nicht erfüllt und keinen voll abgestimmten Text der Kapitulationsbedingungen für Deutschland ausarbeiten können. Das trifft keinesfalls zu. Die *Europäische Konsultativkommission* nahm einen solchen Entwurf *am 25. Juli 1944* an. Am 9. August wurde er von der amerikanischen, am 21. August von der sowjetischen und am 31. August von der britischen Regierung (unter Vorbehalt[23]) bestätigt.

Die Dokumente der EKK wurden in aller Form in Jalta sanktioniert und erhielten den Status von Vereinbarungen auf höchster Ebene. Auch Frankreich wurde von der Krim-Konferenz aufgefordert, der Kommission beizutreten und sich den Kapitulationsbedingungen für Deutschland anzuschließen. Roosevelt stimmte dem nur widerwillig zu und sorgte dann dafür, daß dieser Beschluß der »Großen Drei« nicht sofort in Kraft trat. Deshalb konnte Frankreich der Vereinbarung über die Bestimmungen für die bedingungslose Kapitulation Deutschlands und über den Kontrollmechanismus erst am 1. Mai 1945 beitreten.

Bis Ende Juli 1945 arbeitete die EKK auf Initiative der sowjetischen Seite ein Abkommen über einige Zusatzforderungen an Deutschland aus. Dieses regelte Fragen wie die Abrüstung und Entmilitarisierung Deutschlands, die Rückkehr der Kriegsgefangenen, der internierten und deportierten Bürger der Vereinten Nationen, die Beseitigung des Naziregimes und die Auslieferung der Kriegsverbrecher sowie die Kontrolle über die deutsche Wirtschaft.

Damit sind wir etwas vorausgeeilt. Die Krim-Konferenz hatte zu den wichtigsten Fragen Stellung bezogen. Zumindest schien das nach außen hin so zu sein. Churchill mußte einen Rückschlag verdauen – der US-Präsident hatte sich mehr nach der UdSSR gerichtet als nach Großbritannien. Sollte der Brite nun vom Souffleur zum Statisten werden? Mußte er seinen Hochmut zügeln? Und das nach solchen Mühen, da die Sternstunde, der Triumph seiner fixen Idee, die er mit so viel Energie und Besessenheit verfolgt hatte, greifbar nahe war?

In seiner Botschaft an den Präsidenten vom 8. Januar 1945 forderte, riet, flehte Churchill um eine harte Linie gegenüber der UdSSR, denn »für den Moment sieht es fast so aus, als ob das Ende dieses Krieges enttäuschender ausfallen wird als das letzte Kriegsende«.[24] Charles Moran, ein Mann, der dem Premierminister nicht fremd war, schrieb

470

später, seit einiger Zeit spreche Churchill »nicht mehr von Hitler, sondern nur noch von den Gefahren des Kommunismus«.[25]

Charles Louis de Montesquieu bemerkte in seinen *Persischen Briefen:* »Der Herr tröstet sich über den Verlust einer Festung damit hinweg, daß er eine andere erobert.« Der britische König herrscht, aber er regiert nicht. Der Premierminister regiert, herrscht aber nicht, und Festungen zu erobern, ist sein Schicksal. Gab es noch irgendwo Festungen, die sehnlich wünschten, sich gerade Churchill zu ergeben?

Und nicht zufällig häuften sich von Januar bis Mai 1945 die Geheimkontakte mit dem Reich. Neben den Modellen für einen »ehrenhaften« Frieden, die in einigen Fällen nach persönlichem Diktat Hitlers entstanden (das »Ribbentrop-Memorandum« vom 19. Januar 1945), wurden den Westmächten auch mehrere Pläne bekannt, die von Reichsministern und prominenten NSDAP-Funktionären stammten. So enthielt der »Generalplan für 1945« von Albert Speer folgenden Punkt:

»Die völlige Auflösung der Westfront gibt uns nicht nur die außerordentliche Möglichkeit, den Zusammenbruch zu verhindern, sondern eröffnet auch ungeahnte Möglichkeiten für die Zukunft.« Es ist bezeichnend, daß selbst der »gemäßigte« Speer einem völligen Zusammenbruch vorzubeugen suchte und Ansprüche auf Österreich, Ungarn sowie einen Teil Jugoslawiens anmeldete, der Sowjetunion aber lediglich die Rolle eines Rohstofflieferanten zugestand.[26]

Bald darauf, am 30. Januar 1945, sandte Speer Hitler eine Denkschrift, in der er nachwies, daß der Krieg absolut aussichtslos geworden war. »Nach dem Verlust von Oberschlesien wird die deutsche Rüstung nicht mehr in der Lage sein, auch nur im entferntesten die Bedürfnisse der Front an Munition, Waffen und Panzern zu decken.« Man müsse jetzt an die Menschen denken.[27]

Seinen Standpunkt, der Krieg sei »wirtschaftlich« unwiederbringlich verloren, woraus man unverzüglich angemessene Schlußfolgerungen ziehen müsse, gab der Minister 300 Großunternehmern zur Kenntnis. Er wollte sie damit anregen, selbst aktiv zu werden. Diese und weitere Schritte Speers zeugten von ungewöhnlichem Mut – insbesondere nach der Warnung des »Führers« vom 27. Januar 1945 als Antwort auf einen Bericht Guderians, der Krieg sei verloren: »Wer in Zukunft einem anderen gegenüber behauptet, daß der Krieg verloren ist, wird als Landesverräter behandelt, mit allen Folgen für ihn und seine Familie. Ich werde ohne Rücksicht auf Rang und Ansehen durchgreifen!«[28]

Goerdeler stellte selbst im Gefängnis seine Bemühungen nicht ein, Deutschland und die Westmächte zusammenzubringen. In seinem Brief »an einen schwedischen Freund« (Jakob Wallenberg) vom 8. November 1944 schrieb er: »Da England auf den Sturz des Nationalsozialismus nicht rechnen kann, muß es mit dem jetzigen Deutschland Waffenstillstand schließen. Der Kampf gegen den Nationalsozialismus kostet ihm sonst seine ganze Zukunft ... Die allgemeine Katastrophe ist bei Fortsetzung des Krieges unvermeidbar. Also muß England den Nationalsozialismus dulden; dann kann es auch die polnische Frage lösen. Ich habe den Europa rettenden, England und die USA befriedigenden Friedensplan fertig ... Ich weiß, daß die Nazis, die unter meinem im Gefängnis ausgeübten Einfluß das Kriegsziel bereits begrenzt haben, mitmachen würden; die notwendigen inneren Reformen in Deutschland folgen automatisch, wenn meine Freunde und ich am Leben bleiben. Da wir zum Tode verurteilt sind, muß schnell gehandelt werden ... Zunächst muß alles hinter den Kulissen, Rußland verborgen, vorbereitet werden. Ich beschwöre Sie, sofort die Initiative zu ergreifen.«[29]

Der ehemalige Oberbürgermeister war bereit, den Vorschlag Himmlers anzunehmen und über den schwedischen König sowie den Zionistenführer Weizmann die Verbindung zum britischen Premierminister Churchill anzubahnen und auf diesem Wege zu einem schnellen und noch erträglichen Kriegsschluß zu kommen. Als Gegenleistung forderte er für sich die Freiheit. Darauf ging Himmler nicht ein. Goerdeler versuchte auch, Hitler an seiner Person zu interessieren, aber erfolglos.

Es ist bekannt, daß Kaltenbrunner Hitler regelmäßig darüber informierte, was der Gefangene trieb. Möglicherweise haben gewisse Gedanken Goerdelers mitgewirkt, als der »Führer« das »Ribbentrop-Memorandum« diktierte. Auf jeden Fall sind die Akzente etwa gleich verteilt, und auch die Gedankenführung ist ähnlich: »Eine weitere Schwächung Deutschlands wäre für Briten und Amerikaner Selbstmord«; die Politik des »Kräftegleichgewichts« innerhalb Europas müsse von einem neuen Gleichgewicht – »Deutschland, Europa und Großbritannien gegen die starke Sowjetunion« – abgelöst werden. Was Asien betrifft, so gingen Hitlers und Ribbentrops Visionen weiter als jene Goerdelers. Die Naziführer versuchten die USA und Großbritannien mit dem Versprechen anzulocken, Japan für den Kampf gegen die UdSSR zu gewinnen, natürlich nur, wenn es aus dem Krieg gegen die USA und Großbritannien ausscheide.

Von Werk zu Werk einiger Deuter der Vergangenheit wandert verschleiert oder hervorgehoben die These, Hitler habe sich gegenüber »Deutschland« zweifach schuldig gemacht – durch Unvernunft und Besessenheit. Erst habe der »Führer« die Generale daran gehindert, die entscheidenden Siege zu erfechten. Sonst hätte sich vieles anders entwickelt. Gegen Ende des Krieges habe er dann jegliche Orientierung in Raum und Zeit verloren und alle Versuche einer Einigung zunichte gemacht, die von deutscher und angelsächsischer Seite so geschickt eingefädelt waren.

Was die Militärstrategie und die operative Truppenführung betrifft, so ist folgendes unbestritten: Solange die Wehrmacht in Erfolgen schwelgte, galt Hitler als der größte Feldherr seit Erschaffung der Welt. Die Niederlage hat, wie es sich gehört, keine Väter. Kurz vor dem Ende erklärte der Chef des Regimes das Fiasko des »Rußlandfeldzuges«, der das »Dritte Reich« in die Katastrophe führte, damit, daß er 1941 sich von den Generalen überreden ließ und Operation »Taifun« – den Sturm auf Moskau – gestattete. Objektiv gesehen, barg der von Hitler geplante strategische Durchbruch zur Wolga und zum Kaukasus unter Umgehung Moskaus von Süden und Osten damals sicher die größere Gefahr für die UdSSR in sich.

Was die Separatverhandlungen betraf, so erleichterte die Person des »Führers« eine Übereinkunft nicht, auch als er sie persönlich suchte. Die führenden Kreise des Westens hätten Hitler die allerwenigsten Zugeständnisse gemacht. Seine Beseitigung war notwendig, um den Wechsel der Person für den Sturz der Tyrannei auszugeben und damit erklären zu können, das Kriegsziel sei erreicht.

Nach den vorliegenden Dokumenten zu urteilen, hätten London und Washington sich nicht gescheut, selbst den Chef der SS und der Gestapo, Himmler, zu kontaktieren, wäre dieser etwas aktiver und weniger feige gewesen.[30] Stalin fragte Roosevelt und Churchill auf der Krim-Konferenz nicht zufällig auf den Kopf zu: »... Werden die Alliierten die Hitler-Regierung im Amte belassen, wenn sie bedingungslos kapituliert?« Der Premierminister erklärte: Wenn »Hitler oder Himmler die Kapitulation anbieten ... werden die Alliierten ihnen antworten, mit ihnen als Kriegsverbrecher verhandelten sie nicht«.[31]

Das ist verschwommener und zweideutiger als die britische Erklärung aus dem Jahre 1940.[32] Von welchen Verhandlungen konnte überhaupt die Rede sein, wenn man an der Forderung nach bedingungsloser

Kapitulation festhielt? Oder hatte Churchill das Attribut »bedingungslos« absichtlich weggelassen, um die sowjetische Reaktion zu testen,: wieweit eine Abweichung von der gemeinsamen Position geduldet werde, insbesondere wenn man separate Handlungen ins Auge faßte?

Eine von Unmut verursachte Dämmerung? Kaum. Am 31. März 1945 brachte der britische Vertreter in der EKK einen neuen Entwurf der »Deklaration über die Niederlage Deutschlands« ein, der *die Formel von der bedingungslosen Kapitulation nicht mehr enthielt.* Im Auftrage Molotows sandte Botschafter Gussew der britischen Delegation in der EKK die offizielle schriftliche Anfrage: Was bedeutet es, daß in dem Entwurf vom 31. März die »Formel der bedingungslosen Kapitulation fehlt, die dem von der EKK ausgearbeiteten und von den drei Regierungen bestätigten Dokument über die bedingungslose Kapitulation Deutschlands zugrunde liegt«?[33]

Eine Woche später versicherte der stellvertretende Außenminister Großbritanniens dem Botschafter ebenfalls in schriftlicher Form: »Diese Auslassung bedeutet keinerlei Veränderung der Position der Regierung Ihrer Majestät hinsichtlich des Prinzips der bedingungslosen Kapitulation, das Grundlage ihrer Politik bleibt.«[34] Dessen konnten wir uns schon vergewissern: Wenn die britische Diplomatie eine Forderung zum »Prinzip« erhebt und dieses auch noch zur »Grundlage« erklärt, dann führt sie gewöhnlich Schlimmes im Schilde.

Im Frühjahr 1945 suchte und schuf Churchill alle möglichen Vorwände, um sich der Einhaltung der getroffenen Abmachungen zu den militärischen und politischen Fragen zu entziehen. Das magere Ergebnis entsprach allerdings nicht der Energie, die der Premierminister versprühte. Ihm stand der deutsche Dogmatismus im Wege. Aus dem »kurzsichtigen« Washington Roosevelts, das an seinen nach Churchills Auffassung erstarrten Moralvorstellungen festhielt, kam nicht die nötige Beihilfe. Entgegen allen Voraussagen schwang sich die Sowjetunion zu einem dritten und vierten Kraftakt auf: Sie gab die Initiative nicht aus der Hand, obwohl die zweite Front seit März 1945 militärisch immer mehr rein symbolischen Charakter trug, da die Wehrmacht ihre Kräfte weiterhin gegen die Rote Armee heranführte. Im Krieg bestimmt aber der den Ton, der über die Initiative verfügt.

In Berlin fing man einen Befehl der Alliierten ab, aus dem hervorging, daß die Angriffe der Luftwaffe der Westmächte auf Verkehrsknotenpunkte in Ost- und Mitteldeutschland, die angeblich der Unterstützung von Operationen der Alliierten dienen sollten, wie die Zerstörung Dresdens, in Wirklichkeit dafür gedacht waren, den Vormarsch der Roten Armee nach Westen aufzuhalten.[35] Aus den Kontakten mit Vertretern der USA und Großbritanniens konnten die Deutschen entnehmen, daß das Interesse Washingtons und Londons an einer internen Verständigung vor allem mit dem Oberkommando der deutschen Wehrmacht und den Geheimdiensten sich nicht verflüchtigt hatte. Ein reger Verkehr entwickelte sich vor dem Treffen der Großen Drei auf der Krim.

Wie Churchill später in seinen Memoiren schrieb, waren für ihn, als er nach Jalta fuhr, *solche Fragen offen wie »Form und Struktur Nachkriegseuropas«, die Behandlung Deutschlands, wenn »die Nazis endlich geschlagen waren« sowie die »Maßnahmen und die Organisation, die die drei großen Verbündeten* [von denen der Premier einen bald darauf »Eroberer« nennen sollte] *für den künftigen Frieden und eine gute Leitung der Welt zu bieten haben«.*[36] Er ging davon aus, zumindest, als er sich mit seinen Memoiren befaßte, daß frühere Vereinbarungen nicht unantastbar gewesen und einige bereits ganz und gar unattraktiv geworden waren.

Die Konfrontationstaktik, die sich der Premierminister für das Treffen auf der Krim zurechtgelegt hatte, erwies sich bald als unhaltbar. Roosevelt wollte nicht theoretisieren, sondern Übereinkünfte für ungeregelte Fragen finden. Stalin lieferte Churchill seinerseits keine Vorwände, um einen Dissens zwischen Moskau und Washington zu provozieren und seinem Leitmotiv Geltung zu verleihen: der Höhepunkt der Zusammenarbeit in der Anti-Hitler-Koalition sei überschritten, und nun müsse jede der drei Mächte ihren eigenen Weg gehen.

Das Treffen auf der Krim stellte Roosevelt mehr zufrieden, als er erhofft hatte. Diese Zufriedenheit rührte nicht nur daher, daß die UdSSR sich verpflichtete, nach Abschluß des Krieges in Europa ihren Beitrag zur Zerschlagung des japanischen Militarismus zu leisten. Praktisch allen wichtigen Beschlüssen der Konferenz lagen amerikanische Entwürfe zugrunde. Das beschnitt Churchills Raum für Intrigen. Die betont sachliche Haltung der sowjetischen Seite ließ die Zweifel des Präsidenten schwinden, daß ein stabiler Frieden erreichbar sei. Natürlich nur bei einem Minimum an Wunsch und Bereitschaft der Amerikaner selbst, aus der Entwicklung zu lernen und nicht nur anderen Lehren zu erteilen.

Wie aber Botschafter Andrej Gromyko am 1. März 1945 aus Washington meldete, löste das in Jalta erreichte Einvernehmen, den Krieg gemeinsam bis zum endgültigen Sieg zu führen und nach der Zerschlagung der Aggressoren einträchtig einen dauerhaften Frieden aufzubauen, in den USA nicht nur eitel Freude aus. Senator Vandenberg verfocht ganz offen seinen Plan, das Verhältnis zwischen den Alliierten nach Abschluß des Krieges zu »revidieren«. Senator Wheeler rief dazu auf, die »westliche Zivilisation« vor der Sowjetunion zu schützen. Die Zeitungen von Hearst und Patterson starteten Kampagnen, um »Rußland aus Europa herauszuhalten«.[37]

Sicherlich hatte Roosevelt nicht zuletzt diese Kreise im Sinn, als er hervorhob, daß von der gewissenhaften Erfüllung der Bündnisverträge *das Schicksal der Vereinigten Staaten und das Schicksal der ganzen Welt noch in Generationen*« abhängt. »Hier«, mahnte der Präsident bei seiner Rückkehr von der Krim, »kann es für die Amerikaner keinen Mittelweg geben. *Entweder übernehmen wir Verantwortung für die internationale Zusammenarbeit, oder wir werden die Verantwortung für einen neuen Weltkonflikt auf uns nehmen müssen.*«[38]

Wenn man die Dokumente und Erklärungen Roosevelts von Ende 1944 und Anfang 1945 sorgfältig studiert, fällt auf, wie unterschiedlich in Gewicht und Ton sie waren. Offenbar wirkten hier die Veränderungen in der Umgebung des Präsidenten, die seit Frühsommer 1944 vor sich gingen. Hopkins hatte man dem Präsidenten entfremdet – ihr Verhältnis wurde von Gerüchten getrübt, der Sonderberater des Chefs der Administration sei angeblich zu starkem Einfluß der Briten, Russen oder Chinesen erlegen, als daß man ihm den Schutz der Interessen der USA anvertrauen könnte. Die meisten polemischen Botschaften, die in jener Zeit im Namen des Präsidenten nach Moskau gingen, stammten von Leahy und Marshall. Es ist durchaus wahrscheinlich, daß Minister, Berater und Mitarbeiter in Roosevelts letztem Lebensjahr dem Präsidenten vieles einfach nicht mitteilten, »um seine Gesundheit zu schonen«. Die Macht wurde zwischen Ämtern und Institutionen aufgeteilt. Deshalb ist es schwer, eindeutig darüber zu urteilen, in welchem Maße Roosevelt zum Beispiel über die Sonderoperationen des OSS im Bilde war.

Über die Wolff-Affäre sind voluminöse Schriften entstanden. Die Fakten und Hintergründe dieses Falles hat Lew Besymenski mit großer Genauigkeit verfolgt. Er nutzte die Möglichkeit, Tatsachen und Einschätzungen in Gesprächen mit unmittelbar Beteiligten zu überprüfen.[39] Ein Standardwerk ist die Arbeit von Bradley Smith und Elena Agarossi *Unternehmen »Sonnenaufgang«*.[40] Einige Nuancen dieser Operation hat C. Schiemann in dem Sammelband mit dem Titel *Geheimdienstkrieg gegen Deutschland* beleuchtet.[41]

Wir wollen uns vor allem mit der Klärung folgender Fragen befassen:

a) Wann wurden aus den Kontakten Verhandlungen?

b) Welche konkreten Absichten verbanden die Seiten mit einer eventuellen Vereinbarung?

c) Was war letzten Endes das Ergebnis der Affäre?

Es lohnt sich, um zur Klarheit zu gelangen, die Wirklichkeit mit der offiziellen Version zu vergleichen. Mit jener Version nämlich, die von der US-Administration als die einzig wahre ausgegeben wurde.

Am 12. März 1945 informierte der amerikanische Botschafter in Moskau das NKID darüber, daß »am 8. März beim Büro für Strategische Dienste [OSS] auf dem genannten Kriegsschauplatz [Mittelmeer] die Meldung eingegangen sei, ein hoher Offizier der Waffen-SS in Italien, General Karl Wolff, werde in Begleitung von Dollmann und Zimmer sowie einem Vertreter des OKW, wahrscheinlich aus dem Stabe des Generals Kesselring, in Lugano (Schweiz) eintreffen, um dort über die Kapitulation der deutschen Truppen in Italien zu sprechen. Eine Information, die am 9. März einging, bestätigte die Ankunft von General Wolff und seine Bereitschaft, die Ausarbeitung eines Programms für das Ausscheiden der Deutschen in Norditalien aus dem Krieg in Angriff zu nehmen.«

Der Wortlaut der Mitteilung deutete darauf hin, daß es um mehr ging als um eine »Kapitulation militärischer Verbände«. Es wurde vorgeschlagen (angeblich von Wolff), »vor der Kapitulation sollten deutsche Führungspersönlichkeiten, die sich in Italien aufhielten, eine Erklärung an das deutsche Volk richten, daß die Lage hoffnungslos sei und bei einer Fortsetzung des Kampfes nur sinnlos deutsches Blut vergossen werde«. In seinem Brief nannte der US-Botschafter die Kontakte mit Wolff zweimal *Verhandlungen*, legte jedoch zugleich großes Gewicht auf die These, die amerikanischen Vertreter beabsichtigten, diese »im rein militärischen Rahmen, nicht auf politischer oder Regierungsebene« zu führen.[42]

Die sowjetische Seite wurde hier mit einem klassischen Ablenkungsmanöver konfrontiert, das Ergebnis einer ganzen Kette von Fälschungen war: Dollmann hatte Wolff einen Teil der »Vorbedingungen« verheimlicht, die ihm Mitarbeiter des OSS bei einer Begegnung »zum Kennenlernen« in der Schweiz am 3. März dargelegt hatten. Dulles stellte in seinem Bericht an Donovan über das Gespräch mit Wolff vom 8. März die Position des Generals attraktiver dar, als sie eigentlich war. Als Donovan seinerseits Roosevelt, Außenminister Stettinius und den Oberkommandierenden Eisenhower informierte, »redigierte« er Dulles' Bericht so, daß Himmler nun von den begonnenen Verhandlungen abgesondert wurde, deren Hauptziel angeblich die »Einstellung des deutschen Widerstandes in Norditalien« war. Desinformation ist um so erfolgreicher, je näher sie den eigenen geheimsten Wünschen kommt.

Natürlich wurde vertuscht, daß die Wolff-Affäre keineswegs aus dem Nichts aufgetaucht war. Indessen stellte sie den Kulminationspunkt gegenseitiger Bemühungen dar: Seit Ende 1944 suchte das OSS unter den Kriegsgefangenen deutsche Offiziere aus und beauftragte sie, Kommandeuren der Wehrmacht an der Westfront das Angebot zu unterbreiten, sie sollten (auch ohne formale Kapitulation) die Waffen strecken. Von der anderen Seite suchten vor allem Himmlers Abgesandte Zugang zu Dulles über italienische Industrielle, den Mailänder Erzbischof Kardinal Schuster, die Schweizer Geheimdienste und den deutschen Konsul in Lugano, Konstantin von Neurath. Sie kamen mit der Idee eines Waffenstillstandes, der vorsah, den anglo-amerikanischen Truppen ganz Norditalien zu überlassen, wenn diese es den Wehrmachtseinheiten gestatteten, sich »über die Alpen« zurückzuziehen.

Karl Wolff führte in der Tat die sondierenden Gespräche Neuraths vom Dezember 1944/Januar 1945 weiter. Der General konnte sich aber in den Verhandlungen mit Dulles auf seinen von Hitler am 6. Februar 1945 gebilligten Bericht stützen, in dem ein aktives deutsches Vorgehen gefordert worden war, um das »unnatürliche« Bündnis der USA und Großbritanniens mit der UdSSR aufzusprengen.

Ein Teil der Wahrheit kam noch am selben Tag, dem 12. März, ans Licht, als Molotow Averell Harriman mitteilte, die Sowjetregierung habe »nichts gegen die Fortsetzung der Verhandlungen anglo-amerikanischer Offiziere mit General Wolff« unter der Voraussetzung, daß Vertreter des sowjetischen Militärkommandos an den Verhandlungen teilnehmen.[43] Die Briten, von Washington nicht rechtzeitig in seine Pläne eingeweiht, brachten keine Einwände vor. Selbst einige amerikanische Militärs wie der stellvertretende Stabschef der amerikanischen

Truppen im Mittelmeerraum, Lemnitzer, die den eigentlichen Zweck der Operation ebenfalls nicht kannten, fanden den sowjetischen Standpunkt vernünftig.

Ganz anders nahmen Stimson, Harriman, der Chef der amerikanischen Militärmission in der UdSSR, Dean, und die führenden Köpfe des OSS die Reaktion Moskaus auf, denn letzten Endes ging es nicht um die Kapitulation der Heeresgruppe Kesselring. Am 15. März wurde die sowjetische Seite davon in Kenntnis gesetzt, daß man ihre Vertreter *auf keinen Fall* zu den Verhandlungen mit Wolff zulassen werde. Die Verhandlungen selbst wurden nun als »Treffen« zur Kontaktaufnahme deklariert, »um deutsche Vertreter ins Hauptquartier von Feldmarschall Alexander zu bringen, wo alle mit der Kapitulation zusammenhängenden Fragen erörtert werden«.[44] Eine Lüge zog die nächste, diese wiederum die fünfte und die zehnte nach sich. Schließlich endete alles dort, wo es enden mußte – bei einer ernsten politischen Komplikation.

Die Operation wurde nun zweigeteilt: In Bern sollte im kleinen Kreise der Versuch unternommen werden, die Positionen des amerikanischen und des deutschen Oberkommandos in der Hauptfrage anzunähern; in Caserta wollte man hingegen in Anwesenheit von Zeugen, darunter auch aus der UdSSR, eine Art militärischer Kapitulation aushandeln. In Bern führte man den Dialog um die große Politik – schließlich ging es um die Auflösung der gesamten Westfront bei Erhalt und Verstärkung der Front im Osten; in Caserta sollte dagegen ein Schaustück aus dem militärischen Alltagsleben ablaufen.

Die UdSSR forderte am 16. März, die begonnenen Verhandlungen einzustellen und künftig »Separatverhandlungen einer oder zweier alliierter Mächte mit deutschen Vertretern ohne die Teilnahme des dritten Verbündeten auszuschließen«. Als Harriman am 21. März erneut versuchte, die Wolff-Affäre zu rechtfertigen, wiederholte die sowjetische Seite ihre Forderung in noch härteren Worten. Nun wurden Roosevelt, Churchill und Stalin in die Korrespondenz hineingezogen, die unweigerlich in einen polemischen Ton verfiel.[45] Leider endete der Kontakt Roosevelts zur sowjetischen Führung in dieser destruktiven Atmosphäre.

In seinem letzten Telegramm an Churchill, das der Präsident, wie man annimmt, mit eigener Hand schrieb, äußerte er die Absicht, die entstandenen Probleme nicht weiter zu verschärfen, die sich als »Mißverständnis über die Treffen in Bern ... so oder so von selbst regeln werden«.[46] Spätestens in diesem Augenblick begriff Roosevelt, daß Wolffs Bemühungen darauf abzielten, »Argwohn und Mißtrauen unter den Verbündeten zu säen«.[47] Einen Tag zuvor, am 10. April, wurde Dulles instruiert, die Verhandlungen »auf rein militärischer Ebene« mit Offizieren zu führen, die die entsprechenden Vollmachten vorweisen konnten.

Donovan weihte Dulles erst zwei Tage nach Roosevelts Tod (am 12. April) in die Einzelheiten des »Streits auf höchster Ebene« ein. Damit stürzte er, wie R. H. Smith schreibt, den Residenten in völlige Verwirrung über die *Zukunft seiner Friedensverhandlungen«*. Am 20. April erhielt Dulles in einem Telegramm aus dem State Department die Weisung, die Verhandlungen mit Wolff abzubrechen. Der Resident sah darin den Teil einer »kommunistischen Verschwörung«, um die Kontrolle über Triest, den Schlüssel zur Adria und in gewisser Weise auch zu Norditalien, herzustellen. Donovan ging jedoch mit schweigender Zustimmung Stimsons und Marshalls davon aus, daß Dulles die Wolff-Affäre ohne überflüssigen Schreibkram zu Ende bringen und dabei den Anschein erwecken sollte, er wolle mit demselben Wolff etwas Neues unter Dach und Fach bringen.

Jedoch allein die Tatsache, daß das OSS einen ganzen Monat lang die Verständigung mit der deutschen Seite herbeizuführen suchte und wie dieses Geschehen vor dem Präsidenten abgeschirmt wurde, zeigt, um welch hohen Einsatz es in diesem Spiel ging. Bradley Smith und Elena Agarossi schreiben dazu:

»Es wäre allerdings ungerecht und auch unrichtig, Allan Dulles allein die Verantwortung für die Unsterblichkeit des ›Sonnenaufgangs‹ in die Schuhe zu schieben. Der OSS-Vertreter konnte sich erlauben, weiterhin Friedensstifter zu spielen, weil seine Vorgesetzten ihm nicht genau genug auf die Finger schauten. Die OSS-Führer in Washington waren bereit, das Risiko auf sich zu nehmen und die Symptome des drohenden Mißerfolgs zu ignorieren, weil sie offenbar wie Dulles nach dem politischen Triumph der letzten Minute hungerten ... Die Generale hatten den ›Sonnenaufgang‹ aus Gründen der militärischen Notwendigkeit unterstützt und hatten ihn *sowohl gegen den Präsidenten als auch gegen die Sowjetunion verteidigt* ... Es gab auch keine starke Stimme aus dem Weißen Haus, die die Generale zur Ordnung gerufen hätte, und das hatte mehrere Gründe. *Während der letzten Erkrankung Roosevelts wurde es dem US-Oberkommando zur Gewohnheit, mit wenigen oder gar keinen Anweisungen des obersten Staatsbeamten zu arbeiten.*«[48]

Das Minimalprogramm sah die geordnete Übergabe der Macht von den Deutschen an Amerikaner und Briten vor, um nicht zuzulassen, daß sich der nationale Widerstand in Norditalien zu einer sozialen Revolution auswuchs und Industrieobjekte zerstört wurden, die die Großkonzerne in den USA und Großbritannien interessierten. Wie bereits vorher in Frankreich ließen sich die Westmächte darauf ein, die linken Kräfte mit Hilfe der Deutschen zu zügeln und, wo dies möglich war, zu unterdrücken.

Bradley Smith und Elena Agarossi erinnern daran, ohne Details zu enthüllen, daß die »Anglo-Amerikaner und die italienische Königliche Regierung« die italienischen Partisanen bewußt den Schlägen der Deutschen aussetzten oder die Aktionen der Kräfte des Widerstandes mit verschiedenen Manövern desorganisierten.[49] Revolutionäre durften in Italien nicht ans Ruder kommen, sonst drohte eine »Befreiungsintervention«.[50] Als Dulles bei seinen hochfliegenden Plänen Federn lassen mußte, begnügte sich der Resident damit, daß es ihm gelungen sei, die »rote Gefahr« im italienisch-jugoslawischen Grenzgebiet aufzuhalten.[51]

Das Maximalprogramm sollte den Truppen der westlichen Alliierten die kürzesten Wege nach Mitteleuropa öffnen. Der Krieg wäre so mit einer »dynamischen anglo-amerikanischen Offensive zu Ende gegangen, die dem Westen viele Gebiete beschert hätte, deren Schicksal noch unbestimmt war«. Dazu gehörte ein bedeutender Teil der Zonen Deutschlands und Österreichs, die der Sowjetunion zugesprochen waren.[52] Die Unverfrorenheit, die man sich gegenüber der UdSSR herausnahm, spiegelte die Gewißheit, wie Lew Besymenski zu Recht feststellt, die Kapitulation zumindest der Heeresgruppe »Mitte« sei eine sichere Sache.[53]

Churchill hatte bereits am 2. April an Eisenhower geschrieben, er halte es »für äußerst wichtig, daß wir den Russen die Hand soweit im Osten wie möglich reichen«. Er fügte hinzu: *»Es kann sich im Westen noch viel ereignen, ehe Stalins Hauptoffensive losbricht.«*[54] Irgendwann Mitte April wurde dem Premierminister klar, daß von Wolffs Versprechungen kein Gewinn zu erwarten war; deshalb empfahl er Washington, die Verhandlungen mit dem Naziemissär abzubrechen.

Zugleich sandte er ein versöhnliches Telegramm an Stalin, in dem er die Hoffnung zum Ausdruck brachte, »daß das ›Crossword-Mißverständnis‹ [»Crossword« – der englische Codename für die Wolff-Affäre] als beigelegt betrachtet werden kann«.[55] Zugleich nahm er auch den Vorschlag zurück, die Formel von der bedingungslosen Kapitulation aus der »Deklaration über die Niederlage Deutschlands« zu streichen.

Das Minimalprogramm wurde im wesentlichen realisiert. Die »Ordnung« in Norditalien konnte erhalten werden, die Westmächte – aber nicht nur sie allein – mußten jedoch einen bestimmten Preis für die Verzögerung zahlen, die Wolff, der unter der Kontrolle Berlins handelte, erreicht hatte. In Erwartung der Kapitulation der deutschen Heeresgruppe hatten Alexanders Truppen mehrere Wochen lang keine aktiven Kampfhandlungen mehr geführt. Das OKW brauchte in dieser Zeit die Südfront nicht mit Munition und Treibstoff zu versorgen, die Einheiten nicht aufzufüllen. Das gab ihm die Möglichkeit, zusätzliche Ressourcen für die Verbände einzusetzen, die zur selben Zeit in erbitterte Kämpfe mit der Roten Armee verstrickt waren, und drei Divisionen vom Mittelmeerraum nach dem Osten zu verlegen.

Das Dokument über die Kapitulation der Heeresgruppe in Italien wurde am 29. April in Caserta unterzeichnet. Als Datum der Feuereinstellung nannte man den 2. Mai, 14.00 Uhr Ortszeit. Zu diesem Zeitpunkt besetzten Einheiten der XV. Armeegruppe der Alliierten den Brennerpaß und begannen sich (ab 30. April) um Triest zusammenzuziehen. Die wichtigsten Punkte in den Aktionsräumen der italienischen Partisanen wurden vom anglo-amerikanischen Oberkommando unter Kontrolle genommen.

Roosevelts Tod löste im Lager der Nazis einen wahren Begeisterungssturm aus. Den Größen des Reiches raubte es fast die Sinne, und für kurze Zeit schwoll ihnen derart der Kamm, daß an bedingungslose Kapitulation nicht zu denken war. In Hitlers Kopf tauchte noch einmal die verzweifelte Hoffnung auf, die Anti-Hitler-Koalition sprengen zu können.

Der Verfasser der Geschichte des OSS nimmt an, die sowjetische Führung sei über die Kontakte zwischen den Vertretern von SS und OSS auf dem laufenden gewesen. Möglicherweise, so schreibt er, fingen die Russen Wolffs Telegramm an Himmler ab, in dem er den Dialog mit Dulles als *»wichtige Verhandlungen«* darstellte, *»deren Ziel darin besteht, die Anglo-Amerikaner von den Sowjets zu trennen«*.[56] Moskau wußte möglicherweise davon, fährt R. H. Smith fort, daß in der zweiten Aprilwoche, als Dulles und Donovan ihre nächsten Schachzüge planten, ein Mitarbeiter der amerikanischen Aufklärung in Zürich zu einem Geheimtreffen mit dem Vertreter Kaltenbrunners, Wilhelm Höttl, zusammenkam. Dieser bot an, Anhänger Hitlers wollten die Errichtung der »Alpenfestung« verhindern, wenn nicht zugelassen werde, daß die Sowjetunion Österreich besetze.[57]

Eines muß mit aller Bestimmtheit festgestellt werden: In Moskau wußte man über Operation »Sonnenaufgang« (das amerikanische Codewort für die Verhandlungen mit Wolff) wesentlich mehr, als es deren Stiftern lieb war. Die schroff ablehnende Reaktion auf den Wunsch der Sowjetunion, mit am Verhandlungstisch zu sitzen, die so plump und widersprüchlich war, daß sie keiner Kritik standhielt, beseitigte alle Zweifel, wenn es sie überhaupt gab, an der Ehrenhaftigkeit der von den USA und Großbritannien verfolgten Absichten.

Es ist bezeichnend, daß faktisch keiner der Beteiligten an dieser Affäre – weder Dulles noch Wolff oder Rahn – es nach dem Kriege für nötig hielt zu bestreiten, daß *sie Verhandlungen zur Lösung hochwichtiger militärpolitischer Fragen geführt hatten.* Das zeigt, wie wohlbegründet und bedeutungsschwer die Worte des Moskauer Diktators waren, die dieser im April artikulierte: Das Problem besteht darin, daß die UdSSR und die Westmächte ihre Bündnispflicht unterschiedlich verstehen.

Die Bemühungen der USA und Großbritanniens, gemäß ihren mittelfristigen Plänen die deutsche Kriegsmaschine zu ihrem eigenen Nutzen zu erhalten, verlängerten nur deren Todes-Krampf. Trotzdem konnten Washington und London das Gesamtergebnis als positiv ansehen: In den Verhandlungen mit Wolff hatten sie eine Technologie für die Aufnahme von Sachkontakten mit den deutschen Kommandeuren an der Westfront erarbeitet, die es den anglo-amerikanischen Truppen ermöglichte, mit minimalen Verlusten in die Großstädte West- und Mitteldeutschlands einzurücken.

Heben wir noch einmal hervor: Die Deutschen stellten im März 1945 ihren organisierten Widerstand im Westen faktisch ein. Die zweite Front als Operation gegen Deutschland fand damit stillschweigend ihr Ende. Die Truppen Eisenhowers und Montgomerys stürmten nach Osten, um den Vormarsch der Roten Armee in westlicher Richtung aufzuhalten. Zum ersten Mal seit 1941 kam es zu einer massenweisen Bewegung von Divisionen und Armeen der Wehrmacht von der realen Ostfront in Richtung der symbolischen Westfront, aber nicht, um zu kämpfen, sondern um in die Gefangenschaft zu gehen. Churchill erließ Befehl, die Beutewaffen einzusammeln, die Formationen ihrer Besitzer jedoch noch nicht aufzulösen – für den Fall, daß der Zweite Weltkrieg aus vollem Lauf in den dritten übergehen sollte.

Im Januar und Februar 1945 waren auf deutscher Seite die Hauptakteure bei dem Versuch, mit den Westmächten ins Geschäft zu kommen, Himmler und dessen Emissäre; als Vermittler traten die Schweiz und Schweden auf. Der Reichsführer verkehrte persönlich mit dem Expräsidenten der Schweizer Eidgenossenschaft, Musy. Nach dem ersten Kontakt zwischen Himmler und Musy, der bereits Ende 1944 stattfand, erhielt Kaltenbrunner den Befehl, die Vernichtung der Juden in den Konzentrationslagern einzustellen. Das zweite Treffen im Februar 1945 in Wildbad führte zu der Übereinkunft, daß alle zwei Wochen ein Transport von 1200 bis 1300 Juden aus den Konzentrationslagern nach der Schweiz verbracht werden sollte (von wo man sie nach den USA weiterbefördern wollte). Musy erklärte sich bereit, in Washington und London »auf den damit angebahnten politischen Wandel Deutschlands« hinzuweisen.[58]

Jedoch nur ein einziger Transport von Häftlingen erreichte die Schweiz. Hitler griff ein, und die Operation wurde abgeblasen. Auf Kaltenbrunners und Ribbentrops Betreiben erließ er den Befehl, jeden Deutschen, der einem jüdischen, englischen oder amerikanischen Gefangenen zur Flucht verhelfe, sofort hinzurichten. Trotzdem trafen Himmler und Schellenberg sich erneut mit Musy in Berlin. Himmler hörte nicht auf Schellenbergs Rat, der vorgeschlagen hatte, die USA und Großbritannien um eine viertägige Waffenruhe zu Lande und in der Luft zu bitten und diese Zeit zu nutzen, um sämtliche Juden und ausländischen Häftlinge (außer Russen, Polen und Jugoslawen) durch die Frontlinien hindurchzuführen, um damit »Deutschlands guten Willen zu zeigen«.

Der Reichsführer konnte aber zu dem Befehl bewegt werden, die Konzentrationslager beim Herannahen der anglo-amerikanischen Truppen nicht zu »evakuieren«, das heißt die Gefangenen nicht zu liquidieren, sondern dem jeweiligen Kommandeur der Alliierten zu überstellen. Der Schweizer Expräsident gab diese Nachricht an Eisenhower weiter, der sie mit Befriedigung zur Kenntnis nahm.[59]

Parallele Schritte gingen von Stockholm aus. Graf Bernadotte traf sich am 19. Februar mit Himmler in Hohenlychen. Dort kamen sie überein, alle in Haft gehaltenen Dänen und Norweger in einem Lager zusammenzufassen und zwei Monate später nach Dänemark zu bringen. Eine politische Initiative zur Einstellung der Kriegshandlungen im Westen vermied Himmler jedoch erneut und ließ damit nach Bernadottes Worten die letzte Chance ungenutzt.[60]

Ende März sondierte Himmler die Möglichkeit, Hitler zu isolieren (aber nicht physisch zu beseitigen). Am 21. April traf er mit dem Präsidenten des Jüdischen Weltkongresses, Masur, und Bernadotte zusammen. Diesmal erklärte sich Himmler bereit, alle Forderungen zu erfüllen, die die Juden in den vom Reich kontrollierten Gebieten betrafen. Als er aber am nächsten Tag, dem 22. April, den Schweden bat, eine Begegnung mit Eisenhower zu arrangieren, antwortete Bernadotte, dafür sei es nun zu spät. Er hätte die Macht bereits im Februar (offenbar vor Jalta) an sich reißen sollen.

Am 23. April empfahl Bernadotte Himmler (durch Schellenberg), Eisenhower einen Brief zu senden, in dem er in die bedingungslose Kapitulation einwilligte. Bei einem Treffen mit dem Schweden am selben Tag in Lübeck erklärte der Reichsführer: »Wir Deutschen müssen uns durch die Westmächte für besiegt erklären, und ich bitte Sie, dies General Eisenhower durch die schwedische Regierung übermitteln zu lassen, so daß weiteres Blutvergießen erspart bleiben möge. Jedoch den Russen gegenüber zu kapitulieren, ist für uns Deutsche unmöglich, und ganz besonders für mich. Gegen diese werden wir weiterkämpfen, bis die Front der Westmächte die deutsche Front ersetzt.«[61]

Graf Bernadotte zeigte sich bereit, Himmlers Erklärung an die Westmächte weiterzuleiten. Was die formale Seite der Sache betraf, so kam man überein, daß Himmler diesen Brief auf den Namen des schwedischen Außenministers Christian Günther ausstellen sollte. Zu dem Brief kam es dann offenbar nicht. Aber am 24. April übermittelten die Schweden den Inhalt des Gespräches Bernadottes mit Himmler nach London und Washington.

Churchill setzte sich sofort mit Eisenhower in Verbindung. Er hoffte ihn überreden zu können, unter Nutzung seiner großen Vollmachten als Oberkommandierender auf Himmlers Angebot positiv zu reagieren. General Eisenhower warnte den Premierminister vor Aktionen, die zu einem Bruch mit den Russen führen könnten. Nach seiner Meinung mußte der *Zerfall der Westfront zur Kapitulation einzelner Armeen und*

Heeresgruppen der Nazis führen. Ein deutscher Befehlshaber, bemerkte er, kann so handeln, »und der betreffende alliierte Befehlshaber darf dieses Angebot annehmen. Die deutsche Regierung jedoch kann nur allen Alliierten die bedingungslose Kapitulation anbieten.«[62]

Am 25. April erörterte Churchill Himmlers Vorschläge über den direkten Draht mit Truman, Marshall und Leahy. Der Premierminister hatte keinen großen Erfolg bei seinen Bemühungen, Roosevelts Nachfolger davon zu überzeugen, die lästigen Vereinbarungen mit der Sowjetunion abzuwerfen, um »den Krieg unverzüglich zu beenden«.[63]

Danach – am 25. beziehungsweise 26. April – informierten die USA und Großbritannien Moskau über Himmlers Sondierungen und ihre negative Reaktion darauf. Am 28. April meldete die Nachrichtenagentur Reuter, daß sich der Reichsführer an die Westmächte mit Friedensangeboten gewandt habe, was die Anordnung Hitlers zur Folge hatte, den »Verräter« zu verhaften.

Speer und Bormann unternahmen nach dem 20. April eigene Schritte, um Kontakt zu den USA und Großbritannien herzustellen. Sie verliehen ihrer Sorge Ausdruck, wie man die Tschechoslowakei vor dem Bolschewismus bewahren könnte. Sie erklärten die Bereitschaft, daß die Heeresgruppe »Mitte« unter dem Kommando von Generalfeldmarschall Schörner sowie ein Teil der Armee »Österreich« unter General Rendulic, sich den amerikanischen Truppen ergeben und diesen bei der Besetzung der CSR Hilfe leisten würde.[64] Dieser Vorschlag korrespondierte mit Plänen des (West-)Alliierten Oberkommandos, die von Churchill und Truman unterstützt wurden.[65]

Wie aus den vorliegenden Dokumenten hervorgeht, richtete der Premierminister am 27. und 28. April Briefe an Stalin und Truman, in denen er schrieb: *»Es sieht jetzt so aus, als ob mit einer unterzeichneten Kapitulationsurkunde nicht zu rechnen ist.«* Anstelle des von der Europäischen Konsultativkommission ausgearbeiteten und auf der Krim bestätigten Textes schlug er vor, im Namen der vier Mächte eine Deklaration über die Niederlage Deutschlands herauszugeben. Der sowjetische Regierungschef schloß am 30. April eine solche Variante nicht aus, »falls Deutschland ohne normal funktionierende Zentralgewalt bleiben sollte«.[66]

Das geschah an dem Tag, an dem Hitler sich das Leben nahm. Der neue Reichspräsident Dönitz gab am 1. Mai einen Tagesbefehl an die Wehrmacht heraus, in dem er all das legalisierte, womit sich die

Oppositionellen verschiedener Couleur und solche Vertreter der Macht wie Göring, Himmler, Bormann und andere seit 1943 insgeheim befaßt hatten. »Ich übernehme den Oberbefehl über alle Teile der deutschen Wehrmacht«, hieß es in dem Befehl, »mit dem Willen, den Kampf gegen die Bolschewisten fortzusetzen ... Gegen Engländer und Amerikaner muß ich den Kampf so weit und so lange fortsetzen, wie sie mich in der Durchführung des Kampfes gegen die Bolschewisten hindern.«[67]

In Abweichung von Hitlers Testament nahm Dönitz Goebbels (den der »Führer« für den Posten des Reichskanzlers vorgesehen hatte) und Bormann (der Minister für die NSDAP werden sollte) nicht in die Übergangsregierung auf. Auch andere prominente Nazis blieben unberücksichtigt. Damit war eine der Forderungen, die Churchill als Vorbedingung für die Anerkennung des »neuen Regimes« gestellt hatte, nahezu erfüllt.

Auf einer Beratung am 2. Mai, an der Dönitz, Schwerin von Krosigk und Staatssekretär Wegener teilnahmen, wurde die Aufgabe gestellt, die *Kapitulation nur im Westen* zu realisieren. Da es »unmöglich« war, »dies wegen der politischen Verpflichtungen der Alliierten über offizielle Kanäle zu tun«, sollte »dieses Ziel durch Einzelaktionen von Heeresgruppen erreicht werden«. Es wurde als zweckmäßig erachtet, alle Kampfhandlungen gegen die Angelsachsen einzustellen und die Truppen von der Ostfront zurückzuziehen, damit einer möglichst großen Zahl von Soldaten und Offizieren die russische Gefangenschaft erspart blieb.[68]

Den Dokumenten nach, die im Potsdamer Archiv liegen und zum ersten Mal von Natalja Lebedewa systematisch ausgewertet wurden, reagierte die Beratung bei Dönitz damit auf Initiativen aus dem Stab Eisenhowers von Ende April.[69] Zu eben jener Zeit, als Hitler noch am Leben war, fanden Verhandlungen Bedell Smiths mit Seyß-Inquart, dem Reichskommissar für die Niederlande, statt. Der formale Anlaß für ihre Zusammenkunft war die Versorgung der holländischen Bevölkerung mit Lebensmitteln. Die Amerikaner gaben jedoch zu verstehen, daß sie keine Vorbehalte hätten, einen Meinungsaustausch »über generelle Fragen« zu führen, »die die Interessen des Reiches betreffen« (Funktelegramm Seyß-Inquarts an Hitler).[70]

Als Dönitz diese Nachricht erhielt, erteilte er Seyß-Inquart in seiner neuen Funktion die Vollmacht, »so schnell wie möglich eine Sondierung in dem von Ihnen angegebenen Sinne in Angriff zu nehmen«. Das Ziel sei ein Waffenstillstand allein im Westen. In den Niederlanden sollten keine Deiche gesprengt werden. »Ein ehrenhafter Frieden gibt uns eine bestimmte Chance.«[71]

Am 2. Mai fanden in Dönitz' Hauptquartier noch einige weitere Besprechungen statt, an denen unter anderem Schwerin von Krosigk, Speer, Keitel und Jodl teilnahmen. Dort wurden Strategie und Taktik für die nächste Zeit festgelegt.

Man kam überein, die Zusammenarbeit mit den USA und Großbritannien mit allen Mitteln anzubahnen, die Kriegshandlungen gegen die Rote Armee fortzusetzen, um die politisch nötige Zeit zu gewinnen, eine möglichst große Zahl von Wehrmachtseinheiten zu erhalten, diese anglo-amerikanischer Befehlsgewalt zu unterstellen und zur Besetzung großer Teile Deutschlands durch die Truppen der Westmächte beizutragen. In der einseitigen Kapitulation vor dem Westen sah man eine Möglichkeit, die Beziehungen der Angelsachsen zur UdSSR zu komplizieren und die Anerkennung der »Übergangsregierung« durch London und Washington zu erreichen.

Weiter wurde beschlossen, den neuen Oberkommandierenden der Reichsmarine, Generaladmiral Hans-Georg Friedeburg, unverzüglich zu Feldmarschall Montgomery zu entsenden. Er bekam den Auftrag, eine militärische Kapitulation in ganz Nordwestdeutschland zu erreichen, die jedoch die Operationen zu Lande und zur See, die notwendig waren, um sich vom Gegner im Osten zu lösen, nicht beeinträchtigen sollte.[72]

Bereits bei der ersten Begegnung mit Montgomery bot Friedeburg den Briten an, auch die Kapitulation der Wehrmachtseinheiten entgegenzunehmen, die noch in Kämpfe gegen die Rote Armee verwickelt waren. Der Feldmarschall erhielt jedoch nicht Eisenhowers Zusage, deutsche Einheiten von der Ostfront gefangenzunehmen. Allerdings empfahl der Oberkommandierende, Dönitz' Abgesandten mitzuteilen, wenn Offiziere und Soldaten sich »individuell« zu ergeben wünschten, dann werde man dies nicht zurückweisen.[73] Diese Position teilte Eisenhower dem amerikanischen Komitee der Stabschefs mit. Dort wurde sie zur Kenntnis genommen.

Montgomery forderte, mit der Kapitulation Nordwestdeutschlands müsse ihm zugleich Holland und Dänemark übergeben werden. Nach Friedeburgs Rapport bei Dönitz entschied man in der Nacht vom 3. zum

4. Mai, die Forderung Montgomerys zu erfüllen, da das Hauptziel erreicht war: Die britische Seite hatte nicht die Bedingung gestellt, daß die Streitkräfte des Reiches an allen Fronten – einschließlich der Ostfront – *gleichzeitig zu kapitulieren* hatten.

Am 4. Mai um 18.30 Uhr unterzeichneten Montgomery und Friedeburg das Protokoll über die Kapitulation der deutschen Streitkräfte in den Niederlanden, in Nordwestdeutschland und Dänemark vor der 21. Armeegruppe. Die Kriegshandlungen wurden hier am 5. Mai um 8.00 Uhr morgens eingestellt. In der Vereinbarung war auch festgehalten, daß die Wehrmachtseinheiten nur gegenüber den britischen Verbänden das Feuer einstellten, nicht aber gegenüber den holländischen und dänischen Widerstandsgruppen. Mehr noch, die deutschen Kommandeure in Dänemark und den Niederlanden erhielten den Befehl, jegliche Versuche von Dänen und Holländern, deutsche Militärangehörige zu entwaffnen, mit Gewalt zu unterdrücken.[74]

Ebenfalls am 4. Mai gab Dönitz den Befehl, den U-Boot-Krieg gegen die Westmächte einzustellen, Operationen des »Werwolfs« in den von ihnen besetzten Gebieten zu unterlassen und Konflikten mit Briten und Amerikanern in Norwegen aus dem Wege zu gehen.

Am 5. Mai ergaben sich die Heeresgruppen »E«, »G« und die 19. Armee, die in Süd- und Westösterreich, Bayern und Tirol standen, zu denselben Bedingungen dem anglo-amerikanischen Oberkommando. Die Kommandanten auf Kreta und in der Ägäis wurden angewiesen, mit westlichen Vertretern Kapitulationsakte zu unterzeichnen, »wenn dies erforderlich ist«. In Keitels allgemeinem Erlaß dazu hieß es: »Wenn wir in Nordwestdeutschland, Dänemark und Holland die Waffen niederlegen, so geschieht es, weil der Kampf gegen die Westmächte seinen Sinn verloren hat. *Im Osten jedoch geht der Kampf weiter.*«[75]

Nach Abschluß der Verhandlungen Friedeburgs mit der 21. Armee wies Eisenhower an, der deutsche Abgesandte solle nach Reims gebracht werden, um dort die *allgemeine Kapitulation* zu unterschreiben, wenn der Generaladmiral dafür von Dönitz Vollmacht erhalte. Die Kriegshandlungen sollten *entweder* durch einen Befehl des deutschen Oberkommandos über die bedingungslose und gleichzeitige Kapitulation an den entsprechenden Fronten *oder* durch die Unterzeichnung eines Dokuments über die bedingungslose Kapitulation seitens des Chefs des OKW sowie der Befehlshaber des Heeres, der Kriegsmarine und der Luftwaffe eingestellt werden. Damit handelte Eisenhower der

Vereinbarung von Jalta zuwider, nach der Verhandlungen mit jeder neuen deutschen Regierung nur nach Zustimmung der UdSSR, der USA und Großbritanniens aufzunehmen waren.

Friedeburg und Jodl zögerten vom 5. bis 7. Mai unter verschiedenen Vorwänden die Annahme der formal ultimativen Forderung Eisenhowers hinaus, nach der die deutschen Streitkräfte die Kriegshandlungen gleichzeitig an allen Fronten einzustellen hatten. Formal deshalb, weil der amerikanische Oberkommandierende die Schlupflöcher dafür selbst geschaffen hatte. Er genehmigte, daß Vertreter Kesselrings getrennte Verhandlungen mit dem amerikanischen General Devers über die Kapitulation der Wehrmachtsverbände führten, die seinen Armeen gegenüberstanden. Am 6. Mai teilte Eisenhower Jodl mit, »*Soldaten und einzelne Truppenteile können den Befehl verweigern, sich den Sowjets zu ergeben, und sich zu den Amerikanern durchschlagen*«. Derartige »Insubordination« werde dem OKW nicht angelastet werden.[76] Solche »verständnisvollen« Kommentare fielen in Gesprächen mit Jodl und Friedeburg, wo natürlich kein sowjetischer Vertreter anwesend war.

Am 7. Mai um 2.17 Uhr setzte Jodl seine Unterschrift unter das Dokument über die Kapitulation. Er und Friedeburg bestanden darauf, daß es am 9. Mai 0.00 Uhr deutscher Sommerzeit in Kraft trat. Damit waren zwei Tage gewonnen, um sich von den sowjetischen vorgeschobenen Einheiten zu »trennen«. Für das Oberkommando des Alliierten Expeditionskorps in Europa unterzeichnete Bedell Smith das Dokument. Der sowjetische und der französische Vertreter beim Stab Eisenhowers waren als Zeugen zugegen.

Um die Schau auf die Spitze zu treiben, legte man Jodl nicht die Kapitulationsbedingungen zur Unterschrift vor, die die Europäische Konsultativkommission ausgearbeitet und die Großen Drei auf der Krim bestätigt hatten. Wie das? Bedell Smith, schrieb später der politische Berater des Oberkommandierenden, Robert Murphy, »war einer ... Gedächtnisschwäche zum Opfer gefallen und hatte geglaubt, die Kommission habe niemals Kapitulationsbedingungen zugestimmt«.[77]

Die EKK hatte zehn Monate gebraucht, um ihren Text fertigzustellen. Drei Offiziere Bedell Smiths »erschufen« ihre Version innerhalb weniger Stunden. Wie viele andere Legenden wird Murphys Version von den Tatsachen widerlegt. Nehmen wir die Aufzeichnung des Telefongesprächs, das Bedell Smith am Abend des 4.Mai unmittelbar vor den

Gesprächen mit Friedeburg in Reims mit Botschafter Winant führte. Auf das Angebot des Botschafters, ihm den unterzeichneten Wortlaut des Dokumentes der EKK und die deutsche Übersetzung unverzüglich zuzusenden, bemerkte Bedell Smith, er kenne das Papier und besitze eine Kopie, habe jedoch keine Instruktion des Vereinigten Komitees der Stabschefs, es zu formalisieren.[78]

Vor Jodls Eintreffen hatte sich Eisenhower persönlich beim Leiter der Abteilung für Nachkriegsplanung des Vereinigten Komitees der Stabschefs, dem britischen Oberst Councell, danach erkundigt, welche Art Dokument bei der Kapitulation unterzeichnet werden sollte. Councell erwähnte den Text der EKK, fügte aber hinzu, dieser sei veraltet und nicht mehr verwendbar, denn in Deutschland existiere keine von den Alliierten anerkannte Regierung; außerdem habe das Oberkommando des Expeditionskorps keine Vollmacht der Stabschefs oder der Regierungschefs für die Unterzeichnung. Councell »empfahl« (eine weitere Version!), einen einfachen Text zu formulieren, der die Bereitschaft der deutschen Streitkräfte festhielt, vor dem Oberkommando der Alliierten zu kapitulieren.[79]

Der eine war also von »Sklerose« befallen, der andere hatte eine »Empfehlung« erhalten. Und spontan entstand ein neuer Text rein »militärischen« Inhalts. Das scheint alles Sinn zu machen, wenn man folgende Tatsachen außer acht läßt:

Das amerikanische Komitee der Stabschefs strebte bereits seit 1943 eine »entpolitisierte« Kapitulation an. Seit jener Zeit, vielleicht sogar schon früher, bestand zwischen den Westmächten und dem Reich ein unausgesprochenes Einverständnis – Deutschland sollte vor den USA und Großbritannien, nicht aber vor der UdSSR kapitulieren.

Seit 1943 hatte sich im State Department der Standpunkt Bowmans und anderer durchgesetzt, die für eine gut befestigte »Grenzlinie« quer durch ganz Europa plädierten und sich gegen die Absicht wandten, »Deutschland den Status einer Großmacht auf Dauer zu verweigern«. Norman Davis, Mitglied des erwähnten Beraterkomitees zu Problemen der Auswärtigen Beziehungen, bemerkte, man müsse Deutschland »fair« behandeln, denn »vielleicht werden wir eines Tages Deutschland auf den Knien bitten müssen, uns gegen Rußland zu helfen«.[80]

Wer war außerdem noch eifrig am Werke, um zu erreichen, daß mit den letzten Geschützsalven in Europa die Demontage der Grundsatzbeschlüsse der drei Mächte begann? In Reims wurde ein Präzedenzfall geschaffen: Vereinbarungen auf höchster Ebene waren für die »Macher« weiter unten durchaus nicht unantastbar. Man geht nicht fehl in der Annahme, daß auch hier der unermüdliche Winston Churchill seine Hand im Spiele hatte.

Mit keinem anderen als dem britischen Premierminister hatte der »vergeßliche« Bedell Smith die »Kurzfassung« der Kapitulationsurkunde abgestimmt. Den Text »aus dem Stegreif« redigierte in Churchills Auftrag William Strang, der britische Vertreter in der EKK.[81] Der Premierminister bereitete unter anderem auch den Boden, um die vereinbarten Grenzen der Besatzungszonen und dazu möglichst die Vereinbarungen über den Kontrollmechanismus der vier Mächte in Deutschland zu revidieren.

Im April 1945 rückten sowjetische Truppen, die den Gegner verfolgten, in Österreich über die unter den drei Mächten abgestimmten Demarkationslinien weiter nach Westen vor. Auf der Beratung bei Stalin äußerte Andrej Smirnow die Meinung, die Sowjetunion solle die faktisch erreichten Positionen befestigen und eine Korrektur der alliierten Vereinbarungen hier nicht vorwegnehmen.

Stalin nannte dies »falsch und schädlich«. Auf seine Weisung wurde ein Telegramm folgenden Inhalts an Eisenhower formuliert: Auf Grund der militärischen Lage haben Einheiten der Roten Armee in Österreich die zwischen den Alliierten abgesprochenen Linien überschritten. Es versteht sich von selbst, daß diese Truppen nach Abschluß der Kriegshandlungen in die für die UdSSR vorgesehene Zone zurückgezogen werden. Die sowjetische Seite geht davon aus, daß die Abkommen der Alliierten strikt einzuhalten sind.[82]

Auch John Winant erfuhr von Bedell Smiths »Improvisation« und versuchte das Schlimmste zu verhüten. Der amerikanische Botschafter bestand darauf, in den Text eine Klausel darüber aufzunehmen, daß der in Reims unterzeichnete Akt »nicht zum Schaden eines jeglichen gemeinsamen Dokuments über die Kapitulation realisiert werden darf, das von den Staaten gemeinsam oder in ihrem Namen gegenüber Deutschland und den deutschen Streitkräften insgesamt angenommen wird und an die Stelle des vorliegenden Dokumentes tritt«.[83]

In der Information über die Kontakte mit Dönitz' Abgesandten, die die amerikanische Militärmission in Moskau dem sowjetischen Oberkommando übergab, wurde der neue Wortlaut des Protokolls über die

Kapitulation nicht erwähnt, auch dann nicht, als man ihn mit London bereits abgestimmt und Friedeburg übergeben hatte. Erst in der Nacht zum 6. Mai trafen aus der Mission zwei Dokumente an die Adresse von Generalstabschef Antonow ein – die »Vereinbarung zwischen dem Oberkommando und den entsprechenden deutschen Bevollmächtigten« sowie das »Protokoll über die militärische Kapitulation«.

In einem Begleitschreiben hieß es, beide Dokumente seien für die Unterzeichnung durch die deutsche Seite bestimmt. Unter Berufung auf Eisenhower wurde die Frage gestellt, ob das sowjetische Oberkommando Veränderungen der Kapitulationsbedingungen für Deutschland wünsche. Weiter erkundigte sich der Stab des Oberkommandierenden des westlichen Expeditionskorps, ob die sowjetische Seite eine Wiederholung der offiziellen Zeremonie der Kapitulation vor russischen Vertretern wünsche oder es vorziehe, an der offiziellen Ratifizierung des Protokolls von Reims teilzunehmen.[84]

Die Antwort, die General Antonow noch am selben Tage übergab, lautete:

(a) Es sollen keinerlei zeitweilige Verfahren angewandt, sondern die Kapitulation soll in Berlin vorgenommen werden.

(b) Die Sowjetregierung hat Marschall Schukow zu ihrem Vertreter bei der Entgegennahme der Kapitulation ernannt.

(c) Um das Blutvergießen so rasch wie möglich zu beenden, hat die sowjetische Seite nicht darauf bestanden, daß die Kapitulation auf der Grundlage des von der UdSSR, den USA, Großbritannien und Frankreich bereits bestätigten Dokumentes durchgeführt wird. Zugleich wurde eine Reihe Ergänzungen und Korrekturen an dem ihr am 6. Mai zugegangenen Text vorgeschlagen.[85]

Eisenhowers Stab erachtete für sich das Problem als erledigt, nachdem er einige sowjetische Korrekturen entgegengenommen hatte. Vor allem wurde nun nicht nur die Einstellung der Kriegshandlungen festgelegt, sondern auch die vollständige Entwaffnung der deutschen Truppen und die Übergabe von Waffen und Militärausrüstung an die örtlichen Kommandeure der Alliierten. Man kam überein, die Zeremonie in Reims als »Provisorium« anzusehen, dem die Unterzeichnung des Protokolls über die militärische Kapitulation in Berlin folgen sollte.

Die Geschichte hat letzten Endes alles an seinen Platz gestellt. Am 8. Mai fand in Berlin die Unterzeichnung des Protokolls über die militärische Kapitulation Deutschlands statt. Entsprechend der Vollmacht, die er von Dönitz erhalten hatte, bekräftigte Wilhelm Keitel im Namen des deutschen Oberkommandos das Dokument mit seiner Unterschrift. Der Vorhang schloß sich nach der größten Tragödie der europäischen Geschichte dort, wo er fünf Jahre, acht Monate und acht Tage zuvor aufgegangen war.

Epilog

Der Zweite Weltkrieg war keine Strafe Gottes. Menschlicher Egoismus, politisches Abenteurertum und unersättlicher Militarismus sind als seine eigentlichen Anstifter zu nennen. Auf ihnen lastet die Verantwortung dafür, daß die Gewalt so auswuchern und so lange toben konnte. Diesen Irrsinn, die himmelschreienden Verstöße gegen jede Moral, sollten 100 Millionen Menschen mit ihrem Leben bezahlen. Die Verwüstung ganzer Kontinente, die Vernichtung unersetzlicher Schätze der Geschichte und Kultur waren der Preis für den Größenwahn einzelner Persönlichkeiten und ganzer Nationen.

Die bis 1991 aufgedeckten Verluste der Sowjetunion übersteigen 27,6 Millionen Menschen. Zwei Drittel von ihnen waren Zivilisten. In Belorußland kam jeder vierte, in Leningrad, in den Gegenden um Smolensk und Pskow jeder dritte Einwohner ums Leben. Unmenschlichkeit machte vor niemandem halt – weder vor Jungen und Alten noch vor Kranken oder Elenden.

1418 Tage und Nächte verschmolzen zu dem übermenschlich schweren, tragischen und zugleich heroischen Kampf des Sowjetvolkes gegen die Hauptkräfte Nazideutschlands. Die nationale Existenz der UdSSR stand auf dem Spiel. Den Aggressor im direkten Kampf zu besiegen oder unterzugehen – ein Drittes gab es nicht, ganz gleich für welche Strategie und Taktik die Alliierten der Anti-Hitler-Koalition sich entscheiden sollten, aus welchen Gründen auch immer sie es mit der zweiten Front nicht eilig hatten.

An der Ostfront verlor das »Dritte Reich« zehn Millionen tote, verwundete oder gefangengenommene Soldaten und Offiziere, 48 000 Panzer und Sturmgeschütze, 167 000 Artilleriesysteme, 17 000 Kriegs- und Transportschiffe. Die Rote Armee zerschlug 607 Divisionen des Gegners beziehungsweise nahm die verbliebenen Soldaten gefangen. Das waren drei Viertel der gesamten deutschen Verluste. Dies zur Klarstellung, wo der Zweite Weltkrieg entschieden wurde.

Verlauf und Ausgang des Krieges kann man unterschiedlich sehen und bewerten. Bestimmte Schlußfolgerungen drängen sich förmlich auf, wenn man die Tatsachen – alle Tatsachen und nur sie – zugrunde legt. In ganz anderem Licht erscheinen jedoch die Ereignisse der dreißiger und vierziger Jahre, wenn man von unerfüllten Hoffnungen ausgeht oder die Geschichte den aktuellen politischen Interessen unterwirft.

Welchen Sinn sollen also die unerhörten Opfer dieses Weltenbrandes haben – dem Krieg ein für allemal ein Ende zu setzen oder unsere Erde in einen Kriegsschauplatz für noch mörderischere Waffen zu verwandeln? »... wenn wir Partner bleiben, findet sich keine Kraft auf dieser Erde, die das Risiko eingeht, einen neuen Krieg anzuzetteln.« Das stellte General Eisenhower in seinem Brief vom 7. November 1945 an Marschall Schukow fest. Und er hat gewiß recht gehabt, sollte nicht der Begriff Partnerschaft seines Sinnes beraubt werden. Wenn aber der verborgene Zweck des Weltkriegs lediglich eine Neuaufteilung der politischen, militärischen und wirtschaftlichen Weltkarte gewesen sein sollte, dann waren auch die nächsten Mutationen der Gewalt vorprogrammiert.

Nach neuesten Bekenntnissen führender Politiker der Nato zu urteilen, war die zweite Front nicht so sehr als das Schlußkapitel des Kampfes gegen Nazideutschland als vielmehr als der erste Akt des »Befreiungsfeldzuges« gegen Stalins Sowjetunion oder das »imperiale« Rußland gemeint. Wer mit solchen Vorstellungen schwanger geht, entwertet die Landung in der Normandie zum Prolog des Kalten Krieges. Auf dem Höhepunkt dieses verfluchten Kalten Krieges hat der Militarismus Berge von Waffen aufgehäuft, die ausreichen, um 600 000 neue Hiroshimas anzurichten und 2400 Kriege von den Ausmaßen des Zweiten Weltkrieges zu führen. Dem Moloch hat man in der sogenannten Nachkriegszeit mehr Ressourcen dargebracht als allen bewaffneten Konflikten seit Menschengedenken.

Ist das nicht Verrat an 100 Millionen Menschen, die von 1931 bis 1945 aus dieser Welt schieden, um künftige Generationen vor den Schrecken der Gewalt zu bewahren und ihnen einen Leitstern des Friedens auf den Weg zu geben? Ist dies der Grund dafür, weshalb der grausamste und blutigste aller Kriege der Geschichte nicht in einem Friedensvertrag sein logisches Ende fand?

Schon deshalb darf man die Ergebnisse des Zweiten Weltkrieges mit denen des »Kalten Krieges« nicht verwechseln. Es war der »Kalte Krieg«, unter den im Jahre 1990 ein Schlußstrich gezogen wurde. Er hat seine eigenen Sieger und Verlierer. Zu den letzteren ist vor allem die Sowjetunion zu zählen. Deren Führung wollte nicht zur Kenntnis nehmen: »Klugheit ist Erkennen der Grenzen; höchste Klugheit ist Erkennen der eigenen Grenzen.«

Werden die frischgebackenen Sieger klüger sein als die Verlierer? Die Zeit wird es erweisen. Vorläufig besteht kein Anlaß für besonderen Optimismus. Auf Anständigkeit zu setzen erscheint mehr als naiv. Es ist eher am Platze, an den Pragmatismus zu appellieren und dabei Voltaires sarkastischer Worte zu gedenken: »Wenn ihr die Denkmäler stürzt, laßt die Sockel stehen – sie könnten noch gebraucht werden.«

Anmerkungen

Prolog

1 Irving, David: *Churchill's War: The Struggle for Power*. Australia, 1987, Vol. I
Topitsch, Ernst: *Stalins Krieg 1937–1945*. Herford, 1990
Bavendamm, Dirk: *Roosevelts Krieg 1937–1945*. München, Berlin, 1993
2 Hoggan, David L.: *Der erzwungene Krieg*. Tübingen, 14. Neuauflage, 1990
3 So betitelt John Lukacs Hitler in seinem Buch *Churchill und Hitler. Der Zweikampf*. Stuttgart, 1992, S. 316.
4 Mussolini führte diese Briefe stets bei sich – als Talisman oder als Versicherungspolice –, insbesondere als der Boden unter seinen Füßen zu schwanken begann. Churchill unternahm nach dem Kriege beträchtliche Anstrengungen, um seine Korrespondenz zurückzuerhalten. Man kann vermuten, daß dies nicht zu dem Zwecke geschah, sie in seine sechsbändige Ausgabe des *Zweiten Weltkrieges* aufzunehmen. Dafür hätten auch Kopien ausgereicht.
5 Édouard Daladier bekannte im Jahre 1963: Vor dem Kriege »überlagerten ideologische Probleme häufig strategische Imperative«.
6 *Churchill and Roosevelt. The Complete Correspondence*. Edited with Commentary by Warren F. Kimball (fortan: Kimball). Princeton, New Jersey, 1984. Die Sammlung enthält 745 Dokumente des US-Präsidenten und 945 Dokumente des britischen Premierministers. Nach Angaben von David Irving sind in den weiterhin geschlossenen Archiven etwa 950 Dokumente Churchills und 800 Dokumente Roosevelts verblieben. Siehe Irving, David, Vol. I, S. 196
7 Der Sammelband enthält lediglich die Botschaft Churchills vom 14. 6. 1941, in der von den Vorbereitungen der Wehrmacht für den Einmarsch in die UdSSR auf breiter Front von Finnland bis nach Rumänien die Rede ist. Siehe Kimball, Vol. I, S. 208
8 Hitlers Hauptquartier wurde von vielen Tausenden Kriegsgefangenen erbaut. Nach Abschluß der Arbeiten liquidierte man sie bis auf den letzten Mann.
9 Die »Aufklärungsgruppe Rowehl« unternahm etwa vier Monate lang Flüge in einer Höhe von 9000 bis 12 000 Metern von den Flugplätzen Insterburg in Ostpreußen, Bukarest, Krakau und Budapest aus, was bei

dem damaligen technischen Stand der Luftabwehr volle Geheimhaltung sicherte. Ausführlicher siehe Carell, Paul: *Unternehmen Barbarossa*. Berlin, 1991, S. 54. Inwiefern die Erfahrungen der deutschen Luftwaffe die US-Militärs dazu anregten, mit den in großer Höhe fliegenden U 2 und deren Nachfolgern in den Luftraum anderer Staaten einzudringen, ist dem Verfasser nicht bekannt.

10 Siehe Friedrich, Jörg: *Das Gesetz des Krieges. Das deutsche Heer in Rußland 1941–1945.* München, Zürich, 1993, S. 287, 289, 324 f., 399

11 Ausführlicher siehe Morimura, Seiichi: *Kuchnja djawola. Prawda ob »otrjade 731« japonskoi armii.* Moskau, 1983, S. 106, 158, 206 f., 232–236, 240, 258 f.

12 Maxim Maximowitsch Litwinow, zweifellos eine außergewöhnliche Persönlichkeit, neigte zum Intrigieren. Krassin, Karachan, Sokolnikow und andere Gefährten Lenins litten unter seinen Verleumdungen. Georgi Tschitscherin schrieb darüber mehrfach Proteste an die Staatsführung. Litwinows Entlassung aus der Funktion des Volkskommissars (Ministers) für Auswärtige Angelegenheiten am 3. Mai 1939 wurde in einem von Stalin unterzeichneten Rundtelegramm wie folgt begründet: »Angesichts eines ernsten Konfliktes zwischen dem Vorsitzenden des Rates der Volkskommissare, Genossen Molotow, und dem Volkskommissar für Auswärtige Angelegenheiten, Genossen Litwinow, der auf Grund illoyalen Verhaltens des Genossen Litwinow zum Rat der Volkskommissare der UdSSR entstanden ist, hat Genosse Litwinow an das ZK die Bitte gerichtet, ihn von den Verpflichtungen des Volkskommissars für Auswärtige Angelegenheiten zu entbinden. Das ZK der KPdSU hat der Bitte des Genossen Litwinow entsprochen und diesen von den Verpflichtungen des Volkskommissars entbunden. Die Funktion des Volkskommissars für Auswärtige Angelegenheiten hat der Vorsitzende des Rates der Volkskommissare der UdSSR, Genosse Molotow, zusätzlich übernommen.«
In: *Archiv wneschnej politiki SSSR* (fortan *AWPS*), Fonds 059, op. 1, S. 313, d. 2154, l. 45

1. Kapitel

1 Hillgruber, Andreas: *Der Zweite Weltkrieg 1939–1945.* Stuttgart, 1989, S. 9

2 Alles in der Welt ist jedoch relativ. Das ist vergleichbar mit dem, was die Weimarer Republik und das »Dritte Reich« für die Aufrüstung ausgegeben hatten.

3 Deutschland fand sich weder unter den Gründerstaaten noch unter den eingeladenen Ländern wieder. Ihm wurde die harte Bank im Wartesaal zugewiesen.

4 Siehe *Foreign Relations of the United States, Diplomatic Papers.* US

Government Printing Office, Washington, D. C. (fortan *FRUS*), 1920, Vol. III, S. 463–468; 1922, Vol. IV, Seite 873

5 Dieses Abkommen legte die Grenze zwischen Deutschland und dem sogenannten Kongreßpolen fest, wodurch die Ukraine, Belorußland und ein Teil des Baltikums unter die Herrschaft Warschaus gerieten.

6 Deutschland nahm während des Konflikts eine Position wohlwollender Neutralität gegenüber Sowjetrußland ein, war aber nicht in der Lage, den Transit von Waffen und Militärpersonal aus Frankreich nach Polen zu unterbinden. Die Regierung der CSR verbot es Ungarn, Kriegsmaterial über die Karpato-Ukraine nach Polen zu befördern. Das zahlte man ihr 1938/39 heim, als man an die Teilung der Tschechoslowakei ging.

7 Burckhardt, Carl J.: *Meine Danziger Mission 1937–1939.* München 1980, S. 126

8 Burckhardt, Carl J. (Hrsg.): *Hugo von Hofmannsthal – Carl J. Burckhardt, Briefwechsel.* Frankfurt/Main, 1956, S. 186 f.

9 Graml, Hermann: *Europa zwischen den Kriegen.* München, 1976, S. 223

10 Siehe Graml, Hermann: *Europas Weg in den Krieg.* München, 1990, Seite 31 ff.

11 Siehe Paech, Norman/Stuby, Gerhard: *Machtpolitik und Völkerrecht in den internationalen Beziehungen.* Baden-Baden, 1994, S. 155 f.

12 Siehe Friedrich, Jörg, S. 839 ff.

13 Siehe Burckhardt, Carl J.: *Meine Danziger Mission,* S. 13

14 Paech, Norman/Stuby, Gerhard, S. 155

15 Siehe Graml, Hermann: *Europas Weg in den Krieg,* S. 34

16 Siehe Paech, Norman/Stuby, Gerhard, S. 156

17 Siehe ebenda, S. 142–154

18 Hitler behauptete in seiner Erklärung vor dem Reichstag am 1. September 1939, die Wehrmacht habe um 5.45 Uhr »zurückgeschossen«.

2. Kapitel

1 *Cabinet Papers, Minutes, Conclusions and Confidential Annexes in the Public Record Office* (fortan *PRO*), Cab. 23/82, S. 337, 340, 345

2 Dies als Kommentar zur Vorgeschichte der Brüsseler Konferenz über China, der Münchener Konferenz über die Tschechoslowakei und auch zum Mythos von der sogenannten Breschnew-Doktrin.

3 Militärgeschichtliches Forschungsamt (Hrsg.): *Das Deutsche Reich und der Zweite Weltkrieg,* Band I, S. 603

4 Nach Spanien wurden ein italienisches Expeditionskorps von 50 000 Mann und circa 10 000 Angehörige der deutschen Wehrmacht geworfen. Das Personal der »Legion Condor« (6500 Mann) wechselte alle drei beziehungsweise sechs Monate entsprechend ihrer Funktion. In den drei Jahren des Spanienkrieges wurden 30 000 bis 40 000 Mann der deutschen Luftwaffe unter Kampfbedingungen ausgebildet.

5 Siehe Topitsch, Ernst, S. 57
6 Gordon, Helmut: *Es spricht: Der Führer.* Leoni am Starnberger See, 1983, S. 104
7 *Hitlers Zweites Buch. Ein Dokument aus dem Jahre 1928.* Stuttgart, 1961, S. 112
8 *Akten zur Deutschen Auswärtigen Politik, 1918–1945* (fortan *ADAP*), Serie C, Band 1, Dokument I
9 Ebenda, Band 1, S. 568
Wenn man den Runderlaß von Bülow aufmerksam liest, kann man Parallelen zu den bekannten Formulierungen aus dem Bericht Stalins an den XVIII. Parteitag der KPdSU finden.
10 Ausführlicher siehe Groehler, Olaf: *Selbstmörderische Allianz.* Berlin, 1992, S. 28–76
In den meisten Publikationen zu diesem Thema wird die Frage, wer diese Kontakte initiierte, die sich zu einer militärtechnischen Zusammenarbeit und zum Austausch zwischen den Führungsebenen der Streitkräfte der UdSSR und Deutschlands entwickelten, ebenso wie die Frage, wer den Schlußpunkt setzte, entweder in unpersönlicher Form beantwortet – die Zusammenarbeit »wurde angebahnt«, »sie wurde eingestellt« –, oder man schreibt die Entscheidung über den Abbruch dieser Beziehungen fälschlicherweise Hitler, die Anbahnung aber der sowjetischen Seite zu.
11 *Politisches Archiv.* Auswärtiges Amt, Bonn, N31610, Bl. 194–195
12 Goebbels, Joseph: *Die Tagebücher. Sämtliche Fragmente.* Hrsg. von Elke Fröhlich. München, 1987, Bd. 2, S. 430
13 MID SSSR: *God krisisa. Dokumenty i materialy.* Moskau, 1991, Bd. 2, S. 368–369
14 Zitiert nach *Iswestija,* 21. 5. 1934
15 In den Noten vom 16. November 1933 wurde die Hoffnung zum Ausdruck gebracht, daß die Beziehungen zwischen der UdSSR und den USA für immer normal und freundschaftlich bleiben, daß es ihnen »von nun an gelingen möge, beim Schutze des allgemeinen Friedens zum gegenseitigen Nutzen zusammenzuarbeiten«. *Dokumenty wneschnej politiki SSSR* (fortan *DWPS*), Bd. XVI. Moskau, 1970, S. 641
16 *Iswestija,* 30. 5. 1934
17 *DWPS,* Bd. XVII, Moskau, 1971, S. 830
18 *DWPS,* Bd. XVI, S. 876
19 Siehe J. Tabui: *Dwadzat let diplomatitscheskoi borby.* Moskau, 1960, S. 289.
Documents on German Foreign Policy, 1918–1945. US Government Printing Office, Washington, D. C., 1949 (fortan *DGFP*), Ser. C, Vol. IV, S. 356
20 Memorandum des Foreign Office vom 17. 2. 1935. *Documents of British Foreign Policy, 1919–1939, Second and Third Series* (fortan *DBFP*), Serie 2, Vol. XII, S. 501 f.
21 *PRO,* Cab. 23/81, S. 302
22 Siehe *DBFP,* Ser. 2, Vol. XIII, S. 224

23 Die lange Liste von Vereinbarungen mit zweifacher Optik (lassen wir der Einfachheit halber die Abkommen der Westmächte und Japans mit den verschiedenen antisowjetischen Gruppen und untereinander während der Intervention in Rußland in den Jahren 1918 bis 1922 beiseite) wird mit dem französisch-polnischen Vertrag vom Jahre 1921 eröffnet. Die geheime Anlage dazu ist bis in die jüngste Zeit hinein unveröffentlicht geblieben.

24 »Das Jahr 1937 legte das Fundament für den Angriff auf ganz Nordchina.« Friedrich, Jörg, S. 125

25 *AWPS*, F. 09, op. 27, d. 61, 1. 14

26 Siehe Friedrich, Jörg, S. 129

27 Sherwood, Robert: *Roosevelt i Hopkins.* Moskau, 1957, Bd. 1, S. 258

28 Tugwell, P.: *The Democratic Roosevelt.* New York, 1967, S. 516

29 Diese Zahlen nannte der Generalsekretär des Zentralkomitees der Kommunistischen Partei Chinas, Jiang Zemin, dem Verfasser im Juni 1991

30 Siehe *Das Deutsche Reich und der Zweite Weltkrieg.* Militärgeschichtliches Forschungsamt (Hrsg.), Bd. 1. Stuttgart, 1979–1990, S. 618

31 Siehe *ADAP*, Serie D, Bd. 1, Dok. 19

32 Siehe *Das Deutsche Reich und der Zweite Weltkrieg*, Bd. 1, S. 624

33 Hill, Leonidas E. (Hrsg.): *Die Weizsäcker-Papiere. 1939–1950.* Frankfurt, Berlin, Wien, 1974, S. 118 f.

34 Feiling, Keith: *The Life of Neville Chamberlain.* London, 1946, S. 319

35 »Gebt uns befriedigende Zusagen, daß ihr gegenüber Österreich und der Tschechoslowakei keine Gewalt gebrauchen werdet, und wir werden euch versichern, jede Veränderung, die ihr haben möchtet, nicht mit Gewalt zu verhindern, wenn ihr sie mit friedlichen Mitteln erhaltet.« Henke, Josef: *England in Hitlers politischem Kalkül 1935–1939.* Boppard, 1973, S. 87 folgende.

36 *ADAP*, Ser. D, Bd. 1, Dok. 31

37 *PRO*, Cab. 23/83, S. 282

38 Eden, Anthony: *Angesichts der Diktatoren. Memoiren 1923–1938.* Köln, 1964, S. 516

39 Seton-Watson, R. W.: *Munich and the Dictators.* London, 1939, S. 161

40 Rönnefarth, Helmuth K. G.: *Die Sudetenkrise in der internationalen Politik.* Wiesbaden, 1961, Teil 1, S. 505

41 Der bekannte Hamburger Antiquar Wolfgang Goerigk machte den Autor freundlicherweise auf das Buch aufmerksam.

42 Mit unverhohlener Schadenfreude bemerkte Churchill, daß von allen in der Oktoberrevolution aktiven Politikern außer ihrem Henker Stalin allein Trotzki noch am Leben war.

43 Churchill, Winston: *Schritt für Schritt.* Amsterdam, 1940, S. 63–65. Siehe auch Brief Hitlers an Mussolini vom 8. 3. 1940: »Rußland erlebt seit dem endgültigen Siege Stalins ohne Zweifel eine Wandlung des bolschewistischen Prinzips in Richtung auf eine nationale russische Lebensform.« *ADAP*, Ser. D, Bd. 8, Dok. 663

44 Churchill, Winston: *Schritt für Schritt*, S. 323

45 Hillgruber, Andreas: *Der Zweite Weltkrieg*, S. 26
46 Ebenda, S. 26
47 Ebenda, S. 43 ff.
48 Ebenda, S. 68 ff.
49 Ebenda, S. 88 f.
50 Siehe Rohwer, Jürgen, Jäckel, Eberhard (Hrsg.): *Kriegswende Dezember 1941*. Koblenz, 1984, S. 11 f.
51 Ebenda
52 Edmonds, Robin: *Die Großen Drei*. Berlin, 1992, S. 56. Siehe auch Robert Cecil: *A Great Experiment. An Autobiography*. London, 1941, S. 235 f.; H. L. Stimson and M. Bundy: *On Active Service in Peace and War*. New York, 1948, S. 221
53 Siehe *Das Deutsche Reich und der Zweite Weltkrieg*, Bd. 1, S. 20
54 Die Art und Weise, wie die Unabhängigkeit Österreichs beseitigt wurde – der sogenannte Anschluß –, war unmittelbarer Anlaß dafür, den Begriff der »indirekten Aggression« ins Völkerrecht einzuführen.
55 *ADAP*, Ser. D, Bd. 1, Dok. 148
56 Siehe Irving, David: *Göring*. München, 1987, S. 304, 321
57 Zitiert nach Owsjany, I. D.: *Taina, w kotoroi woina roshdalas*. Moskau, 1975, S. 198;
Hass, Gerhard: *Das Münchener Diktat 1938*. Berlin, 1988, S. 110, 293
58 Der stellvertretende amerikanische Außenminister George S. Messersmith faßte im September 1937 die Pläne Nazideutschlands folgendermaßen zusammen: Einverleibung Österreichs und der Tschechoslowakei, Errichtung der Herrschaft Deutschlands in Südosteuropa; Eroberung der Ukraine; Schwächung Frankreichs durch Annullierung seines Bündnisses mit Rußland; Aufteilung des britischen Weltreiches; schließlich Aktionen gegen die USA. Man war allerdings der Auffassung, Hitler werde keinen Krieg gegen die Westmächte beginnen, bevor er nicht die UdSSR überwältigt hatte.
Siehe *FRUS*, 1937, Vol. 1, S. 140 ff.
59 Hauser, Oswald: *England und das Dritte Reich 1936–1938*. Göttingen, 1982, S. 303 ff., 393 f.
60 Halifax gab dem Leiter der Handelsvertretung der UdSSR in London am 24. 3. 1938 folgende offizielle Antwort: Nach Meinung der britischen Seite wirkt sich der sowjetische Vorschlag nicht günstig auf den Frieden in Europa aus.
Siehe *DBFP*, Ser. 3, Vol. I, n. 116
Der britische Regierungschef erklärte General Ironside: Das einzige, was wir nicht tun dürfen – eine Vereinbarung mit Rußland schließen.
Siehe *Das Deutsche Reich und der Zweite Weltkrieg*, Bd. 1, S. 639
61 Celovsky, Boris: *Das Münchener Abkommen*. Stuttgart, 1958, S. 25, 34, 245, 248
62 *Papers and Memoirs of Josef Lipski, Ambassador of Poland, Diplomat in Berlin 1933–1939* (fortan *Lipski Papers*). New York, 1968, S. 323, 328, 331, 336, 353 f.

63 Ebenda, S. 354
64 Siehe *Prawda,* 2. 6. 1938
65 Siehe *DWPS,* Bd. XX, S. 431 f.
66 *DBFP,* Ser. 3, Vol. III, n. 34
67 *FRUS,* 1938, Vol. I, S. 650 ff.
68 Die Regierungen Großbritanniens und der UdSSR hatten Informationen über die militärischen und anderen Aspekte der polnisch-deutschen Kontakte im Sommer und Herbst 1938. Auf dieser Grundlage wurde das britische Foreign Office am 20. und 21. September in Warschau und Budapest vorstellig. Die Sowjetunion warnte Polen am 23. September, falls seine Truppen in die CSR einrückten, werde dies die Annullierung des polnisch-sowjetischen Nichtangriffsvertrages von 1932 nach sich ziehen.
69 Nicolson, Harold: *Diaries and Letters 1930–1939.* London, 1966, Seite 359
   Einen analogen Gedanken schrieb der stellvertretende britische Außenminister Oliver Harvey in sein Tagebuch: »Jeder Krieg, ob er mit Sieg oder Niederlage endet, vernichtet die reichen, müßigen Klassen, und deshalb sind sie für Frieden um jeden Preis.«
   The Diplomatic Diaries of Oliver Harvey. 1937–1940. London, 1970, S. 222
70 Siehe Celovsky, Boris, S. 32
71 Edmonds, Robin, S. 80/81
72 Ebenda, S. 203, 440
73 Siehe Ritter, Gerhard: *Carl Goerdeler und die deutsche Widerstandsbewegung.* München, 1964, S. 205 f.
74 Siehe Celovsky, Boris, S. 304
75 Colvin, I.: *Vansittart in Office.* London, 1965, S. 243
76 Schmädeke, Jürgen, Steinbach, Peter (Hrsg.): *Widerstand gegen den Nationalsozialismus. Die deutsche Gesellschaft und der Widerstand gegen Hitler* (fortan *Widerstand*). München, Zürich, 1985, S. 747
77 Siehe *Dokumenty po istorii mynchenskogo sgowora 1937–1939.* Hrsg. von den Außenministerien der UdSSR und der CSSR. Moskau, 1979, Seite 312
78 Siehe *The Memoirs of Cordell Hull.* New York, 1948, Vol. 1, S. 652 f.
79 Siehe *FRUS,* 1938, Vol. I, S. 541
80 Siehe Celovsky, Boris, S. 453 ff.
81 Reynaud, P.: *La France a sauvé l'Europe.* Paris, 1947, Vol. 1, S. 375
82 *New York Times,* 27. 10. 1938
83 Siehe *SSSR w borbe sa mir nakanunje wtoroi mirowoi woiny (sentjabr 1938 – awgust 1939) Dokumenty i materialy.* Moskau, 1971, S. 26–28, 31–32, 63, 82, 142, 171, 199, 202. Siehe auch *Istoriko-diplomatitscheski archiw MID SSSR. Fond mikrofilmow*
84 *God krisisa,* Bd. 1, Nr. 152
85 *The Secret Diary of Harold L. Ickes.* New York, 1953–1954, Vol. 2, S. 484
86 Siehe Jakowlew, N. N.: *Franklin Roosevelt – tschelowek i politik.* Moskau, 1965, S. 313–314

87 De Jong, L.: *Nemezkaja pjataja kolonna*. Moskau, 1958, S. 81–82 (Deutsche Ausgabe: *Die deutsche Fünfte Kolonne im Zweiten Weltkrieg*. Stuttgart, 1959)
88 Siehe ebenda, S. 190–191, 202
89 Siehe ebenda, S. 76
90 Der britische Botschafter in Berlin, Sir Neville Henderson, erhielt von Chamberlain die Orientierung, die Regierung Seiner Majestät habe »nicht den Wunsch, sich unnötigerweise in Dinge einzumischen, von denen andere Regierungen unmittelbarer betroffen« seien (»Braune Meldung« N. 112097). Zitiert nach Irving, David: *Göring*, S. 361
91 Siehe Langer, W./Gleason, S.: *Challenge to Isolation 1937–1940*. New York, 1952, S. 67
92 *SSSR w borbe sa mir,* S. 88
Siehe auch das sogenannte Henderson-Memorandum. Darin wurde dem Foreign Office u. a. empfohlen, sich nicht zu sehr über das »Ansteigen und die Ausbreitung eines ungezügelten Pangermanismus in Mittel- und Osteuropa zu sorgen« und anzuerkennen, daß »eine gewisse Vormachtstellung Deutschlands im Osten unvermeidlich ist und daß der Frieden im Westen nicht einem theoretisch lobenswerten, aber praktisch falschen Idealismus im Osten geopfert werden darf. Offen gesagt, ist dieses ungeordnete Osteuropa definitiv und endgültig von keinerlei vitalem Interesse für England … Man könnte sogar behaupten, es wäre nicht richtig, Deutschland daran zu hindern, seine Einheit zu vollenden und sich zum Kriege gegen die Slawen zu rüsten. Dies allerdings unter der Bedingung, daß diese Vorbereitungen das British Empire nicht umstimmen und gleichzeitig nicht gegen dieses gerichtet sind …«
Zitiert nach Owsjany, I. D., S. 179
Dieses Memorandum sollte 1937, vor der Ernennung Hendersons zum Botschafter in Berlin, ausgearbeitet werden. Nach Aussage von J. A. Elliot (unter diesem Pseudonym war Guy Burdges im Informationskomitee des sowjetischen Außenministeriums tätig; der Autor hatte in den Jahren 1957/58 mehrfach Gelegenheit, mit ihm zu sprechen) nahm Eden die Gedanken Hendersons mit gewisser Zurückhaltung auf. Chamberlain und Halifax dagegen teilten sie. Sie haben auch in die britische Position Eingang gefunden, wie sie Hitler im November 1937 vorgetragen und der britischen Haltung beim Zustandekommen der »Regelung« von München zugrunde gelegt wurde.
93 Siehe Ritter, Gerhard, S. 283
94 Siehe die Botschaft Mussolinis an Hitler vom 25. August 1939: »Bei unseren Begegnungen war der Krieg für nach 1942 vorgesehen, und zu jener Periode wäre ich zu Lande, zur See und in der Luft fertig gewesen gemäß den verabredeten Plänen.« *ADAP*, Ser. D, Bd. 7, Dok. 271
Brissaud, A.: *Canaris 1887–1945*. Frankfurt/Main, 1977, S. 241 f.
95 Siehe *God krisisa*, Bd. 2, Nr. 544
96 Siehe Irving, David: *Rudolf Heß – ein gescheiterter Friedensbote?* Graz, Stuttgart, 1987, S. 171

97 *DBFP*, Ser. 3, Vol. IV, S. 373

98 *God krisisa*, Bd. 1, S. 6

99 Niedhart, Gottfried: *Großbritannien und die Sowjetunion 1934–1939*. München, 1972, S. 62

100 Siehe Graml, Hermann: *Europas Weg in den Krieg*, S. 248

101 *God krisisa*, Nr. 177

102 Von Semjon Kosyrew und Iwan Lawrow, langjährigen persönlichen Mitarbeitern Molotows, erfuhr der Verfasser, daß die Bereitschaft zur Zusammenarbeit mit »allen Ländern«, unabhängig von den dort bestehenden Regimes, in dem Bericht nicht zufällig dreimal variiert wurde. Molotow war an der endgültigen Abfassung dieser Formulierungen beteiligt.

103 Ebenda, S. 685

104 Ebenda, S. 686 f.

105 Siehe *God krisisa*, Nr. 196, 197, 198, 200

106 Behauptungen, Ribbentrop sei schlagartig – fast genau an dem Tage, als Stalin seinen Bericht hielt – klargeworden, daß man hier Deutschland den Ölzweig anbiete, stützen sich lediglich auf *Erinnerungen und letzte Notizen* Ribbentrops, als er bereits vor dem Nürnberger Gerichtshof angeklagt und nicht mehr Reichsminister war. Er sorgte sich damals jedoch weniger um die historische Wahrheit als vielmehr darum, seine Haut zu retten. Die Dokumente des Reichsaußenamtes widerlegen die Behauptungen Ribbentrops. Siehe auch Maser, Werner: *Der Wortbruch*. München, 1994, S. 3

107 Londons Zweifel darüber, was die polnische Regierung tatsächlich vorhatte, waren auch nach der Garantieerklärung für Polen nicht ausgeräumt. Sie wurden noch dadurch genährt, daß Beck es hartnäckig ablehnte, Großbritannien und Frankreich in seine Verhandlungen mit Hitler und Ribbentrop einzuweihen.

108 *God krisisa*, Nr. 254. Eine analoge Formulierung verwandte Großbritannien auch für die Türkei im Falle einer direkten oder indirekten Bedrohung seitens Italiens und Deutschlands. Dies Hermann Graml und anderen Autoren ins Stammbuch, die der UdSSR die Einführung des Begriffs der »indirekten Aggression« im Jahre 1939 zuschreiben und diese als ersten Entwurf der »Breschnew-Doktrin« bezeichnen. Siehe Graml, Hermann, S. 265

109 *PRO*, Cab. 27/625, S. 318

110 Dilks, D.: *The Diaries of Sir Alexander Cadogan 1939–1945*. London, 1971, S. 167

111 Ebenda, S. 168

112 Butler, J. R. M.: *Grand Strategy. September 1939 – June 1941*. London, 1967, Vol. 2, S. 10
Medlicott, W. N.: *The Economic Blockade*. London, 1952, Vol. 1, S. 1

113 Astor, A.: *1939. The Making of Second World War*. London, 1973, S. 305 f.

114 Siehe *PRO*, Cab. 27/624, S. 288 f., 302; Cab. 27/625, S. 30 ff.

115 Siehe *God krisisa*, Nr. 250

116 *ADAP,* Ser. D, Bd. 6, Dok. 185, Anlage II
117 Siehe *God krisisa,* Nr. 414
118 *Weizsäcker-Papiere,* S. 175
119 Siehe *God krisisa,* Nr. 252
120 Ebenda, Nr. 193
121 Siehe ebenda, Nr. 279
A. Merekalow wurde bald darauf nicht mehr mit den politischen Kontakten zum Auswärtigen Amt betraut. Diese führte nun Georgi Astachow fort.
122 *God krisisa,* Nr. 362
123 *ADAP,* Ser. D, Bd. 6, Dok. 451
Weizsäcker-Papiere, S. 154
124 Gespräch vom 18. Mai 1939. *God krisisa,* Nr. 354
125 Siehe ebenda, Nr. 437
126 Ebenda, Bd. 2, S. 400
127 Ebenda, Nr. 442
128 Siehe Ritter, Gerhard, S. 234
129 Werner Maser behauptet auf S. 61, daß Japan 1939 91 Flugzeuge zur Verfügung hatte. Am Angriff auf die mongolisch-sowjetischen Truppen vom 22. 6. 1939 nahmen jedoch 120 japanische Jagd- und Bombenflugzeuge teil. – *God krisisa,* Nr. 434. Offenbar hatte sich die Kwantung-Armee an diesem und anderen Tagen einen Teil der Flugzeuge bei den Truppen von Mandschuguo ausgeliehen.
130 *ADAP,* Ser. D., Bd. 6, Dok. 487
God krisisa, Nr. 393
131 Ebenda, Nr. 430
132 Schulenburg warnte am 5. Juni 1939 Weizsäcker, die Japaner könnten verärgert reagieren, wenn es auch nur zur geringsten Entspannung zwischen Deutschland und der Sowjetunion käme.
133 *DBFP,* Ser. 3, Vol. IX, S. 313
God krisisa, Nr. 495
134 Siehe *God krisisa,* Nr. 440
135 *ADAP,* Ser. D. Bd. 6, Dok. 716
God krisisa, Nr. 489, 493, 499
Nach Aussage J. A. Elliots war Moskau über die Kontakte mit Wohlthat rechtzeitig informiert worden.
136 Wenner-Gren hatte die Reise Wohlthats nach London in die Wege geleitet.
137 Graml, Hermann, S. 291
138 *God krisisa,* Nr. 500. Frankreich teilte Großbritannien mit, es werde in acht bis zehn Tagen bereit sein, in militärische Verhandlungen einzutreten. Ebenda, Nr. 506
139 Ebenda, Nr. 512
140 Ebenda, Nr. 514
141 Ebenda, Nr. 515, 516
142 J. A. Elliot, der in die intimsten Geheimnisse der britischen Außenpo-

litik eingeweiht war, schloß ein derartiges Motiv für Londons Verhalten nicht aus.

143 Siehe *God krisisa,* Nr. 533
144 Burckhardt, Carl J.: *Meine Danziger Mission,* S. 348
145 *God krisisa,* Nr. 490
146 Siehe *ADAP,* Ser. D, Bd. 6, Dok. 583
147 Ebenda, Dok. 494
148 Siehe *ADAP,* Ser. D, Bd. 6, Dok. 729
149 Siehe *God krisisa,* Nr. 503
150 Siehe *Istorija Welikoi Otetschestwennoi woiny Sowetskogo Sojusa. 1941–1945,* Bd. 1, S. 174
    Siehe *God krisisa,* Nr. 523. Die ausführlichere deutsche Mitschrift siehe *ADAP,* Ser. D, Bd. 6, Dok. 758, 760
151 *God krisisa,* Nr. 524
152 *ADAP,* Ser. D, Bd. 6, Dok. 766
    God krisisa, Nr. 525. In diesem Falle ist die sowjetische Mitschrift reicher an Nuancen.
153 *God krisisa,* Nr. 510
154 Ebenda, Nr. 528
155 Ebenda, Nr. 529
156 Ebenda, Nr. 532
157 Ebenda, Nr. 534, 540
158 Ebenda, Nr. 541
159 Auch in Deutschland gab es nicht wenige Beispiele für Zivilcourage. Eine Reihe bekannter Diplomaten wollte sich nicht zum willenlosen Werkzeug des Regimes machen lassen. Ernst von Weizsäcker, Ulrich von Hassell, Friedrich von der Schulenburg, Adam von Trott zu Solz, die Brüder Erich und Theo Kordt, um nur einige zu nennen, versuchten das Abgleiten Deutschlands in den Krieg mit verschiedenen Mitteln abzuwenden, als man Hitler im Prinzip noch hätte stoppen können.
    Eine Idealisierung dieser Persönlichkeiten wäre unangebracht. Der Mehrzahl von ihnen waren »großdeutsche« Gedanken durchaus nicht fremd. In dieser Hinsicht unterschieden sie sich unwesentlich von der Gruppe Goerdeler-von Beck. Einige schlossen sich ihr auch an.
    Ernst von Weizsäcker jedenfalls ging 1939 ein größeres Risiko ein und unternahm unbestritten mehr, um die Kriegspläne des »Führers« zu vereiteln als viele Politiker, die in der Bundesrepublik als Gegner der Nazipolitik anerkannt sind.
    Natürlich darf man Widerstand aus prinzipiellen oder ideologischen Motiven und Zusammenarbeit mit dem Ausland aus anderen Erwägungen nicht durcheinanderbringen. Klassische Informanten gab es mehr als genug, und deren Dienste nahm jeder gern in Anspruch. Die Botschaften der USA, Großbritanniens, Frankreichs und Italiens in Moskau erhielten operative Informationen über die deutsch-sowjetischen Kontakte von Hans von Herwarth und Bittenfeld, einem Mitarbeiter

Schulenburgs. Am 24. August 1939 informierte Herwarth Charles Bohlen (den Rat der USA-Botschaft) über den Inhalt des Geheimprotokolls zum deutsch-sowjetischen Nichtangriffspakt.

160 *The Secret Diary of Harold Ickes,* Vol. 2, S. 705
161 Siehe *DBFP,* Ser. 3, Vol. VI, S. 423–426
162 *PRO,* Cab. 27/625, S. 52–55
163 Ebenda, S. 28, 32 f., 42, 230
164 *The Diaries of Sir Alexander Cadogan,* S. 182
165 Siehe *PRO,* Cab. 27/625, S. 128 ff.
166 *The Daily Telegraph,* 1. 1. 1970
167 *PRO,* Cab. 27/625, S. 236 f.
168 Ebenda, Cab. 23/98, S. 129 f.
169 Ebenda, Cab. 27/625, S. 268
170 Ebenda, S. 266
Hier sei daran erinnert, daß Molotow Seeds und dem französischen Botschafter Naggiar am 19. 6. 1939 die Frage stellte: »Wer wird entscheiden, ob eine Aggression für eine der drei vertragschließenden Seiten eine Bedrohung darstellt?« (*God krisisa,* Nr. 422)
Dies war, wie die Erklärung Simons auf der geschlossenen Sitzung der Regierung zeigt, durchaus keine akademische Frage. Die Liste von Beweisen aus französischen, amerikanischen und anderen Quellen dafür, daß London vor allem daran interessiert war, Mißtrauen und Spannungen im deutsch-sowjetischen Verhältnis zu fördern, ist lang. Aber das Wesen der Sache kommt wohl am besten in den Worten Halifax' und Simons zum Ausdruck. Die schlechteste Variante war für Halifax, wenn ein Krieg begann, der Rußland nicht betraf und dessen Kräfte nicht aufzehrte. In diesem Falle konnte Rußland zur »Hauptgefahr« in der Welt werden – siehe *DBFP,* Ser. 3, Vol. VI, n. 38
171 Drax, Reginald P.: *Mission to Moscow, August 1939.* In: »Naval Review«, 1952, Nr. 3, S. 232
172 Friedrich von der Schulenburg telegrafierte an das Auswärtige Amt: »Wie wir aus einer britischen Quelle erfahren haben, hatten die Militärmissionen von Anfang an die Instruktion, in Moskau in verhaltenem Tempo zu arbeiten und die Verhandlungen möglichst bis Oktober hinzuziehen.«
173 Owsjany, I. D., S. 334
174 Botschafter Naggiar kabelte am 12. August an Außenminister Bonnet: »Ich zweifle nicht daran, daß persönliche Integrität und Patriotismus den Admiral dazu veranlassen werden, *ungeachtet seiner Instruktionen* das Beste zu tun.«
God krisisa, Nr. 545
175 Ebenda, Nr. 533
176 *Naval Review,* S. 254
177 Siehe *God krisisa,* Nr. 554
178 *DBFP,* Ser. 3, Vol. VII, S. 600 f.
179 *God krisisa,* Nr. 555

180 Ebenda, Nr. 561
181 Mosley, L.: *Utratschennoje wremja. Kak natschinalas wtoraja mirowaja woina.* Moskau, 1972, S. 292
182 Siehe *God krisisa,* Nr. 573. Lassen wir die beleidigenden Ausfälle gegen die Sowjetunion beiseite, die Stalin nicht unbekannt blieben. Naggiar machte in einem Telegramm an Außenminister Bonnet vom 25. 8. 1939 Polen und die Westmächte für das Scheitern der Verhandlungen und die Annäherung der UdSSR an Deutschland verantwortlich – siehe ebenda, Nr. 607.
183 Józef Beck und andere polnische Politiker protestierten scharf dagegen, daß Großbritannien und Frankreich Polen bei den Verhandlungen mit der UdSSR erwähnten. In München hatten sie bei der Teilung der Tschechoslowakei allerdings Hitler die Vertretung der polnischen Interessen übertragen.
184 Siehe *God krisisa,* Nr. 527, 554, 467
185 Siehe Ueberschär, Gerd/Wette, Wolfram (Hrsg.): *Unternehmen Barbarossa.* Paderborn, 1984, S. 89–96
186 Kordt, Erich: *Nicht aus den Akten.* Stuttgart, 1950, S. 310
187 Siehe Ritter, Gerhard, S. 252
188 *Documenti Diplomatici Italiani* (fortan *DDI),* Ser. 8, M. XIII, S. 73
    Siehe Graml, Hermann, S. 240
189 An diesem Tag legte Schulenburg in Moskau die Überlegungen Ribbentrops dar, die Molotows Skepsis zerstreuen sollten. Die Weisung, um ein Gespräch mit dem Volkskommissar zu bitten, war in der Botschaft bereits am 28. Mai eingegangen. Siehe *ADAP,* Ser. D, Bd. 6, Dok. 736, 757
    Hans von Herwarth und Bittenfeld hielt die Briten über Fitzroy Maclean und Armin Dew auf dem laufenden.
190 *God krisisa,* Nr. 526
191 Der amerikanische Historiker F. Schuman schrieb später, daß »alle Westmächte den Untergang Polens seiner Verteidigung durch die Sowjetunion vorzogen. Und alle hofften, daß es dadurch zum Krieg zwischen Deutschland und der UdSSR kommen werde.« – Schuman, F. L.: *Soviet Politics. At Home and Abroad.* New York, 1947, S. 376
    Alle – das schloß auch die USA ein. Amerikanische Botschafter äußerten sich darüber ganz unverblümt und wurden vom offiziellen Washington nicht korrigiert. Joseph Kennedy empfahl, Polen seinem Schicksal zu überlassen und auf diese Weise zu zwingen, Hitlers Forderungen zu akzeptieren, was »es den Nazis ermöglichen wird, ihre Ziele im Osten zu realisieren«. – Langer, W./Gleason, S., S. 76
    Für Hugh Wilson war der beste Ausweg ein Überfall Deutschlands auf die UdSSR mit stillschweigender Billigung oder Zustimmung der Westmächte. – Wilson, Hugh R.: *A Career Diplomat.* New York, 1960, S. 11
192 Siehe Burckhardt, Carl J., S. 346
193 Siehe *God krisisa,* Nr. 549

3. Kapitel

1 Der Umschwung in der Position der UdSSR kam am 19./20. August 1939. Wie Semjon Kosyrew (der Leiter von Molotows Sekretariat im Außenministerium), Iwan Iljitschow (von 1942 bis 1946 Chef der sowjetischen Militäraufklärung) und einige Funktionäre der politischen Aufklärung dem Autor berichteten, gelangte Stalin zu diesem Zeitpunkt endgültig zur Überzeugung, daß ein wirksames Bündnis mit der UdSSR nicht den Absichten der britischen Regierung entgegenkam. Die höchst arrogante Reaktion Polens auf den Gedanken einer militärischen Zusammenarbeit mit der Sowjetunion war ein wichtiges, aber mehr emotionales Element bei diesem Entschluß, die sowjetische Politik neu auszurichten und eine Annäherung mit Deutschland ins Auge zu fassen. Die heute zugänglichen Dokumente der UdSSR widersprechen einer solchen Wertung der Ereignisse nicht. Telegramme des französischen Botschafters Naggiar, General Doumencs sowie die Berichte des Quai d'Orsay an Ministerpräsident Daladier, in denen die Linie Großbritanniens und Polens kritisiert wird, sind weitere Belege.
Entsprechend behandeln die britischen Publizisten A. Reed und D. Fisher dieses Thema in ihrem Buch »Tödliche Umarmung« – *The Deadly Embrace*. London, 1988, S. 219 ff. Ebenso Werner Maser, der zahlreiche Publikationen über die Weimarer Republik, das Naziregime und deutsche Politiker verfaßt hat.
Siehe *Der Wortbruch*. München, 1994, S. 12, 75

2 In diesem Sinne äußerte sich Ernst von Weizsäcker. Siehe Hass, Gerhard: *23. August 1939. Der Hitler-Stalin-Pakt. Dokumentation*. Berlin, 1990, S. 30

3 Unter der Voraussetzung, daß Großbritannien Deutschland überhaupt den Krieg erklärt hätte.

4 *PRO,* Cab. 23/100, S. 375

5 Die »Dokumente« über die sogenannten verräterischen Beziehungen Michail Tuchatschewskis, Iona Jakirs und anderer, die Heydrichs Behörde Stalin via Prag zugespielt hatte, wurden vor dem Tribunal nicht verwendet. Diesem fiel auch nicht die Aufgabe zu, »Beweise« für die Schuld der Angeklagten zu prüfen. Es sollte lediglich ein Urteil bestätigen, das der Diktator lange vor der Verhaftung dieser hohen Militärs gefällt hatte.

6 Eine Illustration zu Stalins Paranoia: Als die Nazihorden im Juni 1941 über die Sowjetunion herfielen, wurde Boris Wannikow, bis zu seiner Verhaftung Volkskommissar für die Rüstungsindustrie, aus seiner Todeszelle im »inneren Gefängnis« an der Lubjanka geradewegs in Stalins Arbeitszimmer im Kreml gebracht: unrasiert und verdreckt, die Schuhe ohne Schnürsenkel, alle Haken und Knöpfe an der Hose abgeschnitten, damit es ihm nicht einfiel wegzulaufen.
Der Diktator stellte Wannikow die Frage, ob er auf der Stelle einen Plan zur Evakuierung der Rüstungsbetriebe aus den bedrohten Gebieten

nach Osten entwerfen könne. Wannikow antwortete, das sei möglich, zunächst aber wolle er Klarheit darüber haben, ob man die gegen ihn vorgebrachten Beschuldigungen zurücknehme – Spionage für Deutschland und Pläne zur Flucht ins »Dritte Reich«, wo angeblich ein Ministerposten auf ihn warte. Wannikow fügte hinzu: »Wozu brauchte ich einen Ministerposten in Berlin, da ich doch Minister in Moskau war? Außerdem hätte sich Hitler wohl kaum einen Juden in seiner Regierung gewünscht.«

Stalin erwiderte gereizt, jetzt sei keine Zeit, sich mit alten Geschichten zu befassen, es gehe darum, das Vaterland zu retten. »Setzen Sie sich in mein Vorzimmer und stellen Sie, ohne eine Minute zu verlieren, einen Plan auf, wie die wertvollsten Ausrüstungen demontiert und nach Osten gebracht werden können.« Keine Entschuldigung, kein Bedauern, kein Mitleid.

Bei dem Dialog mit Wannikow war Berija zugegen, den der Diktator Roosevelt und Churchill in Jalta lapidar und eindeutig als »unser Himmler« vorstellte. Der grübelte wahrscheinlich darüber nach, wie er Boris Wannikow diesen letzten Dienst abringen konnte, bevor er ihn über die Klinge springen ließ. Die Vernichtung von Generalen und Offizieren sowie leitenden Funktionären der Verteidigung, die in den Jahren 1937 bis 1940 verhaftet worden waren, ging bis November 1941 selektiv weiter.

Die Episode mit Boris Wannikow berichtete dem Verfasser Iwan Iljitschow.

7 Bald nach den Kämpfen am Chassan-See ließ der Diktator Marschall Wassili Blücher verhaften und umbringen.

Vom Inhalt des Dokuments zur Übergabe des Volkskommissariats für Verteidigung von Kliment Woroschilow an Semjon Timoschenko wird noch die Rede sein.

8 Am 1. 7. 1940 erklärte Stalin dem britischen Botschafter Stafford Cripps: »Ich bin nicht so einfältig, den deutschen Versicherungen zu glauben, sie hätten keinen Wunsch nach Hegemonie.« – Werner Maser, S. 12

9 Dazu gehört die Einstellung der deutschen Unterstützung für die Aggressionsakte Japans, die Verpflichtung, keine Ausgrenzung der UdSSR aus den internationalen Beziehungen zu betreiben, das heißt auf ein neues »München« und andere »Regelungen« zu verzichten, die eine Diskriminierung oder direkte Verletzung sowjetischer Interessen darstellten. – Siehe Gespräch Molotows mit Schulenburg vom 3. 8. 1939, *ADAP*, Ser. D, Bd. 6, Dok. 766

10 Hitlers Brief wurde Molotow von Botschafter Schulenburg am 21. 8. 1939 um 15.00 Uhr übergeben. Stalins Antwort erhielt der Botschafter aus der Hand des Volkskommissars um 17.00 Uhr desselben Tages. – Siehe *ADAP*, Bd. 7, Dok. 158. Es ist ein Rätsel, warum die Übermittlung von 14 Zeilen russischen Textes an den Empfänger über neun Stunden dauerte. Oder steckt eine Absicht dahinter? Wenn ja, wessen Absicht?

11 Die in aller Eile getippten Texte des Vertrages und des Geheimprotokolls wurden (mit Handkorrekturen) am 24. August 1939 gegen 2.00 Uhr
nachts unterzeichnet. Dem Vertrag lag der sowjetische Gegenentwurf
zugrunde, den Molotow Schulenburg am 19. August übergeben hatte,
nachdem die deutsche Variante (aus zwei Punkten) als ungeeignet
abgelehnt worden war. Den Entwurf des Geheimprotokolls hatte Ribbentrop mitgebracht (seine Abfassung wird dem Leiter der Rechtsab-
teilung des AA Friedrich Gaus zugeschrieben). Die Endfassung wurde
während der Verhandlungen fertiggestellt.
12 Göring beauftragte Dahlerus am 24. 8. 1939, Chamberlain mitzuteilen,
die Übereinkünfte mit der UdSSR seien »sehr viel umfassender, als man
aus dem veröffentlichten Kommuniqué schließen könnte«. – Siehe
Irving, David, S. 387
13 *FRUS,* 1939, Vol. 1, S. 307. Am 24. 8. 1939 informierte das Foreign Office
seine Botschaft in Washington über Molotows Erklärung: »Die Verhandlungen mit Frankreich und Großbritannien könnten etwas später, z. B.
in einer Woche, fortgesetzt werden.« – Ebenda, S. 311
14 Siehe *Unternehmen Barbarossa,* S. 89–96
15 *ADAP,* Ser. D, Bd. 7, Dok. 228, 229
16 Die einzige offizielle Mitteilung über Kontakte mit London kam am
29. 8. 1939 von Ribbentrop. Dies war eine vollendete Desinformation:
Großbritannien habe den Wunsch ausgedrückt, daß die polnische
Frage eine friedliche Lösung finden möge und sich eine Verbesserung
der deutsch-englischen Beziehungen herbeiführen lasse; Hitler habe
als Vorbedingung für eine Normalisierung der britisch-deutschen Beziehungen das »bedingungslose« Fortbestehen des Vertrages zwischen
der UdSSR und Deutschland sowie die Respektierung der freundschaft-
lichen Beziehungen Deutschlands zu Italien gefordert. Weiter wurde
zugesichert, Deutschland werde an keiner internationalen Konferenz
teilnehmen, auf der nicht auch die UdSSR vertreten sei. – Ebenda,
Dok. 431
17 *DBFP,* Ser. 3, Vol. VII, S. 330 ff.
18 *God krisisa,* Nr. 609
19 *PRO,* Cab. 40/39, S. 277
20 Ebenda, Cab. 43/39, S. 379
21 Siehe ebenda, S. 380
22 *DBFP,* Ser. 3, Vol. VII, S. 283
23 Ebenda, S. 302
24 Ebenda, S. 351 ff.
25 *PRO,* Cab. 46/39, S. 423
26 *ADAP,* Ser. D, Bd. 7, Dok. 171; Brown, A. C.: *The Last Hero.* New York,
1984, S. 186–191
27 Sie wurde Molotow von US-Botschafter Laurence Steinhardt am 16.
August 1939 übergeben. – *God krisisa,* Nr. 564. Die erste Andeutung auf
einen Zusammenhang des Vorgehens der Aggressoren in Europa und
im Fernen Osten war damit gemacht. Sie hatte jedoch keine Folgen,

obwohl die Geographie, um die sich Roosevelt so sorgte, für die Sowjetunion im Falle Japans noch ungünstiger war.

28 Siehe *ADAP*, Ser. D, Bd. 7, Dok. 239, 306, 328, 530

29 Genauer gesagt, am 23. und 24. 8. 1939, da die Verhandlungen und später die Gespräche im Kreml bis weit nach Mitternacht andauerten. Protokolle wurden dabei nicht geführt oder sind nicht erhalten geblieben.

30 Siehe Fleischhauer, Ingeborg: *Der Pakt. Hitler, Stalin und die Initiative der deutschen Diplomatie 1938–1939.* Berlin, Frankfurt/Main, 1990

31 *Focus*, Nr. 34, 22. 8. 1994, S. 102

32 Die britisch-deutsche Deklaration vom 30. 9. 1938. – *ADAP*, Bd. 4, Dok. 247

33 Siehe *God krisisa*, Nr. 479

34 Molotow hatte keine offiziell ausgestellten Vollmachten für die Unterzeichnung der Zusatzprotokolle zu den Verträgen vom 23. 8. und 28. 9. 1939. Diese Protokolle wurden weder im Vorbereitungsstadium noch nach ihrer Formalisierung von der Regierung beraten. Sie wurden auch bei der Ratifizierung der Verträge durch den Obersten Sowjet der UdSSR nicht vorgelegt. Nicht einmal die Mitglieder des Politbüros des ZK der regierenden Partei, die über allen staatlichen Stellen stand, hatten Zugang zu diesen Dokumenten.

Übrigens trat auch nach Stalins Tod keine Besserung ein. Der Verfasser gehörte einer Kommission an,die vom Kongreß der Volksdeputierten den Auftrag hatte, die Genesis der sowjetisch-deutschen Verträge von 1939 zu untersuchen. Er war an der Ausarbeitung aller Dokumente beteiligt, die dem Kongreß zu dieser Frage vorgelegt wurden. Dazu gehört auch der Entwurf des hier genannten Beschlusses. Es erwies sich als leichter, in der Kommission eine gemeinsame Meinung zu erarbeiten als Michail Gorbatschow zu bewegen, die Tatsachen anzuerkennen und daraus die notwendigen Schlußfolgerungen zu ziehen. Die Kommission kam nicht an die Originale der Dokumente von 1939 heran, die im »Sonderarchiv« der Allgemeinen Abteilung des ZK lagen und gemäß der Anweisung des Generalsekretärs an niemanden herausgegeben wurden.

35 Weder Hitler noch Stalin verwandten im Hinblick auf das deutsch-sowjetische Verhältnis nach dem 23. August 1939 den Begriff »Bündnis«. Den vermied man selbst auf dem Höhepunkt des Kalten Krieges. Der Terminus »Bündnis« tauchte in wissenschaftlichen Publikationen der siebziger Jahre auf. In der zweiten Hälfte der achtziger Jahre wurde er im Zusammenhang mit dem 50. Jahrestag des Überfalls Deutschlands auf Polen geradezu zum Klischee.

36 *God krisisa*, Nr. 620

37 Georgi Dimitroff hob in seinen Notizen über seine Gespräche mit Stalin im September und Oktober 1939 den Gedanken Stalins hervor, die Zeit arbeite für die Sowjetunion; man solle nichts überstürzen, dann werde alles von selbst ins Lot kommen.

38 An jenem Tag erklärten Großbritannien und Frankreich Deutschland den Krieg. Am Tag zuvor, dem 2. September, hatte der ständige Vertreter der UdSSR in Warschau, N. Scharonow, Außenminister Józef Beck besucht und mit Bezug auf ein Interview Kliment Woroschilows vom 27. August, in dem die Möglichkeit erwähnt wurde, Kriegsmaterial an andere Staaten zu verkaufen, nachgefragt, warum Polen sich deswegen nicht an die Sowjetunion wende. Botschafter Waclaw Grzybowski erhielt den Auftrag, in dieser Sache Kontakt mit dem NKID aufzunehmen, aber erst eine Woche später, als der Widerstand gegen den Aggressor bereits desorganisiert war.
In den Archiven des außenpolitischen Dienstes der UdSSR konnten keine Spuren dafür gefunden werden, daß Scharonow für dieses Gespräch mit Beck einen Auftrag hatte. Auch der Bericht des Botschafters über das Gespräch mit dem Minister fehlt. Ein Telegramm Scharonows über ein Gespräch mit dem stellvertretenden polnischen Außenminister vom 1. September ist jedoch erhalten. Dort äußerte sich Arciszewski in allgemeinster Form darüber, daß sowjetische Rohstofflieferungen (und »später, wer weiß, auch die Hilfe der Roten Armee«) wünschenswert seien. Er reagierte damit auf die Bemerkung des sowjetischen Vertreters, »für die Polen selbst sei es schlecht, daß Großbritannien und Frankreich keinen Vertrag mit der UdSSR abgeschlossen haben«. – Siehe *God krisisa*, Nr. 627; *FRUS*, 1939, Vol. 1, S. 419 f. Die Lieferungen sowjetischen Materials an Polen nach früheren Verträgen wurden am 6. und 7. September eingestellt. – Siehe *FRUS*, 1939, Vol. 1, S. 419 f.

39 Nach der Mitschrift von Botschafter Schulenburg beabsichtigte die sowjetische Seite »das weitere Vordringen deutscher Truppen zum Anlaß zu nehmen, um zu erklären, daß Polen auseinanderfalle und die Sowjetunion infolgedessen genötigt sei, den von Deutschland bedrohten Ukrainern und Weißrussen zu Hilfe zu kommen«. – *ADAP*, Ser. D, Bd. 8, Dok. 46

40 Ganz Litauen sollte seinerseits als Protektorat dem Reich angegliedert werden.

41 Siehe de Jong, L., S. 248; Brissaud, André, S. 249, 252 f. Die Ausbildung von Personen aus Kreisen der ukrainischen nationalistischen Emigranten für militärische und terroristische Aktionen nahm 1938 beträchtlichen Umfang an. Am Chiemsee wurden den Nationalisten Fertigkeiten im Führen »kleiner Kriege« beigebracht. In den Laboratorien der Abwehr in Berlin-Tegel und in der »Kampfschule« Quenzsee erhielten sie eine Ausbildung in Diversions- und Aufklärungstechniken. – Siehe Brockdorff, W.: *Geheimkommandos des Zweiten Weltkrieges*. Augsburg, 1993, S. 66

42 Tippelskirch, Kurt von: *Geschichte des Zweiten Weltkrieges*. Bonn, 1951, S. 26

43 Siehe ebenda, S. 29

44 Es wurde erstmalig 1945 veröffentlicht.

45 Im Grenz- und Freundschaftsvertrag vom 28. September 1939, den Ribbentrop und Molotow unterzeichneten.

46 Siehe Ickes, Harold L., Vol. II, S. 702 ff.; Langer, W./Gleason, E., S. 203

47 Der Austausch der Ratifikationsurkunden zum Vertrag vom 28. September 1939 fand am 15. Dezember statt.

48 Entweder die Führung Nazideutschlands las die operativen Dokumente der Stäbe Großbritanniens und Frankreichs, oder sie war in die geheimsten politischen Kombinationen Chamberlains und seiner Umgebung eingeweiht, oder es traf beides zu. Dadurch hatte sie die Möglichkeit, den größten und besten Teil der Wehrmacht nach Polen in Marsch zu setzen, ohne sich über die Organisierung einer ernsthaften Verteidigung an der französisch-deutschen Grenze den Kopf zu zerbrechen. Die hier stationierte Armeegruppe des Generals Ritter von Leeb und die Reserveeinheiten betrugen nicht einmal die Hälfte der Kräfte, die Frankreich hier kurzfristig mobilisieren konnte. Um die französische Armee nach den Normen der Kriegszeit zu mobilisieren (91 Divisionen), waren entsprechend den Mobilisierungsplänen bis zu drei Wochen erforderlich. Daß der Westen nichts unternahm, was auch nur annähernd an Kriegshandlungen erinnerte, lag durchaus nicht an fehlenden Soldaten oder Waffen. Das ist ein wichtiges Indiz, um die Situation in den Jahren 1939/40 zu verstehen.

49 In dem mehrbändigen Werk *Das Dritte Reich und der Zweite Weltkrieg* wird der Überfall auf Polen völlig losgelöst von den Bündnisbeziehungen Warschaus mit Großbritannien und Frankreich sowie deren Kriegserklärung an Deutschland behandelt. Selbst strukturell stellt man den Plan »Weiß« als isolierte Operation – den »ersten (?) Blitzkrieg in Europa« – dar. – Siehe Bd. 2, Teil III, S. 79–149. Die Konfrontation im Westen erscheint erst in Teil VI (»Der Kampf um die Vormachtstellung in Westeuropa«). Der »Krieg ohne Krieg« wird unter der etwas konfusen Überschrift »Strategische Verteidigung im Westen« auf ganzen drei Seiten abgehandelt: S. 235–237.

50 Göring versprach, die Judenverfolgungen einzustellen und sich für eine rasche Feuereinstellung einzusetzen (nachdem die Kriegshandlungen gemäß dem Plan »Weiß« begonnen hatten). Er sprach sich für einen »anständigen Frieden« aus, der die Wiederherstellung Polens (mit Ausnahme des Korridors und Danzigs, die an Deutschland angeschlossen werden sollten) und möglicherweise auch der Tschechoslowakei vorsah. Um weitere Komplikationen zu vermeiden, nahm es Göring auf sich, die Linie zu verfechten, daß Luftangriffe auf Großbritannien nicht zugelassen werden sollten, wenn die Briten nicht selbst einen Schlagabtausch aus der Luft initiierten.

51 Siehe Fish, Hamilton: *Der zerbrochene Mythos. F. D. Roosevelts Kriegspolitik 1933–1945.* Tübingen, 1989

52 Ebenda, S. 100–101. Hervorhebung des »und« von Fish. Auf S. 141 zitiert der Kongreßabgeordnete aus Arbeiten des »fähigen« Historikers Harry E. Barnes: »Wäre Roosevelts Druck auf England, Frankreich und Polen

unterblieben und hätte er vor September 1939 keine Verpflichtungen zugesagt, wäre es wahrscheinlich 1939 zu keinem europäischen Krieg gekommen ... Jeder zukünftige europäische Krieg wäre in einen deutsch-sowjetischen Konflikt eingemündet. Das hätte zu einer weitgehenden Schwächung der beiden totalitären Mächte geführt und folgerichtig die freien, westlichen Demokraten die Oberhand über das Geschick unserer Kulturgemeinschaft behalten lassen.«

53 Ebenda, S. 102. Hervorhebung des Wortes »Osten« von Fish.

54 Das Etikett »Krieg um Lebensraum« wurde der Aggression gegen Polen, wie Hermann Graml richtig bemerkt, erst aufgeklebt, nachdem Hitler den Entschluß zum Angriff aus einem ganz anderen Grunde bereits gefaßt hatte. – Siehe Graml, Hermann: *Der Weg in den Zweiten Weltkrieg*, S. 304

55 Fish, Hamilton, S. 105. Wo sind in dieser Aufzählung Österreich, die Tschechoslowakei, Polen, Dänemark und Luxemburg? Hat man sie vergessen oder einfach durch dieses grobe Raster fallen lassen?

56 Dahlerus traf in den Tagen vom 28. bis 30. September mit Cadogan, Halifax und Chamberlain zusammen.

57 *ADAP*, Ser. D, Bd. 7, Dok. 558

58 Siehe die Note der britischen Regierung an die deutsche Botschaft vom 3. 9. 1939. – Ebenda, Dok. 564

59 *ADAP*, Ser. D, Bd. 7, Dok. 576

60 In einem Brief an Roosevelt vom 5. 11. 1939 brachte Chamberlain seine Überzeugung zum Ausdruck, der Krieg werde nicht deshalb bald zu Ende sein, weil man Deutschland besiege, sondern weil die Deutschen verstünden, daß der Krieg zu ihrer Verarmung führen könnte. – Siehe Lukacs, John, S. 43

61 Schellenberg, Walter: *Memoiren*. Köln, 1956, S. 94

62 Ueberschär, Gerd R.: *Hitlers Entschluß zum »Lebensraum« – Krieg im Osten. Der deutsche Überfall auf die Sowjetunion*. Frankfurt/Main, 1991, S. 23 f.

63 Halder, KTB, Bd. I, S. 80

64 Hoffmann, Peter: *Widerstand. Staatsstreich. Attentat. Der Kampf gegen Hitler*. München, 1970, S. 186, 725

65 Siehe Finker, Kurt: *Stauffenberg und der 20. Juli 1944*. Berlin, 1972, S. 88

66 Siehe Hoffmann, Peter, S. 187 f.

67 Ritter, Gerhard, S. 239

68 Churchill, Sir Winston: *The Second World War. Vol. 1.* Boston, 1948, S. 490 ff.

69 Die Verhandlungen Matsuokas mit den Naziführern sind in mehrerer Hinsicht bemerkenswert. Sie wurden im März und April 1941 geführt, die Deutschen beschränkten sich hier jedoch lediglich auf Andeutungen, es könne möglicherweise zu »Komplikationen« mit der Sowjetunion kommen. Das legten die Japaner später als einen weiteren Beweis für den Hang Berlins zu Alleingängen aus. Aus der illoyalen Haltung des Verbündeten leitete Tokio das Recht ab, im Konzert der Aggressoren

selbst einen Solopart zu übernehmen. Das der Form nach feste Versprechen Hitlers, »sofort die Konsequenzen zu ziehen«, falls Japan in einen Konflikt mit den USA (und auch mit der Sowjetunion) gerate, machte auf Matsuoka keinen Eindruck.

Möglicherweise lag dies daran, daß Hitler seine Auffassungen über die Beziehungen des Reiches zu den USA zuvor reichlich konfus dargelegt hatte. Am 28. März stellte der japanische Außenminister seinem deutschen Amtskollegen die direkte Frage, »wenn England zu Boden geschlagen wäre, würden die Vereinigten Staaten ... das Britische Weltreich nicht weiter unterstützen ... Würde Deutschland unter diesen Umständen die Vereinigten Staaten in Ruhe lassen?« Ribbentrops Antwort konnte nur besorgt stimmen: »Deutschland hat nicht das geringste Interesse an einem Kriege gegen die Vereinigten Staaten ... Jeder würde in seiner eigenen Sphäre die Herrschaft ausüben. Deutschland würde dies, zusammen mit Italien, im europäisch-afrikanischen Raum tun, die Vereinigten Staaten müßten sich auf den amerikanischen Kontinent beschränken, und Japan bliebe der Ferne Osten vorbehalten ... In der Zukunft würden nur noch die vorgenannten drei Interessensphären als große Kraftzentren übrigbleiben.« Matsuoka vertrat die Meinung, »daß man mit den Angelsachsen insgesamt rechnen müsse; wenn es nicht gelänge, Amerika zu unserer Auffassung zu bekehren, so könne keine neue Ordnung errichtet werden«. – *ADAP*, Ser. D, Bd. 7, Dok. 329; Bd. 12/1, Dok. 222, 230; Bd. 12/2, Dok. 332

4. Kapitel

1 Der ehemalige Mitarbeiter des State Department Livingston Hartley schrieb am Vorabend des Krieges in dem Buch *Fürchtet sich Amerika?* – *Amerikas Außenpolitik:* »Wir können uns leicht ein Reich aufbauen, das aus Washington regiert wird. Wir haben gegenwärtig die Möglichkeit ... einen solchen Kurs einzuschlagen und über der ganzen westlichen Hemisphäre die amerikanische Flagge wehen zu lassen. Mit einer aktiven und geschickten Nutzung unserer Stärke in Schiffahrt und Wirtschaft sowie unserer potentiellen Militärmacht können wir, solange Europa und Ostasien zersplittert bleiben, unsere Herrschaft über diese Hemisphäre hinaus ausdehnen, die Welthegemonie Amerikas errichten und die gesamte Entwicklung in Richtung unserer Weltherrschaft vorantreiben, die auf amerikanischen Dollars, Schlachtschiffen und Bombenflugzeugen beruht.« – Zitiert nach Owsjany, I. D., S. 258–259

2 Siehe *Documents on American Foreign Relations 1939–1945* (fortan *DAFR*). Boston, Vol. II, S. 35

3 Sherwood, Robert, Bd. 1, S. 238

4 Matloff, Maurice/Snell, Edwin M.: *Strategitscheskoje planirowanije w koalizionnoi woine 1941–1942 gg.* Moskau, 1955, S. 44–45

5 Ebenda, S. 48
6 Ebenda, S. 54. Die Briten machten sich jedoch erst im Juni 1940 von dem Irrtum frei, daß sie im Krieg gegen Deutschland ohne die USA auskommen könnten (Memorandum der britischen Generalstabschefs vom 13. 6. 1940). Siehe Butler, J. R., S. 242
7 Siehe *FRUS*, 1940, Vol. 1, S. 127, 158, 624 f.
8 Siehe ebenda, S. 555
9 Siehe Welles, Sumner: *The Time for Decision*. London, 1944, S. 170. Die Kopie der Direktive kam angeblich vom ehemaligen Reichstagsabgeordneten der Zentrumspartei Dr. Erwin Respondek, der mit Halder befreundet war. – Siehe Maser, Werner, S. 284
10 Siehe Dawson, R. H.: *The Decision to Aid Russia 1941*. Chapell Hill, 1959, S. 21, 25
11 Siehe Sherwood, Robert, Bd. 1, S. 390
12 So viele Historiker – so viele Einschätzungen der Bedeutung des offiziellen Eintritts der USA in den Krieg gegen Deutschland und des Beginns des japanisch-amerikanischen Krieges. Günter Moltmann ist der Meinung, »die deutsche ... Kriegserklärung an die Vereinigten Staaten am 11. Dezember 1941 ... kann nicht als einer der großen Entscheidungsmomente in der geschichtlichen Entwicklung angesehen werden. Hier war nur der Übergangsmoment zwischen dem längst vorhandenen latenten Kriegszustand und der offenen Auseinandersetzung.« – *Amerikas Deutschlandpolitik im Zweiten Weltkrieg*. Heidelberg, 1958, S. 40
Mit Moltmanns These polemisierte die Mehrheit der Teilnehmer des wissenschaftlichen Symposiums »Kriegswende Dezember 1941«, das vom 17. bis 19. 9. 1981 in Stuttgart stattfand. Zweifellos – und das ist nachweisbar – erhielt der Krieg in Europa und Asien mit dem Eintritt der USA eine neue Qualität.
Komplizierter ist es schon, die Motive zu erklären, weshalb Hitler sich zu einem Zeitpunkt einen neuen offenen Gegner schuf, als der »Blitzkrieg« (die einzige Methode der Kriegsführung, bei der er die Initiative und bestimmte Erfolgschancen hatte) in der Auseinandersetzung mit einem bereits vorhandenen Gegner unwiderruflich verloren war.
War es das gegenseitige Mißtrauen zwischen Tokio und Berlin? Japan scheute sich, den Rubikon zu überschreiten, solange es nicht die Versicherung der Deutschen hatte, daß diese sich auf keinen Separatfrieden einließen. Deutschland glaubte seinerseits nicht an die Fähigkeit Japans, die Lasten eines modernen Krieges lange zu tragen.
War es ein Verzweiflungsakt oder der Versuch, zwei für Deutschland zermürbende Kriege durch einen Zweifrontenkrieg der USA auszubalancieren, in der Hoffnung oder gar mit der Gewißheit, daß der Pazifik zum wichtigsten Kriegsschauplatz werden würde?
Wenn dies zuträfe, wäre es eigentlich logisch gewesen, dem Beispiel Japans zu folgen, das in den Krieg gegen die Sowjetunion erst eintrat, als Moskau und danach Stalingrad gefallen waren. Ohne Kriegszustand

zwischen Deutschland und den USA wäre es den deutschfreundlichen Kräften in den Staaten leichter gefallen, eine Konzentration der amerikanischen Militärmacht auf Kampf und Sieg über Japan zu erreichen. Oder hatte Tokio Berlin Versprechungen gemacht, die es später nicht einhielt?

Noch mehr Fragen tauchen auf, wenn man bedenkt, daß der Entschluß, den USA den Kriegshandschuh hinzuwerfen, in Berlin am 4. Dezember 1941 gefaßt wurde, das heißt vor Beginn des Gegenangriffs der sowjetischen Truppen bei Moskau und vor dem Schlag der japanischen Marine gegen die Basis der amerikanischen Pazifikflotte in Pearl Harbor. Am 11. Dezember unterzeichneten Deutschland und Japan das Abkommen, mit dem sie sich verpflichteten, den Krieg bis zum siegreichen Ende zu führen. Es paßt irgendwie nicht zu Hitlers Mentalität anzunehmen, er hätte sich im Dezember 1941 darauf eingestellt, einen politischen Ausweg aus der Sackgasse zu finden, er hätte die Illusion gehabt, die USA seien noch weniger als Großbritannien darauf erpicht, gegen Deutschland im Felde zu kämpfen und könnten deshalb relativ milde Friedensbedingungen anbieten. Hitler wollte lange nicht einsehen, daß die Vereinigten Staaten nicht zu Propagandazwecken erklärten, sondern tatsächlich erkannt hatten – die UdSSR war ein würdiger Partner Amerikas.

13 Der Hauptberater George Marshalls für strategische Fragen, General Embick, bemerkte dazu, die britischen Pläne, denen sich die USA Ende 1943 anschlossen, beruhten »eher auf politischen Überlegungen als auf nüchterner strategischer Berechnung«. – Matloff, Maurice/Snell, Edwin, S. 123. Der Bezug auf die Briten wird begründet und ist vor allem sehr bequem. Aber Tatsachen sind ein hartnäckig Ding. Bis unmittelbar vor dem Kriegseintritt der USA war die Direktive Roosevelts vom 16. 1. 1941 in Kraft, die den besonderen Vorbehalt enthielt: »Die Armee darf keinerlei Verpflichtungen übernehmen, die Angriffshandlungen vorsehen, solange sie ihre Vorbereitungen dafür nicht abgeschlossen hat ... Bis unsere Kräfte entfaltet sind, muß unser militärischer Kurs sehr zurückhaltend bleiben.« – Watson, M. S.: *Chief of Staff: Prewar Plans and Preparations*. Washington, 1959, S. 125

14 Siehe *FRUS,* 1941, Vol. I, S. 769 f.

15 Siehe Ritter, Gerhard, S. 297, 516

16 Am 30. Mai 1941 überbrachte ein gewisser Schloßstein aus der Firma »Bosch« dem Erzbischof von York einen Brief Goerdelers an Winston Churchill, der von Feldmarschall von Brauchitsch abgezeichnet war. Dieser enthielt das Angebot, mit den Nachfolgern Hitlers Frieden zu schließen, wobei Elsaß-Lothringen, Österreich, das Sudetenland, die polnischen Westgebiete und anderes an Deutschland fallen sollten. Die Wehrmacht war als »Kern europäischer militärischer Kräfte« eines Bündnisses von Staaten gedacht, das »nur antibolschewistische Kreise vereinen« sollte. Hier klingt der Gedanke einer »europäischen Rüstungsgemeinschaft« an. – Ebenda, S. 323–326

17 Ebenda, S. 173
18 Siehe *The Public Papers and Addresses of Franklin D. Roosevelt* (fortan *Roosevelt Papers*) ed. Samuel I. Rosenman, 13 Vols.), New York, 1938 bis 1950, Vol. 1, S. 3
19 In den ersten fünf Kriegsmonaten stieg der amerikanische Export um 30 Prozent, darunter allein nach Großbritannien um 10 Prozent.
20 *ADAP*, Ser. D, Bd. 8, Dok. 315
21 Siehe Hull, Cordell, Vol. 1, S. 710
22 Als Sowjetrußland die Unabhängigkeit Finnlands verkündete, wurde die Staatsgrenze längs des Flusses Sestra knapp 30 Kilometer vor Leningrad gezogen. Sie verlief nun nicht mehr an der historischen Linie, die von Peter I. stammte und bis zum Anschluß Finnlands an Rußland im Jahre 1809 galt. Die Initiative für diese Neuerung, die im Vertrag von Tartu festgehalten ist, wird Stalin zugeschrieben, der damals Volkskommissar für Nationalitätenfragen war.
23 Ausführlicher siehe Knipping, Franz: *Die amerikanische Rußlandpolitik in der Zeit des Hitler-Stalin-Paktes* 1939–1941. Tübingen, S. 53–65
24 *Roosevelt Papers*, Vol. 1, 1940, S. 104
25 Sherwood, Robert, Bd. 1, S. 258
26 Siehe Tugwell, P., S. 516
27 Siehe Langer, W./Gleason, S., S. 354
28 *FRUS*, 1940, Vol. 1, S. 117 f.
29 Siehe *ADAP*, Ser. D, Bd. 8, Dok. 603
30 Edmonds, Robin, S. 165
31 Ritter, Gerhard, S. 259
32 Ebenda, S. 259 f.
33 »Österreich und das Sudetenland bleiben beim Reich, die Westgrenze wird nach dem Stand von 1939, die Ostgrenze nach dem von 1914 festgelegt. Polen und die Tschechoslowakei wiedererstehen auf kleinerem Territorium. Deutschland erhält die Funktion eines Schutzschildes gegen den Bolschewismus.« – Ebenda, S. 262 f.
34 Siehe *FRUS*, 1940, Vol. 1, S. 2
35 Siehe Ritter, Gerhard, S. 264, 508
36 Diese Formel gibt die Nuancen in Londons Haltung nicht genau genug wieder. In einem Gespräch mit Iwan Maiski sagte Horace Wilson: »Ja, wir möchten es gern mit einer anderen Regierung in Deutschland zu tun haben. Dafür wäre es ausreichend, wenn Hitler verschwände … Die nationalsozialistische Partei kann bleiben, wenn die Deutschen das wollen, aber ihre gegenwärtige Führung soll verschwinden. Mit allen übrigen können wir uns einigen.« – *Tagebuch Iwan Maiskis*, Eintragung vom 28. 10. 1939. In: *AWPS*
37 »Wenn eine der wirklichen Autoritäten im deutschen Staat in diesem Augenblick den Eindruck versteht, den ein deutscher Zerstörungskrieg beim Volk der Vereinigten Staaten hinterließe, dann ist dieser Mann Göring.« – Welles, Sumner, S. 94
38 Ebenda, S. 75–81

39 Siehe *ADAP*, Ser. D, Bd. 8, Dok. 642

40 Siehe Welles, Sumner, S. 83–88

41 In Berlin war man offenbar über die Varianten zum Umgang mit dem besiegten Deutschland, die seit Herbst 1939 in Regierungskreisen Großbritanniens und Frankreichs erörtert wurden, gut informiert. Im Gespräch mit Iwan Maiski entwickelte Horace Wilson folgende Konzeption: Das künftige Deutschland sollte nach dem Kriege nicht mehr als einheitlicher Zentralstaat weiterbestehen, sondern zu dem »freien Bund« deutscher Staaten zurückkehren, der früher existiert hatte. Österreich, Bayern, Württemberg und andere sollten im Rahmen dieses Bundes einen halbunabhängigen Status erhalten. Auch die Tschechoslowakei könnte Mitglied dieses deutschen Bundes – etwa mit den Rechten eines britischen Dominions – werden. Polen sollte auf ethnischer Grundlage – ohne die Westukraine und Belorußland – wiedererstehen. Dem deutschen Bund könnte eine gemeinsame Herrschaft mit England und Frankreich über die ehemaligen deutschen Kolonien angeboten werden ... Wilson »beklagte«, daß Frankreich eine wesentlich extremere Haltung einnehme als Großbritannien, zwischen dem Hitlerregime und dem deutschen Volk nicht unterscheide und die Idee verfechte, Deutschland in kleine unabhängige, unbewaffnete und damit ungeschützte Staaten aufzuteilen. – *Tagebuch Iwan Maiskis,* ebenda.

42 Welles, Sumner, S. 95; *ADAP*, Ser. D, Bd. 8, Dok. 469

43 Siehe Woodward, Ernest Llewellyn: *British Foreign Policy in the Second World War.* London, 1962, S. 41; *ADAP.* Ser. D, Bd. 8, Dok. 653

44 *ADAP*, Ser. D, Bd. 8, Dok. 655

45 *FRUS,* 1940, Vol. I, S. 67, 104, 300 f., 306 f.

46 Siehe ebenda, S. 104

47 Siehe ebenda, S. 106 f.

48 Offenbar so, wie es bereits Botschafter Henderson im Frühjahr 1939 Lord Halifax vorgeschlagen hatte: Großbritannien sollte neutral bleiben und es Deutschland erlauben, sich intensiv mit der »Erschließung« der Ukraine zu befassen und sich damit für lange Zeit im Osten zu binden. – Siehe *DBFP,* Ser. 3, Vol. IV, S. 213–217

49 Die Regierungen Großbritanniens und Frankreichs rechneten damit, daß die UdSSR den Westmächten nicht den Krieg erklären und sich nicht als militärischer Verbündeter an die Seite Deutschlands stellen werde.

50 Siehe *Roosevelt Papers,* 1940, Vol. 1, S. 111 f.

51 Siehe Sherwood, Robert, Bd. 1, S. 241

52 Ebenda, S. 242
   In seinem »Kamingespräch« vom 29. Dezember 1940 erklärte Roosevelt: »Wenn ein Land Frieden mit den Nazis schließen will, dann kann es dies nur tun, wenn es vor ihnen vollständig kapituliert. Ein solcher diktierter Frieden wird kein wirklicher Frieden sein. Es wäre nur ein weiterer Waffenstillstand, der zu einem gigantischen Wettrüsten und den verheerendsten Handelskriegen in der Geschichte führt. Wir auf dem

gesamten amerikanischen Kontinent lebten unter der Drohung der Naziwaffen, die mit wirtschaftlichen und militärischen Geschossen geladen wären.« Die Wilsonsche Konzeption eines »Friedens ohne Sieg« lehnte Roosevelt als falsch ab, was jedoch nicht bedeutete, daß die USA bereit waren zu kämpfen. Es reiche aus, wenn sie das »große Arsenal der Demokratie« seien. – Ebenda, S. 388–390

53 Siehe *ADAP*, Ser. D, Bd. 10, S. 319

54 Siehe Schenk, Peter: *Landung in England.* Berlin, 1987, S. 30–33, 282 f., 309 u. a. Zum Vergleich: Vom 6. bis 12. Juni 1944 wurden während der Operation der Alliierten in der Normandie 326 000 Mann angelandet.

55 Siehe ebenda, S. 404–410

56 Siehe ebenda, S. 22

57 Siehe *Unternehmen Barbarossa*, S. 96–101

58 »Adler« war der Codename für den Luftüberfall der Nazis auf Großbritannien im Jahre 1940.

59 Aus Dünkirchen wurden am 4. 6. 1940 338 226 Soldaten und Offiziere evakuiert. Dies entsprach 88 Prozent des gesamten Expeditionskorps. Etwa 40 000 Angehörige der französischen Truppen, die in Dünkirchen standen, wurden gefangengenommen. Vom 10. bis 19. 6. evakuierte man britische, kanadische und in begrenzter Zahl auch französische Einheiten aus Saint-Valéry-en-Caux, Le Havre, Cherbourg, Brest, St. Malo, St. Nazaire und Nantes.

60 Siehe Lukacs, John, S. 119

61 Siehe ebenda, S. 127

62 Der spätere amerikanische Präsident John F. Kennedy war geheimer Mitarbeiter des Komitees »America First«. – Siehe Lukacs, John, S. 206

63 Smith, H. R.: *OSS. The Secret History of America's First Central Intelligence Agency.* New York, 1972, S. 36 f.

64 Siehe Hoffmann, Peter, S. 256 f.

65 Siehe ebenda, S. 257 f.

66 Rudolf Heß trug Dokumente auf den Namen Alfred Horn bei sich.

67 Siehe von Hassell, Ulrich: *Vom anderen Deutschland. Aus den nachgelassenen Tagebüchern 1938–1944.* Zürich, 1946, S. 182

68 Siehe ebenda, S. 205–223

69 Sherwood, Robert, Bd. 1, S. 483, 587. Hervorhebung vom Verfasser

70 Siehe Schellenberg, Walter, S. 161

71 Siehe Brown, A. C., S. 316. Zur Linie der amerikanischen und der britischen Aufklärung: »Obwohl beide – Donovan und Menzies – denselben Krieg führten, sahen sie doch verschiedene Welten.« Siehe auch Ritter, Gerhard, S. 323 ff.; von Hassell, Ulrich, S. 249, 285, 287

72 Siehe Hoffmann, Peter, S. 448

73 *DAFR*, Vol. II, S. 83–86

74 Siehe ebenda, S. 93 ff., 85 ff.

75 Sherwood, Robert, Bd. 1, S. 450, 478

76 Siehe *FRUS*, 1941, Vol. III, S. 68, 77

77 Siehe Sherwood, Robert, Bd. 1, S. 456–459, 465–466; Higham, Charles: *Torgowlja s wragom*. Moskau, 1985, S. 143, 145, 152, 180–202, 236

5. Kapitel

1 Siehe Knipping, Franz, S. 36
2 Vom 14. Mai bis 10. Oktober 1940 wurden die Konfiszierungen in Verletzung des in den USA geltenden Rechts vorgenommen.
3 Der britische Botschafter Stafford Cripps suchte Stalin am 1. 7. 1940 auf und übergab ihm eine Botschaft Churchills. Der Premierminister forderte die UdSSR dazu auf, die sowjetisch-britischen Beziehungen ungeachtet der Unterschiede in der geographischen Lage beider Länder und ihrem politischen Denken zu korrigieren. Unter Hinweis auf die Veränderungen in Europa, nachdem die Sowjetunion im August 1939 die Verhandlungen mit Großbritannien abgebrochen und enge Beziehungen zu Deutschland aufgenommen hatte, stellte er die »aktuelle« Frage, wie man auf die Aussicht auf eine Vormachtstellung Deutschlands reagieren sollte. Die Lage sei ernst genug, schloß Churchill, um der sowjetischen Seite die Auffassung der britischen Regierung dazu zur Kenntnis zu geben. Eine Antwort auf diese Botschaft erfolgte nicht.
4 Siehe *FRUS*, 1940, Vol. 3, S. 329 f.
5 Sie erhielt später den Namen »Barbarossa«.
6 Die britische Regierung wollte sich verpflichten, (1) ohne vorherige Konsultation mit der UdSSR keinen Frieden zu schließen; (2) auch nach Beendigung des Krieges keine Abkommen mit Drittstaaten zu unterzeichnen, die gegen die UdSSR gerichtet waren; (3) gegen Baku und Batumi keinerlei militärische Aktionen zu unternehmen; (4) ein Handelsabkommen zu vereinbaren, nach dem die UdSSR Kautschuk, Zinn und andere sie interessierende Waren erhalten sollte; (5) die sowjetischen Erwerbungen im Baltikum, in Ostpolen, in Bessarabien und der Bukowina de facto anzuerkennen, vorbehaltlich einer endgültigen Regelung nach Abschluß des Krieges.
Von der sowjetischen Regierung erwartete man, daß sie (1) im deutschbritischen Krieg eine wirklich neutrale Haltung einnahm; (2) bei einem Überfall der »Achsenmächte« auf die Türkei und Iran gegenüber diesen Staaten wohlwollende Neutralität bewahre; (3) die materielle Unterstützung für China auch dann nicht einstelle, wenn ein sowjetisch-japanisches Abkommen erzielt werde; (4) mit Großbritannien Verhandlungen über den Abschluß eines Nichtangriffsvertrages aufnehme. – Siehe Woodward, Ernest Llewellyn, Vol. 1, S. 667 f.
7 Siehe *FRUS*, 1940, Vol. III, S. 399 f., 622 f.
8 Siehe Kimball, Warren F.: *The Most Unsordid Act. Lend-Lease. 1939–1941.* Baltimore, 1969, S. 189 ff.
9 Siehe *FRUS*. 1941, Vol. 1, S. 712 f. Botschafter Steinhardt hatte mit dem

State Department darüber debattiert, ob ein solcher Schritt zweckmäßig sei. Man beachtete seine Argumente nicht und bestätigte die Direktive für den Botschafter.

10 Siehe *FRUS,* 1941, Vol. IV, S. 945 ff.
11 Siehe ebenda, S. 942 ff.
12 Siehe ebenda, Vol. I, S. 737 ff.
13 Siehe Knipping, Franz, S. 215
14 Siehe Kimball, Warren F., Vol. I, S. 208
Das Vereinigte Britische Aufklärungskomitee zog am 23. Mai 1941 den
Schluß, daß ein Krieg zwischen Deutschland und der UdSSR wahrscheinlich sei. Die möglichen Folgen einer Aggression Nazideutschlands wurden, wie Professor Gabriel Gorodetski feststellt, der die
Position Großbritanniens anhand der Dokumente des Ministerkabinetts, des Foreign Office und des Kriegsministeriums untersucht hat,
»ausschließlich aus dem Blickwinkel einer Destabilisierung der Lage
gesehen, die die britischen Interessen im Nahen Osten und in Indien
beeinträchtigen könnte«. – Gorodetski, Gabriel: *Cherchill i Sowjetski
Sojus posle 22 ijunja 1941 g.* In: »Nowaja i nowejschaja istoria«. Moskau,
1990, Nr. 6, S. 61. Als »Antwortmaßnahmen« gegen einen Durchbruch
Deutschlands nach Osten war vorgesehen, den Irak zu besetzen, damit
die britische Air Force ein »Feuer von nie gesehenen Ausmaßen« auf
den Erdölfeldern von Baku zu entzünden imstande wäre. Der Kommandeur der britischen Truppen im Nahen Osten, General Wavell, erhielt
entsprechende Befehle. – Ebenda, S. 62
Mitte Juni, als die Aggression Deutschlands gegen die UdSSR bereits
als beschlossene Sache galt, erhielten die Stabschefs die Empfehlung,
keine Andeutungen zu machen, daß ein Bündnis mit der Sowjetunion
wünschenswert sei. Man sollte besser von dem »gemeinsamen Feind«
und dem »gemeinsamen Ziel« sprechen, nämlich »Deutschland maximalen Schaden zuzufügen« (Anthony Eden). Als britischen »Beitrag« zum
Kampf gegen den »gemeinsamen Feind« definierte man am 17. Juni
lediglich »wohlwollende Beziehungen [zu Rußland] in naher Zukunft«.
– Ebenda, S. 62 f. Die Aufgabe wurde so gestellt: Man wollte die UdSSR
zum Widerstand gegen den Aggressor ermuntern und dadurch – ohne
britische Ressourcen zur Hilfe für Rußland abzweigen zu müssen – etwa
acht Wochen gewinnen, um sich für einen möglichen Angriff der Wehrmacht auf die Britischen Inseln vorzubereiten.

15 Siehe Knipping, Franz, S. 221
16 Siehe *FRUS,* 1941, Vol. 1, S. 757 f., 764 ff.
17 Siehe ebenda, S. 766 ff.
18 Siehe Loewenheim, F. L. u. a. (Hrsg.): *Sekretnaja perepiska Ruswelta i
Tschertschilja w period woiny.* Moskau, 1977, S. 17. (Englische Ausgabe:
Loewenheim, Francis L./Longley, Harold D./Jonas, Manfred (Hrsg.):
Roosevelt and Churchill. Their Secret Wartime Correspondence. London,
1975)
19 Stalin wies im Jahre 1945 einen Entwurf zurück, in dem der Terminus

»anglo-amerikanischer Imperialismus« vorkam. Diese Kategorie gibt es nicht, erklärte er den Verfassern, beide Mächte haben unterschiedliche Interessen und jede ihre eigene Politik. Dies erfuhr der Autor von Iwan Iljitschow, dem die Belehrung Stalins persönlich zuteil wurde.

20 Matloff, Maurice: *Ot Kasablanki do »Overlorda«*. Moskau, 1964, S. 571
21 Siehe Maser, Werner, S. 209
22 Siehe Schwendemann, Heinrich: *Die wirtschaftliche Zusammenarbeit zwischen dem Deutschen Reich und der Sowjetunion von 1939–1941 – Alternative zu Hitlers Ostpolitik?* Dissertation, vorgelegt 1991, S. 22, 24, 27, 30 f.
23 Ebenda, S. 163, 203
24 Ebenda, S. 238
25 Siehe das Telegramm Schulenburgs an das Auswärtige Amt vom 5. 4. 1940. In: *ADAP*, Ser. D, Bd. 9, Dok. 50
26 Siehe Schwendemann, Heinrich, S. 309
27 Ebenda, S. 12, 265, 343
28 Vom 1. Januar bis zum 31. Mai 1941 liefert die Sowjetunion an Deutschland 307 000 Tonnen Erdölprodukte, 654 000 Tonnen Getreide, 7700 Tonnen Kupfer, 68 000 Tonnen Manganerz, 78 000 Tonnen Phosphate, 42 000 Tonnen Baumwolle, 1076 kg Platin u. a. – Siehe Schwendemann, Heinrich, S. 589
29 Siehe ebenda, S. 520, 526 f.
30 Der Verfasser stand über 20 Jahre lang in engem Kontakt mit dem bekannten Flugzeugkonstrukteur Alexander Jakowlew, der in den Jahren 1940/41 persönlich an der Auswahl und dem Kauf deutscher Militärtechnik beteiligt war. Der Verfasser war auch mit Artjom Mikojan bekannt. In der hier genannten Feststellung sind ihre Auffassungen zusammengefaßt.
31 Mitte August 1940 wies Hitler an, Waffen an Finnland zu liefern. Um die Quelle zu schützen, beschränkte sich der sowjetische Protest auf den Transit deutschen Militärs über Finnland nach Norwegen.
32 Siehe *Iswestia ZK KPSS*. Moskau, 1990, Nr. 3, S. 220–222; Nr. 4, S. 198–199, 205–207, 219–222
33 Auch Winston Churchill und Anthony Eden legten sich bis Mitte Juni nicht fest. Es hatte den Anschein, als sollte es Krieg mit Rußland geben, Hitler konnte es sich allerdings im letzten Moment auch noch anders überlegen.
34 Siehe *Iswestia ZK KPSS*, 1990, Nr. 4, S. 219–220
35 Schwendemann, Heinrich, S. 474

6. Kapitel

1 Zwischen 3.00 Uhr und 3.30 Uhr entsprechend der geographischen Lage der Staatsgrenze der UdSSR.

2 Siehe *Das Deutsche Reich und der Zweite Weltkrieg*, Bd. 4, S. XIV
3 Siehe ebenda, S. XVII
4 Ebenda, S. 13
5 Eintragung in Halders Kriegstagebuch vom 30. 3. 1941, Bd. II, S. 335 ff.
6 *Das Deutsche Reich*, Bd. 4, S. 18
7 Siehe ebenda, S. 117
8 Siehe ebenda, S. 185, 188
9 Man baute die alte Verteidigungslinie ab, bevor die Errichtung der neuen abgeschlossen war. Moderne Flugzeuge und Panzertechnik wurden den Truppen zum Ersatz der alten Technik vorwiegend stückweise übergeben, statt komplette Verbände auf neuer technischer Grundlage aufzubauen und diesen höhere taktisch-operative Aufgaben zu stellen.
10 Siehe Sherwood, Robert: *Roosevelt und Hopkins*. Oldenburg, 1950, Seite 235 ff., S. 240. – Die deutsche Ausgabe ist gegenüber der englischen und russischen gekürzt (Der Übers.).
11 *Sowjetsko-amerikanskie otnoschenia wo wremja welikoi otetschestwennoi woiny 1941–1945*. Moskau, 1984, Bd. 1, S. 42–43
12 *Postwar Foreign Policy and Preparations 1939–1945*. Washington, 1949, S. 19
13 *Sowjetsko-amerikanskie otnoschenia*, Bd. 1, S. 43
14 Fish, Hamilton, S. 141–142
15 Siehe ebenda, S. 38, 199
16 Sherwood, Robert, S. 235
17 Ebenda, S. 236
18 Im Sommer 1941 verlor von den bekannten bürgerlichen Politikern allein Eduard Benesch nicht den Glauben an die Standhaftigkeit der Sowjetunion. Wirtschaftsanalytiker aus Donovans Behörde stellten die Lebensfähigkeit der UdSSR ebenfalls nicht in Frage. – Siehe Smith, R. H., S. 32. Möglicherweise hatten sie die Erfahrungen ihres Chefs vor Augen, der seinerzeit Admiral Koltschak beraten hatte. Unter den Optimisten sollte außerdem noch der Chef der Schweizer Militäraufklärung Roger Masson genannt werden.
19 *Sowjetsko-amerikanskie otnoschenia*, Bd. 1, S. 49 f., 64
20 *FRUS*, 1941, Vol. 1, S. 767 f.
21 *Sowjetsko-amerikanskie otnoschenia*, Bd. 1, S. 45
Der Präsident ordnete am 26. Juni 1941 an, im Zusammenhang mit dem deutsch-sowjetischen Krieg keine Neutralitätserklärung abzugeben. Dies bedeutete in der Praxis, daß die Fernosthäfen der UdSSR nicht als Kriegsgebiet betrachtet wurden.
22 Churchill, Winston: *Der Zweite Weltkrieg*. Bern, 1948–1952, Bd. III, 1, S. 442–444
23 Botschaft Winston Churchills an Jossif Stalin, eingegangen am 8. 7. 1941. In: *Briefwechsel Stalins mit Churchill, Attlee, Roosevelt und Truman, 1941–1945*. Berlin, 1961, S. 13
24 Siehe Churchill Winston, Bd. III, 2, S. 27, 25
25 Ebenda, S. 7

26 Churchill, Winston, Bd. III, 1, S. 433 f.
   Dieses Papier wurde im Auftrage Ribbentrops angefertigt, der nach
   Argumenten gegen den Überfall auf die UdSSR suchte. Weizsäcker
   führte den Auftrag aus und äußerte gegenüber dem Minister seine
   abweichende Meinung: »Wir werden gegen Rußland nur militärisch
   gewinnen, dagegen wirtschaftlich verlieren.« – *ADAP*, Ser. D, Bd. 12,
   Dok. 419; *Weizsäcker-Papiere*, S. 249
27 Siehe *Unternehmen Barbarossa*, S. 100
28 Gorodetski, Gabriel: *Cherchill i Sowjetski Sojus posle 22 ijunja 1941 g*. In:
   »Nowaja i nowejschaja istoria«. Moskau 1990, Nr. 6, S. 63
29 Ebenda, S. 71
30 Ebenda, S. 61, 77
31 *Cripps Papers Diary*. 29 and 30 June, 1 and 3 July 1941. Zitiert nach
   Gorodetski, G., S. 68
32 Ebenda, S. 69
33 Sherwood, Robert, S. 239 f.
34 Ebenda, S. 240
35 Siehe *The Public Papers*, Vol. 1941, S. 481
36 Siehe *FRUS*, 1941, Vol. 1, S. 182
37 P. W. Commons, 15. 7. 1941, Vol. 373, Col. 463
   Die Unterzeichnung des Abkommens mit der UdSSR vom 12. 7. 1941
   änderte nichts an der strategischen Disposition Großbritanniens und
   dessen vorher festgelegten Prioritäten. Über symbolische Gesten, um
   den Russen »Mut zu machen«, wie die Evakuierung sowjetischer und
   norwegischer Bergleute von Spitzbergen und die Entsendung zweier
   Fliegerstaffeln nach Murmansk, ging man nicht hinaus.
   Der Chef des britischen Generalstabes, General Dill, schrieb am 10. Juli
   1941: »Nicht wir, sondern die Russen bitten um Hilfe. Wenn sie kämpfen
   wollen, dann werden sie auch kämpfen, aber für ihre eigenen Ziele,
   nicht, um uns zu helfen, Deutschland zu zerschlagen. Deshalb sollten
   wir nach meiner Meinung folgende Position einnehmen: Für uns läuft
   der Krieg gegen Deutschland recht gut, besonders wenn man bedenkt,
   daß die Hilfe aus Amerika steigt und die USA sich allem Anschein nach
   früher oder später am Krieg beteiligen werden. Alle unsere Reserven
   müssen dem Ziel dienen, den Krieg zu gewinnen, ohne auf die Hilfe der
   Russen zu rechnen.« (Zitiert nach Gorodetski, G., S. 69 f.) Nicht zufällig
   bemerkte Eden zur selben Zeit: »Das Zögern und die fehlende Phantasie
   unserer Stabschefs sind für jedermann erschreckend.«
38 Sherwood, Robert, Bd. 1, S. 542 f., 546
39 Siehe *Sowjetsko-amerikanskie otnoschenia*, Bd. 1, S. 80 f.
40 Siehe Sherwood, Robert, S. 266, 268 f.
41 Ebenda, S. 267. Hervorhebung vom Verfasser
42 *Sowjetsko-amerikanskie otnoschenia*, Bd. 1, S. 101 f.
43 Siehe *Sowerschenno sekretno. Tolko dlja komandowania*. Moskau, 1967,
   S. 130, 150
44 Matloff, Maurice/Snell, Edwin, S. 117–119

45 Kennedy, Joseph: *The Business of War.* London, 1957, S. 157
46 Siehe Sherwood, Robert, S. 599
47 *Sekretnaja perepiska,* Vol. 1, S. 178 ff.
48 Churchill, Winston, Bd. IV, 1, S. 377
49 Tippelskirch, Kurt von: *Istoria wtoroi mirowoi woiny.* Moskau, 1956, S. 478 f.
50 Siehe *Unternehmen Barbarossa,* S. 149 f.
51 Sherwood, Robert, S. 396. Ähnlich äußerten sich zu den Zeiträumen des Zweiten Weltkriegs einige andere Politiker, darunter Churchill und Molotow.
52 *FRUS. The Conferences of Washington, 1941–1943, and Casablanca, 1943.* Washington, 1968, S. 50–53
53 Siehe Matloff, Maurice/Snell, Edwin, S. 75, 100
54 Ebenda, S. 119 f., 205 f.
55 Sherwood Robert, Bd. 1, S. 612 f. Hervorhebung vom Verfasser
56 Siehe Kimball, W. F., Vol. 1, S. 227–231
   Siehe *Sekretnaja perepiska,* Bd. 1, S. 176
57 Liddell Hart, B. H.: *The Defence of Britain.* London, 1939, S. 44
58 Siehe Brown, A. C., S. 202
59 Siehe Butler, J. R. M./Gwyer, J. M. A.: *Bolschaja Strategija. Ijun 1941 – awgust 1942.* Moskau, 1967, S. 104
60 *Sekretnaja perepiska,* Bd. 1, S. 64. Hervorhebung vom Verfasser
61 Niedhart, Gottfried, S. 183 f.; siehe auch Hillgruber, Andreas: *Der Zenith des Zweiten Weltkrieges.* Wiesbaden, 1977, S. 33; *Unternehmen Barbarossa,* S. 151; Wilson, J. A.: *The First Summit: Roosevelt and Churchill at Placentia Bay.* London, 1970. Hervorhebung vom Verfasser
62 Churchill, Winston, Bd. III, 2, S. 81
63 Ebenda, S. 82. Hervorhebung vom Verfasser
64 Die Angaben über das »Projekt Georg« Donovans, das Roosevelt am 14.8.1941 bestätigte und das einen Umsturz gegen Hitler im Reich fördern sollte: siehe Brown, A. C., S. 207
65 *Das Deutsche Reich und der Zweite Weltkrieg,* Bd. 4, S. 1070 f.
66 Sherwood, Robert, S. 7 f., 124; Jakowlew, N. N., S. 218; Burnes, J.: *All in one Life-time.* New York, 1958, S. 281; Tugwell, R., S. 50
67 Siehe US Congress: *Congressional Record,* Vol. 87, pt. 7, S. 7217
68 Tagebuch Iwan Maiskis, Eintragung vom 17. 10. 1939. In: *AWPS*
69 Siehe *Sowjetsko-amerikanskie otnoschenia.* Bd. 1, S. 109–111
70 Siehe Niedhart, Gottfried, S. 184
71 Siehe Dulles, John Foster: *Long Range Peace Objectives Including an Analysis of the Roosevelt-Churchill Eight Point Declaration.* New York, 1941, S. 1, 3 f., 12 f., 26
72 Ritter, Gerhard, S. 340
73 Butler, J. R. M./Gwyer, J. M. A., S. 118
74 Sherwood, Robert, Bd. 1, S. 118
75 Butler, J. R. M./Gwyer, J. M. A., S. 124 f.; Brown, A. C., S. 205
76 Siehe Watson, M. S., S. 340

77 Siehe Matloff, Maurice/Snell, Edwin, S. 78 f.
78 Sherwood, Robert, S. 323–331. Hervorhebungen vom Verfasser
79 Siehe auch Matloff, Maurice/Snell, Edwin, S. 62, 86
80 Ebenda, S. 205 f., 249–251. Donovan setzte sich für ein »indirektes Vorgehen« ein und versuchte Roosevelt ständig davon zu überzeugen, daß die Strategie der OSS in ihrer Wirksamkeit mit anderen durchaus mithalten könne. – Siehe Brown, A. C., S. 217
81 Matloff, Maurice, S. 278; siehe auch Sherwood, Robert, S. 328–331
82 Watson, M. S., S. 343 f.; Matloff, Maurice/Snell, Edwin, S. 80
83 Siehe *Briefwechsel*, S. 14–16. Zur Chronologie des sowjetisch-britischen Disputs um die zweite Front Semskow, I.: *Diplomatitscheskaja istoria wtorogo fronta.* Moskau, 1982, S. 20–29
84 *Sowjetsko-angliskie otnoschenia wo wremja Welikoi Otetschestwennoi Woiny.* Moskau, 1983, Bd. 1, S. 118
85 Churchill, Winston, Bd. III, 2, S. 106. Siehe dazu auch Butler, J. R. M./Gwyer, J. M. A., S. 164 f., 168–170
86 Ebenda, S. 166–168
87 Ebenda, S. 96
88 *FRUS,* 1941, Vol. 1, S. 838
89 Siehe *Sowjetsko-amerikanskie otnoschenia,* Bd. 1, S. 116
90 Ebenda, S. 119
91 Siehe ebenda, S. 121–126, 131
92 *Briefwechsel,* S. 41
93 *Wneschnjaja politika Sowjetskogo Sojusa w period otetschestwennoi woiny.* Moskau, 1946, Bd. 1, S. 41 f. Hervorhebungen vom Verfasser
94 An der Schlacht bei Moskau nahmen auf beiden Seiten etwa drei Millionen Soldaten und Offiziere teil, die mit fast 2000 Panzern, über 20 000 Geschützen und Minenwerfern kämpften. Um die gestellten Aufgaben zu lösen, warf das Oberkommando der UdSSR hier etwa die Hälfte der ihr zur Verfügung stehenden Kräfte in den Kampf, Deutschland fast ein Drittel des Bestandes der Wehrmacht. Nur zum Vergleich: Die deutsche Armeegruppe, die in der weithin bekannten Operation bei El Alamein eingesetzt war, bestand aus ganzen vier Divisionen, etwa 60 000 bis 70 000 Mann.
95 Siehe *Kriegswende,* S. 207; *Unternehmen Barbarossa,* S. 145 f.
96 Siehe *Kriegswende,* S. 208
97 Siehe ebenda, S. 209
98 *Unternehmen Barbarossa,* S. 162 f. In dem Gesuch von Feldmarschall von Brauchitsch, ihn vom Posten des Oberbefehlshabers des Heeres zu entbinden, stellte er fest, der Ostfeldzug müsse »als verloren bezeichnet werden«.
99 Siehe Wosnessenski, N.: *Woennaja ekonomika SSSR w period otetschestwennoi woiny.* Moskau, 1948, S. 41–43, 56–60
100 Auf das Jahr 1941 entfällt nicht weniger als die Hälfte aller unwiederbringlichen Verluste, die die Sowjetunion auf den Schlachtfeldern des Zweiten Weltkrieges erlitt – insgesamt 8,7 Millionen Tote, an Verlet-

zungen und in der Gefangenschaft Verstorbene sowie Vermißte. Wenn man die gefallenen Angehörigen der Volksgarde und der Partisanen mitrechnet, die die Armeestatistik nicht einbezieht, dann erhöht sich die Zahl der Opfer im Felde im ersten Kriegsjahr um mindestens eine Dreiviertelmillion.

101 *Congressional Papers,* S. A 3369; siehe auch Butler, J. R. M./Gwyer, J. M. A., S. 87

102 Siehe *Kriegswende,* S. 18, 20, 129 f.

103 Ebenda, S. 45

104 Ebenda, S. 40, 61, 18

105 Ebenda, S. 19, 23

106 Dieser Entwurf sah vor: Eine eingeschränkte Auslegung des »Dreierpaktes« durch Japan; ein defensives Vorgehen der Vereinigten Staaten im Atlantik; die Beendigung des Krieges in China durch eine Übereinkunft zwischen Tschiang Kai-schek und Wang Jingwei, dem Chef der von den Japanern eingesetzten Marionetten-»Regierung für China«. Außerdem war vorgesehen, daß der japanisch-amerikanische Handel in vollem Umfang wiederaufgenommen wurde und die USA Japan beim friedlichen Erwerb von Rohstoffen in Südostasien unterstützen sollten. – Ebenda, S. 46

107 Siehe Junker, D.: *Der unteilbare Weltmarkt. Das ökonomische Interesse in der Außenpolitik der USA von 1933–1941.* Stuttgart, 1975; siehe auch *Kriegswende,* S. 230, 232, 244 f.

108 Die Note der USA vom 26. 10. 1941 wurde in Japan als unannehmbares Ultimatum aufgefaßt. Sie forderte die bedingungslose Annahme der vier Prinzipien – Achtung der territorialen Integrität und Souveränität der Staaten, Nichteinmischung in die inneren Angelegenheiten anderer, Gleichheit, darunter freier Zugang zu den Märkten von Drittländern, sowie völliger Abzug der japanischen Truppen aus Indochina und China, Liquidierung des Wang-Jingwei-Regimes, Abzug aus der Mandschurei und Austritt aus dem »Dreierpakt«. – Siehe *Kriegswende,* S. 23 f.

109 *The Complete Correspondence,* Vol. 1, S. 250. Hervorhebung vom Verfasser
Warum eine »zweimonatige Atempause«? Glaubte man, die UdSSR werde einem Zweifrontenkrieg nicht länger als zwei Monate standhalten?

110 Jakowlew, N. N., S. 407

111 Siehe *Kriegswende,* S. 125; siehe Edmonds, Robin, S. 235
In der Anfangsphase der Beteiligung der USA am Krieg, stellt A. Brown fest, »unterschied sich die amerikanische Militärdoktrin nicht von der des Ersten Weltkrieges«. – Brown, A. C., S. 216. Gerhard Weinberg konstatierte, daß unerklärte Kriege für die USA zur Tradition gehören. – Siehe *Kriegswende,* S. 102 f.

112 Ebenda, S. 72

113 Siehe Ritter, Gerhard, S. 314–316, 545 f.

114 Siehe Eberhardt, B.: *Dietrich Bonhoeffer.* München, 1967, S. 821; Ritter, Gerhard, S. 338
115 Siehe *Sowjetsko-angliskie otnoschenia,* Bd. 1, S. 173 f. Die sowjetische Antwort siehe ebenda, S. 175 f.
116 Siehe Besymenski, Lew: *Rasgadannye sagadki tretjego reicha.* Moskau, 1984, Bd. 1, S. 278–330, 319
117 Siehe Martin, B.: *Friedensinitiativen und Machtpolitik im Zweiten Weltkrieg, 1939–1942.* Düsseldorf, 1974, S. 487 f.; Schacht, Hjalmar: *Abrechnung mit Hitler.* Hamburg, 1948, S. 29
118 Zu den Verbindungen zwischen Donovan und Canaris vor und während des Krieges siehe Brown, A. C., S. 128 f., 132, 271, 293; Braunschweig, P. T.: *Geheimer Draht nach Berlin.* Zürich, 1989, S. 102, 293
119 Siehe *Kriegswende,* S. 221
120 Siehe Brissaud, André, S. 331 ff.
121 Siehe *Unternehmen Barbarossa,* S. 94 f., 96–99, 103
122 Ritter, Gerhard, S. 332, 342
123 Siehe *Kriegswende,* S. 221
124 Butler, J. R. M./Gwyer, J. M. A., S. 80
125 Einschätzungen zur Bedeutung der Niederlage bei Moskau für den gesamten Kriegsverlauf siehe *Unternehmen Barbarossa,* S. 162 f. In dem Bericht des OKW »Die militärische Stärke der Wehrmacht im Frühjahr 1942« wurde festgestellt, daß es »weder beim Personalbestand noch beim Material möglich sein wird, eine völlige Auffrischung der gesamten Heeresgruppe Ost bis zur notwendigen Kampfbereitschaft und Mobilität durchzuführen«. Forscher aus der Bundesrepublik Deutschland räumen ein, daß »es nicht gelang, die deutschen Landstreitkräfte bei Personal und Material wieder auf das Niveau zu bringen, das sie vor Beginn der Schlacht bei Moskau hatten« (S. 168). Und weiter: »Der Sieg der Roten Armee bei Moskau war zweifellos eine ›Zäsur‹ des ganzen Weltkrieges.« (S. 171)

7. Kapitel

1 Böttger, Peter: *Winston Churchill und die Zweite Front (1941–1943).* Frankfurt/Main, 1984, S. 9 ff.
2 Churchill machte sich über den Appell Cripps' lustig, »übermenschliche Anstrengungen« zu unternehmen, um den Zusammenbruch der UdSSR abzuwenden. Das hinderte ihn nicht daran, 1942 bei der Vorbereitung der Operation in Nordafrika (»Torch«) ebenfalls »übermenschliche Anstrengungen« zu fordern.
3 Nicolson, Harold: *Tagebücher und Briefe, 1930–1962.* Frankfurt/Main, 1969, Erster Band, 1930–1941, Eintragung vom 24. Juni 1941, S. 452
4 *Wneschnjaja politika Sowjetskogo Sojusa w period otetschestwennoi woiny.* Moskau 1946, Bd. 1, S. 131 f.

5 Barker, E.: *Churchill and Eden at War.* London, New York, 1978, S. 233
6 Sipols, W.: *Na puti k Welikoi Pobede: sowjetskaja diplomatia w 1941–1945 gg.* Moskau, 1985, S. 89; siehe auch Kitchen, M.: *British Policy Toward the Soviet Union During the Second World War.* London, 1986, S. 109 f.
7 Böttger, Peter, S. 159
8 Das soll nicht so verstanden werden, daß Großbritannien außerstande gewesen wäre, Operationen in Europa durchzuführen, die die Kampffähigkeit Deutschlands empfindlich getroffen hätten. Bei Nutzung der sowjetischen Stützpunkte auf der Krim hätten die Erdölfelder von Ploiesti in Rumänien bis 1942 durchaus in Reichweite britischer Bomber gelegen, ebenso wie die Nickelgruben von Petsamo oder der Erzhafen Narvik, die man aus der Region Murmansk hätte angreifen können.
9 Churchill, Winston, Bd. IV, 1, S. 379
10 Matloff, Maurice, S. 352 f. Hervorhebung vom Verfasser
11 *Istoria wtoroi mirowoi woiny 1939–1945.* Moskau, 1975, S. 186 (Anmerkung), 317
12 Butler, J. R. M./Gwyer, J. M. A., S. 243
13 Ebenda, S. 244
14 Ebenda, S. 245
15 Churchill, Winston, Bd. III, 2, S. 313. Hervorhebung vom Verfasser.
16 Ebenda, S. 315, 318
17 Ebenda, S. 318–322. Hervorhebung vom Verfasser
18 Ebenda, S. 322–326
19 Ebenda, S. 326
20 Matloff, Maurice/Snell, Edwin, S. 118 f. Hervorhebung vom Verfasser
21 *FRUS. The Conferences at Washington,* S. 44–47, 50–53
22 Ebenda, S. 54 f.
23 Ebenda, S. 62
24 Sherwood, Robert, S. 355
25 *FRUS. The Conferences at Washington,* S. 210, 214 f.
26 Ebenda, S. 214–217; Sherwood, Robert, S. 368. Hervorhebungen vom Verfasser
27 Dazu schreibt A. Brown: »Von dem Augenblick an, da Churchill seine Kombination orthodoxer und unorthodoxer Methoden der Kriegsführung vorschlug, war sein einziger Verbündeter in der amerikanischen Hierarchie außer Roosevelt nur noch Donovan.« – Brown, A. C., S. 205
28 Matloff, Maurice/Snell, Edwin, S. 79
29 Sherwood, Robert, S. 359 f.
30 Churchill, Winston: *Der Zweite Weltkrieg* (einbändige Ausgabe). Bern, München, Wien, 1985, S. 586
31 Matloff, Maurice, S. 154
32 Ebenda, S. 73, 40
33 Siehe *Sowjetsko-amerikanskie otnoschenia,* Bd. 1, S. 179
34 Sherwood, Robert, S. 458
35 Matloff, Maurice/Snell, Edwin, S. 182

36 Siehe Kulisch, W.: *Istoria wtorogo fronta.* Moskau, 1971, S. 120
37 Matloff, Maurice/Snell, Edwin, S. 183 f. Hervorhebung vom Verfasser
38 Ebenda, S. 186 f.
39 Ebenda, S. 189
40 Siehe Kimball, Warren, Vol. 1, S. 379 ff.
41 Ebenda, S. 390–393
42 Ebenda, S. 398 f.
43 Siehe *Sekretnaja perepiska,* Bd. 1, S. 216
44 Kimball, Warren, S. 404 ff.
45 Ebenda, S. 394 f.
46 Siehe Butler, J. R. M./Gwyer, J. M. A., S. 432 f.
47 Matloff, Maurice/Snell, Edwin, S. 202 f.
48 Butler, J. R. M./Gwyer, J. M. A., S. 433 f. Hervorhebung vom Verfasser
49 Siehe Matloff, Maurice/Snell, Edwin, S. 210
50 Siehe Butler, J. R. M./Gwyer, J. M. A., S. 437
51 Ebenda, S. 439 f.; Kimball, Warren, S. 398 f.
52 Sherwood, Robert, S. 418 f.
53 Kimball, Warren, S. 421
54 Die operative Abteilung wurde am 23. März 1942 auf der Grundlage der aufgelösten Abteilung Kriegsplanung eingerichtet, die ebenfalls Eisenhower geleitet hatte.
55 Matloff, Maurice/Snell, Edwin, S. 211 f. Hervorhebung vom Verfasser
56 Ebenda, S. 214 f. Hervorhebung vom Verfasser
57 Ebenda, S. 218
58 Brayant, A.: *The Turn of the Tide.* New York, 1957, S. 355 f.
59 Butler, J. R. M./Gwyer, J. M. A., S. 433
60 Sherwood, Robert, S. 437
61 Churchill, Winston, Bd. IV, 1, S. 373
62 *Sekretnaja perepiska,* Bd. 1, S. 233
63 Matloff, Maurice/Snell, Edwin, S. 221
64 Siehe Kimball, Warren, S. 466
65 Ebenda, S. 438 f.
   Dabei wußte Churchill, wie übrigens auch Roosevelt, daß die Lieferungen an die UdSSR nicht erhöht, sondern im Gegenteil reduziert wurden.
66 Brayant, A., S. 287
67 *Memoirs of General Lord Ismay.* New York, 1960, S. 250. Hervorhebung vom Verfasser
68 Matloff, Maurice/Snell, Edwin, S. 255–258. Hervorhebung vom Verfasser.
69 *Sowjetsko-amerikanskie otnoschenia,* Bd. 1, S. 158–160
70 Ebenda, S. 162 f. Hervorhebung vom Verfasser
71 Siehe ebenda, S. 164 f.
72 Siehe *Briefwechsel,* S. 50. Die Botschaft ging am 12. 3. 1942 ein.
73 Siehe Butler, J. R. M./Gwyer, J. M. A., S. 453 f.
74 Churchill, Winston, Bd. IV, 1, S. 375

75 Ebenda, S. 375–377
76 Ebenda
77 Brayant, A., S. 359 f.
78 Churchill, Winston, S. 395 f.
79 Siehe Sherwood, Robert, S. 452
80 *Sowjetsko-amerikanskie otnoschenia*, Bd. 1, S. 176–178
81 Ebenda, S. 178 f.
   Nach Moskau zurückgekehrt, sagte Molotow dem Botschafter der USA,
   der Krieg könnte 1942, gewiß aber 1943 gewonnen werden.
82 Ebenda, S. 180
83 Marshall bekannte später: »Für Deutschland und Japan war damals
   (1942) die Weltherrschaft zum Greifen nahe. Uns aber ist bis heute noch
   nicht wirklich klargeworden, wie dünn der Faden war, an dem
   das Schicksal der Vereinten Nationen hing. Der Ehrlichkeit halber
   müssen wir sagen, daß unsere Rolle bei der Abwendung der Katastrophe in jenen Tagen uns keine Ehre macht.« – *General Marshall's
   Report. The Winning of the War in Europe and the Pacific.* Washington,
   1945, S. 64
84 Kimball, Warren, S. 503 f. Hervorhebung vom Verfasser
85 Siehe *Sowjetsko-amerikanskie otnoschenia*, Bd. 1, S. 191
   Der Gedanke, die Lieferungen an die UdSSR zu reduzieren, entstand in
   Wirklichkeit lange vor den Verhandlungen mit Molotow über die zweite
   Front. Er wurde im Zusammenhang mit der Verlegung amerikanischer
   Truppen in den Fernen Osten und nach Nordafrika erwogen. In den
   Plänen, die Termine und Dringlichkeit der Lieferungen von Waffen und
   Rüstungsmaterial festhielten, stand die Sowjetunion im Februar 1942
   an achter Stelle. – Siehe Sherwood, Robert: *Roosevelt i Hopkins.* Moskau, 1957, S. 36–40, 91, 180, 188 f.
86 Sherwood, Robert, S. 468
87 *Sowjetsko-amerikanskie otnoschenia*, Bd. 1, S. 192
88 Ebenda, S. 193 f.
89 Ebenda, S. 203. Hervorhebung vom Verfasser
90 *Sekretnaja perepiska*, Bd. 1, S. 248
91 Matloff, Maurice/Snell, Edwin, S. 271
92 Siehe Churchill, Winston, Bd. IV, 1, S. 401–413
93 Ebenda, S. 397 f. Hervorhebung vom Verfasser
94 Siehe Matloff, Maurice/Snell, Edwin, S. 273 f.
95 Siehe ebenda, S. 274 f., 278 f.; *Sekretnaja perepiska*, Bd. 1, S. 252
96 »Bolero« bezeichnet hier nur den Plan zur Konzentration amerikanischer Truppen und Kriegstechnik in Großbritannien ohne Hinweis auf
   ihren möglichen operativen Einsatz.
97 Churchill, Winston, S. 440 f. Hervorhebung vom Verfasser
98 Das OSS arbeitete nicht ohne Wissen Roosevelts Pläne aus, wie die USA
   in Zusammenarbeit mit dem Vichy-Regime die Kontrolle über Nordafrika herstellen könnten. Die andere Seite der Medaille bestand darin, daß
   die Vichy-Regierung auch genutzt wurde, um Brücken zum Gegner zu

schlagen. Donovan berichtete dem Präsidenten am 26. 6. 1942 darüber, daß man auf einen »Frieden zwischen den ›Achsenmächten‹ und den Alliierten« durch Vermittlung einiger Politiker hinarbeite, die sich um die profaschistische Worms-Bank gruppierten.
Siehe Brown, A. C., S. 238 f., 245, 257 f.

99 Sherwood, Robert, S. 479; Matloff, Maurice/Snell, Edwin, S. 280
100 Matloff, Maurice/Snell, Edwin, S. 281 f.
Donovans Theorie, Deutschland mit Hilfe von Spezialaktionen in die Knie zu zwingen, hielten die Militärs für »unethisch, nicht gentlemanlike und abstoßend«. – Brown, A. C., S. 217
101 Matloff, Maurice/Snell, Edwin, S. 282 f.
102 Sherwood, Robert: *Roosevelt i Hopkins*, Bd. 2, S. 221
103 Siehe *Sekretnaja perepiska*, Bd. 1, S. 252
104 Kimball, Warren, S. 520 f.
105 Ebenda, S. 523
106 Matloff, Maurice/Snell, Edwin, S. 378
107 Kimball, Warren, S. 529
108 Churchill, Winston, Bd. IV, 2, S. 35 f.
109 Sherwood, Robert, Bd. 2, S. 232
110 Matloff, Maurice/Snell, Edwin, S. 312–315. Hervorhebung vom Verfasser
111 Ebenda, S. 319–322
112 Sherwood, Robert, S. 493
113 Ebenda. Siehe auch Matloff, Maurice/Snell, Edwin, S. 322 f.
Den Text der Instruktion zitiert Churchill und deutet dabei an, er habe nicht allein die zweite Front abgelehnt. – Siehe Bd. IV, 2, S. 39–42
114 Matloff, Maurice/Snell, Edwin, S. 323. Bei Robert Sherwood sind die Punkte 4 und 5 etwas anders formuliert: »4. Verstärkung der Briten durch amerikanische Truppen für eine dortige Offensive; 5. amerikanische Operationen durch Iran hindurch nach dem Kaukasus.« – S. 497
115 Siehe Matloff, Maurice/Snell, Edwin, S. 325 f.; Butler, J. R. M./Gwyer, J. M. A., Seite 485 folgende
116 Das Telegramm ist nicht im Wortlaut veröffentlicht. Eine kurze Darlegung findet sich bei Butler und Gwyer, siehe S. 485. Der Premierminister triumphierte und taufte sein Lieblingsprojekt sogleich in »Torch« (»Fackel«) um, wodurch alle bisher gebrauchten Codenamen (»Gymnast«, »Supergymnast« und »Halfgymnast«) hinfällig wurden. – Siehe Churchill, Winston, S. 45–47
117 Siehe Butler, J. R. M./Gwyer, J. M. A., [priloshenie] IV, S. 519 f.
118 Matloff, Maurice/Snell, Edwin, S. 328–330
119 Kimball, Warren, S. 541 ff. Hervorhebung vom Verfasser
Der Text des Telegramms, wie er in Bd. IV, 2 der Memoiren Churchills veröffentlicht ist, wurde nicht nur kosmetisch bearbeitet. Statt von »List« wie bei Kimball ist dort von »Täuschung« die Rede. Der Einsatz der Fliegerstaffeln wird nicht erwähnt und auch die Reihenfolge der Sätze wurde verändert. – Siehe S. 47 f.

120 Kimball, Warren, S. 543 f. Hervorhebung vom Verfasser
121 Dills Bericht siehe Butler, J. R. M./Gwyer, J. M. A., S. 487. Hervorhebung vom Verfasser
122 Siehe Matloff, Maurice/Snell, Edwin, S. 331
123 Churchill, Winston, S. 50
Eisenhower hoffte vergeblich darauf, Churchill werde nach dem Gespräch mit ihm Operation »Torch« für unvereinbar mit der Forderung der UdSSR nach Eröffnung einer zweiten Front und Unterstützung mit Rüstungsmaterial betrachten. – Siehe Brief Eisenhowers an Marshall vom 21. 9. 1942. In: Matloff, Maurice/Snell, Edwin, S. 374
124 Kimball, Warren, S. 602 ff.
125 *Briefwechsel*, S. 72
126 Kimball, Warren, S. 545 f. Hervorhebung vom Verfasser
127 Ebenda, S. 546–550; Sherwood, Robert, S. 502. Hervorhebung vom Verfasser
128 Siehe *Perepiska*, Bd. 2, S. 27
129 *Sowjetsko-amerikanskie otnoschenia*, Bd. 1, S. 219–221
130 Siehe ebenda, S. 265–283; Kimball, Warren, S. 560 f.; Sherwood, Robert, S. 502–508; Churchill, Winston, Bd. IV, 2, S. 78–87
131 Churchill, Winston, S. 96. Hervorhebung vom Verfasser. Indem Großbritannien und die USA »Torch« zur zweiten Front erklärten, entledigten sie sich gleichsam der Notwendigkeit, ihre Lieferverpflichtungen gegenüber der Sowjetunion in vollem Umfang zu erfüllen.
132 Kimball, Warren, S. 569 f.; Churchill, Winston, S. 107
133 *Briefwechsel*, S. 494
134 Matloff, Maurice/Snell, Edwin, S. 355. Hervorhebung vom Verfasser
135 Churchill, S. 140 f.
136 Kimball, Warren, S. 602 ff. Hervorhebung vom Verfasser
137 *Sekretnaja perepiska*, Bd. 1, S. 291. Hervorhebung vom Verfasser
138 *Briefwechsel*, S. 89 f.
139 Siehe Churchill, Winston, S. 184
140 Matloff, Maurice/Snell, Edwin, S. 381–387
141 *Sowjetsko-amerikanskie otnoschenia*, Bd. 1, S. 268
142 Ebenda, S. 269
143 Siehe die Niederschrift des Gesprächs Stalins mit Bradley am 6. Oktober 1942. In: *Sowjetsko-amerikanskie otnoschenia*, Bd. 1, S. 246
144 Ebenda, S. 233, 235
145 *Sekretnaja perepiska*, Bd. 1, S. 251
146 Siehe *Memorandum der operativen Abteilung vom 21. 8. 1942*. In: Matloff, Maurice/Snell, Edwin, S. 344, 350 f., 366
147 Siehe ebenda, S. 375
148 *Sekretnaja perepiska*, Band 1, S. 322–324. Hervorhebung vom Verfasser
149 Kimball, Warren, S. 643; Sherwood, Robert. S. 522
150 Eisenhower: Die Ereignisse »entsprechen nicht entfernt den früheren Erwartungen«. – Sherwood, Robert, S. 532

Churchill beeilte sich zu erklären, daß »wir weder militärisch noch politisch einen direkten Einfluß auf den Verlauf der Dinge haben«. – Ebenda. S. 534

151 *Sekretnaja perepiska*, Bd. 1, S. 324 f.; Sherwood, Robert, S. 537
152 *Sekretnaja perepiska*, Bd. 1, S. 329 f.
153 Siehe *Sowjetsko-amerikanskie otnoschenia*, Bd. 1, S. 262 f.; siehe auch Edmonds, Robin: *Die Großen Drei*. Berlin, 1992, S. 268 f.
154 Siehe Lebedewa, N. S.: *Besogoworotschnaja kapituljazia agressorow*. Moskau 1989, S. 70
155 Matloff, Maurice/Snell, Edwin, S. 334 f., 340
156 Siehe Butler, J. R. M./Gwyer, J. M. A., S. 492–495
157 Tippelskirch, Kurt von, S. 254
158 Siehe Martin, G.: *Bratstwo bisnessa (Potschtennye wse ljudi ...)*. Moskau, 1951
159 Siehe Butler, J. R. M./Gwyer, J. M. A., S. 123
160 Siehe Matloff, Maurice, S. 158–160, 239–242, 358
161 Siehe Hoffmann, Peter, S. 274 f.; Eberhardt, B., S. 811, 848, 860 f.; Ritter, Gerhard, S. 343
162 Hoffmann, Peter, S. 266 ff., 274
163 Siehe Ritter, Gerhard, S. 342 ff.
164 Brown, A. C., S. 271. Hervorhebung vom Verfasser
165 Siehe ebenda
166 *Sowjetsko-angliskie otnoschenia*, Bd. 1, S. 294

8. Kapitel

1 *The Memoirs of Cordell Hull*. New York, 1948, Vol. 2, S. 1465
2 Sherwood, Robert, S. 571
3 Matloff, Maurice/Snell, Edwin, S. 423
   Zum Vergleich einige deutsche Einschätzungen: Auf einer Besprechung in Poltawa am 9. Mai 1942 erklärte Hitler: »Ich brauche das Erdöl vom Kaukasus und von der Wolga, sonst kann ich diesen Krieg als verloren abschreiben.« Das Jahr 1943 wurde zum Jahr der »zusammengebissenen Zähne« proklamiert, da es auf die strategische Verteidigung an allen Fronten ankam. Als sich ein Schlag der Roten Armee an der Südflanke abzeichnete, sagte Hitler voraus: Wenn das Donezbecken verlorengeht, »ist der Krieg in elf Monaten zu Ende«.
4 Matloff, Maurice/Snell, Edwin, S. 419
5 Kimball, Warren, Vol. 1, S. 668 f.
6 Churchill, Winston, Bd. IV, 2, S. 271–273. Hervorhebung vom Verfasser
7 Matloff, Maurice/Snell, Edwin, S. 434–439
8 Jakowlew, N., S. 425
9 Sherwood, Robert, S. 492
10 Ebenda, S. 570

11 Siehe Jordan, V. M.: *Welikobritania, Franzia i germanskaja problema w 1918–1939 gg. Moskau,* 1945, S. 23, 31
12 ADAP. Ser. E, Bd. 3, Dok. 137
13 Heideking, Jürgen/Mauch, Christof (Hrsg): *USA und deutscher Widerstand,* (fortan: *USA und Widerstand*). Tübingen, 1993, S. 141
14 *Widerstand,* S. 746, 985, 1004
15 Direktive des Präsidenten für Averell Harriman. In: Sherwood, Robert, S. 679 f.
16 Ebenda, S. 570
17 Matloff, Maurice, S. 70, 72–74
18 Ebenda. Siehe auch Ehrman, J.: *Bolschaja strategia. Awgust 1943–sentjabr 1944.* Moskau, 1958, S. 42
19 Matloff, Maurice, S. 77–80
20 Ebenda, S. 80 f., 88
21 Ebenda, S. 115, 156–169
22 Churchill, Winston, Bd. IV, 2, S. 375 f.
23 Sherwood, Robert, S. 572
24 Churchill, Winston, S. 377 f.
25 Ebenda, S. 378 f.
26 *Sekretnaja perepiska,* Bd. 1, S. 361, 363
27 Churchill, Winston, S. 379, 381 f.
28 *Sekretnaja perepiska,* Bd. 1, S. 363; Churchill, Winston, S. 382 f.
29 Churchill, Winston, S. 384 f.
30 Ende 1943 setzte sich in dem Konsultativkomitee, das Fragen der Nachkriegspolitik der USA behandelte, die Meinung durch, die Teilung Deutschlands in mehrere unabhängige Staaten sei nicht zweckmäßig. Siehe Pautsch, Ilse: *Die territoriale Deutschlandplanung des amerikanischen Außenministeriums 1941–1943.* Frankfurt/Main, 1990, S. 111, 273
31 Sherwood, Robert, S. 586 f. Hervorhebung vom Verfasser
32 Siehe *Sowjetsko-amerikanskie otnoschenia,* Bd. 1, S. 314–316
33 Aufzeichnungen William Leahys. Wie Maurice Matloff feststellt, wird der Inhalt der Debatten im Weißen Haus am 2. und 8. Mai 1943 in den offiziellen Dokumenten und Papieren Roosevelts und Hopkins' nicht wiedergegeben. – Matloff, Maurice, S. 171 f.
34 *Sekretnaja perepiska,* Bd. 1, S. 375–378
35 *Sowjetsko-amerikanskie otnoschenia,* Bd. 1, S. 328 f. Hervorhebung vom Verfasser
36 Ebenda, S. 330 f.
37 *Sekretnaja perepiska,* Bd. 1, S. 386 f.
38 *Sowjetsko-amerikanskie otnoschenia,* Bd. 1, S. 386 f.
39 Siehe die Information Beaverbrookes an Hopkins vom Juni 1943. In: Sherwood, Robert, S. 599 f.
40 Siehe Schellenberg, Walter, S. 300 ff.
41 Siehe Smith, R. H., S. 210
42 Brown, A. C., S. 293
43 Smith, R. H., S. 213 f.; Hoffmann, Peter, S. 276

44 Siehe Smith, R. H., S. 215; Brown, A. C., S. 276; *USA und Widerstand,* S. 70–80

45 Siehe Hoffmann, Peter, S. 277; *USA und Widerstand,* S. 52–69

46 Ritter, Gerhard, S. 349–351

47 Ebenda, S. 351 ff.

48 Ebenda, S. 354, 551 ff.; siehe auch Eichholz, Dietrich/Schumann, Wolfgang: *Anatomie des Krieges.* Berlin, 1969, Dok. 236

49 Siehe Pautsch, Ilse, S. 270–278

50 Siehe Tippelskirch, Kurt von, S. 346 f.

51 *Sekretnaja perepiska,* Bd. 1, S. 405
   Churchill bat darum, »nicht zu wählerisch bei der Kontaktaufnahme mit jeglicher nichtfaschistischer Regierung zu sein, selbst wenn sie unseren Wünschen nicht voll und ganz entspricht«. »Jetzt, da Mussolini gestürzt ist, bin ich bereit, mich mit jeder nichtfaschistischen Regierung einzulassen, die in der Lage ist, die übernommenen Verpflichtungen zu erfüllen.« Mit jeder, außer, natürlich, einer Linksregierung.

52 Churchill, Winston, Bd. V, 1, S. 71–74

53 Nach Robert Sherwood versuchte Außenminister Hull gegenüber Italien eine ähnliche Politik zu betreiben, wie vorher bereits gegenüber dem Vichy-Regime. – Sherwood, Robert, Bd. 2, S. 443

54 Churchill, Winston, S. 69

55 *Die unheilige Allianz. Stalins Briefwechsel mit Churchill 1941–1945.* Reinbek, 1964, S. 192

56 *FRUS. Diplomatic Papers,* 1943, Vol. II, S. 335. Hervorhebung vom Verfasser

57 Siehe Churchill, Winston, S. 69

58 Churchill, der voraussah, daß sich hier für ihn wenig schmeichelhafte Parallelen ergeben konnten, erklärte am 21. September 1943 im Unterhaus, daß man mit Deutschland strenger verfahren werde. Jedoch auch hier gelte es nicht, das Volk, sondern die Nazityrannei und den preußischen Militarismus zu verfolgen. – Churchill, Winston, S. 186 f.

59 *National Archives of USA.* File YCS, USSR 9–13–43. Zitiert nach: *Neue Zeit,* Moskau, Nr. 2, 1986, S. 18–22

60 Siehe Rsheschewski, Oleg: *Woina i istoria.* Moskau, 1984, S. 41 f.

61 Brown, A. C., S. 354; Matloff, Maurice, S. 219–222, 231

62 Matloff, Maurice, S. 234–236

63 Ebenda, S. 236 f., 274, 277, 279

64 Siehe *Sekretnaja perepiska,* Bd. 1, S. 415 f.; Matloff, Maurice, S. 286–288, 290 f.

65 *Sowjetsko-amerikanskie otnoschenia,* Bd. 1, S. 363 f.

66 Fuller, G.: *Wtoraja mirowaja woina 1939–1945. Strategitscheski i taktitscheski obsor.* Moskau, 1956, S. 343

67 Rsheschewski, Oleg, S. 162–166

68 *Sekretnaja perepiska,* Bd. 1, S. 420–422

69 Siehe Matloff, Maurice, S. 332

70 Siehe Churchill, Winston, S. 237–261

71 Matloff, Maurice, S. 351–353. Hervorhebung vom Verfasser
72 *Sowjetsko-amerikanskie otnoschenia,* Bd. 1, S. 351 f.
73 Ebenda, S. 359
74 Siehe *Sekretnaja perepiska,* Bd. 1, S. 394
75 Welche Stimmung sich in Washington entwickelte, zeigt ein Schreiben Stimsons an Roosevelt vom 10. August 1943: »Wie Großbritannien haben auch wir die klare Verpflichtung abgegeben, die zweite Front zu eröffnen. Wir sollten nicht glauben, daß auch nur eine einzige unserer Operationen, die nicht mehr als Nadelstiche sind, Stalin irreführen und ihn glauben machen könnten, wir seien unseren Verpflichtungen treu.« – Stimson, Henry/Bundy, M.: *On Active Service in Peace and War.* New York, 1946, S. 438
76 Siehe *Briefwechsel,* S. 564–567
77 Matloff, Maurice, S. 365
78 *Sekretnaja perepiska,* Bd. 1, S. 438–441. Hervorhebung vom Verfasser. In Churchills Memoiren ist das Telegramm in einer »abgeschwächten« Fassung wiedergegeben. – Siehe Churchill, Winston, S. 358–360
79 *Sekretnaja perepiska,* Bd. 1, S. 443 f. Hervorhebung vom Verfasser. Siehe auch Churchill, Winston, S. 361
80 Churchill, Winston, S. 362
81 Der Gedanke, die UdSSR könnte aus dem Krieg gegen Deutschland ausscheiden – zunächst wegen ihrer relativen Schwäche, aber nach Stalingrad auf Grund ihrer neuerworbenen Stärke –, verfolgte die amerikanischen Stäbe wie ein Alptraum. Wenn man die Dokumente zusammenfaßt, kristallisiert sich als Hauptgrund für ihre Sorge die »entscheidende Bedeutung der Kriegsanstrengungen der Sowjetunion« für den Sieg über Deutschland heraus. Wäre die UdSSR aus dem Krieg ausgeschieden, dann hätte dies, unabhängig von den Gründen, die Unverletzlichkeit des Reiches bedeutet. Der Ausgang des gesamten Krieges wäre wieder offen gewesen. – Siehe Stolper, Mark A.: *The Soviet Union and the Second Front in American Strategic Planning, 1941–1942.* Department of History, University of Vermont, Oktober 1986, S. 5, 11, 13. George Marshall schätzte ein, die Sowjetunion könnte einen Separatfrieden für »gerechtfertigt« halten, wenn die Verbündeten »im Westen keine Großoffensive einleiten«. – ICS 4th meeting, March 7, 1942, CCS 381 (3–5–42) (2), Record Group 218, National Archives
82 Matloff, Maurice, S. 371
83 Siehe *Sowjetski Sojus na meshdunarodnych konferenziach perioda Welikoi Otetschestwennoi woiny 1941–1945 gg.* Bd. 1: *Moskowskaja konferenzia* (fortan: *Moskowskaja konferenzia*). Moskau, 1978
84 Matloff, Maurice, S. 368
85 Ebenda, S. 372, 403. Hervorhebung vom Verfasser
86 *Moskowskaja konferenzia,* S. 299, 316, 343 f.
87 *Sekretnaja perepiska,* Bd. 2, S. 449; Matloff, Maurice, S. 406–413; Sherwood, Robert, Bd. 2, S. 381
88 Churchill, Winston, Bd. V, 2, S. 20–22

89 Sherwood, Robert, S. 644 f.
90 Churchill, Winston, S. 70
   Diese Warnung Stalins brachte Stimson offenbar auf den Gedanken,
   wenn die Russen ihre alte Staatsgrenze erreicht hätten, könnten sie
   ihren Vormarsch stoppen, da damit »das strategische Hauptziel ihrer
   Verteidigung erreicht« sei. – Siehe Matloff, Maurice, S. 472
91 *Sowjetsko-amerikanskie otnoschenia*, Bd. 1, S. 453 f., 459
92 *FRUS*, 1943, Bd. 1, S. 490
93 Siehe Schellenberg, Walter, S. 279, 283, 294 f., 309 f., 313, 327 ff., 350 ff.;
   Smith R. H., S. 202; Hoffmann, Peter, S. 448; Ritter, Gerhard, S. 449;
   Stehle, H.: *Geheimdiplomatie im Vatikan*. Zürich, 1993, S. 224–228
94 In den Dokumenten des OSS wird die Abwehr unter dem Codenamen
   »Organisation 659« geführt. Manchmal bezeichnete man mit »659«
   auch Canaris persönlich. Dem OSS war bekannt, daß die Abwehr die
   meisten Auslandskontakte der Opposition überwachte. Ihre Beteiligung an einer Aktion galt gleichsam als Empfehlung.
95 Heideking, Jürgen/Mauch, Christof (Hrsg.): *Geheimdienstkrieg gegen
   Deutschland* (fortan: *Geheimdienstkrieg*). Göttingen, 1993, S. 18
96 Ebenda, S. 22, 47. »Wir werden den Russen auf keinen Fall die BREA-
   KERS-Korrespondenz zeigen.« – Donovan an Bruce, 26. 7. 1944
97 *Geheimdienstkrieg*, S. 16 f., 21 f.
98 Siehe ebenda, S. 22
99 *USA und Widerstand*, S. 19
100 Ebenda, S. 24. – Telegramm Allan Dulles' an das OSS in Washington,
    19. 8. 1943. Hervorhebung im Original
101 *Geheimdienstkrieg*, S. 24
102 Siehe Hoffmann, Peter, S. 278 f.; *USA und Widerstand*. S. 52–61
103 Moltke, Freya von/Balfour, Michael/Frisby, Julian: *Helmuth James von
    Moltke 1907–1945*. Stuttgart, 1975, S. 264 f.
104 Brown, A. C., S. 364; Moltke, Freya von, S. 268; Hoffmann, Peter, S. 278 f.,
    743
105 Siehe *USA und Widerstand*, S. 62 f.
106 Siehe Moltke, Freya von, S. 268
107 Im Dezember 1941, als neun von zehn Politikern und Generalen in
    Washington jeden Tag mit der Frage begannen, ob die Sowjetunion
    noch nicht zusammengebrochen sei, schrieb der für Geheimdienst-
    operationen zuständige stellvertretende Außenminister Adolf A. Ber-
    le in sein Tagebuch: »... Die Niederlage Deutschlands macht Rußland
    zur einzigen bedeutenden Kraft auf dem Kontinent, und es wird diese
    Position voll nutzen.« Weiter sagte er voraus, daß der Kommunismus
    in Europa zum »Herrn der Lage« werden wird. – Pautsch, Ilse, S. 273 f.
108 Moltke, Freya von, S. 268; Hoffmann, Peter, S. 279
109 Siehe ebenda, S. 280 f.
110 *Sekretnaja perepiska*, Bd. 2, S. 7
    Vorher hatte die *Prawda* bereits Allan Dulles die Stimmung verdorben,
    weil sie seine Begegnung mit dem SD-Agenten Maximilian von Hohen-

543

lohe öffentlich machte, der empfohlen hatte, auf Himmler als Politiker zu setzen, der Frieden mit den Angelsachsen wolle. – *Geheimdienstkrieg,* S. 42. Im Dezember 1943 sandte Himmler über Schweden eine Mitteilung nach London und Washington, in der er darum bat, einen Armeeoffizier und einen Parteifunktionär zu Gesprächen mit britischen (amerikanischen) Vertretern zu empfangen. Diese sollten genauere Angaben über die Formel von der »bedingungslosen Kapitulation« einholen. Cordell Hull erwähnt diesen Fakt in seinen Memoiren und fügt hinzu, Himmler habe eine Absage erhalten. Soweit bekannt, wurde die Sowjetunion über diesen »Versuchsballon« nicht informiert. Es gibt keinerlei Angaben über Reaktionen Großbritanniens oder eine Mitteilung von dort nach Moskau. – Hull, Cordell, Vol. 2, S. 1573

9. Kapitel

1 Siehe Matloff, Maurice, S. 549
2 Hilsman, R.: *Strategitshesckaja raswedka i polititscheskie reschenia.* Moskau, 1957, S. 27
3 Siehe *Moskowskaja konferenzia,* S. 198–201
4 Sherwood, Robert, Bd. 2, S. 489
5 Auf die Stützpunkte der Air Force und der Marine wandten die Westmächte Punkt 6 der Deklaration der vier Mächte über die allgemeine Sicherheit nicht an: »... Nach Abschluß des Krieges werden sie ihre Streitkräfte nicht auf dem Territorium anderer Staaten einsetzen außer nach gemeinsamen Konsultationen und für Ziele, die diese Deklaration vorsieht.« – *Moskowskaja konferenzia,* S. 198, 347
6 *Sekretnaja perepiska,* Bd. 2, S. 13
7 Matloff, Maurice, S. 354 f. Hervorhebung vom Verfasser
8 Ebenda, S. 562. Hervorhebung vom Verfasser
9 *FRUS. The Conferences at Malta and Jalta,* 1945, S. 107 f.
10 Matloff, Maurice, S. 567. Hervorhebung vom Verfasser
11 Siehe Butler, J. R. M./Gwyer, J. M. A., S. 395–408; Balke, Ulf: *Luftkrieg in Europa.* Koblenz, 1990, Teil 2
12 Matloff, Maurice/Snell, Edwin, S. 415 f.
13 Siehe *The US Strategy. Bombing Survey. Overall Report (European War).* Washington, 1947, S. 23
14 Higham, Charles, S. 139–153. Hervorhebung vom Verfasser. Schweden war neben der Türkei der wichtigste Ausgangspunkt für die geheimdienstliche Tätigkeit der USA gegen die Sowjetunion.
15 Siehe *Sekretnaja perepiska,* Bd. 2, S. 101 f.
16 Ebenda
17 Siehe Forstmeier, F./Wolkmann, H. E. (Hrsg.): *Kriegswirtschaft und Rüstung. 1939–1945.* Düsseldorf, 1977, S. 382

18 Siehe Higham, Charles, S. 89–92, 236
19 Siehe Trepp, G.: *Bankgeschäfte mit dem Feind.* Zürich, 1993; Durrer, M.:
   Die schweizerisch-amerikanischen Finanzbeziehungen im Zweiten Welt-krieg. Bern, Stuttgart, 1984
20 Siehe *Sowjetsko-amerikanskie otnoschenia,* Bd. 2, S. 117 f.
21 *Geheimdienstkrieg,* S. 15. Hier geht es nicht um eine prowestliche und eine proöstliche Strömung, sondern um eine ganz andere Konfiguration. Sie geriet in Vergessenheit, als Dulles (nach der Veröffentlichung in der *Prawda*) die Weisung erhielt, daß der Kanal, der zu Himmler und dessen Umgebung führte, noch besser nach außen abgeschottet werden müsse.
22 Siehe Ritter, Gerhard, S. 380 f.
23 Siehe Dönhoff, Marion Gräfin: *Um der Ehre willen.* Berlin, 1994
24 Ritter, Gerhard, S. 406 f. Hervorhebung vom Verfasser
25 Brown, A. C., S. 527 f.. Übrigens stammt der Terminus »Schwarze Kapelle« von der Gestapo. So nannte man die Operation, in deren Verlauf Regimegegner aus dem konservativen Lager ermittelt und unschädlich gemacht werden sollten.
26 Brown, A. C., S. 527–532. Hervorhebung vom Verfasser
27 Hoffmann, Peter, S. 284, 291, 427; Finker, Kurt: *Graf Moltke und der Kreisauer Kreis.* Berlin, 1993, S. 195 f.
28 *Widerstand,* S. 1047
29 Siehe Smith, R. H., S. 220
30 Ritter, Gerhard, S. 412 f. Hervorhebung vom Verfasser
31 A. Keltennaker nimmt an, daß dieser Bericht Gisevius' eine Fortsetzung und Ergänzung des Beck-Planes und kein davon getrenntes Dokument war. – *Widerstand,* S. 1048
32 Wilhelm Canaris erhielt von den Empfehlungen dieses Planes zum ersten Mal Ende 1943/Anfang 1944 Kenntnis. – Siehe Hoffmann, Peter, S. 295
33 Siehe Smith, R. H., S. 216
34 Siehe *Widerstand,* S. 725
35 Gisevius, Hans Bernd: *To the Bitter End.* Boston, 1947, S. 49
36 *Widerstand,* S. 1048; *USA und Widerstand,* S. 81 f.
37 Dulles, Allan: *Verschwörung in Deutschland.* Kassel, 1949, S. 217 f., 222, 224
38 Aufzeichnung Claus von Stauffenbergs vom Juni 1944. In: Zeller, Eberhard: *Oberst Claus Graf Stauffenberg.* Paderborn, 1994, S. 88
39 Bei einem Zusammentreffen mit Vertretern des Alliierten Oberkommandos wiesen Delestraint und Moulin die Forderung ab, die von ihnen geführten Abteilungen der Résistance dem Stab Eisenhowers zu unterstellen. Als beide auf den Kontinent zurückkehrten, wurden sie verhaftet und kamen in den Kerkern der Gestapo ums Leben.
40 Siehe Ritter, Gerhard, S. 530
   Berichte Kaltenbrunners vom 17. August und 7. September 1944. Nach anderen Angaben ging Allan Dulles bei seinen Versprechungen an die

Verschwörer weiter, als ihm offiziell gestattet war. So erklärte er zum Beispiel bei Begegnungen am 15. und 18. Juli 1944 mit Verbindungsleuten aus Berlin, es sei möglich, daß eine Regierung, die Hitler ablöse, anerkannt werde. – *Widerstand,* S. 1048

41 Siehe Schellenberg, Walter, S. 317, 340

42 Irving, David: *Hitler und seine Feldherren.* Frankfurt/Main, 1975, S. 587 bis 596, 622; Braun, Anthony: *Deutschland im Zweiten Weltkrieg.* Bd. 5, Berlin, 1984, S. 517
Daß die Elbe als Ziel genannt wurde, ist zweifelhaft. Zu jener Zeit gingen die Verschwörer davon aus, daß die Verteidigung gegen die Rote Armee längs der sowjetisch-polnischen Grenze nach dem Stand vom 1. September 1939 gehalten werden könnte.

43 Hitler hatte auf der Besprechung vom 4. März 1944 präziser als Rundstedt und Rommel die Normandie oder die Bretagne als wahrscheinliche Orte der Invasion genannt und Cherbourg als erstrangiges Ziel der Operation angegeben. Beide Feldmarschälle nahmen dagegen an, der Gegner werde die Hauptkräfte in der Mündung der Somme anlanden.

44 Siehe *Sekretnaja perepiska,* Bd. 2, S. 104–107
Im Telegramm Churchills an Roosevelt vom 7. Mai 1944 heißt es, bei den Bombenangriffen auf französisches Gebiet im Zusammenhang mit der Landung rechne man mit 80 000 Opfern unter der Zivilbevölkerung, darunter 20 000 Tote. Ein »präzisierter« Plan ging dann von etwa 10 000 Toten aus. In seiner Antwort an den Premierminister schrieb Roosevelt am 11. Mai 1944: »… Ich habe nicht die Absicht, aus so großer Entfernung einer Operation Beschränkungen aufzuerlegen, die von verantwortlichen Kommandeuren geführt wird, wenn dies nach deren Meinung sich negativ auf Operation ›Overlord‹ auswirken oder die Verluste unserer alliierten Invasionstruppen erhöhen kann.«

45 Siehe Matloff, Maurice, S. 521

46 Hammerstein, Kunrat von: *Spähtrupp.* Stuttgart, 1963, S. 252; Ritter, Gerhard, S. 415 f., 530; Zeller, Eberhard, S. 218. Hervorhebung vom Verfasser

47 Ritter, Gerhard, S. 418 f.

48 Zeller, Eberhard, S. 223; Ritter, Gerhard, S. 419, 530

49 Zeller, Eberhard, S. 201

50 Ebenda, S. 223

51 Siehe *Geheimdienstkrieg,* S. 34, 103

52 Siehe Ritter, Gerhard, S. 419 ff., 530

53 Smith, R. H., S. 221

54 Ebenda
Wilhelm Hoegner, ehemaliger Reichstagsabgeordneter der SPD, emigrierte in die Schweiz und hatte dort Verbindung zu Allan Dulles. Nach dem Kriege war er Ministerpräsident von Bayern.

55 Ritter, Gerhard, S. 427 f. Hervorhebung vom Verfasser

56 Hoffmann, Peter, S. 541

57 *Widerstand,* S. 151, 779

58 Churchill, Winston, Bd. VI, 1, S. 44
59 *MEMO*. Moskau, 1984, Nr. 7, S. 17
60 Irving, David, S. 628, 630, 638
61 Siehe Hoffmann, Peter, S. 518 f.; *Geheimdienstkrieg*, S. 48
62 Irving, David, S. 677
63 *Dopros Keitelja.* In: Wojenno-istoritscheski shurnal, Moskau, 1961, Nr. 9, S. 80 f.; Smith, Bradley/Agarossi, Elena: *Unternehmen »Sonnenaufgang«*. Köln, 1983, S. 86
64 Siehe ebenda, S. 84, 88
65 Hier sind zu erwähnen: Der Besuch des Generals Glaise-Horstenau bei Allan Dulles, wo der General anbot, den anglo-amerikanischen Truppen das Tor nach Österreich zu öffnen; die Sondierung des Rates der deutschen Botschaft beim Vatikan A. von Kassel, ob die Briten bereit seien, in politische Verhandlungen einzutreten, da es »für die gesamte westliche Zivilisation von Nutzen wäre, wenn Deutschland der völligen Zerstörung entginge«; das Angebot des Chefs der Sicherheitspolizei für Italien, General W. Harster, die Nazis sollten sich geordnet von der Apenninenhalbinsel zurückziehen und die freiwerdenden Truppen gegen die Rote Armee einsetzen. Mit dem ehemaligen amerikanischen Botschafter in Berlin, Hugh Wilson, mit General Donovan und Bischof Spellman stand der deutsche Botschafter beim Vatikan, Ernst von Weizsäcker, (über Mittelsmänner) in Kontakt. Er versuchte mit politischen Mitteln eine »Verkürzung des Krieges« zu erreichen. – Siehe Smith, Bradley/Agarossi, Elena, S. 86, 90 f.; Weizsäcker, Ernst von: *Erinnerungen.* München, 1954, S. 584
66 Matloff, Maurice, S. 527
67 *Sekretnaja perepiska,* Bd. 2, S. 161 f. Hervorhebung vom Verfasser
68 Ebenda, S. 163 f.
69 Matloff, Maurice, S. 525
70 Ebenda, S. 542–544, 549. Hervorhebung vom Verfasser
71 Ebenda, S. 545
72 Sherwood, Robert, S. 673
73 Siehe Niedhart, Gottfried, S. 185 f.
74 *Sowjetsko-amerikanskie otnoschenia,* Bd. 2, S. 224. Hervorhebung vom Verfasser
75 Ebenda, S. 230 f. Hervorhebung vom Verfasser
76 Es werden folgende Worte Stalins zitiert: »... Mir scheint, Sie fordern zu viele Rechte für die Vereinigten Staaten und lassen zu wenig für die Sowjetunion und Großbritannien übrig, die übrigens einen Vertrag über gegenseitigen Beistand haben.« – Siehe auch Niedhart, Gottfried, S. 185
77 Sherwood, Robert, Bd. 2, S. 520. Hervorhebung vom Verfasser
78 *Sekretnaja perepiska.* Bd. 2, S. 190
79 Churchill, Winston, Bd. VI, 1, S. 182, 185
80 Ebenda, S. 190
81 Ebenda, S. 193

82 Ebenda, S. 192

83 Wie Henry Morgenthau dem Botschafter der UdSSR in den USA, Andrej Gromyko, mitteilte, entstand der Plan einer »Agrarisierung« Deutschlands in Kontrast zur Instruktion des amerikanischen Kriegsministeriums, mit den Deutschen »milde umzugehen«. Roosevelt erfuhr von dieser Instruktion aus einem Bericht des Finanzministeriums und setzte sie außer Kraft. – Siehe *Sowjetsko-amerikanskie otnoschenia.* Kap. 2, S. 262. Das ist ein weiterer Beweis dafür, welch wichtige Dinge hinter dem Rücken des Präsidenten abliefen.

84 Churchill, Winston, Bd. VI, 1, S. 246, Bd. V, 2, S. 74 f.

85 *Sekretnaja perepiska,* Bd. 2, S. 188 f. Hervorhebung vom Verfasser

86 Ebenda, S. 187

87 Ebenda, S. 180

88 Ebenda, S. 189

89 Auf diesen Kommentar bezog sich Mikolajczyk in einem Telegramm an Roosevelt vom 18. August 1944, in dem er das in London ausgeheckte Abenteuer zu rechtfertigen versuchte. – Siehe *Sekretnaja perepiska,* Bd. 2, S. 179

90 In britischen Dokumenten wird die Armia Krajowa unter verschiedenen Bezeichnungen geführt – »Home Army«, »Underground Army«, »Secret Army«.

91 Derartige Operationen als Unterstützung für die Sowjetunion wurden von 1941 bis 1944 weder geplant noch durchgeführt. Die Diversionsakte auf den Eisenbahnen im Sommer 1944 sollten die Verlegung der Wehrmachtseinheiten von der Ostfront nach Westen erschweren.

92 Im Telegramm des Botschafters Archibald Clark Kerr vom 16. August an das Foreign Office hieß es, der Aufstand werde getragen von dem »Wunsch, den Verhandlungen Mikolajczyks in Moskau dienlich zu sein«.

93 Meldungen Georgi Schukows und Konstantin Rokossowskis an Stalin vom 6. und 8. August 1944

94 Bericht Konstantin Rokossowskis an Stalin vom 2. Oktober 1944

95 Bei diesem plötzlichen Angriff von etwa 200 Maschinen des IV. Fliegerkorps aus Ostpreußen wurden 43 amerikanische B-17, 15 britische P51-Mustang und einige Dutzend sowjetischer Flugzeuge am Boden zerstört. Außerdem verbrannten 450 000 Gallonen Benzin.

96 »Befragung des Leutnants Iwan Kolos am 5. Oktober 1944«. Das Dokument wurde nach Kolos' Rückkehr von seinem Auftrag im Stab der 1. Belorussischen Front angefertigt.

97 Bericht an den Kriegsrat der 1. Belorussischen Front vom 18. Januar 1945

98 Der Verfasser machte als einer der ersten unter den sowjetischen Wissenschaftlern auf den Zusammenhang zwischen Plan »Rankin«, dem Attentat auf Hitler und dem Warschauer Aufstand aufmerksam. Dies war Mitte der achtziger Jahre noch eine Hypothese. Lew Besymenski nahm sie zum Ausgangspunkt für seine Nachforschungen in britischen

Archiven. Die Ergebnisse dieser Arbeit veröffentlichte Lew Besymenski in *Neue Zeit.* Moskau, 1988, Nr. 33–36.

99 *Sekretnaja perepiska,* Bd. 2, S. 191–193
100 Siehe Gregg, H.: *The Winning Weapon.* New York, 1982, S. 105 ff.
101 Ebenda, S. 106; siehe auch Groves, Leslie: *Now It Can Be Told.* New York, 1962
102 Siehe Gregg, H., S. 101 f., 104, 108 ff., 359
103 Groves, Leslie, S. 132
104 Churchill, Winston: *The Second World War,* Vol. VI, S. 463 f.
105 Groom, A.: *British Thinking about Nuclear Weapon.* London, 1974, S. 9
106 Groves konnte zuweilen gegenüber ihm unterstellten Wissenschaftlern recht offen sein. Im März 1944 erklärte er dem Physiker J. Rothblat: »Sie verstehen natürlich, daß das wahre Ziel der Entwicklung der Bombe darin besteht, uns den Hauptfeind, die Russen, zu unterwerfen.«
107 Siehe *Sekretnaja perepiska,* Bd. 2, S. 250 f., 258 f., 262, 287
108 Ebenda, S. 251
109 Ebenda, S. 221
110 Ebenda, S. 222
111 Ebenda, S. 223 f.
112 Ebenda, S. 224–226
113 Siehe Coll, H.: *The Ardennes Battle of the Bulge.* Washington, 1965, Seite 13
114 Pogue, F. S.: *Werchowsnoe komandowanie.* Moskau, 1959, S. 264
115 Smith, R. H., S. 226 f.
116 Ebenda, S. 229
117 Manteuffel, Hasso von: *Entscheidungsschlachten des Zweiten Weltkrieges,* S. 537
118 Matloff, Maurice, S. 561 f.
119 *Rokowye reschenia.* Moskau, 1958, S. 265
120 *Sekretnaja perepiska,* Bd. 2, S. 260
121 *Die unheilige Allianz,* S. 344. Siehe auch den Gegenbericht Churchills vom 14. 8. 1942. Hervorhebung vom Verfasser
122 *Briefwechsel,* S. 664 f.
123 Siehe *Sekretnaja perepiska,* Bd. 2, S. 267
124 *The Papers of Dwight Eisenhower. The War Years* (fortan: *Eisenhower Papers*). Baltimore, 1970, Vol. 4, S. 2410
125 *Die unheilige Allianz,* S. 349. Hervorhebung vom Verfasser
126 Ebenda, S. 350
127 Ebenda
128 *Eisenhower Papers,* Vol. 4, S. 2412
129 *Die unheilige Allianz,* S. 356 f.
130 *Sekretnaja Perepiska,* Bd. 2, S. 121. Hervorhebung vom Verfasser
131 Siehe Rosanow, German: *Konez »Tretjewo reicha«.* Moskau, 1985, S. 109 f.

War dies vielleicht mit den »großen« und »wichtigen« Entscheidungen

gemeint, von denen in der Botschaft des britischen Premierministers
vom 6. Januar 1945 die Rede war?
132 Churchill, Winston, Bd. VI, 2, S. 135

10. Kapitel

1 Siehe Schellenberg, Walter, S. 315 ff.
  Übrigens erhielt Cordell Hull die Dokumente der Teheraner Konferenz
  irgendwann im Juli 1944, das heißt ein halbes Jahr nach Ribbentrop.
2 Den drei Mächten schloß sich auch China an.
3 *FRUS*, 1944, Vol. 1, S. 493 f.
4 Ebenda. *The Conferences at Cairo and Teheran*, 1943, S. 793, 773 f.;
  Woodward, Ernest Llewellyn, Vol. 2, S. 477 f.
5 Ebenda, S. 774
6 *FRUS*, 1944, Vol. 1, S. 358
7 Ebenda, S. 135
8 Ebenda, S. 544 ff.
9 Ebenda, S. 188 f.
10 Zitiert nach Lebedewa, N., S. 225 f.
11 Ebenda, S. 226
12 Siehe *FRUS*, 1944, Vol. 1, S. 190, 194 f.
13 Lebedewa, N., S. 227. Hervorhebung vom Verfasser
14 *FRUS*, 1944, Vol. 1, S. 172 f.
   Roosevelt und »seine Leute« in Washington fanden den Entwurf der
   »Russen« ähnlich dem britischen: zu lang und zu umfassend. – Botschaft an Churchill vom 29. Februar 1944
15 Ebenda, S. 198 f.
16 Ebenda, S. 210
17 Ebenda, S. 165 f., *Sowjetsko-angliskie otnoschenia*, Bd. 2, S. 22 f.
18 Lebedewa, N., S. 234
19 *Sowjetski Sojus na meshdunarodnych konferenziach perioda Welikoi
   Otetschestwennoi woiny 1941–1945 gg. Sbornik dokumentow. t. 4. Krymskaja konferenzia rukowoditelej trech sojusnych dershaw – SSSR, SSchA
   i Welikobritanii, 4.–11. fewralja 1945 g.* Moskau 1984, S. 61–64
   Im Protokoll der Krim-Konferenz heißt es: »III. Die Teilung Deutschlands. Es wurde entschieden, daß Artikel 12 (a) der Bedingungen für
   die Kapitulation Deutschlands abgeändert werden und folgendermaßen lauten soll: ›Das Vereinigte Königreich, die USA und die UdSSR
   werden die oberste Staatsgewalt gegenüber Deutschland ausüben. Bei
   ihrer Wahrnehmung werden sie Maßnahmen wie vollständige Abrüstung, Entmilitarisierung und Teilung Deutschlands ergreifen, die
   sie für Frieden und Sicherheit in der Zukunft als notwendig erachten.‹«
   – *Krymskaja konferenzia*, S. 272
20 *Krymskaja konferenzia*, S. 20 f.

21 Siehe *FRUS,* 1945, Vol. 3, S. 206
22 Die Weisung des amerikanischen Komitees der Stabschefs an Winant vom März 1944 und die Zustimmung Roosevelts zur Einteilung der Besatzungszonen vom September 1944 muß man im Zusammenhang mit dem Auf und Ab in der politischen und militärischen Führung der Vereinigten Staaten, dem Wechselspiel von Illusionen und Enttäuschungen über die innere Entwicklung in Deutschland sehen.
23 Siehe *FRUS,* 1944, Vol. 1, S. 176, 206, 329, 341, 422
24 Churchill, Winston, Bd. VI, 1, S. 390
   Vergleiche mit den Botschaften des Premierministers an Stalin aus jenen Tagen, in denen er dringend um Hilfe nachsuchte.
25 Moran, Charles: *Winston Churchill: The Struggle for Survival. 1940–1965.* London, 1966, S. 173
26 Rosanow, German Leontjewitsch: *Konez »Tretjewo reicha«.* Moskau, 1985, S. 127 f.
27 Speer, Albert: *Erinnerungen.* Frankfurt/Main, 1969, S. 431
28 Ebenda, S. 430 f.
29 Ritter, Gerhard, S. 458 f.
30 Siehe Schellenberg, Walter, S. 351–360
31 *Krymskaja konferenzia,* S. 64, 67
32 Die Formel von 1940 lautete, London werde keine Regierung als demokratisch anerkennen, der Personen aus dem damaligen NS-Kabinett angehörten.
33 *Sowjetsko-anglieskie otnoschenia,* Bd. 2, S. 319, 331 f.
34 Ebenda, S. 455
35 Siehe Irving, David, S. 688
36 Churchill, Winston, Bd. VI, 1, S. 380
37 *Sowjetsko-amerikanskie otnoschenia,* Bd. 2, S. 317–322
38 *Roosevelt Papers,* Vol. XIII, S. 385. Hervorhebung vom Verfasser
39 Siehe Besymenski, Lew: *Rasgadannye sagadki Tretjewo reicha,* Bd. 2, S. 255–327
40 Smith, Bradley/Agarossi, Elena: *Unternehmen »Sonnenaufgang«.* Frankfurt/Main, Berlin, Wien, 1983
41 Siehe Heideking, Jürgen, und Mauch, Christof, Göttingen, 1993
42 *Sowjetsko-amerikanskie otnoschenia,* Bd. 2, S. 327–329. Hervorhebung vom Verfasser
43 Ebenda
44 Ebenda, S. 331 f.
45 Ebenda, S. 332 f., 337–347, 350–352
46 *Sekretnaja perepiska,* Bd. 2, S. 341
47 *FRUS,* 1945, Vol. III, S. 741
48 Smith, Bradley/Agarossi, Elena, S. 193
49 Ebenda, S. 63, 65, 68 f.
50 Ebenda, S. 76
51 *Geheimdienstkrieg,* S. 158
52 Smith, R. H., S. 233

53 Besymenski, Lew, Bd. 2, S. 309; *Geheimdienstkrieg*, S. 152 f.
54 Churchill, Winston, Bd. VI, 2, S. 146. Hervorhebung vom Verfasser
55 Ebenda, S. 160
56 Smith, R. H., S. 232 f.
57 Ebenda
58 Schellenberg, Walter, S. 351
59 Ebenda, S. 352 f.
60 Ebenda
61 Ebenda, S. 363
62 Eisenhower, Dwight, D.: *Kreuzzug in Europa*. Amsterdam, 1948, S. 485. Zum Vergleich die Position Kesselrings (in der Beschreibung Karl Wolffs) von Ende März 1945
63 Leahy, William D.: *I Was There*. New York, London, Toronto, 1950, S. 354 f.
64 Siehe *1945: Das Jahr der endgültigen Niederlage der faschistischen Wehrmacht. Dokumente*. Berlin, 1975, S. 327
65 Siehe Churchill, Winston, Bd. VI, 2, S. 187
66 *Die unheilige Allianz*, S. 399, 407
67 Lüdde-Neurath, Walter: *Regierung Dönitz*. Göttingen, 1964, S. 133
68 Zentrales Staatsarchiv (ZStA) Potsdam, Film N 11201, Bl. 5608138
69 Auch die zweimonatigen Verhandlungen Karl Wolffs und anderer über die Kapitulation der deutschen Heeresgruppen in Italien müssen natürlich in diesem Zusammenhang gesehen werden.
70 Lebedewa, N., S. 265
71 Ebenda, S. 266
72 Siehe Dönitz, Karl: *Zehn Jahre und zwanzig Tage*. Bonn, 1958, S. 453
73 Siehe Ambrose, S. E.: *The Supreme Commander: The War Years of General Dwight D. Eisenhower*. London, 1971, S. 662
74 Siehe Lebedewa, N., S. 270 f.
75 Lüdde-Neurath, Walter, S. 142
76 Dokumente aus dem Potsdamer Archiv. Zitiert nach Lebedewa, N., S. 272–276
77 Murphy, Robert: *Diplomat unter Kriegern*. Berlin, 1965, S. 294 f.
78 Siehe Benett, John Wheeler/Nicholls, Anthony: *The Semblance of Peace: The Political Settlement after Second World War*. New York, 1972, S. 262
79 Ebenda, S. 263
80 Pautsch, Ilse, S. 276 ff.
   Mit dem Tode Roosevelts setzte sich diese Auffassung vollends durch.
81 Siehe Strang, William: *Home and Abroad*. London, 1956, S. 222 f.
82 Dies erfuhr der Verfasser von Wladimir Semjonow.
83 Pogue, F., S. 498
84 Siehe Woodward, Ernest Llewellyn, Vol. 5, S. 395
85 *Istoria diplomatii*. Moskau, 1975, Bd. 4, S. 630

Register

A

Acheson, Dean 363
Agarossi, Elena 477, 480f.
Alexander, Harold Rupert 439, 482
Alexandrowski, Sergej S. 60
Anderson, Sir John 452
Antonow, Alexander I. 493
Arciszewski, Miroslaw 516
Arnold, Henry Harley 284, 315, 374
Astachow, Georgi A. 74f., 86–91, 508
Attolico, Bernardo 97, 109
Auchinleck, Sir Claude 315

B

Babarin, J.J. 87
Badoglio, Pietro 32, 359
Baldwin, Stanley 46, 209
Balfour, Arthur James Earl of 343
Ball, Sir Joseph 83f.
Barthou, Louis 39
Beard, Charles A. 16
Beaverbrook, Baron Wilhelm Maxwell Aitken 66, 224, 227, 243
Beck, Józef 9, 56f., 62, 66, 71, 96, 511, 516
Beck, Ludwig von 46, 57, 125, 130f., 141, 335, 414ff., 418, 420f., 423, 429f., 509, 545
Bell, George Kennedy Allen 334
Benesch, Eduard 55f., 528
Berija, Lawrenti P. 200, 346, 513
Berle, Adolf A. 64, 543

Bernadotte, Folke Graf von 485
Bernstein, B. 450
Besymenski, Lew A. 442, 477, 481, 549
Biddle, Frances 408
Blomberg, Werner von 43
Blücher, Wassili K. 104, 513
Bockelberg, Alfred von 36,
Bohlen, Charles E. 509
Boineburg-Lensfeld, Hans Freiherr von 423
Boncourt, Jean-Paul 39
Bonhoeffer, Dietrich 256, 334, 392
Bonnett, Georges 61, 510
Bor-Komorowski, Tadeusz 443f.
Bormann, Martin 486f.
Bowman, Isaiah 363, 491
Bradley, Omar 454
Brandt, Karl 400
Brauchitsch, Walther von 85, 127, 257, 521
Breschnew, Leonid I. 14, 501, 507
Briand, Aristide 27–30, 33
Brooke, Francis Alan Viscount 282, 288, 290, 295, 318, 374
Brown, Anthony C. 359, 418
Brüning, Heinrich 336
Bullitt, Willliam Christian 33, 64, 122, 170f.
Bülow, Bernhard von 35, 502
Burckhardt, Carl J. 24 f., 28, 82, 84f., 161, 163, 256, 264
Butler, J. R. M. 243, 267, 288, 317
Butler, Richard Austen 158, 232, 235

553

C

Cadogan, Sir Alexander 71, 518
Canaris, Wilhelm 84, 94, 97, 119,
141, 165, 203, 257, 334, 336,
345, 359f., 391f., 395, 414, 418,
543
Chamberlain, Arthur Neville 26,
44ff., 53, 54f., 59, 66f., 71f., 77,
81f., 85, 91ff., 99, 1o1, 103, 107,
110, 112ff., 121, 125, 127f., 131,
143, 145f., 148, 151, 153, 155,
158, 163, 209, 230, 506, 514, 517 f.
Chamberlain, Austen 26, 32
Cherwell, Lord (Lindeman,
Frederick) 409
Chruschtschow, Nikita S. 14, 191
Churchill, Sir Winston Spencer 9,
12, 20, 47f, 52, 118, 121, 131f.,
135, 137, 155–162, 164, 174, 177,
180, 183, 200, 207, 209 211–217,
220f., 224f., 228–233, 241f., 244,
253, 255f., 261–266, 268–274,
278f., 281ff., 288ff., 293–304, 306
bis 309, 311, 313–330, 334 336f.,
339f., 345, 347, 350–353, 355 bis
359, 361–367, 375, 377f., 381ff.,
385, 387ff., 401, 405, 407, 409,
412, 414, 423, 432–435, 437–441,
443, 445, 448f., 451ff., 456–460,
462, 465f., 468, 470f. 473ff.,
479ff., 484–487, 492, 499, 503,
513, 525, 527–531, 533ff.
Ciano, Galeazzo, Conte di Cortel-
lazzo 65, 66, 75f., 114, 153
Clemenceau, Georges 21
Conant, James B. 450
Craigie, Robert 80
Cripps, Stafford 173, 201, 217, 241,
262f., 334, 513, 525, 533

D

Dahlerus, Birger 82, 99, 111ff., 124,
127, 514, 518
Daladier, Edouard 55, 95, 110, 125,
154, 499, 512

Darlan, Francois 453
Davies, Joseph E. 220, 356, 381
Davis, Norman 42, 491
Davis, William 125, 127
Dean, Patrick H. 387
Delestraint, Charles 422, 545
Dergatschow, I. 192
Devers, Jakob Loucks 490
Dew, Armin 511
Dietrich, Josef 416, 424
Dill, John 262, 308f., 317, 529
Dimitroff, Georgi 515
Dirksen, Herbert von 83f., 98
Dogwalewski, Walerian S. 39
Dohnanyi, Hans von 165, 392
Dollmann, Eugen 424, 477f.
Donald, Graham 163
Dönitz, Karl 487ff., 493f.
Donovan, William 161, 271, 359,
367, 373, 375, 390, 392–395,
398ff., 405, 413, 417f., 478, 480,
483, 524, 528, 531, 534, 537,
547
Doumenc, Joseph Edouard 95, 512
Drax, Reginald 83, 94f.,
Dulles, Allan 336, 360, 413, 415 bis
423, 431, 433, 439, 454, 536,
544ff.
Dulles, John Foster 161, 234, 394,
408, 413, 454f. 478, 480f., 483

E

Eaker, J. C. 445
Earle, George H. 360
Eden, Anthony 163, 177f., 220, 244,
258, 262, 264f., 267f., 334, 356,
366, 406, 444, 465, 468, 506,
526f.
Eisenhower, Dwight D. 240, 274ff.,
283ff., 287, 289, 291, 313, 316f.,
323, 400, 418, 421, 423f., 427ff.,
456–459, 465, 478, 481, 483,
485 bis 493, 496, 538, 545
Elliot, J. A. 153, 264, 508
Embick, Stanley Dunbar 350, 521

F

Falkenhagen, Alexander Freiherr von 414, 419f., 423
Fermi, Enrico 450
Fischer, F. 203
Fish, Hamilton 125f., 168, 209
Foch, Ferdinand 343
Forrestall, G. 408
Franco, Francisco 34, 53, 161, 257
Frank, Hans 99,
Fromm, Friedrich 430
Friedeburg, Hans-Georg von 488 bis 491, 493
Fritsch, Werner Freiherr von 43

G

Gaulle, Charles de 457
Gehlen, Reinhard 12, 424
Gisevius, Hans Bernd 360, 417 f., 420–423, 545
Glaise-Horstenau, Edmund von 547
Goebbels, Joseph 15, 129, 199, 487
Goerdeler, Carl Friedrich 125, 131, 141f., 234, 254, 256f., 335, 345, 361ff., 399, 414, 416–420, 422f., 429ff., 472, 509, 521
Goerigk, Wolfgang 503
Goldsmith, S. 450
Golikow, Filipp I. 217
Göring, Hermann 43, 48, 53, 56, 65f., 68f, 84f., 99, 107, 111, 113, 124–127, 129, 147f., 151, 160, 187f., 257, 430, 487, 514, 517, 522
Grabski, Wladyslaw 22
Grew, Joseph C. 145, 175, 252, 254
Gromyko, Andrej A. 14, 380, 476, 548
Groves, Leslie R. 390, 450, 452, 549
Guderian, Heinz 471
Günther, Christian 400, 411, 485
Gussew, Fjodor T. 467ff., 474
Gwyer, J. M. A. 235, 243, 267, 288, 317

H

Haeften, Hans-Bernd von 165
Halder, Franz 110, 127, 130f., 160, 257, 414, 520, 528
Halifax, Edward Wood, Earl of 9, 44f., 56, 70, 77, 84f., 92ff., 99, 104, 107, 113f., 147, 158, 504, 506, 510, 518, 523
Hamilton, Duke of 162
Hamilton, Sir Ian 162, 450
Hansen, Georg 424, 428
Hartley, Livingston 519
Hassell, Ulrich von 141, 147, 163, 165, 230, 256, 258, 417, 509
Haubach, Theodor 336
Haushofer, Albrecht 162f.
Haushofer, Karl 162, 256
Haußer, Paul 416
Hayes, Carlton J. H. 344
Helphand, B. 75
Henderson, Loy 180
Henderson, Sir Neville 66, 99, 109, 112ff., 129, 150, 178, 506, 523
Henk, Emil 335f.
Herde, Peter 251
Hertslet, Joachim 125,
Herwarth und Bittenfeld, Hans von 509f.
Heß, Rudolf 66, 69, 162ff., 201, 216, 254ff., 258, 337, 524
Heusinger, Adolf 414
Heydrich, Reinhard 119, 512
Himmler, Heinrich 163f., 233, 255, 345, 359, 415, 430, 454, 472, 478, 482, 484ff., 487, 544f.
Hirohito, Kaiser 252
Hitler, Adolf 12, 17, 33–37, 39f., 43 bis 47, 49ff., 54f., 57, 59f., 62, 65f., 68f., 72f., 76, 79–82, 84ff., 88, 91, 94, 97, 99–104, 106–115, 123–130, 133ff., 139, 141f., 145, 147–150, 152f., 155ff., 159f., 162ff., 168, 172, 183ff., 187f., 190, 192–196, 199f., 202f., 207, 209, 212f., 215f., 219f., 225f., 231, 233, 235, 237, 241, 244–250, 255–259,

261, 264, 267f., 290, 295, 297f.,
301, 307, 314, 316, 318, 329f.,
334ff., 338ff., 342–346, 351, 354,
360, 362, 367, 383, 391f., 396,
402, 414–417, 420–423, 425, 428
bis 434, 438, 443, 454ff., 458f.,
461, 468, 471ff., 478, 482, 484 bis
488, 499–507, 509, 515–521, 527,
539, 546, 549
Hoare, Sir Samuel 256
Hoegner, Wilhelm 431, 546
Hofacker, Cäsar von 430
Hofmannsthal. Hugo von 25
Hohenlohe-Langenburg, Maximilian zu 125, 336, 413, 544
Hoover, Herbert Clark 52, 62, 141,
161, 168,208, 234, 249
Hopkins, Harry 163, 166, 207, 209,
211, 220–224, 226, 264, 271, 273,
282ff., 287–291, 293, 295, 297,
299f., 304, 309, 311f., 314, 316,
343, 356, 375, 380, 406, 435, 476,
540
Hore-Beliska, Leslie 93,
Hoßbach, Friedrich 43,
Höttl, Wilhelm 483
Hudson, R. 81, 83f., 98
Hull, Cordell 33, 38, 60, 122, 139,
141, 144, 166, 171, 173, 175, 178,
223, 228, 233, 250ff., 338, 363,
375, 382, 389, 408, 418f., 464,
467, 541, 544, 550

I

Ickes, Harold 63, 91, 509, 520
Iljitschow, Iwan I., 512f., 526
Ironside, Sir Edmund 99, 504
Inönü, Ismet 264
Irving, David 9, 433, 499
Ismay, Sir Hastings 291, 306, 444

J

Jacob, Franz 422
Jakowlew, Alexander S. 15, 527

Jegorow, Alexander I. 36, 104,
Jeschonnek, Hans 160
Jodl, Alfred 160, 247, 258, 455, 488,
490f.
John, Otto 418, 423, 428
Johnson, Herschel V. 178, 411
Jones, John 408

K

Kaltenbrunner, Ernst 472, 483f.,
546
Karachan, Lew M. 500
Keitel, Wilhelm 72, 110, 119,
129, 258, 414, 418, 459, 488f.,
494
Kelley, Robert 180
Kellogg, Frank B. 33
Kennan, George F. 467
Kennedy, John F. 524
Kennedy, Joseph P. 125f., 161,
170, 511
Kesselring, Albert 477, 479,
490
Kimmel, Husband E. 253
King, Ernest 266, 291, 297, 304,
309, 311, 315f., 343, 374
King, Mackenzie 137, 452 f
Kirk, Alexander C. 395
Kirkpatrick, Sir Augustine 163,
255
Kluge, Günther von 335, 416, 430
bis 433
Knox, Frank 271, 284, 291
Köcher, Otto Karl Albrecht 344
Kolos, Iwan 447, 548
Konoe, Fürst Funimaro 252
Kordt, Erich 83, 165, 509
Kordt, Theodor 59, 94, 165,
509
Kosyrew, Semjon P. 507, 512
Krassin, Leonid B. 500
Krestinski, Nikolai N. 36
Krosigk, Graf Schwerin von 487f.
Küchler, Georg von 416
Kusnezow, Nikolai G. 200

L

Langbehn, Carl 417
Langer, Wilhelm 398f.
Laval, Pierre 32, 39
Lawrow, Iwan M. 507
Leahy, William D. 274, 315, 348,
374f., 389, 406, 443, 453, 476,
486, 540
Lebedewa, Natalija S. 487
Lee, Robert Edward 343
Leeb, Wilhelm Ritter von 517
Lehndorf-Steinort, Heinrich Graf
von 428
Lemnitzer, Lyman 479
Lersner, Kurt von 360
Leuschner, Wilhelm 414, 418
Leverkuehn, Paul 400
Liddell Hart, Basil Henry 363f.,
Liedig, Franz Maria 130, 135
Lindsay, Sir Ronald 375
Lipski, Jozef 56, 62
Litwinow, Maxim M. 14, 28, 70, 73,
293, 319, 356, 469, 500f.
Lloyd George, David 21, 343
Loßberg, Friedrich von 257
Lothian, Lord Philipp Henry 148,
162
Lukaszewicz 56f.

M

MacArthur, Donald A. 238, 296
MacDonald, Ramsay 37
MacLean, Sir Fitzroy 511
Maiski, Iwan M. 14, 70, 83, 113f.,
232, 258, 262, 336, 522f.
Mannerheim, Carl Gustav von 144
Manstein, Erich von 335, 416
Manteuffel, Hasso von 455
Marshall, George 138, 209, 226f.,
233, 236ff., 240, 274, 276, 282 bis
291, 293, 295, 297, 299, 303f.,
306, 308–316, 326, 340, 343, 349,
357, 374ff., 386f., 389, 407, 428,
450f., 476, 480, 486, 521, 536, 542
Maser, Werner 196f., 508, 512

Masson, Roger 528
Masur, Norbert 485
Matloff, Maurice 183, 238, 266,
274, 312, 339, 342, 347–350, 357,
380, 382, 384f., 409, 434, 436,
455, 540
Matsui 41
Matsuoka, Yosuke 133, 175, 250f.,
518
McCloy, John 443, 464
McNarney, Joseph Taggart 314,
443
Medwedew, Wadim A. 15
Memenencioglu, Numan 264
Menzies, Sir Stewart Graham 359,
391f., 524
Merekalow, A. F. 68, 73f., 91, 508
Messersmith, George S. 504
Mierendorff, Carlo 336
Mikojan, Anastas I. 186f.
Mirkojan, Artjorn 527
Mikolajczyk, Stanislaw 440, 443ff.,
548
Molotow, Wjatscheslaw M. 14f.,
70f., 74, 76f., 87, 89f., 99, 110,
113, 115, 117ff., 144, 170, 174,
195, 270, 275, 279f., 290, 292 bis
302, 306, 318, 322, 366, 406, 445,
469, 474, 478, 500, 507, 510f.,
513ff., 530, 536
Moltke, Helmuth James Graf von
62, 69, 334, 360f., 392f., 395
398f., 419
Monckton, Sir Walter Turner 400
Monter 447f.
Montgomery, Bernard 428, 432,
457, 459, 483, 488f.
Montesquieu, Charles Louis de
471
Mooney, James D. 129, 152
Moran, Charles 471
Morgenthau, Henry jr. 141, 173,
548
Moulin, Jean 422, 545
Mountbatten, Lord Louis 302f.
Mourer, Edgar A. 161

Müller, Josef 165, 392
Musse 95, 116
Mussolini, Benito 9, 32ff., 37, 46f.,
53, 55, 59, 61, 65, 97, 102, 109,
145f., 367, 499, 503, 506, 541
Musy, Jean-Marie 484

N
Naggiar, Paul-Emile 95, 110, 510f.,
512
Nelson, Donald 348
Neurath, Konstantin Freiherr von
40, 43, 478
Nicolson, Harold 58, 262
Nomura, Kichisaburo 250
Norton, K. 344, 362
Nye, Archibald 267

O
Olbricht, Friedrich 335, 414, 416,
423, 430
Oppenheimer, Robert 450
Oshima, Hiroshi 78, 132,250,
258
Oster, Hans 141, 165, 257, 336,
414,, 418, 423
Ott, Eugen 78

P
Papen, Heinrich von 360, 393
Pasvolsky 363
Patterson 451, 476
Patton, George 433
Paulus, Friedrich 335, 364
Pershing, John Joseph 343
Pétain, Henri Philippe 255, 264
Pilet-Golaz, Marcel 264
Pilsudski, Jozef Klemens 20–23,
103
Pius XII. 148, 153, 161, 255
Popitz, Johannes 163, 258
Portal, Charles 374
Poskrjobyschew, Alexander N. 200

Potjomkin, Wladimir P. 76, 144
Pound, Sir Dudley 374

R
Raeder, Erich 43, 85, 156, 185, 188
Rahn, Rudolf 483
Reichwein, Adolf 417, 422
Reinhardt, Hellmuth 247
Rendulic, Lothar 486
Respondek, Erwin 520
Reynaud, Paul 154
Ribbentrop, Joachim von 61f.,
68f., 76f., 84, 86–89, 97, 99,
107ff., 115, 117, 119, 132f., 148f.,
184, 188, 233, 257, 401, 484, 507,
511, 514, 519, 529, 550
Ritter Gerhard 131, 258, 335,
420
Ritter, Karl 184
Rokossowski, Konstantin K. 445ff.,
548
Rommel, Erwin 315, 319, 423f.,
426, 428–431, 546
Roosevelt, Franklin Delano 11f.,
16, 33, 38, 50, 52, 61, 63f., 113ff.,
122, 125ff., 136f., 139–146, 151f.,,
155f,, 160f., 163, 165–169, 170ff.,
174f., 177, 178, 183, 207ff., 209,
211f., 220–224, 228f., 231–238,
240f., 251ff., 255, 263f., 270, 273,
275, 278–284, 288–294, 296–300,
302, 304–312, 314–319, 321–325,
327–332, 339, 341–348, 351, 353,
355–358, 360, 364–367, 375–378,
380–383, 385–389, 393f., 400,
403–409, 412f., 420, 432, 435 bis
441, 443, 449, 452f., 456, 460,
462f., 465f., 468ff., 473–476, 478
bis 482, 499, 513, 515, 518, 521,
523, 534f., 540f., 546ff.
Ropp, William de 129
Rosanow, German L. 459
Rosenberg, Alfred 129
Rosso, Augusto 76,
Rothblat, J. 549

Rowehl, Theo 499
Runciman, Lord Walter 61
Rundstedt, Gerd von 159f., 414,
419f., 423, 425, 429f, 456, 546
Rüstow, Alexander 360, 395, 399,
479
Rydz-Smigly, Edward 21,
Ryti, Risto 144

S
Saefkow, Anton 422
Salazar, Antonio de Oliveira
255
Schacht, Hjalmar 125,141, 256,
345
Schaposchnikow, Boris M. 94,
105,
Scharonow, N. I. 516
Schellenberg, Walter 128, 164,
359, 413, 462, 484f.
Schiemann, C. 477
Schlabrendorff, Fabian von 335
Schnurre, Karl Julius 69, 74, 86 bis
90, 184
Schönfeld, Hans 334
Schörner, Ferdinand 486
Schukow, Georgi K. 196ff., 207,
446, 493, 496, 548
Schulenburg, Friedrich Werner
Graf von der 68, 73–77, 79, 87ff.,
91, 119, 186, 334, 346, 508–513,
516, 527
Schuschnigg, Kurt 53
Schulze-Gaevernitz, Gero von 360,
415, 431, 454
Schuster, Kardinal 478
Schwendemann, Heinrich 184,
187, 195
Seeds, William 70, 92, 510
Seyß-Inquart, Artur 487f.
Simon, Sir John 37, 66, 93, 510
Skoropadski, Pawel 23
Skwirski, Boris J. 38
Smirnow, Andrej A. 492
Smith, Bradley 477, 480f.

Smith, Bedell 465, 487, 490ff.
Sobolew, Arkadi A. 366
Somnerville, Sir James 274
Somnerville, John 257f.
Sosnkowski, Kazimierz 442–444
Spaatz, Carl 313, 451
Speer, Albert 36, 471, 486,
488
Speidel, Hans 428, 430
Spellmann, Francis Joseph 547
Stachiewicz, Waclaw 95f., 116
Stalin, Jossif W. 11, 14, 22, 44,
46ff., 50f., 60, 67–71, 85f., 98f.,
101, 103–107, 113, 115, 117, 123,
126f., 144, 160, 170f.,173f., 176,
185–188, 191f., 194–201, 205,
207, 209, 217–220, 222f., 229,
240f., 243f., 259, 264f., 267f., 280,
289f., 292f, 298, 315, 317–321,
323–328, 336, 345 f., 351–356,
358f., 365f., 378, 380–383, 387ff.,
404, 435, 437f, 440f., 445, 456ff.,
462, 468f., 473, 475, 479, 481f.,
486, 492, 496, 503, 511ff., 522,
526f., 543, 547f.
Stanley, Oliver 58
Stark, Harold R. 227, 234, 236ff.,
240, 253, 313
Stauffenberg, Claus Graf von
421ff., 428–431
Steinhardt, Laurence 115, 122,
144, 170f., 173ff., 178, 201, 211,
514, 525
Stettinius, Edward 221, 478
Stillwell, Joseph 41
Stimson, Henry Lewis 52, 141, 207,
209ff., 252, 271, 284, 288, 291,
303f., 315, 326, 376, 452, 479f.,
541, 543
Stolper, G. 234,
Strang, Sir William 92, 469,
492
Stülpnagel, Karl-Heinrich von 423,
428, 430
Strünck, Theodor 423
Susloparow, Iwan 490

T
Taft, Robert A. 161, 168, 208f.
Tarlé, Jewgeni V. 469
Tatar, Stanislaw 443
Tedder, Sir Arthur 457
Teller, Edward 450
Thomas, Georg 257, 423
Timoschenko, Semjon K. 190, 194, 196–199, 513
Tindall, R. G. 395
Todt, Fritz 247f.
Togo, Shigenori 251
Tojo, Hideki 252
Tresckow, Henning von 335, 423, 428
Trott zu Solz, Adam von 165, 230, 256f., 334, 361, 400f., 417, 509
Truman, Harry S. 49, 208f., 486
Tschiang Kai-schek 532
Tschitscherin, Georgi W. 14, 500
Tuchatschewski, Michail N. 22, 36, 104, 191, 512
Tugwell, P. 145

U
Umanski, Konstantin A. 170–173, 175f, 207f., 211

V
Vandenberg, Arthur 208f., 476
Vansittart, Lord Robert Gilbert 84

W
Wagner, Eduard 423
Wallenberg, Jakob 361, 363, 472
Wallenberg, Markus 124, 362
Wannikow, Boris L. 512f.
Warlimont, Walter 258, 433
Wassilewski, Alexander M. 196ff.
Watutin, Nikolai F. 196ff.
Wavell, Archibald 263, 526

Wedemeyer, Albert C. 375
Weinberg, Gerhard 253
Weizmann, Chaim Ben Ozer 472
Weizsäcker, Ernst Freiherr von 44, 73ff., 78, 83f., 87, 89, 97, 148, 160, 215f., 345, 509f., 512, 529, 547
Welles, Sumner 12, 41, 145f., 148 bis 153, 155, 166, 171ff., 175f., 178, 180, 208, 211f., 256
Wenner-Gren 82, 508
Weygand, Maxime 22
Wheeler, Burton 209, 476
Wieskemann, Elisabeth 431
Wilbrandt, Hans 360, 395, 399
Willkie, Wendell L. 325
Wilson, Horace 53, 59, 81–84, 98f, 109, 111, 127, 342, 347, 415 435, 439, 522f.
Wilson, Hugh R. 61, 511, 547
Wilson, Thomas Woodrow 462
Winant, John Gilbert 177, 324, 334, 366, 464, 466–469, 491f., 551
Windsor, Duke of 160
Wirth, Joseph 15, 146,
Witzleben, Erwin Freiherr von 130f., 416, 423
Wohlthat, Helmuth 81, 83f., 98, 508
Wolff, Karl 439, 477–483, 552
Woodring, H. 161
Woods, Sam E. 139
Woroschilow, Kliment J. 36, 60, 95f, 105, 190, 469, 513, 516

Y
Yorck von Wartenburg, Peter Graf 334

Z
Zeitzler, Kurt 414
Zimmer, Guido 477